Jobst Müller-Trimbusch
High-Yield-Anleihen

DUV Wirtschaftswissenschaft

ebs Forschung

Schriftenreihe der

EUROPEAN BUSINESS SCHOOL

Schloß Reichartshausen

Band 20

Jobst Müller-Trimbusch

High-Yield-Anleihen

Perspektiven für die Risikofinanzierung deutscher Unternehmen

Mit einem Geleitwort von Prof. Dr. Dr. Ann-Kristin Achleitner

Springer Fachmedien Wiesbaden GmbH

Die Deutsche Bibliothek – CIP-Einheitsaufnahme

Müller-Trimbusch, Jobst:
High-Yield-Anleihen / Jobst Müller-Trimbusch. Mit einem Geleitw. von Ann-Kristin Achleitner. – Wiesbaden : DUV, Dt. Univ.-Verl., 1999
(DUV : Wirtschaftswissenschaft) (ebs-Forschung ; Bd. 20)
Zugl.: Oestrich-Winkel, Europ. Business School, Diss. 1999
ISBN 978-3-8244-0477-3

Ursprünglich erschienin bei Deutscher Universitäts-Verlag GmbH, Wiesbaden, 1999

Lektorat: Brigitte Siegel / Monika Mühlhausen

www.duv.de

ISBN 978-3-8244-0477-3 ISBN 978-3-663-08544-7 (eBook)
DOI 10.1007/978-3-663-08544-7

Geleitwort

Vor dem Hintergrund der notwendigen Strukturanpassungen des deutschen Unternehmenssektors nimmt die Verbesserung der Rahmenbedingungen für Wachstumsunternehmen eine elementare Rolle ein. Die hinreichende Versorgung mit Risikokapital stellt einen wesentlichen Engpaßfaktor für diese Gruppe von Wirtschaftssubjekten dar. Folglich bestimmen nicht zuletzt die institutionellen Rahmenbedingungen der nationalen Finanzsysteme über Erfolg oder Mißerfolg der Umsetzung unternehmerischer Vorhaben.

Wissenschaft und Praxis haben die Bedeutung effizienter Mechanismen zur Verteilung des vorhandenen Kapitals bei zahlreichen Gelegenheiten hervorgehoben. Die Diskussionen beschränken sich jedoch fast ausschließlich auf die Zugangsmöglichkeiten zu Beteiligungskapital und stilisieren dabei die Fremdfinanzierung zu einer Nebendisziplin ihrer Bemühungen. Risikofinanzierung ist jedoch nicht gezwungenermaßen an eine gleichzeitige Abtretung von Eigentumsrechten gebunden, sondern zielt in erster Linie auf die Bereitstellung von Finanzierungsmitteln, die zur Investition in risikobehaftete Aktiva genutzt werden und gleichzeitig als Haftungspotential für weitere Finanzierungsquellen bereitstehen. Die Möglichkeit der Finanzierung über High-Yield Anleihen eröffnet gerade jungen, wachstumsstarken Unternehmen ein innovatives Instrument der Risikofinanzierung am Kapitalmarkt. Offen bleibt, weshalb diese Form der Kapitalbeschaffung, die von US-amerikanischen Unternehmen bereits seit Beginn des Jahrhunderts erfolgreich praktiziert wird, deutschen Unternehmen bislang nicht zur Verfügung stand.

Diese Fragestellung aufgreifend stellt die vorliegende Untersuchung einen wichtigen Beitrag für Wissenschaft und Praxis dar, dessen besonderer Wert in seiner hohen Aktualität und der neuartigen Behandlung des Themengebiets der Risikofinanzierung liegt. Der Analyserahmen umfaßt sowohl theoretisch fundierte Erklärungsansätze als auch empirisch gestützte Erkenntnisse, die sich auf die Entwicklungen am US-amerikanischen Kapitalmarkt beziehen.

Nach einer theoretischen Auseinandersetzung mit dem Finanzierungsinstrument der High-Yield Anleihe, die zur Identifikation der wesensbestimmenden Merkmale aus Emittenten- und Investorenperspektive dient, wird die Gestaltung von Fremdfinanzierungsbeziehungen aus institutionalistischer Sichtweise untersucht. Hierbei stellt der Autor die grundlegenden Unterschiede zwischen der indirekten Finanzierung über Finanzmarktintermediäre und der direkten Inanspruchnahme des Kapitalmarktes heraus, um Erklärungsansätze für den zunehmenden Disintermediationstrend abzuleiten.

Die theoretisch gewonnenen Erkenntnisse werden im zweiten Hauptteil der Untersuchung zur Erklärung der Entwicklung des US-High-Yield Marktes herangezogen, um hierauf aufbauend das Potential eines derartigen Finanzierungsinstruments am deutschen Kapitalmarkt zu untersuchen. Das erarbeitete Analyseraster wird dabei auf die Besonderheiten des deutschen Finanzsystems übertragen. Hierbei werden Entwicklungstrends identifiziert, die dazu führen werden, daß sich der hohe Grad der Bankenintermediation in Deutschland zunehmend zugunsten einer verstärkten Inanspruchnahme des Kapitalmarktes verschieben wird.

Durch die in der Bearbeitung der Problemstellung ausgesprochen gute Mischung aus Theorie und Praxisbezug ist es dem Autor gelungen, eine überzeugende Prognose für die weitere Entwicklung des noch jungen Marktsegments von High-Yield Anleihen in Deutschland zu präsentieren. Die Lektüre dieses Werkes ist somit für Leser aus Wissenschaft und Praxis gleichermaßen interessant und wertvoll.

Die Erfolgsgeschichte des US-High-Yield Marktes wird von Beobachtern nicht zuletzt auf die Verbreitung neuer wissenschaftlicher Erkenntnisse während der frühen achtziger Jahre zurückgeführt. In diesem Sinne kommt der vorliegenden Arbeit eine wesentliche Funktion in Hinblick auf die Förderung des Finanzplatzes Deutschland und der damit einhergehenden Verbesserung des Wirtschaftsstandorts zu.

Ann-Kristin Achleitner

Vorwort

Die vorliegende Arbeit entstand während meiner Tätigkeit als wissenschaftlicher Mitarbeiter am Stiftungslehrstuhl Bank- und Finanzmanagement an der EUROPEAN BUSINESS SCHOOL. Sie wurde im Sommersemester 1999 unter dem Titel „High-Yield Anleihen zur Risikofinanzierung deutscher Unternehmen. Potentialanalyse für verbriefte Fremdkapital von Wachstumsunternehmen" angenommen.

Zum Gelingen dieser Arbeit haben viele Personen sowohl direkt als auch indirekt beigetragen, denen ich an dieser Stelle herzlich danken möchte.

Zunächst gilt mein Dank meiner akademischen Betreuerin Frau Prof. Dr. Dr. Ann-Kristin Achleitner. Sie war es letztlich, die mich dazu bewogen hatte, meine akademische Laufbahn fortzusetzen. Während meiner Bearbeitungszeit erleichterte sie mir die Untersuchungen insbesondere durch ihre ständige Diskussionsbereitschaft und durch ihre Unterstützung, eine enge Zusammenarbeit mit der Finanzierungspraxis aufrechtzuerhalten. Die Arbeit und das Umfeld an ihrem Lehrstuhl gab mir nicht nur die notwendigen wissenschaftlichen Impulse, sondern sorgte gleichzeitig für eine entsprechende Motivationsfähigkeit. Herrn Prof. Dr. Karl-Werner Schulte danke ich für die Übernahme des Zweitgutachtens und seine indirekte wissenschaftliche Wegbereitung auf dem Forschungsgebiet der Mezzanine-Finanzierung.

Von den Mitarbeitern am Stiftungslehrstuhl Bank- und Finanzmanagement an der EUROPEAN BUSINESS SCHOOL gilt Frau Trudel Thullen mein besonderer Dank. Sie schaffte es, mich auch in Zeiten temporärer Motivationsengpässe durch ihr ausgeprägtes Einfühlungsvermögen immer wieder auf den richtigen Weg zu bringen. Gleiches gilt für meine Kollegen und Freunde am Lehrstuhl. Während und nach meiner Zeit bei Goldman Sachs in Frankfurt und London wurde ich von meinen damaligen Kollegen und Freunden Carsten Kengeter und Dr. Frank Oliver Lehmann unterstützt und mit dem notwendigen Wissen und Datenmaterial versorgt. Auch hierfür möchte ich mich bedanken. Schließlich danke ich meinen Eltern, die mir meine Ausbildung und anschließende Promotion überhaupt erst ermöglicht haben.

Das Gelingen dieser Arbeit verdanke ich jedoch zum wesentlichen Teil Frau Aglaia Wieland. Ihre gewissenhafte Durchsicht des Manuskriptes und ihr offenes Ohr für jedwedes Problem, das sich während des Erstellens auftat, ist an dieser Stelle besonders hervorzuheben. Hierfür möchte ich mich bedanken und ihr diese Arbeit widmen.

Jobst Müller-Trimbusch

INHALTSVERZEICHNIS

ABKÜRZUNGSVERZEICHNIS

Aufl. .... Auflage

BP .... Basispunkte

BörsG .... Börsengesetz

BörsZulVO .... Börsenzulassungsverordnung

CAPM .... Capital Asset Pricing Model

DB .... Der Betrieb (Zeitschrift)

DBL .... Drexel Burnham Lambert

d.h. .... das heißt

Diss. .... Dissertation

erg. .... ergänzte(r)

erw. .... erweiterte

f. .... folgende

FN .... Fußnote

Hrsg. .... Herausgeber

hrsg. .... herausgegeben

i.d.R. .... in der Regel

i.e.S. .... im engeren Sinne

Jg. .... Jahrgang

KuK .... Kredit und Kapital (Zeitschrift)

Mio. . ... Millionen

Mrd. . ... Milliarden

neubearb. .... neubearbeitete

No. .... Number

OPT .... Optionspreistheorie

o.Jg. .... ohne Jahrgang

o.O. .... ohne Ort

o.S. .... ohne Seite

S. .... Seite(n)

SEC .... Securities and Exchange Commission

überarb. .... überarbeitete

USGAO .... United States General Accounting Office

VerkProspG .... Verkaufsprospektgesetz

Vgl. .... Vergleiche

Vol. .... Volume

vollst. .... vollständig

WiSt .... Wirtschaftswissenschaftliches Studium (Zeitschrift)

WiSu .... Das Wirtschaftsstudium (Zeitschrift)

ZfB .... Zeitschrift für Betriebswirtschaft

ZfbF .... Zeitschrift für betriebswirtschaftliche Forschung

DB .... Die Betriebswirtschaft (Zeitschrift)

ZfK .... Zeitschrift für das gesamte Kreditwesen

ZfgSt .... Zeitschrift für die gesamte Staatswissenschaft

TABELLENVERZEICHNIS

ABBILDUNGSVERZEICHNIS

I EINLEITUNG

1 PROBLEMSTELLUNG

In einer wissensbasierten Volkswirtschaft stellen erfolgreiche Innovationen eine wesentliche Voraussetzung für anhaltendes Wirtschaftswachstum und die Schaffung von Arbeitsplätzen dar. Die Umsetzung von Innovationen in ökonomische Zielgrößen bedarf einer zeitgerechten Finanzierung.[1] Eine solide Kapitalbasis ist eine wesentliche Voraussetzung für die unternehmerische Handlungsfähigkeit von Unternehmen.[2] Handlungsfähigkeit, eines der grundlegenden Elemente für die Leistungsfähigkeit unserer Wirtschaftsordnung, bestimmt die Wettbewerbsfähigkeit und damit den wirtschaftlichen Erfolg unternehmerischen Handelns. Der Bereitstellung von Risikokapital für den Unternehmenssektor kommt in diesem Zusammenhang eine fundamentale Bedeutung zu.[3]

Unternehmen reagieren und agieren in einem System von Beschaffungs- und Absatzmärkten. Der Finanzmarkt stellt einen wesentlichen Beschaffungsmarkt für Unternehmen dar. Bei existierenden Marktunvollkommenheiten stehen Unternehmen vor einer Gestaltungsaufgabe, um Engpässe zu überwinden. Die unternehmerische Finanzierungspolitik wird somit zum Instrument wettbewerbsorientierten Handels. Vor diesem Hintergrund stellt sich die Frage nach der optimalen Gestaltung von Finanzierungsbeziehungen im Kontext der institutionellen Rahmenbedingungen eines Finanzsystems. Die Institutionenstruktur eines Finanzsystems bestimmt dabei die Gewichtung unterschiedlicher Koordinationsmechanismen, die zum Ausgleich finanzieller Überschuß- und Defiziteinheiten führen sollen. Das deutsche Finanzsystem zeichnet sich im internationalen Vergleich durch eine hohe Intensität der Bankintermediation aus. Die Bereitstellung von Risikokapital über das Bankensystem stößt jedoch immer dann an ihre Grenzen, wenn Informationen und Anreize der Transaktionspartner asymmetrisch verteilt sind. An dieser Stelle bieten marktliche Koordinationsmechanismen potentiell Lösungen, die eine Aufbringung des notwendigen Risikokapitals ermöglichen.

Wissenschaft und Praxis widmen sich im Zusammenhang mit der Risikofinanzierung von Wachstumsunternehmen primär dem Problemkomplex effizienter Formen der Eigenkapitalbeschaffung. Hierbei konnten während der letzten Jahre wesentliche Fortschritte erzielt werden, wobei sich eine Annäherung des bankorientierten Finanzsystems Deutschlands an das anglo-amerikanische Modell der Kapitalmarktorientierung abzeichnet. Die wissenschaftliche Analyse allokativer Effizienzverbesserung durch funktionsfähige Fremdkapitalmärkte ist hingegen insbesondere in der deutschen Literatur nur unterentwickelt. Gleichfalls ist das Ausmaß

---

1 Vgl. OECD (1996), S. 5.

2 Vgl. Gerke (1995a), S. 1.

3 So stellt Breuer (1986), S. 49 fest, daß notwendige Investitionen oft deshalb unterbleiben, weil die finanziellen Risiken der Investition wegen der geringen Kapitalbasis nicht verkraftet werden können.

der Beschaffung von ausfallrisikobehaftetem Fremdkapital über den deutschen Anleihemarkt verschwindend gering. Ein Blick auf den US-amerikanischen Markt für Unternehmensanleihen läßt das enorme Potential erahnen, das in der Mobilisierung von Wachstumskapital über marktorientierte Koordinationsmechanismen liegt. Die kaum überschaubare Vielfalt staatlicher Förderungsprogramme zur Aufbringung von Fremdfinanzierungsmitteln für deutsche Wachstumsunternehmen erscheint vor diesem Hintergrund symptomatisch für das Dezifit eines funktionsfähigen Marktes für ausfallrisikobehaftete Unternehmensanleihen.

Die Tatsache, daß hochverzinsliche Unternehmensanleihen in den USA trotz temporärer Krisen seit knapp drei Jahrzehnten steigendes Interesse bei Emittenten und Anlegern finden, kann nicht als hinreichendes Argument dafür gewertet werden, daß sich dieselbe Finanzierungsform früher oder später an anderen nationalen Kapitalmärkten etablieren wird. Vielmehr ist zu untersuchen, ob sie eine effiziente Form der Kapitalaufbringung im Umfeld der geltenden nationalen Institutionenstruktur darstellt. In diesem Zusammenhang deutet ALCHIAN den dauerhaften Erfolg von Finanzierungsinstrumenten als eine Form des Kapitalmarkt-Darwinismus, denn „*[...] success (survival) accompanies relative superiority.*“[4] MILLER hingegen spricht bestehenden Finanzierungsformen eine gewisse Persistenz trotz fehlender Dominanz gegenüber alternativen vertraglichen Ausgestaltungen von Finanzierungsbeziehungen zu. „*The most that we can safely assert about the evolutionary process underlying market equilibrium is that harmful heuristics, like harmful mutations in nature, will die out. Neutral mutations that serve no function, but do no harm, can persist indefinitely.*“[5]

Die von MILLER aufgestellte These widerspricht dem Leitbild einer marktwirtschaftlichen Wirtschaftsordnung. Der andauernde Erfolg des US-amerikanischen High-Yield Marktes signalisiert einen notwendigen Effizienzvorteil dieser Finanzmarktpapiere, welchen es im Rahmen dieser Arbeit herauszustellen gilt.

2 ZIELSETZUNG UND GANG DER UNTERSUCHUNG

Ziel dieser Arbeit ist es, auf Basis finanztheoretischer Ansätze und empirischer Beobachtungen eine Prognose für die zukünftige Entwicklung eines Marktsegmentes für hochverzinsliche Unternehmensanleihen deutscher Emittenten zur Wachstumsfinanzierung abzuleiten. Dabei gilt es, zu untersuchen, ob High-Yield Anleihen als verbrieftes Substitut der bankvermittelten Kreditfinanzierung den Zugang zu Risikokapital verbessern und aus Investorenperspektive eine attraktive Wertpapiergattung darstellen können.

Im Mittelpunkt der Untersuchung steht dabei die Frage nach der Übertragbarkeit von Erfahrungen des US-amerikanischen Marktes für High-Yield Anleihen auf deutsche Rahmenbedingungen. Hierfür werden die wesentlichen Faktoren, welche die Entwicklung des US-

---

[4] Alchian (1950), S. 211. Vgl. auch Stigler (1958), S. 54-71 zur Diskussion des „survival principle“.

[5] Miller (1977), S. 273.

amerikanischen Marktes beeinflußt haben, analysiert und diese mit den aktuellen und den zukünftig zu erwartenden Strukturmerkmalen des deutschen Finanzsystems verglichen. Dies geschieht vor dem Hintergrund einer funktionsorientierten Analyse der Intermediationsstruktur von Finanzierungsmärkten, die zur Erklärung spezifischer Institutionen am Kapitalmarkt herangezogen wird.

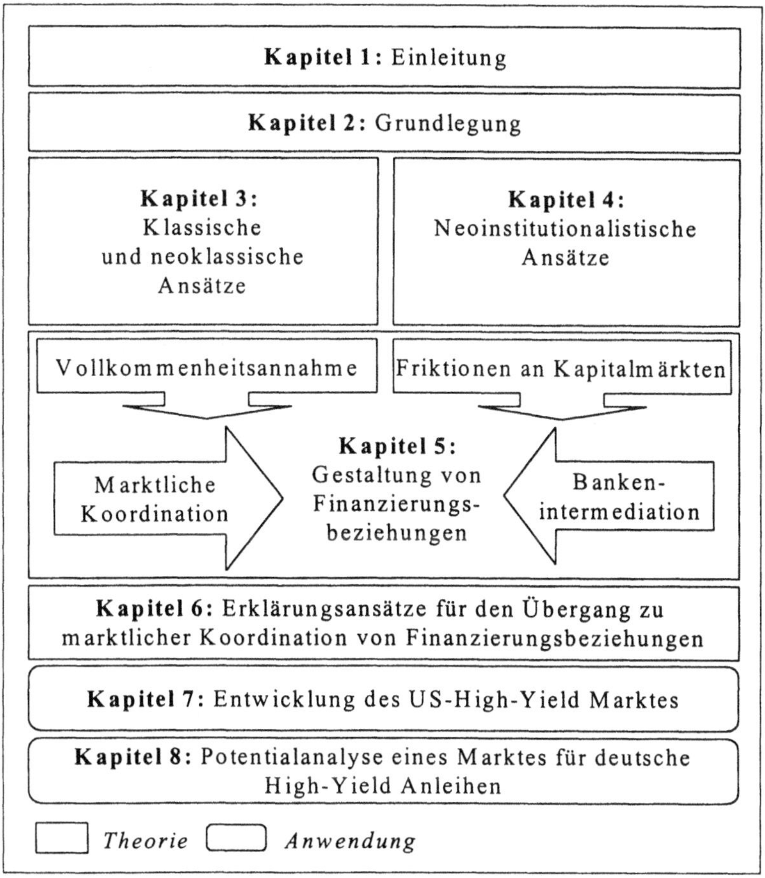

ABBILDUNG 1: AUFBAU DER ARBEIT

In Kapitel 2 werden die der Arbeit zugrunde liegenden Definitionen und Abgrenzungen des Untersuchungsobjektes vorgenommen. Zu diesem Zweck wird der Begriff der Risikofinanzierung vor dem Hintergrund der hinsichtlich ihrer konzeptionellen Trennschärfe als untauglich zu beurteilenden typologischen Einordung von Finanzierungsarten definitorisch abgegrenzt. Die sich anschließende Operationalisierung des Begriffs der High-Yield Anleihen wird um eine Darstellung der möglichen institutionellen Ausgestaltung von Finanzierungsbeziehungen ergänzt.

In Kapitel 3 erfolgt eine Beurteilung des Untersuchungsobjekts auf Grundlage der klassischen und neoklassischen Ansätze der Finanzierungsforschung. Im Mittelpunkt des neoklassischen Paradigmas steht dabei die Betonung der Finanzierung als marktbezogene Koordination und Bewertung von Ansprüchen, bei der institutionelle Aspekte grundsätzlich ausgeklammert werden. An die Analyse der klassischen und neoklassischen Ansätze, deren Erkenntnisse primär dem Verständnis des Bewertungsprozesses der Transaktionspartner einer Finanzierungsbeziehung dienen, schließt sich eine Untersuchung der Bewertungseffizienz von Anleihemärkten vor dem Hintergrund der Prognose- und Informationsfunktion von Anleiheratings an.

In Kapitel 4 werden neoinstitutionalistische Ansätze der Finanzierungsforschung vorgestellt und die wesentlichen Ergebnisse in Bezug auf das Untersuchungsobjekt zusammengefaßt. Hierbei wird explizit die institutionelle Ausgestaltung von Finanzierungsbeziehungen analysiert, um in einem zweiten Schritt die damit verbundenen agencyinduzierten Problembereiche und Lösungsmechanismen vor dem Hintergrund real existierender Friktionen an Kapitalmärkten darzustellen.

Hierauf aufbauend widmet sich Kapitel 5 einer Analyse der Gestaltung von Finanzierungsbeziehungen. Dabei werden zunächst die wesentlichen theoretischen Erklärungsansätze zur Finanzmarktintermediation vorgestellt, um daran anschließend das Phänomen der Kreditrationierung genauer zu beleuchten. Es folgt eine Darstellung des Disintermediationsprozesses im allgemeinen sowie eine Untersuchung des Verbriefungstrends als Teilprozeß der Ausschaltung von Finanzmarktintermediären durch Rückkehr zu marktlichen Koordinationsformen.

Kapitel 6 untersucht die dynamische Komponente institutioneller Koordinationsformen von Finanzierungsbeziehungen. Die Bewertung unterschiedlicher Ausgestaltungen von Finanzierungsbeziehungen erfolgt dabei auf Basis einer funktionalen Betrachtungsweise. Die rein statische Perspektive der neoklassischen und institutionalistischen Finanzierungstheorie wird hierbei durch die Theorie der Finanzinnovationen um eine dynamische Komponente erweitert, um daraus in einem zweiten Schritt Erklärungsansätze für das Securitizationsphänomen zu deduzieren.

Auf Basis der in den vorangegangenen Kapiteln erarbeiteten theoretischen Grundlage folgt in Kapitel 7 eine Analyse der US-amerikanischen Marktes für High-Yield Anleihen. Nach einer komprimierten Darstellung der Entwicklungsgeschichte werden die erfolgsbestimmenden Umfeldfaktoren identifiziert und deren Veränderung im Zeitablauf diskutiert.

Kapitel 8 widmet sich schließlich der Frage, ob sich auf der Grundlage der aus der Untersuchung des US-amerikanischen Marktes gewonnenen Erkenntnisse eine ähnliche Entwicklung für den deutschen Anleihemarkt prognostizieren läßt. Hierbei gilt es, eine Bestandsaufnahme des deutschen Finanzsystems zu erarbeiten, an die sich eine Analyse der Wachstumsfaktoren vor dem Hintergrund der zu erwartenden Marktumfeldbedingungen anschließt.

Kapitel 9 faßt die wesentlichen Ergebnisse der Arbeit zusammen.

II Begriffliche Abgrenzung und grundlegende Bemerkungen

Eine wissenschaftliche Durchdringung realer Problemkomplexe bedarf der Bildung und Präzisierung von Begriffen, mit Hilfe derer das Forschungsobjekt aus der Problemverbundenheit der Realität isoliert und in ein gedankliches System gebracht wird.[6] Somit erfüllt die folgende begriffliche Abgrenzung eine Selektions- und Ordnungsfunktion. Wegen der entscheidenden Bedeutung der verwendeten Begriffe für die Adäquatheit einer wissenschaftlichen Untersuchung in bezug auf die untersuchten Probleme stellt die folgende Abgrenzung eine Definition des Grades wissenschaftlicher Durchdringung dar.

Die folgenden Ausführungen dienen neben einer begrifflichen Abgrenzung des Untersuchungsgegenstandes gleichfalls einer Begründung des auf der Grundlage dieser Begriffsdefinitionen gewählten logischen Aufbaus der Argumentation. Es werden hierzu nachfolgend die wesentlichen Finanzierungsbegriffe der finanzwissenschaftlichen Literatur dargestellt und eine Eingrenzung im Sinne des verfolgten Untersuchungsziels vorgenommen. Die sich daran anschließende Kritik an einer typologischen Trennung zwischen Eigen- und Fremdkapital dient der Hervorhebung der Schwächen eines auf Idealtypen basierenden Bewertungsansatzes der beiden Finanzierungsarten. Hierauf aufbauend wird eine Begriffsdefinition von Risikokapital vorgestellt, welche die Schwächen typologisierender Ansätze umgeht und dazu dient, in einem nächsten Schritt den Begriff „High-Yield Anleihen" zum Zwecke der Untersuchung einzugrenzen. Im Anschluß wird das Lebensphasenkonzept der Unternehmensfinanzierung dargestellt, um die Besonderheiten der Wachstumsfinanzierung herauszustellen. Der letzte Teil dieses Kapitels stellt die Bedeutung der institutionellen Form von Finanzierungsbeziehungen heraus. Dabei gilt es insbesondere, die grundsätzlichen Unterschiede von bank- und marktbasierten Finanzsystemen zu beschreiben und den substitutiven Charakter unterschiedlicher institutioneller Augestaltungsformen der Fremdfinanzierung zu hinterfragen.

1 Finanzierungsbegriff

In der Literatur wird der Finanzierungsbegriff hinsichtlich seines Inhaltes zunehmend differenziert angewandt.[7] Hax definiert Finanzierung als „[...] die Beschaffung des für die Durchführung der betriebsnotwendigen Investitionen erforderlichen Kapitals".[8] Im Rahmen der Untersuchung dieser Arbeit bietet sich eine Eingrenzung des Finanzierungsbegriffs auf die Kapitalbeschaffung an. Kapitaldispositionen werden damit explizit nicht berücksichtigt. Somit grenzt sich der hier verwendete Finanzierungsbegriff vom projekt-orientierten Ansatz Schmalenbach's ab, dessen Erkenntnisobjekt den Zweck von Finanzierung in Form der Be-

---

6 Vgl. Grochla (1976), Sp. 414.

7 Vgl. Swoboda (1991), S. 1-4, Franke/Hax (1995), S. 6-17. Schneider (1992), S.17 erscheint der „[...] Meinungssalat beim Begriff der Finanzierung furchterregend." Er grenzt deshalb den Finanzierungsbegriff auf Zahlungsströme ein. Vgl. derselbe, S. 20.

reitstellung finanzieller Mittel für die Durchführung außergewöhnlicher finanztechnischer Geschäfte umfaßt.[9]

Eine weitere Abgrenzung des innerhalb der vorliegenden Arbeit verwendeten Finanzierungsbegriffs soll hinsichtlich der Festlegung eines optimalen Verschuldungsgrades vorgenommen werden. Diesem Problemkomplex widmet sich der bilanzstruktur-orientierte Ansatz der Finanzierungsliteratur und entwickelt Normen, deren finanzwirtschaftliche Bedeutung aus dem empirisch relevanten Sachverhalt der Einstellung von Kapitalgebern resultiert.[10] Die formale Strukturierung der finanziellen Mittelsituation wird innerhalb dieses Ansatzes auf Basis normativer Finanzierungsregeln analysiert und daraus Handlungsempfehlungen abgeleitet. Eine Untersuchung der Finanzierung über High-Yield Anleihen vor dem Hintergrund bilanzstruktur-orientierter Forschungserkenntnisse wird innerhalb dieser Arbeit nicht vorgenommen.

Innerhalb der betriebswirtschaftlichen Kapitaltheorie hat sich der kapitaltheoretisch-orientierte Forschungsansatz der Finanzierung herausgebildet. Dieser auf die simultane Optimierung von Investitions- und Finanzierungsvorgängen konzentrierte Ansatz basiert streng genommen auf einem Totalmodell, dessen Komplexität durch Selektion einzelwirtschaftlicher Fragestellungen unter Ausblendung voneinander abhängiger Größen reduziert wird.[11] Innerhalb dieses Ansatzes umfaßt eine Finanzierungsaktivität allein die Kapitalbeschaffung, nicht dagegen die Kapitalverwendung. Im Mittelpunkt steht dabei das Verständnis von Finanzierungs- und Investitionsvorgängen als Zahlungsströme umgekehrter Vorzeichen.[12] Auf Grundlage kosten- und beschaffungstheoretischer Erklärungsmodelle wird eine zielentsprechende, optimale Gestaltung des Zahlungsmittelbereiches ermittelt.[13]

Der vorliegenden Arbeit liegt ein kapitaltheoretisch-orientierter Finanzierungsbegriff zugrunde. Insbesondere wird von bilanzstruktur- und projekt-orientierten Problembereichen der Finanzierung abstrahiert. Somit kommt grundsätzlich der Frage nach dem konkreten Finanzierungsanlaß keine Bedeutung zu. Hinsichtlich einer quellen-orientierten Systematisierung des Finanzierungsbegriffs läßt sich die Bereitstellung von Finanzmitteln durch endogene und

---

8 Hax (1966), S. 414. Zum Kapitalbegriff siehe Preiser (1953), S. 14-38.

9 Vgl. Schmalenbach (1915). Hierbei werden vor allem die Vorgänge der Gründung, Umwandlung, Fusion, Kapitalerhöhung und Liquidation getrennt behandelt.

10 Vgl. Grochla (1976), Sp. 423.

11 Ein solches Totalmodell stößt dabei sowohl an technische als auch konzeptionelle (Aggregation von Zielfunktionen) Grenzen. Ein Rückgriff auf partielle Optimalität verstellt hingegen den Blick auf die Erreichung übergeordneter Unternehmensziele. Vgl. Rudolph (1983), S. 261.

12 Vgl. Kapitel 2.1.3.

13 Vgl. Grochla (1976), Sp. 426. Hierzu Süchting (1995), S. 18: „Finanzierung umfaßt alle zur Aufrechterhaltung des finanziellen Gleichgewichts der Unternehmung erforderlichen Maßnahmen."

exogene Quellen unterscheiden.[14] Erkenntnisobjekt dieser Arbeit stellt dabei ausschließlich die exogene Finanzierung durch Fremdkapital dar.

2 Typologische Einordnung der Finanzierungsarten

Der Untersuchungsgegenstand der vorliegenden Arbeit stellt die Fremdkapitalfinanzierung in Form von verbrieften Forderungsrechten dar. Somit wird eine begriffliche Abgrenzung der beiden idealtypischen Finanzierungsarten Eigen- und Fremdkapital notwendig. Die Frage, wie weit der Begriff des Fremdkapitals sinnvollerweise zu fassen ist, hängt vom spezifischen Untersuchungszweck ab.[15] Aus diesem Grund soll im folgenden Kapitel in einem ersten Schritt eine Darstellung der in der Literatur üblichen Typologisierung der Finanzierungsarten vorgenommen werden, um diese im Anschluß kritisch hinsichtlich ihrer Eindeutigkeit und Zweckmäßigkeit vor dem Hintergrund der Risikofinanzierung durch High-Yield Anleihen, wie sie im darauffolgenden Kapital näher zu definieren sind, zu analysieren.

Zur Abgrenzung der Finanzierungsarten durch ihre spezifischen Merkmale und Funktionen existieren in der Literatur zahlreiche Vorschläge,[16] die sich danach unterscheiden, ob zur Abgrenzung auf nur ein Kriterium zurückgegriffen wird oder mehrere Kriterien herangezogen werden.[17] Eine Typologisierung beider Finanzierungsarten wird durch Aufzählung der für die jeweilige Finanzierungsart typischen Merkmale vollzogen. Folgende Tabelle stellt die in der Literatur üblichen Merkmale idealtypischer Finanzierungsarten vor.[18]

Kriterium	Eigenkapital	Fremdkapital
Vermögensanspruch	Quotenanspruch	Nominalanspruch
Vergütung	Erfolgsabhängig	Erfolgsunabhängig
Haftung	Volle Haftung	Keine Haftung
Verfügbarkeit	Nicht befristet	Befristet
Herrschaftsanspruch	Mitbestimmung	Keine Mitbestimmung

Tabelle 1: Merkmale idealtypischer Finanzierungsarten

---

14 Innerhalb des quellen-orientierten Ansatzes wird primär die Beziehung zwischen Unternehmen und Kapital- bzw. Geldmarkt untersucht. Neben der exogenen Finanzierung liegt ein Schwerpunkt dieses Ansatzes auf der Untersuchung von Möglichkeiten der Innenfinanzierung. Vgl. Grochla (1976), Sp. 421.

15 Vgl. Gnan (1990), S. 42.

16 Es ist hierbei festzustellen, daß die Begriffe „Merkmale" und „Funktionen" nicht durchgängig klar voneinander getrennt werden. So sind Merkmale wie Haftung oder Mitbestimmung zugleich Eigenkapitalfunktionen.

17 Swoboda (1985), S. 344 spricht in diesem Zusammenhang von monistischen (nur ein Kriterium) und pluralistischen (mehrere Kriterien) Definitionen.

18 In Anlehnung an Perridon/Steiner (1995), S. 321, Süchting (1995), S. 28 sowie Vormbaum (1995), S. 37-39.

Das Kriterium des Vermögensanspruchs unterscheidet die beiden Idealformen hinsichtlich des Anspruchs auf Rückzahlung der zur Verfügung gestellten Finanzierungsmittel. Während dem Fremdkapitalgeber der Anspruch auf Rückzahlung seiner nominalen Kapitalüberlassung zusteht, haben Eigenkapitalgeber entsprechend ihrem Anteil am Gesamtkapital des Unternehmens Anspruch auf ein Auseinandersetzungsvermögen (Residualanspruch).[19] Einer eindeutigen Trennung der Finanzierungsarten auf Basis dieses Kriteriums steht entgegen, daß im Insolvenzfall der Anspruch von Fremdkapitalgebern ebenfalls auf einen entsprechenden Quotenanteil lautet. SCHNEIDER hält dem entgegen, daß sich der Vermögensanspruch der Kapitalgeber auf den Zeitpunkt des Vertragsabschlusses der Finanzierungstransaktion bezieht.[20]

Bezüglich der Vergütung der Bereitstellung von Kapital unterscheiden sich die beiden Finanzierungsarten nach der Abhängigkeit von Zahlungen vom laufenden Ergebnis des Unternehmens.[21] Die Erfolgsabhängigkeit der Verzinsung des bereitgestellten Kapitals ist insbesondere in Hinblick auf die Unternehmensliquidität in ertragsschwachen Perioden von Bedeutung. In der Literatur wird dabei zwischen einem Restbetragsanspruch des Eigenkapitals und einem Festbetragsanspruch von Fremdkapital gesprochen.[22] SCHNEIDER führt an, daß eine Differenzierung auf Basis der Vergütung in Analogie zum Kriterium des Vermögensanspruchs ausschließlich nach der vertraglichen und damit planmäßigen Ertragsabhängigkeit vorgenommen werden kann.[23] Eine Abweichung von der planmäßigen Vergütung von Fremdkapitalansprüchen ist dagegen durch die Möglichkeit der Insolvenz gegeben. Zusätzlich existieren zahlreiche Finanzierungsformen, deren Vergütung vom Idealtyp der Ertrags(un)abhängigkeit abweichen. Hierzu gehören Finanzierungsinstrumente wie z.B. Vorzugsaktien oder Gewinnobligationen. Folglich fehlt auch bei diesem Kriterium die erforderliche Trennschärfe.

Der Begriff der Haftung kennzeichnet primär einen Rechtsbegriff, dessen wirtschaftlicher Sachverhalt vor dem Hintergrund der Themenstellung dieser Untersuchung eine wesentliche Rolle für die Bewertung alternativer Finanzierungsformen einnimmt. Rechtlich beinhaltet der Haftungsbegriff das Einstehenmüssen für die Erfüllung einer Schuld.[24] SCHNEIDER interpretiert die Haftungseigenschaft von Kapital als „[...] Puffer vor einer Insolvenz der Unternehmung, d.h. ihrem Unvermögen, in Betrag und Zeitpunkt festliegende Auszahlungsansprüche bei Fälligkeit zu erfüllen."[25,26] Eine pauschale Charakterisierung des Eigenkapitals als einzig

19 Vgl. Drukarczyk (1996), S. 4.

20 Vgl. Schneider (1987), S. 186.

21 Zupancic (1989), S. 59f. unterscheidet zwischen mittelbarer (von minimalem Ergebnis abhängiger) und unmittelbarer (von minimalem und maximalem Ergebnis abhängiger) Erfolgsabhängigkeit.

22 Vgl. Schneider (1992), S. 48.

23 Derselbe, S. 48.

24 Vgl. Schneider (1992), S. 49.

25 Schneider (1987), S. 187.

26 Vormbaum spricht in diesem Zusammenhang von der Voraushaftungsfunktion des Eigenkapitals. „Die Fremdkapitalgeber erwarten aus Gründen der Sicherheit für ihr Kapital ein den Risiken der Betriebswirt-

haftendes Kapital unterschlägt den Umstand einer möglichen Unterdeckung fälliger Fremdkapitalansprüche durch zur Verfügung stehendes Eigenkapital. Bei Insolvenz des Schuldners wird somit i.d.R. das verwertbare Eigenkapital[27] nicht ausreichen, um sämtliche Fremdkapitalansprüche zu befriedigen. Im Falle einer quotalen Rückzahlung nicht erstrangig besicherter Forderungen kommt solchen Ansprüchen demzufolge ebenfalls eine Haftungsfunktion zu. Die Existenz einer Vielzahl unterschiedlicher Finanzierungsformen mit von den idealtypischen Kapitalarten abweichenden Haftungsprioritäten läßt eine eindeutige Abgrenzung somit nicht zu.[28] Festzuhalten bleibt, daß mit steigender Verschuldung bzw. höherem Geschäftsrisiko Fremdkapitalansprüche zunehmend Haftungsrisiken übernehmen.[29] Eine eindeutige Trennung einzelner Finanzierungsformen bezüglich ihrer Zugehörigkeit zur Fremd- bzw. Eigenkapitalfinanzierung ohne Berücksichtigung der relativen Anspuchsrangfolge auf Basis ihrer Haftungsfunktion erscheint daher willkürlich.

In Hinblick auf den Zeithorizont der Kapitalüberlassung trennt das Kriterium der Verfügbarkeit zwischen unbefristetem und befristetem Kapital. Die Eigenschaft der Befristung ist eng mit der Haftungsfunktion verbunden.[30] Zur Erfüllung seiner Aufgabe der Voraushaftung muß haftendes Kapital über den gesamten Finanzierungshorizont der Tätigkeit der Unternehmung zur Verfügung stehen.[31] Eine betriebswirtschaftliche Interpretation der relativen Befristung einer Kapitalüberlassung als dauerhaft bedarf demnach einer Präzisierung des finanziellen Planungshorizonts des Kapitalnehmers. Für die Festsetzung des gesuchten Planungshorizonts gilt es, den Planungsbereich zu finden, für welchen die Kapitalüberlassung von wesentlicher Bedeutung ist.[32] Vor dem Hintergrund eines zahlungsstromorientierten Finanzierungsbegriffs[33] wird die periodenbezogene Übereinstimmung von Kapitalbedarf und Kapitalaufbringung zum relevanten Planungsbereich.[34] Geht man von einer durchschnittlichen Armortisati-

---

schaft angemessenes voraushaftendes Eigenkapital". Vormbaum (1995), S. 36. Hier wird erneut deutlich, daß die Lehrbuchliteratur ausschließlich von idealtypischen Finanzierungsformen ausgeht.

27 Vgl. Arnim (1976), Sp. 284. Hierbei soll von einer juristischen Betrachtungsweise des Eigenkapitals als Differenz zwischen Gesamtvermögen und nominell fixierten Fremdkapital ausgegangen werden.

28 Als Beispiel seien an dieser Stelle Vorzugsaktien erwähnt, deren Priorität hinsichtlich Dividende und Liquidationserlös von der idealtypischen Zweiteilung zwischen Eigen- und Fremdkapital abweicht. Gesellschafterdarlehen erfüllen dagegen im Konkursfall unter bestimmten Bedingungen die Funktion von haftendem Kapital.

29 Gesellschafterdarlehen werden in der Literatur teilweise zum haftenden Kapital gezählt. Dies entspricht insbesondere vor dem Hintergrund des Haftungstatbestandes eigenkapitalersetzender Darlehen der juristischen Haftungssituation und steuerlichen Behandlung nach § 15 I S. 1 Nr. 2 EStG. Vgl. Eichwald (1995), Sp. 1263 und Richter (1995), Sp. 1769 zur einkommenssteuerlichen Behandlung.

30 Vgl. Krümmerl (1983), S. 24 und 95.

31 Vgl. Vormbaum (1995), S. 36.

32 Vgl. Zupancic (1989), S. 63, der den Planungszeitraum als ökonomischen Horizont des Planers definiert, der von objektiven sowie subjektiven Elementen abhängt. Auf Basis der von Fischer/Jansen/Meyer (1975) durchgeführten empirischen Untersuchung zum Zeitraum von Finanzplanungen geht Zupancic von einem für die Dauerhaftigkeit relevanten Planungszeitraum von 5 Jahren aus.

33 Vgl. Kapitel 2.1.

34 Dieser Betrachtungsweise folgend werden finanzielle Mittel nach Maßgabe der betrieblichen Vorgänge gebunden und freigesetzt. Entsprechend sind finanzielle Prozesse rein betrieblich induziert. Vgl. Hofer

onsdauer betriebsnotwendigen Vermögens von 10 Jahren aus, so kann argumentiert werden, daß aus ökonomischer Perspektive Fremdfinanzierungsmittel mit Laufzeiten ab 10 Jahren als unbefristet betrachtet werden können, sofern die Möglichkeit eines Kapitalabzugs von Seiten der Kapitalgeber ausgeschlossen ist.[35] Gleichfalls besteht auch im Falle einer klassischen Eigenkapitalfinanzierung die Möglichkeit, durch eine ordentliche Kapitalherabsetzung seitens der Anteilseigner die Verfügbarkeit der Finanzierungsmittel planmäßig zu verkürzen, so daß auch hier eine Befristung der Kapitalbereitstellung nicht ausgeschlossen ist. Eine eindeutige Abgrenzung der Finanzierungsarten aufgrund einer isolierten Betrachtung der ökonomischen Verfügbarkeit erscheint demnach gleichfalls problematisch.

Die mangelnde Eindeutigkeit einer auf den Herrschaftsanspruch zurückgreifenden Typologisierung wird insbesondere im Hinblick auf die Mitbestimmungsfunktion deutlich. So drängt sich die Frage auf, inwieweit Informations,- Mitsprache- und Vetorechte von Kreditgebern unter die Mitbestimmungsfunktion zu subsumieren sind. FAMA relativiert den an den Eigentumsbegriff gebundenen Herrschaftsanspruch noch weitgehender, indem er das Eigentum am Unternehmen an sich in Frage stellt.[36] Eigentum besteht laut FAMA lediglich an den Ansprüchen, denen spezifische Finanzierungsverträge zugrunde liegen. Eine Abgrenzung von Fremd- und Eigenkapital anhand der wirtschaftlichen Eigentümereigenschaft von Kapitalgebern wird somit ebenfalls hinfällig. Hinsichtlich der juristischen Eigentümereigenschaft gilt, daß die Berechtigung zur Vertretung nach innen und nach außen[37] ex definitione an Herrschaftsrechte gebunden ist.[38] Ob die rein juristische Leitungsbefugnis des Eigenkapitals hingegen wirtschaftliche Relevanz erhält, ist insbesondere deshalb fraglich, da Unternehmen als Institution am Kapitalmarkt regelmäßig durch die Trennung von Eigentum und Verfügungsmacht gekennzeichnet sind. Zusätzlich kann gegen das Merkmal des Herrschaftsanspruchs als brauchbares Abgrenzungskriterium von Fremd- und Eigenkapital angeführt werden, daß der Insolvenztatbestand i.d.R. einen erzwungenen Eigentumstransfer vorsieht.[39] Eine eindeutige Typologisierung auf Basis dieser Merkmalsausprägung scheint deshalb ebenfalls fraglich.

Zusammenfassend kann festgehalten werden, daß eine ökonomisch sinnvolle Abgrenzung der Finanzierungsarten anhand der isolierten Betrachtung einzelner typologisierender Merkmalsausprägungen aufgrund fehlender Trennschärfe nicht möglich ist.[40] Aus der dargestellten Kritik wurde insbesondere deutlich, daß die Existenz von Finanzierungsinstrumenten, deren ver-

---

(1971), S. 15. Gutenberg (1969), S. 125 weist darauf hin, daß sich darüber hinaus finanzielle Vorgänge innerhalb der Unternehmung abwickeln, die eine gewisse Autonomie vom betrieblichen Geschehen aufweisen.

35 Vgl. Schneider (1992), S. 31-35 zu zeitlichen und finanziellen Voraussetzungen von Planungsperioden.

36 Vgl. Fama (1980), S. 289.

37 Vgl. Arnim (1976), Sp. 287.

38 Vgl. Zupancic (1989), S. 49.

39 Vgl. Drukarczyk (1993), S. 351f. sowie Drukarczyk (1984), S. 141-159.

40 Vgl. Swoboda (1985), S. 347.

tragliche Ausgestaltung vom Idealtyp der klassischen Finanzierungsinstrumente des Eigen- bzw. Fremdkapitals abweicht, eine pauschale Zuordnung arbiträr erscheinen läßt.

Eine Aufzählung von idealtypischen Merkmalen einer Finanzierungsform schafft Typusbegriffe; eine eindeutige Definition wird lediglich für „ideales Eigenkapital" bzw. „ideales Fremdkapital" geschaffen. Infolge der Vielfalt der Ausprägungen finanzieller Ansprüche kann eine eindimensionale Zuordnung in zwei Gruppen von Kapitalarten jedoch nur didaktischen Wert haben.[41] Alternative Definitionen der Kapitalarten basieren dagegen auf Rechtsbegriffen und den darauf aufbauenden Meßzielen.[42] Eine wesentliche Schwäche einer derartigen Katalogisierung ist eine auf die teilweise stark heterogenen Funktionen juristischer Meßziele zurückzuführende zweckbestimmte Sichtweise.

In der Literatur wird versucht, diesem Problem durch die Einführung des Begriffs „Zwischenformen der Finanzierung"[43] zu begegnen. Eine derartige Lösung ist deshalb abzulehnen, da die Einführung eines weiteres Begriffs zur Beschreibung nicht eindeutig definierbarer Kapitalarten keinen Erkenntnisgewinn verspricht. BARCLAY/SMITH greifen diese Erkenntnis auf und entwickeln ein empirisch gestütztes Modell zur Charakterisierung der Finanzierungseigenschaften unterschiedlicher Formen der Fremdfinanzierung. Ausgehend von der Feststellung, daß sich die finanzwissenschaftliche Literatur auf die Annahme homogener Fremdfinanzierungsmittel stützt,[44] zeigen die Autoren die grundsätzlich unterschiedlichen Finanzierungseigenschaften von Forderungstiteln anhand von acht Kriterien.[45]

Der dargestellten Problematik einer eindeutigen Abgrenzung von Finanzierungsarten anhand ihrer Merkmale folgend wird auf eine typologische Einordnung von High-Yield Anleihen in dieser Arbeit verzichtet. Es konnte gezeigt werden, daß eine Bewertung alternativer Finanzierungsformen auf Basis ihrer formalen Zuordnung zum Fremd- oder Eigenkapital nicht sinnvoll erscheint. Die dieser Arbeit zugrunde liegende Fragestellung stellt demgegenüber auf eine spezifische Finanzierungsfunktion in Form der Bereitstellung von Risikokapital für Wachstumsunternehmen ab. Eine an der Finanzierungsfunktion orientierte Beurteilung von Kapitalmarktinstrumenten bedarf zuvor einer Begriffsbestimmung der Risikofinanzierung.

---

41 Vgl. Swoboda (1985), S. 355.

42 Vgl. hierzu Schneider (1992), S. 44-46 und Schneider (1987), S. 185.

43 Vgl. Süchting (1995), S. 27. Der Begriff „Zwischenformen" wird ebenfalls vom statistischen Bundesamt im Rahmen periodischer Erhebungen über die Bilanzen von Kapitalgesellschaften benutzt. Vgl. Statistisches Bundesamt (1993).

44 „Most discussions of corporate capital structure effectively assume that all debt is the same. Yet debt differs by maturity, covenant restrictions, conversion rights, call provisions, and priority." Barclay/Smith (1995), S. 899.

45 Die Autoren untersuchen dabei Rangrechte, Konkursauslösung, Kontrollrechte, steuerliche Abzugsfähigkeit, Abschreibung, Emissionskosten, sowie Besteuerung auf Emittenten- und Investorenebene. Vgl. Barclay/Smith (1995), S. 900.

3 Risikofinanzierung und Risikokapital

Risikofinanzierung stellt einen Teilbereich der Unternehmensfinanzierung dar.[46] Die Begriffe „Risiko-“ „Wagnis-“ oder auch „Chancenfinanzierung“ werden in der Literatur substitutiv und überwiegend im Zusammenhang mit der Beteiligungsfinanzierung verwendet,[47] ohne daß eine begriffliche Abgrenzung vorgenommen wird, die das Wesen dieser Finanzierungsform exakt trifft.[48] Als Grundlage dieser Arbeit soll im folgenden unter Risikofinanzierung die Bereitstellung von Risikokapital durch unternehmensexterne Investoren verstanden werden.[49] Diese Begriffsdefinition schließt jede Art der endogenen Unternehmensfinanzierung in Form einer internen Aufbringung finanzieller Mittel aus zurückbehaltenen Gewinnen, freigestelltem Kapital und Vermögensumschichtungen aus.[50]

Der Begriff des Risikokapitals lehnt eng an der Haftungsfunktion der zur Verfügung gestellten Finanzierungsmittel an. „Jedes haftende Kapital ist mit Risiko verbunden.“[51] Unter Risiko ist in diesem Zusammenhang die Unsicherheit bezüglich zukünftiger Zahlungsansprüche zu verstehen.[52] Unsicherheit beschreibt dabei den Fall, in dem keine deterministischen Erwartungen bezüglich zukünftiger Ereignisse existieren.[53] Eine Qualifikation als haftendes Kapital bedingt nicht notwendigerweise eine bilanzorientierte Zuordnung zum Beteiligungskapital, wie sie in der Literatur häufig vorgenommen wird.[54] Vielmehr sollen unter dem Begriff des Risikokapitals im Rahmen dieser Arbeit jene Finanzierungsmittel subsumiert werden, die für risikoreiche Investitionen bereitstehen[55] und andere Zahlungsansprüche vor Risiken teilweise abschirmen.[56]

---

46 Vgl. Sidler (1996), S. 1.

47 Vgl. Nevermann (1986), S. 15.

48 Vgl. Stedler/Peters (1983), S. 988. In der Literatur wird darauf verwiesen, daß es bislang keine geeignete Definition des Begriffs „Risikokapital“ gibt. Vgl. Albach (1983), S. 6, Albach (1984), S. 19, Schneider (1987).

49 Es sei darauf hingewiesen, daß der Begriff „Kapital“ im Rahmen dieser Arbeit durch betriebswirtschaftliche Inhalte gekennzeichnet ist. Davon abweichend existiert der weit enger gefaßte bilanzielle Begriff des Kapitals und Vermögens. Vgl. Zupancic (1989), S. 45.

50 Eine Systematisierung dieser Finanzierungsformen findet sich bei Perridon/Steiner (1995), S. 322.

51 Nevermann (1986), S. 15.

52 Drukarczyk (1996), S. 181 definiert Risiko als Eintritt eines nachteiligen finanziellen Ergebnisses. Demgegenüber stellt er Chancen in Form des Eintritts vorteilhafter finanzieller Ergebnisse.

53 Auf eine weitergehende Differenzierung von Unsicherheit, wie sie der Entscheidungstheorie zugrunde gelegt wird, soll an dieser Stelle nicht weiter eingegangen werden. Vgl. hierzu Bamberg/Coenenberg (1996), S. 16-23.

54 Vgl. Kapitel 2.1.

55 Vgl. Albach (1993), S. 6, wobei dieser dem Risikokapital weitere Merkmalsausprägungen zuordnet (keine Rückzahlungspflicht, keine Kündigungsrechte, kein fester Zinsanspruch), die typische Eigenschaften des Beteiligungskapitals darstellen.

56 Vgl. Schneider (1992), S. 51, der darauf hinweist, daß diese beiden Interpretationen nicht gezwungenermaßen deckungsgleich sind. Insbesondere führt die Erstere zum Zwecke der Abgrenzung zwischen Eigen- und Fremdkapital nicht weiter.

Während der erstgenannte, *dispositionsbezogene* Definitionsansatz von Risikokapital eine Abgrenzung risikoreicher von risikoarmen Investitionen bedarf, erscheint der *haftungsbezogene* Ansatz vor dem Hintergrund der dieser Arbeit zugrunde liegenden Problematik angemessen. Der Haftungsfunktion kommt in der vorliegenden Untersuchung somit eine fundamentale definitorische Bedeutung zu.

Im folgenden wird unter dem Begriff der Risikofinanzierung die Bereitstellung solcher Finanzierungsmittel verstanden, die eine Pufferfunktion gegenüber anderen Zahlungsansprüchen übernehmen, deren Anspruchsberechtigte ihr Vermögen weniger risikoreich anlegen wollen als dieses von Risikokapitalgebern angenommen werden kann.

Auf Basis einer derartigen Definition von Risikokapital ist festzuhalten,

(a) *daß die Rechtsbegriffe von Fremd- und Eigenkapital als Meßziele*[57] *keine eindeutige Zuordnung zum Risikokapital erlauben,*

(b) *daß bei fehlendem Insolvenzrisiko die Existenz von Risikokapital definitorisch keinen Sinn macht,*

(c) *daß die rechtliche Rangfolge hinsichtlich der Berücksichtigung von Auszahlungsansprüchen zum entscheidenden Merkmal von Risikokapital wird.*

Als ein weiteres Teilgebiet der Unternehmensfinanzierung hat die Venture Capital Finanzierung in den vergangenen Jahren gestiegenes Interesse geweckt.[58] Eine Abgrenzung des Venture Capital zu dem in dieser Arbeit behandelten Risikokapital basiert auf dem Fehlen der Mitwirkung an unternehmerischen Zielen durch die Kapitalgeber, welches zu den konstitutiven Merkmalen der Venture Capital Finanzierung zählt.[59] Die Einflußnahme der Kapitalgeber auf die Unternehmensführung stellt somit den wichtigsten Unterschied zwischen der High-Yield und der Venture Capital Finanzierung dar. Der Venture Capitalist partizipiert an der neuen Unternehmung durch Eigenkapitaleinlage; sein Risiko wird somit durch die Möglichkeit der direkten Einflußnahme auf den unternehmerischen Entscheidungsprozeß zum Teil aufgewogen. Es bleibt jedoch festzuhalten, daß beide Finanzierungsformen durch konzeptionelle Charakteristika miteinander verbunden bleiben.[60] Eine funktionsorientierte Perspektive offenbart, wie im nachfolgenden Kapitel gezeigt wird, eine nicht unbedeutende Schnittstelle der Finanzierungsformen in der Unternehmensentwicklung. Beschränkt man die Abgrenzung von Venture Capital auf privat plazierte Formen der Wachstumsfinanzierung, so stellen High-

---

57 Vgl. Schneider (1992), S. 44.

58 Zur Definition von Venture Capital vgl. Albach, (1983), S. 6, Müller (1984), S. 2, Nevermann (1986), S. 18, Gerke (1996), S.19, Hartmann-Wendels (1997), S. 16.

59 Vgl. Lill (1995), S. 10 sowie Nathusius (1985), S. 348 und S. 352, der die Venture Capital-Finanzierung noch weitgehender eingrenzt, als daß diese lediglich auf Unternehmen geringer Erträge mit erkennbarem Entwicklungspotential anwendbar ist.

Yield Anleihen eine „[...] funktionale öffentliche Fortsetzung [...]“[61] im Rahmen des Finanzierungszyklus dar.

Im weiteren Verlauf dieser Arbeit wird untersucht, in welchem Ausmaß sich High-Yield Anleihen vor dem Hintergrund der Haftungsfunktion zur Risikofinanzierung eignen. Hierbei wird zu prüfen sein, ob eine High-Yield Finanzierung Merkmale von beteiligungsähnlichem Kapital besitzt und in welcher Weise sie in der Lage ist, Engpässe alternativer Aufbringungsformen von Haftungskapital zu überwinden bzw. als Ergänzung zu dienen.

4 HIGH-YIELD ANLEIHEN

Der Begriff „High-Yield Anleihen“[62] stellt zunächst eine Kombination aus dem Gattungsbegriff eines Fremdfinanzierungsinstruments und einer qualitativen Beschreibung der anleihespezifischen Renditeeigenschaft dar. Eine derart unpräzise Abgrenzung erscheint für die vorliegende wissenschaftliche Untersuchung ungeeignet. Aus diesem Grund soll an dieser Stelle eine Eingrenzung des Untersuchungsobjektes erfolgen.

In einem ersten Schritt ist es notwendig, den Gattungsbegriff der Anleihe auf solche Fremdfinanzierungsinstrumente einzugrenzen, die in der Literatur unter der Bezeichnung der Industrieobligation subsumiert werden. Hierbei handelt es sich um langfristige Schuldverschreibungen von Unternehmen,[63] die auf einen bestimmten Nominalbetrag lauten, i.d.R. in einzelne Teilschuldverschreibungen gestückelt sind und Börsenfähigkeit besitzen.[64] Letztes Kriterium unterscheidet sie von den zur Kreditfinanzierung zu rechnenden Schuldscheindarlehen, deren Fungibilität aufgrund gesetzlicher Restriktionen stark eingeschränkt ist.[65]

Die Abgrenzung von High-Yield Anleihen als Teilmenge der Grundgesamtheit von Industrieobligationen stellt den zweiten Schritt dar. Hierzu dient das Merkmal der dem Investor versprochenen Rendite der Anleihen. Diese manifestiert sich in der erheblichen Mehrverzinsung solcher Obligationen gegenüber anderen Fremdkapitaltiteln, wobei hierbei zum Vergleich in der Regel risikolose bzw. annähernd risikolose Anleihen erstklassiger Emittenten herangezogen werden. Hervorzuheben ist hierbei, daß es sich regelmäßig um eine versprochene Mehr-

---

60 Vgl. McGee/Raghaven (1996), S. 21.

61 Caytas (1988), S. 195.

62 Synonyme Begriffe sind „Corporate High-Yield Bonds“, „Junk Bonds“, „Low-Grade Bonds“ oder „Subinvestment Grade Bonds“. Vgl. Caytas/Mahari (1988), S. 187.

63 Hiermit werden folglich solche hochverzinslichen Anleihen explizit ausgegrenzt, deren Emittenten Staaten oder staatliche Institutionen darstellen. Unter dem Begriff „Emerging Market Bonds“ versteht man dagegen Forderungstitel an Staaten minderer Bonität, die aufgrund ihres Risiko-Rendite-Profils den „Corporate High-Yield Bonds“ vergleichbar sind. Wegen ihrer grundlegend unterscheidlichen Finanzierungsqualität gehören Emerging Markets Bonds nicht zum Untersuchungsgegenstand dieser Arbeit.

64 Zur Definition von Industrieobligationen vgl. Drukarczyk (1996), S. 406-409.

65 Vgl. Eichwald (1993), S. 456-458.

verzinsung (in Form des Kontraktzinses) handelt und diese nicht notwendigerweise mit der realisierten Rendite übereinstimmt.[66]

Die kapitalmarkttheoretische Beziehung zwischen erwarteter Rendite und Risiko[67] läßt gleichzeitig einen definitorischen Anknüpfungspunkt zwischen High-Yield Anleihen und Risiko erkennen.[68] Unter der Annahme, daß der zur Abgrenzung herangezogenen Mehrverzinsung ein entsprechend höheres Investitionsrisiko zugrunde liegt, eignet sich die Risikoeigenschaft einer spezifischen Anleihe als alternatives Definitionskriterium.[69]

Ein konstitutives Merkmal jeder Finanzierungsbeziehung, die auf einem Forderungstitel beruht, ist die Existenz eines Bonitätsrisikos, das die Wahrscheinlichkeit ausdrückt, mit der ein Schuldner zum Zeitpunkt der Fälligkeit einer Verbindlichkeit seine Verpflichtung zur Leistung nicht oder nicht vollständig erfüllt.[70]

Somit soll unter dem Begriff „High-Yield Anleihen" zunächst die Gruppe solcher Finanzierungsinstrumente subsumiert werden, die von Unternehmen zur langfristigen Fremdfinanzierung emittiert werden und dem Investor aufgrund ihres hohen Bonitätsrisikos eine entsprechend hohe Mehrverzinsung in Form hoher Kupons oder entsprechender Disagios versprechen.

In der Literatur wird die Bezeichnung „High-Yield" zunehmend als Gattungsbegriff einer eigenständigen Anlageklasse (*Asset Class*) übernommen.[71] Eine derartige typologische Verwendung des Begriffs basiert dabei auf der Tatsache, daß mit der Einführung von Ratings[72] für Anleihen eine eindeutige Abgrenzung zwischen High-Yield bzw. „*Subinvestment Grade*" (*Noninvestment Grade*) und dem „*Investment Grade*"-Segment des Anleihemarktes vollzogen werden kann. In der anglo-amerikanischen Literatur besteht über eine Abgrenzung dessen, was man unter High-Yield Anleihen versteht, weitgehend Einigkeit.[73] So halten ALTMAN/NAMACHER fest, daß *„High yield or 'junk' bonds [...] are generally defined as publicly traded debt obligations rated as noninvestment grade by at least one of the independent ra-*

66 Eine ausfallrisikobehaftete Unternehmensanleihe weist nur dann denselben erwarteten Zins (expected yield) wie eine risikolose Anleihe auf, wenn diese über einen entsprechend ihrem Ausfallrisiko höheren Kontraktzins (promised yield) verfügt. Vgl. Biermann/Hass (1975), S. 757. Vgl. hierzu auch Kapitel 3.3.2.2 dieser Arbeit.

67 Zur kapitalmarkttheoretischen Beziehung zwischen Risiko und Rendite vgl. Drukarczyk (1993), S. 226-233, Brealey/Myers (1996), S. 173-183.

68 „Junk Bonds oder High Yield Bonds tragen ihren Namen, weil das Ausfallrisiko durch eine beträchtliche Mehrverzinsung kompensiert wird." Reicheneder (1992), S. 207.

69 Eine wesentliche Prämisse der Kapitalmarkttheorie besteht in der Annahme, daß Anleger in Abhängigkeit von ihrer Risikopräferenz und ihrem Informationsstand um so höhere Renditen verlangen, je höher sie das von ihnen übernommene Risiko einschätzen. Vgl. Gereth/Schulte (1992), S. 4.

70 Vgl. Büschgen (1996), S. V.

71 Vgl. Yago (1991), S. 4. Siehe hierzu auch die Diskussion in Kapitel 3.3.2.3.

72 Vgl. Kapitel 7.1.1 dieser Arbeit.

73 Vgl. Tripp Howe (1988), S. 3, Perry/Taggart (1988), S. 38.

ting agencies."[74] Die beiden wesentlichen Merkmale der Zuordnung zur Subinvestment Grade Klasse sowie der öffentlichen Handelbarkeit sollen im folgenden näher untersucht werden.

Das Merkmal der Zugehörigkeit zur Klasse der Subinvestment Grade Anleihen grenzt High-Yield Anleihen von solchen Fremdfinanzierungsinstrumenten ab, deren Kreditqualität ausreichend hoch ist, um von mindestens einer der anerkannten Ratingagenturen[75] als Investment Grade eingestuft zu werden. Bei einem Ratingurteil handelt es sich um eine Bewertung der Ausfallwahrscheinlichkeit auf einer ordinalen Skala unterschiedlicher Bonitätsstufen. Diese Skala besteht aus einer Kombination von Buchstaben und Zahlen, wie sie in der folgenden Abbildung dargestellt ist.

	Moody's		**Standard & Poor's**	
	Long-Term	Short-Term	Short-Term	Long-Term
Investment Grade	Aaa		AAA	
	Aa1		AA+	
	Aa2		AA	A-1+
	Aa3	Prime-1	AA-	
	A1		A+	
	A2		A	A-1
	A3		A-	
	Baa1	Prime-2	BBB+	A-2
	Baa2		BBB	
	Baa3	Prime-3	BBB-	A-3
Subinvestment Grade	Ba1		BB+	
	Ba2		BB	
	Ba3		BB-	
	B1		B+	B
	B2	Not Prime	B	
	B3		B-	
	Caa		CCC+	
	Ca		CCC	C
	C		CCC-	

ABBILDUNG 2: RATINGSKALA VON MOODY'S UND STANDARD & POOR'S

Anleihen, die aufgrund eines fehlenden Auftrages durch den Emittenten oder aufgrund der Unmöglichkeit einer objektiven Beurteilung nicht von einer der anerkannten Ratingagenturen

---

74 Altman/Namacher (1987), S. 1, ebenso Fabozzi/Modigliani (1996), S. 491, Perry/Taggart (1988), S. 38, US General Accounting Office (1988a), S. 27.

75 Im US-amerikanischen Kapitalmarktrecht gelten sogenannte „Nationally Recognized Statistical Rating Organizations" als behördlich anerkannte Institutionen. Hierzu gehören die US-Agenturen Moody's Investors Service, Standard & Poor's sowie Fitch IBCA als europäisches Institut. Vgl. Brink (1996), S. 275.

bewertet wurden, tragen in der Regel die Bezeichnung „NR (= not rated)" und werden ebenfalls dem Subinvestment Grade-Bereich zugeordnet.[76]

Ratings stellen „[...] Meinungen über die künftige Fähigkeit und rechtliche Verpflichtung eines Emittenten, Zahlungen von Zins und Tilgung einer vom ihm begebenen Schuldverschreibung termingerecht und vollständig zu erfüllen",[77] dar. Es handelt sich hierbei um eine professionelle Kreditwürdigkeitsprüfung des Emittenten eines Schuldtitels durch die Ratingagentur.[78] Aus Perspektive des Investors entspricht ein Rating somit einer komparativen Bewertung der Investmentqualität eines alternativen Investitionsobjektes.[79] Ein Ratingurteil bezieht sich stets auf einen bestimmten Schuldtitel des Emittenten,[80] wobei zwischen kurzfristigen und langfristigen Ratings unterschieden wird. Während bei kurzfristigen Ratings die momentane Liquidität des Schuldners im Mittelpunkt der Analyse steht, wird bei langfristigen Ratings primär die Fähigkeit des Emittenten, zukünftig den Schuldendienst aus leistungswirtschaftlichen Überschüssen zu decken, untersucht. Somit kommt das langfristige Rating einem Emittentenrating gleich. [81]

Die Ratingagentur stützt dabei die Bewertung der Investmentqualität in unterschiedlichem Ausmaß auf folgende Faktoren:[82] (1) Wahrscheinlichkeit eines Zahlungsverzugs, (2) Art und Bestimmung des Schuldtitels, (3) Ausmaß des gewährten Schutzes und der relativen Position des Schuldtitels im Fall des Zahlungsverzugs.

Neben der Vergabe von Erstratings im Zeitpunkt der Emission eines Schuldtitels nehmen Ratingagenturen in unterschiedlichen Abständen[83] Rating-Änderungen vor. Somit unterliegt theoretisch jede ursprünglich geratete Emission einer fortlaufenden Überwachung.[84] In Abhängigkeit von Veränderungen der Ausfallwahrscheinlichkeit und der erwarteten Schwere des

---

76 Vgl. Stahl (1988a), S. 17.

77 Berblinger (1996), S. 31.

78 Vgl. Kaserer (1995), S. 263. Die Begriffe „Rating" und „Credit Rating" werden in der Literatur synonym verwendet.

79 „For the guidance of the consumer, many kinds of advertised competing products are rated on the basis of comparative worth. Similary, the credit of business is rated according to certain principles." Harold (1938), S. 6.

80 Neben dem Rating von bestimmten Emissionen werden auf Anfrage auch Emittentenratings veröffentlicht. Diese müssen nicht notwendigerweise übereinstimmen, da die Konstruktion eines Finanzierungstitels zur Erhöhung bzw. Verringerung des Ausfallrisikos für den Investor führen kann. Vgl. Nöth (1995), S. 539 FN 10, Berblinger (1996), S. 34.

81 Vgl. Kaserer (1995), S. 263. Das Emittentenrating (Corporate Rating) kann mit einem Sammelrating verglichen werden. Es gilt für eine Standardanleihe des betreffenden Schuldners. Qualitative Differenzen unterschiedlicher Anleihetypen finden dabei keine Berücksichtigung. Vgl. Fehr (1995), S. 5.

82 Vgl. Meyer-Parpart (1996), S. 170, Standard & Poor's (1986), S. 10.

83 Hierbei ist kritisch anzumerken, daß die laufende Überprüfung der Validität von Erstratings insbesondere bei Emissionen kleiner Volumina sehr unregelmäßig erfolgt. Häufig erfolgen Rating-Änderungen solcher Schuldtitel erst nach Eintritt signifikanter Bonitätsverschlechterungen, was die Prognose- und Informationsfunktion einschränkt.

Ausfallverlustes erfolgen entsprechende Up- bzw. Down-Ratings durch die Agenturen. Somit besteht die Möglichkeit, daß bereits plazierte Anleihen, die zum Zeitpunkt der Emission zur Klasse der Investment-Grade Klasse gehörten, während der Laufzeit zu Speculative-Grade bzw. High-Yield Anleihen heruntergestuft werden. Anleihen, die ein Down-Rating in den High-Yield Bereich erfahren haben, werden als „*Fallen Angels*" bezeichnet. Umgekehrt spricht man von „*Rising Stars*" im Falle eines Up-Ratings in den Investment Grade Bereich.

Anlehnend an WYMAN läßt sich somit der mögliche Entwicklungspfad einer Anleihe in ihrem Lebenszyklus grafisch darstellen:[85]

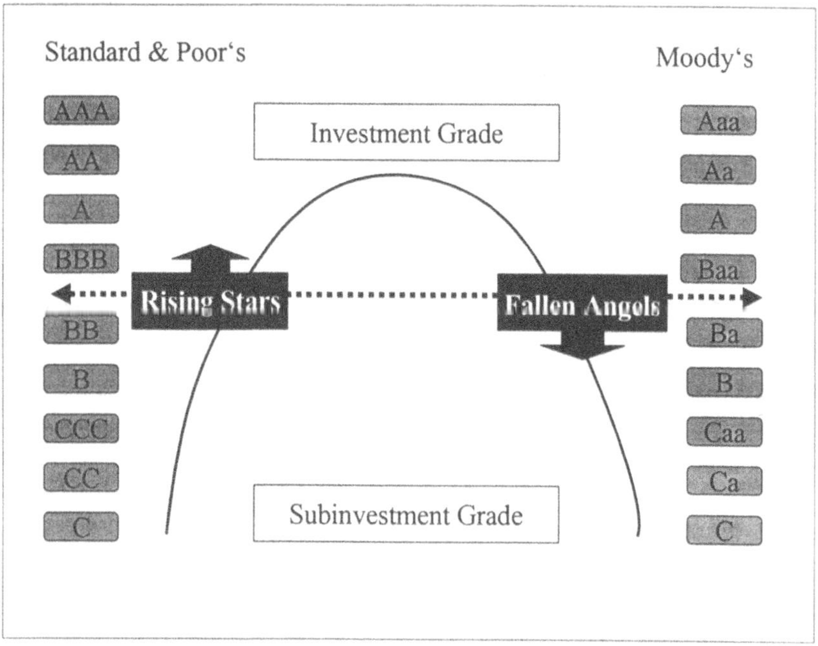

ABBILDUNG 3: MÖGLICHER ENTWICKLUNGSPFAD EINES ANLEIHERATINGS

Durch die dichotome Trennung zwischen Investment Grade und High-Yield kommt dem Rating ein wesentliche Funktion der Zuordnung von Anleihen zu einer bestimmten Asset Class zu. Die Bedeutung von Ratingurteilen liegt in ihrer Funktion als Anknüpfungspunkt kapitalmarktgesetzlicher Vorschriften begründet.[86] Diese als ratingsakzessorische Kapitalmarktregulierung bezeichnete Vorgehensweise trennt nach Maßgabe des Regulierungszwecks zwischen Anleihen der Gruppen Investment Grade und Subinvestment Grade mit der Konsequenz einer

---

84 Vgl. Hoffmann (1991), S. 72f. Hinweise auf möglicherweise bevorstehende Rating-Änderungen werden periodisch in Publikationen der jeweiligen Ratingagentur veröffentlicht (z.B. „CreditWatch" von Standard & Poor's sowie „WatchList" von Moody's).

85 Vgl. Wyman (1987), S. 3.

86 Vgl. Brister/Kennedy/Lui (1994), S. 511.

entsprechenden Privilegierung der erstgenannten Gruppe.[87] Aufsichtsrechtlich anerkannten Ratingagenturen kommt in diesem Zusammenhang insbesondere die Funktion der Zugangskontrolle zu bestimmten Segmenten des Kapitalmarktes zu.[88] Die Marktfähigkeit eines Finanzierungstitels wird somit notwendigerweise von Existenz und Ergebnis eines Ratings abhängig.

Ihren Ursprung findet die ratingakzessorische Regulierung am US-amerikanischen Kapitalmarkt im Banking Act von 1935, wonach nationale Banken im Bereich der Wertpapieranlage den Verordnungen des „*Comptroller of the Currency*“ zur genügen haben. Die Verordnungen sahen insbesondere vor, daß Banken Investitionen in Anlagen mit spekulativen Charakter untersagt wurden.[89] Ähnliche Regulationen institutioneller Investoren auf Grundlage von Ratingurteilen finden sich für US-amerikanische Versicherungsgesellschaften, Einlageinstitute und Pensionsfonds. Als die wohl wichtigste regulatorische Benachteiligung von Unternehmensanleihen geringer Bonität kann das im Jahre 1989 ergangene Verbot von Investitionen in High-Yield Anleihen für US-amerikanische Sparbanken und der Auflage, sämtliche Bestände innerhalb einer Übergangszeit zu veräußern, betrachtet werden, deren Auswirkungen zu einem temporären Erliegen dieses Marktsegmentes in den USA führte.[90]

Im Gegensatz zu der am US-amerikanischen Kapitalmarkt vorherrschenden ratingakzessorischen Regulierung basieren regulatorischen Anforderungen im geltenden deutschen Recht auf einer Katalogisierung und Kategorisierung von Emittenten, „[...] deren Schuldverschreibungen nach Maßgabe des jeweiligen Regulierungszwecks als hinreichend sicher bzw. handelbar erscheinen [...]“.[91] Eine qualitative Differenzierung nach schuldnerspezifischer Bonität innerhalb einer Anlageklasse findet somit nicht statt.[92]

Trotz Existenz eines empirisch nachgewiesenen statistischen Zusammenhangs zwischen Ratingurteil und Renditeforderung der Fremdkapitalgeber[93] bleibt ein eindeutiger Kausalnexus in der Literatur umstritten.[94] Der aus der Finanzwissenschaft stammende Ansatz der Risikoabgeltung[95] geht davon aus, daß ein mit steigendem Ausfallrisiko regelmäßig sinkendes Ra-

---

87 Vgl. Randow (1996), S. 560.

88 In der Literatur findet sich neben der Zugangserleichterung durch Ratings hauptsächlich die Funktion der Senkung von Kapitalkosten. Vgl. hierzu Behrenwald (1996), S. 291-302.

89 Vgl. Harold (1938), S. 29. Schon 1931 erließ der Comptroller of the Currency Bilanzierungsvorschriften für US-amerikanische Banken, die vorschrieben, Subinvestment Grade Anleihen ausschließlich zu Marktwerten zu bewerten. Investment Grade Anleihen werden dagegen regelmäßig zu Anschaffungskosten angesetzt.

90 Vgl. hierzu die Ausführungen in Kapitel 7.1.3.

91 Randow (1996), S. 560 sowie Kapitel 8.3.2.

92 Vgl. Schierenbeck/Hölscher (1998), S. 134f.

93 Vgl. Pinches/Mingo (1975), S. 204. Ein Überblick über empirische Arbeiten zum statistisch nachgewiesenen Informationsgehalt von Anleiheratings findet sich bei Nöth (1995), S. 558-563.

94 Vgl. Steiner/Heinke (1996), S. 600, Nöth (1995), S. 541.

95 Vgl. Krümmel (1976), Sp. 498.

ting eine steigende Renditeforderung der Kapitalgeber impliziert.[96] Hervorzuheben ist, daß die Ausfallwahrscheinlichkeit eines Emittenten bzw. des spezifischen Forderungstitels durch das Rating nicht exakt quantifiziert wird. Vielmehr lassen sich zwischen den einzelnen Ratingstufen und –klassen unterschiedliche Risikodifferentiale feststellen.[97] Folglich wird in der Literatur die empirisch zu beobachtende progressiv steigende Rendite-Risiko-Funktion auf eine fehlende Äquidistanz von Ratingurteilen zurückgeführt.[98]

Es bleibt dennoch festzuhalten, daß für den Zweck einer definitorischen Abgrenzung von High-Yield Anleihen auf Basis eines überdurchschnittlichen Ausfallrisikos und eines entsprechenden Risikozuschlags Ratingurteile zur Operationalisierung geeignet erscheinen. Für den in dieser Arbeit primär untersuchten deutschen Markt für hochverzinsliche Fremdfinanzierungstitel ergibt sich im Zusammenhang mit einer auf Ratingurteile gestützten definitorischen Abgrenzung von High-Yield Anleihen das Problem der geringen Verbreitung von Ratings deutscher Emittenten.[99]

Ein weiteres in der angloamerikanischen Literatur zur Definition von High-Yield Anleihen herangezogenes Merkmal stellt die Zulassung zum öffentlichen Handel an einer Börse bzw. einem geregelten Markt dar. Das Merkmal öffentlicher Handelbarkeit grenzt High-Yield Anleihen von privat plazierten Fremdfinanzierungsinstrumenten ab.[100] Die Notwendigkeit einer differenzierten Betrachtung von „*publicly traded securities*" und „*private placements*" resultiert aus der grundlegend unterschiedlichen aufsichtsrechtlichen Behandlung beider Plazierungsformen in den USA. Seinen Ursprung findet der US-amerikanische Markt für Privatplazierungen im Securities Act von 1933, der eine Registrierungspflicht sämtlicher öffentlich zum Kauf angebotener Wertpapiere bei der Securities and Exchange Commission (SEC) vorsieht. Mit der Registrierungspflicht geht die Erfordernis der Erstellung eines Verkaufsprospektes sowie laufender Offenlegungspflichten einher, die den von der SEC erlassenen Mindestanforderungen genügen müssen. Privatplazierungen stellen innerhalb dieser Regelung einen Ausnahmetatbestand dar, der Emittenten entsprechende Zeit- und Kostenvorteile eröff-

[96] Zur Kritik am Zusammenhang zwischen Effektivzinsforderung und Ratingurteil vgl. Steiner (1992), S. 509-512. Makroökonomische Modelle, denen die Risikoabgeltungthese zugrunde liegt, gehen davon aus, daß sich eine kritische Risikoprämie quantifizieren läßt, bei deren Erreichen die Möglichkeit der Risikoabgeltung in Kreditrationierung umschlägt. Vgl. hierzu auch Kapitel 4.2.2 dieser Arbeit.

[97] Vgl. Kaplan/Urwitz (1979), S. 236.

[98] Vgl. Everling (1991), S. 224. Wäre dagegen die Äquidistanz unterschiedlicher Ratingurteile gegeben, wäre der im Rahmen der Kapitalmarkttheorie aus dem CAPM abzuleitende lineare Zusammenhang zwischen Ratingurteil und geforderter Rendite zu erwarten. Vgl. Kapitel 3.3.2.3 dieser Arbeit.

[99] Vgl. Ebenroth/Koos (1996), S. 485. Vgl. hierzu Kapitel 8.1.3

[100] Jacob betrachtet Privatplazierungen als Zwischenform der beiden Varianten der Fremd- und Eigenemission. Vgl. Jacob (1996), S. 108. Während unter einer Eigenemission (Selbstemission) die Begebung und Plazierung von Finanzierungsinstrumenten in eigener Verantwortung und auf eigene Rechnung verstanden wird, stellt eine Fremdemissionen ein Begebungsverfahren unter Zuhilfenahme von Finanzintermediären, regelmäßig in Form einer Investmentbank, dar. Zu den Funktionen der emissionsbegleitenden Institutionen vgl. Schmitz (1995), Sp. 512-514, Fabozzi/Modigliani (1996), S. 73f.

net.[101] Wesentliche Bedingungen für die Erfüllung dieses Ausnahmetatbestandes stellen hierbei eine geringe Anzahl von Käufern der Wertpapiere, enge Beziehungen zwischen denselben, ein Verkaufsangebot an eine geschlossene Gruppe von Investoren, das Fehlen einer Weiterverkaufsabsicht und die zur Bewertung der angebotenen Titel erforderliche Professionalität der potentiellen Investoren dar.[102]

Privatplazierungen stellen in den USA für Schuldner geringerer Bonität nicht zuletzt wegen der Möglichkeit transaktionsspezifischer Gestaltungsmöglichkeiten einen wichtigen Zugang zum institutionellem Kapitalangebot dar. Mit einem durchschnittlichen Anteil am Gesamtvolumen des US-amerikanischen Marktes für Unternehmensanleihen von 49 Prozent erreichten Privatplazierungen im Jahr 1966 einen Höhepunkt und überwiegen nach einem kurzzeitigen Rückgang seit 1977 annähernd durchgehend das Volumen öffentlicher Plazierungen.[103] Das anteilige Finanzierungsvolumen weist seitdem eine hohe Volatilität auf,[104] die insbesondere auf das verstärkte Aufkommen öffentlich gehandelter High-Yield Anleihen seit dem Ende der siebziger Jahre zurückzuführen ist.[105]

Das Merkmal öffentlicher Handelbarkeit bringt für den US-amerikanischen Markt ein Abgrenzungsproblem mit sich.[106] Dieses ist auf die seit einigen Jahren vermehrt zu beobachtende Möglichkeit zurückzuführen, Privatplazierungen mit dem Recht auf nachträgliche Registrierung auszustatten. Ebenfalls schuf die im Jahre 1990 durch die SEC eingeführte Rule 144a[107] eine Plattform zum Handel privat plazierter Kapitalmarkttitel,[108] wodurch der institutionelle Unterschied zwischen öffentlichen gehandelteten und privat plazierten Schuldtiteln graduell reduziert wurde.[109]

Ähnlich den US-amerikanischen Kapitalmarktregulierungen existieren am deutschen Anleihemarkt für Privatlazierungen wesentliche Verfahrenserleichterungen. Der Begriff der Privatplazierung leitet sich dabei aus einer Negativ-Abgrenzung zum „öffentlichen Angebot“[110]

---

101 Zum Ausnahmetatbestand des Securities Act von 1933 und den Anforderungen an Privatplazierungen vgl. Perry (1976), S. 906-933.

102 Die SEC veröffentlichte im Jahre 1982 Regulation D, wodurch die Anforderungen im Rahmen des Securities Act von 1933 erneut konkretisiert und angepaßt wurden. Vgl. Wolf (1988), S. 117.

103 Vgl. Carey/Prowse/Rea/Udell (1993), S. 78.

104 Vgl. Wolf (1988), S. 116 Tabelle 6.1.

105 Vgl. Trautwein (1990), S. 178.

106 Vgl. derselbe, S. 169.

107 Einen Abriß über die Inhalte der Rule 144a liefert Gruson (1990), 718-720.

108 Neben verfahrenstechnischen Erleichterungen für Privatplazierungen wurde die Liquidität dieses Marktsegmentes vor allem durch die Einführung eines elektronischen Informations-, Handels- und Abwicklungssystems (PORTAL) für Rule 144 Emissionen verbessert. Vgl. Paefgen (1990), S. 1903f.

109 Vgl. Arak/Corcoran (1996), S. 88f. Die graduelle Verflechung beider Marktsegmente wird insbesondere durch die rückläufigen Renditeaufschläge privat plazierter Anleihen gegenüber öffentlichen Plazierungen erkennbar. Vgl. hierzu Paul (1994), S. 80f.

110 Zum Begriff des „öffentlichen Angebots“ vgl. Bundesaufsichtsamt für den Wertpapierhandel (1996), S. 1.

ab.[111] In diesem Sinne wird eine Privatplazierung als ein Angebot von Wertpapieren bezeichnet, welches keinen gesetzlichen Prospekt- Registrierungs- oder ähnlichen Publizitätspflichten unterliegt, weil die Wertpapiere nur einem begrenzten Personenkreis angeboten werden.[112] Unabhängig von der Einführung in den Börsenhandel[113] ergibt sich aus der Eigenschaft eines nicht-öffentlichen Angebots eine Befreiung von der Prospektpflicht des Wertpapier-Verkaufsprospektgesetzes (VerkProspG) gemäß der Bekanntmachung der Bundesaufsichtsamtes für den Wertpapierhandel vom 15. April 1996.

Eine Sonderform der Privatplazierungen am deutschen Kapitalmarkt stellen Schuldscheindarlehen dar, die als langfristige anleiheähnliche Großdarlehen primär von Kapitalsammelstellen erworben werden.[114] Schuldscheindarlehen kommt für die Fremdfinanzierung des Unternehmenssektors nur eine untergeordnete Rolle zu, da insbesondere Versicherungsunternehmen als eine der wichtigsten Investorengruppe hohe Anforderungen an die Schuldnerbonität stellen, die regelmäßig nur von erstklassigen Großunternehmen bzw. vorwiegend von Schuldnern der öffentlichen Hand erfüllt werden.[115]

Zum Zweck der definitorischen Abgrenzung von High-Yield Anleihen wird im Rahmen dieser Arbeit unter dem Begriff der öffentlichen Handelbarkeit die Fungibilität eines vertretbaren Wertpapiers im Sinne seiner Umlauffähigkeit und freien Übertragbarkeit bei gleichzeitiger Zulassung zum Börsenhandel verstanden. Somit umfaßt der Begriff „High-Yield Anleihe" sowohl öffentlich als auch privat plazierte Anleiheemissionen, sofern diese im Anschluß an das eigentliche Emissionsgeschäft zum Sekundärmarkthandel an einer öffentlichen Börse zugelassen werden.[116]

Während in der angesprochenen Finanzierungsliteratur verbreitet eine Zuordnung von High-Yield Anleihen zum sogenannten *„Mezzanine Capital"* vorgenommen wird, wird dieser Systematik in der Praxis i.d.R. nicht gefolgt. Eine Abgrenzung des Begriffs „Mezzanine Finanzierungsinstrumente" erweist sich als problematisch, da in der Literatur semantische Inkonsi-

---

111 Vgl. Lehmann (1997), S. 3.

112 Vgl. Bosch/Groß (1998), S. 27.

113 Unter dem Begriff der Einführung in den Börsenhandel ist in der Terminologie des Börsengesetzes (BörsG) die „[...] Aufnahme der ersten amtlichen Notierung der zugelassenen Wertpapiere an der Börse" (§ 42 Abs. 1 BörsG) zu verstehen. Die Zulassung zur Notierung im amtlichen Handel bzw. am geregelten Markt richtet sich gemäß §§ 36 bis 49 BörsG nach der Börsenzulassungsverordnung (BörsZulVO) sowie der Börsenordnung der betroffenen Wertpapierbörse.

114 Vgl. Kloten/Stein (1993), S. 456, Thommen/Achleitner (1998), S. 481f. Schuldscheine sind keine Wertpapiere im engeren Sinne, sondern dienen lediglich als Beweisurkunde für den Gläubiger; zunehmend wird auf ihre Ausstellung ganz verzichtet. Vgl. Süchting (1995), S. 141 sowie Hasewinkel (1993), S. 249-253.

115 Die hohen Anforderungen an die Schuldnerbonität ergeben sich dabei vor allem aufgrund versicherungsaufsichtrechtlicher Vorschriften an die Qualität des Deckungsstockvermögens. Vgl. hierzu Kapitel 8.3.2.

116 Diese Definition lehnt unter anderem an den aufsichtsrechtlichen Mindestanforderungen an Kapitalanlagegesellschaften und Versicherungsunternehmen an. Vgl. hierzu Kapitel 8.3.2.

stenzen vorherrschen. Insbesondere in der deutschsprachigen Literatur hat sich eine inhaltliche Interpretation noch nicht durchgesetzt.[117]

Entstprechend der etymologischen Bedeutung werden unter mezzaninen Instrumenten solche Finanztitel subsumiert, die eine Zwischenposition zwischen den idealtypischen Formen des Eigen- und Fremdkapitals einnehmen. Stellt man analog der dargestellten Abgrenzung zwischen Eigen- und Fremdkapital auf funktionale Finanzierungseigenschaften ab, ergibt sich aufgrund des breiten Gestaltungsfreiraums mezzaniner Finanzierungsinstrumente keine überschneidungsfreie Zuordnung. So lassen sich High-Yield Anleihen gemäß BROOKS zum Mezzanine-Kapital als „*[...] layer of financing that lies both in risk and return after senior debt but before equity*“[118] rechnen. Ähnlich stellen GERETH/SCHULTE Mezzanine-Finanzierung als „eine Mischform zwischen Eigen- und Fremdkapitalfinanzierung“[119] dar.[120]

In der Praxis hat sich die Bezeichnung „Mezzzanine-Kapital“ für solche Finanzierungsformen durchgesetzt, die überwiegend im Wege einer Privatplazierung bei institutionellen Investoren untergebracht werden und regelmäßig eigenkapitalähnliche Merkmale aufweisen.[121] Aufgrund ihrer fehlenden Standardisierung und ihres vorwiegend geringeren Emissionsvolumens sind sie vom instiutionalisierten Sekundärmarkthandel ausgeschlossen. Zu den konstitutiven Merkmalen von Mezzanine-Kapital zählen Nachrangigkeit, steuerliche Abzugsfähigkeit, Kündbarkeit sowie ein hoher Grad an Flexibilität.[122] Dabei bezieht sich die Flexibilität mezzaniner Finanzierungsformen auf die Ausgestaltungsmöglichkeiten der Risikoabgeltung für die Übernahme einer nachrangigen Gläubigerposition durch den Investor. Grundsätzlich setzt sich diese Risikoprämie aus einem vom Unternehmenserfolg unabhängigen Anteil in Form laufender Zinszahlungen sowie einer variablen Beteiligung am Wertzuwachs des Unternehmens durch Wandel- oder Optionsrechte zusammen.[123]

Die finanzwissenschaftliche Literatur trennt in Hinblick auf das Kriterium der Fungibilität mezzanine Finanzierungsinstrumente zwischen kapitalmarktorientiertem und privat plaziertem Mezzanine-Kapital. Kapitalmarktorientiertes Mezzanine-Kapital umfaßt gemäß dieser Abgrenzung neben den in dieser Arbeit behandelten High-Yield-Anleihen zusätzlich Wandel- und Optionsanleihen, Going Public Optionsanleihen, Null-Kupon Anleihen sowie die für den deutschen Kapitalmarkt spezifischen Genußscheine und Vorzugsaktien. Zum privat plazierten

117 Vgl. Gereth/Schulte (1992), S. 2, MacDonald (1989), S. 50. Dabei fällt auf, daß deutschsprachige Standardwerke der Finanzwissenschaft überwiegend auf die Verwendung des Begriffs „Mezzanine-Kapital“ verzichten.

118 Brooks (1989), S. 63.

119 Gereth/Schulte (1992), S. 1.

120 Vgl. hierzu auch Hempstead (1998), S. 35.

121 Mezzanine Finanzierungsformen mit Eigenkapitalausrichtung beinhalten die Möglichkeit des Investors, sich zu einem späteren Zeitpunkt am Eigenkapital des Emittenten zu beteiligen (equity kicker).

122 Vgl. Gereth/Schulte (1992), S. 10.

123 Vgl. Arnold (1998), S. 462.

Mezzanine-Kapital zählen nachrangige Darlehen, stille Beteiligungen sowie partiarische Darlehen.[124]

Ein charakteristisches Merkmal privat plazierter mezzaniner Finanzierungsformen stellt deren hoher Grad an nebenvertraglich stipulierten Auflagen dar.[125] Diese in Form von Negativklauseln (*Covenants*) geregelten Auflagen hinsichtlich Bilanz- und Ertragskennzahlen des Kapitalnehmers sowie Beschränkungen in bezug auf zukünftige Investitions- und Finanzierungstransaktionen schränken die betriebswirtschaftlich notwendige Handlungsflexibilität des Schuldners wesentlich ein.

Anlehnend an den im folgenden Kapitel darzustellenden Wachstumszyklus von Unternehmen werden privat plazierte Formen des Mezzanine-Kapitals regelmäßig in früheren Wachstumsphasen als Finanzierungsquelle Anwendung finden. Kapitalmarktorientierte Finanzierungsmittel sind hingegen in nachgelagerten Phasen anzutreffen und dienen vorwiegend der Ablösung von kostenintensiveren privat plazierten Finanzierungsinstrumenten.

Im Rahmen der vorliegenden Untersuchung werden weder die zum privat plazierten Mezzanine-Kapital zugehörigen Finanzierungsinstrumente noch solche kapitalmarktorientierten Mezzanine-Instrumente, die mit Wandlungs- oder Optionsrechten verbunden sind, weitergehend untersucht. Diese Vorgehensweise folgt der in der anglo-amerikanischen Literatur zur Untersuchung von High-Yield Anleihen verbreiteten Abgrenzung.[126] Zwar sind Ausgestaltungs- und Einsatzmöglichkeiten von privat plazierten Mezzanine-Instrumenten ohne Options- oder Wandlungsrechte grundsätzlich auf öffentlich plazierte High-Yield Anleihen übertragbar, jedoch fehlt ersteren das wesentliche Merkmal der Fungibilität. Finanzierungsinstrumente mit Wandlungs- bzw. Optionsrechten stellen aus Emittentensicht dagegen zeitlich verlagertes Eigenkapital dar und bieten somit keinen Schutz vor Verwässerungseffekten.

5 Wachstumsunternehmen im Finanzierungszyklus

Der Gedanke, daß zwischen Unternehmensentwicklung und Finanzierungsverhalten ein Kausalzusammenhang besteht, wurde erstmalig von Marshall in seinen „*Principals of Economics*" herausgestellt.[127] Dennoch ist festzustellen, daß die Behandlung einer lebenszyklusorientierten Darstellung unternehmerischer Finanzierungsentscheidungen in der finanzwirtschaftlichen Literatur nur wenig Beachtung findet.[128]

---

124 Vgl. Wirth (1998), S. 9.

125 Vgl. Brewis (1998), S. 21.

126 Dort findet sich in der Regel eine Fokussierung auf „straight debt". Vgl. Perry/Taggart (1988), S. 38. Zur Begründung vgl. US General Accounting Office (1988), S. 2, FN 1.

127 Vgl. Marshall (1948), ebenso Boulding (1950).

128 Vgl. Zimmer (1998), S. 1.

Obwohl die Interdependenz zwischen güterwirtschaftlichen und finanzwirtschaftlichen Prozessen in den Grundlagen der betriebswirtschaftlichen Literatur hervorgehoben wird,[129] wird die wissenschaftliche Literatur zur Unternehmensfinanzierung mehrheitlich von statischen Ansätzen dominiert. Zwar greifen einige Autoren den Gedanken einer zyklusorientierten Finanzierungspolitik auf,[130] der Forschungsschwerpunkt liegt jedoch primär auf Fragen der Kapitalstrukturentscheidung in bestimmten Unternehmensphasen.[131] ZIMMER begründet dieses Phänomen mit der hohen Komplexität finanzwissenschaftlicher Fragestellungen und einer zunehmenden methodischen Verfeinerung des zur Verfügung stehenden Instrumentariums zur Beurteilung optimaler Vertragsformen der Kapitalüberlassung (*Security Design*).[132] Zudem weist dieser berechtigterweise auf ein hierbei entstehendes Zirkularitätsproblem hin, wenn die optimale Ausgestaltung von Finanzierungsbeziehungen im Mittelpunkt der Fragestellung steht, diese allerdings von der Kapitalstruktur abhängig ist.

So läßt sich für den grundsätzlich statisch geprägten Ansatz exemplarisch der in der Literatur ausgiebig diskutierte Fragenkomplex des optimalen Verschuldungsgrades anführen. Der dabei postulierte Steuervorteil der Fremdfinanzierung wird nicht unabhängig von der Lebensphase des Unternehmens Geltung haben. Gleiches gilt für die aus der Fremdfinanzierung entstehenden Interessenkonflikte zwischen unterschiedlichen Gruppen von Kapitalgebern.[133]

Das Konzept der lebensphasenbezogenen Finanzierung gewinnt jedoch insbesondere vor dem Hintergrund unvollkommener Kapitalmärkte an Bedeutung.[134] Der Aspekt asymmetrisch verteilter Informationen sowohl zwischen Kapitalnehmern und Kapitalgebern als auch zwischen den einzelnen Anspruchsgruppen eines Unternehmens wird dabei im Rahmen der neoinstitutionalistischen Finanzierungstheorie deutlich. Insbesondere wird hierbei die Konstellation finanzierungsbeeinflussender Parameter in den Mittelpunkt der Untersuchungen gestellt. Empirische und theoretische Untersuchungen deuten beispielsweise auf ein unterschiedliches Finanzierungverhalten von mittelständischen Unternehmen und großen Publikumsgesellschaften hin.[135]

---

129 Vgl. Wöhe (1996), S. 771, Franke/Hax (1995), S. 9f.

130 Vgl. Berglöf (1990), Ang (1992), Fanke/Hax (1994).

131 Die Ansätze phasenbezogener Finanzierungsforschung entstammen dabei der in der klassischen Finanzierungslehre gewonnenen projektorientierten Sichtweise. Vgl. Kapitel 3.2 dieser Arbeit.

132 Vgl. Zimmer (1998) S. 1f.

133 Vgl. hierzu Kapitel 4.1 dieser Arbeit.

134 Einen Literaturüberblick zum sogenannten „financial growth cycle pradigm“ bieten Berger/Udell (1998), S. 648-651.

135 Vgl. Binks/Ennew (1996), S. 19f., Chittenden/Hall/Hutchinson (1996), S. 60, Gerke (1993), S. 623-625, Stehle (1994), S. 811-837, Rasch (1996), S. 33.

So wird die in Deutschland seit einiger Zeit diskutierte Eigenkapitallücke mittelständischer Unternehmen[136] primär auf das Versagen organisierter Märkte für Eigenkapital zurückgeführt. Die Ursache eines derartigen Marktversagens ist dabei in den besonderen Charakteristika dieser Unternehmensgruppe zu vermuten, da von einem generellen Marktversagen nicht auszugehen ist. Vielmehr stellen unterschiedlich stark ausgeprägte Informationsasymmetrien einen wesentlichen Erklärungsfaktor dafür dar, daß Kapitalmärkte in ihrer Allokationsfunktion bei bestimmten Unternehmensgruppen blockiert werden.[137]

Im Rahmen der vorliegenden Untersuchung gilt es, eben diese finanzierungsbeeinflussenden Parameter von Wachstumsunternehmen vor dem Hintergrund einer Vorteilhaftigkeitsbeurteilung von High-Yield Anleihen zu beleuchten. Somit handelt es sich im Verständnis einer lebenzyklusorientierten Finanzierungsforschung um die Partialanalyse einer bestimmten Lebensphase von Unternehmen, deren Besonderheiten im folgenden dargestellt werden.

Der Unternehmenslebenszyklus läßt sich in Anlehnung an den aus der betriebswirtschaftlichen Literatur bekannten idealtypischen Produktlebenszyklus durch Aggregation einzelner Produkte bzw. Dienstleistungen des Unternehmens ableiten. Die Produktlebenszyklustheorie postuliert eine Abfolge unterschiedlicher Phasen der Entwicklung in Bezug auf Umsatzgrößen und Zahlungsströme.[138] Die wesentliche Erkenntnis derartiger Modelle basiert auf der Deduktion produktbezogener Geldflüsse,[139] deren Höhe und zeitlicher Anfall den Finanzierungsbedarf einer Unternehmung bestimmen. Im Mittelpunkt steht dabei der Wachstumsverlauf im Sinne einer relativen Veränderung der Unternehmensgröße, auf Basis dessen entsprechende Finanzierungsmuster herausgearbeitet werden.[140]

Entsprechend dem Produktlebenszyklus läßt sich der Unternehmenszyklus in idealtypische Abschnitte unterteilen,[141] aus denen sich Finanzierungsphasen entsprechend der obigen Darstellung ableiten lassen.[142] Die frühe Entwicklungsphase, in der Literatur regelmäßig als „*Early Stage Finanzierung*“ bezeichnet, untergliedert sich in die „*Seed Phase*“, die „*Start-up Phase*“ und die „*First-Stage Phase*“. Während die Seed Phase dadurch charakterisiert ist, daß

---

136 Vgl. Hax (1988), S. 7. In der angloamerikanischen Literatur wurde das Problem der externen Eigenkapitalbeschaffung erstmalig 1931 wissenschaftlich untersucht. Eine Darstellung der historischen Entwicklung dieses Forschungsgebietes bieten Binks/Ennew (1996), S. 17-19.

137 Vgl. Greenwald/Stiglitz (1986), S. 258. Eine genauere Untersuchung der Ursachen für die Strukturschwäche des deutschen Aktienmarktes findet sich bei Rasch (1996), S. 54-59.

138 Vgl. hierzu Schierenbeck (1989), S. 107. Man unterscheidet im Rahmen der Produktlebenszykluskurve zwischen der Einführungs-, Wachstums-, Reife- und Sättigungsphase.

139 Dem Gedankengang einer Phaseneinteilung liegt dabei die Annahme der Gültigkeit des Ertragsgesetzes zugrunde. Vgl. Wöhe (1996), S. 512f.

140 Theorien zum Lebenszyklus von Unternehmen stammen vorwiegend aus der Managerialismus-Theorie, deren Untersuchungsgegenstand die Probleme der Trennung zwischen Eigentum und Kontrolle von Unternehmen darstellt. Derartige Ansätze zur Untersuchung von Wachstumsphasen der Unternehmung eignen sich aufgrund ihres statischen Charakters jedoch nicht uneingeschränkt zur Erklärung lebenszyklusorientierter Finanzierungsmuster. Vgl. Zimmer (1998), S. 41.

141 Vgl. Bader (1996), S. 105-110.

142 Vgl. Schween (1996), S. 97 und die dort angegebene Literatur.

zunächst lediglich eine Geschäftsidee der tatsächlichen bzw. zukünftigen Gründer besteht, werden in der Start-up Phase erste Schritte zur Entwicklung und Vermarktung der Geschäftsidee initiiert.

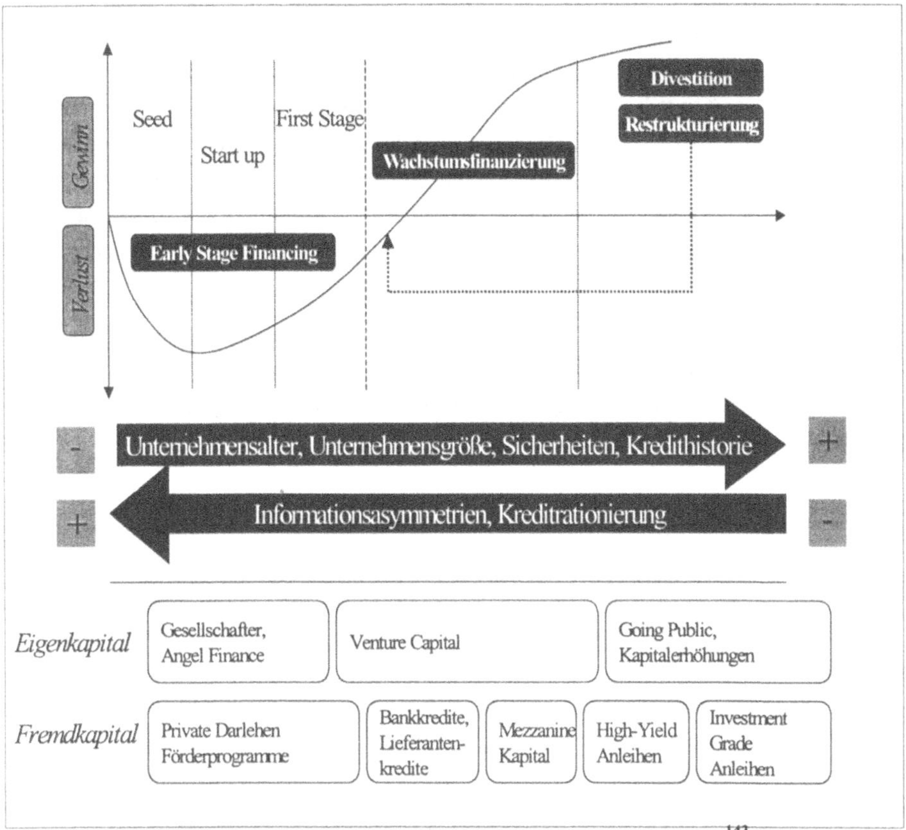

ABBILDUNG 4: FINANZIERUNGSPHASEN IM UNTERNEHMENSLEBENSZYKLUS[143]

Zu diesem Zeitpunkt besteht das Unternehmen noch fast ausschließlich aus immateriellen Vermögenspositionen wie etwa Humankapital und Patenten. Typischerweise zeichnen sich die genannten frühen Phasen durch einen noch relativ geringen Kapitalbedarf aus.[144] Die sich daran anschließende First-Stage Phase umfaßt den Ausbau von Produktionskapazitäten sowie erste Schritte der Marktdurchdringung und Umsatzsteigerung. In dieser Phase entstehen gemäß empirischen Studien 45 bis 75 Prozent der Gesamtkosten bis zur erfolgten Markteinführ-

143 Eigene Darstellung in Anlehnung an Berger/Udell (1998), S. 623.

144 Empirische Untersuchungen zeigen, daß lediglich 5 bis 10% der Gesamtkosten bis zur Markteinführung in der Seed Phase anfallen. Desweiteren entfallen 10 bis 20% auf die Start-up Phase. Vgl. Hielscher/Dorn/Lampe (1982), S. 14.

rung.[145] Der Kapitalbedarf des Unternehmens kann in der Regel nicht mehr ausschließlich von den Gesellschaftern des Unternehmens bzw. öffentlichen Förderprogrammen aufgebracht werden.[146]

In diesem Stadium entsteht die Notwendigkeit der Inanspruchnahme weiterer externer Finanzierungsquellen, wobei regelmäßig in Ermangelung von Sicherheiten und laufenden Einnahmeüberschüssen Bankkredite noch nicht in nennenswertem Umfang zur Verfügung stehen.[147] Zur Deckung des Kapitalbedarfs dienen in dieser Phase vorwiegend Beteiligungsfinanzierungen von Venture Capital Unternehmen, die aufgrund profunden Markt-, Technologie-, und Managementwissens bei der Bewertung potentieller Investments komparative Vorteile besitzen oder auch staatliche Kreditförderungsprogramme. Charakteristisches Merkmal einer Venture Capital Beteiligung ist dabei die gestaltende Rolle der Kapitalgeber, die in der Regel beratend und überwachend mit dem Mangement in engem Kontakt stehen.[148]

Von Wachstumsfinanzierung spricht man i.d.R. dann, wenn das Unternehmen den Schritt der Markteinführung erfolgreich absolviert hat. Trotz steigender Umsatzgrößen bleibt der freie Cash-Flow aufgrund weiterhin zunehmender Investitionen noch negativ; die Möglichkeit der Innenfinanzierung ist entsprechend nicht existent.

Der dieser Arbeit zugrunde liegende Begriff der Wachstumsunternehmen geht dagegen weiter als die vor dem Hintergrund des Unternehmenszyklus dargestellte entwicklungsphasenbezogene Abgrenzung. Die obige Darstellung der Lebenszyklusmodelle ist vielmehr didaktisch zu beurteilen: Sie diente der Herausarbeitung der Beziehung zwischen Entwicklungsstadium und Finanzierungverhalten von Unternehmen. Für den Zweck dieser Arbeit wird hingegen der Begriff des Wachstums in den Vordergrund gestellt, der nicht notwendigerweise in eine frühe Lebensphase des Unternehmens fallen muß, sondern unabhängig vom Unternehmensalter eine Phase überdurchschnittlichen Finanzierungsbedarfs kennzeichnet. *„The most obvious sign of a rapidly growing company is its large appetite for cash.“*[149] Es geht somit um die Kapitalzuführung zur Deckung eines Kapitalbedarfs aufgrund zukünftiger Wachstumspläne bzw. der Ablösung bestehender Brückenfinanzierung von bereits getätigten Wachstumsinvestitionen.

Die Wahrnehmung derartiger Wachstumsmöglichkeiten stellt das Ertragspotential des Wachstumsunternehmens dar und ist nicht gezwungenermaßen an einen idealtypischen Wachstumsverlauf gebunden. Als Auslöser derartiger Wachstumsmöglichkeiten kommen, wie in der obigen Abbildung dargestellt, Restrukturierungsmaßnahmen in Betracht, die in einer Neuausrichtung der unternehmerischen Tätigkeit resultieren. Denkbar sind dabei sowohl

---

[145] Zu den Ergebnissen weiterer Untersuchungen über den zeitlichen Anfall der Entwicklungskosten vgl. Aignesberger (1987), S. 16-19 sowie Hitschler (1993), S. 18-20.

[146] Vgl. Baier/Pleschak (1996), S. 102.

[147] Vgl. Schween (1996), S. 99.

[148] Vgl. hierzu auch Kapitel 2.3 dieser Arbeit.

[149] Cornell/Shapiro (1988), S. 13.

Veränderungen der Eigentümerstruktur, zu deren Umsetzung ein außergewöhnlicher Finanzmittelbedarf entsteht, als auch die Erschließung neuer Geschäftsfelder, die mit entsprechend hohen Markteintrittskosten verbunden ist.

Somit umfaßt der hier verwendete Wachstumsbegriff gleichermaßen solche Finanzierungsanlässe, die mit dem Übergang von Kontrollrechten einer Unternehmung im Zusammenhang stehen. Wie im weiteren Verlauf der Untersuchung gezeigt wird, stellen derartige Transaktionen, die in Form von Unternehmensübernahmen, Ausgliederungen oder Management-Buy-Outs auftreten, einen wesentlichen Anlaß zur Aufnahme externen Fremdkapitals dar. In Analogie zu dem dargestellten lebensphasenorientierten Begriff der Wachstumsfinanzierung zeichnet sich die Kapitalaufbringung zur Finanzierung von Restrukturierungstransaktionen vor allem durch eine damit verbundene Unsicherheit und informationelle Asymmetrien aus.

Unabhängig von der absoluten Höhe zukünftig zu erwartender Cash-Flows, die im Fall von Restrukturierungstransaktionen einen wesentlichen Grund für die Übernahme von Kontrollrechten darstellt, besteht aufgrund der gegebenen Unsicherheit und dem Mangel an ausreichendem Reputationskapital in Form eines Nachweises der geschäftlichen Entwicklung (*track record)* regelmäßig ein Bewertungsproblem, welches den Zugang zu externen Finanzierungsquellen erschwert.

Aufgrund hoher Investitionsauszahlungen zeichnen sich Wachstumsunternehmen regelmäßig durch eine angespannte Liquiditäts- und Ertragssituation aus. Hinzu kommt eine überdurchschnittliche Dynamik des Unternehmensumfeldes, die hohe Anforderungen an das Anpassungspotential von Wachstumsunternehmen stellt. Entsprechend wird das Insolvenzrisiko, dem junge und wachstumsstarke Unternehmen aufgrund ausgeprägt volatiler Zahlungsströme vielfach ausgesetzt sind, eine vergleichsweise tragende Rolle beim Finanzierungsverhalten einnehmen.[150]

Die Möglichkeiten der Beschaffung von Finanzierungsmitteln und die hiermit verbundenen Finanzierungskosten bilden die wesentlichen Bestimmungsfaktoren für die Durchführbarkeit von Wachstumsinvestitionen einer Volkswirtschaft. Die Finanzierung von Unterenehmen zu adäquaten Konditionen stellt hierbei keine hinreichende, wohl aber eine notwendige Bedingung für den Ausbau des Kapitalstocks dar.[151] Somit kommt der Untersuchung der Finanzierungsanforderungen und –möglichkeiten von Wachstumsunternehmen vor dem Hintergrund ihrer herausragenden Stellung hinsichtlich der Schaffung neuer Arbeitsplätze gleichfalls eine wirtschaftspolitische Rolle zu.

Wie im Verlauf dieser Arbeit auf Grundlage theoretischer Erklärungsmodelle und empirischer Untersuchungen herausgearbeitet wird, stellt die Existenz unvollständiger und asymmetrischer Information im Zusammenhang mit externer Fremdfinanzierung eine wesentliche De-

---

150 Vgl. Berglöf (1994), S. 264.

151 Vgl. Binks/Ennew (1996), S. 17.

terminante des Ausmaßes rationierenden Verhaltens der Kapitalgeber dar. Die Bereitstellung von Sicherheiten zur Milderung von Informationsasymmetrien sowie der Aufbau von Reputationskapital innerhalb einer Finanzierungsbeziehung bieten Mechanismen zur Überwindung der Kreditrationierung. Folglich wird die Fähigkeit von Wachstumsunternehmen, derartige Mechnismen zur Milderung des Informationsproblems zu nutzen, das Ausmaß der Rationierung von Wachstumskapital beeinflussen.[152]

Zusammenfassend kann festgehalten werden, daß bei Wachstumsunternehmen neben einem erhöhten Verhaltensrisiko aufgrund asymmetrischer Informationsverteilung und fehlender Reputation gleichfalls eine größere Sensitiviät gegenüber Umweltrisiken als bei großen, etablierten Unternehmen zu erwarten ist. Folglich kann davon ausgegangen werden, daß die externe Kapitalbeschaffung von Wachstumsunternehmen mit vergleichsweise hohen Kapitalkosten und ausgeprägter Rationierung seitens der Kapitalgeber verbunden ist. Gleichzeitig sind die Anforderung an die Finanzierungsflexibilität aufgrund der hohen Umweltdynamik besonders hoch.

Wie in den nachfolgenden Kapiteln gezeigt wird, widmen sich die klassische und neoklassische Finanzierungstheorie nicht den besonderen Charakteristika von Wachstumsunternehmen. Entsprechend den obigen Ausführungen wäre jedoch mit abweichenden Finanzierungsverhalten dieser Unternehmensgruppe zu rechnen[153] – ein Schluß, der zunehmend durch Divergenzen zwischen Theorie und Praxis bestätigt wird.[154] Neuere Entwicklungen der Finanzierungtheorie versuchen, eben diese Diskrepanz durch Erweiterungen des Modellrahmens zu erfassen und adäquate Lösungsmechanismen für die hieraus resultierenden Problembereiche bereitzustellen.

Vor diesem Hintergrund ist zu untersuchen, ob High-Yield Anleihen als Finanzierungsinstrumente von Wachstumsunternehmen geeignet sind, den Zugang zu externen Finanzierungsmitteln zu adäquaten Kapitalkosten bei ausreichender Finanzierungsflexibilität zu erleichtern. Dabei gilt es, den dargestellten charakteristischen Eigenschaften und Anforderungen von Wachstumsunternehmen Rechnung zu tragen.

---

152 Vgl. Zimmer (1998), S. 49.

153 Vgl. Chittenden/Hall/Hutchinson (1996), S. 60.

154 Die Abbildung des Finanzierungsverhaltens von Wachstumsunternehmen beschränkt sich dabei im wesentlichen auf unterschiedliche Kapitalstrukturen. Unter der Annahme, daß beobachtete Kapitalstrukturen eine Konsequenz aus unterschiedlichen Zugangsmöglichkeiten zu Kapitalmärkten darstellen, können diese zur Prämissenkritik der Theorien herangezogen werden.

6 Institutionelle Ausgestaltung von Finanzierungsbeziehungen

„It is now widely believed that firms not only care about their capital structures, but also about where they borrow from.“[155]

Das Interesse an einer Untersuchung der Gestaltungsformen von Finanzierungsbeziehungen beruht auf der Erkenntnis, daß neben der Suche nach optimalen Finanzierungsstrukturen gleichfalls die Form von Kapitalüberlassungsverträgen von entscheidender Relevanz für die Transaktionspartner ist. Die Mobilisierung von Risikokapital ist grundsätzlich über unterschiedliche institutionelle Ausgestaltungsformen von Finanzierungsbeziehungen denkbar, die in der Literatur hauptsächlich hinsichtlich ihrer Effizienz in Bezug auf Risikoteilung und Liquidität analysiert werden.[156]

Zur Koordination der involvierten Parteien einer Finanzierungsbeziehung steht eine Vielzahl von Mechanismen zur Verfügung. Als Strukturierungskriterium wird dabei anlehnend an die Diskussion in der finanzwirtschaftlichen Literatur die Unterscheidung zwischen bilateraler und marktlicher Koordination herangezogen.[157] Man unterscheidet folglich zwischen der direkten Mittelaufnahme am Kapitalmarkt und der intermediären Finanzierung am Kreditmarkt. Sowohl Kapital- als auch Kreditmarkt sind Bestandteil des Finanzmarktes,[158] der als Sammelbegriff für Märkte, an denen Angebot und Nachfrage nach heutigen bzw. zukünftigen Zahlungsansprüchen zusammentreffen,[159] dient. Die Abgrenzung der Teilmärkte des Finanzmarktes erfolgt dabei nach unterschiedlichen Kriterien. Die in der Literatur aunzutreffenden Definitionen der Teilmärkte orientieren sich vorwiegend entweder an den Funktionen oder den Institutionen dieser Märkte.[160] Nach einer grundsätzlichen Einteilung nach Region und Währung läßt eine funktionsorientierte Abgrenzung unter Zugrundelegung der Fristigkeit der Transaktionen zunächst eine Trennung zwischen kurzfristigem Geld- und langfristigem Kapitalmarkt zu,[161] die in einem weiteren Gliederungsschritt hinsichtlich des Organisationsgrades der betrachteten Märkte in der durch Abbildung 5 widergegebenen Strukturierung resultiert:

---

155 Thakor (1996), S. 20.

156 Eine umfassende Literaturübersicht bietet Bank (1998), S. 153-156.

157 „Different financial systems designs will manifest themselves in different divisions of activities between financial institutions and markets.“ Thakor (1996), S. 928. Vgl. hierzu die Ausführungen in Kapitel 5.1 dieser Arbeit.

158 Der Finanzmarkt im weiten Sinne umfaßt dabei neben den hier betrachteten finanziellen Formen des Kapitals zusätzlich das realwirtschaftliche Kapitalvermögen. Vgl. Häuser (1995), Sp. 1123.

159 Vgl. Schneider (1992), S. 12.

160 Vgl. Häuser (1995), Sp. 1123.

161 Eine Zuordnung zum Kapitalmarkt erfolgt dabei in Anlehnung an die aufsichtsrechtlichen Normen für Finanzierungstitel mit Laufzeiten von mehr als 4 Jahren. Vgl. Schierenbeck/Hölscher (1998), S. 9.

Zur Aufbringung der im Rahmen dieser Arbeit untersuchten langfristigen Finanzierungsmittel stehen dem Unternehmen grundsätzlich der inländische, der ausländische und der internationale Kapitalmarkt zur Verfügung.[162] Diese lassen sich hinsichtlich ihres Organisationsgrades in den organisierten und den nicht organisierten Kapitalmarkt unterteilen. Letzterer, auch als Kapitalmarkt im weiten Sinne bezeichnete Teilmarkt umfaßt sämtliche Kredit- und Beteiligungstransaktionen, die nicht über Banken oder Börsen abgewickelt werden.[163]

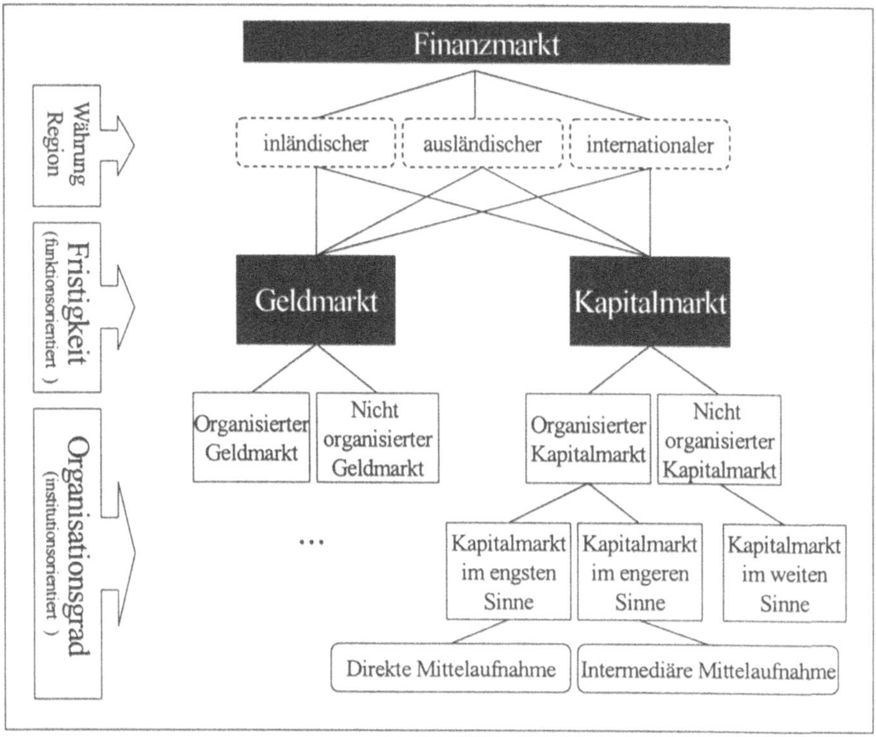

ABBILDUNG 5: STRUKTUR DES FINANZMARKTES[164]

Der Kapitalmarkt im engeren Sinne ist dagegen ein organisierter Markt, der von Institutionen des finanziellen Sektors getragen wird, die abwechselnd als Kapitalnehmer, -geber oder Vermittler von Finanzierungstransaktionen auftreten. Marktobjekte sind Beteiligungsrechte und Kredite, die in verbriefter oder unverbriefter Form bestehen. Als Teil des Kapitalmarktes im engeren Sinne gilt somit ebenfalls der Kreditmarkt, an welchem Kapitalsammelstellen, d.h.

---

162 Zu den praktischen Zugangsmöglichkeiten der regionalen Kapitalmärkte vgl. Kapitel 8.1.1.

163 Vgl. Büschgen (1998), S. 196.

164 Eigene Darstellung in Anlehnung an Schierenbeck/Hölscher (1998), S. 9 sowie Büschgen (1998), S. 188.

institutionelle Investoren im engeren Sinne[165] (Banken, Versicherungen, Kapitalanlagegesellschaften, Pensionsfonds) Schuldnern außerhalb des Finanzsektors langfristiges Kreditkapital in Form einer bilateralen Vertragsbeziehung zur Verfügung stellen. Als Kapitalmarkt im engsten Sinne bezeichnet man hingegen den hochgradig institutionalisierten, durch eine hohe Publizität und dauerhafte Aufbaustruktur gekennzeichneten Markt für standardisierte und dadurch fungible Forderungsrechte, die durch Wertpapiere verbrieft und laufend öffentlich handelbar sind. Man unterscheidet weitergehend in den Primärmarkt zur Erstausgabe von Wertpapieren (Emissionsmarkt) und den Sekundärmarkt als Markt für bereits im Umlauf befindliche Wertpapiere (Zirkulationsmarkt).[166]

Hinsichtlich ihrer Institutionenstruktur und den damit verbundenen Koordinationsmechanismen läßt sich, anlehnend an die dargestellte Strukturierung des Finanzmarktes, zwischen der direkten Finanzierung am Kapitalmarkt im engsten Sinne, d.h. der Emission von standardisierten und somit hochgradig fungiblen Wertpapieren, und der indirekten Finanzierung über Finanzmarktintermediäre, d.h. einer bilateralen Vertragsbeziehung zwischen kreditgebender Institution und Unternehmen, unterscheiden. Während die bereits dargestellten Privatplazierungen[167] aufgrund ihrer Verbriefungsform und grundsätzlichen Fungibilität streng genommen zum Kapitalmarkt im engsten Sinne zählen, erfolgt in der Literatur eine Zuordnung vorwiegend zum Bereich des Kreditmarktes.[168] Dieses Vorgehen läßt sich vor allem auf den direkten Kontakt zwischen Investor und Emittent im Fall von privatplazierten Wertpapieren zurückführen.[169] Ebenfalls zeichnen sich Privatplazierungen durch einen geringeren Grad der Standardisierung und Fungibilität im Vergleich zu öffentlichen Plazierungen aus.[170]

Die Auswahl effizienter Finanzierungsbeziehungen wird entscheidend von der Struktur und den gesetzlichen Rahmenbedingungen des Finanzsystems beeinflußt.[171] Unter dem Begriff des Finanzsystems wird eine Vielzahl von Institutionen verstanden, die in ihrer Gesamtheit Informations- und Finanzierungsströme bestimmen.[172] Die wissenschaftliche Untersuchung

---

165 Zur Gruppe der institutionellen Anleger im weiteren Sinne, gemäß Definition der Bundesbank, zählen zusätzlich Unternehmen außerhalb des Finanzdienstleistungssektors. Vgl. Kapitel 8.2.1.1.

166 Vgl. Perridon/Steiner (1997), S. 164.

167 Vgl. Kapitel 2.4.

168 Die Zuordung von Privatplazierungen zum Kapitalmarkt im engeren Sinne erfolgt dabei aufgrund ihres außerbörslichen Sekundärhandels. Vgl. Schierenbeck/Hölscher (1998), S. 10.

169 Der i.d.R. engere Kontakt zwischen Investor und Emittent einer Privatplazierung materialisiert sich in einer besseren vorvertraglichen Informationsversorgung des Investors sowie besseren impliziten als auch expliziten Möglichkeiten der nachvertraglichen Überwachung des Schuldners. Vgl. Kapitel 7.2.1.3. Somit besteht hinsichtlich des Grades der Informationsasymmetrien eine höhere Affinität von Privatplazierungen zu Finanzierungsformen des Kreditmarktes.

170 Vgl. Lehmann (1997), S. 3f.

171 „It has long been recognized that financial institutions play an important role in economic development." Allen/Gale (1995), S. 179.

172 Zu den wesentlichen Merkmalen eines Finanzsystems zählt Thakor (1996), S. 918 den Umfang zulässiger Geschäfte des Banksystems, das regulatorische Umfeld der Finanzdienstleister sowie die Informationspflichten der Teilnehmer am Finanzmarkt.

des Beziehungsgeflechts zwischen Marktteilnehmern konzentriert sich dabei auf die Analyse der relativen Vorteilhaftigkeit von bank- versus marktbasierten Finanzsystemen. Divergenzen der institutionellen Ausgestaltung unterschiedlicher nationaler Finanzsysteme führen gezwungenermaßen zu einer wissenschaftlichen Auseinandersetzung mit den Erklärungsgründen für die Entwicklung dieser Finanzsysteme sowie der Frage nach ihrer Effizienz und einer zukünftigen Angleichung beider Systemvarianten.[173]

Vor dem Hintergrund des Untersuchungsobjektes der vorliegenden Arbeit erhält die Frage nach der institutionellen Struktur unterschiedlicher real existierender Finanzsysteme eine besondere Relevanz: So gilt es im Rahmen dieser Untersuchung, die Vorteilhaftigkeit einer marktbasierten Koordination für die Bereitstellung von Risikokapital herauszustellen. In diesem Zusammenhang kommt den institutionellen Rahmenbedingungen des deutschen Finanzsystems für die Bewertung der Erfolgswahrscheinlichkeit eines funktionsfähigen Marktes für High-Yield Anleihen eine grundlegende Bedeutung zu.

Das wissenschaftliche Interesse an den institutionellen Unterschieden nationaler Finanzsysteme wird durch deren Implikationen in Bezug auf zwei Problembereiche der Finanzierungsforschung begründet: Zum einen ist davon auszugehen, daß die Struktur des Finanzsystems die Verteilung von Kontrollrechten und die Effizienz von Kontrollmechanismen eines Wirtschaftssystems direkt beeinflußt,[174] zum anderen bestimmt die Koordinationsform von Finanzierungsbeziehungen sowohl die Verfügbarkeit als auch die Kosten der Kapitalbereitstellung. Letzterer Problembereich stellt den Untersuchungsgegenstand der vorliegenden Arbeit dar. Es stellt sich somit die Frage nach der Vorteilhaftigkeit unterschiedlicher institutioneller Ausgestaltungsformen der Fremdfinanzierung zur Bereitstellung von Wachstumskapital in Form intermediärer Finanzierungsformen (Bankkredite, privatplazierte Anleihen) und direkter Inanspruchnahme des Kapitalmarktes (öffentlich plazierte High-Yield Anleihen).[175]

Dieses Vorgehen setzt einen gewissen Grad der Substituierbarkeit zwischen beiden Formen der Fremdfinanzierung voraus. Gestützt wird diese Annahme auf die Beobachtung einer relativen Verdrängung intermediärer Finanzierungsformen durch verbriefte Forderungsrechte in Form von High-Yield Anleihen am US-amerikanischen Kapitalmarkt seit Ende der siebziger Jahre.[176] Zur Verdeutlichung dieses Phänomens soll die Entwicklung der Verschuldung US-

---

173 Vgl. Allen/Gale (1995), S. 180.

174 Mit der Untersuchung der Verteilung von Kontrollrechten und –mechanismen befaßt sich die wissenschaftliche Literatur zum Thema der „Corporate Governance“, deren Ursprung auf die Arbeit von Manne (1965) zurückgeht. Vgl. hierzu Hellwig (1997), S. 217-240 und die dort angegebene Literatur.

175 Im weiteren Verlauf der Arbeit wird auf den Zusatz „öffentlich plazierte“ im Zusammenhang mit High-Yield Anleihen verzichtet.

176 Vgl. US GAO (1988), S. 57-59, Trautwein (1990), S. 176, Beneviste/Singh/Wilhelm (1993), S. 105, Yago (1991), S. 5 sowie Rajan (1992), S. 1367.

amerikanischer Unternehmen während des Zeitraums 1977 bis 1988 dienen,[177] dem in der Literatur die Entwicklung des US-High-Yield Marktes zugerechnet wird. Wie die Tabelle 2 zeigt, fällt die Entwicklung des US-High-Yield Marktes in eine Phase konstanten Wachstums der Gesamtverschuldung US-amerikanischer Unternehmen –eine Entwicklung, die in der Literatur verbreitet auf gesamtwirtschaftlich rezessive Tendenzen sowie steuerrechtlich bedingte veränderte Fremdfinanzierungskosten zurückgeführt wird.[178]

Seit der Rezession der Jahre 1981/1982 ist der Anteil von High-Yield Anleihen an der Gesamtverschuldung US-amerikanischer Unternehmen stetig gewachsen, während der Finanzierungsanteil von Bankkrediten zurückging. Der Rückgang des Finanzierungsanteils von Anleihen hoher Einstufung ist dagegen primär auf die Entwicklung der Eurobond Marktes seit Mitte der siebziger Jahre zurückzuführen,[179] der Unternehmen erstklassiger Bonität attraktivere Konditionen im Vergleich zum Inhandsanleihemarkt bot.

	Investment Grade Anleihen		High-Yield Anleihen		Bankkredite		Sonstige	
	US$ in Mrd.	in %	US$ in Mrd.	in %	US$ in Mrd.	in %	US$ in Mrd.	in %
1977	291	46%	9	1%	155	24%	184	29%
1978	311	44%	9	1%	175	25%	210	30%
1979	327	42%	11	2%	204	26%	231	30%
1980	351	42%	15	2%	226	27%	237	29%
1981	371	40%	17	2%	252	27%	285	31%
1982	389	40%	19	3%	294	30%	265	27%
1983	395	39%	28	3%	306	29%	294	29%
1984	428	36%	42	4%	352	29%	376	31%
1985	484	36%	59	5%	375	28%	416	31%
1986	571	38%	93	6%	418	28%	423	28%
1987	627	38%	137	8%	415	25%	486	29%
1988	683	38%	159	9%	444	25%	516	29%

TABELLE 2: ENTWICKLUNG DER VERSCHULDUNG US-AMERIKANISCHER UNTERNEHMEN 1977-1988[180]

JENSEN hebt im Zusammenhang mit der Substituierbarkeit intermediärer und marktorientierter Fremdfinanzierung hervor, daß High-Yield Anleihen eine verbriefte Variante von

177 Die Betrachtung der Jahre 1977 bis 1988 bietet den Vorteil, daß diese die wesentlichen exogenen Faktoren, denen der Aufbau des Marktes zugeschrieben wird, umfaßt. Vgl. hierzu Kapitel 7.1 dieser Arbeit.

178 Vgl. Taggart (1990), S. 14-17.

179 Das Emissionsvolumen US-amerikanischer Unternehmen am Eurobondmarkt stieg von US$ 0,3 Mrd. im Jahr 1975 auf US$ 28,4 Mrd. im Jahr 1986. Vgl. Perry/Taggart (1988), S. 41.

langfristigen Bankkrediten und Privatplazierungen darstellen, deren wesentlicher Vorteil in einer erhöhten Liquidität und Teilbarkeit besteht.[181] Demgemäß wäre eine Verdrängung der Kreditfinanzierung und privatplazierten Anleiheformen im Verlauf der Entwicklung des High-Yield Marktes zu erwarten. Im Verlauf des oben betrachteten Zeitraums kann für den gesamten US-amerikanischen Anleihemarkt festgestellt werden, daß Privatplazierungen bis 1981 zunehmend durch öffentliche Anleihen verdrängt wurden. Ein erneuter Anstieg des Finanzierungsanteils von privatplazierten Anleihen seit 1981 ist im wesentlichen auf veränderte regulatorische Bedingungen seit 1980 zurückzuführen, die in einer signifikant verbesserten Sekundärmarktfähigkeit privatplazierter Anleihen resultierten.[182]

In der wissenschaftlichen Literatur wurde der substitutive Charakter von High-Yield Anleihen und traditionellen Bankkrediten vor allem von JENSEN, BODIE/MERTON und GILSON/WARNER untersucht und bestätigt.[183] FRIDSON stellt fest, daß die Tilgung von Bankkrediten historisch den am häufigsten genannten Verwendungszweck von Emissionserlösen am US-High-Yield Markt darstellt.[184] Empirische Studien US-amerikanischer Unternehmen kamen zu dem Ergebnis, daß High-Yield Anleihen insbesondere von stark wachsenden Unternehmen als vorwiegende Form der Refinanzierung bestehender Bankkredite genutzt werden.[185]

Die Hypothese einer relativen Verdrängung intermediärer Fremdfinanzierungsformen durch eine zunehmende Emission von High-Yield Anleihen in den USA wird durch Untersuchungen von BENEVISTE/SINGH/WILHELM unterstützt. Diese beobachteten systematische Renditeeffekte US-amerikanischer Geschäftsbanken nach dem Zusammenbruch des High-Yield Marktes in den USA Anfang der neunziger Jahre.[186] Ihrer Untersuchung lag die Hypothese zugrunde, daß Unternehmen, deren Bonität eine Inanspruchnahme des US-Anleihemarktes ausschloß, bis Ende der siebziger Jahre primär auf intermediäre Kreditfinanzierung durch Banken angewiesen waren. Erst die Entwicklung eines funktionsfähigen Marktes für High-Yield Anleihen, in deren Mittelpunkt die Aktivitäten des Emissionshauses Drexel Burnham Lambert standen, führte zu einer Verlagerung zugunsten disintermediärer Finanzierungsformen mit einer entsprechenden Reduktion des Anteils US-amerikanischer Geschäftsbanken an der Gesamtfinanzierung des Unternehmenssektors. Der Konkurs von Drexel Burnham Lambert im Jahre 1990 resultierte in einem temporären Erliegen des Emissionsgeschäftes am High-Yield Markt. Vor dem Hintergrund des US-amerikanischen Trennbankensystems und unter der Annahme gewisser Monopolrenten am Kreditmarkt wäre durch die Ausweitung des

---

180 Vgl. Trautwein (1990), S. 177.

181 Vgl. Jensen (1986a), S. 16f.

182 Vgl. hierzu Kapitel 7.2.1.1.

183 Vgl. Rajan (1992), S. 1367, Beneviste/Singh/Wilhelm (1993), S. 104, Merton/Bodie (1995), S. 20 sowie Gilson/Warner (1997), S. 1-5.

184 Vgl. Fridson (1994), S. 85-97.

185 Vgl. US General Accounting Office (1989), S. 15, Rosengren (1990), S. 40.

186 Vgl. Beneviste/Singh/Wilhelm (1993), S. 105.

Kreditvolumens ein Anstieg des operativen Ergebnisses von Geschäftsbanken in den folgenden Jahren zu erwarten. Die Ergebnisse der Untersuchung bestätigten diese Hypothese.[187]

GILSON/WARNER stoßen auf empirische Unterstützung ihrer These, daß High-Yield Anleihen von Wachstumsunternehmen überwiegend zur Ablösung bestehender Bankkredite genutzt werden.[188] Hierfür untersuchen sie gezielt die Ertragssituation der Emittenten kurz vor Begebung der Anleihen und stellen bei der Mehrheit der Unternehmen eine signifikante Verschlechterung fest. Hieraus schließen die Autoren, daß die Substitution von Bankkrediten insbesondere auf die regelmäßig weniger restriktiven vertraglichen Nebenabreden von Anleiheverträgen zurückzuführen ist.

GAUGHAN vertritt die These, daß die signifikante Zunahme von Unternehmens-übernahmen in den USA während der achtziger Jahre erst durch die Substitution von Bankkrediten durch High-Yield Anleihen ermöglicht wurde.[189] Der Autor führt die zunehmende Disintermediation in Verbindung mit feindlichen Übernahmen auf die eingeschränkten Diversifikationsmöglichkeiten von Finanzintermediären zurück. In diesem Zusammenhang bestätigt LOEYS, daß High-Yield Anleihen als Substitut für Finanzierungsformen über Finanzmarktintermediäre zu betrachten sind, wobei Kreditinstituten vor dem Hintergrund einer funktionsorientierten Betrachtung die Bündelung von Übernahme-, Garantie- und Plazierungsfunktionen zukommt.[190]

Der Trend zunehmender Disintermediation von Fremdfinanzierungsverträgen wird von TAGGART für den Zeitraum zwischen 1977 und 1989 am US-Kreditmarkt dokumentiert.[191] Während zwischen 1977 und 1983 noch durchschnittlich 36,6 Prozent des Fremdfinanzierungsvolumens durch Bankkredite aufgebracht wurden, sank dieser Anteil auf 18,2 Prozent im Jahre 1989. Zugleich stieg der Finanzierungsanteil verbriefter Forderungen am Anleihemarkt im gleichen Zeitraum von 30,5 auf 54,2 Prozent.[192]

Das geringe Volumen ausstehender Unternehmensanleihen deutscher Emittenten weist auf den geringen Entwicklungsstand dieses Marktsegments hin.[193] Als wesentlicher Grund hierfür wird in der Literatur regelmäßig der hohe Anteil deutscher Banken am Gesamtfinanzierungs-

---

187 Eine Beobachtung von Portefeuillerediten unterschiedlicher Bankengruppen zeigte insbesondere Überrenditen von 6% bzw. 7% nach Veröffentlichung der Kündigung Michael Milkens und des Konkurses von Drexel Burnham Lambert. Vgl. dieselben, S. 106f.

188 Vgl. Gilson/Warner (1997). Die Autoren untersuchen ausschießlich Wachstumsunternehmen, deren Verschuldungsgrad durch die Emission der Anleihe nur kurzfristig verändert wird. Somit impliziert die Auswahl der Stichprobe bereits den substitutiven Charakter zwischen High-Yield Anleihen und Bankkrediten.

189 Vgl. Gaughan (1991), S. 384.

190 Vgl. Loeys (1990), S. 246 sowie Baer/Pavel (1988), S. 5.

191 Vgl. Taggart (1990), S. 12-18.

192 Vgl. ebenda, S. 14

193 Vgl. hierzu die Analyse des deutschen Anleihemarktes in Kapitel 8.1.2.

volumen des Unternehmenssektors angeführt.[194] Unter Annahme der Gültigkeit der dargestellten Substitutionshypothese und der Forderung nach mehr Risikokapital für deutsche Wachstumsunternehmen stellt sich die Frage, ob eine verstärkte Inanspruchnahme des Kapitalmarktes den beklagten Finanzierungsengpaß zu beseitigen vermag.

Ziel der nachfolgenden Kapitel ist es somit, die institutionelle Gestaltung von Fremdfinanzierungsbeziehungen auf Grundlage finanztheoretischer Modelle zu bewerten. Dabei werden die wesentlichen Theorieansätze dargestellt und hinsichtlich ihre Anwendbarkeit auf die zugrunde liegende Fragestellung untersucht. Die Ergebnisse der theoretischen Ansätze werden dann vor dem Hintergrund der Entstehungsgeschichte des US-High-Yield Marktes auf ihren Erklärungsgehalt überprüft, um nachfolgend das Potential eines funktionsfähigen Marktes in Deutschland unter Berücksichtigung der unterschiedlichen Strukturmerkmale beider Finanzsysteme abzuleiten.

---

[194] Vgl. hierzu Kapitel 8.1.3.

III HIGH-YIELD ANLEIHEN IM LICHTE DER KLASSISCHEN UND NEO-KLASSISCHEN ANSÄTZE DER FINANZIERUNGSFORSCHUNG

Ziel dieses Kapitels ist die theoretische Einordnung des Erkenntnisobjektes in existierende finanztheoretische Paradigma und eine Untersuchung des Bewertungs- und Erklärungspotentials von High-Yield Anleihen durch die Theorie. Dabei werden in einem ersten Schritt die zentralen Erkenntnisse der Finanzierungsforschung dargestellt, um im zweiten Schritt deren Relevanz zur Erklärung von High-Yield Anleihen und Beschreibung ihrer spezifischen Charakteristika durch ausgewählte Ergebnisse zu untersuchen. Es handelt sich hierbei im wesentlichen um eine instrumentelle Sichtweise von Finanzierungsformen, die von institutionellen Aspekten abstrahiert. Dennoch bietet sie Methoden zur Abbildung von Bewertungsprozessen aus Kapitalgeber- und Kapitalnehmersicht, die für eine funktions- und institutionsorientierte Analyse von Finanzierungsbeziehungen eine notwendige Voraussetzung darstellen.

Als Teilgebiet der Betriebswirtschaftslehre stellt die Finanzierungsforschung eine vergleichsweise junge Disziplin dar.[195] Zu Beginn ihrer Entwicklung kam der Finanzierungsforschung lediglich eine unterstützende Funktion der sich primär mit realwirtschaftlichen Fragestellungen befassenden Betriebswirtschaftslehre zu.[196] Im Laufe ihrer zunehmenden Etablierung hin zu einer gleichberechtigten gestaltungspolitisch relevanten Forschungsdisziplin haben die Erkenntnisziele der Finanzierungsforschung Schwerpunktverlagerungen erfahren, die im Anschluß an eine Darstellung der übergeordneten Zielsetzung systematisiert werden sollen.

1 ZIELSETZUNG UND AUSSAGEN DER FINANZIERUNGSFORSCHUNG

Die Finanzierungsforschung verfolgt als anwendungsorientierte Wissenschaft keinen Selbstzweck, sondern erhebt den Anspruch, der unternehmerischen Entscheidungsfindung zu dienen.[197] STEINER/KÖLSCH stellen den Ausgangspunkt der Finanzierungsforschung durch einen Klärungsbedarf der folgenden zentralen Fragestellungen dar:[198]

- Welche Faktoren bestimmen eine optimale Auswahl am Markt angebotener Finanzierungstitel ? (*Kapitalgeberperspektive*)
- Wie läßt sich die Finanzierung durch Angebot möglicher Finanzierungstitel optimal gestalten ? (*Kapitalnehmerperspektive*)

---

195 Vgl. Schneider (1987), S. 350ff.

196 Rudolph (1984), S. 17 spricht in diesem Zusammenhang vom „fünften Rad" (zitiert nach Milne (1974), S. 531, wobei Milne von einer trivialen Rolle der Finanzierungstheorie lediglich bei Existenz vollkommener Märkte ausgeht) eines auf einer rein produktionswirtschaftlichen Basis laufenden Wagens der Betriebswirtschaftslehre, deren Gestaltungsaufgabe definitorisch der Boden entzogen wurde. Perridon/Steiner (1995), S. 16 sprechen hingegen von einer „Hilfsfunktion zweiten Grades" der Finanzierungsforschung.

197 Vgl. Eisele (1980), S. 134. Ebenfalls Perridon/Steiner (1995), S.15.

198 Vgl. Steiner/Kölsch (1989) S. 410.

Erklärungsziel der Finanzierungsforschung wird vor diesem Hintergrund die Gestaltung optimaler Finanzierungsbeziehungen zwischen Kapitalgebern und –nehmern. Finanzierungstitel stellen im Rahmen dieses Ansatzes Anwartschaften auf zukünftige, mehr oder weniger unsicherer Zahlungsströme dar.[199] Das dargestellte Erkenntnisobjekt steht somit in einem engen Zusammenhang mit entscheidungslogischen Ansätzen der Betriebswirtschaftlehre, wobei ausdrücklich die Frage nach Finanzierungszielen und den an diesen orientierten Finanzierungsentscheidungen in den Vordergrund gestellt wird.[200] Dieser entscheidungstheoretische Ansatz der Finanzierungsforschung stellt eine *normative* (präskripive) Theorie im Sinne einer dem Entscheidungsträger vermittelnden Unterstützung bei der Lösung der sich ergebenden Fragestellungen dar. Ihre Funktion besteht in der Beantwortung folgender Fragenkomplexe:[201]

- Welche Problembestandteile sind entscheidungsrelevant ?
- Wie lassen sich diese strukturieren, welche Beziehungen bestehen zwischen den Problembestandteilen ?
- Welche Verfahren ermöglichen eine Bestimmung der zieloptimalen[202] Lösung des strukturierten Problems ?

In diesem Sinne besteht der Zweck einer normativen Theorie in der Bereitstellung von Entscheidungskriterien und –techniken.

Davon zu unterscheiden ist die *positive* Theorie, deren primäre Funktion in der Erklärung von Zusammenhängen relevanter Variablen des Problemkomplexes besteht.[203] Ziel der positiven Theorie ist die Erstellung mehr oder weniger abstrakter Abbilder der Realität, um dadurch zu einem verbesserten Verständnis von Wirkungszusammenhängen beizutragen und zielorientierte Entscheidungen zu ermöglichen. Im Vordergrund steht weniger die Bereitstellung einer Entscheidungslogik, sondern vielmehr eine Erklärung empirischer Tatbestände durch allgemeine Aussagen (Gesetze). Positive Theorien basieren auf Modellen, deren Entscheidungsrelevanz und Operationalität mithin stark vom gewählten Abstraktionsgrad abhängig ist.

---

199 Vgl. Hax/Hartmann-Wendels/von Hinten (1988), S. 691.

200 Vgl. Eisele (1980), S. 135. So betrachtet beispielsweise Rudolph die Finanzierungstheorie als Anwendungsgebiet der betriebswirtschaftlichen Entscheidungstheorie. Vgl. Rudolph (1991), S. 688. Krahnen (1993), S. 795 entdeckt dagegen erst durch den Perspektivenwechsel zum vollkommenen Markt einen Rückgriff auf die mikroökonomische Entscheidungstheorie für Analysezwecke im Rahmen der Kapitalmarkttheorie.

201 Vgl. Drukarczyk (1993), S. 1.

202 Zur Abgrenzung finanzierungspolitischer Ziele vgl. Schneider (1976), Sp. 1917-1927. In der Literatur besteht Uneinigkeit über die originäre Ausrichtung finanzierungspolitischer Zieldefinitionen. Vgl. Smith/Warner (1979), S. 117, Thatcher (1985), S. 550 und Hax/Hartmann-Wendels/von Hinten (1988), S. 708. Während Myers (1977), S. 149 und Swoboda (1987), S. 169 die Maximierung der Marktwerte von Beteiligungstiteln eines Unternehmens in den Mittelpunkt stellen, behauptet Fama, die Stabilität eines langfristigen Kapitalmarktgleichgewichtes sei ausschließlich mit der Maximierung des Unternehmensgesamtwertes vereinbar. Vgl. Fama (1978), S. 272.

203 Vgl. Drukarczyk (1993), S. 3.

Eine Analyse von Entwicklungen in der Finanzierungstheorie und deren wechselnden Paradigmata[204] zeigt eine zunehmende Fokussierung auf positive, modelltheoretische Erklärungsansätze, deren Hypothesen durch empirische Beobachtung unterstützt werden (deduktiver Forschungsansatz der Finanzwissenschaft).[205]

Die folgende Darstellung des Entwicklungsstandes der Finanzierungsforschung folgt einem entstehungsgeschichtlichen (genetischen) Ansatz, wobei eine Gliederung des Forschungskomplexes Finanzierung in der Literatur grundsätzlich nicht einheitlich erfolgt.[206] Das Vorgehen dieser Arbeit orientiert sich aus diesem Grund an dem Trennkriterium der Behandlung und Art des untersuchten Risikos. Demgemäß läßt sich zwischen der klassischen Finanzierungslehre (annähernde Abstraktion von Risiko), der neoklassischen Finanzierungstheorie (Integration von Risiko, differenziert nach Herkunft) und der neoinstitutionalistischen Finanzierungstheorie (explizite Berücksichtigung von Verhaltensrisiken) differenzieren. Einen alternativen Abgenzungsversuch existierender Paradigmata innerhalb der Finanzierungstheorie liefert KRAHNEN. Dieser beobachtet pradigmatische Änderungen als Folge konkurrierender finanzwirtschaftlicher Theorien, wobei der neoklassische Ansatz durch einen starken Marktbezug gekennzeichnet ist, der neoinstitutionalistische Ansatz dagegen primär auf die Erklärung von Institutionen gerichtet ist.

In den folgenden Kapiteln werden die drei Forschungsansätze komprimiert dargestellt und auf ihr Erklärungspotential hinsichtlich der untersuchten Fragestellung analysiert. Der Schwerpunkt der Ausführungen liegt dabei auf den neoinstitutionalistischen Ansätzen, deren Ergebnisse zur Beurteilung der Kapitalaufbringung durch High-Yield Anleihen herangezogen werden. Neoklassische Ansätze versprechen dagegen Erkenntnisgewinne in Bezug auf Bewertungsprozesse von Investoren an Kapitalmärkten,[207] auf die bei der Beurteilung von High-Yield Anleihen aus Kapitalgebersicht zur Ableitung der notwendigen Umfeldbedingungen für die Etablierung eines funktionsfähigen Marktes zurückgegriffen wird.

---

204 Vgl. hierzu Kapitel 4.1.

205 Vgl. Picot (1976), Sp. 319.

206 Insbesondere wird der Begriff der „modernen Finanztheorie" heterogen verwendet. Vgl. hierzu beispielsweise Rudolph (1979a), Loistl (1990), Thakor (1993), Weston (1981), Perridon/Steiner (1995), Eisele (1980), Krahnen (1993) sowie Steiner/Kölsch (1989).

207 Die Darstellung neoklassischer Ansätze beschränkt sich hierbei bewußt auf Kapitalmarktmodelle und die Optionspreistheorie. Einen guten Überblick über alternative Ansätze bietet Nowak (1994), S. 27-32.

2 Klassische Finanzierungslehre

2.1 Darstellung

Die klassische Finanzierungstheorie stellt zunächst eine auf die rechtlichen Wirkungen institutioneller Finanzierungs- und Rechtsformentscheidungen ausgerichtete Forschung dar.[208] Sie umfaßt schwerpunktmäßig eine deskriptive Typologie finanzwirtschaftlicher Institutionen und Politiken[209] und gilt als eine das Erfahrungswissen beschreibende „systematisierende Theorie“.[210] Entscheidendes Merkmal des Ansatzes ist eine getrennte Betrachtung von Finanzierungsvorgängen und Investitionsentscheidungen.[211] Der als Formenlehre[212] bezeichnete Forschungszweig der klassischen Finanzierungslehre entwickelt einen mehrdimensionalen Kriterienkatalog, auf Basis dessen einzelne real existierende Finanzierungsinstrumente beschrieben werden.[213] Untersuchungsgegenstand des projekt-orientierten Ansatzes der klassischen Finanzierungslehre sind Ausgestaltung und Rechtsfolgen außergewöhnlicher finanztechnischer Maßnahmen, zu denen insbesondere Gründung, Wachstum, Umwandlung, Fusion, Kapitalherabsetzung, Sanierung und Liquidation gezählt werden.[214] Als drittes Forschungsgebiet der Finanzierungslehre nimmt die Finanzanalyse eine wichtige Stellung ein. Diese durch bilanzorientierte und statische Methoden geprägte Ausrichtung stellt einen durch intensive empirische Forschung gekennzeichneten Bereich dar. Als „modernster unter den klassischen Ansätzen“[215] stellt die Finanzplanung den Übergang zur zahlungsstromorientierten Sichtweise der Finanzierungstheorie dar.[216]

2.2 Erklärungspotential für High-Yield Anleihen

Im Hinblick auf den Erkenntnisgewinn der klassischen Finanzierungslehre für die in der vorliegenden Arbeit verfolgte Fragestellung lassen sich Teilgebiete identifizieren, auf die im weiteren Verlauf der Analyse zurückgegriffen werden soll. Dies gilt sowohl für die im Bereich der klassischen Formenlehre entwickelten Techniken zur Bewertung unterschiedlicher Finanzierungsformen aus Sicht von Emittenten und Investoren als auch für die im For-

---

208 Vgl. Steiner/Kölsch (1989), S. 409.

209 Vgl. Krahnen (1993), S. 795.

210 Vgl. Eisele (1980) S. 134. „[...] finance continued to be taught as a descriptive, institutional subject, viewed from the outside, rather than from within the firm‘s management“ Weston/Copeland (1992), S. 13.

211 Vgl. Perridon/Steiner (1995), S. 16.

212 Rudoph (1990), Sp. 367 spricht vom „instrumentellen Ansatz der Kapitalmarkttheorie“. Dieser Terminologie wird hier nicht gefolgt, da die klassische Finanzierungslehre explizit jegliche Marktbeziehungen vernachlässigt.

213 Vgl. Steiner/Kölsch (1989), S. 413. Typische Kriterien zur Beurteilung alternativer Finanzierungsinstrumente sind Kapitalkosten, Herkunft des Kapitals, Fristigkeit, Auflagen und Rechtsfolgen, Kontroll- und Mitspracherechte, Risiken und steuerliche Behandlung.

214 Vgl. hierzu die Ausführungen zum projekt-orientierten Finanzierungsbegriff in Kapitel 2.1.

215 Perridon/Steiner (1995), S. 18.

schungszweig der Finanzanalyse entwickelten Kennzahlen zur Beurteilung finanzwirtschaftlicher Stabilität und Bonität von Unternehmen. Festzuhalten bleiben jedoch zwei grundlegende Defizite der klassischen Finanzierungslehre, die durch die Vernachlässigung von Unsicherheit und Marktbeziehungen entstehen: Die klassische Formenlehre läßt keine einwertigen Aussagen zur Beurteilung der Vorteilhaftigkeit von Finanzierungsformen zu. Ebenfalls bleibt die Frage nach der Existenzbegründung spezieller Finanzierungsformen und –instrumente aufgrund ihres normativen Charakters unbeantwortet.

Zusammenfassend läßt sich konstatieren, daß die klassische Finanzierungslehre im Rahmen der Beurteilung ihres Aussage- und Erklärungspotentials einer Vorteilhaftigkeit von High Yield-Anleihen zur Risikofinanzierung aufgrund der Vernachlässigung unsicherer Erwartungen über das Ausfallrisiko von Forderungstiteln keinen fundamentalen Beitrag liefern kann. Insbesondere ist dieser Forschungszweig der Finanzierungstheorie nicht in der Lage, Erklärungen über die Vielzahl in der Realität existierender Finanzierungsinstrumente zu liefern. Genauso wenig ist es möglich, auf der Basis ausschließlich renditeorientierter Beurteilungskriterien Handlungsempfehlungen über bestimmte Kombinationen von Ausstattungsmerkmalen eines Finanzierungstitels abzuleiten oder Aussagen bezüglich der institutionellen Gestaltung von Finanzierungsbeziehungen zu machen. Dennoch liefern die Forschungsergebnisse der klassischen Finanzierungslehre einzelne Erkenntnisse, die es bei der Ausgestaltung von Finanzierungsbeziehungen und der Beurteilung von ausfallbedrohten Forderungstiteln zu berücksichtigen gilt. Hier bietet insbesondere das Aussagesystem der Finanzanalyse Ansätze zur Bewertung von Emittenten und resultierenden Bedingungen in Form von Finanzierungsregeln, von deren Erfüllung die Kapitalüberlassung durch Investoren abhängig gemacht wird.

3 Neoklassische Ansätze der Finanzierungstheorie

Die grundsätzlich einzelwirtschaftliche Betrachtung[217] der klassischen Finanzierungslehre wurde Mitte der fünfziger Jahre durch eine an Zahlungsströmen orientierte Sichtweise von Unternehmen in einem Gleichgewichtsmodell des Kapitalmarktes abgelöst.[218] Durch Annahme eines vollkommenen Kapitalmarktes und der konsequenten Schlußfolgerung eines einheitlichen Marktzinssatzes in Verbindung mit uneingeschränktem Zugang von Investoren und Emittenten zum Kapitalmarkt läßt die erstmalig von Tobin dargestellte Separationseigenschaft[219] von Investitions- und Finanzierungsentscheidungen eine getrennte Behandlung dieser Problemfelder mit isolierten Investitionsrechenverfahren zu.[220]

---

216 Vgl. Steiner/Kölsch (1989), S. 415.

217 Vgl. Klein (1996), S. 30.

218 Einen Überblick über die hauptsächlich der anglo-amerikanischen Literatur zuzuordnenden Forschungsansätze der neoklassischen Kapitalmarkttheorie bieten Cooley/Heck (1981), Hax/Hartmann-Wendels/von Hinten (1988) und Eisele (1980).

219 Ursprünglich hatte das Fischer-Separationstheorem die mögliche Trennbarkeit von Investitions- und Konsumentnahmeenscheidungen hergeleitet. Vgl. Rudolph (1982) S. 263-265.

220 Vgl. Steiner/Kölsch (1989) S. 417, Franke/Hax (1995), S. 437.

Die neoklassische Kapitalmarkttheorie beruht auf einem aus der neoklassischen Mikroökonomik stammenden statischen Gleichgewichtsmodell. Kapitalmarktmodelle dienen der Bewertung von Zahlungsströmen bei sicheren sowie unsicheren Erwartungen. Unter der Prämisse vollständiger Kapitalmärkte folgt aus der im Gleichgewicht geforderten Arbitragefreiheit unmittelbar das Postulat der Wertadditivität, welches in Form einer linearen Bewertungsfunktion die Preisbildung für Finanzierungstitel an Kapitalmärkten erklärt und deren Gesetzmäßigkeiten ergründet.[221] Grundlegend unterscheidet sich die Kapitalmarkttheorie von der klassischen Finanzierungslehre durch den Versuch einer eigenständigen und einheitlichen Bewertung von Finanzierungstiteln durch quantitative Modelle unter Einbeziehung von Risiko.[222]

Von fundamentaler Bedeutung für die Anwendbarkeit neoklassischer Modelle ist dabei die Annahme des Idealtyps eines vollkommenen Marktes, der sich im wesentlichen durch folgende Eigenschaften auszeichnet:

- Nicht-Existenz von Transaktionskosten
- Beliebige Teilbarkeit der Finanzierungstitel
- Abstraktion von Steuern, insbesondere keine steuerliche Ungleichbehandlung von Fremd- und Eigenkapital
- Keine Zugangsbeschränkungen zum Kapitalmarkt sowie gleiche Bedingungen für private Investoren und Unternehmen

Ausgangspunkt der Analyse sind rational handelnde, risikoscheue Investoren, die bei gegebenen Preisen ihr Portefeuille gemäß ihren Präferenzen zusammenstellen, sowie Unternehmen, die bei gegebenem Wettbewerb um knappe Finanzierungsmittel ihre Wertpapiere gemäß übergeordneten Unternehmenszielen[223] am Kapitalmarkt anbieten. Somit stehen sich am Markt Unternehmen als Anbieter und Investoren als Nachfrager von Beteiligungs- und Forderungstiteln gegenüber, die ausschließlich auf institutionalisierten Märkten unter Konkurrenz

---

221 Vgl. Hax/Neus (1995), Sp.1167.

222 Auf dem Forschungsgebiet der Investitionsrechnung fanden sich bereits Ansätze zur Weiterentwicklung einwertiger Ansätze unter der Annahme von Unsicherheit. Der Einbeziehung unsicherer Erwartungen wurde durch Sensititvitäts- und Risikoanalysen Rechnung getragen. Beiden Techniken ist beschränkend zu eigen, daß ihnen keine homogene Verknüpfung von Risiko und Renditeaspekten gelingt. Vgl. Steiner/Kölsch (1989), S. 416.

223 Als übergeordnetes Unternehmensziel soll hierbei die Maximierung des Unternehmenswertes im Sinne einer holistischen Unternehmenstheorie gelten. Vgl. Eisele (1980), S. 135. Die Maximierung des Marktwertes des Unternehmens eignet sich insbesondere deshalb als Entscheidungsregel, da hierdurch eine Beurteilung von Handlungsalternativen ohne direkte Bezugnahme auf Präferenzen der Kapitalanleger (in Beteiligungs- und Forderungstitel) ermöglicht wird. Vgl. Hax/Hartmann-Wendels/von Hinten (1988), S. 693. Drukarczyk (1993), S.74f. dagegen wählt als Zielsetzung die Maximierung des Wertes des Eigenkapitals. Dies geschieht jedoch primär im Vergleich zur alternativen Maximierung der laufenden Ausschüttungen.

gehandelt werden. Für die Bewertung der angebotenen Finanzierungstitel sind zwei zentrale Charakteristika von Bedeutung:[224]

Zum einen zeichnen sich Kapitalmärkte durch die Konkurrenz alternativer Anlagemöglichkeiten aus, zum anderen handelt es sich bei den angebotenenen Finanzierungstiteln um Anwartschaften auf zukünftige unsichere Zahlungsströme.[225] Die mit den Zahlungsströmen verbundene Unsicherheit resultiert im neoklassischen Ansatz ausschließlich aus Investitions- und Finanzierungsrisiken,[226] deren Herkunft annahmegemäß exogener Natur ist. Im Lichte des neoklassischen Ansatzes wird Finanzierung primär als „Partenteilung"[227] verstanden, wobei im Gleichgewicht der Marktwert einer Zahlungsreihe unabhängig von der Art der Verteilung einzelner Teilzahlungsreihen sein muß (Additionsprinzip der Marktwerte).[228] Entscheidend für die im Mittelpunkt stehende Bewertungsproblematik von Finanzierungstiteln ist die entsprechend der Charakteristika der Finanzierungstitel maßgebliche Partizipation am exogenen Risiko der Investitions- und Finanzierungsprogramme des Unternehmens. Somit besteht eine maßgebliche Funktion des Kapitelmarktes in der Transformation des Gesamtrisikos auf verschiedene Teilrisiken in Form verbriefter Anwartschaften.[229]

3.1 Modigliani/Miller zur Irrelevanz der Kapitalstruktur

3.1.1 Darstellung

In der Literatur wird das Irrelevanztheorem[230] von MODIGLIANI/MILLER als grundlegender Beginn der neoklassischen Kapitalmarkttheorie angesehen.[231] Die von den Autoren aufgestellte Propositition, daß der Marktwert eines Unternehmens unabhängig von der Finanzierungsstruktur ist, stellt die traditionelle These einer optimalen Kapitalstruktur[232] grundlegend

---

224 Vgl. Klein (1995), S. 31.

225 Vgl. Hax/Hartmann-Wendels/von Hinten (1988), S. 691.

226 Vgl. Weston (1981). Verhaltensrisiken finden im neoklassischen Marktmodell im Gegensatz zum neoinstitutionalistischen Ansatz wegen der Annahme nicht existenter Transaktionskosten und symmetrischer Informationsverteilung keine Berücksichtigung. Vgl. Kapitel 4 dieser Arbeit. Rudolph konstatiert, „[...]daß sich die neoklassische Finanzierungstheorie bei Unsicherheit ausschließlich mit dem Fall der technologischen Unsicherheit beschäftigt." Rudolph (1991), S. 286.

227 Vgl. Klein (1995), S. 32, Schmidt (1997), S. 390.

228 Vgl. Drukarczyk (1993), S. 130.

229 Vgl. Hax (1993), Sp. 1077, Klein (1995), S. 32.

230 Modigliani/Miller (1958), S. 267-297.

231 Vgl. Perridon/Steiner (1995), S. 20, Harris/Raviv (1991), Francfort/Rudolph (1992), Fama (1978), Krahnen (1993), Schmidt/Terberger (1997), Barnea/Haugen/Senbet (1985), S.1, Brewer/Michaelson (1965), S. 516.

232 Die auf Verhaltensannahmen aufbauende traditionelle These einer optimalen Kapitalstruktur untersucht Vor- und Nachteile zunehmender Verschuldung in Hinblick auf den Gesamtwert der Unternehmung. Bei Existenz eines Minimums der durchschnittlichen Kapitalkosten läßt sich eine optimale Verschuldungspolitik ausmachen. Einen Überblick über die traditionelle Lehre bietet Schwartz (1959), S. 18-39 und Solomon (1963), S. 92-98.

in Frage.[233] Die Vorgehensweise der beiden Autoren zeichnet sich durch die in der Finanzierungstheorie erstmalige Anwendung eines Arbitragebeweises auf Grundlage eines gleichgewichtigen Kapitalmarktes aus.[234] Durch Rückgriff auf die Existenz von Risikoklassen, denen Unternehmen gleichen Geschäftsrisikos zugeordnet werden können, gelingt im Rahmen eines formal-analytischen Modells vollkommener Kapitalmärkte der Beweis der Irrelevanz finanzierungspolitischer Maßnahmen auf den Marktwert des Unternehmens.

Beweisgrundlage ist die Hypothese, daß auf einem durch die beschriebenen Annahmen gekennzeichneten vollkommenen Kapitalmarkt der Marktwert zweier Unternehmen derselben *Risikoklasse nicht differieren kann.*[235] *Somit sind Marktpreisveränderungen, die ausschließ*lich auf finanzierungspolitische Maßnahmen zurückzuführen sind, im Gleichgewichtsmodell nicht haltbar. Arbitrageprozesse führen im komparativ-statischen Modell von MODIGLIANI/MILLER zum Gleichgewicht bei finanzierungsunabhängigen Marktwerten der Unternehmen. Risikoavers und rational handelnde Anleger[236] sorgen für die Wiederherstellung des Preisgleichgewichtes, weil sie in der Lage sind, Finanzierungsentscheidungen auf Unternehmensebene auf privater Ebene zu neutralisieren.[237]

Unter der Annahme, daß Investoren in dem beschriebenen Kapitalmarkt präferierte Risikopositionen unabhängig von den Finanzierungsentscheidungen der Unternehmen durch private Verschuldung erreichen können, haben Kapitalstrukturentscheidungen keine Auswirkung auf den Marktwert. MODIGLIANI/MILLER formulieren im Rahmen ihres Modells zwei fundamentale Theoreme. Theorem 1 postuliert die Unabhängigkeit der durchschnittlichen Kapitalkosten von der Kapitalstruktur eines Unternehmens.[238] Bei Geltung von Theorem 1 und gegebenen *konstanten Fremdkapitalzinsen muß für die Eigenkapitalkosten gelten, daß diese eine linear* steigende Funktion des Verschuldungsgrades darstellen, so daß die Gesamtkapitalkosten eines verschuldeten Unternehmens gleich denen einer rein eigenfinanzierten Unternehmung sein müssen (Theorem 2).[239]

---

233 Vgl. Schneider (1992), S. 552, Süchting (1995), S. 475. Dagegen sieht Drukarczyk (1993), S. 147-149 keinen Widerspruch zwischen den Aussagen Modigliani/Miller's und der traditionellen Hypothese eines positiven Leverage-Effektes. Vielmehr sei die Interpretation einer steigenden Eigenkapitalrendite im traditionellen Modell in der Modellwelt von Modigliani/Miller nicht ex-post zu verstehen, sondern als gestiegene zukünftige Renditeforderung der Anteilseigner.

234 Dabei übertragen sie das aus makroökonomischen Modellen bekannte Gesetz einheitlicher Preise auf Finanzmärkte. Vgl. Klein (1995), S. 33.

235 „The significance of this assumption is that it permits us to classify firms into groups within which the shares of different firms are 'homogeneous' that is, perfect substitutes for one another." Modigliani/Miller (1958), S. 266.

236 Risikoaversion impliziert dabei nicht, daß Investoren risikobelastete Finanzierungstitel meiden, sondern daß sie einen Risikozuschlag auf die geforderte Rendite erwarten.

237 Vgl. Süchting (1995), S. 476, Drukarczyk (1993), S. 135 ff.

238 Modigliani/Miller (1958), S. 268 „[...] the average cost of capital of any firm is completely independant of its capital structure and is equal to the capitalization rate of a pure equity stream of its class".

239 „[...] the expected yield of a share of stock is equal to the appropriate capitalization rate [...] for a pure equity stream in the class, plus a premium related to financial risk equal to the debt-to-equity ratio [...]" Modigliani/Miller (1958), S. 271.

Unter Annahme der Gültigkeit des Wertadditivitätsprinzips[240] infolge von Arbitrageprozessen an friktionslosen Kapitalmärkten resultiert aus dem Irrelevanztheorem von MODIGLIANI/ MILLER für die Finanzierungspolitik von Unternehmen, daß durch Aufteilung sicherer und unsicherer Zahlungsströme auf verschiedene Arten von Finanzierungstiteln keine Marktwertsteigerung möglich ist. Somit kommt der Finanzierungspolitik in der Modellwelt von MODIGLIANI/MILLER keine Bedeutung zu.[241]

Der ursprünglich restriktive Modellrahmen wurde in späteren Arbeiten mehrfach modifiziert und erweitert.[242] Insbesondere konnte auf die Annahme trennbarer Risikoklassen und homogener Erwartungen von Anlegern[243] durch Rückgriff auf das ARROW-DEBREU-Modell[244] verzichtet werden.[245] Durch Integration von Steuern auf Unternehmens- und Investorenebene wurde gezeigt, daß real existierende Steuersysteme Marktwertvorsprünge für fremdfinanzierte Unternehmen schaffen,[246] da Verschuldung auf Unternehmensebene größere Vorteile bietet als private Verschuldung.[247] Dieser auf Unternehmensebene existierende Subventionseffekt der Fremdfinanzierung relativiert sich dagegen bei Berücksichtigung der steuerlich ungleichen Behandlung von Zinserträgen und Ausschüttungs- bzw. Kursgewinnen auf Investorenebene.[248] MILLER kommt durch Einführung eines Marktmodells für steuerlich unterschiedlich behandelte Anlageinstrumente zu dem Ergebnis, daß Nachfrageeffekte einen originär auf Steuerwirkungen zurückzuführenden Marktwertvorsprung gänzlich neutralisieren (*Bond Market Equilibrium*).[249]

---

240 Drukarczyk (1993) S. 125 spricht vom Additionsprinzip der Marktwerte. Es besagt, daß der Wert eines Gesamtstromes zukünftiger Zahlungen der Summe der Werte seiner Teilzahlungsströme entsprechen muß. Siehe auch Franke/Hax (1995), S. 286.

241 Vgl. Rudolph (1979a), S. 1037. In einem zweiten Aufsatz beweisen Modigliani/Miller (1961) zusätzlich die Irrelevanz der Ausschüttungspolitik. Stiglitz (1974) erweitert dieses Modell zu einem mehrperiodischen Ansatz. Fama (1978) beweist die Irrelevanz von Dividendenzahlungen unter asymmetrischer Informationsverteilung.

242 Vgl. Stiglitz (1969), Stiglitz (1974) sowie Fama (1978).

243 Die Annahme homogener Erwartungen läßt sich auf eine gemeinsame erwartete Eintrittswahrscheinlichkeit des Konkursfalls von Null reduzieren. Vgl. Stiglitz (1969), S. 748.

244 Siehe hierzu Hirshleifer (1966) S. 252f. Das Arrow-Debreu-Modell (State-Preferrence Approach) basiert auf der Annahme zustandabhänigiger Wertpapierpreise, wobei theoretisch mindestens so viele Wertpapiere wie Umweltzustände existieren müssen (Postulat des vollständigen Kapitalmarktes), um sämtliche real existierenden Wertpapiere in einem totalen Gleichgewichtsmodell bewerten zu können. Vgl. Debreu (1959), Arrow (1964), S. 91-96.

245 Vgl. Stiglitz (1969), S. 748.

246 Vgl. Franke (1995), Sp.1179.

247 Vgl. Miller/Modigliani (1966), S. 333-337, die ihre modelltheoretischen Ergebnisse am Beispiel der US-amerikanischen Versorgungsindustrie testen.

248 Vgl. Barnea/Haugen/Senbet (1985), S. 18-21. Miller beweist die Gültigkeit des Irrelevanztheorems in einem Modell mit Steuern. Dabei verwies er ebenfalls auf die Möglichkeit von Konkurskosten, die bei steigender Fremdfinanzierung Relevanz für die Bewertung bekommen könnten. Ex-ante seien diese Kosten jedoch nicht signifikant und würde keine Berücksichtigung bei Finanzierungsentscheidungen finden. Vgl. Miller (1977), S. 261-275.

249 Vgl. Miller (1977), S. 261-263. Barnea/Haugen/Senbet (1985), S. 19-23 untersuchen die von Miller entwickelte These der Existenz effizienter Märkte für finanzierungsbedingte Steuervorteile. Miller kommt zu dem Schluß, es lasse sich eine optimale Gesamtkapitalstruktur auf der Ebene einer Volkswirtschaft be-

Festzuhalten bleibt, daß für die Gültigkeit der von MODILGIANI/MILLER formulierten Thesen den Annahmen eines unbeschränkten Marktzugangs und eines nicht existenten Konkursrisikos eine entscheidende Bedeutung zukommt. STIGLITZ formuliert unter Annahme restriktiver modelltheoretischer Annahmen die Zulässigkeit des MODIGLIANI/MILLER-Modells in einer Welt mit Transaktionskosten und Konkursrisiken,[250] deren Analyse insbesondere für das untersuchte Forschungsobjekt risikobehafteter Unternehmensanleihen von Relevanz ist. Zentrales Ergebnis dieses Modells ist dabei die Hypothese, daß die Voraussetzung risikoloser Fremdfinanzierung unter Annahme unbeschränkten Marktzugangs aller Teilnehmer redundant wird[251] und somit die Aussagen des MM-Modells auch bei Existenz von Ausfallrisiken Gültigkeit behalten.[252]

3.1.2 Erklärungspotential für High-Yield Anleihen

Zusammenfassend läßt sich in Bezug auf die Relevanz der Ergebnisse von MODIGLIANI/MILLER für die Erklärung von High Yield-Anleihen feststellen, daß unter den genannten Prämissen vollkommener Märkte ohne Konkursrisiken keine Erklärung für die Existenz unterschiedlicher Finanzierungsinstrumente an realen Kapitalmärkten gegeben werden kann.[253] Zur Beurteilung einer optimalen Kapitalstruktur liefert das MODIGLIANI/MILLER-Modell Erklärungsansätze von Bewertungsmechanismen, bleibt jedoch für die praktische Anwendung aufgrund rein qualitativer Aussagen beschränkt. Aufgrund der Tatsache, daß Investoren die von ihnen präferierte Risikoposition durch private Verschuldung erreichen können, vermögen Investitionen in Unternehmen mit erhöhtem Fremdfinanzierungsanteil keine Vorteile zu schaffen. Ebenfalls besteht aus Perspektive der Unternehmen kein Anlaß zu Emission von High-Yield Anleihen, da ihre durchschnittlichen Kapitalkosten durch Erhöhung des Verschuldungsgrades konstant bleiben und durch Annahme eines unbeschränkten Zugangs zum

---

stimmen; die unternehmensspezifische Kapitalstruktur bleibt jedoch unerklärt. Durch Einführung von „financial clienteles" erweitern die Autoren das Modell Miller's, kommen dennoch zum gleichen Ergebnis. DeAngelo/Masulis (1980a), S.453-464 formalisierten und erweiterten das Modell von Miller und zeigen, daß es robust gegen Veränderungen der Besteuerung auf Investorenebene ist. Zur Kritik an Miller's Bond Market Equilibrium vgl. DeAngelo/Masulis (1980b), S. 3-7.

250 Stiglitz (1974), S. 851-866 entwickelt einen Ansatz, der auf die Annahme nicht existierende Konkursrisiken verzichtet. Durch Einführung von Finanzintermediären ist es trotz Konkursrisiko möglich, sämtliche Kapitalstrukturentscheidungen auf Investorenebene rückgängig zu machen. Eine zentrale Rolle kommt dabei der Möglichkeit der Haftungsbegrenzung im Falle eines Schuldnerkonkurses zu.

251 Die von Fama (1978) entwickelte Definition des unbeschränkten Marktzugangs entspricht dem kostenfreien Finanzmarktintermediär im Modell von Stiglitz (1974).

252 Smith (1972) bestätigt die Ergebnisse Stiglitz (1974) unter Annahme risikoaverser Investoren bei Maximierung des erwarteten Risikonutzens und positiver Ausfallwahrscheinlichkeit. Baron (1974) hingegen interpretiert die Ergebnisse Modigliani/Miller's unter Anwendung des Konzeptes stochastischer Dominanz zur Abbildung risikobehaftetem Fremdkapitals. Er zeigt, daß bei Existenz positiver Ausfallrisiken und risikoaverser Investoren der Marktwert fremdfinanzierter Unternehmen größer sein kann als derjenige von rein eigenfinanzierten Unternehmen. Vgl. Baron (1974), S. 182.

253 Die Existenz eines vollkommenen Kapitalmarktes mit unbeschränktem Zugang, beliebiger Teilbarkeit von Finanzierungstiteln und fehlenden Transaktionskosten impliziert darüber hinaus, daß Finanzintermediäre ihre Daseinsberechtigung verlieren. Neben den klassischen Funktionen der Fristen- Losgrößen- und Risikotransformation von Finanzintermediären (Vgl. Schmidt (1981)) kommt der Distributionsfunktion im Zusammenhang mit der Emission von High Yield-Anleihen jedoch eine entscheidende Bedeutung zu.

Kapitalmarkt bei konstanten Fremdfinanzierungskosten definitorisch keine Finanzierungsengpässe bestehen.

Dennoch bietet das Modell Erklärungspotential für das Angebot ausfallbedrohter Unternehmensanleihen. So ist das Irrelevanztheorem aus zwei Gründen nicht uneingeschränkt auf die Praxis übertragbar: Zum einen bleibt die untersuchte Modellwelt von MODIGIANI/MILLER unter dem Vorbehalt der dargestellten restriktiven Modellprämissen und erfordert die Überprüfung einer möglichen Behandlung real existierender Marktunvollkommenheiten, welche bei Übertragbarkeit des Modells einen wichtigen Baustein für die Theorie der Unternehmensfinanzierung bei unvollkommenen Kapitalmärkten böte. Zum anderen ist die Botschaft des Modells nicht in Form jedweder Irrelevanz existierender Finanzierungsprobleme zu interpretieren. Die Aussage von MODIGLIANI/MILLER lautet vielmehr, daß eine Zerlegung in Teilzahlungsströme immer dann irrelevant ist, wenn Investoren diese Zerlegung ebenfalls durch private Vermögensdispositionen erreichen können. Besteht hingegen der Wunsch von Investoren, verbriefte Ansprüche an unsicheren Zahlungsströmen zu erwerben, wobei diese nicht auf andere Weise erreichbar sind, bekommt das Finanzierungsrisiko marktwertbezogene Relevanz.

3.2 Ansätze zur Bewertung von High-Yield Anleihen

Wie bereits dargestellt, bieten die Ergebnisse des Irrelevanztheorems von MODIGLIANI/MILLER keine Methodik zur quantitativen Bewertung von Finanzierungstiteln an Kapitalmärkten. Ziel dieses Kapitels ist es, die Bewertungsprozesse von Kapitalmarktteilnehmern für High-Yield Anleihen abzubilden, die mit Hilfe neoklassischer Ansätze der Finanzierungstheorie erklärbar sind. Den Ausgangspunkt stellt dabei das aus der Preistheorie bekannte Gesetz der Unterschiedslosigkeit der Preise von JEVONS dar, bei dessen Gültigkeit homogene Güter an polipolistischen Märkten dieselben Preise aufweisen sollten.[254] Im Umkehrschluß bedeutet die, daß die Existenz von Renditedifferenzen bestimmter Fremdfinanzierungstitel gleicher Laufzeit auf unterschiedliche Merkmale der Schuldner, der Ausstattung der Wertpapiere bzw. auf Marktunvollkommenheiten zurückzuführen ist.

Diese Erkenntnis steht nicht gezwungenermaßen im Widerspruch zum dargestellten Irrelevanztheorem von MODIGLIANI/MILLER. Ihre Untersuchung zielte vielmehr auf die Verteilung von Risiken zwischen Eigen- und Fremdkapitalgebern bei Veränderungen der Finanzierungsstruktur (*Leverage*) unter Annahme restriktiver Prämissen und homogener Ansprüche aller Gläubiger.[255] Die Bestimmung des Bewertungsprozesses von Fremdfinanzierungstiteln dient dagegen einer Analyse unterschiedlicher Anleiheeigenschaften bei konstanter Finanzierungsstruktur.

---

[254] Vgl. Ott (1979), S. 34.

[255] Vgl. Kapitel 3.1.1.1 sowie Ho/Singer (1982), S. 375.

Im Mittelpunkt einer Analyse von Bewertungsprozessen marktlich gehandelter Fremdfinanzierungstitel stehen somit die anleihespezifischen Ansprüche und die hieraus entstehenden Ertragsrisiken des Investors.[256] Renditedifferenzen von Finanzierungstiteln dienen der Kompensation der vom Investor übernommenen Risiken.[257] „*In other words, the yield on almost all securities include compensation for risk.*"[258]

Zahlreiche theoretische und empirische Untersuchungen beschäftigen sich mit den Determinanten von Risikoprämien in Form von Zinsdifferenzen zwischen risikolosen und ausfallrisikobehafteten Anleihen. Hierbei zeigt sich insbesondere bei empirischen Untersuchungen ein wesentliches methodologisches Problem. Die Überprüfung der jeweiligen normativen Erklärungsmodelle für Renditedifferenzen am Markt für Unternehmensanleihen läßt aufgrund idealisierter Annahmen nicht auf eine allgemeingültige Validität des Modells schließen.[259]

Nachfolgend wird zunächst ein Überblick über die renditebestimmenden Faktoren von marktlich gehandelten Fremdfinanzierungsinstrumenten gegeben. Aufgrund des überragenden Einflusses der Bonitätsrisiken von High-Yield Anleihen konzentrieren sich die Ausführungen auf drei wesentliche Modellansätze zur Bewertung des Ausfallrisikos. Eine Überprüfung der Informations- und Bewertungseffizienz real existierender Kapitalmärkte im darauf folgenden Kapitel dient der kritischen Bewertung der vorgestellten Ansätze.

3.2.1 Determinanten der Zinsbildung von High-Yield Anleihen

Aufbauend auf der Erkenntnis, daß Renditedifferenzen zwischen Finanzierungstiteln auf das Ausmaß der spezifischen Ertragsrisiken, die mit der Anlage in diese Wertpapiere verbunden sind, zurückzuführen sind, soll im folgenden zwischen Markt- und Kreditrisiken unterschieden werden. Marktrisiken leiten sich aus der Beziehung zwischen Anleihepreisen und Marktbedingungen, d.h. den Marktzinsen, ab. Mit Kreditrisiko ist das Bonitäts- bzw. Ausfallrisiko des Schuldners gemeint. Dies ist die Unsicherheit des Anlegers darüber, ob der Schuldner seinen Verpflichtungen in Bezug auf Bezahlung der laufenden Kupons und Tilgung der Nominalschuld nicht oder nicht fristgerecht nachkommen wird.

---

256 In der frühen finanztheoretischen Literatur wurden Renditedifferenzen unterschiedlicher Fremdfinanzierungsinstrumente primär auf Angebot/Nachfrage-Effekte zurückgeführt. Diese in der Literatur als „naive Ansätze" beschriebenen Modelle gehen von temporären Marktungleichgewichten aus und erklären auf Basis der mikroökonomischen Preistheorie beobachtete Preisdifferenzen. Vgl. Dialynas (1988), S. 57f. Die in den folgenden Kapiteln dargestellten analytischen Erklärungsansätze von Zinsdifferenzen stehen dazu nicht im Widerspruch. Vielmehr leisten sie einen Beitrag zur Beschreibung des Angebots- und Nachfrageverhaltens der Marktteilnehmer.

257 Der Gedanke basiert auf der aus der Nutzentheorie bekannten Folgerung, daß Investoren für die Risikoübernahme entsprechenden Risikoprämien fordern. Vgl. Drukarczyk (1993), S. 110.

258 Fisher (1959), S. 221.

259 So führt Schneider zum Kapitalmarktmodell an, „[...] die Modellfolgerung ist unter den gesetzten Voraussetzungen schon aus logischen Gründen wahr. Logische Wahrheiten gelten 'immer und ewig', sie bedürfen keiner Überprüfung an der Wirklichkeit. Herrschen aber in der Wirklichkeit andere Voraussetzungen, als sie das Modell unterstellt, dann sagt der empirische Test, der das Modell nicht bestätigt, auch nichts über die Gültigkeit des Modells aus, denn das Modell behauptet nur ein Zusammenhang unter den ausdrücklich genannten Voraussetzungen." Vgl. Schneider (1980), S. 547.

Zur Untersuchung der zinsbestimmenden Faktoren von Unternehmensanleihen bietet sich ein Renditevergleich von Anleihen mit unterschiedlichen Risikoniveaus an, um die Determinanten der Renditedifferenzen zu identifizieren. Hierzu müssen die Anleihen zunächst miteinander vergleichbar gemacht werden, wobei als Fixpunkte regelmäßig laufzeitadäquate Staatsanleihen, die definitionsgemäß grundsätzlich über die beste Bonität verfügen, als „Benchmark-Anleihe" herangezogen werden.[260]

Ausgehend von dieser als Benchmark-Rendite bezeichneten Referenzverzinsung[261] nahezu ausfallrisikoloser Forderungstitel in der betrachteten Anleihewährung läßt sich die Risikoprämie einer ausfallrisikobehafteten Unternehmensanleihe in Form einer Zinsdifferenz (*Spread*) darstellen. In der Literatur wird eine Vielzahl unterschiedlicher Ansätze zur Messung dieser Risikoprämien angewandt,[262] welche sich primär hinsichtlich des Meßzeitpunktes sowie der Auswahl des Referenzzinses unterscheiden. Zur Beurteilung der Kapitalkosten des Emittenten bietet sich hierbei die Emissionsrendite im Zeitpunkt der Plazierung an. Die von BARRET/HEUSON/KOLB angewandte Methodik zur Erfassung relativer Finanzierungskosten auf Basis einer durationsäquivalenten Regierungsanleihe findet in der Literatur weite Verbreitung.[263] Hierbei wird zum Vergleich der Emissionsrendite einer Unternehmensanleihe eine Staatsanleihe annähernd gleicher Duration herangezogen, um Verzerrungen aufgrund von Zinsstruktureffekten zu vermeiden.

Die nachfolgende Untersuchung der Zinsbildung von High-Yield Anleihen konzentriert sich auf die für diese Wertpapierklasse charakteristischen zinsbestimmenden Faktoren, die sich anlehnend an ihren Ursachenzusammenhang gemäß Abbildung 6 in einem Schichtenmodell darstellen lassen:[264]

Der als „Subordination Spread" bezeichnete Teil der Risikoprämie einer Unternehmensanleihe stellt eine Mehrverzinsung aufgrund nicht vorrangig besicherter Ansprüche von Vertragsparteien dar. Zins- und Tilgungsversprechen können in unterschiedlicher Weise[265] und Ausmaß gegen Konkursrisiken der Schuldner abgesichert werden. In Abhängigkeit der relativen

---

260 Vgl. Behrenwaldt (1996), S. 298.

261 Fischer (1959), S. 1959 verwendet in diesem Zusammenhang den Begriff der „pure rate of interest". Der Zins risikoloser Anleihen spiegelt zum einen das Verhältnis von Angebot und Nachfrage nach Kapital der Gesamtwirtschaft wieder, zum anderen wird dieser vom erwarteten Inflationsniveau beeinflußt. Zur Untersuchung der Frage, ob das erwartete Inflationsniveau Auswirkungen auf andere Komponenten der Risikoprämie von Unternehmensanleihen hat, vgl. Wadhwani (1986), S. 126-128 und Fons (1987), S. 94-96. Den Zusammenhang zwischen Inflation und Zinsdifferenzierung aufgrund unterschiedlicher Laufzeiten untersucht Brealey/Schaefer (1977), S. 277-289.

262 Einen Überblick liefert Dialynas (1988), S. 57-62.

263 Vgl. Barrett/Heuson/Kolb (1986a), S. 255-261, Barrett/Heuson/Kolb (1986b), S. 303-312.

264 Auf den Zusammenhang von Anleihelaufzeit und Risikoprämie soll an dieser Stelle nicht weiter eingegangen werden. Vgl. hierzu Ho/Singer (1982), S. 378-392, Johnson (1967), S. 313-345, Silver (1973), S. 933-955 und Merton (1974), S. 449-470.

265 Man unterscheidet bei Sicherungsinstrumenten allgemein Sach- und Personensicherheiten. Vgl. Stein/Kirchner (1993), S. 382-409. Regelmäßig werden im Fall von Unternehmensanleihen daneben vertragliche Nebenabreden in Form von Negativklauseln vereinbart. Vgl. Ho/Singer (1982), S. 375-402.

Rangfolge von Ansprüchen an den Schuldner steigt das Risiko des Investors mit abnehmender Priorität der Befriedigung seiner Forderung im Konkursfall.[266] Entsprechend der Annahme rationalen Anlegerverhaltens wird dieser für die Inkaufnahme eines höheren Ausfallrisikos eine Prämie in Gestalt des Subordination Spread verlangen.[267] Die bereits dargestellte Haftungsfunktion von High-Yield Anleihen aufgrund ihrer Nachrangigkeit im Konkursfall als konstitutives Merkmal dieser Finanzierungsform[268] stellt erwartungsgemäß einen wesentlichen Bestandteil der Differenz zum Referenzzins dar.[269]

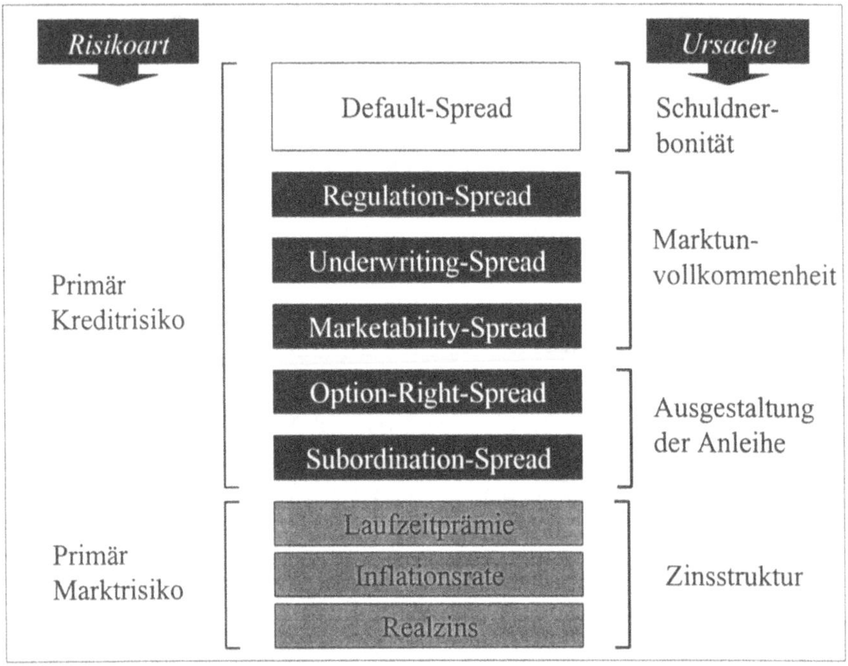

ABBILDUNG 6: SCHICHTENMODELL DER ZINSBESTIMMENDEN FAKTOREN VON HIGH-YIELD ANLEIHEN

Eine Höherverzinsung nachrangiger Forderungstitel trägt weiterhin der Tatsache Rechnung, daß eine empirisch nachgewiesene Abhängigkeit zwischen Ranghöhe und Befriedigungsquote im Konkursfall besteht.[270] Am US-Kapitalmarkt konnten für den Zeitraum 1989-1996 die

266 Umfangreiches empirisches Datenmaterial über den Zusammenhang zwischen Ranghöhe und Befriedigungsquote von ausgefallenen Anleihen am US-Markt bieten Brand/Bahar (1998).

267 Vgl. Black/Cox (1976), S. 358-361, Robert/Viscione (1984), S. 1597-1602, Warner (1977b), S. 239-276 sowie Ho/Singer (1982), S. 396-399.

268 Vgl. Kapitel 2.3.

269 Vgl. Smith/Warner (1989), S. 177-188.

270 Vgl. Altman/Kishore (1996), S. 663.

nachfolgend dargestellten Befriedigungsquoten unterschiedlicher Anspruchsgrundlagen festgestellt werden.

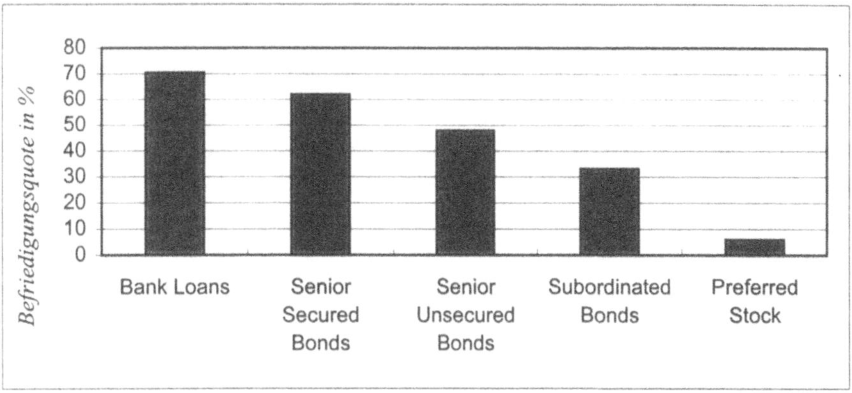

ABBILDUNG 7: BEFRIEDIGUNGSQUOTEN UNTERSCHIEDLICHER FREMDFINANZIERUNGSTITEL 1989-1996[271]

Ein regelmäßig dem Schuldner eingeräumtes Recht zur vorzeitigen Kündigung einer Unternehmensanleihe bedingt den als „Option-Right-Spread" bezeichneten Zinsaufschlag. Optionsrechte gestatten dem Emittenten, eine Finanzierungsbeziehung vor Laufzeitende vertragsgemäß zu beenden. Die herausragende Bedeutung derartiger Kündigungsrechte wird im Fall von hochverzinslichen Unternehmensanleihen aus zwei Gründen ersichtlich: Einerseits erlauben sie dem Emittenten nach Eintritt bonitätsverbessernder Umstände, seine Kapitalkosten durch Refinanzierung zu günstigeren Konditionen schon vor Laufzeitende zu senken, zum anderen schaffen sie Anreize, frühzeitig Fremdmittel durch haftendes Eigenkapital zu substituieren.[272]

Kündigungsrechte zugunsten des Emittenten stellen bewertbare[273] Optionsrechte im Sinne einer handelbaren Risikoposition dar. Aus Perspektive des Investors bedeutet die Existenz des Kündigungsrisikos eine Short-Put Position auf den entsprechende Fremdkapitaltitel, welche erwartungsgemäß durch eine Prämie in Form einer positiven Zinsdifferenz vergütet wird.[274]

---

271 Quelle: Moody's Investors Service (1997), S. 13.

272 Die Aufnahme von Fremdmitteln zum zeitlich begrenzten Schließen einer Finanzierungslücke mit anschließender Refinanzierung durch Eigenkapital steht häufig mit Akquisitionstransaktionen im Zusammenhang. Zur sogenannten „Brückenfinanzierung" (bridge financing) eignen sich dagegen üblicherweise kurzfristig mobilisierbare syndizierte Kredite, die innerhalb von 1 bis 2 Geschäftstagen arrangiert werden können. Gleichfalls ist es in der Praxis üblich, syndizierte Kredite zur Finanzierung von Übernahmen durch High-Yield Anleihen zu refinanzieren. Vgl. hierzu Kapitel 8.2.2.2.

273 Vgl. hierzu Kapitel 3.3.2.4 dieser Arbeit.

274 Vgl. Fridson/Garman (1998), S. 37. Aus Investorenperspektive entstehen durch die Existenz von Kündigungsrechten des Emittenten zwei Risiken. Einerseits lassen sich die Zahlungsströme der Investition ex-ante nicht bewerten, zum anderen ist mit einer vorzeitigen Kündigung ein Wiederanlagerisiko des getilgten Kapitals verbunden. Vgl. Dattatreya/Fabozzi (1997), S. 20.

Der Grad der Marktfähigkeit einer Anleihe bestimmt die höhe des sogenannten „Marketability Spread“ als einen weiteren Bestandteil der Risikoprämie im Vergleich zur risikolosen und annahmegemäß liquiden Referenzanleihe. FISHER stellte erstmals die Bedeutung der Marktfähigkeit für die Risikoprämie von Unternehmensanleihen empirisch fest.[275] Die Marktfähigkeit bestimmt das Risiko den Investors, im Fall eines vorzeitigen Desinvestments einen Marktpreis für die entsprechenden Forderungstitel zu erhalten, der unter dem fairen Preis liegt. Gleichzeitig dient die Marktfähigkeit als Maß für Unvollkommenheiten am Kapitalmarkt. Unter den strengen Prämissen der neoklassischen Theorie kommt der Marktfähigkeit keine Bedeutung zu, da annahmegemäß jederzeit Kauf- und Verkaufstransaktionen möglich sind. Eine auf die Marktfähigkeit eines Wertpapiers zurückzuführende Marktwertdifferenz würde jederzeit durch entsprechende Arbitragetransaktionen der Marktteilnehmer ausgeglichen werden. Da jedoch davon auszugehen ist, daß insbesondere im Segment von Unternehmensanleihen keine vollkommenen Märkte gegeben sind,[276] wird der Investor das erwartete Risiko negativer Ertragseffekte durch eine entsprechende Risikoprämie zu kompensieren bemüht sein, wobei die Höhe der Risikoprämie positiv mit dem Gesamtrisiko der Anleihe korreliert.[277]

Die Eigenschaft der Marktfähigkeit eines Finanzierungstitels ist vielschichtig und umfaßt neben dem Gesamtvolumen einer Emission zusätzlich eine ausreichende Liquidität im Sekundärmarkt, den Grad der Standardisierung des Produktes und der Handelsplattform sowie Vertretbarkeit und Übertragbarkeit des Anspruches.[278] AMIHUD/MENDELSON bestätigten die Ergebnisse FISHER's in einem Modell zur Bestimmung von Gleichgewichtspreisen an Kapitalmärkten vor dem Hintergrund endogener Bid-Ask Spreads.[279] Trotz eine Vielzahl von Meßkonzepten von Liquidität an Wertpapiermärkten[280] besteht in der Literatur keine Einigkeit über die konkrete Erfassung dieser Eigenschaft.[281]

Zur Operationalisierung der Marktfähigkeit einer Anleihe werden in Theorie und Praxis vorwiegend Spannen zwischen Kauf- und Verkaufskursen oder das Emissionsvolumen eines Schuldtitels herangezogen.[282] Bid-Ask Spreads bieten sich als Proxi der Marktliquidität insbe-

---

275 Vgl. Fisher (1959), S. 224-227.

276 Vgl. hierzu Kapitel 4 dieser Arbeit.

277 Vgl. Fisher (1959), S. 225, Fridson/Gao (1996), S. 23f., Fridson (1990), S. 254.

278 Vgl. Brand (1989), S. 64. Fabozzi/Wilson/Ritchie (1997), S. 231 definieren Liquidität dagegen: „Any bond that is quoted continually by a dealer is a marketable bond.“ Dem Leser wird deutlich, daß es sich bei der obiger Aufzählung um notwendige Eigenschaften für Liquidität im Sinne dieser Definition handelt.

279 Vgl. Amihud/Mendelson (1989), S. 223-249.

280 Zu den in der Literatur am stärksten verbreiteten Liquiditätsmaßen zählen Konzepte zur Bestimmung des Handelsvolumens, die Liquiditätsrate von Cooper/Groth/Avera (1985), S. 19-33 und Marsh/Rock (1986), die Kurskonstanz-Kurssprung-Kombination nach Lassak (1991), S. 75-86, der Markteffizienzkoeffizient nach Hasbrouck/Schwartz (1988), S. 10-16 sowie Konzepte expliziter und impliziter Geld-Brief-Spannen nach Roll (1984), S. 1127-1139 und dessen Erweiterungen.

281 Vgl. Brunner (1996), S. 15.

282 „All other things equal, the smaller the amount of bonds a firm has outstanding, the less frequently we should expect its bonds to change hands. The less often its bonds change hands, the thinner the market;

sondere deshalb an, da sie unmittelbare Transaktionskosten für den Investor darstellen.[283] Ist die Wahrscheinlichkeit eines Desinvestments vor Laufzeitende größer als Null, wird der rationale Investor eine Risikoprämie in Höhe der erwarteten Transaktionskosten fordern.[284] Das Emissionsvolumen wird dagegen primär für Preisfindungsverfahren am Primärmarkt herangezogen. FRIDSON/BERSH weisen empirisch eine positive Korrelation zwischen dem Emissionsvolumen einer Anleihe und deren Risikoprämie im Primärmarkt nach. [285] In einer Studie über Risikoprämien am US-High-Yield Markt weisen SHULMAN/PAYLESS/PRICE einen wesentlichen Einfluß der Marktfähigkeit einer Anleihe auf deren Renditeabstand gegenüber laufzeitadäquaten Regierungsanleihen nach.[286] Hierbei operationalisieren die Autoren den Grad der Marktfähigkeit durch die Preisvolatilität und das Handelsvolumen im Sekundärmarkt.

Hinsichtlich der Art der Plazierung von Unternehmensanleihen unterscheidet man zwischen privat plazierten und öffentlich angebotenen Emissionen.[287] Für Plazierungsmethoden bieten sich grundsätzlich verschiedene Formen der Zeichnung von Investoren bzw. Investmentbanken an.[288] In Abhängigkeit der Zeichnungsform lassen sich empirisch Renditedifferenzen feststellen, die als „Underwriting Method Spread" bezeichnet werden. SORENSEN untersuchte den Einfluß der Zeichnungsmethode von Anleihen auf die Finanzierungskosten von Emittenten am US-amerikanischen Markt und stellte dabei eine konsistente Unterbewertung von Festgeboten im Vergleich zu auktionsbasierten Preisfindungsverfahren fest.[289] Im Gegensatz zu früheren Studien von DYL/JOEHNK[290] und TALLMAN/RUSH/MELICHER[291] zeigte SORENSEN, daß die mit auktionsbasierten Preisfindungsmethoden verbundenen Finanzierungskostenvorteile ausschließlich von Investoren in Form geringerer Renditen getragen werden, während die Übernahmeprämie der vermittelnden Investmentbank von der Preisfindungsmethode nahezu unabhängig ist.[292] Weiterhin läßt sich darauf schließen, daß mit steigendem Wettbewerb unter Emissionshäusern eine verbesserte Distributionsqualität einher geht. FRIDSON/GARMAN stützen diese Hypothese auf eine Untersuchung der Determinanten von Renditedifferenzen

---

and the thinner the market, the more uncertain is the market price. Hence, other things being equal, the larger the market value of publicly traded bonds a firm has outstanding, the smaller the expected risk." Fisher (1959), S. 217.

283 Vgl. Lassak (1991), S. 76.

284 Vgl. Dattatreya/Fabozzi (1997), S. 22.

285 Vgl. Fridson/Bersh (1993), S. 4-24.

286 Vgl. Shulman/Bayless/Price (1993), S. 138.

287 Vgl. Kapitel 2.4 dieser Arbeit.

288 Zu den unterschiedlichen Preisfindungsverfahren und Plazierungsmethoden vgl. Soldofsky/Olive (1974), S. 501f. sowie Jacob/Klein (1996), S. 139-144.

289 Vgl. Sorensen (1979), S. 863-869.

290 Vgl. Dyl/Joehnk (1976), S. 213-222.

291 Vgl. Tallman/Rush/Melicher (1974), S. 79-86.

292 Vgl. Sorensen (1979), S. 863. Dieses Ergebnis ist für die Untersuchung von High-Yield Anleihen deshalb von Relevanz, da sich diese im Vergleich zu Investment Grade Anleihen durch hohe Underwriting Gebühren der Banken auszeichnen. Vgl. Livingstone/Pratt/Mann (1995), S. 58.

zwischen US-amerikanischen High-Yield Anleihen und risikolosen Staatsanleihen.[293] Auf Basis einer multiplen Regressionsanalyse konnten empirisch beobachtete Risikoprämien lediglich zu 55% durch quantifizierbare Faktoren[294] erklärt werden. Hieraus schließen die Autoren, daß eine effiziente Plazierung von High-Yield Anleihen aufgrund ihrer Eigenschaft als „Story Bonds" wesentlich von der Preisfindungsmethode und Distributionsleistung der Investmentbank beeinflußt wird.[295]

Letzerer Aspekt gewinnt insbesondere dann besondere Relevanz, wenn davon auszugehen ist, daß die Reputation der emissionsführenden Investmentbank die Erwartung potentieller Investoren hinsichtlich der Qualtiät der angebotenen Forderungsrechte beinflußt. Zahlreiche Studien belegen dieses als „*underwriter effect*" bezeichnete Phänomen des Zusammenhangs zwischen Emissionsrendite und emissionsführender Bank.[296] Zur Begründung dieses empirisch nachgewiesenen Sachverhaltes werden in der Literatur primär wettbewerbsökonomische Überlegungen herangezogen. So ist davon auszugehen, daß unter Annahme oligopolistischer Strukturen am Markt für Emissionsmandate der Neueintritt von Konkurrenten regelmäßig nur dann möglich ist, wenn diese sich auf Mandate qualitativ schlechterer Emittenten spezialisieren.[297] In diesem Fall wäre eine Risikoprämie für Emissionen von Banken geringerer Reputation durchaus auf ökonomisch sinnvolle Weise durch höhere erwartete Ausfallquoten zu begründen.

Ein renditedeterminierender Effekt der Auswahl des Emissionsführers ist in besonderem Maße immer dann zu erwarten, wenn es sich bei den angebotenen Wertpapieren um die Verbriefung besonders erklärungsbedürftiger Ansprüche handelt, deren Bewertung durch den Investor aufgrund mangelnder Informationen oder einer fehlenden Vergleichsgrundlage nicht ohne weiteres möglich ist. PLATT konnte diese These am Beispiel des US-High-Yield Marktes empirisch nachweisen.[298]

Der unbeschränkte Zugang von Investoren zum Kapitalmarkt stellt eine der notwendigen Voraussetzungen für die im Rahmen neoklassischer Bewertungsmodelle der Kapitalmarkt-

---

293 Vgl. Fridson/Garman (1998), S. 28-39.

294 Statistisch signifikantes Erklärungspotential konnte lediglich für die Faktoren Anleiherating, Rangstufe der Forderung, Laufzeit und die Existenz von Tilgungrechten festgestellt werden. Vgl. Fridson/Garman (1998), S. 37.

295 Eine Studie des US-High-Yield Marktes vor und nach dem Zusammenbruch des Wertpapierhauses Drexel, Burnham, Lambert (DBL) zeigte, daß systematisch höhere Underwriting-Gebühren von High-Yield Anleihen wesentlich von dem Grad der Erklärungsbedürftigkeit dieser Asset Class determiniert sind. Vgl. Livingstone/Pratt/Mann (1995), S. 58-75. Platt (1993), S. 89 bestätigt diese These, indem er für Anleihen, die durch DBL plaziert wurden, eine signifikant geringere Ausfallsquote zwischen 1977 und 1988 nachweist.

296 Vgl. Beatty/Ritter (1986), S. 213-232, Johnson/Miller (1988), S. 19-29 sowie Carter/Manaster (1990), S. 1045-1067, Chemmanur/Fulghieri (1994a), S. 57-79.

297 Vgl. Johnson/Miller (1988), S. 20.

298 Vgl. Platt (1993), S. 89-94.

theorie postulierten Vollkommenheit des Marktes dar.[299] Aufgrund von Regulationen bezüglich des Anlageverhaltens bedeutender institutioneller Investoren sind in der Realität hingegen Marktzutrittsschranken gegeben, die eine markträumende Preisbildung nicht vollständig gestatten. Derartige Zugangsbeschränkungen können unabhängig von ökonomischen Faktoren Einfluß auf die Emissions- und Zinsstruktur am Anleihemarkt haben,[300] indem durch Nachfragereduktion suboptimale Gleichgewichtskonstellationen mit regulatorisch bedingten höheren Renditen (Regulation Spread) der entsprechenden Wertpapierklassen entstehen.[301]

ATKINSON stellt in einer Untersuchung von Neuemissionen am US-Markt für High-Yield Anleihen die Auswirkungen von Änderungen der Bankenregulation der Periode 1920 bis 1935 auf die Emissionsstruktur heraus. Aufgrund restriktiver Anlagevorschriften halbierte sich der Anteil von High-Yield Anleihen am Gesamtemissionsvolumen während der Jahre 1936 bis 1939.[302]

Die Beeinflussung der Zinsstruktur durch regulatorische Faktoren konnte WEST in Untersuchungen über relative Risikoprämien am Markt für Unternehmensanleihen nachweisen.[303] GLENN erklärt die empirisch beobachteten Überrenditen regulatorisch diskriminierter Wertpapierklassen mit Hilfe eines Gleichgewichtsmodells durch Marktsegmentierungseffekte (*mild segmentation*),[304] die zu einer Verschiebung der Nachfrage zwischen den Klassen der Investment Grade und High-Yield Anleihen führen.

Neben den dargestellten wesentlichen Einflußfaktoren auf die Höhe der Renditeprämie von Unternehmensanleihen kommt dem Ausfallrisiko des Emittenten die größte Bedeutung beim Bewertungsprozeß der Investoren zu. Die in den Anleihezinsen enthaltene Ausfallrisikoprämie bezeichnet den sogenannten „Default Spread". In der Literatur besteht Einigkeit über die zentrale renditedeterminierende Bedeutung der Fähigkeit des Emittenten, Zins- und Tilgungszahlungen vertragsgemäß zu leisten.[305]

Der Zusammenhang zwischen Ausfallrisiko und Zinshöhe von Unternehmensanleihen wurde erstmals von FISHER mit Hilfe eines Regressionsmodells auf empirischer Basis dargestellt.[306] Um ein grundlegendes Verständnis des Bewertungsprozesses von ausfallbedrohten Unternehmensanleihen am Kapitalmarkt zur gewinnen, wird in den folgenden Kapiteln ein Über-

---

299 Vgl. Kapitel 3.3 dieser Arbeit.

300 Vgl. Harold (1938), S. 33-35. Die in Kapitel 2.4 dargestellte ratingakzessorische Regulierung am US-amerikanischen Kapitalmarkt führt somit zu einer Doppelfunktion des Rating. West (1973), S. 167 schließt daraus, daß „[...] ratings have an independent impact on yields, resulting from their use as tools of financial regulation".

301 Vgl. Altman (1989), S. 921.

302 Vgl. Atkinson/Simpson (1967), S. 53.

303 Vgl. West (1973), S. 159-168.

304 Vgl. Glenn (1976), S. 507-524.

305 Biermann/Hass (1975), S. 757, Ederington/Yawiz (1987), S. 18.

306 „The average risk premium depends [...] on the risk that the firm will default on its bonds [...]." Fisher (1959), S. 217.

blick über die wichtigen neoklassischen Modelle zur Bewertung von Ausfallrisiken dargestellt, um die gewonnenen Erkenntnisse anschließend zur Untersuchung der Bewertungseffizienz heranzuziehen.

3.2.2 Risikoneutrale Modelle

Das Aufkommen organisierter Märkte für ausfallrisikobehaftete Unternehmensanleihen hat dazu geführt, daß sich die finanzwissenschaftliche Literatur zunehmend mit der Frage beschäftigte, ob Investoren für die Übernahme von Ausfallrisiken durch entsprechende Risikoprämien adäquat entschädigt werden.[307] Die Mehrheit empirischer Studien untersuchte in diesem Zusammenhang ex-post Renditen von Unternehmensanleihen unter Berücksichtigung partieller Ausfallverluste, um diese mit anderen Klassen von Wertpapieren hinsichtlich ihrer Volatilität und ihrer relativen Höhe zu vergleichen. Einen alternativen Ansatz zur Darstellung der marktlichen Bewertung des Ausfallrisikos bieten dagegen risikoneutrale Modelle, zu denen die Arbeiten von PYE, BIERMANN/HASS, YAWITZ und FONS gehören.[308]

Im Mittelpunkt risikoneutraler Modelle steht die Annahme, daß ein rationaler Investor unabhängig vom Grad seiner Risikoaversion nur dann bereit ist, in ausfallrisikobehaftete Unternehmensanleihen zu investieren, wenn die erwartete Rendite seiner Investition mindestens genauso hoch ist wie die Rendite einer Investition in risikolose Anleihen gleicher Laufzeit.[309] Hieraus folgt, daß Investoren einen umso höheren Kontraktzins fordern, je geringer die Wahrscheinlichkeit einer vertragsgerechten Erfüllung der Zins- und Tilgungszahlungen eingeschätzt wird.[310] Die Überlebenswahrscheinlichkeit des Emittenten hängt dabei sowohl von der Höhe unsicherer zukünftiger Zahlungsüberschüsse als auch vom Kontraktzins der Anleihe selber ab.

Aufbauend auf diese Annahme entwickeln BIERMANN/HASS zunächst ein graphisches Modell zur Bestimmung eines gleichgewichtigen Kontraktzinses. Die Darstellung des funktionalen Zusammenhangs zwischen Ausfallwahrscheinlichkeit und Kontraktzins erfolgt auf Basis einer risikoadjustierten Rendite, die sich bei gegebenem risikolosen Zins und konstanter Ausfallwahrscheinlichkeit zwischen Zinsterminen ergibt.[311]

---

[307] Vgl. Fons (1987), S. 81. Erstmalig untersuchte Hickman (1958), ob Risikoprämien von Unternehmensanleihen die durch Zahlungsausfall erlittenen Verluste systematisch überkompensieren.

[308] Vgl. Pye (1967), S. 623-636, Biermann/Hass (1975), S. 757-773, Yawitz (1977), S. 481-490 und Fons (1987), S. 81-97.

[309] „By assuming that investors require interest rate adjustments on debt subject to default sufficient to give them an expected present value equal to the present value associated with the investment of their funds in default-free securities [...]" Biermann/Hass (1975), S. 757.

[310] Der Zusammenhang zwischen Ausfallwahrscheinlichkeit und Kontraktzins wurde bereits von Fisher (1959), S. 217 herausgestellt.

[311] Vgl. Biermann/Hass (1975), S. 758. Durch partielle Ableitung nach der Ausfallwahrscheinlichkeit ergibt sich eine monoton fallende Funktion des Kontraktzinses. Der Zusammenhang ergibt sich aus $r = \frac{1+i}{p} - 1$ mit r = Kontraktzins, i = risikoloser Zins und p = konstante Überlebenswahrscheinlichkeit.

In einem zweiten Schritt erweitern die Autoren das Modell um den Zusammenhang zwischen riskoadjustiertem Kontraktzins und erwarteter Ausfallwahrscheinlichkeit des Emittenten. Unter der Annahme, daß fällige Zins- und Tilgungszahlungen ausschließlich aus unsicheren Periodenerträgen des Emittenten geleistet werden, ergibt sich ein negativer Zusammenhang zwischen Kontraktzins und Ausfallwahrscheinlichkeit.[312] Die Bestimmung eines gleichgewichtigen Kontraktzinses erfolgt im BIERMANN/HASS-Modell graphisch durch die Schnittpunkte beider Funktionsgleichungen.[313]

Auf Grundlage der Definitionsgleichung zur Ermittlung risikoadjustierter Gleichgewichtszinsen von ausfallrisikobehafteten Anleihen läßt sich in Erweiterung des BIERMANN/HASS-Modells ex-post eine durchschnittlich zu erwartende Ausfallrate ableiten.[314] Die so ermittelte theoretische Ausfallrate kann mit empirisch ermittelten Ausfallraten von Unternehmensanleihen verglichen werden, um eventuelle Überrenditen der Vergangenheit zu identifizieren.

Untersuchungen von Emissionsrenditen und Ausfallraten US-amerikanischer High-Yield Anleihen während der achtziger Jahre zeigen, daß Investoren systematische Überrenditen erzielen konnten. Die theoretisch ermittelten implizierten Ausfallraten während der Jahre 1978 bis 1987 lagen mit durchschnittlich 3,4 Prozent signifikant über den tatsächlich realisierten Verlusten dieses Zeitraums in Höhe von lediglich 1,74 Prozent des Emissionsvolumens. Im Umkehrschluß bedeutet dieses, daß die versprochene Verzinsung von ausfallrisikobehafteten Unternehmensanleihen während des untersuchten Zeitraums die Risiken des Schuldnerkonkurses überkompensierten. Tabelle 3 legt diesen Sachverhalt dar.

Eine Beurteilung der Investmentperformance ausfallrisikobehafteter Unternehmensanleihen auf Grundlage des BIERMANN/HASS-Modells weist jedoch grundlegende Schwächen auf. So handelt es sich um eine Methode zur Bewertung ex-post beobachteter Überrenditen, deren Erklärungspotential aufgrund zwei wesentlicher Annahmen eingeschränkt ist: Neben der angenommenen konstanten Ausfallrate während der Laufzeit der Anleihe wirkt die Prämisse risikoneutraler Investoren stark restriktiv. Darüber hinaus dient das Modell dem Investor nur eingeschränkt zur Prognose der Vorteilhaftigkeit seiner Anlage, da es von stabilen Ausfallraten in zukünftigen Perioden ausgeht. Letzere Annahme erscheint insbesondere deshalb fraglich, da durch empirische Untersuchungen eine konjunkturelle Komponente der Ausfallraten von Unternehmensanleihen festgestellt werden konnte.[315] Zusätzlich zu diesen methodologischen Schwächen basieren risi koneutrale Modelle konzeptionell auf einer einzelwirtschaft-

---

312 Vgl. Biermann/Hass (1975), S. 759f.

313 Vgl. dieselben (1975), S. 763.

314 Unter Annahme von $p = \frac{1+i}{1+r} \leq 1$ ergibt sich für a = Ausfallwahrscheinlichkeit $1 - \frac{1+i}{1+r}$.

315 Zur konjunkturellen Komponente des Ausfallrisikos von High-Yield Anleihen vgl. Kapitel 4.2 dieser Arbeit.

lichen Betrachtungsperspektive, die Aussagen über gleichgewichtige Marktpreise ausfallrisikobehafteter Anleihen nicht erlauben.

	Emissions-rendite	Treasury Rendite	Tatsächliche Ausfallrate	Theoretische Ausfallrate	Theoretischer Zins	Über-rendite
1978	10,92 %	8,11 %	1,265 %	2,533 %	9,50 %	1,42 %
1979	12,07 %	9,13 %	0,187 %	2,623 %	9,33 %	2,74 %
1980	13,46 %	10,23 %	1,482 %	2,847 %	10,40 %	3,06 %
1981	15,97 %	12,08 %	0,155 %	3,35 45	12,25 %	3,72 %
1982	17,84 %	13,86 %	3,115 %	3,377 %	17,25 %	0,32 %
1983	15,74 %	10,70 %	1,066 %	4,355 %	11,89 %	3,85 %
1984	14,97 %	11,87 %	0,825 %	2,696 %	12,80 %	2,17 %
1985	15,40 %	11,65 %	1,679 %	3,250 %	13,56 %	1,84 %
1986	14,45 %	9,55 %	3,394 %	4,281 %	13,40 %	1,05 %
1987	12,67 %	7,60 %	4,245 %	4,500 %	12,37 %	0,30 %
Ø	14,35 %	10,48 %	1,740 %	3,385 %	12,28 %	2,05 %

TABELLE 3: ÜBERRENDITEN VON US-AMERIKANISCHEN HIGH-YIELD ANLEIHEN NACH BIERMANN/HASS 1978-1987[316]

Dennoch konnte mit Hilfe der BIERMANN/HASS Modells erstmalig die Existenz erzielbarer Überrenditen von High-Yield Anleihen auf Grundlage eines theoretischen Modells abgebildet werden. Der Vorteil risikoneutraler Modelle ist in ihrem leicht zugänglichen Strukturkern zu verstehen. Dabei umgehen BIERMANN/HASS das Prognoseproblem im Zusammenhang mit der Schätzung zukünftiger Ausfallraten durch eine Extrapolation ex-post beobachteter Kapitalwertverluste. Somit eignen sich derartige Modelle ausschließlich zur Bewertung ex-post realisierter Renditen; Handlungsempfehlungen sind dagegen nur eingeschränkt ableitbar.

3.2.3 Kapitalmarktmodelle

Mit der Portefeuilletheorie von MARKOWITZ begann die Entwicklung der modernen Kapitalmarkttheorie.[317] Ausgangspunkt der Untersuchung von MARKOWITZ war die Beobachtung, daß Investoren eine Streuung ihrer Anlagen in unterschiedliche Wertpapiere und Wertpapiergattungen präferieren.[318] MARKOWITZ konnte nachweisen, daß Investoren durch Diversifikation ihrem Bedürfnis nach Risikoreduktion entsprechen können. Innerhalb eines normativen Modells bewies MARKOWITZ die Existenz einer Gruppe effizienter Wertpapierkombinationen

---

316 Vgl. Stahl (1988a), S. 69.

317 Eine detaillierte Darstellung der Portefeuilletheorie findet sich bei Schneider (1980) S. 473-496 sowie Drukarczyk (1993) S. 277-235.

318 Vgl. Markowitz (1952), S. 77.

(*efficient frontier*), die ein gegenüber anderen Portefeuilles superiores Risiko-Ertragsverhältnis aufweisen.[319] Durch Integration individueller Risikonutzenfunktionen konnte graphisch und analytisch gezeigt werden, daß für jeden Anleger exakt eine optimale Wertpapierkombination existiert, die sowohl der Bedingung der Risikoeffizienz genügt als auch der Risikoneigung des Investors Rechnung trägt.[320] Ausgehend von den Ergebnissen MARKOWITZ werden aufbauend auf der Annahme rationalen Verhaltens sämtlicher Marktteilnehmer im Sinne einer effizienten Wertpapierselektion Modelle zur Bestimmung gleichgewichtiger Wertpapierpreise an Kapitalmärkten entwickelt.

Im Mittelpunkt neoklassischer Kapitalmarktmodelle steht das Capital Asset Pricing Modell (CAPM) von SHARPE, LINTNER und MOSSIN.[321] Während MODIGLIANI/MILLER in ihren Untersuchungen primär die Auswirkung des Verschuldungsgrades auf den Marktwert eines Unternehmens untersuchten, steht beim CAPM dagegen das leistungswirtschaftliche Risiko einer Investition in Beteiligungsrechte von Unternehmen im Vordergrund der Analyse.[322] Das CAPM wurde ursprünglich zur theoretischen Bewertung risikobehafteter Wertpapiere an effizienten Märkten entwickelt. Damit grenzt es sich in der Weise vom MODIGLIANI/MILLER-Modell ab, als daß im Rahmen des CAPM ein modelltheoretisch-quantitativer Ansatz gewählt wurde, während die Ergebnisse von MODIGLIANI/MILLER lediglich Ableitungen von Aussagen über die Relation von Wertpapierpreisen auf der Basis notwendiger Gleichgewichtsbedingungen (Arbitragefreiheit) zulassen.[323] Erkenntnisziel des CAPM ist die Bestimmung der Risikoprämie riskanter Anlagen im Vergleich zu einer alternativen risikolosen Anlage im Tauschgleichgewicht.[324]

Ausgangspunkt des CAPM bildet eine Übertragung der Portefeuilletheorie von MARKOWITZ[325] auf konkurrenzgleichgewichtige Märkte.[326] Unter Annahme risikoaverser und nut-

---

319 Ein Portefeuille wird als relativ effizient bezeichnet, wenn kein alternatives Portefeuille existiert, das in Kombination mit einer risikolosen Anlage einen höheren Risikonutzen des Anlegers ermöglicht. Vgl. Blume (1980), S. 269.

320 Damit ist gemeint, daß keine alternative Wertpapierkombination existiert, die bei gegebener Rendite das Risiko zu verringern vermag bzw. bei gegebenem Risiko eine höhere Rendite verspricht.

321 Das CAPM wurde unabhängig voneinander von Sharpe, Lintner und Mossin entwickelt. Vgl. Sharpe (1964), Lintner (1965), Mossin (1966). Ein ähnlicher Modellansatz, der in Lehrbüchern zur Finanzierungstheorie jedoch meist unerwähnt bleibt, ist auf Treynor (1961) zurückzuführen. Vgl. Levy (1978), S. 643.

322 Vgl. Perridon/Steiner (1995), S. 20-21, Steiner/Kölsch (1989), S. 418.

323 Vgl. Hax/Neus (1995). Gemeinsam ist den Modellen die Bewertung von Zahlungen bei unsicheren Erwartungen. Während das CAPM absolute Preise auf Basis eines unterstellten rationalen Anlegerverhaltens (insb. Bernoulli-Prinzip, $[\mu,\sigma]$-Prinzip) ableitet, erlauben die Ergebnisse von Modigliani/Miller Aussagen über die relative Vorteilhaftigkeit einer Anlage auf arbitragefreien Märkten.

324 Vgl. Rudolph (1990), S. 369. Durch die Formulierung als Tauschmodell (Zirkulationsmarkt) bezieht sich das CAPM ausdrücklich auf den Sekundärmarkt für Wertpapiere, dessen Gleichgewicht durch den Ausgleich von Angebot und Nachfrage jeder Wertpapierart bei entsprechenden Renditen gekennzeichnet ist. Rudolph (1979a), S. 1039 formuliert eine Übertragung des Modells auf Primärmärkte.

325 Vgl. Markowitz (1952), Tobin (1958). Ein Beweis, daß die Existenz eines effizienten Marktportefeuilles hinreichende und notwendige Bedingung für die Gültigkeit des CAPM darstellt, bietet Roll (1977), S. 129-176.

zenmaximierender[327] Investoren entwickelt die normative Portefeuilletheorie Empfehlungen zur Zusammensetzung effizienter Wertpapierportefeuilles.[328] Ein zentraler Baustein der kapitalmarkttheoretischen Ansätze bildet dabei das TOBIN-Separationstheorem, bei dessen Gültigkeit der Investor unter der Prämisse unbegrenzter Verschuldungsmöglichkeit und Anlage zu einem festen, risikolosen Zinssatz seine Entscheidung über die Zusammensetzung eines risikobehafteten Wertpapierportefeuilles unabhängig von der Entscheidung über den Umfang seiner Gesamtinvestition treffen kann.[329]

Durch Kombination von Anlagen in das effiziente Portefeuille und in risikolose Wertpapiere (bzw. Verschuldung zum risikolosen Zins) lassen sich entsprechend der spezifischen Risikoneigung eines Anlegers konkurrenzgleichgewichtige Kombinationen mit endogenen Risiko-Rendite-Profilen erreichen. Die „Kapitalmarktlinie" (*Capital-Market-Line*) spiegelt die Abhängigkeit der erwarteten Rendite vom Maß des eingegangenen Risikos bei Vorliegen homogener Erwartungen aller Anleger wider,[330] während die Wertpapierlinie (*Security-Market-Line*) die wertpapierindividuelle Abhängigkeit der Rendite von einem anderen Risikomaß darstellt. Die Definition dieses für die Bewertung eines risikobehafteten Wertpapiers relevanten Risikomaßes bildet die zentrale Aussage des CAPM. Hierbei wird das Gesamtrisiko eines Wertpapiers, operationalisiert durch die Standardabweichung der Rendite, in die Komponenten des systematischen marktinduzierten und des unsystematischen unternehmensspezifischen Risikos unterteilt.[331]

Im Kapitalmarktgleichgewicht wird die Risikoprämie, d.h. der Renditeabstand zur risikolosen Anlage, ausschließlich vom systematischen Risiko bestimmt. Unsystematische unternehmensspezifische Risiken sind somit nicht bewertungsrelevant, da diese bei Wahl eines effizienten Wertpapierportefeuilles durch Diversifikation umgangen werden können. Für die gleichgewichtige Rendite eines Wertpapiers muß demnach gelten, daß diese dem um eine Risikoprämie korrigierten Zinssatz risikoloser Wertpapiere entspricht. Die Korrektur erfolgt dabei in der Weise, daß der risikolose Zinssatz um eine mit dem systematischen Risiko (Beta-Risiko)[332] gewichtete allgemeine Marktrisikoprämie ergänzt wird.

---

326 Vgl. Schneider (1992), S. 504.

327 Anleger maximieren gemäß dem Modell ihren Risikonutzen auf Basis einer Entscheidungsregel nach Erwartungswert und Streuung der Rendite (μ,σ-Regel), welche eine quadratische Risikonutzenfunktion bzw. eine normalverteilte Renditefunktion impliziert. Schneider (1993), S. 484 wertet die Annahme normalverteilter Renditen bei Haftungsbeschränkungen als problematisch.

328 Vgl. Sharpe/Alexander/Bailley (1995), S. 195.

329 Vgl. Tobin (1958), S. 65-80. Somit wird die Struktur des optimalen Wertpapierportefeuilles unabhängig von der speziellen Risikoeinstellung des individuellen Anlegers. Vgl. Rudolph (1983), S. 263.

330 Vgl. Schneider (1992), S. 507, Weston/Copeland (1990), S. 402-405.

331 Vgl. Hax/Hartmann-Wendels/von Hinten (1988), S. 698.

332 Im Kalkulationsschema des CAPM entspricht das Beta-Risiko dem Verhältnis aus Kovarianz zwischen wertpapierspezifischer Rendite und Marktrendite und der Varianz der Marktrendite.

Die Ergebnisse des CAPM, das ursprünglich einen Ansatz zur Bestimmung von Gleichgewichtsrenditen unterschiedlich riskanter Kapitalmarkttitel darstellte, ermöglichen gleichzeitig die Ermittlung unternehmens- bzw. projektspezifischer Kapitalkosten bei unsicheren Erwartungen. Der Vorzug des CAPM im Vergleich zum Risikoklassenkonzept von MODIGLIANI/MILLER besteht hauptsächlich darin, daß sich auf Basis der getroffenen Annahmen die Höhe der Gesamtkapitalkosten und der Eigenkapitalkosten in Abhängigkeit vom Verschuldungsgrad quantitativ bestimmen lassen.[333]

Eine Bewertung der aus dem CAPM abgeleiteten Aussagen über Renditen von Finanz- und Realinvestitionen ist in der Literatur nicht unumstritten.[334] Dabei richten sich kritische Einwände primär auf die restriktiven Prämissen, die dem Modell zugrunde liegen,[335] sowie die konzeptionellen Schwierigkeiten im Zusammenhang mit einer Definition des effizienten Marktportefeuilles.[336] Zur Umsetzung des CAPM wird in der Praxis auf das sogenannte Index-Modell zurückgegriffen.[337] Eine Annäherung des Marktportefeuilles durch Rückgriff auf Indizes verursacht immer dann Ergebnisverzerrungen, wenn das ausgewählte Indexportefeuille ex-post nicht effizient ist.[338] Zusätzlich wiesen BRENNAN/SMIDT auf die fundamentale Bedeutung korrekter Schätzungen der Beta-Koeffizienten für das Verständnis des Risiko-Ertrag-Verhältnisses und effizienter Anlageentscheidungen hin.[339] Im Mittelpunkt der Untersuchungen stand dabei die intertemporale Stabilität des Betas und der optimalen Schätzintervalls.[340]

---

333 Vgl. Rudolph (1979a), S. 1047. Die Bestimmung der Eigenkapitalkosten folgt hierbei einer Korrektur um das finanzierungsbedingte systematische Risiko. Zur Durchführung dieser Korrektur geht man davon aus, daß das Beta-Risiko eines Unternehmens als gewichtete Summe der Beta-Risiken von Eigen- und Fremdkapital dargestellt werden kann. Vgl. Rudolph (1986), S. 894 sowie Drukarczyk (1993), S. 269.

334 Vgl. Süchting (1995), S. 380, Rudolph (1979a), S. 1048, Weston (1981), S. 6-9 sowie Drukarczyk (1993), S. 250-256.

335 Problematisch erscheint insbesondere die Annahme homogener Erwartungen der Anleger, die Abstraktion von Transaktionskosten sowie die Annahme unendlicher Teilbarkeit von Finanzinvestitionen. Einen Überblick über Erweiterungen des CAPM unter weniger restriktiven Prämissen bietet Fischer (1982), S. 444-452.

336 Die Behauptung, das Marktportefeuille sei nicht beobachtbar, trug letztlich zur Entwicklung der Arbitrage-Pricing Theorie (APT) und der Mehrfaktorenmodelle bei. Vgl. Loistl (1994), S. 277. Zur Kritik am CAPM siehe auch Roll (1977), S. 129f. und Rudolph (1979a), S. 1048f.

337 Eine gute Beschreibung des Index-Modells liefert Drukarczyk (1993), S. 246-248.

338 Dazu Weston (1981), S. 7: „If the proxy chosen is not mean-variance efficient, the efficient set mathematics predict that the CAPM relationship will not hold". Zur mathematischen Bestimmung des effizienten Portefeuilles vgl. Lositl (1994) S. 211-214 und S. 239-243.

339 Vgl. Brennan/Smidt (1977), S. 1081-1092.

340 Gordon/Alexander (1980), S. 133 stellen fest, daß extreme Betas im Zeitlauf weniger stabil sind als Betas mit geringen Abweichungen von 1. Zu unterschiedlichen Ergebnissen kommen Baesel (1974), S. 1493 und Porter/Ezzell (1975), S. 369.

Trotz der angebrachten Kritik hat die Finanzierungstheorie mit dem Paradigma des CAPM wichtige Erkenntnisse und Konzeptionen zur Gestaltung und Bewertung spezifischer Instrumente ableiten können.[341]

Festzuhalten bleibt, daß der Kapitalmarktansatz des CAPM keineswegs die Behauptung aufstellt, daß an realen Kapitalmärkten Arbitragegleichgewichte bestehen, vielmehr entwickelt das Modell einen Ansatz zur Bewertung risikotragender Finanzierungstitel unter Annahme friktionsloser Märkte. Empirische Tests zur Überprüfung der durch das Kapitalmarktmodell entwickelten Hypothesen über die Gleichgewichtsrendite riskanter Finanztitel in Abhängigkeit vom allgemeinen Marktpreis des Risikos und dem systematischen Beta-Risiko des Finanztitels stießen zum Teil auf widersprüchliche Ergebnisse.[342] FAMA und ROLL kommen zu dem Schluß, daß bislang bekannte Studien zur Überprüfung der Validität des Modells nicht geeignet sind.[343] Eine Weiterentwicklung des ursprünglichen, auf restriktiven Prämissen beruhenden CAPM hat zu zahlreichen Modifikationen des Ansatzes geführt, deren Ziel die Überprüfung der Anwendbarkeit des Grundmodells bei Vorliegen von Marktunvollkommenheiten ist.[344]

Eine Beurteilung des Erklärungspotentials des CAPM für die Existenz von High-Yield Anleihen und der Anwendbarkeit der entwickelten Bewertungsmethoden auf dieses Finanzierungsinstrument legt zunächst die Frage nahe, ob das originär für Beteiligungstitel aufgestellte Modell auf verbriefte Forderungsrechte anwendbar ist.[345] Zunächst sollen dabei die relevanten exogenen Variablen des Modells für den Fall eines Fremdfinanzierungstitels untersucht und angepaßt werden.

---

341 Vgl. Loistl (1994), S. 277. Loistl kritisiert weniger den logischen oder empirischen Wahrheitsgehalt des Modells als vielmehr, daß durch Setzen der Prämisse eines Kapitalmarktgleichgewichtes die Fähigkeit, den Blick objektiv und unmittelbar auf reale Probleme zu richten, eingebüßt wurde.

342 Einen Überblick über die am US-amerikanischen Kapitalmarkt durchgeführten empirischen Arbeiten liefert Jensen (1972), S. 357-362. Für den deutschen Aktienmarkt liegen die Studien von Hielscher/Heintzelmann (1975) und Reiß/Mühlbradt (1979) mit negativen Ergebnissen und Guy (1977) mit bestätigenden Ergebnissen vor.

343 Vgl. Fama (1976), S. 368 und Roll (1977), S. 129-135. Als wesentliche Kritikpunkte werden dabei genannt (a) die Überprüfung von ex-ante Größen (Renditeerwartungen) mit ex-post Größen (realisierte Renditen) (b) die Überprüfung eines statischen Gleichgewichtmodells anhand durchschnittlicher (beobachteter) Renditeentwicklungen (dynamische Betrachtung) (c) Schwierigkeiten bei der Approximation des Marktportefeuilles aus den Nominalbeständen sämtlicher umlaufender Wertpapiere.

344 Hierzu zählen insbesondere die Arbeiten von Black (1972), der auf die Annahme einer risikolosen Anlage verzichtet, Lintner (1969), der die Prämisse homogener Erwartungen und marktgängiger Vermögenswerte vernachlässigt, Brennan (1971) und Kim (1978) durch Einführung von Anlagerestriktionen und Steuern sowie Adler/Dumas (1974) durch die Betrachtung von segmentierten Kapitalmärkten. Einen Überblick über die Modifikationen des CAPM liefert Rudolph (1979a), S. 1049-1061.

345 Obwohl das zur Bewertung unsicherer Zahlungsströme entwickelte CAPM grundsätzlich auch konzeptionell für Fremdfinanzierungstitel anwendbar ist, so ist festzustellen, daß seine praktische Anwendung in der Regel auf Aktien beschränkt blieb. Vgl. Rudolph (1991), S. 34. Jahankhani/Pinchzes stellen hingegen fest, daß das Beta von Forderungstiteln instabil ist, es da mit der im Zeitablauf abnehmenden Restlaufzeit sinkt. Wegen fehlender Stationarität des Anleihebetas sei eine Bewertung von Anleihen nicht mit dem CAPM vereinbar. Vgl. Jahankhani/Pinches (1982), S. 151ff.

Zur Erfassung des systematischen Risikos eines Fremdkapitaltitels in Form des Anleihe-Betas kommt dabei neben der Kovarianz der spezifischen Anleihe mit dem Marktportefeuille und der Varianz des Marktportefeuilles der durchschnittlichen Laufzeit (*Duration*)[346] grundlegende Bedeutung zu.[347] Die Duration wirkt sich dabei als Gewichtungsfaktor bei der Berechnung des Anleihe-Betas aus. Somit verändert sich das zur Ermittlung der konkurrenzgleichgewichtigen Anleiherendite relevante systematische Risiko in Abhängigkeit von der Laufzeit und Zahlungsstruktur einer Anleihe. Ceteris paribus werden Anleihen mit geringerer Duration ein entsprechend geringeres systematisches Risiko ausweisen. Da in der Welt des CAPM ausschließlich systematische Risiken für die Bewertung von Finanzierungstiteln relevant sind, bedeutet dies aus Perspektive des Emittenten entsprechend geringere Anleiherenditen und sinkende Finanzierungskosten.

Die Annahme sinkender Anleihebetas ist dabei in der Literatur nicht unumstritten. So stellt JARROW fest, daß Beta-Koeffizienten von Anleihen unter bestimmten Prämissen während der Laufzeit stetig sinken.[348] GORDON zeigt hingegen, daß die Entwicklung von Anleihebetas im Zeitverlauf nicht determinierbar ist.[349] In einer empirischen Studie konnten in Abhängigkeit vom gewählten Marktindex steigende, nahezu konstante und sinkende Betas beobachtet werden.

Im Rahmen einer Untersuchung von High-Yield Anleihen wird die beschriebenen Bewertungsrelevanz der Duration besonders ersichtlich.[350] Eine Analyse der Auswirkungen von Konkursrisiken auf die Duration von ausfallbedrohten Anleihen zeigt, daß bei Existenz positiver Ausfallwahrscheinlichkeiten die Duration einer Anleihe im Vergleich zur risikolosen Anlage geringer ausfällt.[351] Die von BOQUIST/RACETTE/SCHLARBAUM entwickelte modifizierte Berechnung des Anleihe-Betas wurde in Hinblick auf die Anwendbarkeit für ausfallrisikobehaftete Anleihen von JARROW bestätigt.[352] Neben dieser risikoinduzierten Verkürzung der durchschnittlichen Laufzeit von High-Yield Anleihen wirken sich die in der Regel höhe-

---

346 Die Duration stellt ein maßgebliches Konzept zur Quantifizierung von Zinsänderungsrisiken dar. Sie wurde von Macauly (1938) als Maß der durchschnittlichen Laufzeit eingeführt und berücksichtigt durch die Gewichtung der Zahlungszeitpunkte mit den Barwerten der zu den Zeitpunkten anfallenden Zahlungsströme neben der Laufzeit der Anleihe ebenfalls die Zahlungsstrukur. Vgl. Hull (1993), S. 99f.

347 Vgl. Boquist/Racette/Schlarbaum (1975), S. 1360-1365.

348 Vgl. Jarrow (1978), S. 1235-1240.

349 Vgl. Gordon (1980), S. 1078.

350 In der Literatur finden sich zahlreiche Untersuchungen über den Zusammenhang zwischen wertpapierspezifischen Risiken und der Duration. Vgl. Durand (1974), S. 20-34, Fisher (1966), S. 111-118, Whittakker (1970), S. 34-41, Hopewell/Kaufmann (1973), S. 749-753.

351 Chance (1990), S. 265-275 verwendet zur Bestimmung der Duration ausfallbedrohter Zero-Bonds einen Ansatz zustandsabhängiger Ansprüche (Contingent Claims Approach) zur Bewertung riskanter Fremdkapitaltitel (vgl. Kapitel 2.1.3.4). Durch Abbildung einer ausfallbedrohten Anleihe mit Hilfe eines Portefeuilles aus risikoloser Anlage und einer short put Position ergibt sich die risikoadjustierte Duration als gewichtete Duration des beiden Anlagen im Portefeuille. Vgl. auch Bierwag/Kaufmann (1988), S. 39-45 und Babbel/Merril/Manning (1997), S. 35-44.

352 Vgl. Jarrow (1978), S. 1238.

ren laufenden Zinskupons vermindernd auf die Duration aus. Die inhärente Unsicherheit der in Verbindung mit einer ausfallrisikobehafteten Anleihe entstehenden Zahlungen kann hingegen zu Verzögerungen der zugesagten Zahlungen im Falle von Liquiditätsproblemen des Emittenten führen. Verzögerungen von fälligen Zins- und Tilgungszahlungen hätten eine entsprechende Verlängerung der durchschnittlichen Laufzeit zur Konsequenz. Eine allgemeingültige Aussage über die absolute Duration ist aus diesem Grunde nicht möglich.[353]

Die naheliegende Behauptung, High-Yield Anleihen seien im Vergleich zu Anleihen hoher Bonität durch geringere systematische Risiken gekennzeichnet, erweist sich hingegen als problematisch. Eine systematische Zuordnung von Ausfallrisiken eines Emittenten zum unsystematischen unternehmensspezifischen Risiko wird durch empirische Untersuchungen am US-Kapitalmarkt widerlegt.[354] Die von UHLIR/STEINER aufgestellte Hypothese, Insolvenzen ließen sich insbesondere in rezessiven Phasen primär auf systematische Risiken zurückführen mit der Konsequenz einer begrenzen Diversikationsmöglichkeit innerhalb eines High-Yield Portefeuilles[355] ließen sich durch empirische Studien über den Zusammenhang zwischen Ratingveränderungen und Veränderungen von Anleihe-Betas am US-Markt ebenfalls nicht uneingeschränkt bestätigen. Tabelle 4 zeigt die wesentlichen Ergebnisse empirischer Untersuchungen zum Zusammenhang zwischen Anleihe-Betas und Ratingurteilen.[356]

Während die Untersuchungen von REILLY/JOEHNK die Hypothese einer inversen Beziehung zwischen Anleihe-Beta und Rating aus einer Beobachtung des Zeitraums 1967-1972 nicht bestätigen konnten,[357] stellt WEINSTEIN einen statistisch signifikanten Zusammenhang für den Zeitraum 1969-1972 fest.[358] Der Umstand, daß REILLY/JOEHNK in ihren Studien ausschließlich Anleihen der besten vier Ratingklassen untersuchten, wohingegen WEINSTEIN Anleihen geringerer Bonität analysierte, läßt auf ein grundlegend unterschiedliches Risikoprofil ausfall-

---

353 Empirische Studien US-amerikanischer High-Yield Anleihen konnten die Annahme kürzerer Duration ausfallrisikobehafteter Unternehmensanleihen bestätigen. Vgl. Blume/Keim (1991), S. 88.

354 Die Untersuchungen haben insbesondere gezeigt, daß in gesamtwirtschaftlich rezessiven Phasen die Frequenz von Zahlungsausfällen bei Unternehmensanleihen zunimmt. Da sich gesamtwirtschaftliche Faktoren nicht unternehmensspezifisch, sondern marktübergreifend manifestieren, läßt sich das Ausfallrisiko einer Anleihe nicht ausschließlich auf unsystematische Risiken begrenzen. Vgl. Hickmann (1985), S. 15. Fridson/Garman/Wu untersuchten die Beziehung zwischen Realzinsniveau und Ausfallraten am US-High-Yield Markt und bestätigten eine signifikante Abhängigkeit der Ausfallraten vom Zinsniveau mit einer zeitlichen Verzögerung von zwei Jahren. Dieses Ergebnis läßt ebenfalls auf eine systematische Risikokomponente schließen. Vgl. Fridson/Garman/Wu (1997), S. 33.

355 Vgl. Uhlir/Steiner (1983), S. 632 f.

356 Der Zusammenhang zwischen Ratingurteilen und Aktien-Betas der Emittenten wurde von Schwendiman/Pinches untersucht. Sie stellten fest, daß der Beta-Koeffizient der Aktien von Unternehmen, die Subinvestment-Grade Anleihen emittieren, signifikant höher war als von solchen Unternehmen, die Investment-Grade Anleihen ausgeben. Vgl. Schwendiman/Pinches (1975), S. 193-200.

357 Vgl. Reilly/Joehnk (1976), S. 1395-1404.

358 Vgl. Weinstein (1981), S. 266-278. Eine Untersuchung von Friend/Westerfield/Granito (1978), S. 903-920 kam bereits vor Weinstein zum selben Ergebnis, konzentrierte sich allerdings primär auf die statistische Signifikanz der Restlaufzeiten zur Erklärung von Anleihe-Betas.

risikobehafteter Anleihen mit entsprechenden Implikationen für das Diversifikationspotential schließen.[359]

Jahr	Verfasser	Zeitraum	Ergebnis
1976	Reilly/Joehnk[(a)]	1967-1972	Keine eindeutige Korrelation
1980	Schneeweis/Schwese	1952-1975	Schwacher inverser Zusammenhang bei Industrieobligationen
1981	Weinstein	1962-1974	Schwacher inverser Zusammenhang bei Emittenten hoher Bonität. Signifikanter inverser Zusammenhang bei Emittenten geringer Bonität
1983	Brooks/Ingram/Copeland	1976-1978	Starker inverser Zusammenhang
1984	Duvall/Cheney	1973-1976	Keine eindeutige Korrelation

(a) Anleihe-Beta über Fundamentaldaten ermittelt
(b) Annahme nicht stationärer Anleihe-Betas

TABELLE 4: ZUSAMMENHANG ZWISCHEN ANLEIHE-BETAS UND EMITTENTENRATING

In jüngeren Untersuchungen über das systematische Risiko von High-Yield Anleihen kommen BLUME/KEIM und WEINSTEIN wiederum zu gegensätzlichen Ergebnissen. Während BLUME/KEIM feststellen, daß High-Yield Anleihen für den Untersuchungszeitraum von Januar 1982 bis Mai 1984 eine geringeres systematisches Risiko aufweisen als Investment-Grade Anleihen,[360] ermittelt WEINSTEIN für den Zeitraum von 1962 bis 1974 höhere Beta-Koeffizienten bei High-Yield Anleihen im Vergleich zu Titeln erstklassiger Schuldner.[361]

Die Ergebnisse zeigen, daß in der Literatur keine einheitliche Meinung über die Risikocharakteristika von High-Yield Anleihen besteht. Zahlreiche Untersuchungen stützen die These, daß unternehmensinterne Rechnungsgrößen[362] und die Finanzpolitik von Unternehmen[363] das systematische Risiko eine Wertpapiers beeinflussen. Gleichfalls konnte GALAI/MASULIS auf Basis der Optionspreistheorie[364] zeigen, daß der Beta-Faktor eines Unternehmens positiv mit der Höhe des Verschuldungsgrades und der Varianz der Firmenerträge korreliert.[365] Da diese Faktoren mit einer Beurteilung der Bonität durch eine Ratingagentur in Verbindung stehen,[366] ist anzunehmen, daß Beta-Faktoren und Ratingurteile positiv korrelieren. Hiergegen spricht

---

359 Vor dem Hintergrund, daß Ausfallrisiken im High-Grade Bereich relativ geringe Bedeutung für die Preisfindungen haben, erscheint die Konstruktion der Studie von Reilly/Joehnk (1976) ohnehin fraglich.

360 Vgl. Blume/Keim (1984), S. 30.

361 Vgl. Weinstein (1987a), S. 76-80.

362 Vgl. hierzu die Arbeiten von Beaver/Kettler/Scholes (1970), Hamada (1972) Melchier (1974) und Gonedes (1974).

363 Vgl. hierzu die Untersuchungen von Breen/Lerner (1973) sowie Loque/Merville (1972).

364 Vgl. hierzu Kapitel 3.3.2.4 dieser Arbeit.

365 Vgl. Galai/Masulis (1976), S. 53-81.

366 Vgl. hierzu die Ausführungen zur Prognostizierbarkeit von Anleiheratings in Kapitel 3.4.1 dieser Arbeit.

die grundlegenden Aussage des CAPM, daß Beta-Faktoren die Beziehung zwischen dem Risiko-Ertragsverhältnis eines Wertpapiers im Verleich zu dem des Gesamtmarktes abbilden, wobei letzteres ausschließlich durch makroökonomische Variablen beeinflußt wird.

Beide Aussagen stehen jedoch nicht gezwungenermaßen im Widerspruch zueinander, da makroökonomische Faktoren einen wesentlichen Erklärungsgehalt für unternehmensinterne Variablen aufweisen. So ist davon auszugehen, daß die unternehmensindividuelle Ausfallwahrscheinlichkeit zu einem nicht unwesentlichen Anteil von gesamtwirtschaftlichen Faktoren bestimmt wird.[367] Entsprechend stellt Percival fest, daß „[...] *the timing and the degree of default are closely related to swings in the business cycle.*“[368]

Es läßt sich auf der Grundlage dieser Ergebnisse annehmen, daß die Anwendbarkeit des CAPM als Preisbildungsmodell risikobehafteter Kapitalmarkttitel auf Anleihemärkte grundsätzlich übertragbar ist. Insbesondere bleibt festzuhalten, daß für die Klasse bonitätsmäßig einwandfreier Anleihen das globale Zinsänderungsrisiko ausschlaggebend ist und sich wegen dessen marktübergreifenden, systematischen Charakters nicht durch Wertpapiermischung diversifizieren läßt. Dabei ist von besonderer Bedeutung, daß die Marktpreise von Anleihen geringerer Bonität eine höhere Sensitivität gegenüber realwirtschaftlichen Faktoren aufweisen, als dieses für rein monetäre Faktoren zutrifft.

Im Umkehrschluß darf jedoch nicht darauf geschlossen werden, daß Bonitätsrisiken grundsätzlich unsystematische Risiken darstellen, die im modelltheoretischen Rahmen des CAPM diversifizierbar und deshalb keine Auswirkungen auf die erwartete Rendite der Investoren bzw. der Kapitalkosten des Emittenten haben. Vielmehr bleibt das Ausmaß systematischer Komponenten innerhalb des Ausfallrisikos eines Emittenten zu untersuchen. Bei Existenz unsystematischer Ausfallrisiken kann das CAPM stringent zur Anwendung gelangen, wenn eine vollständige Diversifikation dieser Risiken durch Wertpapiermischung möglich ist.

Die Frage nach einer Existenzberechtigung von High-YieldAnleihen als finanzpolitisches Instrument von Unternehmen im Modellrahmen des CAPM führt zur Analyse der optimalen Zusammensetzung eines effizienten Portefeuilles im Sinne einer maximal erreichbaren Diversifikation unsystematischer Risiken. Hier ergeben sich zunächst Schwierigkeiten der Bestimmung des effizienten Portefeuilles zur Ermittlung der Kovarianzen innerhalb des Modells. Die dargestellten Probleme der Zusammenstellung dieses Portefeuilles für die Aktienbewertung lassen sich analog für den Fall von Forderungstiteln anführen.[369] Unabhängig von der Frage nach einer korrekten Operationalisierung des Modells durch Auswahl eines adäquaten Markt-

---

367 So stellen Fridson/Garman/Wu auf Basis eines Korrelationsmodells einen signifikanten Einfluß des Realzinsniveaus auf die Ausfallwahrscheinlichkeit von High-Yield Anleihen fest. Vgl. Fridson/Garman/Wu (1997), S. 33.

368 Percival (1974), 465. Die Arbeit des Autors stützt auf den empirischen Untersuchungen von Hickman (1957) und Atkinson/Simpson (1967).

369 Hierbei gewinnt die dargestellte Problematik der Nichtstationärität von Anleiheportefeuilles aufgrund ihrer begrenzten Laufzeit zusätzlich an Bedeutung.

portefeuilles ist zu prüfen, ob und in welchem Ausmaß eine Diversifikation von Ausfallrisiken durch Portefeuillebildung möglich ist. Im Falle eines höheren Diversifikationspotentials bestehender Marktportefeuilles durch Beimischung von High Yield-Anleihen wäre eine Verschiebung der Effizienzkurve, auf der alle risikoeffizienten Portefeuilles liegen,[370] möglich. Die Effizienzkurve als graphischer Ort realisierbarer Kombinationen von erwartetem Portefeuilleertrag und erwartetem Portefeuillerisiko stellt eine angebotsinduzierte Begrenzung der Diversifikationsmöglichkeiten von Investoren dar. Die Analyse dieses Phänomens bedarf der Zuordnung von High Yield-Anleihen zu einer spezifischen Wertpapiergattung,[371] da hiervon insbesondere die Messung des anlagespezifischen Kovarianzrisikos abhängig ist.

Empirische Untersuchungen am US-High-Yield Markt konnten aufzeigen, daß diversifizierte High-Yield Portefeuilles systematische Überrenditen im Vergleich zu Regierungsanleihen erwirtschaften.[372] Dabei konnte insbesondere festgestellt werden, daß trotz höherer ex-post Renditen der High-Yield Portefeuilles diese durch geringere Renditeschwankungen während des Unterschuchungszeitraums gekennzeichnet waren. Hieraus kann darauf geschlossen werden, daß das Zinsänderungsrisiko, welches im Rahmen des CAPM als systematisches und somit nicht diversifizierbares Risiko gilt, für High-Yield Anleihen im Vergleich zu risikolosen Regierungsanleihen weniger bewertungsrelevant ist. Hingegen stellt das anleihespezfische Ausfallrisiko einen wesentlichen Renditefaktor im High-Yield Markt dar. Durch eine Zuordnung des Ausfallrisikos zum unsystematischen Risiko ließen sich die nachgewiesenen Renditevorsprüngen diversifizierter High-Yield Portefeuilles nicht ihm Rahmen des CAPM erklären. Diese Erkenntnis läßt entweder auf eine Nichtanwendbarkeit des CAPM auf ausfallrisikobehaftete Anleihen schließen oder die in der Literatur vorwiegend unterstützte Annahme einer eigenen Asset Class bestätigen.[373]

3.2.4 Optionspreismodelle

Die Theorie zur Bewertung derivativer Finanzierungsinstrumente hat seit Erscheinen des grundlegenden Modells von BLACK/SCHOLES zur Bestimmung arbitragefreier Marktpreise von Aktienoptionen im Jahre 1973 eine Vielzahl von Anwendungsbereichen innerhalb der Finanzierungsforschung gefunden.[374] Den Ausgangspunkt der Optionspreistheorie bildet da-

---

370 Vgl. Perridon/Steiner (1995), S. 230.

371 Vgl. Bennett/Esser/Roth (1994), S. 4: „We conclude that, while high-yield corporate as a group, do not serve as pure fixed-income substitute because of their hybrid debt-equity characteristics, the historical evidence shows high-yield bonds to be an attractive asset class for consideration with fixed-income and equity securities."

372 Vgl. hierzu Kapitel 7.2.2.2.

373 Vgl. Weinstein (1985), S. 39.

374 Das Modell von Black/Scholes basiert streng genommen auf einem Ansatz von Merton, vgl. Black/Scholes (1973) S. 641, FN 3. Einen guten Überblick über Anwendungsgebiete der Optionspreistheorie liefert Smith (1976), S. 3-51. Cox/Ross/Rubinstein haben auf Basis eines Binominalmodelles einen alternativen Lösungsweg zur Bewertung von Aktienoptionen aufgestellt. Der Ansatz eines diskreten Modells hat den Vorteil einer vereinfachten mathematischen Herleitbarkeit. Vgl. Cox/Ross/Rubinstein (1979), S. 229f.

bei die Erkenntnis, daß aus Kombination von Basiswert und leerverkauften Optionen ein risikoloses Portefeuille zusammengestellt werden kann, welches bei kontinuierlichen Anpassungstransaktionen unter Annahme effizienter Märkte eine Rendite in Höhe des risikolosen Zinssatzes erwirtschaften muß.[375] Der Marktwert des sicheren Portefeuilles muß demgemäß dem mit einem risikolosen Zinssatz diskontierten Erwartungswert des Portefeuilleendvermögens entsprechen.[376]

Auf dieser Grundlage läßt sich wiederum unter der Prämisse konkurrenzgleichgewichtiger Kapitalmärkte bei Kenntnis des zugrundeliegenden Marktpreises von Basiswert und risikoloser Marktrendite der relative Wert einer Option bestimmen. Zu den Prämissen des Bewertungsmodells gehören insbesondere das Nichtvorhandensein von Transaktions- und Informationskosten, effiziente Märkte mit vollständiger Teilbarkeit von Optionen und Basiswerten, keine Dividendenauszahlungen und sonstige Ausschüttungen, unbeschränkte Möglichkeit von Leerverkäufen und eine Kursentwicklung des Basiswertes, die einem steigen Zufallspfad (*Random Walk*)[377] folgt.[378] Die Bewertung erfolgte zunächst für „europäische" Optionen, wurde jedoch später auf „amerikanische" Optionen erweitert.[379] Durch Zuhilfenahme des dargestellten Bewertungszusammenhanges läßt sich nach Auflösung von Differentialgleichungen[380] eine Bewertungsformel für Kaufoptionen ableiten.[381]

Der Wert einer Kaufoption ist demgemäß auf 5 wesentliche Einflußfaktoren zurückzuführen: (1) den Kassakurs des Basiswertes, (2) den Ausübungspreis, (3) die Laufzeit der Option, (4) den risikolosen Zinssatz und (5) die Volatilität des Kassakurses. Von diesen wertbestimmenden Faktoren ist lediglich die Volatilität, gemessen durch die Momentanvarianz der Rendite, nicht direkt beobachtbar. Während in der Literatur überwiegend davon ausgegangen wird, daß diese durch Beobachtung historischer Zeitreihen geschätzt werden kann,[382] ist die Annahme

---

375 „And if we continuously adjust our hedge portfolio to maintain a ration of stock to call options of $1/(\delta c/\delta S)$, the hedge will be perfectly risk-free. Therefore, the risk-free hedge portfolio will earn the risk-free rate in equilibrium if capital markets are efficient." Copeland/Weston (1979), S. 394. Zur Frage der Existenz effizienter Märkte bietet Fama (1970), S. 383-417 einen guten Überblick über Theorie und Empirie. Vgl. hierzu auch Kapitel 3.4.2 dieser Arbeit.

376 Vgl. Rudolph (1990), S. 372.

377 Das Modell von Black/Scholes (1973) basiert auf einem kontinuierlichen geometrischen Brownschen Prozeß mit log-normalverteilten Renditeveränderungen.

378 Vgl. Black/Scholes (1973), S. 640, Süchting (1995), S.482 und Swoboda/Kamschal (1979), S. 308f.

379 Swoboda/Kamschal (1979), S. 295 beweisen im Zusammenhang mit Wandelanleihen, daß bei Vorliegen der genannten Prämissen die Ausübung einer „amerikanischen Option" zum letztmöglichen Termin dominant ist. Somit läßt sich das Black/Scholes-Modell auf „amerikanische Optionen" verallgemeinern.

380 Black/Scholes wiesen in ihrer Arbeit bereits auf die Möglichkeit hin, eine Ableitung aus den Ergebnissen des CAPM aufzustellen, die zu den gleichen Ergebnissen führt. Vgl. Black/Scholes (1973). S. 645. Zur Konsistenz der Ergebnisse von CAPM und OPT vgl. Smith (1976), S. 11-13.

381 Die Bewertung von Verkaufsoptionen läßt sich auf Basis der von Black/Scholes (1973) entwickelten Call-Put Parität ermitteln. Vgl. Smithson/Smith/Wilford (1985), S. 41.

382 Vgl. Smith (1976), S. 4, Swoboda (1994), S. 91, Merton (1974), S. 449, Swoboda/Kamschal (1979), S. 312.

stationärer Wahrscheinlichkeitsverteilungen zunehmend kritisiert worden.[383] Da das Optionspreismodell eine Bewertung von Optionspreisen in Abhängigkeit der Marktpreise seiner Basiswerte ohne Aussage über den Gleichgewichtskurs der zugrundeliegenden Basiswerte entwickelt, handelt es sich um einpartielles Gleichgewichtsmodell für Ansprüche aus bedingten Finanztiteln.

BLACK/SCHOLES wiesen bereits in ihrer Arbeit auf die mögliche Übertragbarkeit der von ihnen entwickelten Optionspreisbewertung auf weitere Fragestellungen der betrieblichen Finanzwirtschaft hin.[384] MERTON erweiterte die Anwendung der OPT auf Wertpapiere jeglicher Art und entwickelte ein Modell zur Ableitung der Risikostruktur von Kapitalmarktzinsen in Abhängigkeit der Volatilität, der Laufzeit des Fremdkapitals und des Verschuldungsgrades eines Unternehmens.[385] JONES/MASON/ROSENFELD entwickelten ein Modell zur Erklärung von Renditedifferenzen zwischen Unternehmensanleihen und vergleichbaren risikolosen Staatsanleihen.[386] Zu den wichtigsten weiteren Anwendungsgebieten der OPT gehören die Arbeiten von BLACK/COX[387] über die Auswirkungen von Negativklauseln in Fremdfinanzierungsverträgen sowie die Arbeiten von INGERSOLL[388] und BRENNAN/SCHWARTZ[389] zur Bewertung von Anleihen mit Wandlung- bzw. Optionsrechten. Die nachfolgende Tabelle bietet einen Überblick über die wichtigsten Anwendungsgebiete der OPT zur Bewertung von Fremdfinanzierungsinstrumenten.[390]

---

383 Vgl. Schneider (1992), S. 535. Eine kritische Betrachtung als stationär angenommener Aktienkurse resultierte hauptsächlich aus der Beobachtung systematischer Abweichungen der empirisch gemessenen Optionspreise vom theoretischen Preis. Nachfolgende Arbeiten konzentrierten sich die auf Frage konstanter Volatilität der Aktienrenditen. Vgl. Cox/Ross (1976), S. 145-166, Merton (1974), S. 449-470 und Geske (1979), S. 63-82.

384 „We can value coporate securities by the same methods we use to value options. For the simplest case, it is only a matter of reinterpreting the variables [...]" Cox/Rubinstein (1985) S. 375.

385 Vgl. Merton (1974), S. 450f.

386 Vgl. Jones/Mason/Rosenfeld (1984), S.611-625. Zur Kritik an diesem Modell siehe Kim/Ramaswamy/ Sundaresan (1993), S. 117.

387 Vgl. Black/Cox (1976), S. 351ff.

388 Vgl. Ingersoll (1976), S. 83-123 und Ingersoll (1977), S. 289-322.

389 Vgl. Brennan/Schwartz (1976), S. 195-213.

390 Einen guten Überblich über die Anwendung der OPT auf die Bewertung von Finanzierungstiteln bietet Smith (1976), S. 3-51.

Ausgestaltungsmerkmal	Finanzierungs-instrument	Autoren
Kündigungsrechte	Anleihen	Merton (1974)
Nachrangigkeit	Anleihen	Black/Cox (1976)
Negativklauseln	Anleihen	Black/Cox (1976)
Sicherungsübereignung	Kredite	Smith (1979)
Optionsrechte	Anleihen	Kjer (1981)
Wandelrechte	Anleihen	Ingersoll (1977), Brennan/Schwartz (1976) Swoboda/Kamschal (1979)
Kreditsicherheiten	Kredite	Smith (1976)
Kreditversicherungen	Kredite	Mayer/Smith (1977), Merton (1977)

TABELLE 5: ANWENDUNGSGEBIETE DER OPTIONSPREISTHEORIE

Für das dieser Arbeit zugrundeliegende Forschungsobjekt bietet die OPT wesentliche Erkenntnisse zur Bewertung unsicherer Zahlungsansprüche. Die dargestellte Übertragbarkeit des Bewertungsansatzes auf eine Vielzahl real exisiterender Finanzierungsformen erlaubt eine von der Präferenzstruktur der Anleger unabhängige Bewertung risikobehafteter Finanzierungstitel. Besondere Aufmerksamkeit erlangt dabei die schon von BLACK/SCHOLES gezeigte Darstellungsmöglichkeit des Eigenkapitals eines Unternehmens als Kaufoption auf das Unternehmensvermögen. BLACK/SCHOLES betrachten dazu ein Unternehmen, das ausschließlich über Eigenkapital und eine Null-Kupon-Anleihe finanziert wurde.[391] Bei Laufzeitende des Forderungstitels stehen die Eigentümer des Unternehmens vor der Wahl, ausstehende Verbindlichkeiten zu tilgen oder Konkurs anzumelden. Ihre Entscheidung wird bei angenommenem rationalen Verhalten von den zu erwartenden Zahlungsströmen der Alternativen determiniert. Entscheiden sie sich zur Fortführung der Unternehmens, steht ihnen der aktuelle Marktwert aller Aktiva abzüglich der zu tilgenden Verbindlichkeiten in Form eines Residualgewinnes zu. Die Konkursanmeldung wird genau dann zur dominanten Alternative, wenn der aktuelle Wert sämtlicher Aktiva geringer ausfällt als die Summe der zu tilgenden Verbindlichkeiten und somit ein negativer Residualgewinn entsteht.

Aus Perspektive der Eigentümer stellen Beteiligungsrechte am Unternehmen eine Kaufoption auf die Vermögensgegenstände des Unternehmens dar, wobei die Summe der ausstehenden Verbindlichkeiten als Ausübungspreis und der aktuelle Marktwert sämtlicher Vermögensgegenstände der Unternehmens als Preis des Basisgutes zu interpretieren ist. Die dargestellte

Konstellation interpretiert den Aktionär als Halter einer Kaufoption; die Besitzer der Anleihen sind entsprechend die Stillhalter der Option.[392] Unter Verwendung der Call-Put-Parität läßt sich der Wert der ausfallrisikobehafteten Null-Kupon-Anleihe als diskontierter Rückzahlungsbetrag derselben Anleihe darstellen, d.h. als Barwert eines risikolosen Fremdkapitaltitels abzüglich des Wertes einer Verkaufoption auf den Unternehmenswert.[393]

Vor dem Hintergrund der dieser Arbeit zugrunde liegenden Fragestellung lassen sich aus der Optionspreistheorie Erkenntnisse zur Bewertung spezifischer Ausgestaltungen von Fremdfinanzierungsinstrumenten sowie zur Begründung bonitätsbedingter Renditeprämien gewinnen. Insbesondere ermöglicht die Interpretation des Eigenkapitals als Kaufoption auf bestehende Vermögenswerte des Unternehmens eine formale Darstellung von Verhaltensrisiken seitens der Eigentümer.[394] Dennoch liefern auch optionspreistheoretische Ansätze keine Erklärung für die Existenz bestimmter institutioneller Gestaltungsformen von Fremdfinanzierungsbeziegungen. Es handelt sich vielmehr um eine Bewertungsmethodik für als gegeben angenommene Finanzierungsinstrumente.

4 Ratingagenturen als Informationsquelle für Investoren am Anleihemarkt

Wie in den vorangegangenen Kapiteln dargestellt, kommt der Ausfallwahrscheinlichkeit der Emittenten von High-Yield Anleihen eine wesentliche Rolle beim Bewertungsprozeß der Forderungstitel zu. Die Beurteilung dieser Ausfallwahrscheinlichkeit beeinflußt die Anlageentscheidung des Investors und somit den Plazierungserfolg des Emittenten. Als Informationsgrundlage stehen dem Investor grundsätzlich sowohl interne als auch externe Analysen zur Verfügung. Die mit einer internen Bonitätsbeurteilung verbundene Bindung von Ressourcen stellt für den Investor einen Kostenfaktor dar, der insbesondere im Fall von Anleihen geringerer Emissionsvolumina die Erfolgswahrscheinlichkeit einer Emission oft in Frage stellt.

---

391 Im Modell Black/Scholes gilt weiterhin, daß die Aktiva des Unternehmens ausschließlich aus Aktien eines anderen Unternehmens bestehen, sowie die Annahme, daß während der Untersuchungsperiode keine Ausschüttungen vorgenommen werden. Vgl. Black/Scholes (1973), S. 650.

392 Die Anwendung der Optionspreistheorie auf die Bestimmung von Marktpreisen für Fremdfinanzierungsinstrumente bedingt die Irrelevanz der Kapitalstrukur für den Firmenwert. Smith/Warner (1979), S. 118 FN 3 kritisieren den Ansatz Black/Scholes (1973) aufgrund der Verletzung dieser kritischen Annahme. In ihrem Modell stellt die Ausgestaltung von Anleihebedingungen ein wesentlicher Bestimmungsfaktor für den Firmenwert dar.

393 Vgl. Gaida (1998), S. 181. Eine Weiterentwicklung des dargestellten Modells findet sich bei Gerdsmeyer/Krob (1994), S. 469-475. Die Autoren stellen einen Ansatz zur Bewertung von Fremdkapitalansprüchen mit mehr als einen Zahlungsstrom dar. Hierbei werden die einzelnen Zahlungsströme als Bündel von Null-Kupon-Anleihen dargestellt (Stripping-Konzept).

394 Vgl. hierzu Kapitel 4.1 dieser Arbeit.

In diesem Zusammenhang kommen Ratingagenturen als Quelle externer Beurteilungen der Schuldnerqualität zwei wesentliche Funktionen zu.[395] Einerseits ermöglichen sie durch Verringerung von Transaktionskosten und Abbau von Informationsasymmetrien[396] erst das Zustandekommen bestimmter Finanzierungstransaktionen. Darüber hinaus determinieren die Urteile von Ratingagenturen zu einem wesentlichen Teil die Kapitalkosten des Emittenten, da die Höhe der Risikoprämie direkt von der Beurteilung der Ausfallwahrscheinlichkeit abhängig ist. [397]

Vor diesem Hintergrund wird in den folgenden Kapiteln der Frage nachgegangen, ob Ratingurteile ihrer Aufgabenstellung, die sich aus einer Prognosefunktion zukünftiger Ausfälle ableitet, gerecht werden. Darüber hinaus ist zu untersuchen, ob Ratingurteile als Informationsquelle von Investoren tatsächlich genutzt werden. In einem zweiten Schritt wird geprüft, ob die von neoklassischen Ansätzen der Kapitalmarkttheorie postulierte Informations- und Bewertungseffizienz gegeben ist. Die darzustellenden Untersuchungsergebnisse konzentrieren sich hierbei auf den US-Markt für Unternehmensanleihen.[398]

4.1 Prognose- und Informationsfunktion von Anleiheratings

Die Prognosefunktion von Anleiheratings basiert auf ihrer Aufgabenstellung, die zukünftige Fähigkeit und rechtlichen Bindung eines Emittenten, die mit einem bestimmten Schuldtitel verbundenen Verpflichtungen zu Zins- und Tilgungszahlungen vollständig und rechtzeitig zu erfüllen,[399] zu bewerten. Das Rating wird somit zum Warnidikator[400] für zukünftige Kapitalverluste des Investors. Eine Überprüfung der Verläßlichkeit von Ratings kann nur retrospektiv erfolgen,[401] indem historisch beobachtete Ausfälle von Anleiheschuldnern hinsichtlich ihres Ratings im und vor dem Konkursfall geordnet und somit Rückschlüsse auf die Validität der Bewertung durch Ratingagenturen gezogen werden.

Erstmalig konnte HICKMAN im Rahmen einer Untersuchung über den Zeitraum von 1900 bis 1943 empirisch nachweisen, das Ausfallraten von Investment-Grade Anleihen wesentlich geringer waren als diejenigen von Non-Investment-Grade Anleihen.[402] Auf Grundlage seiner

---

[395] Eine dritte nicht unwesentliche Funktion von Ratingagenturen besteht im Zusammenhang mit ihrer regulatorisch bedingten diskriminierenden Wirkung auf bestimmte Wertpapiergattungen. Vgl. Brister/Kennedy/Liu (1994), S. 511 sowie Kapitel 3.3.2.1 dieser Arbeit.

[396] Vgl. Kapitel 4 dieser Arbeit.

[397] „Der Grund, warum sich Unternehmen eine Ratingklassifikation erkaufen, liegt in der Erwartung, wegen des damit verbundenen Abbaus von Informationsasymmetrien eine zinsgünstigere Plazierung der Anleihen durchsetzen zu können." Kaserer (1995), S. 265.

[398] Der Grund hierfür liegt zum einen in der geringen Breite des deutschen Marktes für Unternehmensanleihen, zum anderen im Fehlen eines ausreichenden statistischen Datenmaterials. Eine der wenigen Studien über den deutschen Anleihemarkt stellt die Arbeit von Kaserer (1995) dar.

[399] Vgl. Steiner/Heinke (1996), S. 581.

[400] Vgl. Stahl (1988a), S. 26.

[401] Vgl. Hickman (1958), S. 11.

[402] Vgl. Hickman (1958), S. 31.

Ergebnisse spricht HICKMAN Ratingurteilen eine entsprechende Prognosefunktion hinsichtlich zukünftiger Ausfallrisiken zu.[403]

Eine Untersuchung der Investmentbank SALOMON BROTHERS am US-amerikanischen Kapitalmarkt über Erstratings sowie Ratings kurz vor dem Auftreten der Zahlungsunfähigkeit aller im Zeitraum von 1972 bis 1986 ausgefallenen Unternehmensanleihen zeigt, daß 80% aller zahlungsunfähigen Unternehmen schon im Zeitpunkt des Erstratings dem Non-Investment-Grade-Bereich zurgeordnet waren.[404] Unter den 20 Prozent ursprünglich mit einem Investment-Grade-Rating ausgestatteten Unternehmen wurden annähernd 98 Prozent vor Eintritt des Konkursfalls durch ein Downgrading heruntergestuft.[405]

In einer 1997 erschienenen Studie untersucht die Ratingagentur MOODY'S INVESTORS SERVICE historische Ausfallraten von Unternehmensanleihen in Verbindung mit der daraus abzuleitenden Effizienz ihrer Ratingurteile über die Periode von 1920 bis 1996. Trotz einer gewissen Abweichung zu den Ergebnissen HICKMAN's, die auf methodologische Differenzen beider Untersuchungen zurückzuführen sind, konnte die Prognosefunktion von Ratingurteilen ebenfalls bestätigt werden.[406] Die emittelten Ausfallraten innerhalb der ersten 4 Jahre nach Emission der Anleihen unterschiedlicher Rating-Kategorien sind in Tabelle 6 zusammenfassend wiedergegeben.

	Investment Grade		Non-Investment Grade	
	Moody's	Hickman	Moody's	Hickman
1920-1923	1,5 %	1,0 %	7,9 %	18,2 %
1924-1927	1,9 %	1,1 %	11,6 %	23,5 %
1928-1931	2,0 %	1,4 %	13,6 %	22,6 %
1932-1935	11,3 %	6,2 %	33,9 %	48,9 %
1936-1939	2,8 %	3,3 %	9,9 %	21,7 %
1940-1943	0,6 %	0,4 %	5,4 %	8,9 %
Ø	3,4 %	2,2 %	13,7 %	24,0 %

TABELLE 6: VERGLEICH DER AUSFALLRATEN NACH UNTERSUCHUNGEN VON HICKMANN (1958) UND MOODY'S INVESTORS SERVICE (1997)

403 „Agency ratings [...] proved usefull guides in ranking bond offerings and outstanding in oder of the risk of subsequent default." Hickman (1958), S. 31.

404 Vgl. Salomon Brothers (1987), S. 1-26 zitiert nach Stahl (1988a), S. 26.

405 Lediglich 7,43% (2,48%) aller ausgefallenen Anleihen trugen 12 Monate (3 Monate) vor dem Konkursfall ein Investment-Grade Rating. Vgl. Stahl (1988a), S. 28.

406 Vgl. Moody's Investors Service (1997), S. 10. Als wesentlicher Unterschied beider Untersuchungen ist anzumerken, daß Moody's Ergebnisse sowohl Anleihen US-amerikanischer als auch internationaler Emittenten untersuchten. Hickman beschränkte sich hingegen auf inländische Schuldner.

Trotz hoher Effizienz der durch Ratingagenturen prognostizierten Wahrscheinlichkeit von Zahlungsausfällen zeigen Einzelfälle,[407] daß Bewertungen der Ausfallwahrscheinlichkeit von Unternehmensanleihen auf Grundlage eines Ratings nicht perfekt sind.[408] Dennoch kann festgehalten werden, daß Ratingagenturen ihrer Prognosefunktion insgesamt gerecht werden. Eine Bewertung der Risikoprämie für Ausfallrisiken von High-Yield Anleihen auf Basis der von Ratingagenturen prognostizierten Ausfallwahrscheinlichkeit scheint angemessen.[409] ROSS hält fest, daß bezüglich der Verläßlichkeit von Ratings als Warnindikator der Zeitpunkt eines Downrating als Maßstab herangezogen werden muß.[410] Ob eine Herunterstufung der Anleihequalität durch Ratingagenturen rechtzeitig, d.h. vor dem Eintritt signifikanter Kursverluste, erfolgt, steht im direkten Zusammenhang mit der Beurteilung der Effizienz von Anleihemärkten, die im folgenden Kapitel behandelt wird.

Vor diesem Hintergrund erklärt sich das Interesse der wissenschaftlichen Literatur an der Beurteilung des Beitrages von Ratingagenturen zu einer Verbesserung der Informationsversorgung der Marktteilnehmer im Sinne der neoklassischen Vollkommenheitsprämisse.[411]

4.2 Informationseffizienz von Anleihemärkten

Die Informationsfunktion von Anleiheratings befaßt sich mit der Frage, ob Investoren am Anleihemarkt ihren Anlageentscheidungen Ratingurteile zu Grunde legen.[412] Die Prüfung der möglichen Relevanz von Anleiheratings für die Kapitaldisposition der Anleger erfolgt vor dem Hintergrund des von FAMA in die Finanzierungstheorie eingeführten Konzepts der Informationseffizienz des Kapitalmarktes.[413]

Ausgangspunkt seiner Argumentation ist die Hypothese, daß auf einem informationseffizienten Markt sämtliche Wertpapierpreise zu jedem Zeitpunkt alle relevanten und verfügbaren Informationen reflektieren.[414] Als Konsequenz hieraus folgt, daß sich die Preisanpassung oh-

---

407 Hierzu zählen insbesondere die Ausfälle der Anleihen von Penn-Central Corp. und Manville Corp. in den Jahren 1970 und 1982 sowie die Konkurse US-amerikanischer Immobilienunnternehmen, deren Anleihen trotz einer anhaltenden Liquiditätsklemme bis kurz vor dem Zusammenbruch mit der zweithöchsten Ratingkategorie bewertet wurden.

408 Vgl. Behrenwaldt (1996), S. 295.

409 Vor dem Hintergrund der relativ geringen Ausfallquoten von Anleihen des Non-Investment-Grade Bereichs könnte sogar argumentiert werden, daß Ratingagenturen zu konservativ in ihren Urteilen sind.

410 Vgl. Ross (1976), S. 142.

411 Vgl. Ederington/Yawitz (1987), S. 27. Zur Diskussion der Vervollkommenheitsthese im Zusammenhang mit der Informationsversorgung durch Ratingagenturen vgl. Steiner/Heinke (1996).

412 Behrenwaldt (1996), S. 292 spricht in diesem Zusammenhang von einer Ordnungsfunktion von Ratings, denen die Kapitaldisposition zugrunde liegt.

413 Vgl. Fama (1965), S. 34-105. Informationseffizienz ist Bestandteil und Voraussetzung der sogenannten Kapitalmarkteffizienz. Hierunter faßt man neben der Informationseffizienz allokative und operationelle Effizienz. Vgl. Garz/Günther/Moriabadi (1997), S. 116. Im Kontext der Untersuchung kann die Allokationseffizienz, d.h. die Tatsache daß Kapital in seine beste Verwendungsmöglichkeit gelenkt wird, als Finalziel betrachtet werden.

414 Vgl. Stern/Chew (1998), S. 5.

ne zeitliche Verzögerung vollzieht und kein Marktteilnehmer aus einer Informationsauswertung Nutzen in Form von Überrenditen erzielen kann, da alle Investoren diese Informationen simultan erhalten und unverzüglich ihre Kapitaldispositionen entsprechend anpassen.[415]

In Abhängigkeit vom Grad der Informationseffizienz unterscheidet FAMA zwischen der schwachen, halbstrengen und strengen Form der Informationseffizienz auf Kapitalmärkten:

(1) Sind sämtliche Informationen über vergangene Kursentwicklungen eines Wertpapiers im aktuellen Kurs berücksichtigt, so liegt Informationseffizienz in ihrer schwachen Form vor.

(2) Sind zusätzlich neben vergangenen Kursentwicklungen sämtliche öffentlich verfügbaren Informationen über das Unternehmen, das ein Wertpapier begeben hat, in den aktuellen Kursen verarbeitet worden, liegt die halbstrenge Form von Informationseffizienz vor.

(3) Von strenger Informationseffizienz des Marktes ist genau dann auszugehen, wenn zusätzlich zu historischen Kursentwicklungen und öffentlichen Informationen sämtliche nicht öffentliche Informationen (Insiderwissen) im aktuellen Kurs berücksichtigt sind.

Vor dem Hintergrund unterschiedlicher Effizienzgrade an realen Anleihemärkten lassen sich Rückschlüsse auf die Informationsfunktion von Ratingurteilen in Bezug auf die Kapitaldisposition von Investoren ableiten. So ist davon auszugehen, daß Investoren bei ihrer Anlageentscheidung nur dann Ratingurteile heranziehen werden, wenn Anleihemärkte bestenfalls als schwach informationseffizient bewertet werden. Schon bei Vorliegen halbstrenger Informationseffizienz eines Marktes verspricht die Nutzung von auf formalisierten Verfahren zu Verarbeitung öffentlich zugänglicher Informationen beruhenden Ratings keinen Mehrwert für den Investor.[416] Ein unmittelbare[417] funktionale Beziehung zwischen Ratingurteil und Anleiheverzinsung wäre somit nicht zu rechtfertigen. Unterstellt man jedoch, daß der Ratingagentur im

---

415 Fama definiert einen informationseffizienten Markt als „[...] a market, where there are large numbers of rational, profit-maximizers actively competing with each trying to predict future market values of individual securities, and where important current information is almost freely available to all participants. [..] In an efficient market on the average, competition will cause the full effects of new information on intrinsic value to be reflected 'instantaneously' in acutal prices." Fama (1965), S. 36. Einer Überprüfung der Effizienzhypothese muß somit immer ein Gleichgewichtsmodell zugrunde gelegt werden, weswegen es sich immer um verbundene Tests der Informationseffizienz handeln muß. Führt das Testergebnis zur Ablehnung der Effizienzhypothese, ist entweder der Markt nicht effizient oder die zugrundeliegenden Annahmen sind falsch. Vgl. hierzu Fama (1976), S. 136.

416 In der Literatur zur Informationsfunktion von Ratingagenturen wird angeführt, daß eine wesentliche Aufgabe der Ratingagenturen darin besteht, neben öffentlich zugänglichen Informationen ebenfalls Insiderwissen aus Managementgesprächen zu verarbeiten. Somit käme dem Rating auch bei halbstreng informationseffizienten Märkten eine Bedeutung zu. Vgl. Everling (1991), S. 109-112.

417 Dagegen kann, wie in Kapitel 3.3.2.1 dargestellt, aufgrund ratingakzessorischer Kapitalmarktregulierung ein mittelbarer Einfluß des Ratings auf die Anleiheverzinsung bestehen, falls diskriminierende Anlagevorschriften zu Nachfrageverschiebungen führen.

Verlauf der Bonitätsprüfung ebenfalls solche Informationen zur Verfügung gestellt werden, die den Charakter von nicht öffentlichem Insiderwissen aufweisen, so käme einem Ratingurteil bei Existenz der halbstrengen Form von Kapitalmarkteffizienz eine marktpreisrelevante Funktion zu.[418]

Empirische Untersuchungen über der Zusammenhang zwischen Ratingurteil und Anleihezinsen bzw. Zinsdifferentialen zwischen Anleihen unterschiedlicher Ratingkategorien zeigen, daß ein hoher Anleihezins mit niedrigen Ratingurteilen einher geht und vice versa.[419] Der Beobachtung dieses empirischen Phänomens können zwei divergierende Kausalzusammenhänge zugrunde liegen.[420]

Hypothese 1: Ratingagenturen besitzen einen fundamentalen Informationsgehalt und determinieren somit die Verzinsung von ausfallrisikobehafteten Anleihen.

Wie in Kapitel 3.3.2.1 dargestellt stellt das Ausfallrisiko eines Anleiheschuldners einen wesentlichen Teil der Zinsdifferenz zu vergleichbaren ausfallrisikolosen Staatspapieren dar. Investoren orientieren sich annahmegemäß am Ratingurteil zur Beurteilung der Ausfallwahrscheinlichkeit. Das Ratingurteil wird somit ursächlich für Zinsdifferenzen, da Investoren es als Bewertungsgrundlage bei der Marktpreisfindung heranziehen. Investoren delegieren demnach die Ausfallrisikomessung an Ratingagenturen. Zur Stützung dieser These existieren in der Literatur unterschiedliche Ansätze:

BERBLINGER und MCCARTHY werten historisch zu bebachtende Prognoseerfolge von Ratingagenturen als wesentliches Argument, Ratingurteile als Indikator zukünftig zu erwartender Ausfallverluste zu beurteilen. [421] KESLAR führt dagegen überlegenes Analysewissen zur Begründung der Informationsfunktion von Ratingagenturen an. Insbesondere kann nicht davon ausgegangen werden, daß alle privaten Anleger bei der Einschätzung von Ausfallrisiken zu einer zutreffenden Interpretation öffentlich verfügbarer Informationen gelangen.[422] Unter der Voraussetzung, daß Ratings zu einer „sinnvollen Reduzierung“[423] von Komplexität bei der Beurteilung des Ausfallrisikos einer Finanzanlage führen und somit zur Informationsstreuung beitragen, kann dies die dargestellte Hypothese unterstützen. Ähnlich begründen IN-

---

418 Diese Vermutung wird durch die Darstellung des Ratingprozesse seitens der Agenturen gestärkt. Eine Umfrage im Jahr 1998 unter kapp 2000 gerateten Unternehmen weltweit zeigte, daß annähernd 90% der befragten Unternehmen den Agenturen wesentliche nicht öffentliche Informationen zukamen ließen. Vgl. Cantwell & Company (1998), S. 23.

419 Vgl. Bier/Katz (1976), S. 226-239, Katz (1974), S. 551-561 sowie Rubinfeld (1973), S. 17-27. Gegen einen systematischen Zusammenhang zwischen Ratingurteil und Risikoprämien von Anleihen sprechen dagegen die Untersuchungsergebnisse von Hettenhouse/Sartoris (1976), S. 76-78.

420 „It is important to stress that the existence of yield differentials does not mean that the lower ratings per se are responsible for higher yield.“ Ederington/Yawitz (1987). Vgl. ebenso Brooks/Ingram/Copeland (1993), S. 12.

421 Vgl. Berblinger (1996) und S. 51f. und McCarthy (1983), S. 34.

422 Vgl. Keslar (1985), S. 45 sowie Grier/Katz (1976), S, 226f.

423 Steiner/Heinke (1996), S. 585.

GRAM/BROOKS/COPELAND den Informationsgehalt von Ratings aufgrund der Nichtverfügbarkeit notwendiger Ressourcen auf Anlegerseite.[424]

Hypothese 2: Ratingurteile besitzen keinen direkten Einfluß auf den Bewertungsprozeß von Ausfallrisiken durch Investoren. Renditedifferenzen zwischen annähernd risikolosen Staatspapieren und Unternehmensanleihen entwickeln sich unabhängig vom Anleiherating aus Marktpreisreaktionen basierend auf dem Nachfrageverhalten von Investoren, dem einen eigenständige Analyse öffentlich zugänglicher Unternehmensinformationen vorhergeht.

Bei Gültigkeit von Hypothese 2 ließe sich der empirisch nachgewiesene Zusammenhang zwischen Anleiherating und Verzinsung nicht auf eine funktionale Abhängigkeit zurückführen, sondern vielmehr auf die Tatsache, daß Ratingurteil und Anleiheverzinsung von den gleichen Determinanten in ähnlicher Form bestimmt werden.[425] Es beruhen demgemäß sowohl das Anleiherating als auch die Renditedifferenz der betrachteten Anleihe zum Referenzzinssatz auf denselben öffentlich verfügbaren Informationen, die unabhängig voneinander durch Ratingagentur und Kapitalanbieter verarbeitet werden.[426] Vor diesem Hintergrund stellen Ratingurteile auf Basis formalisierter mathematisch-statistischer Methoden, mit deren Hilfe allgemein zugängliche Fundamentaldaten zusammengefaßt werden, nur bei Vorliegen einer schwachen Informationseffizienz zusätzliche, noch nicht in Anleihepreisen enthaltene Informationen dar.[427] Eine Informationsfunktion des Rating wäre dementsprechend nicht gegeben.

Zur Überprüfung von Hypothese 2 wurden am US-Anleihemarkt zahlreiche Studien über die Prognostizierbarkeit von Ratingurteilen durchgeführt.[428] Diese widmen sich dem Fragenkomplex, ob auf Basis öffentlich zugänglicher Daten (hier insbesondere Bilanzkennzahlen) mit Hilfe von quantitativen Kreditwürdigkeitsanlayseverfahren Ratingurteile annäherungsweise vorhergesagt werden können. Hierbei sind Ergebnisse hinsichtlich der Variablen mit dem größten Einfluß auf eine korrekte Ratingvorhersage in den einzelnen Untersuchungen nicht durchgehend konsistent. Die wesentlichen Determinanten des Prognoseergebnisses lassen sich wie folgt zusammenfassen:

---

424 Vgl. Ingram/Brooks/Copeland (1983), S. 998.

425 „Yields may reflect investors' own analysis of the issuer's creditworthiness – evaluations that happen to agree with the rating agencies in most cases." Ederington/Yawitz (1986), S. 53.

426 „This price change is the result of information which eventually leads to the rating change, rather than the rating change itself." Weinstein (1987b), S. 345.

427 Vgl. Steiner/Heinke (1996), S. 584.

428 Vgl. Horrigan (1966), Poque/Soldosky (1969), West (1970), Pinches/Mingo (1973), Pinches/Mingo (1975), Kaplan/Urwitz (1979), Morris (1982), Belkaoui (1983), Martin/Henderson (1983). Kritisch dazu Peck (1966), S. 63-66 und Horrigan (1970), S. 126f.

(a) Rangfolge des Forderungsanspruchs (*legal status of bonds*)

(b) Deckungsgrad der Schulden/Zinsen (*debt coverage/interest coverage*)

(c) Unternehmensgröße (*size of the firm*)

(d) Ertragskraft (*profitability*)

(e) Cash Flow

(f) Volatilität der Ertragskraft (*variability of earnings*)

(g) Langfrisitge Solvabilität (*long term solvency*)

(h) Liqudität (*liquidity*)

Die wesentlichen Ergebnisse dieser Untersuchungen sind in Tabelle 7 zusammengefaßt.[429]

Autor(en)	Zeitraum	Wesentliche Determinanten	Prozentuale Prognosekraft[430]
Horrigan (1966)	1961-1964	(a) (c) (g) (d)	51,7% bis 59,6%
Poque/Soldofsky (1969)	1961-1966	(b) (d) (c) (f)	80,0% bis 89,2%
West (1970)	1953-1961	(f) (g) (b) [431]	60,0% bis 62,3%
Pinches/Mingo (1973/1975)	1953-1961	(a) (d) (c) (b)	1973: 56,3% bis 69,7% 1975: 75,4%
Altman/Katz (1976)	1969-1971	(b) (f)	77%
Bhandari/Soldofsky/Boe (1979)	1974-1975	(b) (f)[432]	75%
Kaplan/Urwitz (1979)	1971-1972	(b) (d) (c) (a) [433]	68,8%
Morris (1982)	1973-1978	(b) (f)	94,3%
Belkaoui (1983)	1981	(a) (c) (h) (e) [434]	63,7% bis 67,2%
Ederington (1985)	1980-1981	(a) (b) (e)	64% bis 73%

TABELLE 7: UNTERSUCHUNGEN ZUR REPRODUZIERBARKEIT VON RATINGURTEILEN

---

429 Einen guten Überlick über Vorgehen und Ergebnisse der dargestellten Studien findet sich bei Ederington/Yawitz (1987), S. 42-46.

430 Abweichungen der Prognosekraft ergeben sich aus der Wahl der untersuchten Stichprobe sowie dem angewandten Regressionsverfahren.

431 Die Untersuchung von West bestätigte zusätzlich einen wesentlichen Einfluß der Marktfähigkeit der bewerteten Wertpapiere auf das Ratingurteil. Vgl. West (1970), S. 118f.

432 Wesentliche Erklärungskraft konnte insbesondere für Trendwerte der untersuchten Kennzahlen ermittelt werden. Vgl. Bhandari/Soldofski/Boe (1979), S. 74f.

433 Zusätzlich fanden Kaplan/Urwitz ein signifikantes Erklärungspotential des Unternehmensbetas für das Ratingurteil heraus. Vgl. Kaplan/Urwitz (1979), S. 231.

434 Daneben stellt der Autor die Prognosekraft der Kapitalintensität der gerateten Unternehmen heraus. Vgl. Belkaoui (1983), S. 89f.

Die dargestellten empirischen Untersuchungen über die Validät von Rating-Prognosen unterscheiden sich hinsichtlich Untersuchungszeitraum, Umfang und Auswahl der Stichproben, angewandtem quantitativen Verfahren und untersuchten Unternehmenskennzahlen. Trotz der damit verbundenen Verzerrungseffekte konnte nachgwiesen werden, daß durchschnittlich zwei Drittel aller durch Ratingagenturen vergebenen Ratings mittels öffentlich zugänglicher Unternehmensdaten vorhergesagt werden konnten.[435] Dieses Ergebnis stützt die These, daß Ratingagenturen sich primär an zugänglichen vergangenheitsbezogenen Informationen orientieren und Ratings somit bei entsprechendem Ressourcenaufwand durch den einzelnen Anleger repliziert werden können.

Ein weiterer in der Literatur vorherrschender Ansatz zur Überprüfung der Informationsfunktion von Anleiheratings untersucht die relative Prognosefähigkeit von Schuldnerausfällen durch Ratingurteile im Vergleich zu alternativen Früherkennungssystemen. Analog den Ausführungen zur Prognosefunktion von Ratingurteilen in Kapitel 3.3.3.1. wird hierfür untersucht, inwiefern Ratingagenturen über einen relativen Effizienzvorteil bei der Vorhersage von Schuldnerausfällen im Vergleich zu quantitativ-mathematischen Methoden der Kreditwürdigkeitsanalyse verfügen.

Zur Untersuchung einer möglichen Überlegenheit von Ratingagenturen bei der Kreditwürdigkeitsanalyse wählten ANG/PATEL hierzu in einem Modellversuch unterschiedliche Modellalgorithmen, die im Rahmen der Validitätsprüfung von Ratingprognosen herangezogen wurden, und verglichen diese mit der Vorhersagegenauigkeit von Ratingagenturen in Bezug auf tatsächlich eingetretene Schuldnerkonkurse.[436] Zusätzlich wurde ein auf Basis einfacher Zufallsgeneration arbeitendes Dummy-Modell als Vergleichsgrundlage eingesetzt. Die Ergebnisse zeigten, daß ein auf dichotomen Wahrscheinlichkeitsverteilungen beruhendes Prognosemodell[437] eingetretene Schuldnerausfälle mit der größten Zuverlässigkeit vorhersagen konnte. Die Prognosen von Ratingurteilen (in diesem Fall der Agentur Moody‘s Investors Service) konnte hingegen in einer Minderheit der untersuchten Fälle einen effizienten Frühwarnmechanismus darstellen. Überraschend was insbesondere die nur marginal geringere Prognosekraft des eingestzten Zufallsmodells im Rahmen der Untersuchung. ANG/PATEL schließen hieraus auf eine generelle Unzuverlässigkeit formalisierter mathematisch-statistischer Methoden als Frühwarnsystem für mögliche Unternehmenskonkurse, die primär auf die vergange-

---

435 Vgl. Ederington/Yawitz (1987), S. 41.

436 Vgl. Ang/Patel (1975), S. 631-640. Hierbei fanden die Modelle von Horrigan (1966), Poque/Soldofsky (1969), West (1979) sowie Pinches/Mingo (1973) Verwendung.

437 Es handelt sich hierbei um das Verfahren von Poque/Soldofsky (1969). Wesentliche Inputfaktoren dieses Verfahrens sind der Verschuldungsgrad, die Kapitalrendite, die Unternehmensgröße sowie die Ertragsstabilität.

genheitsorientierte und kurzfristige Analysemethodik der untersuchten Verfahren zurückzuführen ist.[438]

Festzuhalten bleibt, daß weder die Validität von Rating-Prognosen noch der Nachweis relativer Ineffizienz von Ratingurteilen als Frühwarnidikator zur Verwerfung der Gültigkeit von Hypothese 2 führt. Der Nachweis einer annähernden Reproduzierbarkeit von Ratingurteilen auf Basis öffentlicher Informationen bedeutet nicht notwendigerweise, daß Investoren am Anleihemarkt ihre Kapitaldisposition unabhängig von Ratings durchführen.

Eine Bestätigung von Hypothese 2 kann dagegen durch den Nachweis erfolgen, daß Veränderungen von Ratingurteilen im Zeitverlauf nicht zu einer Anpassung des Dispositionsgleichgewichts von Investoren führen. Hierzu untersucht die Literatur abnormale Preisreaktionen von Wertpapieren, die im Zusammenhang mit Ratingänderungen des Emittenten stehen. Die Messung abnormaler Preisreaktionen muß hierzu von solchen Marktpreisbewegungungen bereinigt werden, die auf den Gesamtmarkt ausstrahlen. Vor diesem Hintergrund untersucht man die Preisreaktion eines Wertpapiers im Verhältnis zur Preisentwicklung des Gesamtmarktes.[439]

Die Beobachtung von abnormalen Veränderungen der Marktpreise als Reaktion auf Ratingänderungen läßt gleichfalls Erkenntnisse hinsichtlich des Effizienzgrades des betrachteten Marktes zu. Bei Vorliegen halbstrenger Informationseffizienz[440] im Sinne FAMA's dürften abnormale Preisreaktionen nur vor dem Zeitpunkt einer Ratingänderung erfolgen. Führen dagegen Ratingänderungen im bzw. nach dem Zeitpunkt der Veröffentlichung zu abnormalen Preisreaktionen, so ist der betrachtete Markt als ineffizient anzusehen, womit dem Rating eine Informationsfunktion im Sinne von Hypothese 2 zukäme.[441]

Empirische Studien untersuchen in diesem Zusammenhang sowohl Aktien- als auch Anleihemärkte. Da davon auszugehen ist, daß Informationen über die Qualität des Emittenten nicht zwischen Wertpapiermärkten segmentiert werden,[442] ist eine hohe Korrelation der Preisreak-

---

438 „[...] the inability of agencies and other methods to forecast long-term prospects of financial loss should be expected. This is evidenced by the fact, that security analysts also have rather short-term horizons [...], and generally poor forecasts [...]". Ang/Patel (1975), S. 639.

439 Die Messung der abnormalen Preisreaktion erfolgt demgemäß wie folgt: $AR_i = R_i - R_m$, mit AR_i = abnormale Preisreaktion des Wertpapiers i, R_i = Periodenrendite des Wertpapiers i und R_m = Periodenrendite des Marktes.

440 Unterstellt sei hierbei, daß Ratingagenturen keine Insiderinformationen als Grundlage ihrer Bewertung heranziehen.

441 Zu beachten ist hierbei, daß einer Ratingherabstufung in der Regel eine Aufnahme des Titeln in die sogenannte Credit Watch (Standard & Poor's) bzw. Credit Watch List (Moody's Investors Service) vorhergeht. Hierbei handelt es sich letzlich um eine Vorankündigung potentieller Ratingänderuneng. Hothausen/Leftwich untersuchen daher explizit die Preisreaktionen auf eine Aufnahme in eine der beiden Beobachtungslisten. Vgl. Holthausen/Leftwich (1986), S. 60 und Ederington/Yawitz (1986), S. 53.

442 Vgl. Stahl (1988a), S. 38.

tionen von Eigen- und Fremdkapitaltiteln des Emittenten zu erwarten.[443] Eine Zusammenfassung der Ergebnisse empirischer Studien über die Kapitalmarktreaktionen auf Ratingänderungen ist in Tabelle 8 dargestellt:

Autor(en)	Untersuchungszeitraum	Abnormale Preisreaktion *vor* Bekanntgabe	Abnormale Preisreaktion *bei* Bekanntgabe	Abnormale Preisreaktion *nach* Bekanntgabe
Katz (1974)	1966-1972	Keine	Signifikant	Signifikant
Grier/Katz (1976)	1966-1972	Signifikant	Signifikant	Signifikant
Weinstein (1977	1962-1975	Signifikant	Keine	Keine
Imgram/Brooks/ Copeland (1983)	1976-1979	Keine	Signifikant	Keine
McCarthy (1983)	1980-1981	Signifikant	Keine	Keine
Bi/Levy(1993)	1977-1988	Nicht signifikant	Signifikant[444]	Nicht untersucht
Kaserer (1995)	1989-1993	Signifikant	Signifikant	Signifikant
Hite/Warge (1997)	1985-1995	Downgradings: ja	Downgradings: ja	Nein

TABELLE 8: EMPIRISCHE UNTERSUCHUNGEN VON KAPITALMARKTREAKTIONEN AUF RATINGÄNDERUNGEN

Zusammenfassend kann festgehalten werden, daß trotz teilweise divergierender Ergebnisse, die hauptsächlich auf die Auswahl der Stichprobe und das Verfahren zu Preisermittlung zurückzuführen sind,[445] eine große Übereinstimmung darüber besteht, daß für den Bereich von Unternehmensanleihen[446] abnormale Preisreaktionen nicht mehr im Zeitpunkt der Ratingver-

---

443 Kritisch hierzu bemerken Goth/Edertington (1993), S. 2001-2008, daß Ankündigungen von Ratingherabstufungen nicht notwendigerweise negative Informationen für Aktionäre bedeuten. Wird beispielsweise anläßlich eines LBOs oder eines Aktienrückkaufs das Rating herabgestuft, weil die Haftungsmasse bezogen auf den Nennwert unbesicherter Forderungstitel kleiner geworden ist, dann bedeutet dies eine Besserstellung der Anteilseigner gegenüber Fremdkapitalgebern.

444 Die Autoren untersuchen die unteschiedlichen Marktpreisreaktion von Unternehmen, die nach einem Downgrading unter den Gläubigerschutz von Chapter 11 fallen, und solchen, die nicht in Konkursverfahren verwickelt werden. Das wesentliche Ergebnis dieser Studie ist, daß Marktpreisreaktionen zwischen beiden Unternehmenstypen trennen können, Ratingurteile dagegen nicht zwischen beiden Gruppen in Form diskriminierender Downgradings unterscheiden. Vgl. Bi/Levy (1993), S. 162.

445 Ederington/Yawitz/Roberts (1984) diskutieren mögliche Einflußfaktoren auf die Untersuchungsresultate und kommen zu dem Schluß, das Divergenzen primär darauf zurückzuführen sind, daß Anleihepreise zu unterschiedlichen Zeitpunkten gemessen wurden. Zusätzlich betrachten die Untersuchungen jeweils ausschließlich Ratingveränderungen von einer der beiden großen Ratingagenturen, ohne zu berücksichtigen, daß Herabstufungen möglicherweise von der anderen Agentur vorzeitig vorgenommen wurden.

446 Im Gegensatz hierzu stellten Katz (1974), Grier/Katz (1976) und Ingram/Brooks/Copeland (1983) für Anleihen US-amerikanischer Gemeinden signifikante Kursreaktion im Anschluß an Ratingänderungen fest. Es kann hieraus geschlossen werden, daß öffentliche Schuldner durch geringere Informationsversorgung der Investoren gekennzeichnet sind. Entsprechend leitet sich in diesem Fall ein wesentlicher Informationsgehalt des Ratings ab.

änderung auftreten. Dieses Ergebnis legt den Schluß nahe, daß Ratingagenturen mit einer zeitlichen Verzögerung auf eine Kreditwürdigkeitsveränderung der Schuldner reagieren und Investoren ihre Kapitaldisposition nicht notwendigerweise ausschließlich auf Ratingurteile stützen.

Festzuhalten bleibt, daß Herabstufungen durch Ratingagenturen systematisch zu stärkeren Preisanpassungen am Sekundärmarkt führten, als dieses für Heraufstufungen gilt. Ebenfalls konnte beobachtet werden, daß das Ausmaß einer abnormalen Preisreaktion am stärksten war, wenn Ratingänderungen eine Verschlechterung der Kreditwürdigkeit signalisierten und diese zu einem Wechsel von Investment Grade zur Subinvestment Grade führte.[447]

Dieses Ergebnis legt den Schluß nahe, daß die Informationsfunktion von Ratingurteilen im Zusammenhang mit der Kapitalallokation von Investoren zwar nicht zweifelsfrei nachgewiesen werden konnte, daß aber dennoch davon auszugehen ist, daß Anlageentscheidungen im Bereich von ausfallrisikoreicheren Anleihen zumindest nicht unbeeinflußt von Ratingurteilen getroffen werden. Eine derartige Folgerung ist konsistent mit der These, daß regulatorische Faktoren zinsdeterminierend auf Anleiherenditen wirken.[448]

Alle drei Untersuchungseinheiten (Prognostizierbarkeit von Ratings, relative Effizienz von Ratings, Kapitalmarktreaktionen von Ratingänderungen) deuten darauf hin, daß Anleihemärkte eine halbstrenge Informationseffizienz aufweisen. Gleichfalls konnte nachgewiesen werden, daß das Ausfallrisiko von Unternehmensanleihen im Bewertungsprozeß von Investoren den wesentlichen zinsbeeinflussenden Faktor darstellt. Die Funktion von Ratingagenturen ist vor diesem Hintergrund zum einen in ihrem Einfluß auf die Kapitalkosten der Emittenten von Schuldtiteln zu sehen, zum anderen stellen Ratingagenturen eine notwendige Voraussetzung für eine erfolgreiche Plazierung ausfallrisikobehafteter Unternehmensanleihen am Primärmarkt dar. Letzerer Aspekt gewinnt mit steigenden Informationsdefiziten der Investoren über die tatsächliche Qualität des Schuldners an Gewicht. Dieser Schluß basiert insbesondere auf der Beobachtung signifikant stärkerer Sekundärmarktreaktionen auf Ratingänderungen von Unternehmen, die durch geringe Informationsdichte charakterisiert sind.[449]

Die dargestellten charakteristischen Merkmale von Wachstumsunternehmen[450] deuten vor diesem Hintergrund auf eine besondere Relevanz von Ratingagenturen für die Möglichkeit zur Beschaffung von Fremdkapital über organisierte Kapitalmärkte hin. Diese Erkenntnis läßt sich darauf zurückführen, daß die Bewertung von Wachstumsunternehmen regelmäßig mit einem signifikanten Ressourcenaufwand verbunden ist, was dazu führt, daß verstärkt auf externe Kreditwürdigkeitsanalysen zurückgegriffen wird. Dieser Umstand wird dadurch verstärkt, daß einerseits davon auszugehen ist, daß Wachstumsunternehmen nicht im gleichen

---

447 Vgl. hierzu Hite/Warga (1997), S. 43.

448 Dieses Phänomen manifestiert sich im regulation spread. Vgl. hierzu Kapitel 3.3.2.1 dieser Arbeit.

449 Vgl. hierzu die Ergebnisse der Studie von Ingram/Brooks/Copeland (1983), S. 997-1003.

Ausmaß wie etablierte Großunternehmen von der Fachpresse Beachtung finden, andererseits selbst bei hinreichender Informationsversorgung eine Bewertung der Schuldnerqualität am notwendigen Spezialwissen scheitert. Der Zugang zum Kapitalmarkt und die Möglichkeit der Finanzierung zu adäquaten Kapitalkosten ist somit für Wachstumsunternehmen wesentlich von der Existenz eines angemessenen Ratingurteils abhängig.

5 ZWISCHENFAZIT

Im Anschluß an eine bewußt knapp gehaltene Darstellung der Fragestellung und Zielsetzung der Finanzierungsforschung wurde zunächst die klassische Finanzierungslehre in Hinblick auf ihren Erkenntnisgewinn für die vorliegende Untersuchung geprüft. Aufgrund ihrer grundlegenden Vernachlässigung von Unsicherheit und Marktbezug konnte jedoch festgestellt werden, daß die stark normativ geprägten Ergebnisse dieses Forschungszeiges für den weiteren Untersuchungsgang keine wesentlichen Beiträge leisten.

Durch Einführung von Investitions- und Finanzierungsrisiken im Kontext eines gleichgewichtigen Marktmodells konnten im neoklassischen Modell von MODIGLIANI/MILLER erste Erkenntnisse hinsichtlich der marktwertbezogenen Relevanz von Finanzierungsentscheidungen herausgestellt werden.

Quantitative Ergebnisse in Bezug auf die Bewertungsprozesse von Marktteilnehmen werden dagegen erst durch eine explizite Integration von Ausfallrisiken im Rahmen der kapitalmarktorientierten Ansätze der neoklassischen Finanzierungstheorie ableitbar. Hierfür wurden im Anschluß an eine grundlegende Darstellung der Bewertungsdeterminanten die drei wesentlichen Theorieansätze zur Bestimmung von Risikoprämien für das Ausfallrisiko von Fremdkapitaltiteln vorgestellt. Während es sich bei den risikoneutralen Modellansätzen grundsätzlich um einzelwirtschaftliche Betrachtungsweisen handelt, basieren sowohl Kapitalmarktmodell als auch Optionspreistheorie auf Gleichgewichtsansätzen zur analytischen Ermittlung arbitragefreier Marktpreise für Kreditrisiken.

Die Darstellung des BIERMANN/HASS-Modells diente der analytischen Bestimmung des Zusammenhangs zwischen der Höhe einer Risikopämie ausfallrisikobehafteter Anleihen und der Wahrscheinlichkeit des Schuldnerausfalls. Trotz der dargestellten methodologischen Kritik des Modells konnten daraus wesentliche Bewertungsmechanismen abgeleitet werden.

Durch das den kapitalmarkttheoretischen Ansätzen zugrunde liegende Gleichgewichtsparadigma wurde die Betrachtungsperspektive konzeptionell auf die Preisbildung an idealtypischen Märkten ausgeweitet. Hierzu wurden die grundlegenden Argumentationsbausteine und Ergebnisse der Portefeuilletheorie und des CAPM vorgestellt und ihre Anwendbarkeit auf High-Yield Anleihen analysiert. Im Rahmen eines alternativen Bewertungsansatzes auf Basis

---

[450] Vgl. Kapitel 2.5 dieser Arbeit.

optionspreistheoretischer Modelle konnten Erkenntnisse in Hinblick auf mögliche Gestaltungselemente von Fremdfinanzierungsbeziehungen gewonnen werden.

Schließlich wurde die den neoklassischen Ansätzen zugrunde liegende Prämisse vollkommener Märkte in Zusammenhang mit der Prognose- und Informationsfunktion von Ratingagenturen einer genaueren Überprüfung unterzogen.

Als Ergebnis des 3. Kapitels bleibt festzuhalten, daß die neoklassische Finanzierungstheorie den Allokationsmechanismus des Marktes als Grundlage der ihr zuzuordnenden Modellansätze als gegeben und funktion sfähig voraussetzt. Durch Abstraktion von Marktunvollkommenheiten können die Allokationsmechanismen des Marktes eine effiziente Koordination von Finanzierungsbeziehungen gewährleisten. Die Frage nach alternativen institutionellen Ausgestaltungsformen dieser Beziehungen wird somit überflüssig. Konkrete Erkenntnisse in Bezug auf das Kernproblem der dieser Arbeit zugrundeliegenden Fragestellung konnten zwar nicht abgeleitet werden, dennoch stellen die Ergebnisse der neoklassischen Erklärungsansätze für den Bewertungsprozeß risikobehafteter Vermögensansprüche eine fundamentale Voraussetzung für die im weiteren Verlauf zu beurteilende Effizienz möglicher Intermediationsstrukturen dar.

IV HIGH-YIELD ANLEIHEN IM LICHTE DER NEOINSTITUTIONALISTISCHEN ANSÄTZE DER FINANZIERUNGSFORSCHUNG

Während die Gültigkeit der Ergebnisse neoklassischer Kapitalmarktmodelle unter den gegebenen Modellprämissen nicht anfechtbar ist, bleibt eine Vielzahl empirisch beobachtbarer Sachverhalte an Finanzmärkten unbeantwortet. Die Annahme friktionsloser Kapitalmärkte läßt die Existenz unterschiedlichster Finanzierungsinstrumente und deren Ausgestaltung im Lichte der Irrelevanzaussagen als Zufall oder Willkür erscheinen, denen rein ökonomische Begründungen fehlen.[451] Die vorgestellten neoklassischen Modelle berücksichtigen explizit Unsicherheiten in Form von investitions- und finanzierungsbedingten Risiken. Eine Analyse von Verhaltensrisiken der Marktteilnehmer hat auf Basis angenommener vollständiger Transparenz sowie homogener Erwartungen definitorisch keine Relevanz.[452]

Zur Erklärung der Diskrepanz zwischen modelltheoretischen Erkenntnissen und realwirtschaftlichen Beobachtungen müssen die Prämissen der neoklassischen Gleichgewichtsmodelle in Frage gestellt werden.[453] Die neoinstitutionalistische Theorie untersucht zu diesem Zweck die aus der Delegation von Verfügungsrechten entstehenden Beziehungen zwischen Prinzipalen als Auftraggeber und Agenten als Auftragnehmer,[454] zeigt Interessenkonflikte innerhalb von Vertragsbeziehungen auf und entwickelt Kontraktformen zu deren Bekämpfung.[455] Somit befaßt sich die neoinstitutionalistische Theorie unmittelbar mit der Frage nach einer Erklärung von Institutionen,[456] die innerhalb der neoklassischen Theorie nicht problematisiert wurde.[457]

---

451 Vgl. Hartmann-Wendels (1990), S. 228.

452 „Die Annahme einer symmetrischen Informationsverteilung in Verbindung mit der Annahme, daß sich Verträge kostenlos abschließen und durchsetzen lassen, hat die kapitalmarktorientierte Investitions- und Finanzierungstheorie blind gemacht für das, was dem Neoinstitutionalismus als Grundproblem bewußt ist." Schmidt/Terberger (1997), S. 389.

453 Vgl. Hax/Hartmann-Wendels/von Hinten (1988), S. 705. An dieser Stelle ist zu betonen, daß die neoinstitutionalistische Theorie in weiten Bereichen auf neoklassischen Erkenntnissen aufbaut. Letztere wird durch Einbeziehung von Verhaltensrisiken in ihrem Modellrahmen erweitert. Vgl. Wilhelm (1991), S. 173. Gerke hingegen behauptet, die Agency-Therorie stünde im Widerspruch zu den Arbeiten von Modigliani/Miller. Vgl. Gerke (1995b), Sp. 18.

454 Die Problematik, die aus einer Trennung von Eigentum und Kontrolle hervorgeht, wurde in der Betriebswirtschaftslehre dabei schon früher näher untersucht. Die Ablehnung der Einheit von Eigentum und Unternehmensführung hat letztlich zur „behavioral theory of the firm" und der „managerial theory of the firm" geführt. Modernere Ansätze stützen sich auf die Prämisse nutzenmaximierender Agenten innerhalb der klassischen Annahme rationalen Verhaltens. Vgl. Fama (1980), S. 289.

455 Vgl. Gerke (1995b), Sp. 17.

456 Innerhalb dieses Theoriezweiges wird von einem weit ausgelegten Institutitonenbegriff ausgegegangen, unter welchem „neben dem Unternehmen und seinen organisatorischen Regelungen z.B. auch die rechtlichen Einrichtungen wie etwa Verfassungen, Vertragsformen und das Eigentum" verstanden wird. Vgl. Picot (1991), S. 144, Schmidt (1997), S. 38 für eine alternative Abgrenzung des Institutionenbegriffs.

457 Vgl. Williamson (1988), S. 587. Schmidt (1997), S. 386 stellt fest, daß die neoklassische Kapitalmarkttheorie und der neoinstitutionalischer Forschungsansatz trotz unterschiedlicher Grundprobleme auf gemeinsame Wurzeln zurückzuführen sind. Er sieht das primäre Trennungskriterium im Grad der Betonung von Tausch und Kooperation bilateraler Finanzierungsbeziehungen.

Innerhalb des Forschungsansatzes der neoinstitutionalistischen Theorie ist zwischen der Theorie der Verfügungsrechte[458], der Transaktionskostentheorie[459] und der Principal-Agent-Theorie[460] zu unterscheiden.[461] Obgleich ein kausaler Nexus zwischen den drei Forschungsansätzen besteht, wird im Rahmen dieser Arbeit der Schwerpunkt auf die Principal-Agent-Theorie gelegt. BARNEA/HAUGEN/SENBET unterscheiden innerhalb der Agency-Theory zwischen der „economic theory of agency“ und der „financial theory of agency“.[462] Während sich die „economic theory of agency“ mit Vertragsbeziehungen zwischen einem einzelnen oder einer Gruppe von Investoren, die Kapital zur Finanzierung von Unternehmen oder Projekten bereitstellt, und einem Agenten (i.d.R. Manager) befaßt, untersucht die „financial theory of agency“ optimale Finanzierungsverträge vor dem Hintergrund divergierender Interessen unterschiedlicher Kapitalgebergruppen (i.d.R. Gläubiger und Anteilseigner).

Beide Ansätzen stützen auf dem gleichen Modellrahmen, dessen fundamentaler Mechanismus durch zwei Verhaltensannahmen der Akteure determiniert wird. Zum einen wird davon ausgegangen, daß sämtliche Akteure streng rational nutzenmaximierend handeln. Zum anderen liegt dem Ansatz die Annahme zugrunde, daß potentielle Vertragspartner sich der Motivation anderer Akteure im Sinne nutzenmaximierender Vertragsgestaltung vollkommen bewußt sind. Sie sind ferner fähig, den Aktionsrahmen anderer Akteure abzubilden und werden agency-induzierte Kosten demgemäß in der Vertragsbeziehung antizipieren.[463] Der Umstand, daß die Interessen von Prinzipal und Agent divergieren können, führt zu opportunistischem Verhalten von Vertragsparteien, dessen Analyse im Mittelpunkt der Untersuchungen steht.[464]

Ziel der neoinstitutionalistischen Finanzierungstheorie ist somit die Erklärung real existierender Institutionen am Kapitalmarkt sowie die Bereitstellung von Handlungsempfehlungen, um

---

458 Die Theorie der Verfügungsrechte (Property-Rights-Ansatz) geht auf die grundlegenden Arbeiten von Coase und Alchian/Demetz zurück, die sich mit der Beurteilung und Erklärung von Entstehung, Ausgestaltung und Zuordnung von Verfügungsrechten befassen. Im Rahmen finanzierungstheoretischer Fragestellungen kommt der Verteilung von Verfügungsrechten eine besondere Bedeutung für die Allokation von Erträgen und Risiken zu. Vgl. Coase (1937), Coase (1988), Alchian/Demsetz (1972), Elschen (1988), S. 250 sowie Picot/Dietl (1990), S. 178.

459 Das Fundament der Transaktionskostentheorie wurde durch Coase (1937) gelegt und von Williamson (1975) und (1985) weiterentwickelt. Die Theorie untersucht die Entstehung von Kosten für die konkrete Definition, Übertragung und Durchsetzung von Verfügungsrechten. Vgl. auch Elschen (1988), S. 248-250 und Hart (1995), S. 23f.

460 Ein Principal-Agent-Problem liegt nach Arrow (1985), S. 37 dann vor, wenn eine Person bzw. Personengruppe (Agent) durch Auswahl einer bestimmten Handlungsalternative nicht nur das eigene Nutzenniveau beeinflußt, sondern gleichzeitig das Nutzenniveau einer anderen Person bzw. Personengruppe (Principal).

461 Vgl. Perridon/Steiner (1995), S. 485.

462 Barnea/Haugen/Senbet (1985), S. 26. Ross (1973) gilt dabei als Begründer der „economic theory of agency“. Er untersuchte die Möglichkeit pareto-optimaler Vertragsgestaltung unter Unsicherheit im Kontext eines Marktgleichgewichtes, wobei er in seiner grundlegenden Arbeit auf frühere Auseinandersetzungen mit dem Problem des Moral Hazard hinweist. Vgl. Arrow (1970) und Marschak (1972).

463 „[...] individuals are assumed to be rational and capable of forming unbiased expectations regarding the impact of agency problems that every individual recognizes the self-interest motivation of all others [...].“ Barnea/Haugen/Senbet (1985), S. 25.

identifizierte Interessenkonflikte innerhalb derartiger Finanzierungsverträge bestmöglich zu lösen. Bei der Gestaltung optimaler Vertragsbeziehungen gilt es, zwei Problemkomplexe effizient zu lösen. Einerseits muß die vertragliche Ausgestaltung derart strukturiert sein, daß Interessenharmonie durch Anreizkompatibilität geschaffen werden kann (*Incentive Problem*). Andererseits muß ein effizienter Mechanismus zur Verteilung von Risiken, die nicht im Einflußbereich von Prinzipal oder Agent stehen, zwischen Vertragsparteien bereitgestellt werden (*Risk Sharing Problem*).[465] Die Existenz von Transaktionskosten in Form von Vertrags-, Überwachungs- und Durchsetzungskosten führt in der Regel zu suboptimalen Lösungen (*Second-Best-Situation*) im Sinne einer pareto-optimalen[466] Vertragsgestaltung.[467]

1 Agency-Probleme der Fremdfinanzierung

Jensen/Meckling übertrugen erstmalig agency-theoretische Forschungsergebnisse auf die Gestaltung von Finanzierungsbeziehungen, um Erkenntnisse über Finanzierungsstruktur, Kapitalkosten und Managementverhalten zu gewinnen.[468] Barnea/Haugen/Senbet erweiterten das Modell Jensen/Meckling's durch explizite Integration von Kapitalmärkten.

Im Mittelpunkt finanztheoretischer Agency-Untersuchungen stehen die drei folgenden Problembereiche:[469]

(1) Separation von Kontrolle und Eigentum,

(2) Begrenzte Haftung,

(3) Asymmetrisch verteilte Information.

Zunächst entstehen durch partielle Separation von Kontrolle und Eigentum Anreize für Manager, suboptimale Entscheidungen zu treffen.[470] Zweitens impliziert die Existenz begrenzter

---

464 Interessenharmonie der Akteure führt letztlich zu trivialen Lösungen, die durch neoklassische Modelle abgebildet werden können.

465 Vgl. Eisenhardt, (1989), S. 58. Hartmann-Wendels (1989), S.715 differenziert zwischen der Zielsetzung der Anreizsteuerung und der Risikoallokation.

466 Die Eigenschaft der Pareto-Optimalität fordert, daß keine alternative Vertragsgestaltung existiert, die den Nutzen eines Vertragspartners erhöhen könnte, ohne gleichzeitig den Nutzen mindestens eines anderen Vertragspartners zu verringern.

467 Im trivialen Fall voller und eindeutiger Kontrollmöglichkeiten durch vollständige Beobachtbarkeit des Agenten sind „First-Best" Lösungen möglich (forcing contracts). Bei Vorliegen nicht beobachtbarer Aktionen des Agenten bzw. Umweltunsicherheiten, die nicht eindeutig auf das Verhalten von Agenten schließen lassen, ist eine pareto-optimale Vertraggestaltung nur dann möglich, wenn gleichzeitig das Anreiz- und Risikoverteilungsproblem gelöst werden kann. Vgl. Barnea/Haugen/Senbet (1985), S. 27, Schmidt/Terberger (1997), S. 404.

468 Vgl. Jensen/Meckling (1976), S. 305ff.

469 Vgl. Barnea/Haugen/Senbet (1985), S. 31.

470 Entscheidungen gelten in diesem Zusammenhang im Sinne einer auf Maximierung des Unternehmensgesamtwertes ausgerichteten Zielfunktion als suboptimal. Handlungen des Agenten sind dennoch anreizkompatibel, wenn der Nutzen des Agenten nicht ausschließlich vom Gesamtwert des Unternehmens abhängt. Vgl. Schmidt/Terberger (1997), S. 439. Beispiele für suboptimales Verhalten sind überhöhter Kon-

Haftung Anreize für Anteilseigner, durch Investitionsentscheidungen einen Vermögenstransfer zu Lasten von Fremdkapitalgebern auszulösen (*asset substitution-problem*).[471] Der dritte Bereich finanzierungsrelevanter Agency-Problematik umfaßt die mit der Existenz asymmetrischer Informationsverteilung verbundenen Fragestellungen.

Da sich die erstgenannte Separationsproblematik primär auf die aus der Eigenkapitalfinanzierung entstehenden Konflikte zwischen Anteilseigner und Manager konzentriert,[472] wird diese vor dem Hintergrund der Problemstellung dieser Arbeit nicht weiter verfolgt.[473] Während Prinzipal-Agenten-Probleme, die im Zusammenhang mit der Eigenkapitalfinanzierung entstehen, kein zentrales Untersuchungsfeld dieser Arbeit darstellen,[474] erlangen diese Konflikte immer dann entscheidungstheoretische Relevanz in Bezug auf die Auswahl effizienter Fremdfinanzierungsformen, wenn agency-induzierte Finanzierungskosten von Fremd- und Eigenkapitel in einer gegenseitigen funktionellen Abhängigkeit stehen.[475] Insbesondere wird im Verlauf dieser Arbeit herausgestellt, welchen Einfluß Ausmaß und Form der Fremdfinanzierung auf die durch Eigenfinanzierung induzierten Agency-Kosten ausüben.

Ausgangspunkt der beiden fremdfinanzierungsrelevanten Problemarten innerhalb des neoinstitutionalistischen Forschungsansatzes ist die Annahme, daß externe, nicht an der Unternehmensleitung beteiligte Kapitalgeber schlechter über die Qualität eines Unternehmens informiert sind als die der Unternehmensleitung zugehörige Personengruppe. Die Existenz einer solchen asymmetrischen Informationsverteilung resultiert in zwei separat untersuchten Verhaltensrisiken.

Man unterscheidet innerhalb des Forschungsbereiches asymmetrischer Informationsverteilung zwischen den Konsequenzen aus sogenannter „*hidden action*", d.h. unbeobachtbarer Aktionen des Managements, und solchen aus „*hidden information*", d.h. unbeobachtbarer Qualitätsmerkmale des Unternehmens.[476]

---

sum am Arbeitsplatz und zu geringer Einsatz des dispositiven Faktors Arbeit. Vgl. Jensen/Meckling (1976), S. 312-315, Holmström (1979), S. 75 und Laux (1990), S. 63-66.

471 Vgl. Jensen/Meckling (1976), S. 334.

472 Einen guten Überblick über Agency-Konflikte zwischen Anteilseignern und Management bieten Jensen/Meckling (1976) und Fama (1978).

473 Eine Ausgrenzung des Problemkreises optimaler Kapitalstrukturentscheidungen wurde bereits in Kapitel 2.1 vorgenommen.

474 Agency-Konflikte, die im Zusammenhang mit der Separation von Eigentum und Kontrolle eines Unternehmens stehen, treten auf, wenn die Unternehmensleitung weniger als 100% am Unternehmen beteiligt ist und sie folglich die wirtschaftlichen Erträge ihres Einsatzes nicht vollständig auf sich vereinigen kann. Ihr individueller Nutzen kann deshalb durch Entscheidungen, die im Hinblick auf eine Unternehmenswertmaximierung suboptimal sind, gesteigert werden. Vgl. Harris/Raviv (1991), S. 300f., Hax/Hartmann-Wendels/von Hinten (1988), S. 706, Jensen/Meckling (1976), S. 312f., Wilhelm (1987), S. 193.

475 Noe/Rebello (1996). S.637-642 untersuchen finanzierungspolitische Entscheidungen bei simultanen Agency-Konflikten zwischen Aktionären und Managern sowie Aktionären und Gläubigern unter der Annahme diskreter Einflußnahme von Managern auf Finanzierungsentscheidungen. Vgl. ebenfalls Jensen (1986b), S. 323-329 und Kaplan (1989), S. 217-254.

476 Daneben existiert das Problem der „hidden characteristics" , welches die Einschätzung der Eigenschaften und Fähigkeiten des Agenten betrifft. Vgl. Arrow (1985), S. 39f.

Der Fall von unbeobachtbaren Aktionen des Agenten (*hidden action*) führt zum Verhaltensrisiko des „*moral hazard*", d.h. der Abhängigkeit des Marktwertes von Finanzierungstiteln von den Handlungen der Unternehmensleitung, die Auswirkungen auf die Wahrscheinlichkeitsverteilung zukünftiger Unternehmenserträge haben. Die zweite Art von Informationsasymmetrie (*hidden information*) führt hingegen zum Phänomen der „*adverse selection*".[477] Hierbei wird die Wahrscheinlichkeitsverteilung zukünftiger Unternehmenserträge nicht von der Unternehmensleitung beeinflußt, vielmehr haben die von Externen nicht beobachtbaren Ertragsaussichten Auswirkungen auf die Finanzierungsentscheidungen der Unternehmensleitung.[478]

Neben der Beschreibung der mit Verhaltensrisiken verbundenen Agency-Konflikte stehen die hieraus entstehenden Kosten in Form von Marktwertverminderungen im Mittelpunkt des Forschungsansatzes. Agency-induzierte Kosten treten in Form von Überwachungs- (*monitoring cost*), Selbstbindungs- (*bonding cost*) und Restverlusten (*residual loss*) [479] immer dann auf, wenn Marktmechanismen die dargestellten Verhaltensrisiken nicht vollständig und kostenfrei beseitigen können.[480]

Zur Vermeidung bzw. Kontrolle nicht marktseitig abbaubarer Agency-Konflikte stehen im Rahmen des finanzierungspolitischen Instrumentariums drei wesentliche Mechanismen zur Verfügung:

(1) Kapitalstrukturentscheidungen,

(2) Komplexe Finanzierungsverträge,

(3) Renditedifferenzierung.

Bevor im weiteren Verlauf dieser Arbeit das Konfliktlösungspotential von High-Yield Anleihen im Rahmen der genannten Mechanismen genauer untersucht wird, sollen an dieser Stelle die Phänomene der Adverse Selection und des Moral Hazard untersucht werden, um deren Relevanz für das Finanzierungsverhalten von Wachstumsunternehmen zu bewerten.

---

477 Einer alternativen Systematisierung der agency-induzierten Verhaltensrisiken folgen Steiner/Heinke (1996), S. 608, die zwischen Informationsasymmetrien vor Eingehen einer Vertragsbeziehung (hidden information) und danach (hidden action) differenzieren. Diesem Vorgehen wird hier nicht gefolgt, da davon auszugehen ist, daß das Risiko unbeobachtbarer Aktionen (hidden action) auch im Vorfeld einer Vertragsbeziehung unter Annahmen rational handelnder Vertragsparteien bewertungsrelevant wird. Analog systematisieren Hax/Neus (1995), Sp. 1170, die vor Emission von Finanzierungstiteln von „Qualitätsunsicherheit" und nach der Emission von „Verhaltensunsicherheit" sprechen. Hartmann-Wendels (1989), S. 714 unterscheidet hingegen zwischen Principal-Agent-Theorie und der Theorie des Self-Selection bzw. Signalling.

478 Vgl. Hartmann-Wendels (1990), S. 230.

479 Zur Entstehung agency-induzierten Kosten vgl. Weston (1981), S. 10 und Schmidt/ Terberger (1997), S. 404.

480 Agency-Konflikte zwischen Management und Anteilseignern können in der Regel unproblematischer über Märkte (Kapital- und Arbeitsmärkte) gelöst werden. Beispiele für Marktmechanismen sind feindliche Unternehmensübernahmen oder Restrukturierungen. Vgl. Barnea/Haugen/Senbet (1985), S. 61-63.

1.1 Adverse Selection

Als Adverse Selection (Gegenauswahl) bezeichnet man das Phänomen, daß Kapitalgeber aufgrund unvollständiger Information nicht zwischen Unternehmen guter Qualität und Unternehmen minderer Qualität differenzieren können (*hidden information-problem*).[481] AKERLOF machte erstmalig darauf aufmerksam, daß bei Vorliegen nachfrageseitiger Informationsdefizite ein stabiles Marktgleichgewicht bei pareto-ineffizienten Ergebnissen möglich ist.[482] STIGLITZ/WEISS stellen die Wirkungen asymmetrischer Informationsverteilung auf das Marktgleichgewicht am Beispiel von Kreditverträgen dar.[483]

Die Erhöhung von Kreditzinsen als Reaktion des Kreditgebers auf die von ihm wahrgenommene Unkenntnis der Kreditnehmerbonität führt zu einem Rückzug von Kapitalnehmern geringer Ausfallrisiken und somit zu einer Negativauslese.[484] Reagieren Kreditgeber mit entsprechenden angebotsreduzierenden Maßnahmen, spricht man von „Kreditrationierung".[485] Adverse Selection bezeichnet somit im finanztheoretischen Zusammenhang allgemein das Phänomen, daß angebotene Finanzierungsverträge an der durchschnittlichen Bonität aller potentiellen Kapitalnachfrager ausgerichtet werden und bei Existenz rational handelnder Marktteilnehmer ausschließlich von Unternehmen überdurchschnittlicher Ausfallrisiken nachgefragt werden.

Unter Annahme rationaler Erwartungen von Kreditgebern bzw. Investoren bedeutet die Existenz asymmetrischer Informationsverteilung, daß diese einen Zusammenhang zwischen der Entscheidung zur Annahme eines Kreditangebots bzw. zum Angebot von Finanzierungstiteln und der Bonität des Unternehmens antizipieren.[486] Kapitalgeber sind sich ihrer schwächeren informationellen Position bewußt und schützen sich durch entsprechende Risikoprämien bei der Kapitalüberlassung. Die Folge ist, daß zum einen Unternehmen guter Qualität die Aufnahme von Fremdkapital zu angemessenen Konditionen verschlossen bleibt und zum anderen das Angebot von Fremdfinanzierungsverträgen generell als Signal schlechter Bonität gewertet wird.

Eine Lösung des Konfliktes stellt die Übermittlung von Informationen (*signalling*) zur Reduzierung bestehender Unsicherheiten bezüglich qualitativer Merkmale des Unternehmens dar.[487] Zentrales Problems bildet hierbei die Glaubwürdigkeit der übermittelten Informatio-

---

481 Vgl. Arrow (1985), S. 39.

482 Vgl. Akerlof (1970), S. 488-500. Am Beispiel des Gebrauchtwagenmarktes und Akerlof zu dem Ergebnis, daß der Markt aufgrund systematischer Informationsvorsprünge der Anbieter zusammenbrechen müsse.

483 Vgl. Stiglitz/Weiss (1981), S. 393-397.

484 Vgl. Steiner/Heinke (1996), S. 609.

485 Vgl. Kapitel 5.2 dieser Arbeit.

486 Vgl. Hartmann-Wendels (1990), S. 231.

487 Signalling-Modelle werden in der Literatur hauptsächlich zur Erklärung des Underpricing-Phänomens bei Aktienemissionen untersucht. Beispiele hierfür sind Leland/Pyle (1977) zum Signalling-Effekt des An-

nen. Die Glaubwürdigkeit von Signalen des Kapitalnehmers ist dann gewährleistet, wenn eine Falschinformation zu Kosten des Signalgebers führt, die die möglichen Vorteile einer wahrheitswidrigen Information übersteigen.[488] Die Existenz von Kosten ist somit ein wesentlicher Bestandteil des Signalling,[489] da der besser informierte Vertragspartner durch diese davon abgehalten wird, falsche Signale zu setzen. Nutzt der Kapitalnehmer die Finanzierungsform als Signal zu Übermittlung von Informationen über seine Qualität, so impliziert dies, daß Finanzierungsentscheidungen im Widerspruch zur neoklassischen Theorie die Kapitalkosten eines Unternehmens beeinflussen.[490] Ein Signalling-Gleichgewicht erfordert, daß jeder angebotene Finanzierungstitel jeweils von solchen Unternehmen ausgegeben wird, bei welchen dieses Wertpapier den geringst möglichen Wert annimmt.[491] Neue Kapitalgeber gehen somit von der für sie unvorteilhaftesten Annahme über den Typ des Unternehmens aus, die im Gleichgewicht der Realität entsprechen muß.[492]

Weitere Möglichkeiten zum Abbau von informationellen Asymmetrien bestehen im Rahmen der sogenannten Selbstauslese (*self-selection*) und Überwachungsktivitäten (*screening*). Unter Self-Selection versteht man dabei den Mechanismus, bei welchem durch das Angebot alternativer wahrheitsinduzierender Finanzierungsverträge aus der Auswahl des Kapitalnehmers eindeutig auf dessen Zugehörigkeit zu einer gewissen Güteklasse zurückgeschlossen werden kann. Es entsteht in diesem Fall ein Trenngleichgewicht (*seperating equilibrium*) auf Basis von Finanzierungsentscheidungen, welches eine eindeutige Aussage über die Qualitätsmerkmale des Agenten erlaubt. Unter Screening ist die Überwachung von Aktionen und Überprüfung von Eigenschaften des Schuldners vor Vertragsabschluß und die Verifizierung von Signalen zu verstehen.[493]

---

teils nicht verkaufter Aktienanteile, Easterbrock (1984) zur Erklärung der Dividendenpolitik als Informationsträger, Carter/Manaster (1990) zum Zusammenhang zwischen der gewählten Emissionsbank als Signal für den Wert der Aktien. Alternative Modelle basieren auf multivariatem Signalling. Vgl. Talmor (1981), Hughes (1986), und Grinblatt/Hwang (1989).

488 Vgl. Franke (1993), S. 393.

489 Vgl. Jensen/Meckling (1976), S. 323-329, die vor dem Hintergrund agency-induzierter Kosten der Eigenkapitalfinanzierung den optimalen Einsatz von Signalling-Aktivitäten herleiten.

490 Man spricht in diesem Zusammenhang von „dissipativem Signalling", wenn die entstehenden Kosten gleichzeitig gesellschaftliche Kosten darstellen. Vgl. Hartmann-Wendels (1990), S. 223. Nicht dissipatives bzw. kostenloses Signalling ist dadurch gekennzeichnet, daß Signalling-Kosten in Form von Transferzahlungen zwischen besser und schlechter Informierten anfallen. Vgl. Bhattacharyia (1980), S. 2-6 und Franke (1987), S. 809.

491 Vgl. Hartmann-Wendels (1990), S. 237.

492 Die Gleichgewichtsbedingung impliziert, daß im Gleichgewicht eine umkehrbar eindeutige Beziehung zwischen dem Angebot an Finanzierungstiteln und den künftigen Ertragsaussichten (Qualität des Unternehmens) existiert.

493 Jensen/Meckling (1976), S. 232-234 unterscheiden zwischen „monitoring" und „bonding" zur Überwindung agency-induzierter Konflikte. Da unabhängig von der Auswahl der Aktivitäten die Kosten von Eigentümern getragen werden, differenzieren sie hinsichtlich dem Ursprung der Initiative zur Heilung der Konflikte.

1.2 Moral Hazard

Zusätzlich zum dargestellten Problem der Hidden Information wird die asymmetrische Informationsverteilung durch das Phänomen der Hidden Action verstärkt.[494] Durch fehlende Beobachtbarkeit von Aktionen des Agenten nach Vertragsabschluß und dessen diskreten Entscheidungs- und Handlungsspielraums ist der Kapitalgeber einem weiteren Verhaltensrisiko ausgesetzt. Das als Moral Hazard (moralisches Risiko) bezeichnete Risiko tritt dann auf, wenn der Schuldner[495] nicht die Maximierung des Marktwertes des Unternehmens anstrebt,[496] sondern Anreize bestehen, durch Maßnahmen innerhalb seines Handlungsspielraums Vermögensverschiebungen zu Lasten der Fremdkapitalgeber und zur eigenen Nutzenmaximierung durchzuführen.[497] Unter den möglichen opportunistischen Maßnahmen der Schuldner, die zu paretoineffizienten Verschiebungen der Marktwerte von Eigen- und Fremdkapitaltiteln führen, lassen sich finanzierungs- und investitionspolitische Aktionen sowie die Entscheidung zur Liquidation der Unternehmung unterscheiden.

Zu den auf Finanzierungsentscheidungen zurückzuführende Vermögensverschiebungen zählt die Aufnahme weiteren Fremdkapitals und die anschließende Ausschüttung haftenden Eigenkapitals an die Aktionäre des Unternehmens. FAMA zeigt, daß eine durch Erhöhung der Unternehmensverschuldung bedingte gestiegene Ausfallwahrscheinlichkeit des Schuldners bei gegebenen Marktpreisen von Fremd- und Eigenkapitaltiteln und einem finanzierungsunabhängigem Investitionsprogramm zu einer Marktwertreduktion des Fremdkapitals bei gleichzeitiger Wertsteigerung des Eigenkapitals führt.[498] HAX/HARTMANN-WENDELS/VON HINTEN diskutieren opportunistische Finanzierungsentscheidungen ebenfalls vor dem Hintergrund erhöhter Dividendenzahlungen, die durch Ausgabe von Fremdkapital finanziert werden (*claim dilution problem*).[499] Vermögensverschiebungen zwischen Eigen- und Fremdkapitalgebern durch Dividendenzahlungen lassen sich auch dann nachweisen, wenn erhöhte Ausschüttungen

---

494 Vgl. Steiner/Heinke (1996), S. 608, Arrow (1985), S. 39.

495 Hierbei wird davon ausgegangen, daß es sich beim Schuldner um ein fremdfinanziertes eigentümerkontrolliertes Unternehmen handelt. Im Falle einer weniger als 100%igen Beteiligung des Managements ergeben sich zusätzliche Agency-Konflikte zwischen Eigentümer und Management, deren Einfluß auf die dargestellte Moral Hazard-Problematik vom Ausmaß der Beteiligung des Managements abhängt. Bagnanai/Milonas/Saunders/Travolos (1994), S. 453 stellen empirisch eine positive Korrelation zwischen Managementbeteiligung und Moral Hazard bei Fremdfinanzierung im Bereich einer 5-25% Beteiligung und einen schwachen negativen Zusammenhang bei Managementbeteiligung von über 25% fest.

496 Der Marktwert des Unternehmens setzt sich aus den Marktwerten der Beteiligungs- und Forderungstitel zusammen.

497 Vgl. Hax/Hartmann-Wendels/von Hinten (1988), S. 708, Myers (1977), S. 147-149 und Green (1984), S. 121-124.

498 Vgl. Fama (1978), S. 275. Wobei Fama/Miller (1972) schon auf die Möglichkeit der Gläubiger hinwiesen, sich durch sogenannte me-first rules in Form von Sicherungsabreden vor Reichtumsverschiebungen als Folge erhöhter Verschuldungsgrade zu schützen. Fama (1978) zeigt, daß Finanzierungsentscheidungen auch ohne Existenz von first-me rules irrelevant sind.

499 Vgl. Hax/Hartmann-Wendels/von Hinten (1988), S. 708 sowie Smith/Warner (1979), S. 117.

einen direkten Einfluß auf zukünftig realisierte Investitionsprojekte haben.[500] JENSEN/MECKLING und MYERS zeigen, daß Anreize für Anteilseigner bestehen, die Finanzierung von Ausschüttungen durch Verzicht auf Investitionen mit positiven Nettobarwerten zu ermöglichen.[501]

Investitionsentscheidungen, die zu einer Verschiebung relativer Marktwerte von Eigen- und Fremdkapital führen, lassen sich bezüglich des Ausmaßes des Risikos neuer Investitionsprojekte und ihres absoluten Volumens differenzieren. Zur erstgenannten Gruppe agency-induzierter Verhaltensrisiken (Höhe des Investitionsrisikos) zählt der Anreiz des Kapitalnehmers, durch Realisierung risikoreicher[502] Projekte den Marktwert des Eigenkapitals zu erhöhen (*risk incentive problem*). Durch die Wahl einer riskanteren Investitionspolitik steigt aufgrund höherer Varianz der Unternehmenserträge das Ausfallrisiko des Fremdkapitals sowie gleichzeitig die Wahrscheinlichkeit hoher Einzahlungsüberschüsse. Unter Annahme begrenzter Haftung der Eigenkapitalgeber in Höhe ihres Beteiligungskapitals existiert eine asymmetrische Verteilung von Risiko und Ertrag zwischen Fremd- und Eigenkapital, die zu entsprechenden Wohlfahrtsgewinnen der Anteilseigner auf Kosten der Fremdkapitalgeber führt.

Während sich die Erhöhung des Ausfallrisikos zu Lasten der Fremdkapitalgeber auswirkt, profitieren Eigenkapitalgeber von der erhöhten Wahrscheinlichkeit größerer Unternehmenserträge.[503] Eine Übertragung der aus der Optionspreistheorie gewonnen Erkenntnisse zur Bewertung von Eigenkapital[504] macht die Möglichkeit von Reichtumsverschiebungen zu Lasten der Schuldner deutlich. Durch die Interpretation von Beteiligungsrechten als Kauf-Option auf die Vermögensgegenstände des Unternehmens wird der Effekt riskanter Investitionspolitik über die damit einher gehende Erhöhung der Volatilität zukünftiger Erträge bewertungsrelevant.[505]

Aus Schuldnerperspektive ist es demgemäß vorteilhaft, unter alternativen Investitionsprojekten diejenigen zu realisieren, deren Risikograd am höchsten ist.[506] Das Phänomen des Austau-

---

500 Einen Extremfall stellt dabei die Möglichkeit dar, sämtliche vorhandenen Vermögensgegenstände zu veräußern und die Gegenwerte in Form einer Sonderausschüttung dem Zugriff der Fremdkapitalgebern zu entziehen. Vgl. Smith/Warner (1979) S. 118 und Fama (1978), S. 277. Die im HGB stipulierten Ausschüttungssperren machen eine derartige Benachteiligung unternehmensexterner Fremdkapitalgeber unmöglich.

501 Vgl. Jensen/Meckling (1976) S. 331-343 und Myers (1977), S. 147-175. Einen guten Überblick über agency-induzierte Wohlfahrtverschiebungen durch Dividendenpolitik liefert Kalay (1982), S. 211-213.

502 Das Risiko eines Investitionsprojektes wird im vorgestellten Modellrahmen durch die Varianz zukünftiger Investitionserträge operationalisiert. Vgl. Barnea/Haugen/Senbet (1985), S. 33.

503 Vgl. Hartmann-Wendels (1990), S. 242.

504 Vgl. Kapitel 3.3.2.4 dieser Arbeit.

505 Ein numerisches Beispiel des risk incentive-Problems liefern Franke/Hax (1995), S. 422f.

506 Sofern Investoren durch Antizipation des Risikoanreizes des Schuldners ihre Renditeforderungen anpassen, kann es zu einer Dilemma-Situation des Schuldners kommen, die ihn zwingt, ausschließlich in risikoreiche Projekte zu investieren. Vgl. Barnea/Haugen/Senbet (1981), S. 9 und Franke/Hax (1995), S. 425.

sches von Investitionsprojekten relativ niedrigen Risikos durch solche höheren Risikos und niedrigerem erwartetem Nettobarwert wird als „asset substitution" bezeichnet.[507]

Hinsichtlich des Investitionsvolumens ergeben sich fremdfinanzierungsinduzierte Anreize des Schuldners, vorteilhafte Investitionsprojekte nicht durchzuführen. MYERS betrachtet den Fall eines fremdfinanzierten Unternehmens, welches Investitionsprojekte mit positiven Nettobarwerten aufgrund des Gläubigerzugriffs auf zukünftige Investitionserträge[508] nicht durchführt, obwohl der Unternehmensgesamtwert insgesamt gesteigert werden könnte (*underinvestment-problem*).[509] Umgekehrt stellt JENSEN fest, daß zustandsunabhängige Ausschüttungen an Fremdkapitalgeber in Form von Zinsen und Tilgung zu einer Verringerung des Überinvestitionsproblems führen.[510] Durch fremdfinanzierungsinduzierte Kontrolle des freien Cash Flows[511] wird der Anreiz zu suboptimalen Investitionsentscheidungen des Managements reduziert (Kontroll-Hypopthese).[512] HART/MOORE beweisen, daß Fremdkapital zur Reduktion des Überinvestitionsproblems beiträgt, da die Existenz gesicherter Gläubigeransprüche die Möglichkeit zur Realisierung weiterer fremdfinanzierter Investitionsprojekte einschränkt.[513]

Einen weiteren Problembereich der neoinstitutionalistischen Finanzierungstheorie stellen Verhaltensrisiken hinsichtlich der effizienten Entscheidung zwischen Weiterführung und Liquidation von Unternehmen dar.[514]

---

507 Vgl. Harris/Raviv (1991), S. 301 und Smith/Warner (1979), S.149. Der bloße Austausch weniger riskanter durch riskantere Investitionsprojekte verändert nicht des Gesamtwert des Unternehmens, sondern bloß seine Verteilung zwischen Anteilseignern und Schuldnern. Wenn jedoch der Wohlfahrtsgewinn für Anteilseigner groß genug ist, um Projekte mit negativem Nettobarwert zu realisieren, kann das asset substitution-Problem zu einer Verringerung des Gesamtunternehmenswertes führen. Vgl. Smith/Warner(1979), S. 119 FN 4.

508 Während Myers (1977) Verschuldungskontrakte annimmt, die vollständig durch zukünftige Investitionserträge gesichert sind, zeigen Barnea/Haugen/Senbet (1985), S. 37, daß auch alternative Sicherungsabsprachen zu suboptimalen Investitionsentscheidungen führen können.

509 Vgl. Myers (1977), S. 147f.. Jensen/Meckling diskutieren das dargestellte Unterinvestitionsproblem im Zusammenhang mit agency-induzierten Kosten des Eigenkapitals. Vgl. Jensen/Mecking (1976), S. 313 und Wosnitza (1990), S. 947-962.

510 Vgl. Jensen (1986b), S. 323-329 und Stulz (1990), S. 3-27. Heinkel/Zechner (1990), S. 1-24 entwickeln ein Modell zu Bestimmung des optimalen Verschuldungsgrades auf Basis der dargestellten underinvestment-Problematik sowie steuerlicher Anreize.

511 Der freie Cash Flow ist im Rahmen dieser Untersuchung definiert als „[...] cash flow in excess of that required to fund all projects that have positive present values when discounted at the relevant cost of capital." Jensen (1986b), S. 323.

512 Vgl. Harris/Raviv (1991), S. 300. Hierbei handelt es sich um Investitionen in sogenannte „perquisites", die Reputations- und Konsumvorteile für das Management bedeuten, ohne des Unternehmenswert zu steigern.

513 Vgl. Hart/Moore (1990). Zur Bekämpfung agency-induzierter Anreize zum „empire building" kommt Hart (1991), o. S. zu dem Schluß, daß anreizkompatible Verträge mit dem Management nicht ausreichen, da „[...] a very large incentive payment may be required to induce the managers to give up these rents.". Grossmann/Hart (1982) und Jensen (1986b) weisen auf die Möglichkeit hin, daß Kapitalstrukturentscheidungen „[...] can be cheaper in 'curbing down his empire-building tendencies'." Hart (1991) zitiert nach Li/Li (1996), S. 692.

514 Vgl. Swoboda (1987), S. 169.

In der Literatur wird betont darauf hingewiesen, daß Konkurs in diesem Zusammenhang nicht mit Liquidation gleichzusetzen ist.[515] Aufgrund der Tatsache, daß die Entscheidung zur Liquidation eines Unternehmens ausschließlich eine Frage des Verhältnisses von Liquidationswert und Marktwert des Unternehmens bei Fortführung ist,[516] wird der Verschuldungsgrad eines Unternehmens für die Wahrscheinlichkeit der Liquidation irrelevant. Die Frage des Konkurses betrifft hingegen gesetzliche Regelungen zum Transfer von Eigentümerrechten in Form von Insolvenzverfahren,[517] die vor dem Hintergrund strategischer Züge des Schuldners primär als Sanktionsinstrument für Gläubiger zum Schutz vor Reichtumsverschiebungen zu interpretieren sind.[518]

Während die reine Möglichkeit des Eigentumstransfers bei Existenz stipulierter Auslösetatbestände der Insolvenz keine Auswirkungen auf Kapitalstrukturentscheidungen hat,[519] erlangen agency-induzierte Interessenkonflikte im Zusammenhang mit dem Eintritt des Konkursfalles immer dann finanzierungstheoretische Bedeutung, wenn die Übertragung des Eigentums zu Kosten führt oder Anreize für den Agenten bestehen, gesamtwirtschaftlich betrachtet ineffiziente Entscheidungen zwischen Liquidation und Weiterführung zu treffen. Konkurskosten sind sowohl direkter (z.B. Anwaltskosten, Gerichtskosten) als auch indirekter (z.B. Verschlechterung der Geschäftsbeziehungen, Reputationsverlust)[520] Art.[521] Weitere Kosten treten auf, wenn der Konkurs mit der Liquidation des Unternehmensvermögens verbunden ist. Die Höhe der dabei entstehenden Wohlfahrtsverluste ist vom Spezifitätsgrad der liquidierten Vermögensgegenstände abhängig.

Bei Vorliegen beschränkter Haftung und teilweiser Fremdfinanzierung entstehen Anreize der Eigenkapitalgeber zur ineffizienten Weiterführung des Unternehmens, da bei positiver Differenz zwischen Liquidations- und Ertragswert der theoretische Wert des Eigenkapitals Null sein muß, die Wahrscheinlichkeit positiver zukünftiger Investitionserträge demgegenüber einen Marktwert des Eigenkapitals größer Null impliziert.[522]

Fremdfinanzierung schränkt somit den Spielraum zur Verschleppung einer ökonomisch vorteilhaften Liquidation des Unternehmens ein, da die Wahrscheinlichkeit der Insolvenz steigt,

---

515 Haugen/Senbet (1978), S. 383, Barnea/Haugen/Senbet (1985), S. 37, Barnea/Haugen/ Senbet (1981), S. 10, Harris/Raviv (1991), S. 303, Drukarczyk (1993), S. 354 und Jensen/ Meckling (1976), S. 340.

516 Vgl. Haugen/Senbet (1978), S. 383.

517 Insolvenzrechtlichen Vorschriften kommt dabei die Aufgabe zu, effiziente Bedingungen zu formulieren, ab wann den Eigentümern die Verfügungsgewalt über das Unternehmen zu entziehen ist. Vgl. Drukarczyk (1987), S. 67.

518 Vgl. Drukarczyk (1993), S. 351.

519 Zur Relevanz des kostenfreien Eigentumstransfers im Konkursfall vgl. Fama (1978), S. 272f., Hagen (1976), S. 199-201, Milne (1975), S. 165 und Stiglitz (1974), S. 851-853.

520 Zu den indirekten Kosten eines Unternehmenskonkurses vgl. Baxter (1967), S. 395-404 sowie Weiss (1990), S. 288.

521 Vgl. Warner (1977a), S. 338. Zu den Kosten des Unternehmenskonkurses vgl. Barnea/ Haugen/Senbet (1985), S. 53.

522 Vgl. zur formalen Ableitung Swoboda (1987), S. 170.

bei deren Eintritt Gläubiger auf Liquidation drängen, insofern sie wirtschaftlich günstiger ist als eine Fortführung.[523]

2 KOSTEN UND LÖSUNGSANSÄTZE DER AGENCY-KONFLIKTE

Die finanzierungspolitische Relevanz neoinstitutionalistischer Modelle der Kapitalmarkttheorie resultiert aus den im Zusammenhang mit Agency-Konflikten stehenden Kosten der externen Kapitalbeschaffung. Agency-Kosten entstehen aus der Interessendivergenz zwischen Kapitalgeber und Management bei Eigenfinanzierung bzw. zwischen Fremd- und Eigenkapitalgebern im Fall von Fremdfinanzierung. Erst diese Reibungsverluste schaffen im Gegensatz zur neoklassischen Idealwelt Erklärungspotential und Bewertungsmaßstäbe für die institutionelle Ausgestaltung von Finanzierungskontrakten.[524] Somit kommt neben der Erklärung opportunistischen Verhaltens innerhalb des Modellrahmens der Analyse von Kosten und Lösungsmöglichkeiten eine entscheidende Rolle zu.

Agency-induzierte Kosten messen den Abstand zwischen der First-Best-Situation, in welcher der Agent bei eigener Nutzenmaximierung auch gleichzeitig den Nutzen des Prinzipals maximiert, und der Second-Best-Lösung, in der ein Vertrag mit speziellen Anreizmechanismen, Verhaltensmaßgaben, Kontrollmechanismen und Sanktionsmöglichkeiten zwischen Prinzipal und Agent zustande kommt, wobei der Abstand zwischen der First-Best-Situation und der konkurrenzgleichgewichtigen Second-Best-Lösung minimiert wird.[525] Man unterscheidet hierbei zwischen Überwachungs- (*monitoring cost*), Selbstbindungs- (*bonding cost*) und sogenannten Restverlusten (*residual loss*).

Überwachungskosten entstehen, wenn Kapitalgeber sich ihrer schwächeren informationellen Position bewußt sind und versuchen, sich vor opportunistischem Verhalten des Kapitalnehmers zu schützen, indem sie Ressourcen zur Verbesserung der individuellen Informationsversorgung aufwenden.[526] Aus Perspektive der potentieller Kapitalgeber reduzieren die entstandenen sowie auch antizipierte zukünftige Informationskosten den Marktwert der erworbenen Ansprüche an den Schuldner und werden gemäß der Annahme rational handelnder Investoren durch eine entsprechende Erhöhung der geforderten Risikoprämie abgegolten. Überwachungskosten werden folglich vom Kapitalnehmer getragen,[527] der vor diesem Hintergrund

---

523 Vgl. Franke (1993), S. 391f.

524 Neoinstitutionalistische Erklärungen real existierender Finanzierungsformen enthalten vor dem Hintergrund ihres Beitrages zur Problemlösung unweigerlich ein bewertendes, normatives Element. Vgl. Schmidt/Terberger (1997), S. 402.

525 Vgl. Steiner/Heinke (1996), S. 609 und Swoboda (1987), S. 51. Modelle zur Bewertung agency-induzierter Kosten der Fremdfinanzierung finden sich bei Mello/Parsons (1992), S. 1887-1904, Brennan/Schwartz (1994), S. 593-607 und Fischer/Heinkel/Zechner (1989), S. 427-432.

526 Vgl. Schmidt/Terberger (1997), S. 404.

527 „We can also see from the analysis [...] that it makes no difference who actually makes the monitoring expenditures – the owner bears the full amount of these costs as a wealth reduction in all cases." Jensen/Meckling (1976), S. 323.

ein Interesse an der Vermeidung redundanter Informationskosten unterschiedlicher Investoren hat. Empirische Studien zeigen einen Zusammenhang zwischen dem Anreiz zur Minimierung von Überwachungskosten und der Nachfrage nach Kreditfinanzierung über Banken auf.[528]

Selbstbindungskosten entstehen beim Kapitalnehmer durch Maßnahmen zur Steigerung seiner Glaubwürdigkeit beim Kapitalgeber. Hierzu zählen primär vertragliche Festlegungen des Handlungsspielraums der Kapitalnehmer in Form von Negativklauseln oder der Bestellung von Sicherheiten. Theoretisch diskutierte Möglichkeiten, Kapitalgeber vor Eingehen einer Finanzierungsbeziehung besser, im Sinne von glaubwürdiger, zu informieren, stellen darüber hinaus Signalling und Self-Selection dar.[529] Zwischen Überwachungskosten und Selbstbindungskosten besteht insofern ein wechselseitiges Abhängigkeitsverhältnis, als daß Selbstbindung als Anreiz des Prinzipals zur Überwachung der Einhaltung vertraglich festgelegter Aktionsräume dient.[530]

Die Kosten der Selbstbindung des Agenten entstehen durch die Abweichung vom gesamtwertmaximalen Investitions- und Finanzierungsprogramm, die durch entsprechende Beschränkungen im Handlungsraum hervorgerufen werden.[531]

Die Existenz der oben dargestellten Kosten impliziert ein optimales Niveau der Informationsbeschaffung und Selbstbindung.[532] Prinzipal und Agent werden nur so lange Ressourcen zur Bekämpfung von Agency-Konflikten aufwenden, bis die marginale Steigerung des Nutzenniveaus den Kosten der Informationsbeschaffung und Selbstbindung entsprechen, wobei das optimale Ausmaß dieser Aktivitäten sowohl endogen von der realisierten Finanzierungsstruktur des Unternehmens als auch exogen von den gegebenen Investitions- und Finanzierungsmöglichkeiten bestimmt wird.[533] Verbleibende Wohlfahrtsverluste bei Einsatz des optimalen Niveaus an Maßnahmen zur Behebung von Moral Hazard und Adverse Selection, die sich aus der Abweichung des tatsächlichen Verhaltens des Kapitalnehmers von der First-Best-Situation ergeben, stellen Restverluste dar.[534]

---

528 Vgl. Fama (1985), S. 29, James (1987), S. 217-222, Lummer/McConnell (1989), S. 99-103 und Fama (1990), S. 71.

529 Möglichkeiten des Signalling und Self-Selection wurden in Kapitel 4.1.2 angesprochen. Steiner/Heinke (1996), S. 610 zählen die Überprüfung von Signalen des Kapitalnehmers (Screening) ebenfalls zu den Selbstbindungskosten. Diese Klassifizierung ist insofern nicht schlüssig, da Screening nach Vertragsabschluß stattfindet und an sich keine Reduzierung des Handlungsspielraums des Kapitalnehmers bewirkt.

530 Rajan/Winton (1995), S. 1113-1146 untersuchen Kreditsicherheiten und Negativklauseln in Kreditverträgen hinsichtlich ihrer Anreizkompatibilität zum optimalen Ausmaß von Überwachungsaktivitäten vor dem Hintergrund der free rider-Problematik und dem Öffentlichen-Gut-Charakter von Informationen.

531 Vgl. Hartmann-Wendels (1997), S. 21. Selbstbindungskosten stellen insofern Opportunitätskosten dar, die z.B. darin bestehen können, daß der Kreditnehmer über eine Sicherungsgut nicht mehr frei verfügen kann und demselben dadurch rentable Verwertungsmöglichkeiten entgehen. Vgl. Schmidt/Terberger (1997), S. 405. Zur „costly contracting hypothesis" vgl. Smith/Warner (1979), S. 153.

532 Vgl. Schmidt/Terberger (1997), S.405, Smith/Warner (1979), S 117-161, Barnea/Haugen/ Senbet (1985), S. 41-50 sowie Jensen/Meckling (1976), S. 324f.

533 Vgl. Smith/Warner (1979), S. 111.

534 Vgl. Steiner/Heinke (1996), S. 610.

Die Untersuchung der Mechanismen zur Milderung bzw. Lösung agency-induzierter Verhaltensrisiken im Rahmen von Finanzierungsbeziehungen führt letztlich zum originären Ziel der neoinstitutionalistischer Kapitalmarkttheorie zurück, nämlich der Erklärung bestimmter, in der Realität anzutreffender institutioneller Ausgestaltungen von Finanzierungsverträgen. Die spezifischen Eigenschaften solcher Vertragsgestaltungen dienen dem Ausgleich real existierender Kapitalmarktunvollkommenheiten.[535]

Vor dem Hintergrund der dieser Arbeit zugrundeliegenden Fragestellung bietet sich zur Systematisierung möglicher Heilungsmechanismen eine Unterscheidung in regulatorisch bedingte Rahmenbedingungen, Finanzmarktintermediation und vertragliche Ausgestaltung von Finanzierungskontrakten an.[536] Die folgende Aufstellung stellt die Zugehörigkeit möglicher Mechanismen innerhalb dieser Struktur dar.

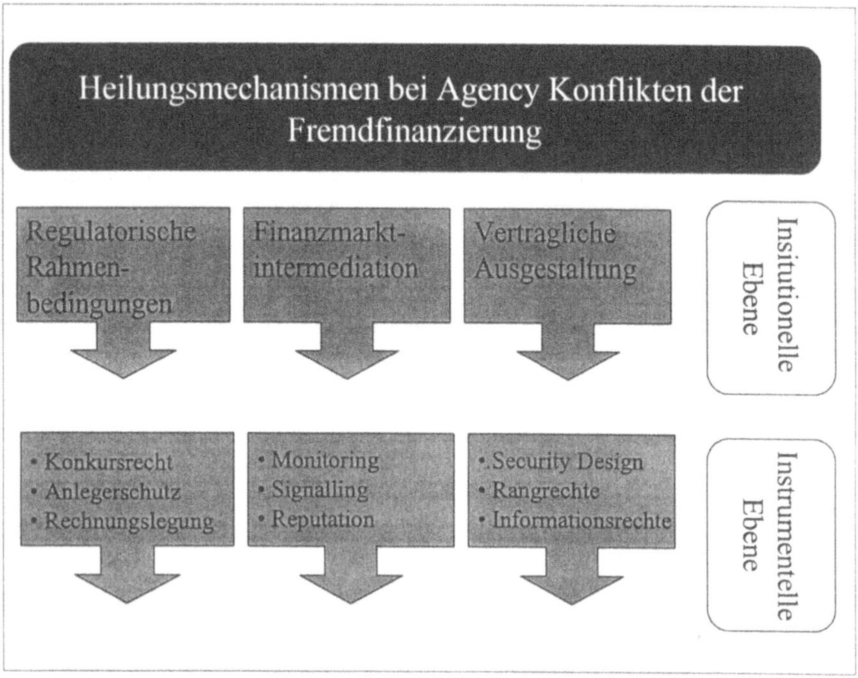

Abbildung 8: Heilungsmechanismen von Agency-Konflikten bei Fremdfinanzierung

Bei den dargestellten Heilungsmechanismen zur Abmilderung bzw. Lösung von Agency-Problemen kann zwischen solchen Ansätzen unterschieden werden, bei denen Dritte die

535 Vgl. Kapitel 2.1.4.

Funktion eines Mittlers zwischen beiden Parteien der Finanzierungsbeziehung ausüben, und solchen, deren Wirkungsmechanismus in der expliziten Ausgestaltung der Vertragsbeziehung zwischen Kapitalgeber und Kapitalnehmer begründet ist. Zur erstgenannten Gruppe zählen gesetzlich regulierte Verhaltensbeschränkungen und –pflichten sowie die Zuhilfenahme von Finanzmarktintermediären im weiteren Sinne.[537] Letztgenannte Gruppe umfaßt Möglichkeiten der Ausgestaltung von Anleihebedingungen und nebenvertraglichen Abreden.

Die Bedeutung Dritter in ihrer Funktion als Mittler von Finanzierungsbeziehungen ist vielfältig und in unterschiedlichem Ausmaß offensichtlich. Die Funktion des Staates als Institution[538] und Mittler von Finanzierungsbeziehungen liegt insbesondere in der Schaffung von Rahmenbedingungen, die dort an die Stelle von vertraglichen Absprachen zwischen Transaktionspartnern treten, wo eine individuelle, bilaterale Vereinbarung auf Transaktionsebene unmöglich oder zu kostenintensiv ist.[539]

<u>Regulatorische Rahmenbedingungen</u> dienen dem Schutz vor Reichtumsverschiebungen zuungunsten von Kapitalgebern. Während die in der Konkursordnung und im Handelsrecht festgelegten Rechtsnormen die Kapitalgeber vor strategischen Zügen im Sinne der Moral Hazard-Problematik schützen sollen, dienen standardisierte Rechnungslegungsnormen[540] und Vorschriften zum Anlegerschutz[541] der Milderung bestehender Informationsdefizite und Adverse Selection. Die im Handelsrecht stipulierte Ausschüttungssperre[542] schützt Fremdkapitalgeber dagegen vor dem Abzug von Haftungsmasse durch Übertragung von Unternehmensvermögen an die Anteilseigner.

Neben regulatorischen Rahmenbedingungen existieren nicht-staatliche Institutionen als explizite Mittler zwischen Transaktionspartnern von Finanzierungsbeziehungen. Hierbei läßt sich im Rahmen der Untersuchung von Intermediationsfunktionen am Kapitalmarkt zwischen <u>Finanzmarktintermediären</u> im engeren Sinne (z.B. Banken im Kredit- und Einlagengeschäft) und im weiteren Sinne (z.B. Rating Agenturen und Wertpapierhandelshäuser) unterscheiden. Finanzmarktintermediäre stellen dabei eine Form von delegierten Überwachungsaktivitäten hinsichtlich des vertragsgerechten Verhaltens von Kapitalnehmern dar.[543] Diese, in der Lite-

---

536 Jacob (1991), S.121 schlägt eine alternative Systematisierung von Instrumenten zur Lösung von Principal-Agent-Problemen in Finanzierungsbeziehungen vor. Er unterscheidet hierbei zwischen vertrauensbildenden und kontrollierenden Maßnahmen bei Vorliegen von Verhaltensrisiko des Kapitalnehmers.

537 Zur Definition von Finanzmarktintermediären vgl. Kapitel 5.1.1 dieser Arbeit.

538 Schmidt/Terberger (1997), S. 463 betrachten den Staat dabei selbst als Institution, die ihrerseits neue Institutionen schafft, welche einen Rahmen für vertragliche Beziehungen für Transaktionspartner festlegen.

539 Eine ökonomische Analyse von gesetzlichen Rahmenbedingungen findet sich bei Posner (1992).

540 Hierzu zählen insbesondere Rechnungslegungsnormen zum Ansatz und zur Bewertung von Vermögensgegenständen.

541 Hierbei wird vor allem auf das Prospektgesetz und die Beratungshaftung von Banken verwiesen. Vgl. dazu Bosch/Groß (1998), S. 102-152.

542 Hierunter fallen die Begrenzung der Ausschüttung auf den Bilanzgewinn (§58 Abs. 4 AktG, § 268 Abs. 1 HGB) sowie die Existenz ausschüttungssperrender Tatbestände (§150 AktG, §§ 246-256, 264-283 HGB).

543 Vgl. Schmidt/Terberger (1997), S. 465.

ratur unter dem Begriff der Kontrolldelegation (*delegated monitoring*)[544] behandelte Funktion von Finanzmarktintermediären kann sowohl von Institutionen mit direkter Finanzierungsbeziehung (Kreditinstitute) als auch auf neutrale Informationsbeschaffung spezialisierte unabhängigen Intermediären (Ratingagenturen) wahrgenommen werden. Die Zusage bzw. Verlängerung von Bankkrediten sowie Bonitätsurteile allgemein anerkannter Ratingagenturen werden in der Literatur vor dem Hintergrund des Signallings zur Überwindung asymmetrischer Information am Kapitalmarkt als Mechanismus zur kostengünstigen Milderung der durch Adverse Selection verursachten Agency-Kosten untersucht.[545] Durch die Zusage von Zahlungsversprechungen in Form von Kreditlinien seitens eines Finanzmarktintermediärs lassen sich zusätzlich Illiquiditätsrisiken absichern, die aufgrund von unsicherem zukünftigen Kapitalbedarf entstehen.[546] Weiterhin läßt sich aus der Eigenschaft von Kapitalüberlassungsverträgen als Vertrauensgut[547] ein positiver Reputationseffekt erzielen, der Anreize opportunistischen Verhaltens von Vertragsparteien in der Mehrperiodenbetrachtung mildert.

Neben der Kontrolle und Signalisierung finanzierungsrelevanter Zustände des Kapitalnehmers durch Regulierung oder Finanzmarktintermediäre können Gestaltungselemente von Fremdkapitaltiteln unter dem Aspekt der Anreiz- und Kontrollwirkung als Heilungsmechanismus von Prinzipal-Agenten-Konflikten eingesetzt werden.[548] FRANKE/HAX untersuchen vier grundlegende Elemente der Gestaltung von Finanzierungsverträgen vor dem Hintergrund der Effizienz im Sinne einer optimalen Lösung von Anreizproblemen aufgrund informationeller Asymmetrien. Die Grundelemente der Vertragsgestaltung lassen sich demgemäß in Teilungsregeln, Einwirkungsrechte, Beschränkungen des Handlungsspielraums, Informationsübermittlung und Kontrolle unterscheiden.[549] Der Frage nach einer optimalen Ausgestaltung von Finanzierungsbeziehungen[550] widmen sich zahlreiche Untersuchungen in der Literatur. Hier-

---

544 Die Funktion eines „Delegated Monitors" wird in der Literatur insbesondere zur Erklärung intermediärer Finanzierungsformen herangezogen. Vgl. Campbell/Kracaw (1980), S. 863-882, Chan (1983), S. 1543-1569, Diamond (1984), S. 393-414 sowie Kapitel 5.1.3 dieser Arbeit.

545 Vgl. Kapitel 2.2.1.1.2.

546 Ihm Rahmen der Theorien zu Erklärung der Finanzmarktintermediation wird dieser Aspekt im Zusammenhang mit der auf Liquiditätsversorgung des Finanzsystems ausgerichteten Funktion von Institutionen eines Finanzsystems diskutiert. Richtungsweisend ist hierbei die Arbeit von Dyamond/Dybwig (1983), S. 401-419.

547 Die Gutseigenschaft von Kapitalüberlassungverträgen stammt aus der Ökonomischen Theorie, die zwischen den drei Güterklassen „Suchgut", „Erfahrungsgut" und „Vertrauensgut" unterscheidet. Dabei zeichnen sich Suchgüter dadurch aus, daß ihre Qualität schon vor Vertragsabschluß festgestellt werden kann, bei Erfahrungsgütern dieses erst während der Vertragslaufzeit erfolgt und bei Vertrauensgütern eine objektive Qualitätsbeurteilung niemals möglich wird. Vgl. Bank (1998), S. 161.

548 Vgl. Klein (1996), S. 91.

549 Vgl. Franke/Hax (1995), S. 437-442. Hierbei wird deutlich, daß die drei genannten Heilungsmechanismen nicht überschneidungsfrei sind. Die obige Systematisierung in regulatorische Rahmenbedingungen, Finanzmarktintermediation und Vertragsgestaltung ist weniger funktionsorientiert zu verstehen, sondern zielt auf die institutionelle Ausgestaltung der Heilungsmechanismen.

550 Von dem Problemkomplex der optimalen Ausgestaltung von Finanzierungsbeziehungen ist die grundsätzliche Wahl einer optimalen Finanzierungspolitik zu unterscheiden. Letztere ist ein komplexes Entscheidungsproblem, das sich an den traditionellen Finanzierungszielen der Unternehmung ausrichtet. Vgl.

bei stehen neben der Strukturierung von Finanzierungsbeziehungen im Hinblick auf Fristigkeit[551] und zeitlichem Anfall von Zahlungsströmen[552] (*Security Design*) insbesondere nebenvertragliche Abreden (*Covenants*) sowie Sicherheiten und Rangrechte[553] der Investoren als Mechanismen[554] zur Heilung agency-induzierter Interessenkonflikte zur Verfügung. [555]

Einen weiteren in der neoinstitutionalistischen Finanzierungstheorie hervorgehobenen Mechanismus zur Minderung agency-induzierter Kosten stellen die aus der mikroökonomischen Theorie bekannten Marktkräfte dar. Diese Erkenntnis scheint zunächst verwirrend, ist doch das neoinstitutionalistische Paradigma originär auf die Existenz von Funktionsschwächen des Marktmechanismus gebaut.[556] Ausgangspunkt der Argumentation ist das Verständnis des Marktes als Institution, welche zwischen Kapitalnehmern und Kapitalgebern vermittelt und Marktpreise als Knappheitsindikator des gehandelten Guts bereitstellt. Der Preismechanismus stellt dabei ein Instrument zur Milderung von Informations- und Anreizproblemen dar, da einerseits informationelle Asymmetrien auf indirektem Weg abgebaut werden,[557] andererseits Sanktionsmechanismen zur Verfügung stehen, die das opportunistische Verhalten der Marktteilnehmer einschränken. FAMA stellte erstmalig den Marktmechanismus als Instrument disziplinierender Wirkung auf agency-induzierte Interessenkonflikte am Beispiel des Arbeitsmarktes dar.[558] Eine weitergehende Untersuchung des Lösungspotentials von Marktmechanismen soll an dieser Stelle nicht unternommen werden, da diese primär auf Agency-

---

Franke/Hax (1995), S. 450. Im Rahmen der hier untersuchten neoinstitutionellen Theorie der Finanzierung soll unter dem Auswahlproblem optimaler Finanzierungsbeziehungen eine entscheidungsorientierte Perspektive eingenommen werden, die Unterstützung bietet, „Die Auswahl zwischen Finanzierungsformen [...] so zu treffen, daß die Reibungsverluste, die aus Informations- und Anreizproblemen resultieren, möglichst gering sind." Schmidt/Terberger (1997), S. 72.

551 Vgl. Flannery (1986), S. 19-37.

552 Vgl. Barnea/Haugen/Senbet (1980), S. 1223-1234.

553 Vgl. Barclay/Smith (1995), S. 899-917.

554 Einen Überblick über vertragliche Nebenabreden und deren Auswirkungen auf Agency-Konflikte und Finanzierungskosten bietet Smith/Warner (1979), S. 117-161 und Harris/Raviv (1989), S. 255-287.

555 Eine fundamentale Annahme der neoklassischen Kapitalmarkttheorie stellt die kostenfreie Gestaltung und Durchsetzung von Verträgen dar. Anlehnend an die Überlegungen von Coase (1937) stellen Fama und Jensen (1983) die überragende Relevanz von Vertragskosten für die Erklärung von Organsationsstrukturen und insbesondere Finanzierungsstrukturen dar. Aufbauend auf diese Erkenntnis existieren in der Literatur zahlreiche Erklärungsansätze zur Bestimmung von Kapitalstruktur und Kapitalkosten. Vgl. Stiglitz (1972), Jensen/Meckling (1976), Leland/Pyle (1977), Ross (1977), Grossman/Hart (1982), John/Kalay (1985) und Fama (1990).

556 Schmidt/Terberger (1997), S. 468 sprechen in diesem Zusammenhang davon, „[...] daß die neoinstitutionalistische Argumentation sich im Kreise zu drehen beginnt."

557 Der Aspekt Informationsasymmetrien reduzierender Wirkung von Marktpreisen wird insbesondere in der Diskussion um effiziente Strukturmerkmale von Finanzsystemen aufgegriffen. Vgl. hierzu Thakor (1996), S. 930.

558 Vgl. Fama (1980), S. 288-307. Hierbei kommt der Reputation eines Managers für den Fall eines Verlustes seines Arbeitsplatzes eine wesentliche Bedeutung zu, die der Manager/Eigner-Problematik bei Trennung von Eigentum und Kontrolle des Unternehmens entgegenwirkt.

Konflikte im Zusammenhang mit Kapitalstrukturentscheidungen und der Trennung von Eigentum und Kontrolle eines Unternehmens zielt.[559]

3 ZWISCHENFAZIT

In Anlehnung an die bereits herausgestellten Defizite der neoklassischen Finanzierungstheorie zur Erklärung der institutionellen Ausgestaltung von Finanzierungsbeziehungen diente das 4. Kapitel einer Untersuchung des Erklärungsgehalts neoinstitutioneller Ansätze der Finanzierungsforschung in Hinblick auf die dieser Arbeit zugrundeliegende Fragestellung. Hierfür wurden im Anschluß an eine Einordung der Theorie in einem ersten Schritt die grundlegenden Problembereiche und Erklärungsansätze der Agency-Theorie dargestellt. Dabei wurde deutlich, daß den im Rahmen der Agency-Theorie untersuchten Abweichungen von der idealtypischen Vollkommenheitsprämisse neoklassischer Modelle im Zusammenhang mit der Bereitstellung von Risikokapital von Wachstumsunternehmen eine fundamentale Bedeutung zukommt.

Die gewonnenen Erkenntnisse über agency-induzierte Kosten von Finanzierungsbeziehungen bildeten die Voraussetzung zur Analyse möglicher Heilungsmechanismen, welche hinsichtlich ihrer institutionellen Grundlage in drei Gruppen eingeteilt wurden. Neben den regulatorischen Rahmenbedingungen und der spezifischen vertraglichen Ausgestaltung von Finanzierungsverträgen wurde insbesondere die Möglichkeit der Finanzmarktintermediation zur Milderung bzw. Lösung der Anreizprobleme im Rahmen der financial theory of agency herausgestellt.

Auf Grundlage der theoretisch gewonnenen Erkenntnisse über die Problembereiche und Lösungsansätze der Agency-Theorie werden im weiteren Verlauf der Arbeit in einem ersten Schritt unterschiedliche institutionelle Ausgestaltungsformen von Finanzierungsbeziehungen hinsichtlich ihrer Vorteilhaftigkeit untersucht, um in einem nachfolgenden Schritt die primär statisch geprägte Betrachtungsperspektive der neoinstitutionalistischen Theorie durch eine dynamische Komponente zu erweitern und somit den Übergang zu alternativen Koordinationsformen von Finanzierungsbeziehungen zu erklären.

---

[559] Einen Überblick über das Potential disziplinierender Wirkung von Marktmechanismen auf opportunistisches Verhalten im Rahmen von Finanzierungsbeziehungen bieten Barnea/Haugen/Senbet (1985), S. 61-79.

V Gestaltung von Finanzierungsbeziehungen

Auf Grundlage der im vorhergehenden Kapitel dargestellten wesentlichen Problembereiche und Lösungsansätze der neoinstitutionalistischen Finanzierungstheorie werden nachfolgend die gewonnenen Erkenntnisse vor dem Hintergrund der Fragestellung dieser Arbeit zur Erklärung von drei empirisch beobachtbaren Phänomenen angewandt. Im Mittelpunkt dieser Untersuchung steht weiterhin die Frage nach einer optimalen institutionellen Ausgestaltung von Finanzierungsbeziehungen, wobei in einem ersten Schritt die in der finanzwirtschaftlichen Literatur anzutreffenden Erklärungsansätze für Finanzmarktinstitutionen und deren Bewertung dargestellt werden, bevor die Frage der optimalen Gestaltung von Fremdfinanzierungsbeziehungen in Kapitel 6 vor dem Hintergrund des Übergangs zu marktlich gehandeltem Fremdkapital näher untersucht wird.

1 Finanzmarktintermediäre

In den folgenden Ausführungen wird untersucht, welche Besonderheiten sich aus der langfristigen Fremdfinanzierung über Finanzmarktintermediäre in Form von Bankkrediten aus der Sicht des kapitalsuchenden Unternehmens ergeben. Hierfür werden die Ergebnisse der Finanzierungstheorie auf ihr Erklärungspotential für die Existenz von Finanzmarktintermediären geprüft. Die im folgenden komprimiert dargestellten Ergebnisse zur Begründung der Finanzintermediation dienen gleichzeitig einer Beurteilung der relativen Vorteile der Kreditfinanzierung gegenüber alternativen institutionellen Ausgestaltungsformen der Fremdfinanzierung.

1.1 Zum Begriff der Finanzintermediation

Der Begriff der Finanzintermediation wird in der Literatur uneinheitlich verwendet.[560] Unter Finanzintermediation sollen hier, aufbauend auf die Definition von Breuer, solche Tauschvorgänge subsumiert werden, denen Finanzierungstitel, d.h. verbriefte Anspruchsgrundlagen, zugrunde liegen.[561] Der Finanzintermediation durch Banken kommt in diesem Zusammenhang die Funktion zu, unverbriefte Finanzierungstitel in Form von Fremdkapital in

---

560 Vgl. Bitz (1988), S. 430, Karmann (1988), S. 220, Krahnen (1985), S. 27, Pyle (1972), S. 2009, Ramakrishnan (1984), S. 415.

561 Vgl. Breuer (1993), S.15. Breuer betrachtet dabei einen originären realwirtschaftlichen Tauschprozeß zwischen zwei Individuen, bei dem sich ein Intermediär einschaltet, um die Transaktion effizienter zu gestalten. Er unterscheidet dabei zwischen den Typen des Gutachters, Auktionators, Händlers und Produzenten. Durch die Einführung von Finanzierungstiteln als Tauschobjekte läßt sich der Begriff des Finanzmarktintermediärs ableiten. Banken übernehmen in diesem Modell die Funktion der Produzenten von Finanzierungstiteln. Ebenso Benston/Smith (1976), S. 215: „Essentially, we view the role of the financial intermediary as creating specialized financial commodities."

eigenem Namen und auf eigene Rechnung zur Finanzierung eines oder mehrerer Tauschpartner zur Verfügung zu stellen.[562]

Eine Theorie zur Finanzintermediation untersucht die Gründe und die Art des Auftretens von Finanzintermediären und deren Folgen für das Wirtschaftssystem.[563] Die Erklärungsansätze der Literatur für das Auftreten von Finanzintermediären sind vielfältig.[564] Ausgangspunkt ist die unbefriedigende Feststellung, daß im Rahmen eines friktionslosen kapitalmarkttheoretischen Modells Finanzinstitutionen wie Banken nicht erklärbar sind.[565]

Führt man neben der grundsätzlichen neoklassischen Betrachtungsweise der Finanzierung als Partenteilung zukünftiger Zahlungsströme das Idealbild eines vollkommenen Kapitalmarktes ein, dann findet das Kapital aufgrund frei verfügbarer Informationen, Prognosesicherheit und kostenfreien Transaktionen selbständig zum optimalen Verwendungszweck.[566] Folglich entfällt eine wesentliche Existenzberechtigung für Kapitalmarktintermediäre. Das Vorhandensein vollkommener und vollständiger Kapitalmärkte im Sinne des ARROW-DEBREU-Modells schließt die originären Funktionen der Fristen- und Risikotransformation von Finanzintermediären aus. Dies gilt umso mehr für Banken und Bankkredite, als daß MODIGLIANI/MILLER in ihrem Grundmodell[567] vom Ausfallrisiko jedweder Forderungstitel abstrahieren.[568] Eine sinnvolle Begründung für Finanzintermediäre bleibt innerhalb des Modellrahmens unmöglich. „The basic problem is that, in a perfect market environment, intermediaries could perform no unique financial service that investors would be unable to reproduce easily.“[569]

Eine auf den Erkenntnissen des CAPM basierende Erklärung für die Existenz von Finanzierungstransaktionen über Finanzintermediäre scheint zunächst abwegig, da im Grundmodell ausschließlich auf anonymisierten, hoch organisierten Kapitalmärkten gehandelte Finanzierungstitel untersucht werden.[570] Finanzierungsformen des Kreditmarktes, d.h. bilaterale Kapitalüberlassungsverträge in Form von Bankkrediten, werden von der Betrachtung ausge-

---

562 Vgl. Gerke/Pfeufer (1995), Sp. 728. Die Autoren stellen dieser, als enge Begriffsfassung ausgelegten Abgrenzung des Begriffs, Finanzintermediation im weiteren Sinne gegenüber. Diese umfaßt dagegen sämtliche Institutionen, die durch ihre Tätigkeit den Abschluß von Finanzierungsverträgen unterstützen.

563 Breuer (1993), S. 57 stellt fest, daß der Großteil der in der Literatur behandelten Erklärungsansätze von sehr allgemeinen Annahmen ausgeht, aus denen das Verhalten von Finanzmarktintermediären erklärt werden soll. Ansätze zur Verhaltenserklärung sind somit gleichzeitig Existenzerklärungsansätze.

564 Einen guten Überblick über die Erklärungsansätze in der Literatur bietet Scholtens (1993), S. 112-141.

565 Vgl. Bank (1998), S. 1, Breuer (1993), S. 328.

566 Vgl. Klein (1996), S. 36.

567 Vgl. Kapitel 3.3.1.

568 Die grundlegende Annahme der Nicht-Existenz von Konkursrisiken ist jedoch, wie Stigliz (1974), S. 853-856 und Fama (1978) S. 272 zeigen, keine notwendige Bedingung zur Ableitung des Irrelevanztheorems.

569 Campbell/Kracaw (1980), S. 863.

570 Vgl. Breuer (1993), S. 54. Breuer spricht einzig dem walrasianischen Finanz-Auktionator eine Existenzberechtigung im Modellrahmen des CAPM zu. Da dieser nicht zum Untersuchungsgegenstand dieser Arbeit zählt, wird auf eine weiterführende Behandlung verzichtet.

nommen.[571] Eine Segmentierung des Kapitalmarktes in direkte und indirekte Finanzierungsbezieungen findet nicht statt.[572] Dementsprechend lassen sich keine Erkenntnisse bezüglich der Wahl unterschiedlicher Fremdfinanzierungsformen ableiten.[573]

Ungeachtet dieser Tatsache ist eine sinnvolle Endogenisierung[574] von Finanzintermediären im Rahmen des engen Modellansatzes des CAPM ebensowenig möglich. Erst durch Einführung von Transaktionskosten kommt BREUER aufgrund einer Reduzierung notwendiger Transaktionen durch Einschalten eines Finanzintermediärs zu einer Tendenzaussage hinsichtlich begünstigender Effekte beim Übergang zum Intermediationsmodell.[575]

HELLWIG argumentiert hingegen, daß Finanzintermediäre die Transaktionskette zwischen Schuldnern und Gläubigern verlängern und dieses ceteris paribus zu einer Erhöhung der Transaktionskosten führen muß. Somit ist die Einschaltung eines Intermediärs nur dann sinnvoll begründbar, wenn die dadurch erzielbaren Vorteile in der Lage sind, diesen negativen Kosteneffekt zu überkompensieren. [576]

Ausgangspunkt einer positiven Theorie zur Erklärung von Finanzintermediären bieten Ansätze, die relative Kostenvorteile der Intermediation herausstellen. Grundlage solcher Vorteile bildet die Existenz von kostenverursachenden Marktunvollkommenheiten. Die Komplexität der Risikoallokation im ARROW-DEBREU-Modell schafft hierbei zunächst Erklärungspotential für Finanzintermediäre vor dem Hintergrund der Transaktionskostenreduktion.[577] Dieser als einfache Theorie der Finanzintermediation bezeichnete Erklärungsansatz basiert im wesentlichen auf Kosteneinsparungseffekten im Zusammenhang mit der Reduktion notwendiger Tauschaktionen und bietet den Vorteil, daß der im walrasianischen Auktionatormodell postulierte Prämissenrahmen nicht verlassen wird.[578] Fraglich bleibt hierbei jedoch der Ursprung jener Transaktionskostenersparnisse, stützen sich diese doch auf Skaleneffekte und Nichtkonvexitäten von Technologien, die im Gleichgewichtsmodell von Walras annahmegemäß nicht existieren.[579] Erst der Verzicht auf die Vollkommenheitsprämisse von Kapitalmärkten im Rahmen des neoinstitutionalistischen Zweiges der Finanzierungstheorie bietet einen konsistenten Erklärungsansatz für Finanzintermediäre.

---

571 Vgl. Klein (1996), S. 44.

572 Zur Abgrenzung direkter und indirekter Finanzierungsbeziehungen vgl. Kapitel 2.6.

573 Vgl. Rudolph (1979), S. 1052.

574 Einen alternativen Ansatz zur Erklärung von Finanzintermediation bildet die Untersuchung des regulativen Umfeldes (exogener Erklärungsansatz). Vgl. hierzu Tobin/Brainard (1963), S. 383-412.

575 Vgl. Breuer (1993), S. 74.

576 Vgl. Hellwig (1991), S. 35-63.

577 Vgl. Hellwig (1997), S. 215.

578 Zur einfachen Theorie der Finanzintermediation werden die Arbeiten von Gurley (1960) und Tobin (1969) gezählt.

579 Vgl. Hellwig (1997), S. 215.

CAMPBELL/KRACAW schlagen vor, eine Unterscheidung zwischen Ansätzen, denen transaktionskostenspezifische Vorteile zugrunde liegen, und solchen, die auf negativen Anreizwirkungen von Schuldnern basieren, vorzunehmen.[580] Beide informationsökonomischen Erklärungsansätze sollen in den folgenden Ausführungen komprimiert dargestellt werden, um hieraus eventuelle Besonderheiten der Kreditfinanzierung herzuleiten.[581]

Ein alternativer Erklärungsansatz der Literatur begründet die Existenz von Finanzmarktintermediären auf Basis ihrer ökonomischen Funktion als Liquiditätsproduzenten. Dieses im wesentlichen auf DIAMOND/DYBVIG zurückzuführende Erklärungsmodell[582] untersucht die Bereitstellung liquider Einlagenverträge bei gleichzeitiger Investition in illiquide Kreditverträge.[583] Gleichzeitig übernimmt die Bank die Funktion eines Versicherers gegenüber Schuldnern gegen Liquiditätsrisiken.[584]

Dieser und ein weiterer, in der Literatur unter der Bezeichnung „Theorie unvollständiger Verträge" (*Incomplete contract approach to banking)* bekannte Ansatz zur Erklärung disintermediärer Finanzierungsformen soll im Rahmen der vorliegenden Untersuchung nicht weitergehend behandelt werden. Begründet wird dies durch den fehlenden Erkenntnisgewinn in Hinblick auf das zugrundeliegende Entscheidungsmodell.[585]

1.2 Auf Transaktionskosten basierende Erklärungsmodelle

In einer Welt ohne Finanzintermediäre und organisierte Finanzmärkte sind Kapitalanbieter gezwungen, Anlagemöglichkeiten zu finden, die hinsichtlich des spezifischen Risiko-Rendite-Profils, der Losgröße und des Zeithorizonts ihren individuellen Möglichkeiten und Präferenzen entsprechen.[586] Institutionalisierte Treffpunkte von Kapitalnachfrage und -angebot senken tendenziell finanzierungsrelevante Such- und Informationskosten. Folglich wäre zu untersuchen, welche Variante der Institutionalisierung komparative Kostenvorteile bei der Initiierung von Finanzierungskontrakten bieten.

---

580 Vgl. Campbell/Kracaw (1980), S. 863. Ähnlich erklärt Helwig (1991), S. 35-38 das Phänomen Finanzintermediation auf Grundlage von Transaktionskosten, asymmetrischer Informationsverteilung und langfristigen Beziehungen zwischen Gläubigern und Schuldnern. Wie Scholtens (1993), S. 118 richtig anmerkt, läßt sich Hellwig's dritter Erklärungsfaktor auf die Existenz der ersten beiden Faktoren zurückführen.

581 Paul (1994), S. 48 faßt unter diesen sowohl transaktionskostenbasierte Anätze (Transaktionskosten im engeren Sinne) und informationsökonomische Ansätze (Transaktionskosten im weiteren Sinne) zusammen. Erstere basieren hiernach auf Economies of Scale and Scope der Bankenintermediation, letztere dagegen auf Problemen asymmetrischer Informationsverteilung.

582 Vgl. Diamond/Dybvig (1983), S. 401-419.

583 Zum Erklärungsansatz der Liquiditätsproduktion von Banken vgl. ebenfalls Bryant (1980), S. 335-344, Wallace (1988), S. 3-16, Dowd (1992), S. 107-132, Bank (1997), S. 85-88. Zur Kritik am Modell von Diamond/Dybvig (1983) vgl. Rajan (1997), S. 2f.

584 „[...] bank insure borrowers against liquidity risk that funding will be cut off prematurely." Diamond/Rajan (1998), S. 2.

585 Vgl. hierzu insbesondere die Arbeit von Aghion/Bolton (1992), S. 473-494. Einen guten Überblick über die Literatur zur Erklärung von Finanzmarktinstitutionen auf Basis der Theorie unvollständiger Verträge bietet Rajan (1997), S. 2-5.

BENSTON/SMITH vermuten in der Existenz von Transaktionskosten den originären Daseinsgrund von Finanzintermediären.[587] Im Mittelpunkt ihrer Analyse stehen vor allem Kostenvorteile durch Finanzintermediation bei

(1) der Suche nach Vertragspartnern[588]

(2) der Abwicklung von Transaktionen

(3) der Übermittlung bestimmter, insbesondere vertraulicher Informationen.

ELSAS/KRAHNEN postulieren systematische Kostenvorteile von Banken bei der Produktion und Verarbeitung von Informationen im Zusammenhang mit Kapitalüberlassungsentscheidungen.[589] Ihre Ausführungen beziehen sich dabei auf das besondere Vertragsverhältnis zwischen Schuldnern und sogenannten Hausbanken.[590] ALLEN/GALE stellen fest, daß enge Vertragsbeziehungen zwischen Finanzintermediär und Schuldner eine Besonderheit des deutschen Finanzsystems darstellen.[591] Dieses, in der Literatur als „*Relationship Banking*" bezeichnete Phänomen findet in der jüngeren Finanzierungsliteratur besondere Aufmerksamkeit.[592] FISHER zeigt modelltheoretisch die Ursachen für das beobachtete Bindungsverhalten zwischen Banken und Unternehmen auf.[593] In einem zweiperiodigen Spiel zwischen zwei Unternehmen unterschiedlicher Qualität und zwei Banken, denen die Charakteristika der Schuldner nicht vollständig bekannt sind, impliziert ein Informationsvorsprung nach erstmaliger Konditionenfestlegung durch eine der Banken (*inside ban*k), daß ein Wechsel der Finanzierungsbeziehung ab der zweiten Periode für Schuldner nachteilig wird.[594] Neben den erwähnten relativen Kostenvorteilen intermediärer Finanzierungsstrukturen stellen EDWARDS/FISCHER fest, daß Hausbanken im deutschen Finanzsystem eine besondere Verantwortung gegenüber ihren in finanziellen Schwierigkeiten geratenen Schuldnern übernehmen.[595] Die moderne Finanzierungstheorie stützt die These, daß Unternehmen mit engen Beziehungen zu Finanzintermediären seltener Finanzierungsrestriktionen bei der Durchführung von Investitionsprojekten ausgesetzt sind.[596] CABLE führt die Reindustrialisierung und das

---

586 Vgl. Gerke/Pfeufner (1995), Sp. 729.

587 Vgl. Benston/Smith (1976), S. 215: „The raison d'être for this industry [Finanzdienstleister] is the existence of transaction cost". Das Werk der beiden Autoren markiert den Beginn der theoretischen Untersuchung von Transaktionskosten zur Begründung von Finanzintermediären. Vgl. Breuer (1992), S. 79.

588 Eine Reduktion von Suchkosten führt Breuer (1992), S. 80 darauf zurück, daß sich die Anzahl notwendiger Tauschpartner in einem intermediären Beziehungssystem auf eins reduziert.

589 Vgl. Elsas/Krahnen (1998), S. 4.

590 Vgl. hierzu die grundlegenden Ausführungen in Kapitel 2.6 dieser Arbeit.

591 Vgl. Allen/Gale (1995), S. 179.

592 Vgl. Berger/Udell (1994), Allen/Gale (1995), Allen/Gale (1997), Diamond (1991), Elsas/Krahnen (1998).

593 Vgl. Fischer (1990), S. 23-35.

594 Neuberger (1994), S. 88-94 erweitert das Modell hinsichtlich Bankbeteiligungen und dabei insbesondere der Bereitstellung von Gründungskapital.

595 Vgl. Edwards/Fischer (1994), S. 8-10.

596 Vgl. Elston/Albach (1995), S. 3-16.

Wirtschaftswachstum Deutschlands im neunzehnten Jahrhundert auf die aktive Rolle von Hausbanken bei der Finanzierung zurück.[597]

RAMAKRISHNAN/THAKOR erkennen in der Informationsproduktion die wesentliche Begründung von Kostenvorteilen intermediärer Finanzierungsbeziehungen.[598] Informationskosten stellen demzufolge die wichtigste Komponente von Transaktionskosten im Zusammenhang mit der Kapitalüberlassung dar. Informationen über Kapitalnehmer, die nicht kostenlos zur Verfügung stehen, können durch Aufwendung von Ressourcen erworben werden. Kostenvorteile bei der Informationsbeschaffung dienen somit als Grundlage ihrer Argumentation.

SCHOLTENS stellt fest, daß Finanzierungstransaktionen trotz unvollständiger Informationen über Schuldner möglich sind, solange die zugrunde liegenden Forderungsrechte handelbar sind.[599] Unter dieser Voraussetzung werden die relevanten Transaktionskosten vom Forderungsaustausch bestimmt, mit der Konsequenz, daß Informationskosten keine hinreichende Begründung zur Existenz eines Intermediärs zur Informationsbeschaffung darstellen, sondern Austauschtransaktionen und deren relevanten Kosten zu komparativen Vorteilen intermediärer Beziehungen führen.[600]

RAJAN konstatiert, daß ein wesentlicher Vorteil der Informationsbeschaffung durch Intermediäre in einer zeitnahen, den Finanzierungsprozeß begleitenden Übermittlung liegt.[601] Dies gilt insbesondere für Informationen, die nicht durch Finanzkennziffern kommunizierbar sind. Hierunter subsumiert RAJAN insbesondere die Fähigkeit des Managements, den Grad der Erreichung interner Performanceziele und die Qualität des Humankapitals.

Die Bedeutung vertraulicher Informationen stellt CAMPBELL in den Mittelpunkt seiner Argumentation zur Begründung komparativer Kostenvorteile der Kreditfinanzierung.[602] Dabei geht der Verfasser davon aus, daß die Vorteilhaftigkeit von Investitionen auf deren spezifischen Informationsvorsprüngen gegenüber Konkurrenten basiert. Solche, für die Beurteilung der Schuldnerbonität relevanten Informationen können nicht veröffentlicht werden, ohne den Unternehmenserfolg zu gefährden. Die Geheimhaltung bewertungsrelevanter Informationen führt jedoch zu einer temporären Unterbewertung öffentlich angebotener Finanzierungstitel. Folglich wird in der geschilderten Situation eine Kreditfinanzierung über eine begrenzte Anzahl von Intermediären als vorteilhaft angesehen.[603]

---

597 Cable führt an, daß enge Beziehungen zwischen Banken und deutschen Industrieunternehmen einen quasi-internen Markt für externe Fremdfinanzierung darstellen. Vgl. Cable (1985), S. 130. Vgl. ebenso Porter (1992), S. 70.

598 Vgl. Ramakrishna/Thakor (1984), S. 415.

599 Vgl. Scholtens (1993), S. 121.

600 Vgl. auch Leland/Pyle (1977).

601 Vgl. Rajan (1992), S. 1368.

602 Vgl. Campbell (1979), S. 913-924.

603 Breuer (1992), S. 83 deutet Campbell's Argumentationskette als Verfeinerung des von Benston/Smith (1976) angeführten Kostenvorteils bei der Bereitstellung von vertraulichen Informationen. Die Kritik

Das Modell von CAMPELL läßt sich als Spezialfall des von MYERS/MAJLUF aufgestellten *Pekking-Order-Theorems* interpretieren. MYERS/MAJLUF untersuchen hierfür Finanzierungsentscheidungen bei Vorliegen asymmetrischer Informationsverteilung.[604] Für die Finanzierung eines Investitionsprojektes stehen dem Unternehmen alternative Finanzierungsformen zur Verfügung, deren Marktwerte aufgrund von informationellen Defiziten der Kapitalgeber vom tatsächlichen Unternehmenswert in unterschiedlichem Maße abweichen. Die optimale Finanzierungsform stellt in diesem Modellrahmen die Aufbringung interner Kapitalreserven dar, da diese nicht der Bewertungsproblematik unterliegen.[605] Ist das Unternehmen auf eine externe Aufbringung finanzieller Mittel angewiesen, so wird es sich für solche Finanzierungstitel entscheiden, deren Marktwerte die geringste Sensitivität gegenüber Informationsasymmetrien aufweisen. Kreditfinanzierung über Finanzmarktintermediäre erfüllt diese Bedingung aufgrund der mit einer intensiven Informationsverarbeitung einhergehenden relativen Verringerung informationeller Asymmetrien.

Neben Such-, Abwicklungs- und Informationskosten stellen Vertragskosten einen weiteren wesentlichen Bestandteil der Transaktionskosten dar, die im Zusammenhang mit der Bestimmung einer optimalen Finanzierungsbeziehung in der Literatur untersucht werden. Finanztransaktionen bedingen Vertragsbeziehungen impliziter oder expliziter Art. FAMA stellt die Bedeutung von Vertragskosten für Finanzierungsbeziehungen auf unvollständigen Kapitalmärkten dar: „*Since Arrow-Debreu state-contingent claims dominate with costless contracting, the fact that they are rare is evidence of high contract cost.*“[606] Verträge stellen ein Mittel zum Umgang mit Marktunvollkommenheiten dar. Kosten, die mit der Aufstellung, Überprüfung und Durchsetzung von Verträgen in Finanzierungsbeziehungen entstehen, beeinflussen somit die Auswahl optimaler Finanzierungsformen.[607]

Hinsichtlich der Vertragskosten einer Finanzierungsbeziehung stellt RAJAN fest, daß eine monolythische, leicht erreichbare Gläubigerstruktur im Falle von Nachverhandlungen zu signifikanten Kostenersparnissen führt.[608] Sind hingegen Forderungsansprüche auf eine Vielzahl

---

Breuer's zielt insbesondere auf die Vernachlässigung einer fundierten Begründung für höhere Vertrauenswürdigkeit von Finanzintermediären. Abhilfe schaffen hier mehrperiodige Modelle, die Reputationsaufbau erlauben. Vgl. derselbe, S. 81.

604 Vgl. Myers/Majluf (1984), S.187-221. Zur Kritik am Pecking-Order Modell vgl. Bester/Scheepens (1996), S. 565-591.

605 James (1987), S. 218 vergleicht Bankkredite mit der im Modell von Myers/Majluf dargestellten optimalen Finanzierungsquelle aus internen Reserven (financial slack). Hierzu ist kritisch anzumerken, das Myers/Majluf von Konkursrisiken der Fremdfinanzierung abstrahieren. Somit sind die Modellergebnisse nicht problemlos vergleichbar.

606 Fama (1990), S. 78.

607 In der anglo-amerikanischen Literatur werden Informationskosten regelmäßig zu den sogenannten „contract costs“ gezählt. Entgegen dieser Systematik sollen hier Informationskosten ausschließlich in bezug auf die Auswahl und Kontrolle von Schuldnern Relevanz erhalten. Eine derartige Systematik betont die wesentlich gewichtigeren Informationsdefizite vor Vertragsabschluß und stellt die Verhandlungsflexibilität in den Mittelpunkt der vertraglichen Reorganisationskosten.

608 Rajan (1992), S. 1368.

von Gläubigern verstreut, entstehen im Fall von Vertragsbrüchen seitens der Schuldner hohe Informationskosten sowie negative Effekte aufgrund der Free-Rider-Problematik.[609]

Alternative transaktionskostenbasierte Ansätze zur Erklärung intermediärer Finanzierungsvorteile untersuchen effiziente Reorganisationsprozesse im Konkursfall eines Schuldners und komparative Kostenvorteile von Banken bei außergerichtlicher Einigung der involvierten Transaktionspartner. Während GILSON behauptet, Bankverbindlichkeiten erleichtern den Ablauf außergerichtlicher Reorganisation aufgrund harmonisierender Interessen von Schuldner und Gläubiger,[610] betonen BROWN/JAMES/ MOORADIAN die Problematik der Reorganisation verbriefter Forderungsansprüche auf Basis regulatorischer Hindernisse und Anreizprobleme der involvierten Parteien.[611] CANTILLO/WRIGHT belegen in einer empirischen Studie von Finanzierungsentscheidungen US-amerikanischer Unternehmen im Zeitraum von 1974 bis 1992 die Hypothese relativer Effizienzvorteile von Intermediären im Reoganisationsprozeß.[612]

Insgesamt läßt die in der Literatur überwiegende Feststellung transaktionskostensenkender Effekte der Finanzintermediation eine Tendenzaussage hinsichtlich der Vorteilhaftigkeit intermediärer Finanzierungsbeziehungen zu. Finanzintermediäre sind bei Existenz unvollkommener Kapitalmärkte in der Lage, eine effiziente Kapitalallokation zu geringeren Transaktionskosten zu ermöglichen. Die Möglichkeit von Spezialisierungs- und Bündelungseffekten im Zusammenhang mit der Informationsbeschaffung und -verwertung verschafft der Kreditfinanzierung Kostenvorteile gegenüber der Bereitstellung finanzieller Mittel über den Kapitalmarkt. Insbesondere bei der Finanzierung junger Unternehmen können Vertragskosten durch Einschaltung von Intermediären gesenkt werden,[613] da hier von einem vergleichbar höherem Informationsbedarf potentieller Kreditgeber ausgegangen werden kann.[614] Geringere Transaktionskosten der Kapitalbereitstellung spiegeln sich in einer entsprechenden Reduzierung der Kapitalkosten wider. [615] Eine in Deutschland regelmäßig enge Beziehung zwischen Unternehmen und ihren Hausbanken läßt die Validität dieser These auch vor dem Hintergrund empirischer Studien über die Dauer und Kosten von Finanzierungsbeziehungen deutscher Unter-

---

609 Zur Free-Rider-Problematik vgl. Diamond (1984), S. 393-414.

610 Vgl. Gilson/Kose/Lang (1990), S. 315.

611 Vgl. Brown/James/Mooradian (1992), S. 125f. Regulatorische Hindernisse bestehen dabei insbesondere aufgrund von notwendigen Mehrheitsentscheidungen unter Gläubigergruppen. Zum Inhalt und Bedeutung des deutschen Schuldverschreibungsgesetzes vgl. Vogel (1996).

612 Vgl. Cantillo/Wright (1997), S. 2. Die Ergebnisse bestätigten zusätzlich die These eines Life-Cycle-Effektes der Fremdfinanzierung. Vgl. Diamond (1991).

613 Vgl. Fama (1985), S. 37.

614 Eine Darstellung der Entwicklung von Informationsproblemen während des Unternehmenslebenszyklus findet sich bei Zimmer (1988), S. 65-76. Im Rahmen der Untersuchung informationsbedingter Nachteile der Eigenkapitalaufnahme am Kapitalmarkt spricht man vom „Small firm effect". Vgl. hierzu Buckland/Davis (1990), S. 207-222.

615 Cantillo/Miguel (1997), S. 1 führen geringere Kapitalkosten der Bankenfinanzierung insbesondere auf geringere Reorgansisationskosten im Konkursfall zurück. Zum Zusammenhang zwischen Wiederverhandlung von Kreditverträgen und der Vorteilhaftigkeit intermediärer Finanzierung vgl. Breuer (1994a), S. 291-309.

nehmen als gegeben erscheinen.[616] Zusätzlich bieten intermediäre Finanzierungsbeziehungen aufgrund einer reduzierten Anzahl involvierter Transaktionspartner und fehlendem Informationsbedarf der Öffentlichkeit bessere Voraussetzungen, die Vertraulichkeit im Interesse des Schuldners zu wahren. Grundsätzlich wirkt sich darüber hinaus bei bilateralen Finanzierungsbeziehungen positiv aus, daß auf Standardisierung der Vertragsgestaltung aufgrund der fehlenden Notwendigkeit einer Fugibilität dieser Ansprüche verzichtet werden kann. Eine bedarfsgerechte Gestaltung der Zahlungsstruktur und Vertragsbedingungen ist wird somit tendiziell erleichtert.

Vor dem Hintergrund transaktionskostenbasierter Ansätze läßt sich somit eine tendenzielle Vorteilhaftigkeit bilateraler Finanzierungsbeziehungen in Form direkter Kapitalüberlassungsverträge zwischen kreditgebender Bank und kapitalsuchendem Unternehmen herausstellen, deren Herkunft primär mit einer Reduktion der involvierten Transaktionspartner begründet wird. Aufgrund des mit einer Finanzierungstransaktion von Wachstumsunternehemen regelmäßig verbundenen vergleichbar hohen Informationsbedarfs[617] kann davon ausgegangen werden, daß für diesen Unternehmenstyp intermediäre Kapitalbeschaffungsformen in Bezug auf die damit verbundenen Kosten dominant gegenüber einer direkten Kapitalaufnahme am Kapitalmarkt sind.

1.3 Auf Informationsasymmetrien basierende Erklärungsansätze

Interessenkonflikte zwischen Kapitalnehmern und Kapitalgebern führen, wie in Kapitel 4.1 dargestellt wurde, zu Verhaltensrisiken, die bei Antizipation des opportunistischen Verhaltens durch den Investor zur Forderung entsprechender Risikoprämien führen. Unter der Voraussetzung, daß die Wahl der Finanzierungsform das Ausmaß von Anreizen zu opportunistischem Verhalten der Kapitalnehmer beeinflußt, folgt, daß durch Auswahl anreizkompatibler Finanzierungsverträge Kapitalkosten gesenkt werden können.

In der Literatur wird insbesondere untersucht, inwiefern Banken in der Lage sind, die bei der Finanzierung von jungen Unternehmen entstehenden Agency-Kosten zu minimieren.[618] Finanzierungsentscheidungen basieren in der Regel auf Informationen, die nicht vollständig öffentlich zugänglich sind. Die Bewertung potentieller Kapitalnehmer unterliegt folglich Unsicherheiten bezüglich der tatsächlichen Qualität des Schuldners und dessen zukünftigen Investitions- und Finanzierungsentscheidungen.

---

616 Vgl. Ewert/Schenk (1998), S. 30. Dewenter/Hess untersuchen Konkursrisiken und Kapitalkosten in Finanzsystemen mit beziehungsorientierter und transaktionsorientierter Bankenfinanzierung. Die Autoren stützen durch empirische Studien die These von Effizienzvorteilen des Relationship-Banking. Vgl. Dewenter/Hess (1997), S. 16. Allen/Gale stellen die besonders ausgeprägt Stabilität von Kreditkosten im Zeitverlauf (Intertemporal Smoothing) heraus. Vgl. Allen/Gale (1995b), S. 26. Berlin/Mester (1997), S. 17 zeigen hingegen, daß Intertemporal Smothing im Falle von exogenen Bonitätsschocks keine dominante Strategie der Bank darstellt.

617 Vgl. Kapitel 2.5.

618 Vgl. insbesondere Berger/Udell (1995), S. 351-381, Brewer/Genay (1996), S. 2-18 und Yan (1996), S. 2f.

Wie dargestellt wurde, steigen agency-induzierte Verhaltensrisiken in Form von Adverse Selection und Moral Hazard mit zunehmenden Infomationsvorsprüngen des Agenten. Folglich wird die Gefahr einer Negativauswahl sowie opportunistischen Verhaltens von Kapitalnehmern bei Wachstumsunternehmen mit entsprechenden Expansionsmöglichkeiten in Form eines weiten Spektrums zukünftiger Investitionsprojekte von größerer Bedeutung sein. Die in der Literatur dominante These, Kreditfinanzierung über Finanzintermediäre stelle eine effiziente Lösung zum Umgang mit Agency-Konflikten junger Unternehmen dar, basiert auf unterschiedlichen Ansätzen.

Entsprechend der These von LELAND/PYLE stellen Finanzintermediäre eine konsequente Anwort auf die Existenz asymmetrisch verteilter Informationen am Markt für Finanzierungsmittel dar.[619] AKERLOF betonte die Bedeutung institutionalisierter Lösungsmechanismen des Adverse Selection-Problems.[620] STIGLITZ/WEISS zeigen hingegen, daß opportunistisches Verhalten der Schuldner nach Kapitalüberlassung durch glaubwürdige Drohung des Kapitalabzugs von Finanzintermediären dazu beiträgt, agency-induzierte Risikoprämien der Fremdfinanzierung zu reduzieren.[621]

DIAMOND untersucht hierfür die Eigenschaften der Bankfinanzierung zur Reduktion von Adverse Selection und Moral Hazard unter der besonderen Berücksichtigung von Überwachungskosten (*monitoring cost*) und der Möglichkeit des Reputationsaufbaus von Schuldnern.[622] Im Mittelpunkt des Modells steht die Entwicklung der Nachfrage nach Bankkrediten im Zeitverlauf.[623] DIAMOND'S zentrale These ist dabei die Existenz eines „*life cycle*"-Effektes der Auswahl zwischen alternativen Finanzierungsformen. Während junge und bonitätsmäßig schwache Unternehmen ihren Finanzierungsbedarf primär durch Bankkredite befriedigen, erfolgt eine Verschiebung der Finanzierungsquelle zugunsten einer direkten Mittelaufnahme über den Kapitalmarkt mit wachsendem Bonitäts- bzw. Reputationsaufbau des Schuldners. Die zugrunde liegende Argumentationskette beruht auf der Hypothese, daß Informationen, die nicht öffentlich zugänglich sind, effizienter durch Finanzintermediäre beschafft und verifiziert werden können. Positive Anreizeffekte durch Reputationsaufbau, die im Verlauf von Finanzierungsbeziehungen durch vertragskonformes Verhalten der Schuldner entstehen, substituieren kapitalkostenwirksames Monitoring. Eine wesentliche Funktion der Finanzintermediation

619 Vgl. Leland/Pyle (1977), S. 371-387.

620 Vgl. Akerlof (1970), S. 488-500 sowie Kapitel 4.1.1 dieser Arbeit.

621 Vgl. Stiglitz/Weiss (1983), S. 912-927. Dewatripont/Maskin stellen hingegen fest, daß in zentralisierten Finanzsystemen (gemeint ist dabei der Grad der Zentralisiation von Kreditentscheidungen, in diesem Fall Deutschland bzw. Japan) eine glaubwürdige Drohung des Kreditabzugs nicht gegeben ist. Vielmehr entstehen durch das in der Literatur unter dem Begriff der „soft budget constraint" bekannten Phänomen expost ineffiziente Entscheidungen der Kapitalallokation einer Volkswirtschaft. Vgl. Dewatripont/Maskin (1995), S. 541-555.

622 Vgl. Diamond (1991), S. 689.

623 Im zugrunde liegenden Modell wird von den Effekten des Realtionship Banking und Auswirkungen der Gläubigerreputation abstrahiert. Ebenso nimmt der Autor keine Differenzierung zwischen kurz- und langfristiger Kreditfinanzierung vor. Vgl. Diamond (1991), S. 690.

stellt somit die effiziente Überwachung potentieller und tatsächlicher Kapitalnachfrager dar. FLUCK bestätigt die These DIAMOND'S im Rahmen eines Modellansatzes zur Endogenisierung der Verfügungsrechte fremdfinanzierter Investitionsprojekte.[624]

DEWENTER/HESS indentifizieren drei Arten von Monitoring-Aktivitäten, die Banken zur Reduktion von asymmetrischer Informationsverteilung unternehmen.[625] Ex ante-monitoring umfaßt die Bonitätsanalyse potentieller Schuldner zur Verringerung von Adverse Selection und Erfassung von korrelierten intra-industriellen Ausfallwahrscheinlichkeiten. Interimes Monitoring erfaßt Verhaltensrisiken des Gläubigers während der Laufzeit der Finanzierungsbeziehung. Ex-post Monitoring schließlich verifiziert die Informationsversorgung durch den Gläubiger bei Reorganisation der Schuldenstruktur für den Fall von temporären Zahlungsschwierigkeiten.

In der Literatur zur Finanzintermediation wird im Zusammenhang mit der Untersuchung von Monitoring-Aktivitäten vielfach auf die Problematik der Information als öffentliches Gut hingewiesen.[626] Durch den Charakter eines öffentlichen Guts entstehen zwei wesentliche Anreizprobleme. Zum einen wird der Informationstransfer durch Moral Hazard und der fehlenden Möglichkeit zur Überprüfung der Validität gehemmt. Darüber hinaus entsteht das Problem des Trittbrettfahrens durch Nichtexistenz von Ausschlußmöglichkeiten der Informationen. Zur Lösung der dargestellten Friktionen schlagen LELAND/PYLE vor, daß Finanzmarktintermediäre gleichzeitig als Informationsproduzenten und Kapitalgeber auftreten.[627] Durch Aufnahme der Forderungsansprüche gegenüber dem bewerteten Unternehmen in das Portefeuille des Intermediärs signalisiert dieser die Glaubwürdigkeit seiner Informationsbereitstellung. Zugleich transformiert die Kapitalbeteiligung den Charakter des öffentlichen Guts in ausschlußfähige Renditeansprüche aus dem diversifizierten Kreditportefeuille des Intermediärs. Entsprechend erklären die Autoren die Existenz von Finanzintermediären endogen innerhalb eines Modells mit vorhandenen Informationsasymmetrien zur Lösung des Moral Hazard-Problems.

CAMPBELL/KRACAW kritisieren die zentrale These von LELAND/PYLE, daß Finanzintermediation hinreichend durch die Existenz asymmetrischer Informationsverteilung erklärt werden kann.[628] Sie schlagen hingegen einen eklektischen Erklärungsansatz vor. Demgemäß stehen

---

624 Vgl. Fluck (1997), S. 7. Das Modell Fluck's stellt eine Verallgemeinerung der Ergebnisse von Aghian/Bolton (1992) dar, als daß es die Existenz eines Cournot-Nash-Gleichgewichtes bei Zuteilung sämtlicher Verfügungsrechte zum Kreditnehmer herleitet.

625 Vgl. Dewenter/Hess (1997), S. 3.

626 Vgl. Scholtens (1993), S. 126, Benston/Smith (1976) , S. 222.

627 Vgl. Leland/Pyle (1977), S. 372-374. Diamond bestätigt die Ergebnisse von Leland/Pyle in einem formalen Modell. Hierbei wird insbesondere die Effizienz der Delegation von Monitoring auf Finanzintermediäre untersucht.Vgl. Diamond (1984), S. 393-414.

628 Vgl. Campbell/Kracaw (1990), S. 863.

Transaktionskosten, Vertraulichkeit von Informationen und Effizienz bei der Produktion von Informationen zur Erklärung von Intermediation komplementär nebeneinander.[629]

Die empirische Überprüfung der Vielzahl finanzierungstheoretischer Veröffentlichungen zur Begründung der besonderen Funktion intermediärer Finanzierungsformen konzentriert sich auf die Betrachtung von Kapitalmarktreaktionen auf positive oder negative Kreditvergabeentscheidungen durch Banken.[630] Untersuchungen von Aktienkursentwicklungen nach Bekanntgabe neuer Bankkredite dienen hierbei als Indikator des Transmissionseffektes der Informationsbeschaffung durch Finanzmarktintermediäre.[631] Die Hypothese, daß positive Kreditvergabeentscheidungen auf Basis nicht öffentlich zugänglicher Informationen über den Unternehmenswert des Schuldners Signalwirkungen am Kapitalmarkt induzieren, konnte in zahlreichen Studien am US-Kapitalmarkt nachgewiesen werden.[632] LUMMER/MCCONNELL unterscheiden dabei explizit zwischen Kapitalmarktreaktionen, die auf die Vergabe neuer Kredite zurückzuführen sind, und Signalwirkungen durch die Prolongation bestehender kurzfristiger Kreditlinien. Letztere werden zur Unterstützung der Hypothese FAMA'S herangezogen, welche die besondere Bedeutung kurzfristiger Bankfinanzierung auf die agency-induzierte Anreizproblematik herausstellt. FAMA'S Argumentation folgend werden kurzfristige Kreditvereinbarungen durch externe Beobachter als Selbstselektions-Mechanismus interpretiert.[633] Anreize des Kapitalnehmers zur wahrheitswidrigen Informationsversorgung werden aufgrund revolvierender Bewertungen des Unternehmenswertes und Sanktionsmöglichkeiten des Intermediärs gesenkt. Die Ergebnisse LUMMER/MCCONNELL unterstützen die These Fama's hinsichtlich der Signalwirkung von Kreditprolongationen, während positive Vergabeentscheidungen von neuen Krediten keine signifikanten Kapitalmarktreaktionen auslösen.[634]

Zusammenfassend kann festgestellt werden, daß neben transaktionsökonomischen Erklärungsansätzen zur Finanzintermediation eine Vielzahl von theoretischen und empirischen Untersuchungen die Vorteile intermediärer Finanzierungsbeziehungen bei Existenz informationeller Asymmetrien zwischen Gläubigern und Schuldnern herausstellen. Die wesentlichen Mechanismen zur Überwindung agency-induzierter Anreizprobleme basieren auf der besonderen Vertragsbeziehung zwischen Banken und Schuldnern hinsichtlich Auswahl, Vertragsgestaltung und Sanktionsmöglichkeiten.

---

629 Der Vorgehen basiert auf einem Gleichgewichtsansatz rationaler Erwartungen an unvollkommenen Kapitalmärkten. Ein stabiles Gleichgewicht impliziert dabei, daß eine korrekte Beurteilung potentieller Schuldner bei gleichzeitgem Minimum der Informationskosten erreicht wird. Vgl. Campbell/Kracaw (1990), S. 864.

630 Einen Überblick über die empirische Untersuchungen in der Literatur bietet Smith (1986), S. 3-29.

631 Vgl. Lummer/McConnell (1989), S. 99.

632 Vgl. Asquisth/Mullins (1986), S. 61, Dann/Mikkelson (1984), S. 157, Linn/Pinegar (1986), S. 155, Lummer/McConnell (1989), S. 99.

633 Vgl. Fama (1985), S. 29-39. Sanktionsmöglichkeiten wahrheitswidriger Informationsversorgung durch den Schuldner in Form einer Verweigerung von Kreditprolongationen führen im Modell Fama's zu einem Trennungsgleichgewicht.

634 Vgl. Lummer/McConnell (1989), S. 99f.

Die spezifische Bedeutung enger Beziehungen zwischen Kapitalnehmer und finanzierender Bank trägt dazu bei, daß die aus Informationsasymmetrien entstehenden Kapitalmarktfriktionen effizient gelöst werden können. Effizienzvorteile intermediärer Finanzierungsbeziehungen werden sowohl durch eine Senkung von Transaktionskosten als auch anreizkompatible Vertragsbeziehungen gewonnen. Somit läßt sich die empirisch nachgewiesene Dominanz von Bankkrediten als Instrument der externen Fremdkapitalaufbringung theoretisch begründen.

1.4 Kosten von intermediären Finanzierungsbeziehungen

Nachdem in vorigen Kapitel gezeigt werden konnte, daß Finanzmarktintermediäre im engeren Sinne bei Existenz von Transaktionskosten und informationellen Defiziten eine effiziente Institution zur Bereitstellung von externen Fremdkapital darstellen, werden an dieser Stelle die Kosten derartiger Finanzierungsbeziehungen näher untersucht. Finanzierungsbedingte Anreizprobleme entstehen eben nicht ausschließlich bei der Kapitalbereitstellung durch anonymisierte Märkte, sondern gleichfalls im Rahmen der spezifischen Finanzierungsbeziehung zwischen Intermediären und Kapitalnachfragern. Im Zusammenhang mit der Untersuchung effizienter Strukturen von Finanzsystemen wird dem Aspekt agency-induzierter Kosten der Kreditfinanzierung in der Literatur verhältnismäßig wenig Aufmerksamkeit gewidmet.

RAJAN stellt die Agency-Kosten des Kreditnehmers aufgrund impliziter Verhandlungsmacht von Kreditgebern in den Mittelpunkt seiner Untersuchung.[635] Ausgangspunkt ist die Feststellung, daß eine empirisch nachweisbare Diversifikation der Fremdfinanzierungsquellen nicht mit den Ergebnissen der modernen Theorie zur Finanzintermediation vereinbar ist.[636] Er kommt zu dem Schluß, daß es aufgrund impliziter Verhandlungsmacht des Kreditgebers nach einer positiven Vergabeentscheidung zu suboptimalem Investitionsverhalten des Kreditnehmers kommt. Die Machtverschiebung zuungunsten des Kreditnehmers resultiert dabei aus der Tatsache, daß diesem der Residualgewinn der Investition zusteht, die Entscheidung über Abbruch oder Fortsetzung jedoch beim Kreditgeber liegt.[637] Dieser in der Literatur unter der Begriff des „lock-in effect“ behandelte Problemkomplex wird vorwiegend im Zusammenhang mit der Beurteilung von Hausbanken-Beziehungen (*relationship banking*) untersucht und gegen die Vorteile langfristiger Bank-Schuldner-Beziehungen abgewogen.[638]

---

635 Vgl. Rajan (1992), S. 1367-1401. Sharpe greift die These Rajan's auf, um eine optimale Kreditvertragsgestaltung zu analysieren. Vgl. Sharpe (1990), S. 1069-1087.

636 „Yet in practice, many such firms diversify away from bank financing even if banks are willing to lend more.“ Ebenda, S. 1367.

637 Die dargestellte Problematik ist nicht ausschließlich bei kurzfristiger Kreditfinanzierung relevant. Rajan zeigt, daß es auch bei langfristiger Kreditfinanzierung zu negativen Anreizeffekten kommt, sofern der Kreditgeber in der Lage ist, den Kreditnehmer zur Beendigung von Investitionsprojekten zu bestechen. Vgl. ebenda, S. 1389f.

638 Theoretische Modelle zur Untersuchung des Lock-in-Effektes finden sich bei Greenbaum/Kanatas/Venezia (1989), Sharpe (1990), Rajan (1992 sowie Longhofer/Santos (1998).

Insbesondere stellte RAJAN fest, daß Fremdfinanzierungszusagen von Banken in der Regel kürzere Laufzeiten aufweisen als die Dauer der erwarteten Amortisation der zu finanzierenden Investitionsprojekte. Somit ist der Schuldner darauf angewiesen, revolvierende Anschlußfinanzierungen zu erhalten, um nicht zum Abbruch des Investitionsvorhabens oder sogar zur Liquidation des Unternehmens gezwungen zu werden.[639] Der aus dem Kündigungsrecht des Kreditgebers entstandene relative Machtzuwachs ermöglicht diesem, Investitionsrenten des Unternehmens zu enteignen. Dementsprechend verändern sich die ex-post Anreize des Kreditnehmers aufgrund der ex-ante Verteilung von Verfügungsrechten.[640]

Die Problematik effizienter Entscheidungen über Fortführung bzw. Beendigung wurde bereits von STIGLITZ/WEISS zur Beurteilung intermediärer Finanzierungsformen herangezogen.[641] Ihrer Argumentation folgend bieten bedingte Finanzierungsverträge in Form einer Drohung von Kündigung bzw. Verzicht auf Prolongation bestehender Kredite Vorteile gegenüber ex-ante oder ex-post Vertragsanpassungen.[642] Insbesondere vermeidet das anreizkompatible Potential glaubwürdiger Drohung negative Selektions- und Anreizeffekte.[643]

Ebenfalls zeigt MEYERS, daß eine Verkürzung der effektiven Laufzeit von Fremdfinanzierungsverträgen in der Lage ist, die von ihm untersuchten Interessenskonflikte zwischen Eigen- und Fremdkapitalgebern zu reduzieren.[644] Dabei abstrahiert MEYERS allerdings von den in der Untersuchung von RAJAN herausgestellten negativen Anreizeffekten der Fremdkapitalgeber zur opportunistischen Ausnutzung ihrer Sanktionsmöglichkeiten.

Somit zeigt sich das Problem der Machtverschiebung zuungunsten des Kreditnehmers ambivalent. Dem Vorteil einer durch Sanktionsmöglichkeiten von Seiten des Kreditgebers erzwungenen Entscheidung zum Abbruch unrentabler Investitionsprojekte steht der Nachteil opportunistischen Verhaltens der Bank gegenüber. Die relative Vorteilhaftigkeit von intermediärer gegenüber direkter Finanzierung über den Kapitalmarkt spiegelt sich in der zu beobachtenden Mischung zwischen Bankkrediten und alternativen Finanzierungsformen wider.[645]

Der entscheidende Beitrag RAJAN'S zur Theorie der Finanzintermediation besteht darin, daß es ihm entgegen den bis dahin üblichen Ansätzen exogener Bestimmung von Kosten der Bankfinanzierung gelingt, eine Endogenisierung auf Basis finanzierungsbedingter Anreizprobleme zu begründen. Eine Beurteilung relativer Vorteilhaftigkeit intermediärer Finanzierungsformen bedarf demgemäß einer Berücksichtigung der aus opportunistischem Verhalten von Kreditgebern induzierten Kosten.

---

639 Vgl. Schmidt/Terberger (1997), S. 426.

640 Vgl. derselbe, S. 1369. Einen ähnlichen Ansatz wählen Grossman/Hart (1986), S. 691f.

641 Vgl. hierzu die Ausführungen in Kapitel 4.1.2 dieser Arbeit.

642 Vgl. Stiglitz/Weiss (1983), S. 912.

643 Vgl. dieselben, S. 912.

644 Vgl. Myers (1977), S. 147-177.

HELLWIG weist auf ein weiteres, durch intermediäre Finanzierungsbeziehungen begründetes Anzeizproblem hin. Standen in den bisherigen Ansätzen ausschließlich die Vertragsbeziehungen zwischen Kreditnehmer und Bank im Vordergrund der Untersuchung, so erweitert HELLWIG die Analyse anreizkompatibler Finanzierungsformen auf die Refinanzierung der Kreditgeber.[646] Hierfür analysiert er in einer Erweiterung des Modells DIAMOND'S zur Begründung intermediärer Finanzierungstrukturen auf Basis der Delegation von Monitoring-Aktivitäten[647] das Phänomen suboptimaler Kreditdiversifikation bei Banken unter der Annahme diskreter Entscheidungsräume zur Kreditportefeuillegestaltung.[648] Bei Vorliegen fixer Überwachungskosten und konstanten stochastischen Skalenerträgen stellt ein diversifiziertes Kreditportefeuille keine dominante Strategie der Finanzintermediärs dar.[649] Den aus der Portefeuille-Theorie bekannten Diversifikationsvorteilen stehen Skaleneffekte der Überwachung von Kreditnehmern gegenüber. Bei Existenz suboptimaler Kreditportefeuillediversifikation sinkt tendenziell der Kostenvorteil intermediärer Finanzierungsformen.

Die Modelle von RAJAN und HELLWIG relativieren die in der finanztheoretischen Literatur dominante These relativer Vorteilhaftigkeit intermediärer Finanzierungsverträge gegenüber einer direkten Inanspruchnahme anonymisierter Kapitalmärkte. Während RAJAN explizit die restriktiven Auswirkungen der Kreditfinanzierung auf den Entscheidungsraum von Schuldnern aufzeigt, stellt HELLWIG die postulierten Finanzierungskostenvorteile der Kapitalbeschaffung über Finanzintermediäre in Frage.

Eine allgemeingültige Beurteilung bezüglich externer Fremdfinanzierungsentscheidungen läßt sich aus den vorgestellten Ansätzen indes nicht deduzieren. Die Beobachtung diversifizierter Finanzierungsquellen läßt vielmehr darauf schließen, daß optimale Fremdfinanzierungsverträge sowohl von der unternehmensspezifischen Finanzierungssituation als auch von der zugrunde liegenden Präferenzstruktur hinsichtlich der betrachteten Entscheidungsparameter abhängt. Zur Erklärung der empirisch nachgewiesenen Zunahme der Verlagerung zugunsten disintermediärer Fremdfinanzierungsformen[650] soll im folgenden die Verfügbarkeit von Bankkrediten bei Existenz von Kapitalmarktfriktionen näher untersucht werden.

---

645 Rajan stellt hierbei die Bedeutung von unterschiedlichen vertraglichen Ausgestaltungen auf die optimale Mischung alternativer Fremdfinanzierungsformen heraus. Vgl. Rajan (1992), S. 1369.

646 Vgl. Hellwig (1998), S. 1.

647 Vgl. Diamond (1984), S. 393-414.

648 Vgl. Hellwig (1998), S. 2f. Die Annahme der Unabhängigkeit von Refinanzierungsinstrumenten der kreditgebenden Bank von den Kreditvergabeentscheidungen basiert auf der Tatsache, daß Spareinlagen bei Banken keine vertraglichen Nebenabreden in Form von Investitionsvorgaben beinhalten. Eine Relativierung dieser Annahme scheint jedoch vor dem Hintergrund gesetzlicher Rahmenbedingungen sinnvoll. Durch aufsichtsrechtliche Mindestanforderungen entstehen Einschränkungen der Kreditvergabepolitik von Banken.

649 Das Modell Hellwigs stellt einen integrierten Ansatz von Diamonds (1994) „delegation costs" und der aus der Institutionenökonomik bekannten Problematik des „excessive risk taking" dar. Vgl. Hellwig (1998), S. 2.

650 Vgl. Vogel (1989), S. 211, Bank for International Settlements (1998), S. 1 und Löwe (1997), S.141.

2 Kreditrationierung

Im Zusammenhang mit der Bewertung institutioneller Strukturen unterschiedlicher nationaler Finanzsysteme wird, wie bereits dargestellt, schwerpunktmäßg die Frage nach deren Einfluß auf den realen Sektor einer Volkswirtschaft untersucht.[651] Hierbei steht neben dem Aspekt der relativen Kosten unterschiedlicher Formen der Kapitalversorgung von Unternehmen der Zugang zu Finanzmitteln im Vordergrund. Wie bereits dargestellt, konnte die Existenz von Finanzmarktintermediären auf Basis ihrer relativen Vorteile bei der Informationsverarbeitung und dem Abbau agency-induzierter Interessendivergenzen begründet werden. Tendenziell lassen sich die Kosten der Finanzierungsbeziehung durch Einschaltung eines auf die Vergabe von Krediten spezialisierten Intermediärs senken. Die Frage nach der Verfügbarkeit derartiger Finanzierungskontrakte blieb dabei jedoch unbeantwortet. Im folgenden wird der Fragestellung nachgegangen, ob die Institution des Bankkredits eine effiziente Form der Kapitalbereitstellung im Sinne der geforderten Allokationseffizienz darstellt.

Zu diesem Zweck werden in einem ersten Schritt die wesentlichen theoretischen Erklärungsansätze zur Kreditrationierung zusammengefaßt. In einem zweiten Schritt werden die abgeleiteten Ergebnisse der Erklärungmodelle anhand empirischer Untersuchungen überprüft, um darauf aufbauend eine These zur Vorteilhaftigkeit verbriefter Forderungsrechte zur Überwindung des Rationierungsphänomens abzuleiten.

2.1 Theoretische Erklärungsansätze zur Kreditrationierung

Die Verfügbarkeit von Krediten durch Finanzintermediäre wird von der Vergabepolitik der Banken bestimmt.[652] Sowohl die Verschuldungsgrenze als auch der geforderte Kreditzins für die Überlassung von Kapital und der Abgeltung finanzieller Risiken sind von der Kreditwürdigkeit und Kreditfähigkeit des Schuldners abhängig.[653]

Eine Koordination von Einzelwirtschaftsplänen über den Markt erfordert, daß Angebots- und Nachfragemengen elastisch auf Marktpreisveränderungen reagieren und somit ein Gleichgewichtspreis existert, der zur Markträumung führt .[654] Auf vollkommenen Kreditmärkten wäre demgemäß zu erwarten, daß renditeorientierte Banken durch Anpassung des geforderten Kreditzinses zur Räumung des Marktes beitragen. Aufgrund von beobachteten Nachfrageüberhängen am Markt für Kredite hat sich die Literatur schon früh mit dem Phänomen der Kre-

---

651 Vgl. Kapitel 6.1.

652 Entscheidungskriterium für die Bank bei der Übernahme von Finanzierungsfunktionen im Aktivgeschäft ist dabei dieWahrscheinlichkeit der Erzielung risikoadäquater Prämien des Kreditportfolios. Hierbei kommt der bankinternenen Risikobereitschaft, Risikotragfähigkeit und Risiskoeinschätzung eine wesentliche Bedeutung zu. Vgl. Bernet (1998), S. 170.

653 Zur Abgrenzung von Kreditwürdigkeit und Kreditfähigkeit vgl. Krümmel (1976), Sp. 492f.

654 Vgl. Schneider (1992), S. 629.

ditrationierung gewidmet.[655] Das Phänomen der Kreditrationierung bedingt die Beschäftigung mit der Frage, warum der Preis eines Gutes nicht, entsprechend den Modellen der mikroökonomischen Theorie, dergestalt rationierend auf Nachfrage und Angebot wirkt, daß es zu einem gleichgewichtigen Ausgleich kommt.[656]

SCHNEIDER weist korrekt auf die Tatsache hin, daß eine Begrenzung des Fremdfinanzierungsspielraums durch Marktpreise für die Geldüberlassung im Grunde noch keine Kreditrationierung darstellt.[657] Schon bei Annahme konstanter Zinssätze ist bei zu erwartenden sinkenden Grenzrenditen von Investitionsobjekten eine Begrenzung des Investitionsvolumens und damit der Verschuldungsgrenze anzunehmen.

Bei einzelwirtschaftlicher Betrachtung aus Perspektive einer kreditgebenden Bank lassen sich Höchstkreditgrenzen eines Unternehmens auf portefeuilletheoretischer Basis aus risikotechnischen Überlegungen des Geldgebers erklären.[658] Unter der Annahme, daß Risikomischung dem Investor Vorteile verspricht, handelt der Kreditgeber rational, wenn er schuldnerindividuell das Kreditangebot nicht über den Preis, sondern über das angebotene Volumen rationiert. Das beobachtete Phänomen eines gesamtwirtschaftlichen Nachfrageüberhangs kann durch abnehmende Grenzrenditen sowie risikopolitische Erwägungen der Kreditgeber dagegen nicht erklärt werden. [659]

Die moderne Literatur zur Erklärung von Kreditrationierung läßt sich in zwei unterschiedliche Erklärungsmodelle unterteilen.[660] Während frühe Ansätze durch den Verzicht auf die Berücksichtigung institutioneller Gegebenheiten am Markt für Kreditkapital gekennzeichnet sind, untersuchen neuere Ansätze das Phänomen der Kreditrationierung innerhalb des theoretischen Rahmens asymmetrisch verteilter Informationen und Verhaltensrisiken der Schuldner.[661]

Im Mittelpunkt der modernen Erklärungsansätze steht die Annahme, daß das Risiko des Gläubigers positiv mit der Größe des ausgereichten Kredits korreliert.[662] *HODGMAN* begründete die volumenmäßige Rationierung von Krediten erstmals mit rein ertragswirtschaftlichen

---

655 Erstmals wurde das Phänomen der Kreditrationierung von Keynes (1930) behandelt. Keynes erkannte, daß Kreditvergabentscheidungen durch Marktunvollkommenheiten bestimmt werden.

656 Vgl. Baltensperger/Devinney (1985), S. 475.

657 Vgl. Scheider (1992), S. 629.

658 Vgl. Schneider (1992), S. 629. Dies gilt insbesondere, wenn Ausfallrisiken unterschiedlicher Schuldner nicht vollständig korrelieren.

659 Einen Erklärungsansatz auf Basis der Fixpreistheorie in Ableitung des IS-LM Modells zur Darstellung der Kreditrationierung im Totalmodell läßt sich durch Antiwuchergesetze, d.h. Zinsobergrenzen, erklären. Vgl. Kaiser (1992), S. 529.

660 Der klassische, hier nicht weiter betrachtete Erklärungsansatz entstand vor dem Hintergrund des sogenannten „availability doctrine", das eine volkswirtschaftliche Antwort der Monetaristen auf die Beobachtung der Inelastizität von Zinsen darstellte. Vgl. Baltensperger/Devinney (1985), S. 476-478.

661 Einen Überblick über die klassischen Erklärungsansätze bieten Jaffee (1971) und Baltensperger (1978), S. 170-183 sowie Kaiser (1992), S. 529-532.

662 Vgl. hierzu auch die Aussagen des Biermann/Hass-Modells im Rahmen risikoneutraler Modelle zur Erklärung von Ausfallrisikoprämien in Kapitel 3.3.2.2 dieser Arbeit.

Überlegungen seitens des Kreditgebers.[663] Er zeigt, daß sich die Kreditvergabeentscheidung von Banken ausschließlich auf den erwarteten Kapitalertrag zurückführen läßt. Die erwartete Rückzahlung erfolgt dabei entweder in Höhe des verzinsten Kreditbetrages oder dem maximalen Ertrag des finanzierten Projekts. Steigt das Risiko des Kreditengagements mit zunehmendem Volumen, so existiert eine kritische Größe, bei deren Überschreiten zusätzliche Erträge aus gestiegenem Kreditzins von erwarteten Ausfallverlusten überkompensiert werden und folgerichtig eine Ausweitung des Kreditvolumens den erwarteten Kapitalertrag des Gläubigers reduziert.[664]

HODGMAN liefert auf Grundlage eines ökonomischen Verhaltensmodells den Beweis für individuell unelastische Kreditangebotkurven von Banken.[665] Die Tatsache, daß Kreditnehmer bei Existenz des dargestellten Angebotsverhaltens unabhängig von der Zinshöhe eine Ausweitung des maximalen Kreditbetrages nicht erreichen können, wird als Beweis der Vereinbarkeit von Kreditrationierung und Rationalverhalten der Kreditgeber gewertet.[666]

Erhalten, wie dargestellt, Kreditnehmer lediglich geringere Finanzmittel, als von ihnen gewünscht, spricht man in der Literatur vom Kreditrationierung des Typs I oder von *„loan size rationing"*.[667] Eine Erklärung für das Auftreten von Kreditrationierung des Typs II oder *„loan quantity rationing"*,[668] einer Situation, in der bestimmte Nachfrager nach Krediten abgelehnt werden, während andere, objektiv davon nicht unterscheidbare Kreditanfragen bedient werden, kann das Modell HODGMAN'S nicht sinnvoll erklären.[669]

JAFFEE/MODIGLIANI bieten erstmals einen Modellrahmen, innerhalb dessen sich ein Marktgleichgewicht mit Kreditrationierung des Typs II auf das monopolistische Verhalten von Banken und deren eingeschränkte Differenzierung bezüglich der Qualität von Kreditnehmern zurückführen läßt.[670] Die wesentlichen Ergebnisse lassen sich wie folgt zusammenfassen:[671] Zunächst stellen die Autoren fest, daß monopolistische Marktstrukturen keine hinreichende Bedingung für Kreditrationierung darstellen. Unter der zusätzlichen Bedingung, daß eine perfekte Preisdifferenzierung zwischen Kreditnehmergruppen jedoch unmöglich ist, handeln Kreditgeber rational, wenn bei gegebenem Zins innerhalb bestimmter Kreditnehmergruppen

---

663 Vgl. Hodgman (1960), S. 258-278.

664 Vgl. Freimer/Gordon (1965), S. 397.

665 Eine Verfeinerung des Modells bieten Freimer/Gordon (1965), S. 397-399. Sie unterscheiden zwischen Kreditanfragen mit festen und variablen Investitionsvolumina. Ihre Untersuchung beweist, daß bei Vorliegen des „variable investment case" trotz stetig steigender Kreditangebotskurve Kreditrationierung rationales Verhalten der Kreditgeber darstellt.

666 Vgl. Baltensperger (1985), S. 478.

667 Erklärungsansätze für Typ I bieten Jaffee/Russel (1976) und Gale/Hellwig (1985).

668 Mit Typ II beschäftigen sich Stiglitz/Weiss (1981) und Williamson (1986).

669 Freimer/Gordon differenzieren innerhalb des Typs I weitergehend in „weak credit rationing", d.h. elastischer Angebotskurve bis zum kritischen Kreditvolumen, und „strict credit rationing", d.h. konstanter Kreditzinsen bis zum kritischen Volumen. Vgl. Freimer/Gordon (1965), S. 398.

670 Vgl. Jaffee/Modigliani (1969), S. 850.

671 Vgl. Baltensperger/Devinney (1995), S. 479.

das Angebot rationiert wird. Rationierung kann dementsprechend in Form völliger Kreditverweigerung auftreten und erklärt somit das Angebotsverhalten des Typs II.

Der dargestellte Erklärungsansatz für Kreditrationierung des Typs II basiert auf der als exogen angenommenen Unmöglichkeit einer Diskriminierung unterschiedlicher Schuldnertypen bei monopolistischer Struktur des Kreditmarktes. Neben der restriktiven Monopolprämisse konnte das Modell von JAFFEE/MODIGLIANI eine modellendogene Erklärung des Phänomens der Kreditrationierung jedoch nicht liefern.

Eine Erweiterung erfährt das Modell JAFFEE/MODIGLIANI'S durch die Arbeit von SMITH, der eine wesentliche Annahme der beiden Autoren in Form vorgegebener Investitionsvolumina der Kreditnachfrage aufhebt und durch Einführung partieller Eigenfinanzierung durch den Investor gegenseitige Abhängigkeiten zwischen den Risikopräferenzen von Kreditgeber und Schuldner zuläßt.[672] SMITH unterstützt das Ergebnis von JAFFEE/MODIGLIANI hinsichtlich der Vereinbarkeit von Kreditrationierung und Rationalverhalten von Kreditgebern bei Existenz von Unsicherheiten, Transaktionskosten und unvollkommener Diskriminierung innerhalb gegebener Gruppen von Kreditnehmern.

Einen ersten Erklärungsansatz auf Grundlage informationsökonomischer Theorien lieferten JAFFEE/RUSSELL innerhalb eines Modellrahmens ohne Rückgriff auf monopolistisches Verhalten des Kapitalangebots bei bestehenden informationellen Asymmetrien.[673] Bei Annahme nichtdiskriminierender Kreditverträge bestätigen sie die Ergebnisse früherer Untersuchungen der Vereinbarkeit von Rationalverhalten von Banken und Kreditrationierung des Typs I. In einem polipolistisch strukturierten Kreditmarkt dient die Rationierung in Form von geringerer als von Seiten der Kapitalnachfrage gewünschter Kredithöhen als Instrument zur Limitierung von Schuldnerausfällen. Die wesentliche Aussage des Modells JAFFEE/RUSSEL'S stellt jedoch die Feststellung eines instabilen Trennungsgleichgewichtes dar:[674] Die Autoren zeigen, daß bei hinreichend geringem Qualitätsunterschied zwischen Schuldnergruppen die Stabilität des Trennungsgleichgewicht gefährdet ist.[675]

Einen grundlegenden Beitrag zur Theorie der Kreditrationierung leisteten STIGLITZ/WEISS durch ein Modell von Kreditmärkten mit asymmetrischen verteilten Informationen bezüglich der Schuldnerqualität. Ihrem Erklärungsansatz liegt die Erkenntnis zugrunde, daß Marktgesetze immer dann versagen, wenn Preise neben Mengeneffekten ebenfalls Auswirkungen auf die Auswahl von Vertragspartnern sowie auf das Verhalten derselben haben.[676]

---

672 Vgl. Smith (1962), S. 477. Smiths Argumentation basiert auf der Annahme finanzierungsbedingter Externalitäten in Form der gegenseitigen Abhängigkeit des Nutzens von Kapitalgeber und –nehmer aufgrund riskanter Investitionsprojekte des Schuldners.

673 Vgl. Jaffee/Russell (1976), S. 651-666.

674 Vgl. Baltensperger/Devinney (1985), S. 483 und die dort angegebene Literatur.

675 Tatsächlich zeigen Jaffe/Russel (1976), daß monopolistisches Verhalten der Kreditgeber ein Gleichgewicht aufrecht erhalten kann. Vgl. Baltensperger/Devinney (1985), S. 483.

676 Vgl. Stiglitz/Weiss (1981), S. 409.

Ihr Modell basiert auf dem Grundgedanken AKERLOF'S zum Marktversagen bei asymmetrisch verteilten Informationen zwischen Anbietern und Nachfragern eines Guts.[677] Können die Kreditgeber einzelnen potentiellen Kreditnehmern keine eindeutigen Rückzahlungswahrscheinlichkeiten zuordnen, so resultiert eine am durchschnittlichen Ausfallrisiko orientierte Zinspolitik des Kreditgebers zwangsläufig in einer Negativauswahl. Bei steigenden Zinssätzen werden ausschließlich solche Schuldner Kredite nachfragen, deren Rückzahlungswahrscheinlichkeit ausreichend gering ist.[678] Die kreditgebende Bank wird ihre Kreditvergabeentscheidung von der erwarteten Rendite der Kapitalüberlassung abhängig machen und nutzt, aufbauend auf ihrem Bewußtsein über den Effekt der Negativselektion, den vom potentiellen Kreditnehmer akzeptierten Zinssatz als Instrument zur Unterscheidung zwischen guten und schlechten Kreditrisiken.[679]

Zusätzlich zum Problem von Adverse Selection beweisen STIGLITZ/WEISS negative Anreizeffekte durch höhere Kreditzinsen. Gewinnmaximierende Kreditnehmer bevorzugen bei steigenden Kreditzinsen zunehmend riskantere Investitionsprojekte.[680] Höhere Kreditkosten reduzieren die Investitionsrendite von erfolgreichen Kreditnehmern und führen zu entsprechend höherer Risikobereitschaft aufgrund asymmetrischer Ertrags- und Risikoverteilung zwischen Bank und Schuldner.[681]

Aufgrund der beiden dargestellten Effekte, die mit einer Erhöhung der geforderten Kreditzinsen verbunden sind, steigt die vom Kreditgeber erwartete Kapitalrendite weniger stark als die Zinserträge für die bereitgestellten Kredite.[682] Es existiert somit aus Kreditgeberperspektive ein gewinnmaximaler Zinssatz, der im Gleichgewicht geringer ausfällt als zur Markträumung notwendig.[683]

2.2 Empirisches Gewicht des Rationierungsphänomens

Die bewußt komprimiert gehaltene Zusammenfassung der in der Literatur existierenden Erklärungsansätze zur Kreditrationierung hat gezeigt, daß trotz der dargestellten Vorteile der Kreditfinanzierung ein wesentlicher Nachteil in deren Verfügbarkeit zu sehen ist. Informationsbedingte Kreditangebotsbeschränkungen betreffen in erster Linie kleine Unternehmen, da

---

677 Vgl. Akerlof (1973), S. 488-500 und Kapitel 4.1.1 dieser Arbeit.

678 Vgl. Winker (1993), S. 104.

679 Zum formalen Beweis des Adverse Selection Effektes vgl. Stiglitz/Weiss (1981), S. 394-400.

680 Vgl. Winker (1993), S. 104, der in diesem Zusammenhang von „adverse incentives" spricht.

681 Zum formalen Beweis des Moral Hazard Effektes vgl. Stiglitz/Weiss (1981), S. 401-402.

682 Die Autoren beweisen in derselben Untersuchung, daß eine Steigerung der geforderten Sicherheiten denselben negativen Ansreizeffekt bewirkt. Vgl. Stiglitz/Weiss (1981), S. 402-406.

683 Die Gemeinsamkeit der dargestellten Modelle besteht in der Annahme uniformer Kreditverträge für sämtliche Kreditnehmer. Bester (1985), S. 503-515 untersucht das gewinnoptimale Kreditvergabeverhalten unter Annahme differenzierender Kreditverträge für Kreditnehmer unterschiedlicher Bonität unter dem Gesichtspunkt eines Self-Selection-Mechanismus. Da das Modell keine wesentlich abweichende Erkenntnis gegnüber den Ergebnisses Jaffee/Russell's (1976) und Stiglitz/Weiss's (1981) herausstellt, soll es hier nicht weiter behandelt werden.

sie im Vergleich zu großen Firmen in der Regel eine schlechtere Bonität aufweisen und in besonderem Maße vom Bankkredit abhängen.[684] Stellt das theoretisch begründete Verhalten der Kreditrationierung ein empirisch nachweisbares Phänomen dar, so kann hieraus ein wesentlicher Erklärungsfaktor für die Entwicklung eines High-Yield Marktes zur Überwindung des Kapitalengpasses von Unternehmen geringer Bonität bei informationellen Asymmetrien deduziert werden.

WINKER stellt bezüglich einer empirischen Überprüfbarkeit informationsbedingter Kreditangebotsbeschränkungen fest, daß „gegen die Ansätze asymmetrischer Informationen zur Begründung von rationierten Kreditmärkten [...] häufig das Argument vorgebracht wird, daß es diesen Theorien an Relevanz mangele."[685] Die vorherrschende Skepsis bezüglich der empirischen Relevanz der Theorien zur Kreditrationierung bezieht sich hierbei primär auf die von der Theorie unterstellten negativen Anreizeffekte.[686] Eine bewußte Inkaufnahme des Unternehmenskonkurses seitens des Schuldners erscheint insbesondere aufgrund direkter und indirekter Konkurskosten rein formaltheoretischer Natur.[687]

Eine empirische Überprüfung informationsökonomischer Erklärungsansätze bedarf zunächst der Identifizierung möglicher anderer institutioneller Gründe für die Rationierung des Kreditangebots, um eventuelle Verzerrungen zu vermeiden. Hierzu kann für den deutschen Kreditmarkt festgestellt werden, daß regulatorisch bedingte Rigiditäten der Zinssätze seit Abschaffung der Bindung von Kreditzinsen an den Lombardsatz im Jahre 1965 nicht mehr vorhanden sind.[688] Ebenfalls kann davon ausgegangen werden, daß am deutschen Kreditmarkt keine Friktionen aufgrund monopolistischen Verhaltens einzelner Kreditgeber auftreten.[689] Vielmehr ist davon auszugehen, daß aufgrund polipolistischer Marktstrukturen bei gleichzeitig hoher Homogenität der Bankleistungen das Kreditgeschäft deutscher Banken allenfalls kostendeckend wirtschaftet.[690]

---

684 Vgl. Stöß (1996), S. 1.

685 Winker (1993), S. 105. Siehe hierzu auch die Ausführungen in Kapitel 2.5.

686 Die von Winker (1993), S. 106 vorgebrachten Fakten, die zur Stützung der theoretischen Erkenntnisse dienen sollen, lassen sich jedoch lediglich für die Anzahl von Konkursen und die Ausgliederung von riskanten Investitionsprojekten als empirische Überprüfung nachvollziehen.

687 Die Annahme opportunistischen Verhaltens von Kreditnehmern in Form riskanterer Investitionsprojekte konnte von Smith (1972), S. 477 relativiert werden. Die Einführung von Eigentumsansprüchen des Schuldners führt auch bei beschränkter Haftung desselben zu risikoaversem Investitionsverhalten.

688 Die Bindung von Kreditzinsen für Kredite mit Restlaufzeiten über 4 Jahren wurde zum 5.2.1965 aufgehoben. Zum 1.4.1967 wurden auch kurzfristige Ausleihungen hiervon befreit. Vgl. Zimmermann-Trapp (1988), S. 249.

689 Die These monopolistischer Strukturen des deutschen Kreditmarktes wird in der Literatur zur Bewertung von nationalen Finanzsystemen überwiegend vertreten. Hierbei wird insbesondere auf den Charakter eines zentralisierten Bankenmarktes in Deutschland verwiesen. Vgl. hierzu die Ausführungen in Kapitel 2.6 dieser Arbeit.

690 Vgl. Heilenkötter (1998), S. 3. Eine Studie des Konsortialkreditmarktes in Deutschland über den Zeitraum 1988-1994 zeigte insbesondere, daß die Konditionen im Kreditgeschäft mit Schuldnern schlechter Bonität signifikant unter dem wirtschaftlichen Preis liegen. Vgl. Drzik/Strohe (1997), S. 681.

Das Problem einer empirischen Überprüfbarkeit von informationstheoretischen Modellen ist auf die Unmöglichkeit einer direkten Messung der Kreditrationierung zurückzuführen.[691] Empirische Analysen der Auswirkungen asymmetrischer Informationen auf Kreditmärkten basieren folglich auf Hilfsvariablen, deren Auftreten Aufschluß über das Ausmaß von rationierendem Verhalten seitens der Kreditgeber verspricht. Dieses geschieht indirekt durch Erfassung anderer mit der Kreditrationierung einhergehender realwirtschaftlicher Effekte[692] bzw. auf Basis von Stichprobenerhebungen zur Kreditversorgung von Unternehmen.[693]

Es stehen hierfür grundsätzlich zwei alternative Vorgehensweisen zur Verfügung:[694] Bei Anwendung eines Makromodells werden die aus der Mikrotheorie abgeleiteten Hypothesen auf aggregierten Niveau auf ihre Gültigkeit überprüft.[695] Ein wesentliches Problem dieser Vorgehensweise liegt in der Erfassung der relevanten Aggregatgröße. Weiterhin ist eine globale Maßzahl für Informationsdefizite nicht sinnvoll aus der tatsächlichen Informationsstruktur auf Mikroebene aggregierbar.[696]

Aufgrund der genannten Defizite makroökonomischer Ansätze bietet sich eine Überprüfung der Theorie auf Basis individueller Firmendaten aus Erhebungen an. Eine Untersuchung der einzelwirtschaftlichen Rationalisierungssituation und den spezifischen Merkmalen der Kreditnachfrager ermöglicht Rückschlüsse auf potentielle Ursachen der Nichtverfügbarkeit.

WINKER kommt in einer mikroökonometrischen Studie über Firmendaten der Jahre 1984 bis 1986 zur dem Schluß, daß Kreditrationierung auf dem deutschen Kreditmarkt ein evidentes Phänomen darstellt.[697] Den Schwerpunkt der Studie bildete die Überprüfung der Korrelation zwischen Firmenalter und der Wahrscheinlich der Kreditverfügbarkeit. Das Ergebnis zeigt einen signifikant positiven Zusammenhang zwischen dem Firmenalter und der Möglichkeit, Kredite über Intermediäre zu erhalten. Im Umkehrschluß bedeutet dies, daß junge Unternehmen aufgrund ihrer geringeren Informationsdichte mit einer größeren Wahrscheinlichkeit dem

---

691 Vgl. Gerke (1995a), S. 82. Jaffee/Modigliani (1969), S. 850 stellen fest, daß eine Messung von Angebots- und Nachfragevolumen am Kreditmarkt nicht möglich ist. Die Autoren verwenden aus diesem Grund den Anteil risikoloser Schuldner am Gesamtkreditportefeuille ausgewählter Banken als Proxi. Vgl. dieselben, S. 866.

692 Goldfeld (1966) und Jaffee (1971) ziehen zur indirekten Messung rationierenden Verhaltens von Kreditinstituten die Anpassungsgeschwindigkeit von Kreditzinsen an ein allgemeines Sinken des Kapitalmarktzinses heran. Ihre Untersuchung am US-Kreditmarkt ergaben, daß Industriekredite regelmäßig mit einer gewissen Verzögerung auf allgemeine Zinssenkungen reagieren. Hieraus leiten sie den Schluß ab, daß Kreditrationierung am US-amerikansichen Markt ein evidentes Phänomen darstellt.

693 Vgl. Levenson/Willard (1997), S. 1. „Given the considerable measurement problems which exist, the focus of attention is on a perceived thater then an actual credit constraint." Binis/Ennew (1995), S. 17. Zur Kritik an Erkenntnissen über angebotsseitige Kreditbeschränkungen mit Hilfe von Befragungen vgl. Stöß (1996), S. 11f.

694 Vgl. Winker (1993), S. 115.

695 Ein entsprechender ökonometrischer Ansatz zur Messung der Kreditrationierung wird von Martin (1990), S. 78-86 für den Kreditmarkt in Großbritannien angewandt.

696 Vgl. auch die Kritik an Jenkins/Corbett (1997) in Kapitel 2.6 dieser Arbeit.

697 Vgl. Winker (1993), S. 123.

Phänomen der Kreditrationierung ausgesetzt sind. Dies bestätigt die Aussagen der informationsökonomischen Theorie des Rationierungsverhaltens von Banken.

GERKE hält fest, daß die Finanzierung von Unternehmen bzw. Investitionsobjekten, die unter wirtschaftlichen Gesichtspunkten, d.h. bei Berücksichtigung ihres Risiko-Rendite-Profils, einen positiven Kapitalwert aufweisen, oftmals unterbleibt.[698] Zusätzlich weist er auf das Phänomen des „*winner's curse*"[699] hin, aufgrund dessen sich das Problem der Kreditrationierung eines Schuldners minderer Qualität noch vergrößert.[700] Wurde der Kreditspielraum eines Unternehmens erstmalig durch eine Bank rationiert, so entstehen negative Signaleffekte, die alternative Quellen der Kreditfinanzierung über Banken unmöglich machen.

Es kann folglich davon ausegegangen werde, daß die Verfügbarkeit von Bankkrediten insbesondere für junge Unternehmen und solchen, deren finanzwirtschaftliche Stabilität aufgrund betriebswirtschaftlicher Faktoren gering ist, nicht in jedem Fall gegeben ist. Vor diesem Hintergrund gewinnt die Frage nach alternativen Formen der Fremdfinanzierung von Wachstumsunternehmen an Bedeutung. Dabei ist zu untersuchen, ob alternative institutionelle Ausgestaltungsformen von Finanzierungsbeziehungen die Defzite der Verfügbarkeit klassischer Kreditfinanzierung zu vermindern vermögen. Ist dies der Fall, sind die dargestellten Vorteile der Kreditfinanzierung gegen eine mögliche Verbesserung des Zugangs zu Wachstumskapital abzuwägen. Insbesondere wird in der Literatur zur Darstellung der Unterschiede real existierender Finanzsysteme impliziert, daß die Entwicklung funktionsfähiger Kapitalmärkte eine effiziente Alternative zu bankbasierter Kreditfinanzierung darstellt und zu einer Ausweitung des gesamtwirtschafltichen Investitionsvolumens führt.[701] Eine derartige Schlußfolgerung ist jedoch nicht logisch zwingend, da eine Untersuchung der endogenen Ursachenketten, die zur Entwicklung der jeweiligen Struktur eines Finanzsystems beigetragen habe, meist unterbleibt. Die Analyse der Bestimmungsfaktoren für die institutionelle Ausgestaltung von Finanzierungsbeziehungen in Kapitel 5 dieser Arbeit verspricht, Aufschluß über die mögliche Vorteilhaftigkeit einer verstärkten Marktorientierung von Finanzierungstransaktionen zu geben. Zuvor wird in den folgenden Ausführungen der Prozeß der Disintermediation und dem damit verbundenen Phänomen zunehmender Securitization untersucht.

---

[698] Vgl. Gerke (1995a), S. 81. Gerke stellt fest, daß die fallweise Beobachtung im Kreditvergabeverhalten von Banken und Sparkassen die Vermutung nahe legt, daß insbesondere junge innovative Unternehmen in der Praxis Kreditrationierung ausgesetzt sind.

[699] Das Phänomen des „Winner's Curse" wurde erstmalig von Hellwig (1991), S. 46-47 im Zusammenhang mit intermediären Finanzierungsverträgen untersucht. Hierbei geht es um die negative Signalwirkung eines Gläubigerwechsels auf die Kreditvergabeentscheidung portentieller neuer Geldgeber.

[700] Vgl. Gerke (1995a), S. 84.

[701] Vgl. Thakor (1996), S. 926.

3 Disintermediation

Parallel zur Entwicklung theoretischer Erklärungsmodelle von Finanzmarktintermediären ist seit Beginn der achtziger Jahre ein verstärkter Trend zur Ausschaltung eben dieser Vermittler an den internationalen Kapitalmärkten zu beobachten.[702] Das beobachtete Phänomen der Disintermediation, wörtlich gleichbedeutend mit der Tendenz weg von der vermittelten Bereitstellung von Finanzierungsdienstleistungen durch darauf spezialisierte Kreditinstitute hin zu direkten Finanzierungsbeziehungen zwischen finanziellen Überschuß- und Defiziteinheiten,[703] steht dabei im Mittelpunkt der Diskussion um den institutionellen Wandel von Finanzsystemen.

Vor dem Hintergrund des Untersuchungsgegenstand dieser Arbeit wird nachfolgend das Disintermediationsphänomen dargestellt und vor dem Hintergund der zugrunde liegenden Fragestellung der Arbeit auf die Verbriefung von Forderungstiteln systematiserend eingegrenzt. Im Anschluß daran wird der real beobachtbare Verbriefungstrend als ein wesentlicher Teilprozeß des Disintermediationsphänomens beleuchtet, um diesen im darauffolgenden Kapitel theoretisch herzuleiten.

3.1 Begriff der Disintermediation

Der Begriff der Disintermediation wird in der wissenschaftlichen Literatur und der Praxis nicht einheitlich verwendet. Inbesondere ist eine fehlende Trennschärfe mit dem Begriff der Securitization bzw. Verbriefung festzustellen. Ausgehend von dem in der Literatur dargestellten Entwicklungsmodell der Disintermediation[704] vollzieht sich der Prozeß in mehreren Stufen, wobei die Verbriefung von Forderungsansprüchen und die Möglichkeit zum Austausch derselben an organisierten Märkten einen Teilbereich des Disintermediationsphänomens darstellt. Paul verdeutlicht diesen Sachverhalt auf Grundlage des in Abbildung 9 wiedergegebenen Schichtenmodells.[705]

Ausgangpunkt der Überlegung bildet die unterste Ebene des Stufenmodells, bei dem finanzielle Defizit- und Überschußeinheiten eines Finanzsystems in direkter Beziehung intertemporäre Tauschgeschäfte vollziehen. Wie bereits dargestellt, bieten intermediäre Finanzierungsformen aufgrund existierender Friktionen am Markt für Finanzmittel Vorteile, die eine Zwischenschaltung von Kreditinstituten legitimieren. Die Intermediationsfunktion von Banken im gesamtwirtschaftlichen Finanzierungsprozeß erstreckt sich dabei auf die Fristen,- Ri-

---

702 Vgl. Paul (1994), S. VII.

703 Vgl. Domanski (1997), S. 271.

704 Vgl. Gurley/Shaw (1960) S.123-125, Kroos/Blyn (1971), S. 87-90, Franke (1993), S. 1061f. sowie Paul (1994), S. 52.

705 Vgl. ebenso Güde (1987), S. 48f. und Walter (1991), 301-305.

siko- und Losgrößentransformation.[706] Die zwischengeschaltete Bank verlangt für die mit der Transformationsfunktion einher gehende Übernahme von Risiken eine entsprechende Zinsmarge.[707] Sie tritt dabei als Vermittler zwischen finanziellen Überschußeinheiten, die Mittel in Form von Bankeinlagen zur Verfügung stellen, und finanziellen Defiziteinheiten, die von der Bank Kredite zur Verfügung gestellt bekommen, auf.

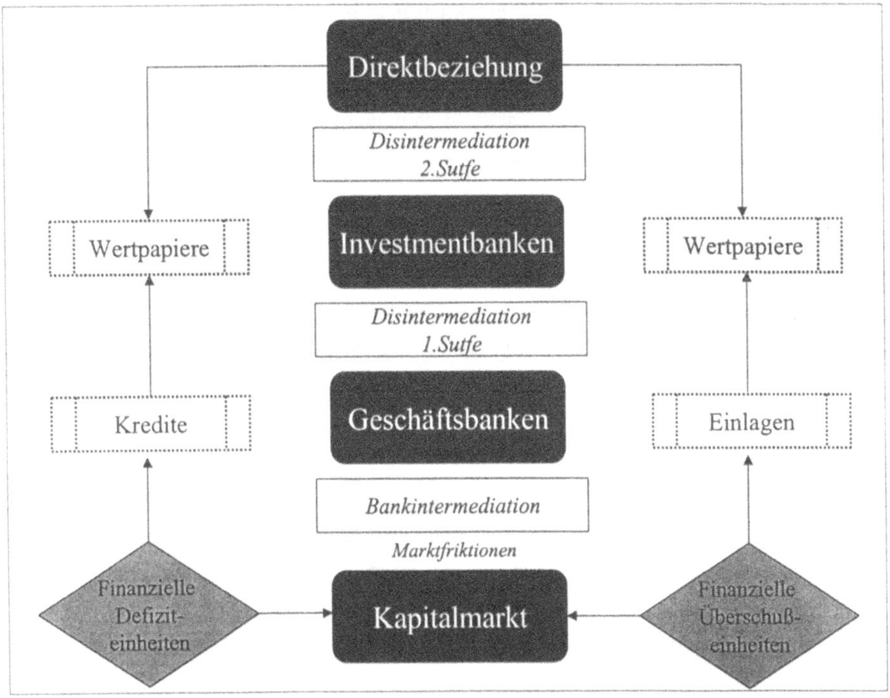

ABBILDUNG 9: STUFENMODELL DER DISINTERMEDIATION[708]

Die erste Stufe des hier dargestellten Disintermediationsprozesses umfaßt den Verzicht auf Teile der Transformationsfunktion von Banken. Als Symptom eines derartigen Trends läßt sich die zunehmende Verbriefung von Finanzierungen ausmachen, wobei Buchkredite von Banken durch fungible Wertpapiere substituiert werden. Es handelt sich somit um eine Verlagerung zwischen institutionellen Ausgestaltungsformen der Finanzierung.[709] Die Entwicklung dieses Trends ist Inhalt des nachfolgenden Kapitels.

---

706 Zu den finanzwirtschaftlichen Transformationsfunktionen von Banken vgl. Schierenbeck/Hölscher (1998), S. 21-27, Büschgen (1993), S. 18-20 sowie Priewasser (1982), S. 11.

707 Vgl. Hastenpflug (1991), S. 32.

708 Quelle: Paul (1994), S. 54.

709 Die gewichtsmäßige Verschiebung zwischen Kreditvergabe und Wertpapieremission von Kreditinstituten laßt sich an den Positionen der Bankbilanzen nachweisen. Vgl. hierzu Hastenpflug (1991), S. 31.

An dieser Stelle ist allerdings nur ein partieller Verzicht auf die Mittlerfunktion zu beobachten. Wesentliche Funktionen von Finanzmarktintermediären bleiben erhalten. Die Zwischenschaltung von Banken zum Zwecke des Arrangements, Underwritings oder der Plazierung bei Endinvestoren einer Emission wird hierbei nicht von anderen Institutionen substitutiert.[710]

Erst mit Erreichen der zweiten Stufe der Disintermediation, die in der Literatur mit der Bezeichnung „totale Disintermediation“[711] beschrieben wird, werden Kapitalströme direkt über organisierte Wertpapiermärkte ausgetauscht. Mit dem Wegfall der Handelsfunktion kommt es somit zur einer Direktbeziehung zwischen finanziellen Überschuß- und Defizitsektoren innerhalb des Finanzsystems.[712] Letzlich handelt es sich in diesem Szenario um die Selbstemission von Forderungsrechten seitens des kapitalnachfragenden Unternehmens.[713]

Untersuchungsgegenstand dieser Arbeit bildet die Verbriefung ausfallrisikobehafteter Forderungstitel und dem damit einher gehenden Handel am Sekundärmarkt. Die Funktionen von Finanzmarktintermediären im Zusammenhang mit der Strukturierung, der Plazierung sowie der Marktpflege nach einer Emission stellen hierbei notwendige Bedingungen für die Funktionsfähigkeit des Marktes für High-Yield Anleihen dar. Somit liegt der Schwerpunkt der Untersuchung auf der ersten Stufe des Disintermediationsprozesses, dem sich das folgende Kapitel widmet.

3.2 Trend zur Securitization

Wie bereits im vorangegangenen Abschnitt dargestellt, handelt es sich bei der Verbriefung von Forderungstiteln um die Ablösung von Buchkrediten über Finanzmarktintermediäre durch Kreditforderungen, die mit handelbaren Wertpapieren unterlegt sind.[714] Dieser durch den Begriff der Securitization[715] gekennzeichnete Sachverhalt ist seit Beginn der achtziger Jahre zu beobachten und mit weitreichenden Folgen für das internationale Bankgeschäft verbunden.[716] Der Vorgang der Verbriefung von Positionen der Bankbilanz läßt sich gemäß GUDE in drei Entwicklungsstufen in Anlehnung an die aus der Bankbetriebslehre bekannten Transformationsfunktionen abbilden.[717]

---

710 Zu den Funktionen von Kreditinstituten im Rahmen des Emissionsgeschäfts vgl. Schmitz (1995), Sp. 512-514.

711 Vgl. Bühler (1987), S. 198 und Eichhorn (1990), S. 219.

712 Walter (1991), S. 39-41 erkennt Hinweise darauf, daß die erste Stufe der Disintermediation nicht von langer Dauer sein wird. Beobachtungen des US-Marktes, an dem der Prozeß der Disintermediation am weitesten fortgeschritten ist, bilden für diese These den Ausgangspunkt. Eine zusammenfasssende Betrachtung dieses Trend in den USA bietet Paul (1994), S. 55-61.

713 Vgl. Kollar (1995), Sp. 501.

714 Vgl. Dombret (1987), S. 21.

715 Der Begriff „Secutitization“ leitet sich aus dem englischen Ausdruck für Effekten („Securities“) ab.

716 Vgl. Hastenpflug (1991), S. 33, Dombret (1987), S. 326, Molyneux/Shamroukh (1996), S. 502.

717 Vgl. Güde (1987), S. 48-50.

Die erste Stufe betrifft dabei zum einen die Banken-Schuldner-Beziehung auf der Aktivseite der Bilanz von Kreditinstituten, zum anderen die Refinanzierung der Banken selbst. Auf der Aktivseite werden Buchkredite durch vom Schuldner emittierte Wertpapiere substituiert. Kreditinstitute vergeben im Aktivgeschäft zunehmend „Wertpapapierkredite", indem sie verstärkt Wertpapiere von Nichbankenemittenten ins eigene Portefeuille nehmen.[718] Gleichzeitig schlägt sich der Verbriefungstrend im Passivgeschäft in Form einer zunehmenden Substitution von Einlagen durch von der Bank emittierten Schuldverschreibungen nieder.[719] Die Bilanzsummen der betroffenen Kreditinstitute werden in ihrer Höhe durch die relative Verdrängung nicht verändert. Das Ausmaß der Übernahme von Fristen- und Losgößentransformation[720] nimmt jedoch tendenziell ab.[721]

Auf der zweiten Stufe des Verbriefungsprozesses findet ein direkter Austausch von Finanzierungsströmen zwischen Anleger und Schuldner statt, ohne daß diese ihren Niederschlag in der Bankbilanz finden. Die Bank übernimmt jedoch eine Gewährleisterfunktion, die einer Risikotransformation im weiteren Sinne entspricht. Nichtabsatzrisiken werden hierbei durch Übernahmezusagen der vermittelnden Bank im Rahmen eines Provisionsgeschäft durch den Intermediär getragen.[722] SCHMIDT kennzeichnet diese Stufe der Verbriefung als Umgehung der „[...] Banken in ihrer Eigenschaft als Finanzierungsinstitute."[723]

Erst in einer weiteren Stufe des Verbriefungsprozesses kommt es zu einem vollkommmenen Ausschluß von Kreditinstituten vom Transformationsprozeß.[724] Transformationsprozesse werden ausschließlich über die Institution des Kapitalmarktes abgewickelt; der Bank kommt lediglich eine Dienstleistungsfunktion zu. Diese höchste Stufe des Verbriefungsprozesses führt zur dargestellten höchsten Ebene der „totalen Disintermediation".[725]

Zur Erklärung des Securitizationsphänomens existiert in der Literatur bis dato noch kein allgemeingültiges theoretisches Modell.[726] Die Finanzwissenschaft beschränkt sich derzeit auf eine deskripitive Analyse der Erscheinungsformen des Verbriefungstrends sowie den daraus abzuleitenden Konsequenzen für das Kreditgeschäft der Finanzinstitute und die Stabilität des Finanzsystems.[727]

---

718 Vgl. Schmidt (1987), S. 83.

719 Vgl. Eilenberger (1987), S. 121.

720 Vgl. Schierenbeck (1987), S. 15.

721 Mit der Verbriefung geht regelmäßig eine Veränderung der Qualität von Bankbilanzen in Bezug auf ihre Risiko-und Rentabilitätsposition einher. Vgl. hierzu die Ausführungen zu banktheoretischen Ansätzen der Verbriefung in Kapitel 6.3.1.

722 Vgl. Hastenpflug (1991), S. 32f.

723 Schmidt (1987), S. 83.

724 Vgl. Hastenpflug (1991), S. 33.

725 Vgl. hierzu die Ausführungen zum Begriff der Disintermediation in Kapitel 5.3.

726 Vgl. Hastenpflug (1991), S. 14.

727 Vgl. Domanski (1997), S. 271.

Der überproportionale Zuwachs wertpapiermäßig unterlegter Forderungen bei gleichzeitigem Rückgang der klassischen Kreditfinanzierung wird in der Literatur vorwiegend als Reaktion geänderter Rahmenbedingungen an den internationalen Kapitalmärkten erklärt. Die Argumentation derartiger Erklärungsansätze leitet sich im Umkehrschluß aus den funktionsorientierten Begründungen zur Existenz von Finanzintermediären und aus den dargestellten Disintermediationsstufen ab. Hierbei werden die wesentlichen Marktunvollkommenheiten, auf deren Basis die Vorteilhaftigkeit der Bankenintermediation hergeleitet wurde, hinsichtlich ihrer relativen Kostenverursachung geprüft und mit den Nachteilen der intermediären Finanzierung verglichen. Eine relative Kostenverschiebung zugungsten disintermediärer Finanzierungsformen läßt sich folglich zur Begründung des Verbriefungstrends heranziehen.

Vor dem Hintergund der Themenstellung dieser Arbeit wird aus diesem Grund ein eklektischer Erklärungsansatz für High-Yield Anleihen aus den in der Literatur bestehenden Erklärungsmodellen für Finanzinnovationen und den Verbriefungstrend dargestellt. Dieser Ansatz ermöglicht es, die im Anschluß zu diskutierenden strukturellen Umfeldveränderungen zu systematisieren und in Hinblick auf die Bewertung von High-Yield Anleihen am deutschen Kapitalmarkt zu bewerten.

4 ZWISCHENFAZIT

Aufbauend auf den Ergebnissen der neoinstitutionalistischen Finanzierungstheorie folgte im 5. Kapitel eine Darstellung der wesentlichen Erklärungsansätze für die Gestaltung von Finanzierungsbeziehungen. Hierzu wurde zunächst eine begriffliche Abgrenzung der Finanzmarktintermediation vorgenommen, um vor diesem Hintergrund zwei in der Literatur vorherrschende Ansätze zur Erklärung von Finanzmarktintermediären vorzustellen. Dabei konnten neben transaktionskostenbasierten Ansätzen die bereits angesprochenen Heilungsmechanismen agency-induzierter Kosten von Finanzierungsbeziehungen zur Erklärung herangezogen werden. Es zeigte sich dabei insbesondere, daß Finanzierungsverträge durch Zwischenschaltung spezialisierter Institutionen wie Kreditinstituten, die aufgrund spezifischer Vorteile der Informationsverarbeitung und Überwachung Verhaltensrisiken kostengünstiger kontrollieren können, tendenziell zu einer effizienteren Kapitalallokation beitragen. Durch die Einführung weiterer, mit der Zwischenschaltung eines Finanzmittlers verbundener Interessenskonflikte wurden daran anschließend die Kosten intermediärer Finanzierungsbeziehungen dargestellt.

Es folgte eine Untersuchung der besonderen Relevanz der Kreditrationierung im Zusammenhang mit der Finanzierung von Wachstumsunternehmen, welche sich regelmäßig durch einen hohen Grad informationeller Asymmetrien auszeichnen. Hierfür wurden zunächst die wesentlichen theoretischen Erklärungsansätze des Rationierungsverhaltens von Banken zusammengefaßt, um in einem zweiten Schritt deren empirische Validität zu überprüfen. Trotz methodologischer Probleme der Verfizierung theoretischer Erklärungsansätze deuten die vorgestellten Untersuchungsergebnisse zur Überprüfung des Rationierungsproblems auf ein evidentes Phänomen hin.

Nachdem die spezifischen Vorteile und Problembereiche der Bankintermediation analysiert wurden, widmete sich der letzte Teil des 5. Kapitels der Disintermediation über Kapitalmärkte. Im Anschluß an eine begriffliche Abgrenzung wurde das Securitizationsphänomen bewußt komprimiert dargestellt; theoretische Erklärungsansätze für den Verbriefungstrend sind Inhalt des folgenden Kapitels.

Zusammenfassend läßt sich festhalten, daß das Modellgebäude der neoinstitutionalistischen Theorie zahlreiche Ansätze bereitstellt, um die Institutionenstruktur eines Finanzsystems zu analysieren und Aussagen bezüglich der relativen Effizienz bestimmter Ausgestaltungsformen von Finanzierungsbeziehungen zu ermöglichen. Durch explizite Betrachtung von Friktionen an Kapitalmärkten wird die von der Neoklassik postulierte Überlegenheit des Marktmechanismus in Frage gestellt. Trotz der vielschichtigen Vorteile der Intermediation über Banken zeigt das Rationierungsphänomen jedoch, daß durch die Einschaltung weiterer Transaktionsteilnehmer neue Anreizprobleme entstehen, welche die Vorteile der Bankintermediation in bestimmten Marktsegmenten überwiegen. Vor diesem Hintergrund gilt es, die Faktoren zu untersuchen, die zur Dominanz einer bestimmten Institutionenstruktur beitragen, und ihre Entwicklung im Zusammenhang mit einer relativen Verlagerung zwischen Bank- und Marktintermediation abzubilden.

Die in der Literatur bestehende Systematisierung des Verbriefungsprozesses geht über eine deskriptive Darstellung nicht hinaus. Um als Erklärungsansatz zu dienen, müssen neben der Untersuchung von Ursachenbündeln für das verstärkte Auftreten von disintermediären Finanzierungsformen die Ursache-Wirkungs-Beziehungen untersucht und auf die veränderten Rahmenbedingungen übertragen werden. Zu diesem Zweck wird der Analyserahmen im folgenden Kapitel um eine dynamische Komponente erweitert.

VI Erklärungsansätze für den Übergang zu marktlicher Koordination von Fremdfinanzierungsbeziehungen

Ziel dieses Kapitels ist, Erklärungen für unterschiedliche Koordinationsmechanismen der Kapitalüberlassung zu erarbeiten und die zugrundliegenden Determinanten einer effizienten institutionellen Beziehungsstruktur zu identifizieren. Hierbei wird eine dynamische Sichtweise eingenommen, die sich im Gegensatz zu den dargestellten traditionellen Theorien nicht darauf beschränkt, Finanzierungsvorgänge zu beschreiben und zu analysieren, sondern ein systematisches Begründungsmuster für die Wahl einer bestimmten Koordinationsform der Kapitalmobilisierung herausarbeitet. Vor dem Hintergrund der Themenstellung ist somit zu untersuchen, welche Voraussetzungen gegeben sein müssen, damit Wachstumskapital effizienter, d.h. mit niedrigeren Kosten und geringerer Rationierung, durch direkte Inanspruchnahme des Kapitalmarktes anstelle der traditionellen Kreditfinanzierung über Banken bereitgestellt werden kann.

Im Zusammenhang mit der Darstellung einer dynamischen Komponente der Gestaltung von Finanzierungsbeziehungen ist zunächst festzustellen, daß die neoklassische und die neoinstitutionalistische Theorie zwei wesentliche Defizite aufweisen, die einer Erklärung für den Übergang zur marktlichen Koordination von Finanzierungsbeziehungen entgegenstehen: Während die neoklassische Theorie institutionelle Aspekte grundsätzlich ausklammert, nimmt die neoinstitutionalistische Theorie zunächst eine rein statische Perspektive ein, welche die untersuchten Institutionenstrukturen als gegeben betrachtet.[728] Beide Ansätze eigenen sich in ihrer Grundform nicht, die Dynamik institutioneller Koordinationsformen von Finanzierungsbeziehungen zu erklären.[729]

In der finanztheoretischen Forschung zur institutionellen Funktionsweise von Kapitalmärkten läßt sich gemäß der Interpretation Krahnen's ein steter Wechsel zwischen einer Betonung der Finanzierung als marktbezogene Koordination und Bewertung einerseits und einer Betonung der Finanzierung als institutionelle Koordination und Vertragsgestaltung andererseits feststellen.[730] Eine Untersuchung optimaler Finanzierungsbeziehungen beschäftigt sich mit eben dieser grundsätzlichen Fragestellung des Verhältnisses von marktlicher und institutioneller Koodination vor dem Hintergrund der Kapitalüberlassung.[731]

Der Begriff einer Institution wird in diesem Zusammenhang in finanzwirtschaftlichem Sinne als „[...] festgelegte Form, in welcher Anspüche zwischen Personen bestehen oder vereinbart

---

728 Vgl. hierzu Kapitel 3.5 und 4.3 dieser Arbeit.

729 Vgl. Merton/Bodie (1995), S. 10.

730 Vgl. Krahnen (1993), S. 793.

731 Vgl. hierzu Kapitel 2.6 dieser Arbeit.

werden"[732] gebraucht. Hierbei steht die verhaltensbestimmende Wirkung von Institutionen auf das Entscheidungsfeld der Austauschpartner im Mittelpunkt der Analyse. In diesem Sinne ermöglichen Institutionen regelmäßig erst eine Kooperationsbeziehung der Akteure, indem Unsicherheit reduziert und gegebenenfalls die erwarteten Erträge der Kooperation gesteigert werden. [733]

Im Gegensatz hierzu steht eine Interpretation des Marktes als anonymer Ort der Begegnung von Angebot und Nachfrage. Dem modelltheoretischen Idealbild des Marktes wird dabei die Funktion einer effizienten Allokation der gehandelten Ansprüche zugesprochen, wobei von Transaktionskosten und Organisationsstrukturen regelmäßig abstrahiert wird.

Die Gegenüberstellung der beiden Koordinationsformen Markt und Institution spiegelt sich in der historischen Entwicklung der Wirtschaftswissenschaft im allgemeinen und der Finanzwissenschaft im speziellen wider.[734] Dabei ist ein steter Paradigmenwechsel festzustellen, der eine Verlagerung des Untersuchungsgenstands zur Folge hat.

Mit der Entstehung verhaltenswissenschaftlicher Ansätze der Finanzierungsforschung und der Theorie zur Marktmikrostruktur löst sich das Spannungsverhältnis zwischen rein marktlich geprägter Perspektive und institutionenökonomischer Finanzierungsforschung auf.[735] Statt dessen tritt ein institutionalistisches Verständnis der marktlichen Koordination von Einzelwirtschaftsplänen in den Vordergrund. Ursächlich hierfür ist die Erkenntnis, daß Kapitalmärkte eben nicht dem modelltheoretischen Idealtyp im Sinne eines walrasianischen Auktionators gleichkommen, sondern vielmehr durch Strukturmerkmale bestimmt werden, die den charakteristischen Merkmalen anderer Institutionen, wie beispielsweise Unternehmens- und Vertragsformen, gleichen.[736]

Die Beobachtung, daß verschiedene Finanzinstitutionen in Koexistenz unterschiedliche Funktionen erfüllen,[737] wirft die Frage nach einer Begründung der relativen Gewichtung verschiedener Koordinationsinstrumente auf. Die Gewichtung manifestiert sich dabei letzlich in

---

732 Krahnen (1993), S. 794.

733 In einer allgemeineren Form lassen sich Institutionen einer Gesellschaft als Grundelement eines gesamtwirtschaftliche Anreizsystems interpretieren. Politischen und ökonomischen Institutionen wird in der Literatur eine wesentliche Rolle für Produktivität und Fortschritt zugesprochen. Vgl. Krahnen (1993), S. 794.

734 Williamson untersuchte erstmalig die alternativen Koodinationsformen im Rahmen wirtschaftlicher Aktivitäten. Vgl. Williamson (1975).

735 Vgl. Krahnen (1993), S. 801f. Krahnen interpretiert diesen Wechsel als „Perspektivenkonvergenz" und schließt hiervon ausgehend darauf, daß der Prozeß nachfolgender Paradigmenwechsel in der Finanzierungsforschung somit ein Ende gefunden hat.

736 Im wesentlichen handelt es sich bei den untersuchten Strukturmerkmalen um die Gestaltung des Preisermittlungsverfahrens, Abrechnungsusancen, Auktionsverfahren, Regelungen des Marktzugangs, Tiefe und Breite des Marktes sowie Informationspflichten.

737 Vgl. Bank (1997), S. 6.

den Unterschieden nationaler Finanzsysteme, welche wiederum graduellen Instabilitäten unterworfen sind, die durch Finanzinnovationen ausgelöst werden.[738]

Vor diesem Hintergrund wird in den folgenden Ausführungen die Funktionen von Finanzinstitutionen dargestellt und unterschiedliche Gestaltungsformen der Finanzierungsbeziehung hinsichtlich ihrer Eignung als Koordinationsinstrument untersucht.[739] Im Anschluß daran werden Erklärungsansätze für Finanzinnovationen diskutiert und die wesentlichen Auslöser für diese identifiziert. In einem letzten Schritt wird das Securitisationsphänomen genauer untersucht, um mögliche Ursachen einer zunehmenden Verschiebung zugungsten marktorienterter Koordinationsformen herauszustellen.

1 Institutionelle Ausgestaltung von Finanzierungsbeziehungen – eine funktionale Betrachtungsweise

Aufgrund eines vielschichtigen Beziehungsgeflechts[740] sind die institutionellen Strukturen eines Finanzsystems kontinuierlichen Veränderungen unterworfen. Zur Untersuchung der Ursachen des Strukturwandels und einer Prognose zukünftiger Entwicklungen wird im folgenden eine funktionale Perspektive eingenommen, die auf zwei Annahmen beruht:[741] Zum einen wird davon ausgegangen, daß die Funktionen, die ein Finanzsystem übernehmen muß, stabiler sind als die Institutionenstruktur, die diese Funktionen erfüllt. Zum anderen wird anlehnend an Merton/Bodie die These „*institutions follows function*“[742] vertreten, die von einem Verdrängungswettbewerb unterschiedlicher institutioneller Gestaltungsformen ausgeht.[743] In der wissenschaftlichen Literatur über Finanzmärkte und Finanzinstitutionen werden vorwiegend folgende Funktionen eines Finanzsystems genannt:[744]

(1) Finanzierungsfunktion
(2) Risikoallokationsfunktion
(3) Informationserstellungs – und Kommunikationsfunktion
(4) Überwachungs- und Kontrollfunktion

---

738 „The evolution of the financial system is described as an innovation spiral, in which organized markets and intermediaries compete with each other in a dynamic sense. The functional perspective views financial innovations as driving the financial system toward the goal of greater economic efficiency.“ Merton/Bodie (1995), S. 4.

739 Eine funktionsorientierte Perspektive zur Untersuchung von Finanzsystemen stützt sich auf den Forschungsansatz der Neuen Institutionellen Theorie gemäß der Definition Williamson's. Vgl. Williamson (1985), S. 16.

740 Zu den wesentlichen Ursachen der Entwicklung nationaler Finanzsysteme werden Veränderungen des technologischen Umfeldes, der Marktstruktur, der Komplexität der Finanzierungsbeziehungen sowie politische, kulturelle und historische Hintergründe gezählt.

741 Vgl. hierzu Merton/Bodie (1995), S. 4.

742 Merton/Bodie (1995), S. 4.

743 Vgl. hierzu auch North (1994), S. 359f., Kravitt (1997), S. 7 sowie Plock (1997), S. 32.

744 Vgl. Hellwig (1997), S. 213. Merton/Bodie nennen zusätzlich die Abwicklungsfunktion von Finanztransaktionen (Clearing und Settlement) sowie die Funktion der Abbaus von Anreizproblemen. Letztere deckt sich mit der Überwachungs- und Kontrollfunktion. Vgl. Merton/Bodie (1995), S. 5.

Vor dem Hintergrund der Funktionen eines Finanzsystems werden in der Literatur zahlreiche Ansätze vorgestellt, welche die relative Vorteilhaftigkeit bestimmter Koordinationsmechanismen von Finanzierungsbeziehungen herausstellen.[745] Hierbei wird regelmäßig zwischen marktlicher Koordinierung und der Zwischenschaltung eines Finanzmarktintermediärs unterschieden.

Hinsichtlich der relativen Gewichtung beider Koordinationsformen lassen sich nationale Finanzsysteme in bank- und marktbasierte Systeme unterteilen, wobei Deutschland regelmäßig als Realtyp des bankorientierten Finanzsystems und die USA zur Beschreibung des marktgestützten Finanzsystems herangezogen wird.[746] Die institutionelle Ausgestaltung von Finanzierungsbeziehungen und deren wohlfahrtsteigernde Wirkung wurde in zahlreichen theoretischen sowie empirischen Arbeiten seit Beginn der achtziger Jahre untersucht.[747] So stellten KING/LEVINE erstmals fest, daß die Größe eines Finanzsystems signifikant positiv mit dem Entwicklungsniveau einer Volkswirtschaft korreliert.[748] Während zunächst davon ausgegangen wurde, daß die wirtschaftliche Entwicklung eines Landes die Größe und Effizienz des Finanzsystems beeinflußt, so stellten spätere Beiträge eine umgekehrte Kausalität heraus.[749] Insbesondere konnte PAGANO zeigen, daß von effizienten Finanzsystemen positive Wirkungen auf die marginale Kapitalproduktivität ausgehen.[750] Der dargestellte Wirkungsmechanismus stellte die relative Effizienz der Kapitalallokation unterschiedlich ausgestalteter Finanzsysteme der untersuchten Volkswirtschaften in den Mittelpunkt. Vor diesem Hintergrund läß sich das Wirkungsgeflecht zwischen der Struktur eines Finanzsystems einer Volkswirtschaft und deren realem Sektor gemäß Abbildung 10 über fünf wesentliche Transmissionsmechanismen darstellen:[751]

RAMAKRISHNAN/THAKOR stellen erstmalig die Selektions- und Überwachungfunktion von Intermediären eines Finanzsystem formal dar.[752] BOYD/PRESCOTT zeigen, daß hierdurch insbesondere Fehlallokationen in unrentable Investitionsprojekte vermieden werden können.[753] Voraussetzung hierfür ist die Annahme von Informationsasymmetrien und Transaktionskosten im Rahmen von Finanzierungsbeziehungen. Die Konsequenz derartiger Friktionen am

---

745 Einen Überblick über die Literatur bietet Thakor (1996), S. 917-948.

746 Vgl. hierzu Allen/Gale (1995a), S. 179-188 sowie Kapitel 2.6 dieser Arbeit.

747 Die Tatsache, daß die institutionelle Ausgestaltung von Finanzierungsbeziehungen eine wesentliche Rolle für die Wirtschaftsentwicklung einnimmt, wurde bereits von Schumpeter (1911) herausgestellt. Vgl. Allen/Gale (1995), S. 179.

748 Vgl. King/Levine (1995), S. 513-542.

749 Vgl. Thakor (1996), S. 918.

750 Vgl. Pagano (1993), S. 613-622.

751 Vgl. Thakor (1996), S. 924. Dieser zählt zusätzlich zu den fünf dargestellten Mechanismen ebenfalls die Kreditrationierung auf. Dieser Darstellung wird hier nicht gefolgt, da die Kreditrationierung vielmehr ein Ergebnis des Transmissionsprozesses darstellt und eine Vermischung von Ursachen und Wirkung vermieden werden soll.

752 Vgl. Ramakrishnan/Thakor (1984), S. 415-432. Vgl. hierzu Kapitel 5.1.3 dieser Arbeit.

753 Vgl. Boyd/Prescott (1986), S. 211f.

Kapitalmarkt wird durch das Phänomen der Kreditrationierung beschrieben, wodurch das Investitionsvolumen des realen Sektors direkt beeinflußt wird.[754]

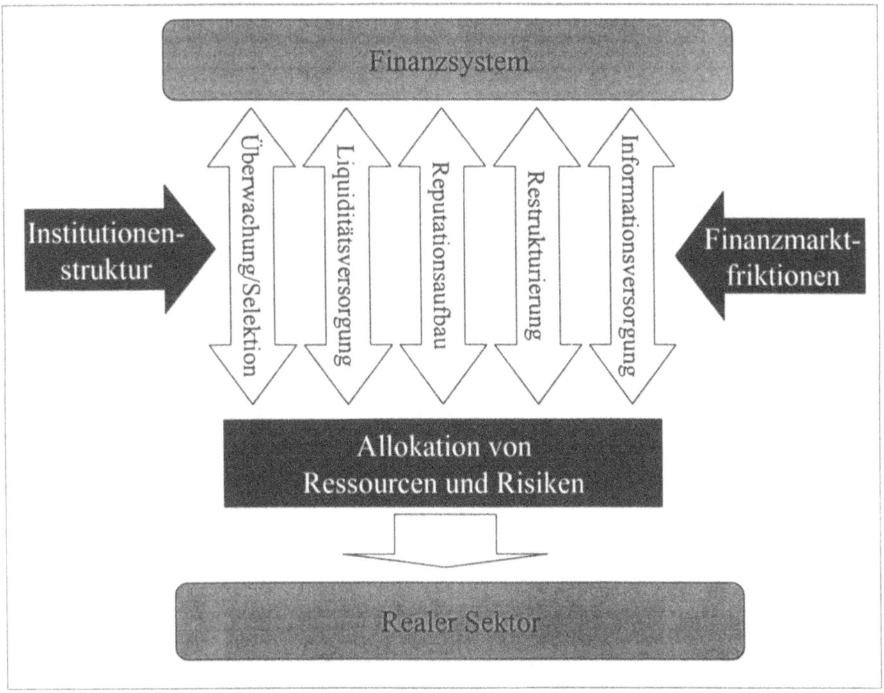

ABBILDUNG 10: TRANSMISSIONSMECHANISMEN DES FINANZSYSTEMS AUF DEN REALEN SEKTOR

Weiterhin bestimmt die Ausgestaltung des Finanzsystems das Ausmaß der Liquiditätsversorgung einer Volkswirtschaft. DIAMOND/DYBVIG untersuchen die Notwendigkeit der Fristentransformation zur Überwindung von Unsicherheit bezüglich zukünftiger Zahlungsströme zwischen Kapitalnachfragern und –anbietern.[755] Unsicherheitsreduzierende Mechanismen eines Finanzsystems schaffen durch Abgleichung von Liquiditätspräferenzen die Voraussetzung zur langfristigen Bereitstellung von Finanzierungsmitteln für Realinvestitionen. Gleichfalls zeigen BERGER/UDELL die Möglichkeit, durch Aufbau langfristiger Finanzierungsbeziehungen Verhaltensrisiken, die auf informationelle Defizite und notwendigerweise unvollständige Verträge zurückzuführen sind, zu reduzieren und somit Finanzierungstransaktionen durch Reputationsaufbau zu erleichtern.[756] Die Wahrscheinlichkeit der Abwendung eines

754 Vgl. Kapitel 5.2.

755 Vgl. Diamond/Dybvig (1983), S. 401-419. Die Übernahme eines Liquiditätsrisikos durch den Finanzintermediär basiert auf der Annahme, daß sich individuelle Schwankungen in der zeitlichen Inzidenz des Mittelbedarfs im Aggregat ausgleichen.

756 Vgl. Berger/Udell (1995), S. 351-381.

Schuldnerkonkurses im Fall von kurzfristiger Zahlungsunfähigkeit mit entsprechenden Auswirkungen auf den realen Sektor wird ebenso regelmäßig durch die Intensität der Finanzierungsbeziehung bestimmt. Gemäß BERLIN/MESTER wird darüber hinaus die Möglichkeit einer Restrukturierung von Unternehmensschulden wesentlich von den Koordinationsproblemen weitgestreuter Ansprüche bei marktorientierten Finanzierungsbeziehungen determiniert.[757] Schließlich stellt die Informationsversorgung eines Finanzsystems einen wesentliche Einflußfaktor auf den Effizienzgrad der Kapitalallokation eines Wirtschaftssystems dar.[758] In der Literatur wird in diesem Zusammenhang mehrheitlich die These vertreten, daß den in marktorientierten Finanzsystemen beobachtbaren Marktpreisen eine wesentliche Allokationsfunktion zukommt.[759] Gleichzeitg dienen objektiv meßbare Knappheitsindikatoren gemäß RAMAKRISHNAN/THAKOR als Sanktionsmechanismen, die dazu führen, daß Unternehmen solche Realinvestitionen durchführen, deren erwarteter gesamtwirtschaflicher Nutzen am größten ist.[760]

Er wird somit deutlich, daß über die fünf genannten Transmissionsmechnismen eines Finanzsystems die Versorgung der Realwirtschaft mit den notwendigen Finanzmitteln wesentlich von der Institutionenstruktur beeinflußt wird. Diese Erkenntnis steht nicht im Widerspruch zu neoklassischen Modellergebnissen, da diese von institutionellen Aspekten vor dem Hintergrund der getroffenen Vollkommenheits- und Vollständigkeitsprämisse bewußt abstrahieren. Unterstellt man das den frühen Ansätzen der Finanzierungstheorie zugrundeliegende ARROW-DEBREU-Modell, so besteht, wie bereits dargestellt, keine Berechtigung für die Existenz von Finanzintermediären.[761] Trotz dessen Realitätsferne hilft die Analyse des Idealmodels jedoch, eine klare Vorstellung von den Bedingungen für eine effiziente Allokation zu vermitteln,[762] um somit Aussagen über die Implementierung einer solchen Allokation hinsichtlich der Gestaltung eines Finanzsystems ableiten zu können.

Es gilt in den folgenden Ausführungen weniger, normative Aussagen über die bestmögliche Erreichung dieser Allokationseffizienz zu treffen, als vielmehr, die Dynamik der institutionellen Strukturen von Finanzsystemen zu erklären. Durch die Kenntnis des gegenseitigen Beziehungsgeflechts zwischem dem Real- und dem Finanzsystem eröffnet sich die Möglichkeit, Anpassungsreaktionen abzubilden und somit zukünftige Strukturveränderungen zu prognostizieren. Dieser Überlegung liegt die folgende Darstellung von Erklärungsansätzen für Finanzinnovationen im allgemeinen und für das Securitisationsphönomen im besonderen zugrunde.

---

757 Vgl. Berlin/Mester (1992), S. 95. Cantillo bestätigt diese These auf Basis einer empirischen Untersuchung am US-Kapitalmarkt. Vgl. Cantillo (1997), S. 2.

758 Zur Bedeutung der Informationsversorgung durch Finanzmärkte für die Allokationseffizienz eines Finanzsystems vgl. Grossman (1976), S. 573-585, Grossman/Stiglitz (1980), S. 543-546 sowie Holmstrom/Tirole (1993), S. 678-709.

759 Vgl. Allen/Gale (1995a), S. 199f.

760 Vgl. Ramakrishnan/Thakor (1984), S. 415.

761 Vgl. Kapitel 5.1.

762 Vgl. Hellwig (1997), S. 214.

In Anwendung auf das Untersuchungsobjekt dieser Arbeit stellt sich vor diesem Hintergrund die Frage, ob sich das traditionell bankgestütze Finanzsystem Deutschlands in Zukunft verstärkt marktlicher Koordinationsmechanismen bedient, um die vier dargestellten Intermediationsfunktionen zu erfüllen.

2 THEORIE DER FINANZINNOVATIONEN

Die Struktur und Funktionsweise von Finanzsystemen ist kontinuierlichen Veränderungsprozessen unterworfen.[763] Der Transformationsprozeß wird in der Literatur auf eine Vielzahl von mikro- und makroökonomischen Ursachenbündeln zurückgeführt, deren Ursache-Wirkungs-Mechanismen in der Theorie der Finanzinnovationen untersucht werden. Vor dem Hintergrund einer Potentialanalyse des deutschen High-Yield Marktes stützt sich die folgende Untersuchung auf bestehende Erklärungsansätze für Finanzinnovationen, um hierauf aufbauend die Auswirkungen von Umfeldveränderungen auf die relative Vorteilhaftigkeit unterschiedlicher Finanzierungsformen zu bewerten. Hierbei wird deutlich, daß sich der Strukturwandel an den internationalen Finanzmärkten durch ein Wechselspiel zwischen den Marktteilnehmern und den betroffenen regulatorischen Rahmenbedingungen erklären läßt. Die aus den Modellen gewonnenen Erkenntnisse werden im Anschluß auf ihren Erklärungsgehalt bezüglich der beobachteten Entwicklung am US-Markt für High-Yield Anleihen geprüft, um in einem letzten Schritt die Chancen eines funktionsfähigen Marktes für hochverzinsliche Unternehmensanleihen in Deutschland zu prüfen.

2.1 Begriff der Finanzinnovation

In der Literatur läß sich eine auffallende Diskrepanz zwischen der breiten Anwendung[764] der Begriffs „Finanzinnovation" auf der einen Seite und dem Mangel einer allgemeingültigen Definition auf der anderen Seite feststellen.[765] Entsprechend existieren zahlreiche Versuche, die Vielzahl der mit dem Prädikat „innovativ" gekennzeichneten Entwicklungen im Finanzbereich zu systematisieren.[766] Die Problematik bestehender Definitionsversuche ist dabei vor allem auf das Fehlen eines objektiven Kriteriums zur Feststellung des Neuigkeitsgrades zurückzuführen.[767] Dabei ist der gewählte Definitionsansatz regelmäßig vom Untersuchungszweck abhängig.

---

763 Vgl. Merton/Bodie (1995), S. 3.

764 Vgl. Hastenpflug (1991), S. 21.

765 Vgl. Büschgen (1988), S. 10, Franzen (1988), S. 20, Dufey (1995), Sp. 701, Burger (1989), S. 5, Siegwart/Mahari (1995), S. 5.

766 Vgl. Büschgen (1986), S. 301.

767 Als weiterer Problembereich einer begrifflichen Abgrenzung wird auf die Schwierigkeit einer Erfassung des Leistungsinhaltes von Finanzinstrumenten hingewiesen. Vgl. hierzu Burkhart (1985), S. 3.

Es existieren sowohl Ansätze, Entstehungsursachen der neuen Instrumente und Prozesse voneinander abzugrenzen (beispielsweise durch den Typus des Innovators und seiner Motive),[768] als auch verwendungsorientierte Definitionen; letztere nehmen eine Unterscheidung nach den individuellen (beispielsweise Risikoverlagerung, Liquiditätswirkung, Fremd- und Eigenkapitalerzeugung)[769] bzw. gesamtwirtschaftlichen Auswirkungen (beispielsweise Einfluß auf die Geldpolitik, Wohlfahrtswirkungen)[770] der Instrumente vor.[771]

Für die dieser Arbeit zugrunde liegende funktionsorientierte Sichtweise von Finanzierungstransaktionen kommt aufgrund fehlender Meßbarkeit konkreter Eigenschaften von Finanzinstrumenten ein wesentliches Abgrenzungsproblem hinzu. Die Unmöglichkeit einer direkten Beobachtung oder gar Messung wesentlicher Merkmale wie beispielsweise Marktzugang, Flexibilität oder Liquidität erschwert dabei den Vergleich zu bestehenden Finanzierungsinstrumenten.[772]

Zum Zweck einer Systematisierung der in der Literatur bestehenden Definitionsansätze unterscheidet FRANZEN zwischen solchen, die eine generelle Definition von Finanzinnovationen in Form allgemeiner Merkmale erarbeiten, und solchen, die mit Hilfe der Kategorisierung einzelner Untersuchungsbereiche den Begriff der Finanzinovation füllen.[773] Innerhalb des Bereichs genereller Definitionen lassen sich wiederum Finanzinovationen im engeren und weiteren Sinne unterscheiden. Zu Ersteren zählen dabei sowohl Produkt- als auch Prozeßinnovationen, während Letztere zusätzlich weitergehende Innovationen des Finanzsektors einschließen.[774] Im Gegensatz zu den generellen Abgrenzungsversuchen von Finanzinnovationen stützen sich alternative Ansätze auf exakter definierte Untersuchungsbereiche, mit Hilfe derer der innovative Charakter von Finanzierungsinstrumenten bzw. –prozessen herausgestellt wird.[775] Ansätze der Begriffsabgrenzung durch Kategorisierung erleichtern auf der einen Seite die Auseinandersetzung mit dem Untersuchungsgegenstand, sind jedoch auf der anderen Seite der Kritik ausgesetzt, auf Basis subjektiver Intuition anstelle einer wissenschaftlichen Grundlage gewonnen worden zu sein.[776]

---

768 Emittenten streben beispielsweise nach einer Verringerung der Kapitalkosten; Emittenten werden dagegen primär auf eine Verringerung der Transaktionskosten zielen. Vgl. Allen/Gale (1995c), S. 9.

769 Vgl. Allen/Gale (1995c), S. 9 bzw. S. 135f. sowie Bank for International Settlements (1986), S. 171.

770 Vgl. Meyer (1990), S. 14-31 sowie Link (1992), S. 4-10.

771 Einen Überblick über die Vielfalt unterschiedlicher Begriffbestimmungen bieten Siegwart/Mahari (1995), S. 5-7.

772 „A major impediment to theoretical advance is the necessarily imprecise nature of the concept of financial innovations.“ Bank for International Settlements (1986), S. 169.

773 Vgl. Franzen (1988), S. 18. Hierzu auch Siegwart/Mahari (1995), S. 5.

774 Hierunter fallen beispielsweise institutionell-organisatorische Neuerungen des Finanzsektors wie etwa die Einführung neuer Marktsegmente, Handelssysteme und auch Änderungen der Marktstruktur durch Eintritt neuer Formen der Intermediation. Vgl. Seipp (1988), S. 303 sowie Silber (1983), S. 89-95.

775 Derartige Definitionsansätze finden sich regelmäßig in Analysen der geldpolitischen Implikationen von Finanzinnovationen. Vgl. Bofinger (1987), S. 117-139.

776 Zur Kritik an kategorisierenden Definitionsansätzen vgl. Franzen (1988), S. 19.

In Anlehnung an die in der Literatur genannten Funktionen des Intermediationsprozesses[777] entwickelt die BANK FOR INTERNATIONAL SETTLEMENTS einen Systematisierungsansatz für Finanzinnovationen, der sich vor dem Hintergrund der Strukturveränderungen von Finanzsystemen zur weiteren Untersuchung als geeignet erweist. Hierbei werden Finanzinnovationen folgendermaßen kategorisiert:[778]

(a) Risk transferring innovations

(b) Liquidity-enhancing innovations

(c) Credit-generating innovations

(d) Equity-generating innovations

Dabei ist eine Zuordnung innovativer Finanzierungsstrumente und -verfahren nicht eindeutig möglich, da die Erfüllung mehrerer Funktionen den Regelfall darstellt.[779] Die Klassifizierung von Finanzinnovationen danach, ob sie Risiken verlagern, Liquidität verbessern oder Finanzierungpotentiale erweitern, eignet sich insbesondere zur Beantwortung der Frage, ob High-Yield Anleihen eine Finanzinnovation im Sinne der obigen Definition darstellen.

Unter dem Begriff *„risk transferring innovation“* sind solche Finanzierungsinstrumente und -verfahren zusammengefaßt, die es Teilnehmern am Finanzmarkt erlauben, Marktpreis- und Kreditrisiken untereinander auszutauschen.[780] *„Liquidity enhancing innovations“* stellen zum einen neue Verfahren dar, die dazu beitragen, bestehende Finanzierungsprodukte leichter handelbar zu machen, zum anderen werden hierunter neue Finanzierungsinstrumente zusammengefaßt, die aufgrund ihrer höheren Fungibilität bestehende Instrumente zunehmend substituieren. Durch *„credit-generating innovations“* wird der Zugang zu Kreditmitteln für Finanzmarktteilnehmer verbreitert. Eine Verbesserung des Zugangs zu Finanzmitteln kann dabei entweder substitutiver Natur sein, d.h. neue Finanzierungsinstrumente und -verfahren führen zu einer Verdrängung traditioneller Institutionen zur Versorgung von Kreditkapital bei konstantem Kreditvolumen, oder zu einer Erweiterung der insgesamt verfügbaren Kreditmitteln führen. Schließlich werden unter *„equity generating innovations“* solche Instrumente und Verfahren am Finanzmarkt verstanden, die es Teilnehmern ermöglichen, besseren Zugang zur Eigenkapitalversorgung zu erhalten. In Abhängigkeit der bilanziellen Behandlung im Bankensystem unterscheidet die BANK FOR INTERNATIONAL SETTLEMENTS weiterhin zwischen bi-

---

777 Vgl. hierzu Kapitel 5.1.1 dieser Arbeit.

778 Vgl. Bank for International Settlements (1986), S. 171. Ergänzend lassen sich Finanzinnovationen danach unterscheiden, ob sie auf Arbitrage- und/oder Zukunftsmärkten gehandelt werden bzw. ob sie Kassa-, Options- oder Terminpositionen besetzen. Vgl. Seipp (1988), S. 308.

779 „Eine derartige Trennung [gemäß der Abgrenzung der Bank for International Settlements] darf jedoch nicht darüber hinwegtäuschen, daß sich Finanzinnovationen in der Praxis in mehr als eine Kategorie einordnen lassen.“ Seipp (1988), S. 308.

780 Vgl. Bank for International Settlements (1986), S. 171.

lanzwirksamen (*on-balance-sheet*) und bilanzunwirksamen (*off-balance-sheet*) Finanzinnovationen.[781]

In Anlehnung an den dargestellten funktionsorientierten Systematisierungsansatz der BANK FOR INTERNATIONAL SETTLEMENTS werden High-Yield Anleihen zu den kreditgenerierenden Finanzinnovationen gezählt. Dieser Sichtweise wird in der finanzwissenschaftliche Literatur weitestgehend gefolgt.[782] Eine Zuordnung von ausfallrisikobehafteten Unternehmensanleihen zur Klasse der Finanzmarktinnovationen erscheint zunächst abwegig, da, wie am Beispiel des US-High-Yield Marktes noch dargestellt wird, High-Yield Anleihen per se keine Innovation darstellen, die dem geforderten Neuheitscharakter im strengen Sinne entsprechen.[783] In diesem Zusammenhang sei auf den von DEMUTH geprägten Innovationsbegriff hingewiesen, der eine Finanzinnovation als Finanzmarktleistung, die „[...] unabhängig von der Art der Leistungserstellung für einen kritischen Prozentsatz der Marktteilnehmer aufgrund bestimmter Leistungsmerktmalsunterschiede eine Neuheitserlebnis darstellen“[784], versteht.

Festzuhalten bleibt, daß High-Yield Anleihen auf der Grundlage einer funktionsorienterten Betrachtungsweise eine kreditgenierende Finanzinnovation darstellen. Dies gilt insbesondere vor dem Hintergrund der Feststellung, daß sich der Begriff der Finanzinnovation gemäß ROSS nicht ausschließlich auf die Schaffung neuer Instrumente an sich beschränkt, sondern auch auf die damit verbundene Etablierung eines funktionsfähigen, im Sinne von informations- und preiseffizienten Marktes[785] eben dieser innovativen Finanzierungsinstrumente erstreckt.[786] Eine zunehmende Verlagerung zugungsten marktbasierter Finanzierungsbeziehungen in Form von High-Yield Anleihen mit einer damit verbundenen Entwicklung eines funktionsfähigen Marktes dieser Finanzierungsinstrumente wird somit den Anforderungen dieses Definitionsansatzes gerecht.

2.2 Erklärungsansätze für Finanzinnovationen

Eine Bewertung der Erfolgsaussichten eines deutschen High-Yield Marktes bedingt die Suche nach einem theoretischen Erklärungsansatz, der es ermöglicht, Ursache-Wirkung-Beziehungen in allgemeiner Form aufzuzeigen, um entsprechende Schlußfolgerungen vor dem Hintergrund der Umfeldfaktoren am deutschen Kapitalmarkt zu erarbeiten. Da, wie bereits dargestellt, das Aufkommen verbriefter Formen der langfristigen Fremdfinanzierung durch eine Ausweitung des Untersuchungsrahmens als Erscheinungsform des Securitizati-

---

781 Vgl. dieselbe, S. 172.

782 Vgl. Merton/Bodie (1995), S. 6, Binkowski/Beeck (1995), S. 14, Fabozzi/Modigliani (1996), S. 492.

783 Vgl. hierzu Kapitel 7.1 dieser Arbeit.

784 Vgl. Demuth (1988), S. 23. Ähnlich Schneider-Gädicke (1989), S. 5, der unter dem Begriff der Innovation nicht nur die Markteinführung neuer, sondern auch „[...] den Einsatz bereits bekannter Produkte und Verfahren in neuen Kombinationen und Anwendungsbereichen [...]“ versteht.

785 Zur Information- und Preiseffizienz vgl. Kapitel 3.4.2 dieser Arbeit.

786 Vgl. Ross (1989), S. 541.

onsphänomens verstanden werden kann, bietet sich eine Untersuchung existierender Erklärungsansätze für Finanzinnovationen im allgemeinen bzw. dem Verbriefungstrend im speziellen an.

Hierfür erfolgt nachfolgend in einem ersten Schritt eine Systematisierung der bestehenden theoretischen Ansätze zur Erklärung von Finanzinnovationen, um in einem zweiten Schritt solche Ansätze herauszustellen, deren Übertragung auf das zugrunde liegende Untersuchungsobjekt Erfolg verspricht. Hierbei ist anzumerken, daß der Großteil der in der Literatur zu findenden theoretischen Erklärungsansätze monokausaler Natur ist.[787] Dennoch bieten sie eine Darstellung von in sich geschlossenen Wirkungszusammenhängen, die durchaus geeignet sind, diese in einem eklektischen Ansatz zur Untersuchung des Erkenntnissobjektes dieser Arbeit heranzuziehen.

Anlehnend an FRANKE lassen sich Finanzierungsinstrumente und -verfahren im Rahmen eines Lebensphasenkonzeptes darstellen.[788] Hierbei trennt FRANKE vier Phasen des Lebenszyklus eines Finanzprodukts: Innovation, Imitation, Demystifikation und Massenproduktion. Die einzelnen Phasen lassen sich hinsichtlich den Dimensionen Anwendergruppe, Marktstruktur, Handelbarkeit, Handelsvolumen, Risikosteuerung, Anbieter und Marketingaktivitäten unterscheiden. Die folgende Tabelle stellt das Konzept zusammenfassend dar:

	Innovation	Imitation	Demystification	Mass Production
Technology (available to)	Innovator	Plus imitators	Plus customers	Many competitors and customers
Market Structure	Monopoly	Oligopoly	Polipolistic supply and demand	Competitive supply and demand
Tradability of Components	Little	Somewhat improved	New markets, improved	Competitive and efficient markets
Trade Volume	Small	Growing	Growing	Large
Risk Management for Banks	Diversification, hedging	Diversification, hedging	Diversification, hedging	Hedging
Marketing	Intensive personal contacs	Intensive personal contacts	Normal communication	Minimum cost communication

TABELLE 9: LEBENSPHASENKONZEPT VON FINANZIERUNGSINSTRUMENTEN UND -VERFAHREN[789]

Die im folgenden Abschnitt diskutierten Erklärungsansätze für Finanzinnovationen behandeln die erste Phase des dargestellten Lebenszyklus von Finanzierungsinstrumenten und –verfah-

787 Vgl. Siegwart/Mahari (1996), S. 11.

788 Vgl. Franke (1998), S. 113-120.

ren. Die sich an die eigentliche Innovation anschließenden Lebensphasen werden in den sich darauffolgenden Erklärungsansätzen zum Diffusionsprozeß von Finanzinnovationen untersucht.

2.2.1 Systematisierung bestehender Ansätze

Zur Systematisierung bestehender Erklärungsansätze wird in der Literatur überwiegend eine Unterscheidung der Hauptantriebskräfte für Finanzinnovationen vorgeschlagen.[790] Vor diesem Hintergrund lassen sich Ansätze, denen Nachfrageveränderungen zugrunde liegen, von solchen, die durch das Angebot innovativer Finanzierungsinstrumente und -verfahren den Innovationsprozeß erklären, trennen.[791] Die Zuteilung erfolgt dabei auf Grundlage des Schwerpunktes der verfolgten Argumentationslogik, da eine überschneidungsfreie Abgrenzung beider Richtungen aufgrund von Wechselwirkungen nicht möglich ist.[792] Neben nachfrage- bzw. angebotsorientierten Erklärungsansätzen stellt der kapitalmarktorientierte Ansatz von VAN HORNE eine weitere, auf einem Gleichgewichtsmodell basierende Denkrichtung zur Erklärung von Finanzinnovationen dar, die explizit die Existenz von Friktionen am Kapitalmarkt einschließt. Schließlich wird ein weiterer Ansatz, der den institutionellen Charakter von Kapitalmärkten durch die Integration von agency-theoretischen Apekten sowie Marketingkosten berücksichtigt, dargestellt.

2.2.2 Nachfrageorientierte Ansätze

Grundlage nachfrageorientierter Erklärungsansätze für Finanzinnovationen bildet die Annahme, daß die Einführung neuer Finanzierungstechniken Folge der zugrundeliegenden Transaktionskosten und Präferenzen der Nachfrager am Markt für Finanzierungstitel ist. Hierbei stellen sowohl Privatpersonen als auch institutionelle Anleger die Nachfrageseite am Markt für Finanzprodukte dar. Unter Zuhilfenahme des Gleichgewichtspostulats läßt sich der Mutationsprozeß am Markt für Finanzdienstleistungen als Reaktion auf veränderte Nachfragebedingungen erklären. Stellvertretend für nachfrageorientierte Ansätze wird im folgenden das Modell von GREENBAUM/HAYWOOD dargestellt.[793]

Ausgangspunkt des Modells von GREENBAUM/HAYWOOD bildet die Annahme, daß Finanzdienstleistungen als n-dimensionaler Vektor ihrer charakteristischen Eigenschaften, die letzlich die Präferenzen der Investoren abdecken, darstellbar sind.[794] Die Präferenzstruktur der

789 Franke (1998), S. 114.

790 Vgl. Dufey (1986), S. 173, Dufey/Giddy (1981), S. 34, Hastenpflug (1991), S. 43.

791 Vgl. Binkowski/Beeck (1995), S. 21f., ebenso Heischkamp (1989), S. 22.

792 Vgl. Hastenpflug (1991), S. 44 sowie Siegwart/Mahari (1996), S. 12.

793 Zu den nachfrageorientierten Ansätzen zählen weiterhin Steinman (1986) sowie Szegö (1986), zitiert nach Hastenpflug (1991), S. 44.

794 Die Eigenschaften von Finanzierungstiteln lassen sich beispielsweise durch Ausprägung ihrer Rendite, des Risikos, ihrer Laufzeit oder Liquidität darstellen. Vgl. Greenbaum/Haywood (1971), S. 572, FN 2.

Anlegerseite wird dabei als annähernd stabil angenommen.[795] Im Gegensatz zur neoklassischen Vollständigkeitsprämisse, deren Urform die Welt des ARROW-DEBREU-Modells darstellt, ist die Menge der angebotenen Finanzprodukte im betrachteten Markt nicht vollständig und läßt sich ebenfalls im n-dimensionalen Raum ihrer Eigenschaftsausprägungen abbilden. Die dem Modell zugrunde liegende Abgrenzung von Finanzinnovationen basiert nunmehr auf dem Kriterium der Neuartigkeit von Finanzprodukten im Sinne einer bis dato nicht existenten Eigenschaftskombination.

Die Analyse der Neuerungsprozesse erfolgt zweigeteilt auf Basis der bereits von GURLEY/ SHAW aufgestellten Einkommenseffekt- und Substitutionshypothesen.[796] Die Einkommenseffekthypothese postuliert eine funktionale Abhängigkeit der Nachfrage nach Finanzierungsinstrumenten vom verfügbaren Einkommen der Investoren. Es handelt sich dabei um eine Erweiterung der von MARKOWITZ entwickelten Portefeuille-Theorie[797] durch Berücksichtigung von Transaktionskosten der Portefeuillezusammenstellung.[798] Unter der Annahme, daß höhere Einkommen mit zunehmendem Pro-Kopf-Finanzvermögen einher gehen, kann durch Rückgriff auf die Portefeuille-Theorie gezeigt werden, daß der zusätzliche Diversifikationsertrag durch Aufnahme weiterer Wertpapiere mit nicht vollständig korrelierten Eigenschaften Nutzensteigerungen des Investors impliziert. Dieser Mechanismus führt zu einer entsprechenden Linksverschiebung der Effizienzlinie mit der Folge höherer Erträge bei konstantem Portefeuillerisiko. Übersteigt nun der durch weitere Diversifikation erreichte Nutzenzuwachs die marginalen Kosten der Portefeuillehaltung, so entsteht eine entsprechende Nachfrage nach Finanzierungsinstrumenten bzw. -verfahren mit neuen Kombinationen von Merkmalsausprägungen.

Die Substitutionshypothese als zweiter Argumentationsbaustein des Modells GREENBAUM/ HAYWOOD'S bezeichnet den Zusammenhang zwischen der Nachfrage nach Finanzinnovationen und der Höhe relativer Erträge aus alternativen Anlageformen. Die Analyse von GURLEY/SHAW zielte primär auf die Erklärung der empirisch gewonnenen Erkenntnis einer zunehmenden Vielfalt alternativer Anlageformen am US-Kapitalmarkt.[799] Der Substitutionseffekt beschreibt hierbei einen Kausalzusammenhang zwischen der Entwicklung des allgemeinen Zinsniveaus und dem Aufkommen innovativer Finanzinstrumente. Steigende Zinsen stellen in diesem Zusammenhang Opportunitätsverluste der Nachfrage dar, sofern diese bei

---

795 Vgl. Greenbaum/Haywood (1971), S. 572.

796 Vgl. Gurley/Shaw (1955), S. 532 sowie Gurley/Shaw (1956), S. 264f.

797 Vgl. Markowitz (1959). Wesentliches Ergebnis der Portfeuille-Theorie ist, daß alle Marktteilnehmer aufgrund homogener Erwartungen bezüglich der Wertpapierrenditen und rationalem Verhalten dasselbe effiziente Portefeuille halten. Effizient heißt in diesem Zusammenhang, daß mit einer Abweichung vom effizienten Portefeuille keine vorteilhaftere Risiko-Rendite-Position erreicht werden. Vgl. hierzu auch Kapitel 3.3 dieser Arbeit.

798 Vgl. Hastenpflug (1991), S. 48.

799 Vgl. Gurley/Shaw (1956), S. 269.

der Anlage ihrer finanziellen Überschüsse auf zinsunelastische Bankeinlagen beschränkt bleiben.[800]

Bis zu welchem Grad rein nachfragebasierte Effekte zu Erklärung von innovativen Finanzierungstiteln hinreichend beitragen, ist jedoch fraglich. Die im Modell von GREENBAUM/HAYWOOD anitzipierten Angebotsreaktionen sind insbesondere vor dem Hintergrund der Wettbewerbsstruktur und der Anlegerflexibilität kritisch zu untersuchen.

Das Verhalten der Angebotsseite wird im Modell GREENBAUM/HAYWOOD'S durch technologische und gesetzliche Restriktionen determiniert,[801] welche für das Angebot neuer Finanzierungsprodukte produktionsbeschränkende Faktoren darstellen.[802] Technologische Rahmenbedingungen werden hierfür unter Annahme der Konstanz aller weiteren Produktionsfaktoren als Produktionsmöglichkeitenkurve *(production possibility frontier)* abgebildet, die durch technologischen Fortschritt eine Rechtsverschiebung erfährt. Hieraus folgt entweder die Ausweitung des bestehenden Angebots von Finanzleistungen oder die Schaffung neuer Kombinationen und damit die Realisierung von Finanzinnovationen.[803]

Regulatorische Produktionsbeschränkungen finden in Form von Eigenkapital- und Liquiditätsanforderungen, Kreditvergabevorschriften, Mindestreserven und anderen Auflagen Eingang in die modelltheoretische Abbildung des Angebots von Finanzleistungen. Derartige regulatorische Elemente wirken produktionsbeschränkend, schaffen gleichzeitig jedoch auch Umgehungsanreize, sofern die marginalen Umgehungskosten geringer als als die mit der Regulation verbundenen Opportunitätsverluste sind.[804] Das regulatorische Umfeld bestimmt somit direkt die Möglichkeit und indirekt den Anreiz zur Produktion von Finanzinnovationen.[805]

Eine Erweiterung der auf regulatorischen Rahmenbedingungen gestützen Erklärung des Innovationsprozesses erfährt das Modell durch die Integration von Deregulierungstrends in der Arbeit von SCHWOGLIN.[806] Die mit einem Abbau gesetzlicher Restriktionen verbundene Erweiterung der Handlungsmöglichkeiten von Finanzintermediären schafft der Argumentation zufolge Anreize, Finanzinnovationen zu kreieren.[807] Dem Erklärungsansatz gelingt es aller-

---

800 Kritisch ist hierbei anzumerken daß der beschriebene Mechanismus, der vor dem Hintergrund gesetzlicher Zinsbeschränkungen auf Sichteinlagen US-amerikanischer Sparbanken im untersuchten Markt durchaus evident ist, nicht problemlos als allgemeingültig zu interpretieren ist.

801 Vgl. Grennbaum/Haywood (1971), S. 578-561.

802 Einen ähnlichen Ansatz bietet Reitz (1974), S. 76, sowie Rometsch (1998), S. 303-307.

803 Vgl. Hastenpflug (1991), S. 50.

804 Der Gedanke der Umgehungsanreize wird im Modell der regulatorischen Dialektik von Kane aufgegriffen. Vgl. hierzu Kapitel 6.2.2.6. Zur Untersuchung des Effektes von Mindestreserveanforderungen auf die Entstehung von Finanzinnovationen vgl. Jagtiani/Saunders/Udell (1995), S. 647-658.

805 Vgl. Baer/Pavel (1988), S. 3-14. Die Autoren erklären Finanzinnovationen insbesondere vor dem Hintergrund von Mindestreserveanforderungen und Besteuerung.

806 Vgl. Schwoglin (1986), S. 45.

807 Vgl. Hastenpflug (1991), S. 52.

dings nicht, die zugrunde liegenden Ursache-Wirkung-Zusammenhänge allgemeingültig darzustellen.

Zusammenfassend ist festzuhalten, daß nachfrageorientierte Erklärungsansätze für Finanzinnovationen zwei fundamentale Bestimmungfaktoren für die Veränderungen von Investorenpräferenzen feststellen konnten. Der Wunsch nach einem höheren Diversifikationsgrad des Anlageportefeuilles auf Investorenseite aufgrund eines ausgeweiteten Dispositionsvolumens sowie die Relevanz relativer Renditeverschiebungen zwischen unterschiedlichen Anlageklassen bilden zwei wesentliche Erklärungsbestandteile der weiteren Argumentation dieser Arbeit. Kritisch ist an dieser Stelle anzumerken, daß die funktionale Beziehung zwischen Einkommenszuwachs und Ausmaß der Risikostreuung im Modell von GREENBAUM/HAYWOOD zu undifferenziert betrachtet wird. Eine Untersuchung des Zusammenhangs zwischen Nettowachstum des Finanzanlagevermögens und Diversifikationsgrad scheint für die Darstellung des Ursache-Wirkung-Zusammenhangs angemessener, da Verzerrungen aufgrund Strukturveränderungen der volkswirtschaftlichen Vermögensbildung dadurch vermieden würden. Weiterhin scheint es sinnvoll, den Grad der Institutionalisierung von Anlageentscheidungen in die Analyse miteinzubeziehen. Eine zunehmende Verlagerung der Disposition des gesamtwirtschaftlichen Finanzvermögens zugunsten institutioneller Anleger wie beispielsweise Versicherungen und Investmentfonds läßt vermuten, daß Anlageentscheidungen zunehmend professionell im Sinne einer portefeuilletheoretischen Effizienz getroffen werden. Folglich stiege die Nachfrage nach neuen Merkmalskombinationen mit entsprechendem Innovationsdruck.

Hervorzuheben ist gleichfalls, daß die Schlußfolgerungen GREENBAUM/HAYWOOD'S den Ergebnissen neoklassischer Kapitalmarktmodelle nicht wiedersprechen. Wie bei der Beurteilung des MODIGLIANI/MILLER-Modells bereits betont,[808] ist die Interpretation des Irrelevanztheorems insofern mit dem hier dargestellten Innovationsmodell kompatibel, als daß das Angebot neuer, am Kapitalmarkt nicht reproduzierbarer Finanzprodukte nicht durch Arbitragevorgänge in Frage gestellt werden kann.

Es lassen sich aus dem hier vorgestellten Ansatz somit Erkenntnisse ableiten, die partiell zur Beurteilung der Erfolgswahrscheinlichkeit eines deutschen High-Yield Marktes herangezogen werden können. Die Anwendung dieser Erkenntnisse vor dem Hintergrund der Rahmenbedingen am deutschen Kapitalmarkte erfolgt im siebten Kapitel dieser Arbeit.

2.2.3 Angebotsorientierte Ansätze

Unter den in der Literatur bestehenden Ansätzen zur Erklärung von Finanzinnovationen überwiegen solche, die schwerpunktmäßig die Angebotsseite als Initiator von innovativen Finanzprodukten erkennen. Bevor eine komprimierte Darstellung der wichtigsten angebotsorientierten Ansätze erfolgt, erscheint es notwendig, den Begriff des Angebots zu konkretisieren.

---

808 Vgl. hierzu Kapitel 3.3.1.2 dieser Arbeit.

Als Anbieter von Finanzinnovationen werden im Zusammenhang mit der Erklärung ihrer Entstehung primär Finanzmarktintermediäre im engeren Sinne betrachtet. Die Abgrenzung derjenigen Marktteilnehmer, die hierbei als Anbieter von Finanzprodukten am Markt auftreten, ist insbesondere vor dem Hintergrund der mit ihren Geschäftsfeldern verbundenen regulatorischen Behandlung von Relevanz. Während am US-Markt seit Inkrafttreten des Glass-Stegall Act eine strikte Trennung zwischen Commercial und Investment Banks vorgenommen wird,[809] existiert am deutschen Bankenmarkt keine gesetzlich vorgeschriebene institutionelle Trennung zwischen Kredit- und Wertpapiergeschäft. Eine Übertragung der nachfolgend dargestellten angebotsorientierten Erklärungsansätze ist vor dem Hintergrund der Rahmenbedingungen des deutschen Finanzsystems nicht uneingeschränkt möglich, dennoch können durch eine Abbildung der wesentlichen Wirkungsmechanismen Erkenntnisse hinsichtlich des Zusammenwirkens von Umfeldbedingungen und Anpassungsreaktionen der Marktteilnehmer gewonnen werden.[810]

Grundsätzlich lassen sich angebotsorientierte Ansätze entsprechend ihres Argumentationsschwerpunktes in drei Gruppen einteilen. Die erste Gruppe, die versucht, Innovationen auf Finanzmärkten im Zusammenhang mit Wettbewerbsaspekten zu erklären, basiert auf den in der Betriebswirtschaftslehre bekannten allgemeinen Voraussetzungen und Charakteristika des Innovationsprozesses. Dabei werden Hintergründe und Wirkungsmechanismen, deren Erklärungspotential im Zusammenhang mit Produktinnovationen an Gütermärkten vor dem Hintergrund wettbewerblicher Marktstrukturen untersucht wurden, auf den Finanzmarkt übertragen. Zu den Vertretern dieses Ansatzes zählt die Arbeiten von DUFEY/GIDDEY und KLEIN, die im Rahmen der vorliegenden Arbeit nicht in die Untersuchung miteinbezogen werden.[811] Die Ausgrenzung von wettbewerbstheoretisch begründeten Ansätzen basiert auf der Erkenntnis, daß aus ihnen keine zusätzlichen Erklärungsfaktoren abgeleitet werden können, die nicht schon durch die im weiteren Verlauf zu diskutierenden kapitalmarkttheoretischen Ansätze bereitgestellt werden.

Eine zweite Gruppe angebotsorientierter Ansätze basiert auf Eingriffen in die Handlungsfreiheit von Anbietern am Markt für Finanzdienstleistungen. Derartige Restriktionen können aufgrund des regulatorischen Umfeldes der betreffenden Marktteilnehmer oder im Rahmen eines umfassenderen Erklärungsrahmens aufgrund marktlicher oder selbstregulatorischer Faktoren

---

809 Die Trennung zwischen Kreditbanken und Investmenthäusern am US-Markt wird seit einigen Jahren von Wissenschaft und Praxis zunehmend kritisch hinsichtlich ihrer Angemessenheit vor dem Hintergrund veränderter Umfeldbedingungen hinterfragt. Gleichzeitig ist eine kontinuiertliche Aufweichung der gesetzlichen Auflagen, die den Umfang der Geschäftsfelder beider Institutsgruppen bestimmen, feststellbar. Vgl. Gart (1994), S. 131f. Zum Transformationsprozeß des internationalen Bankgeschäfts vgl. Franke (1998), S. 109-136 sowie Calomiris (1998), S. 44-57 zur Annäherung des US-amerikanischen Bankensystems an das kontinenaleuropäische Universalbankensystem.

810 Die konkrete Untersuchung der regulatorischen Rahmenbedingungen für Anbieter am deutschen Kapitalmarkt ist Inhalt des Kapitels zur Potentialanalyse eines High-Yield Marktes in Kapitel 8.2.1 dieser Arbeit.

811 Vgl. Dufey/Giddy (1981) sowie Klein (1996).

auftreten. Erstere Eingriffe in die Handlungsfreiheit sind Inhalt des Modells der „regulativen Dialektik“ von KANE, während der Ansatz von SILBER darüber hinaus weitere Restriktionen zur Begründung des Aufkommens innovativer Finanzprodukte heranzieht. Als Vertreter der dritten Gruppe angebotsorientierter Arbeiten wird im Anschluß der Ansatz von DUNHAN dargestellt, dessen besonderer Erkenntnisgewinn in der Integration von Rendite-und Risikoaspekten bei der Beschreibung der Innovationsursachen liegt.

In der Gruppe der auf Eingriffe in die Handlungsfreiheit von Anbietern am Kapitalmarkt aufbauenden Ansätze stellt das Modell der „regulativen Dialektik“ von KANE den in der Literatur am häufigsten zitierten Erklärungsversuch für Finanzinnovationen dar.[812] Die Analyse angebotsseitiger Restriktionen der Handlungsfreiheit beschränkt sich im Modell KANE'S auf hoheitliche Eingriffe in den Dispositionsraum von Anbietern.[813]

Der Ansatz basiert auf einem beidseitigen Anpassungsprozeß zwischen Regulierten und Regulierungsinstanzen als Folge zyklischer Wechselwirkungen.[814] Regulierung und Ausweichreaktionen[815] wirken dabei als Gegenkräfte, wodurch ein gleichgewichtiger Zustand kontinuierlich gestört wird.[816] Die als Nutzenmaximierer agierenden Parteien sind dabei bemüht, mögliche Reaktionen der Gegenparteil zu antizipieren und ihre eigenen Aktionen daran auszurichten.[817] Neben reaktiven regulatorischen Eingriffen wird der Anpassungsprozeß ebenfalls durch Strukturveränderungen der regulierten Finanzmärkte ausgelößt.[818] Bei der Untersuchung der Störfaktoren temporärer Gleichgewichte geht KANE von zwei Arten zu beobachtender Verzögerungseffekte aus. Diese betreffen sowohl die Ausweichreaktionen der Anbieter (*innovation lag*) als auch die Anpassungmaßnahmen auf Seite der regulierenden Instanzen (*regulatory lag*).[819] Dabei haben die mit einer bestimmten Regulierungsmaßnahme verbundenen Kosten für die Marktteilnehmer einen direkten Einfluß auf das Ausmaß der Anpassungsverzögerung. Die zeitliche Verzögerung regulatorischer Anpassungsmaßnahmen beeinflußt wiederum der Anreiz, innovative Finanzprodukte anzubieten, da hiervon die Höhe der er-

---

812 Vgl. Dufey (1986), S. 174, Bofinger (1987), S. 253, Link (1995), S. 642, Deutsche Bundesbank (1986), S. 1986.

813 Vgl. Hastenpflug (1991), S. 53. Der Ansatz Kane's fand seinen Ursprung in der Erklärung von Finanzinnovationen am US-Kapitalmarkt. Wie bereits zu Beginn des Kapitels angedeutet, unterscheidet sich das regulatorische Umfeld von dem des deutschen Kapitalmarktes. Hintergrund seiner Untersuchung waren insbesondere die Restriktionen der Habenszinsgestaltung von Einlageinstituten (Regulation Q) sowie Mindestreservevorschriften (Regulation D) US-amerikanischer Finanzinstitute.

814 Vgl. Hastenpflug (1991), S. 54.

815 Zum Begriff der Ausweichreaktionen im Zusammenhang mit Kapitalmarktregulation vgl. Schwolgin (1986), S. 70-74.

816 Der dialektische Prozeß von Regulierung, Ausweichreaktionen und Reregulierung bildet eine endlose Kette , die kein stabiles Gleichgewicht erreicht. Vgl. Kane (1981), S. 355.

817 Hieran wird die Nähe des Ansatzes zur Agency Thoery deutlich. Vgl. Kapitel 4.1 dieser Arbeit.

818 Vgl. Kane (1983), S. 97.

819 Vg. Kane (1981), S. 358. Der Gedanke einer zeitlichen Verzögerung von Anpassungsreaktionen von Anbietern am Finanzmarkt wird im Rahmen der Untersuchung der Diffusion von Finanzinnovationen behandelt. Vgl. hierzu Kapitel 6.2.3 dieser Arbeit.

reichbaren Zusatzrenten der Innovatoren abhängig ist.[820] Das Angebot neuer Finanzierungsformen weist mithin eine Abhängigkeit von den Kosten des Innovationsprozesses sowie den Opportunitätsverlusten der bestehenden Handlungsbeschränkungen auf.

KANE integriert im weiteren Verlauf seiner Argumentation zwei exogene Umweltfaktoren in sein Erklärungsmodell. Dabei stellt er die Hypothese auf, daß steigende Inflationsraten und technologischer Fortschritt die Geschwindigkeit der gegenseitigen Anpassungsreaktionen erhöhen und damit den Innovationsprozeß beschleunigen.[821] Hinsichtlich des beschleunigenden Effekts steigender Inflationsraten und damit verbundenen Zinssteigerungen ist anzumerken, daß der Erklärungsbeitrag hierbei relativ spezifischer Natur ist. Erhöhte Opportunitätskosten gesetzlicher Beschränkungen entstehen dabei nur im Falle unverzinslicher Mindestreservorschriften, sie geben hingegen keinen Aufschluß über die Auswirkung auf Umgehungsinnovationen im Zusammenhang mit regulatorisch bedingten Marktzugangsbeschränkungen. Der zweite externe Umwelteffekt ist dagegen von allgemeinerer Relevanz: Technologischer Fortschritt senkt tendenziell die Kosten der Einführung von Finanzinnovationen. Da gemäß dem von KANE unterstellten ökonomischen Prinzip neue Finanzinstrumente, neue Finanzierungsverfahren oder neue Institutionen sinnvollerweise erst dann eingeführt werden, wenn die erwarteten Erträge der Investition die von ihr ausgelösten Kosten übersteigen, bewirken tendenziell sinkende Einführungskosten einen erhöhten Innovationsdruck.

Zusammenfassend gelingt es KANE erstmalig, die Bedeutung regulatorischer Eingriffe am Finanzmarkt für den Innovationsprozeß in einem geschlossenen Modell abzubilden. Der Ansatz vermag die Wirkungsbeziehungen darzustellen und mit Hilfe empirischer Untersuchungen zu verifizieren. Dennoch erkennt auch KANE die Vielschichtigkeit der Einflußfaktoren, aufgrund derer es dem Modell an Operationalität mangelt.[822] In seiner abstrakten Form ist das Modellergebnis KANE'S schon für sich allein logisch korrekt.[823] Gleichzeitig erscheint ein einwertiger Ansatz ohne Berücksichtigung von Risikoaspekten zur Ableitung eines optimalen Innovationsverhaltens seitens der Anbieter neuer Finanzprodukte nicht überzeugend.

Der als „theory of constraint"[824] von SILBER bezeichnete angebotsorientierte Ansatz vermeidet den einschränkenden alleinigen Bezug auf gesetzliche Regulierungen und erhebt damit einen umfassenderen Erklärungsanspruch.[825] Es stellt eine kritische Erweiterung des Modells von KANE dar, welches SILBER als „[...] to narrow to explain properly the evolution of financial instruments"[826] bewertet. Dabei begründet er das Auftreten innovativer Produkte und Prozesse am Kapitalmarkt als Reaktion auf Änderungen von Restriktionen allgemeinerer Na-

---

820 Vgl. Hastenpflug (1991), S. 55.

821 Vgl. Kane (1981), S. 359-361.

822 Vgl. Kane (1982), S. 8.

823 Vgl. Hastenpflug (1991), S. 58.

824 Ben-Horim/Silber (1977), S. 277.

825 Vgl. Hastenpflug (1991), S. 59.

tur. Es handelt sich somit wie dargestellt um eine rein angebotsseitige Erklärung der Triebkräfte für Finanzinnovationen.[827]

Den Kern des Ansatzes von SILBER bildet die Annahme nutzenmaximierender Anbieter von Finanzprodukten und die Existenz von sogenannten „Schattenpreisen". Im Rahmen eines linearen Optimierungsmodells, in dem Handlungsrestriktionen die Nebenbedingungen darstellen, führt eine Verringerung der Zielgröße zur Kreation von Finanzinnovationen. Der nutzenmaximierende Anbieter ist dabei sowohl internen als auch externen Restriktionen ausgesetzt. Erstere umfassen beispielsweise Wachstumsvorgaben und Liquiditätskennzahlen, externe Restriktionen begegnen dem Anbieter von Finanzprodukten dagegen in Form gesetzlicher Reglementierungen oder aufsichtsrechtlicher Bestimmungen. [828]

Steigen nun die mit den Restriktionen verbundenen Opportunitätskosten (Schattenpreise), so ist ein erhöhter Innovationsdruck zu erwarten.[829] Zu vermehrten Ausweichreaktionen auf innovative Instrumente kommt es aber auch dann, wenn sich die Transaktionskosten der Ausweichreaktionen, beispielsweise aufgrund technischen Fortschritts, verringern.[830] Regulierung, Wettbewerb und Risikomanagement stellen im Rahmen dieses Erklärungsansatzes die wesentlichen innovationsanregenden Zwänge dar.[831] Durch Rückgriff auf unterstelltes nutzenmaximierendes Verhalten seitens der Anbieter neuer Finanzprodukte umgeht SILBER jedoch eine konkrete Integration des Risikoaspektes zur Innovationsbegründung.

Diese Kritik an einer primär renditeorientierten Argumentation zu Erklärung von Finanzinnovationen greift DUNHAM auf, indem er in seinen Ansatz im Rahmen der Analyse von Innovationsursachen explizit sowohl Rendite- als auch Risikoaspekte berücksichtigt.[832] Zur Untersuchung der Faktoren, die das Angebot innovativer Finanzprodukte beeinflussen, betrachtet DUNHAN die Determinanten von Angebot und Nachfrage nach den Produkten eines Finanzintermediärs. Wesentliche Merkmale der von Finanzintermediären emittierten Produkte bilden dabei die erwartete Rendite, die Standardabweichung, die Korrelation mit anderen Produkten sowie der Grad der Teilbarkeit. Der Finanzintermediär ist nun bemüht, seine Aktiv- und Passivpositionen derart zu gestalten, daß sich Angebot und Nachfrage nach beiden Fi-

---

826 Silber (1975), S. 64.

827 Vgl. Dufey (1986), S. 174.

828 Vgl. Kollar (1986), S. 65.

829 Silber führte hierfür eine empirische Untersuchung bei 38 Finanzanbietern durch, die in 60% der Fälle seine These bestätigten. Vgl. Silber (1983), S. 90.

830 Vgl. Bofinger (1987), S. 120.

831 Vgl. Link (1992), S. 16-18 sowie Artus/De Boissieu (1989), S. 98. Das Modell Silber's erfährt durch die Arbeit von Dufey/Giddy eine Erweiterung. Die Autoren unterscheiden zwischen „agressiven" und „defensiven" Innovationen: Veränderungen der Marktbedingungen führen zu defensiven Innovationen, während agressive Innovationen von darauf spezialisierten Banken angeboten werden, indem sei „bundling" und „unbundling" von bestehenden finanziellen Ansprüchen praktizieren. Durch Integration der Eigenschaftsthese aus nachfrageorientierten Ansätzen greifen sie eine Grundidee des Ansatzes von Lancaster auf. Vgl. Dufey/Giddy (1981), S. 33-51.

832 Vgl. Dunhan (1980), S. 8. Zu den folgenden Ausführungen vgl. Hastenpflug (1991), S. 64-68.

nanzprodukten im Gleichgewicht befinden. Anstoß zur Schaffung neuer Produktkombinationen bilden Veränderungen der Risiko-Rendite-Postition bestehender Aktiv- und Passivpositionen, die ein temporärer Ungleichgewicht verursachen.[833] Veränderungen der Risiko-Rendite-Position sind dabei auf zwei unterschiedliche Ursachenbündel zurückzuführen:

Zum einen bewirken Veränderungen der Risiko-Rendite-Struktur alternativer Realinvestitionen Nachfrageverschiebungen der angebotenen Produkte eines Finanzintermediärs. Derartige exogene Umweltveränderungen haben insbesondere Einfluß auf die Art und die Kosten der Refinanzierung von Kreditinstituten. Folglich besteht eine Notwendigkeit der Ausrichtung angebotener Risiko-Rendite-Kombinationen der Finanzprodukte eines Intermediärs an Veränderungen alternativer Realinvestitionen. Zum anderen führen Verschiebungen innerhalb der Verteilung der Risikoaversion unterschiedlicher Kundengruppen zu einem Ungleichgewicht zwischen Angebot und Nachfrage nach Produkten des Intermediärs.[834] Wächst beispielsweise die Anzahl der Marktteilnehmer mit stärkerer Risikoaversion, so sieht sich der Intermediär einer verringerten Kreditnachfrage bei gleichzeitig steigender Nachfrage von passiven Finanzprodukten gegenüber.

2.2.4 Kapitalmarktorientierte Ansätze

Ausgangspunkt kapitalmarktorientierter Erklärungsansätze für Finanzinnovationen ist die Erkenntnis, daß reale Finanzmärkte den idealtypischen Merkmale der Vollkommenheit und Vollständigkeit nicht uneingeschränkt genügen. Hierauf aufbauend wird argumentiert, daß Finanzinnovationen immer dann ökonomisch sinnvoll sind und Bestand haben, wenn sie zu einer Annäherung an den in der neoklassischen Theorie geforderten Idealzustand beitragen.[835]

VAN HORNE stützt seinen Erklärungsansatz auf die aus finanzierungstheoretischen Modellen übernommenen Anforderungen an vollständige Kapitalmärkte.[836] Hierbei stehen die operationalen Merkmale des Annahmengebäudes im Vordergrund. Unter operationaler Effizienz ist hierbei ein Zustand zu verstehen, in dem Finanzierungsbeziehungen zu minimalen[837] Kosten zustande kommen.[838] Die Zusammenführung von Angebot und Nachfrage nach Finanzierungsmitteln verursacht immer dann zusätzliche Kosten für die Marktteilnehmer, wenn operationale Vollkommenheit nicht gegeben ist. Abweichungen vom Idealzustand der Vollkommenheit spiegeln sich in entsprechenden Differenzen von Soll- und Habenzinsen im Fall einer

---

833 Vgl. Hastenpflug (1991), S. 65.

834 Vgl. derselbe (1991), S. 66.

835 „For an idea to be viable as a financial innovation, it must make the markets more efficient in an operational sense and/or more complete." Van Horne (1985), S. 621.

836 Vgl. hierzu die Ausführungen in Kapitel 3.3 dieser Arbeit.

837 Minimale Kosten bedeuten gleichzeitig, daß der Vermittlungsprozeß von Kapitalangebot und –nachfrage kostendeckend vergütet wird. Dies enspricht dem Idealbild der vollständigen Konkurrenz unter den Intermediären im weiten Sinne.

838 Vgl. Copeland/Weston (1988), S. 331. Zu den Dimensionen der Kapitalmarkteffizienz, insbesondere den Teilaspekten der informationellen, operativen und allokativen Effizienz, vgl. Kapitel 3.4.2.

direkten Finanzierungsbeziehung und Differenzen von Kauf- und Verkaufskursen im Fall einer indirekten Finanzierungsbeziehung wider. Somit gilt für beide institutionelle Ausgestaltungsformen einer Finanzierungsbeziehung, daß operationale Ineffizienzen zu einer Kostenerhöhung der Intermediation führen.

Die Existenz operationaler Ineffizienzen schafft nun die Möglichkeit, durch das Angebot solcher Finanzprodukte, die eine Reduktion der Intermediationskosten bewirken, Pioniergewinne zu erzielen.[839] VAN HORNE führt für die dargestellten Arbitrageprozesse beispielhaft die Entstehung des Euro-Dollarmarktes in den fünfziger Jahren an.[840] Dem Modell liegt ebenfalls der aus neoklassischen Modellen bekannte Gleichgewichtsgedanken zugrunde. Der Innovationsprozeß setzt sich dementsprechend theoretisch so lange fort, bis ein Gleichgewichtszustand erreicht ist, in dem Finanzinnovationen keine Pioniergewinne mehr versprechen. Auf vollkommenen Kapitalmärkten existieren annahmegemäß keine Transaktionskosten; Finanzinnovationen finden entsprechend nicht statt.

Die zweite Säule der Argumentation VAN HORNE'S bildet das Vollständigkeitspostulat idealtypischer Kapitalmärkte der Neoklassik. Hierunter ist im Sinne des ARROW-DEBREU-Modells die Existenz aller zur Abbildung verschiedener Umweltzustände in unterschiedlichen Zeitpunkten notwendigen Kontingenzansprüche zu verstehen.[841] Die Vollständigkeit des Kapitalmarktes ist dann erreicht, wenn eine hinreichende Anzahl derartiger Kontrakte gehandelt wird, so daß durch Kombination derselben jeder Kontigenzzustand durch einen bedingten Zahlungsstom abbildbar ist. [842]

Im Falle der Nichterfüllung der Vollständigkeitsanforderung ist es Anlegern somit unmöglich, sämtliche denkbaren Risiko-Rendite-Kombinationen durch gehandelte Zahlungsansprüche zu erreichen. Folgerichtig wird es gemäß VAN HORNE ein Nachfragepotential nach noch nicht gehandelten Ansprüchen geben, welches bei hinreichend großem Bedarf Anreize zur Schaffung derartiger Finanzierungsverträge generiert.

Vor dem Hintergrund dieser beiden Abweichungen vom neoklassischen Idealtyp eines vollkommenen und vollständigen Kapitalmarktes erklärt VAN HORNE die Existenz von Finanzinnovationen als Ergebnis von Gewinn- und/oder Risikoreduktionsmöglichkeiten, die auf operationale Ineffizienzen der Finanzintermediation am Kapitalmarkt und/oder durch die Unvoll-

---

839 Hier werden die Parallelen zur Argumentationslogik Schumpeters deutlich. Vgl. Hastenpflug (1991), S. 76.

840 Vgl. zur Entwicklung des Euro-Dollarmarktes ebenfalls Baer/Pavel (1988), S. 10f. und Beneviste/Berger (1986), S. 13-15.

841 Vgl. Copeland/Weston (1988), S. 112f. Ein vollständiger Kapitalmarkt erfordert somit eine so große Anzahl von Finanztitteln, die nicht redundant sind, wie mögliche Marktzustände denkbar sind. Vgl. Zimmermann (1987), S. 168.

842 In diesem Zusammenhang stellt Van Horne fest, daß der idealtypische Zustand der Vollständigkeit an Kapitalmärkten ein theoretisches Konstrukt darstellt, das aufgrund der großen Anzahl möglicher Umweltzustände lediglich angenähert werden kann. Ein realer Kapitalmarkt ist hingegen dann als „reasonably

ständigkeit eben dieser Märkte zurückzuführen sind.[843] Finanzinnovationen, deren Auftreten nicht durch die dargestellte ökonomische Substanz erklärbar sind, führt VAN HORNE auf rational nicht begründbare anlegerpsychologische Faktoren zurück.

Für die Erklärung des Innovationsprozesses erweitert VAN HORNE seinen Ansatz nun um eine dynamische Komponente, indem er von einem Gleichgewichtszustand bei annähernd effizientem, im Sinne von vollständigem und ausreichend vollkommenen Zustand des Marktes ausgeht. Innovationen treten unter dieser Bedingung nicht auf, da Kosten, die mit der Einführung innnovativer Finanzprodukte verbunden sind, die erwarteten Erträge hieraus übersteigen. Der gleichgewichtige Zustand wird immer dann gestört, wenn veränderte Umweltbedingungen zu Ineffizienzen bestehender Strukturen bzw. zu Unvollkommenheiten führen. VAN HORNE zählt sechs wesentliche Störfaktoren des Gleichgewichts auf, deren insoliertes bzw. gleichzeitiges Auftreten über den dargestellten Anreizmechanismus in der Vergangenheit zu Finanzinnovationen geführt hat:

- Erhöhte Volatilität des Preisniveaus und der Kapitalmarktzinsen
- Änderung des regulatorischen Umfeldes
- Veränderung in der Besteuerung der Marktteilnehmer
- Technischer Fortschritt bei der Bewertung und Informationsversorgung
- Veränderungen der gesamtwirtschaftlichen Aktivität
- Wissenschaftliche Fortschritte auf dem Gebiet der Kapitalmarktforschung

Das Modell VAN HORNE'S bietet den Vorteil, Finanzinnovationen auf einer sehr allgemeinen Ebene auf Basis eines geschlossenen Gedankengebäudes darzustellen.[844] Die Integration einer dynamischen Komponente erlaubt es insbesondere, die Entwicklung der Strukturveränderungen am Kapitalmarkt in die Argumentationslogik aufzunehmen. Gleichfalls erweist sich die Unabhängigkeit von Anleger- und Emittentenpräferenzen als vorteilhaft.

Zusammenfassend bietet der dargestellte kapitalmarkttheoretische Erklärungsansatz ein brauchbares theoretisches Konzept zu Untersuchung der Ursachen des Aufkommens von High-Yield Anleihen auf nationalen Kapitalmärkten. Der gleichgewichtsbasierte Ansatz erlaubt, die wesentlichen Bestimmungsfaktoren für den Strukturwandel der institutionellen Ausgestaltung von Finanzierungsbeziehungen abzubilden. Auf Basis der sechs wesentlichen Störfaktoren des Marktgleichgewichtes wird im weiteren Verlauf dieser Arbeit eine Ist- und

---

complete" anzusehen, wenn eine ausreichende Anzahl von Wertpapieren exisiert. Vgl. Van Horne (1985), S. 622 sowie Hastenpflug (1991), S. 78.

843 Vgl. Van Horne (1985), S. 622-624.

844 Vgl. Hastenpflug (1991), S. 81.

Potentialanalyse des deutschen Marktes für marktlich gehandeltes Fremdkapital unternommen.

2.2.5 Institutionalistischer Ansatz von Ross

Einen wesentlichen Beitrag zur Erklärung von Finanzinnovationen[845] auf internationalen Kapitalmärkten liefert Ross in einem Ansatz, der mit einer Kritik an traditionellen Erklärungansätzen beginnt.[846] Der in der Literatur regelmäßig herangezogene Verweis auf die Unvollständigkeit real existierende Kapitalmärkte als Grundlage zur Schaffung neuer, zur Vollständigkeit beitragender Kontingenzansprüche (*spanning approach*)[847] verliert, so ROSS, schon aufgrund der in der Therorie angewandten Bewertungmethoden seinen Erklärungspotential. So ist es in der Regel möglich, innovative Finanzierunginstrumente durch synthetische Abbildung bereits existierender Instrumente darzustellen und zu bewerten. Gleichfalls bestätigt ROSS die These, daß ein Zustand der Vollständigkeit ein rein theoretisches Konstrukt darstellt, an dem sich die Realität zu messen hat. Wesentlich hingegen sei, daß Märkte „*price complete*“[848] werden; ist dies der Fall, dann stellt sich die Frage nach der Rolle von Finanzinnovationen auf solchen, im wesentlichen vollständigen Märkten.[849]

Das Modell von ROSS stützt sich auf die Beobachtung, daß reale Kapitalmärkte zunehmend von institutionellen Anlegern dominiert werden, die sich entsprechend ihrer Transparenz in „*transparent institutions*“ und „*opaque institutions*“ unterteilen lassen.[850] Aufgrund der Intransparenz von institutionellen Anlegern schließt ROSS, daß deren Anlageentscheidungen regelmäßig nicht die präferierten Risiko-Rendite-Kombinationen der Gesamtheit von Endinvestoren darstellen. Die damit einhergehenden Agency-Kosten nehmen die Endinvestoren jedoch deshalb in Kauf, da sie zum einen Restriktionen ausgesetzt sind,[851] zum anderen die hohen Transaktionskosten der direkten Portefeuillegestaltung scheuen.[852] Somit erscheint die Anwendbarkeit bisheriger Gleichgewichtsmodelle, die Angebot und Nachfrage auf den Wertpapiermärkten als Optimierungsproblem individueller Marktteilnehmer erklären, für eine Abbildung des Innovationsprozesses nur bedingt geeignet.

---

845 Ross unterscheidet dabei zwischem dem Aufkommen neuer Finanzierungsinstrumente und Handelsstrategien, die sich dieser Instrumente bedienen. Vgl. Ross (1989), S. 541.

846 Vgl. Ross (1989), S. 541-556.

847 Vgl. hierzu auch die Argumentation des kapitalmarktorientierten Ansatzes von van Horne (1985) in Kapitel 6.2.2.4.

848 „[...] it is trivially true that markets can never be fully complete [...]. In effect, markets are ‚price complete‘[...]“ Ross (1989), S. 542.

849 Vgl. Hastenpflug (1991), S. 130.

850 Zwischen diesen Extremen existieren weiterhin „translucent institutions“. Als Beipiel einer „transparent institution“ füht Ross Investmentfonds an. Kreditinstitute und Versicherungen stellen dagegen „Opaque institutions“ dar. Vgl. Ross (1989), S. 542.

851 Eine ähnliche Argumentation findet sich bei Miller (1986), S. 459-471.

852 So sind Endinvestoren beispielsweise der Restriktion des fehlenden Zugangs zu bestimmten Marktsegmenten oder unvorteilhafter Besteuerung ausgesetzt. Vgl. Ross (1989), S. 543.

Den zweiten Argumentationsbaustein des Modells stellen Marketingkosten für die Einführung von Finanzinnovationen dar. Entgegen den Annahmen neoklassischer Kapitalmarktmodelle entstehen beim Verkauf von Finanzinstrumenten Transaktionskosten, deren Höhe von der Neuartigkeit und Erklärungsbedürftigkeit des Finanzproduktes abhängig ist. Marketingkosten stellen eine pragmatische Begründung dafür dar, daß reale Kapitalmärkte eben nur hinreichend vollkommen sind. Die Kosten der Abdeckung jedwedes möglichen Umweltzustandes generiert marginale Kosten, die von Marktteilnehmern nur so lange getragen werden, wie sie durch entsprechende marginale Erträge mindestens gedeckt werden. Hierbei geht Ross davon aus, daß Marketingkosten von Finanzinnovationen entsprechend der Produktlebenszyklusthese im Zeitverlauf abnehmen.[853]

Finanzinnovationen entstehen nun aufgrund der Entwicklung von Angebot und Nachfrage unter Berücksichtigung agency-induzierter Verhaltensannahmen und Marketingkosten. Konkret kommt es zur Einführung von Finanzinnovationen, wenn Umweltveränderungen zu veränderten Anreizbedingungen führen. Der Vorteil eines institutionentheoretischen Erklärungsansatzes besteht nun in der Möglichkeit, die Bestandhaftigkeit von innovativen Finanzprodukten zu begründen, wenn der Initialstimulus wie beispielsweise die Einführung einer Sondersteuer beseitigt wurde. Somit hängt die Existenz von Finanzinnovationen unabhängig vom Verschwinden der ursprünglichen Impulse von der institutionellen Struktur des Marktes ab.

Die Erkenntnisse, die aus dem Ansatz von ROSS durch formale Ableitung nutzenmaximierender Verhaltensweisen der Marktteilnehmer gewonnen wurden, können dazu verwendet werden, die spezifische Entwicklung am US-amerikanischen Markt für High-Yield Anleihen zu begründen.[854] Gleichfalls lassen sich hierauf aufbauend die besonderen institutionellen Rahmenbedingungen am deutschen Kapitalmarkt näher analysieren.

2.3 Diffusionsprozeß von Finanzinnovationen

Bei der Betrachtung der Entstehung innovativer Finanzierungsinstrumente und – verfahren sowie deren erfolgreiche Verbreitung wird der komplexe Nexus zwischen Invention, Innovation und Diffusion deutlich.[855] Zur näheren Analyse der Erfolgsfaktoren für die Diffusion realwirtschaftlicher Phänomene existieren in der Literatur zahlreiche Modellansätze,[856] die wegen ihrer Komplexität und mangelnden Operationalisierbarkeit zum einen empirisch kaum verifizierbar sind, zum anderen aufgrund ihres hohen Abstraktionsniveaus nicht geeignet sind,

---

853 Vgl. hierzu auch das in Kapitel 6.2.1 dargestellte Lebensphasenkonzept von Finanzierungsinstrumenten und –verfahren.

854 Vgl. hierzu die Ausführungen in Kapitel 7.2.

855 Vgl. Heertje (1989), S.3. Hierbei bewirkt insbesondere die „Stofflosigkeit“ von Finanzinstrumenten ein hohes Tempo des Innovations- und Diffusionsprozesses. Vgl. Meyer (1990), S. 12.

856 Einen Überblick bietet Schünemann/Bruns (1985), S. 166-185. Ein Anwendungsbeispiel auf Finanzinnovationen bietet die Arbeit von Jagtiani/Saunders/Udell (1995), S. 647-658.

reale Umfeldfaktoren ohne Verstoß gegen die Modellprämissen zu integrieren.[857] Im folgenden wird aus diesem Grund ein auf dem strategischen Verhalten der Marktteilnehmer basierendes Modell vorgestellt, dessen Gültigkeit explizit am Beispiel der Verbreitung von High-Yield Bonds am US-Kapitalmarkt verifiziert wurde.

MOLYNEUX/SHAMROUKH unternehmen den Versuch, mit Hilfe eines Diffusionsmodells, das auf Erkenntnisse der Industrieökonomik und Organisationstheorie aufbaut, die Verbreitung von High-Yield Anleihen und kurzfristigen Kapitalmarktfazilitäten (*Note Facilities*) am US-Markt während der achtziger Jahre zu erklären.[858] Eine empirische Überprüfung des qualitativen Erklärungsansatzes erfolgt in einem zweiten Schritt auf Grundlage eines mathematischen Diffusionsmodells von MANSFIELD.[859] Der Grad der Diffusion wird hierbei durch die kumulierte Anzahl der am Emissionsprozeß teilnehmenden Finanzinstitute gemessen.

Ausgangspunkt des Erklärungsmodells von MOLYNEUX/SHAMROUKH stellt eine Kritik bestehender Arbeiten über Innovationsprozesse am Kapitalmarkt dar, welche den strategischen Aspekt einer Entscheidung zur faktischen Anwendung innovativer Finanzierungsinstrumente und -verfahren vernachlässigen. Im Gegensatz hierzu postulieren die Autoren, daß die Entscheidung zur Anwendung von Finanzinnovationen sowie der Zeitpunkt derselben vom Verhalten anderer Finanzinstitute abhängig ist.[860] Aufgrund externer Faktoren *(initial stimulus)* wird gemäß MOLYNEUX/SHAMROUKH der Erwartungsnutzen der Anwendung einer Finanzinnovation von einem oder mehreren Marktteilnehmern (*external adopters*) postitiv bewertet und führt somit zum erstmaligen Einsatz.[861] Bei Vernachlässigung strategischer Aspekte fände die Finanzinnovation auschließlich innerhalb dieser Pioniergruppe Anwendung.[862] Eine Verbreitung wäre lediglich durch ein Wachstum des Geschäftsvolumens innerhalb dieser Gruppe möglich. Die Existenz strategischer, wettbewerblicher und informationeller Aspekte impliziert nunmehr, daß entweder Mitglieder der Pioniergruppe aufgrund strategischer Über-

---

857 Aufgrund ihres quantitativen Anspruchs beruhen statistische Diffusionsmodelle zum überwiegenden Teil auf einschränkenden „ceteris-paribus"-Annahmen wie beispielsweise einem statischen Einfluß exogener Faktoren auf den Diffusionsprozeß sowie typisierter Funktionsverläufe. Der Erklärungsinhalt derartiger Modelle reicht jedoch für die Abbildung des Erfolgs von Finanzinnovationen nicht aus, da der Diffusionsprozeß zu einem großen Teil durch nicht meßbare exogene Einflüsse determiniert wird.

858 Vgl. Molyneux/Shamroukh (1996), S. 503-522.

859 Vgl. Mansfield (1961). Es handelt sich hierbei um ein logistisches Diffusionsmodell, wobei die Anzahl der neuen Anwender jeder Periode von der kumulierten Anzahl der Anwender in der Vorperiode durch einen konstanten Wirkungsmechnismus (Koeffizient des internen Einflusses) bestimmt wird. Eine Erweiterung erfährt das Modell durch die Arbeit von Easingwood/Mahajan/Muller (1983), die instabile interne Wirkungskoeffizienten erlaubt.

860 Vgl. Molyneux/Shamroukh (1996), S. 505.

861 Der Zeitpunkt der erstmaligen Anwendung einer Finanzinnovation variiert innerhalb der Gruppe der external adopters. Dies ist darauf zurückzuführen, daß verschiedene Marktteilnehmer unterschiedliche Sensitivitätsschwellen gegenüber dem Initialstimulus aufweisen. Die Ursachen solcher Sensitivitätsabweichungen wurden in zahlreichen Studien empirisch untersucht. Wesentliche Faktoren stellen hierbei die Bilanzsumme des Finanzinstituts, der Informationszugang sowie die erwartete Rendite der Finanzinnovation dar. Vgl. dieselben, S. 505.

legungen eine Anwendung trotz positivem Erwartungsnutzen ablehnen oder Marktteilnehmer außerhalb dieser Gruppe zu einem späteren Zeitpunkt nachziehen (*internal adopters).* Finanzinstitute entscheiden über die Anwendung einer Finanzinnovation somit zusätzlich auf Basis marktinterner Motivatoren, die entweder auf eine Aktualisierung ihres Nutzenkalküls (*rational-efficiency hypothesis*) oder auf wettbewerbsstrategische Überlegungen (*bandwagon hypothes*is) zurückzuführen sind.

Die sogenannte „rational-efficiency"-Hypothese basiert auf dem Effekt einer Neubewertung des Erwartungsnutzens einer Innovationsanwendung. Hierbei ist zwischen externen und internen Bewertungseinflüssen zu trennen.[863] Externe Einflüsse der Neubewertung sind auf Änderungen der Rahmenbedingungen zurückzuführen, die eine Veränderung der Profitabilität bewirken.[864] Gleichfalls können interne Einflüsse dazu führen, daß die Anwendung innovativer Finanzierungsinstrumente oder –verfahren positiver bewertet werden. Dieser Effekt ist insbesondere dann zu erwarten, wenn die Kosten der erstmaligen Anwendung von der Anzahl der Marktteilnehmer abhängig sind. KATZ/SHAPIRO erklären diese Phänomen durch positive externe Effekte des Markteintritts.[865] Bei Existenz fixer Kostenbestandteile des Markteintritts in Form von Entwicklungs- und Informationskosten sinken die aggregierten durchschnittlichen Gesamtkosten aller Betroffenen bei steigender Anzahl von Marktteilnehmern. Aus agencytheoretischer Perspektive läßt sich der degressive Kostenverlauf durch eine Verringerung der Informationsasymmetrien bei steigendem Cross-Monitoring begründen.[866]

Den zweiten internen Motivator zum Markteintritt bezeichnen MOLYNEUX/ SHAMROUK als „bandwagon effect". Der dargestellten „rational-efficiency"-Hypothese folgend ist die Markteintrittsentscheidung vom Informationsfluß der Pioniergruppe abhängig. Der Wirkungsmechanismus setzt jedoch voraus, daß (1) neue Informationen, (2) Informationskanäle, (3) die Bereitschaft der Informationvermittlung und (4) die Bereitschaft der Informationsaufnahme gegeben sind. Dies ist insbesondere dann nicht zu erwarten, wenn Mitglieder der Pioniergruppe aufgrund eines First-Mover-Vorteils nicht bereit sind, Informationen zu verbreiten. Die von ABRAHAMSON/ROSENKOPF aufgestellte „bandwagon"-Theorie versucht, einen Diffusionsprozeß zu beschreiben, bei dem Institutionen nicht ausschließlich aufgrund individueller Nutzenbewertung in einen Markt eintreten, sondern aufgrund eines Wettbewerbs-

---

862 „That is, the appraisal of firms of an innovation is complete the moment the innovation is announced." Enenda.

863 Vgl. diesselben, S. 506.

864 Beispielhaft seien hier Liberalisierungsmaßnahmen genannt. So hatte die Abschaffung der Börsenumsatzsteuer in Deutschland einen kostensenkenden Effekt für die Emission kurzfristiger Emissionsfazilitäten.

865 Vgl. Katz/Shapiro (1985), S. 424-440. Externe Effekte stellen in diesem Zusammenhang den Wohlfahrtseffekt einer Handlung auf andere Parteien dar, mit denen keine direkte Transaktionsbeziehung besteht.

866 Zur Cross-Monitoring-Hypothese vgl. Booth (1992), S. 24-41 sowie die Ausführungen in Kapitel 5.1.3 dieser Arbeit. Hierbei ist anzumerken, daß das Argument abnehmender Informationsasymmetrien bei steigender Anzahl von Anwendern nur dann Gültigkeit besitzt, wenn ein sogenannter „first-mover advantage" vorhanden ist. Ist dies nicht der Fall, so besteht die Gefahr des Informationsparadoxons.

drucks, der durch eine hinreichend große Anzahl konkurrierender Markteintritte ausgelöst wird.[867]

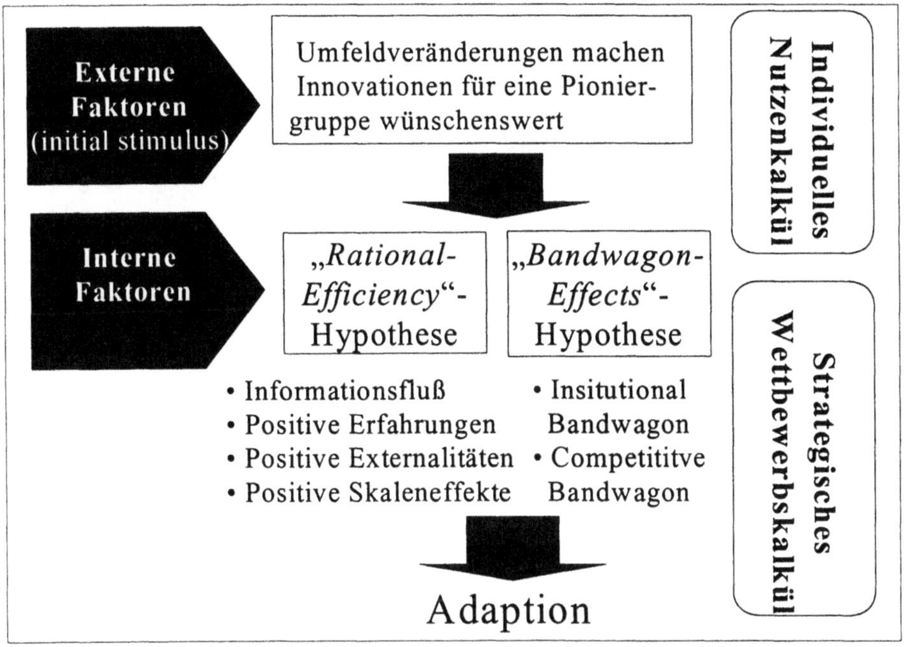

ABBILDUNG 11: DIFFUSIONSMODELL FÜR FINANZINNOVATIONEN[868]

Hierbei werden zwei unterschiedliche Formen von Wettbewerbsdruck identifiziert: Der institutionelle Wettbewerbsdruck (*institutional bandwagon*) beschreibt das Phänomen, daß Institutionen nicht ausschließlich renditeorientiert agieren, sondern Reputationseffekte in ihr Entscheidungskalkül einfließen lassen. Diese manifestieren sich in Glaubwürdigkeitsverlusten für den Fall, daß sie einer Minderheit angehören, die nicht in den neuen Markt eintritt.[869] Die zweite Art von Wettbewerbsdruck läßt sich mit Hilfe spieltheoretischer Überlegungen darstellen. Der als „*competitive bandwagon*" bezeichnete Anreizmechanismus beschreibt das Phänomen der Risikovermeidung durch adaptives Verhalten in der Gruppe (*avoidance stragey*). ABRAHAMSON/ROSENKOPF entwickeln hierfür ein Nutzenmodell, in dem die Annäherung an den durchschnittlichen Erfolg der Gruppe eine dominante Stragie dargestellt.[870] Die Gefahr eines Wettbewerbsnachteils bei Nichtadaption einer erfolgreichen Finanzinnovation

867 Vgl. Abrahamson/Rosenkopf (1993), S. 488.

868 Eigene Darstellung in Anlehnung an Molyneux/Shamroukh (1995), S. 507.

869 Ausgenommen hiervon sind solche Institutionen, die sich im Wettbewerb explizit als Nischenanbieter positionieren.

870 Vgl. Abrahamson/Rosenkopf (1990), S. 155-159.

überwiegt hierbei den unsicheren Gewinn im Falle des Mißerfolgs der Markteinführung. Beide Anreizmechanismen führen gemäß dieser Argumentation zu einem dynamischen Nachahmungseffekt trotz möglicher Störungen des Informationsflusses im Zusammenhang mit der „rational-efficiency“-Hypothese. Zusätzlich schafft dieser auf strategischen Wettbewerbsüberlegungen basierende Ansatz Erklärungspotential für das bereits von MILLER sowie ALLEN/GALE beobachtete Phänomen, daß Finanzinnovationen mehrheitlich auch nach Wegfall des initial stimulus weiterbestehen bzw. in ihrem Anwendungsbereich wachsen.[871] Abbildung 11 veranschaulicht zusammenfassend den Wirkungsmechanismus der Diffusion von Finanzinnovationen.

Die Überprüfung der Hypothesen MOLYNEUX/SHAMROUK's anhand der Entwicklung des US-Marktes für Note Issuance-Programme und High-Yield Anleihen konnte vier wesentliche Erklärungsfaktoren für die Diffusion dieser Finanzierungsinstrumente identifizieren:[872]

Rational-Efficiency Hypothese:

(1) *Der Informationstransfer von Marktteilnehmern reduziert die Unsicherheit der bis dahin nicht teilnehmenden Wettbewerber.*

(2) *Fixe Kosten der Marktentwicklung sinken während des Diffusionsprozesses.*

(3) *Positive Externalitäten des Markteintritts erhöhen den Erwartungsnutzen von Wettbewerbern.*

Bandwagon-Effect-Hypothese

(4) *Competitive und Institutional Bandwagon-Effekte wirken positiv auf den Adaptionsprozeß von Wettbewerbern.*

Trotz der Bestätigung eines signifikanten Einflusses marktinterner Faktoren auf den Diffusionsprozeß der beiden untersuchten Finanzinnovationen[873] konnte für den High-Yield Markt festgestellt werden, daß der auf wettbewerbsstrategische Faktoren zurückzuführende Innovationsdruck während der frühen Phase nur marginal war, in späteren Phasen jedoch überproportional anstieg. MOLINEUX/SHAMROUKH erklären diese Beobachtung mit der kontrovers geführten öffentlichen Diskussion um das Risiko von High-Yield Anleihen, die zu einer Reduktion des institutionellen Bandwagon-Effekts geführt hat. Erst der Einsatz von High-Yield Anleihen im Zusammenhang mit Unternehmensübernahmen in einer späteren Phase des Dif-

---

871 Vgl. Miller (1986), Allen/Gale (1994). Gleichfalls konnte dieses Phänomen durch den institutionalistischen Ansatz zur Erklärung von Finanzinnovationen von Ross (1989) dargestellt werden. Vgl. hierzu Kapitel 6.2.2.5 dieser Arbeit.

872 Vgl. Molyneux/Shamroukh (1996), S. 516.

873 Der Einfluß der dargestellten wettbewerbsstrategischen Einflußfaktoren auf den Diffusionsprozeß wurde mit Hilfe eines Koeffizienten δ gemessen, der sowohl die zeitliche Verzögerung der auf internen Motivatoren zurückzuführende Markteintritte als auch deren Stärke mißt. Im Falle der Note Issuance Fazilitäten konnte ein Wert von 1.63 ermittelt werden; High-Yield Anleihen wiesen ein δ von 8,0 auf. Werte größer

fusionsprozesses[874] führte zu einem Anstieg des Wettbewerbdrucks vor dem Hintergrund der Bandwagon-Effekt-Hypothesen.[875]

Die Ergebnisse der Untersuchung von MOLYNEUX/SHAMROUKH können jedoch nicht uneingeschränkt auf andere nationale Kapitalmärkte übertragen werden. Wie aus der Darstellung der unterschiedlichen Determinanten der Markteintrittentscheidung ersichtlich wurde, wird die Funktionsfähigkeit der zugrundeliegenden Wettbewerbskräfte wesentlich von der Struktur und dem Umfeld des jeweiligen Marktsegments bestimmt. Insbesondere üben hierbei die Faktoren Marktkonzentration und -transparenz sowie der Ertragsdruck der Marktteilnehmer einen entscheidenden Einfluß auf die Dynamik des Diffusionsprozesses aus. Dennoch bietet das Modell MOLYNEUX/SHAMROUKH's grundlegende Erkenntnisse bezüglich der ursächlichen Wirkungszusammenhänge zwischen Struktur und Entwicklung von Kapitalmärkten, die im weiteren Verlauf der Arbeit Anwendung finden.

3 ERKLÄRUNGSANSÄTZE DES SECURITISATIONSPHÄNOMENS

Der methodologische Ansatz, Erklärungsmodelle für die Existenz von Finanzmarktintermediären auf das Securitisationsphänomen zu übertragen, leitet sich aus den in der Literatur dargestellten Funktionen von Intermediären ab.[876] Ausgangspunkt ist dabei erneut die idealisierende Annahme friktionsloser Finanzmärkte, deren Aufgabe es ist, Angebot und Nachfrage nach Kapital in einer allokativ und operationell möglichst effizienten Weise zusammenzuführen. Die Bedingungen vollkommener und vollständiger Märkte sind in der Realität jedoch nicht erfüllt, so daß die Mittlerfunktion des Finanzmarktintermediärs relative Effizienzvorteile verspricht. SCHIERENBECK führt im Zusammenhang mit den Transformationsfunktionen der Intermediation zusätzlich an, daß diese zu einem Ausgleich unterschiedlicher Zielvorstellungen der einzelnen Finanzmarktteilnehmer beitragen.[877] Die Ausgleichs- und Transformationsfunktion bezieht sich dabei auf die Höhe der zur tauschenden Finanzmittel (*Losgrößentransformation*), auf den zeitlichen Anfall der Zahlungsströme (*Fristentransformation*) sowie auf die unterschiedliche Risikopräferenz der Tauschpartner (*Risikotransformation*).[878]

Die genannten Funktionen der Finanzintermediation können in der idealisierten Welt friktionsloser Märkte ihre Existenz nicht begründen. Erst transaktionskosten- und agency-

---

als Null implizieren einen zeitlich versetzten Diffusionsprozeß. Vgl. Molineux/Shamroukh (1996), S. 516.

874 Vgl. hierzu die Ausführungen in Kapitel 7.1.3.

875 Der US-amerikanische Markt für High-Anleihen war anfänglich von external adopters dominiert, wurde jedoch zunehmend durch Markteintritte von internal adopters ausgeweitet. Unter den 84 in der Studie untersuchten Emissionsbanken, die als Underwriter von High-Yield Anleihen aktiv waren, wurden 66 zu den external adopters und 18 zu den internal adopters gerechnet. Vgl. Molineux/Shamroukh (1996), S. 517.

876 Vgl. Hastenpflug (1991), S. 123.

877 Vgl. Schierenbeck (1987), S. 7.

878 Vgl. hierzu die Ausführungen in Kapitel 6.1.

theoretisch begründete Vorteile der Bankenintermediation in einer Welt mit Marktunvollkommenheiten können die Zwischenschaltung eines Mittlers rechtfertigen.

Die in der Literatur überwiegende reine Auflistung von Triebkräften des Verbriefungstrends an internationalen Kapitalmärkten stellt hingegen keinen theoretisch begründeten Beitrag zur Erklärung dieses Phänomens dar.[879] Vielmehr zeigt die Beschreibung der Entwicklungsdeterminanten die relative Verschiebung der Effizienzvorteile zwischen direkten und indirekten Finanzierungsbeziehungen auf.

Die nachfolgend dargestellten Ansätze zur theoretischen Begründung des Verbriefungstrends stellen dagegen die zugrunde liegenden Ursache-Wirkung-Zusammenhänge vor dem Hintergrund der Strukturveränderungen an internationalen Kapitalmärkten dar. Sie bilden in Verbindung mit den in Kapitel 5.2 vorgestellten Erklärungsansätzen für Finanzinnovationen die Grundlage für die Untersuchung der Erfolgswahrscheinlichkeit eines deutschen High-Yield Marktes.

3.1 Banktheoretische Ansätze

Im Mittelpunkt banktheoretischer Ansätze zur Erklärung des Securitisationsphänomens steht die Untersuchung der Bedingungen, welche die Entscheidung von Banken zur Auswahl eines bestimmten Refinanzierungsmodus bestimmen. In Anlehnung an das Stufenmodell der Disintermediation[880] handelt es sich um die erste Stufe des Disintermediationsprozesses auf der Passivseite der Bankbilanz. Hierbei stellt sich die Frage, ob die Refinanzierung der von Banken ausgereichten Kredite über Depositeneinlagen oder über den Verkauf der Kreditforderungen erfolgen sollte und welche Auswirkungen der Refinanzierungsmodus auf die Risikoposition der einzelnen Bank bzw. auf die Stabilität des Bankensektors insgesamt hat.[881] Eine Untersuchung dieser Fragestellung verspricht gleichzeitig, Erkenntnisse über die institutionelle Struktur von Finanzsystemen und deren Entwickungstendenzen zu generieren.

Vor dem Hintergrund dieser Fragestellung entwickeln GREENBAUM/THAKOR ein formales Modell, welches den Entscheidungsprozeß der Bank bei der Auswahl einer optimalen Refinanzierungsform abbildet.[882] Der Darstellung des Erklärungsansatzes folgend hat sich die Bank zwischen der Refinanzierung über Spareinlagen (*deposit funding mode*) und der Verbriefung der bestehenden Forderungsrechte mit anschließendem Verkauf an Dritte (*securitized funding mode*)[883] zu entscheiden. Hierbei interpretieren die Autoren den Prozeß der Secu-

---

879 Vgl. Kapital 4.2.1 dieser Arbeit.

880 Vgl. Kapitel 5.3.1 dieser Arbeit.

881 Einen Überblick über die wissenschaftlichen Untersuchungen bezüglich der Auswirkungen der Wahl des Refinanzierungsmodus auf die Stabilität des Bankensektors und auf das Finanzsystem insgesamt bieten Berger/Udell (1993).

882 Vgl. Greenbaum/Thakor (1987), S. 379-401.

883 Der Verkauf von Kreditforderungen auf dem Wege der Verbriefung wird in der anglo-amerikanischen Literatur unter der Bezeichnung „Credit Securitization" behandelt und beschreibt die Bündelung von ak-

ritization als Transformation illiquider Rechtsansprüche in handelbare Wertpapiere.[884] Die originäre Intermediationsleistung des Kreditinstituts wird dementsprechend in seine Teilkomponenten aufgespalten, wobei die Transformationsleistungen der Kreditvergabe und der Finanzierung des Kreditvolumens separierbar werden. Dies ermöglicht den Marktteilnehmern eine Spezialisierung auf solche Teilfunktionen, bei denen sie über einen komparativen Vorteil verfügen.[885]

Die Autoren unterscheiden zwischen der Securitization im engeren Sinne, d.h. dem isolierten Verkauf von Forderungsrechten an einen oder mehrere Investoren ohne Rückgriffsrecht,[886] und der Verbriefung in Form von Asset Backed Securities, d.h. der Bündelung unterschiedlicher Forderungsrechte in einen Pool mit anschließendem Verkauf neu strukturierter Ansprüche an diesen Pool.[887] Die Annahme vollkommener Konkurrenz auf dem Finanzmarkt impliziert, daß Kreditinstitute denjenigen Refinanzierungsmodus wählen, der den Erwartungsnutzen der Kreditnehmer maximiert.[888]

Auf der Grundlage des dargestellten Strukturkerns des Modells werden nun unter Einhaltung gewisser Nebenbedingungen Hypothesen über das Refinanzierungsverhalten abgeleitet. Dabei unterscheiden GREENBAUM/THAKOR zwischen drei möglichen Rahmenbedingungen am Finanzmarkt: Im ersten Fall ohne Einlagenschutzversicherung und gesetzlichen Regulierungen sind die Kreditanbieter hinsichtlich der Wahl ihres Refinanzierungsmodus indifferent.

Im zweiten Fall herrschen Informationsasymmetrien zwischen Kreditnehmern und –gebern vor. Hierbei ist eine differenzierte Betrachtung notwendig, die danach unterscheidet, ob Kreditnehmer die Möglichkeit haben, die Kapitalgeber gegen Ausfallverluste in Form von Sicherheiten oder Garantien abzusichern. Ist dies der Fall, so können Agency-Konflikte aufgrund der Signalwirkung derartiger Garantiemechanismen reduziert werden.[889] Geht man davon aus, daß eine Versicherung der Forderungsansprüche nicht oder nur unter Aufwendung hoher Kosten möglich ist, so gilt, daß im Fall bonitätsmäßig schlechter Kredite eine Refinan-

---

tivischen Bilanzpositionen von Kreditinstituten in Verbindung mit einer nachfolgenden Veräußerung strukturierter Anteile am Pool dieser Forderungsrechte. Eine Einführung zum Thema der Kreditverbriefungfindet sich bei Rosenthal/Ocampo (1988), S. 3-25.

884 Dieser Ansatz entspricht dem Grundmodell von Diamond/Dybvig (1983), das die Transformation von illiquiden in liquide Vermögensansprüche als zentrale Funktion von Finanzmarktintermediären darstellt.

885 Vgl. Greenbaum/Thakor (1987), S. 379.

886 Zur Darstellung der Entstehung und Konstruktion von Asset Backed Securities vgl. Paul (1994), S. 118-130.

887 Vgl. Greenbaum/Thakor (1987), S. 380.

888 Diese Annahme basiert auf der Tatsache, daß bei vollständiger Konkurrenz unter den Kreditanbietern jene Institute, die einen ineffizienten Refinanzierungsmodus wählen, steigende Refinanzierungkosten entsprechend auf ihre Kreditzinsen abwälzen müssen. Dies wiederum führt bei transparenten Kreditmärkten zum Marktaustritt.

889 Zur Theorie des Signalling vgl. die Ausführungen zu Lösungsmechanismen von Agency-Konflikten in Kapitel 4.2 dieser Arbeit.

zierung durch Bankeinlagen und im Fall bonitätsmäßig guter Kredite durch Verbriefung der Ansprüche optimal ist.[890]

Zur Erklärung der empirisch beobachteten Verschiebung der Refinanzierungsmodi in jüngster Zeit führen GREENBAUM/THAKOR in einem zweiten Schritt ihres Modells Veränderungen der Rahmenbedingungen am Finanzmarkt ein. Dabei untersuchen sie explizit die Wirkung von gesetzlichen Mindestreservevorschriften, der Höhe der Einlagenschutzversicherung sowie veränderten Informationskosten:

- Eine Erhöhung des gesetzlich vorgeschriebenen Haftungskapitals in Form der Mindestreserve bedingt, daß Kreditinstitute zunehmend Positionen der Aktivseite ihrer Bilanz durch Verbriefung an Dritte veräußern.
- Kosten der Einlagenschutzversicherung stellen für Kreditinstiute einen Bestandteil der Finanzierungskosten dar; sie decken das Risiko der Einlagen gegenüber dem Konkurs der Bank. Sind derartige Risiken über den Kapitalmarkt lediglich kostenintensiver zu versichern, so stellt die Einlagenschutzversicherung de facto eine Subvention einlagenfinanzierter Institutionen dar. Entsprechend wird die Neigung zur Refinanzierung über Verbriefung mit den Kosten der Einlagenversicherung positiv korrelieren.
- Informationskosten stellen einen beschränkenden Faktor der Refinanzierung über Forderungsabtritte dar. Aufgrund von informationellen Asymmetrien über die Güte der zu verbriefenden Ansprüche stellen Informationskosten einen indirekten Bestandteil der Refinanzierungskosten dar. Bei steigenden Informationskosten erweist sich eine Bündelung von Kreditvergabe und Kreditfinanzierung als ökonomisch effizienter.

Zahlreiche weitere Studien widmen sich der Frage nach den Ursachen für die verstärkt zu beobachtende Verlagerung von klassischem Kreditgeschäft zu sogenannten „off-balance sheet activities".[891] BENEVISTE/BERGER argumentieren auf Basis der Effizienz der Risikoallokation zwischen risikoaversen und risikoneutralen Marktteilnehmern.[892] Ihrer These folgend verbriefen Banken lediglich ihre qualitativ besten Kredite, um sie Investoren am Kapitalmarkt anzubieten, während solche Forderungen mit signifikantem Ausfallrisiko weiterhin als Buchkredite in den Bilanzen der Banken verbleiben (*collateralization hypothesis*). Hiermit geht, entsprechend der Argumentation der Autoren, eine einseitige Verschiebung der Ausfallrisiken zuungunsten der Stabilität des Bankensystems einher.

BENEVISTE/BERGER und THOMAS/WOOLRIDGE erkennen eine wesentliche Ursache des Verbriefungstrends der achtziger Jahre in den negativen Anreizeffekten, welche auf die US-amerikanische Einlagenschutzversicherung zurückzuführen sind.[893] Aufgrund der Tatsache,

---

890 Vgl. Greenbaum/Thakor (1987), S. 572.

891 Vgl. Molyneux/Shamroukh (1996), S. 502.

892 Vgl. Beneviste/Berger (1987), S. 403-424.

893 Vgl. Beneviste/Berger (1986), S. 387-412 und Thomas/Woolridge (1991), S. 2.

daß Kreditinstitute komparative Vorteile bei der Vergabe von Krediten besitzen, in Hinblick auf die Refinanzierung dieser Kredite am Kapitalmarkt jedoch Wettbewerbsnachteile existieren, bewirken kostengünstige Sicherungsmechanismen der Bankeinlagen, daß Kreditinstitute zunehmend qualitativ gute Kreditrisiken verbriefen, gleichzeitig jedoch Kreditlinien für risikobehaftete Schuldner einräumen (*moral hazard hypothesis*).

Anlehnend an das Argument komparativer Vorteile stellt PENNACCHI die These auf, daß Banken über unterschiedliche Kosten- und Wettbewerbsvorteile bei der Vergabe und Finanzierung von Krediten verfügen (*comparative advantage hypothesis*).[894] Hierfür entwickelt der Autor ein Modell, bei dem das Kreditinstitut einerseits die Rentabilität seines Kreditportefeuilles durch Monitoring steigern kann, andererseits aufgrund kompetetiver Refinanzierungsmärkte einen Anreiz hat, Kredite im Sekundärmarkt zur veräußern. Der Verkauf von Krediten unterliegt dabei dem Moral Hazard-Problem, daß Banken einen Anreiz haben, auf Monitoring-Aktivitäten in Hinblick auf den geplanten Verkauf der Forderungen zu verzichten. [895] Bei Existenz von gesetzlich vorgeschriebenen Kapitalreserven und auf Finanzierungsmärkten herrschender Konkurrenz um Bankeinlagen sowie Eigenkapital zeigt PENNACCHI, daß der Umfang des Kreditverkaufs einer Bank davon bestimmt wird, wie groß ihr relativer Wettbewerbsvorteil bei der Initiierung von Krediten und bei der Refinanzierung über Kundeneinlagen ist. Dabei werden solche Banken, die einen breiten Zugang zu potentiellen Kreditkunden haben, verstärkt Kreditforderungen durch Verkauf abtreten, während dagegen lokale auftretende Marktteilnehmer dazu neigen, Kredite langfristig in ihren Büchern zu behalten oder sogar aus Diversifikationsgründen weitere Kredite über den Sekundärmarkt zu erwerben. Die Ergebnisse des Modells von PENNACCHI konnten in einer empirische Studie von PAVEL/PHILLIS am US-Kreditmarkt tendenziell bestätigt werden.[896]

Eine weitere Gruppe von Untersuchungen zur Erklärung des Verbriefungstrends vor dem Hintergrund der Auswirkungen auf die Stabilität des Finanzsystems stellt heraus, daß Kreditverkäufe vermehrt von Banken mit soliden Kreditportefeuilles durchgeführt werden (*market disciplin hypothesis*).[897] Die These stützt sich auf die Beobachtung, daß Banken, die als Verkäufer von Krediten auftreten, regelmäßig Kreditzusagen vergeben. Der Wert einer Kreditzusage ist dabei bedeutend von der Qualität der zusagenden Bank abhängig. BERGER/UDELL betonen dagegen die Unabhängigkeit des Umfangs der von Banken verkauften Buchkredite von der Risikoposition der Kreditinstitute.[898]

---

894 Vgl. Pennacchi (1988), S. 375-395.

895 Bestandteil der Untersuchung ist die Konstruktion einer effizienten vertraglichen Gestaltung des Kreditverkaufs. Auf eine Darstellung dieses Aspekts wird hier verzichtet. Vgl. dazu Pennacchi (1988), S. 384-390.

896 Vgl. Pavel/Phillis (1987), S. 2.

897 Dieser Gruppe umfaßt die Arbeiten von Boot/Thakor (1991), Koppenhaver/Stover (1991) sowie Berger (1991).

898 Vgl. Berger/Udell (1995), S. 351. In einer empirischen Untersuchung während des Zeitraums von 1983 bis 1991 untersuchten Berger/Udell (1993) den Zusammenhang zwischen unterschiedlichen Formen der

Zahlreiche empirische Studien widmen sich den Bestimmungsfaktoren für den Verbriefungstrend durch Überprüfung des Erklärungspotentials unterschiedlicher Umfeldbedingungen.[899] Dabei lassen sich vorwiegend die folgenden Haupteinflußfaktoren auf eine Verschiebung zwischen marktlicher Refinanzierung und Einlagenfinanzierung von Banken feststellen:

- Die relative Wettbewerbsposition von Banken in Bezug auf die Kreditvergabe und die damit verbundenen Dienstleistungen[900] hat einen wesentlichen Einfluß auf das Volumen des Kreditverkaufs. Banken, die aufgrund ihrer Wettbewerbsposition über umfangreiche Geschäftmöglichkeiten im Kreditgeschäft verfügen, tendieren dazu, einen entsprechend großen Anteil ihres Kreditportefeuilles am Sekundärmarkt zu veräußern.[901]
- Die Liquidität am Sekundärmarkt für Bankkredite beeinflußt sowohl potentielle Käufer der Forderungen als auch die Entscheidung der Bank zur Veräußerung ihrer Buchkredite. Ein effizienter Markt für Bankkredite reduziert die Eigenkapitalkosten der finanzierenden Bank und trägt somit zu einer verbesserten Versorgung mit Wachstumskapital im Finanzsystem bei.
- Der Anteil qualitativ minderwertiger Forderungen im Kreditportefeuille einer Bank steigt tendenziell mit zunehmendem Refinanzierungsvolumen durch den Verkauf bonitätsmäßig guter Kredite; gleichzeitig vermindert sich die Anfälligkeit der Bank gegenüber Liquiditätsengpässen. Die Krisenanfälligkeit des Bankensystems hängt somit vom relativen Einfluß des höheren Kreditrisikos in der Bankbilanz einerseits und dem Liquiditätsrisiko des Finanzsystem andererseit ab.[902]

3.2 Ansatz von Berlin/Loeys

Das Modell von BERLIN/LOEYS untersucht die Vorteilhaftigkeit alternativer vertraglicher Ausgestaltungen der Fremdkapitalüberlassung zur Finanzierung von unsicheren Investitionsprojekten, deren Erfolg die Wahrscheinlichkeit einer vertragsgerechten Zins- und Tilgungszahlung beeinflußt.[903] Hierfür gehen die Autoren von zwei möglichen Arten von Finanzierungsverträgen aus, die durch die Zahlungen des Unternehmens an die Kapitalgeber und die Bedingungen, unter denen die Gläubiger die Liquidation des Investitionsprojektes erzwingen können, charakterisiert sind. Entsprechend diesen Charakteristika lassen sich die beiden Vertragsformen als Kreditfinanzierung einerseits und Anleihefinanzierung andererseits interpre-

---

Verbriefung (Kreditverkauf, Zusagen von Kreditlinien und Standby Letters of Credit) auf Basis von üblichen Risikokennzahlen der involvierten Finanzinstitute. Die Ergebnisse stützen die „monitoring technology these" der Autoren, wonach das Ausmaß der Auslagerung bilanzwirksamer Bankgeschäfte vom Risikograd der Bank unabhängig ist.

899 Einen Überblick über die Ergebnisse dieser Untersuchungen findet sich bei Molyneux/Shamroukh (1996), S. 503f.

900 Hierzu gehört im wesentlichen das Inkassowesen sowie die Kreditüberwachung.

901 Vgl. Pavel/Philis (1987), S. 27.

902 Vgl. Santomero/Trester (1998), S. 36.

903 Vgl. Berlin/Loeys (1988), S. 397f.

tieren.[904] Ausgangspunkt ist erneut die Frage nach der optimalen Erfüllung der Intermediationsfunktionen bei Existenz von Transaktionskosten und Informationsasymmetrien. Im Mittelpunkt des Ansatzes steht dabei die Untersuchung der marginalen Vorteile möglicher Kontrollmechanismen zur Heilung von agency-induzierten Verhaltensrisiken. Dabei stellen die Autoren einen Trade-off zwischen den Effizienzgewinnen optimaler Liquidationsentscheidungen und den Agencykosten durch die Delegation von Monitoring-Aktivitäten an einen Finanzintermediär dar.[905]

Vor diesem Hintergrund führen BERLIN/LOEYS zwei Arten von Finanzierungsverträgen ein: Bei Anleiheverträgen sind Kapitalnehmer und Anleger direkte Vertragspartner, bei Kreditverträgen schaltet der Anleger einen Mittler in Form eines Kreditinstituts ein.[906] Dabei weisen die Autoren in einem formalen Modell nach, daß nur zwei Anleiheverträge optimal sein können.[907] Bei hoher Wahrscheinlichkeit eines rentablen Investitionsprojektes und geringer Zuverlässigkeit von beobachtbaren Indikatoren über die Qualitiät des Gläubigers ist ein nachsichtiger Anleihevertrag (*lenient bond contract*) optimal, der in keinem Fall zur Erzwingung der Liquidation durch den Gläubiger führt. Für den entgegengesetzten Fall ist dagegen ein Anleihevertrag mit strengen Auflagen, der bei Indikation auf einen schlechten Gläubiger zur Liquidation führt (*harsh bond contract*), vorzuziehen.

Nachdem BERLIN/LOEYS gezeigt haben, daß diversifizierte Anleiheinvestoren regelmäßig einen geringen Anreiz haben, nach Vertragsabschluß Kontrollaktivitäten durchzuführen (*free-rider Problematik*),[908] wird ein anreizkompatibles Entlohnungssystem für die Delegation der Kontrollaktivitäten an einen Intermediär in Form eines Kreditvertrags abgeleitet. Die optimale Entlohnung des Finanzmittlers hängt dabei positiv von den Überwachungskosten und u-förmig von der Wahrscheinlichkeit ab, daß ein schlechter Indikator ein gutes Projekt anzeigt.[909]

---

904 Als alternative Finanzierungsformen betrachen die Autoren „[...] loan contracts with covenants but no monitor and loan contracts with covenants enforced by a monitoring specialist. One possible interpretation [...] is that the first type of contract is a bond and the second type is a bank loan.“ Berlin/Loeys (1988), S. 397.

905 Vgl. Berlin/Loyes (1988), S. 398.

906 Das Modell umfaßt drei Zeitpunkte, wobei unsichere Investitionsprojekte bis zum dritten Zeitpunkt möglich sind. Es existieren gute und schlechte Investitionsprojekte, wobei letztere durch eine geringere Erfolgswahrscheinlichkeit ausgezeichnet sind. Im zweiten Zeitpunkt ist eine Liquidation möglich, deren erzielbarer Erlös geringer ist als der einer vergleichbaren risikolosen Anlage. Die Gläubiger beobachten im zweiten Zeitpunkt einen Indikator, der mit einer gewissen Unsicherheit verbunden die Projektqualität wiedergibt. Schließlich besitzen die Gläubiger die Möglichkeit, unter Aufwendung eines bestimmten Betrages im zweiten Zeitpunkt zu erfahren, ob ein Projekt gut oder schlecht ist.

907 Vgl. Berlin/Loeys (1988), S. 402f.

908 Vgl. hierzu Kapitel 4.1 dieser Arbeit.

909 Die Wahrscheinlichkeit der Fehlindikation bei guten Projekten wird durch eine Hilfsvariable z bestimmt, die sich aus der Wahrscheinlichkeit für ein gutes Projekt (α) und der Zuverlässigkeit des Indikators (p) in Form von $z=\alpha*(1\text{-}p)$ zusammensetzt. Vgl. Berlin/Loyes (1988), S. 403.

Zur Ableitung einer optimalen Vertragsgestaltung der Fremdkapitalüberlassung führen die Autoren zusätzlich die Annahme einer Mindestgröße für die Differenz zwischen dem Ertrag eines guten Projektes und dem Liquidationswert ein. Es läßt sich nun analytisch und graphisch darstellen, daß der optimale Finanzierungsvertrag ceteris paribus von der Wahrscheinlichkeit einer Fehlindikation bei guten Projekten abhängig ist.[910] Ist diese hoch, so ist der nachsichtige Anleihevertrag optimal, bei einem niedrigen Wert dagegen der strenge Anleihevertrag, während eine mittlere Wahrscheinlichkeit die Optimalität einer Kreditfinanzierung mit delegiertem Monitoring impliziert.

Das Ergebnis läßt sich wie folgt zusammenfassen: Zur Fremdfinanzierung von unsicheren Investitionsprojekten stehen unterschiedliche Formen der vertraglichen Ausgestaltung zur Auswahl. Anleiheverträge mit strengen vertraglichen Nebenabreden (Negativklauseln) bergen bei Beobachtbarkeit unsicherer Indikatoren über die Qualität des Schuldners die Gefahr ineffizienter Liquidationen. Umgekehrt gilt dies für nachsichtige Nebenabreden, die möglicherweise zu einer Konkursverschleppung führen. Die Einschaltung eines Intermediäres, der Ressourcen zur Kontrolle der tatsächlichen Performance der Schuldners aufwendet, verursacht hingegen Kosten einer anreizkompatiblen Entlohnung. Die Wahl der Finanzierungsform stellt somit einen Trade-off zwischen den dargestellten Formen agencyinduzierter Kosten dar.

Eine konkrete Anwendung auf die Erklärung der Substitution von Kreditfinanzierungen durch High-Yield Anleihen erfährt das Modell von BERLIN/LOEYS in einer Arbeit von LOEYS, der die der Entwicklung am US-amerikansichen Finanzmarkt zugrundeliegenden Faktoren untersucht.[911] Vor dem Hintergrund des dargestellten normativen Entscheidungsmodells läßt sich eine Verschiebung der relativen Vorteilhaftigkeit unterschiedlicher Fremdfinanzierungsformen durch folgende Parameteränderungen erklären:

- Eine Vergrößerung der Differenz zwischen dem Ertrag von guten Projekten und dem Liquidationserlös. Dies bewirkt, daß bei konstanter Wahrscheinlichkeit eines erfolgreichen Investitionsprojektes und gegebener Zuverlässigkeit des Indikators nachsichtige Anleiheverträge zunehmend effizienter werden. Die Ursache für eine mögliche Erhöhung des Opportunitätsverlustes aus der Liquidation kann dabei zum einen durch eine expansive Konjunkturentwicklung mit steigenden Projektrenditen, zum anderen durch geringere Liquidationserlöse, z.B. aufgrund fehlender Sekundärmarktliquidität auf dem Markt für Investitionsgüter, bedingt sein. Letzteres Argument gilt insbesondere für Technologieinvestitionen oder Infrastrukturprojekte, deren hoher Spezifitätsgrad geringe Wiederverkaufserlöse impliziert.
- Eine Verringerung der Wahrscheinlichkeit, daß gute Projekte vorliegen. Gleichbedeutend hiermit ist eine generelle Verschlechterung der Schuldnerqualität am Markt für ausfallri-

---

910 Vgl. Berlin/Loyes (1988), S. 408.

911 Vgl. Loeys (1986), S. 3-12.

sikobehaftete Unternehmensanleihen. Zur Erklärung der Entwicklung eines High-Yield Marktes ist jedoch kritisch anzumerken, daß eine allgemeine Verminderung der Schuldnerqualität aus Investorensicht zur Bevorzugung risikoloser Anlagen führt und eine Marktentwicklung aufgrund anzunehmender Risikoaversion sogar hemmen kann.[912]

- Eine Erhöhung der Zuverlässigkeit des Indikators, welchen Anleihebesitzer nach Vertragsabschluß beobachten. Eine steigende Wahrscheinlichkeit der Prognosegenauigkeit bewirkt tendenziell sinkende Agencykosten der Anleihefinanzierung aufgrund einer geringeren Gefahr ineffizienter Liquidationsentscheidungen. Als Ursache für eine Qualitätsverbesserung der Informationsversorgung kommen in diesem Zusammenhang erhöhte Publizitätsanforderungen der Anleiheschuldner oder verbesserte Verfahren der Kreditbeurteilung in Betracht. Letztere Entwicklung ist beispielsweise dann zu erwarten, wenn Kreditwürdigkeitsbewertungen zunehmend durch darauf spezialisierte Ratingagenturen durchgeführt werden.

- Eine Verminderung der Informationskosten bewirkt tendenziell sinkende Kosten der Kontrolldelegation an Finanzmarktintermediäre. Insofern wäre eine relative Verschiebung der Vorteilhaftigkeit zugunsten der Kreditfinanzierung zu erwarten. Gleichfalls bedeuten verringerte Informationskosten jedoch, daß diversifizierte Anleger zunehmend eigene Überwachungsaktivitäten übernehmen. Eine Abnahme der Informationkosten ist dann zu erwarten, wenn durch technologische und wissenschaftliche Erkenntnisse Informationsflüsse schneller und kostengünstiger möglich werden und die Effizienz und der Standardisierungsgrad von Verfahren der Risikomessung steigen.

3.3 Institutionalistischer Ansatz von Trautwein

Grundlage des institutionalistischen Ansatzes von TRAUTWEIN zur Begründung der Entwicklung des US-Marktes für High-Yield Anleihen stellt die „Theorie komplexer Phänomene" HAYEK'S zur Erklärung von Institutionen dar.[913] Diese bildet einen theoretischen und methodologischen Gegenentwurf zu den bis dahin in der Literatur herrschenden gleichgewichtstheoretischen Ansätzen. HAYEK'S Kritik an bestehenden Gleichgewichtsmodellen beruht primär darauf, „[...] daß sich diese nicht zur gegenseitigen Abstimmung und Verwirklichung individueller Pläne nutzen läßt, weil das notwendige Wissen zur Ausfüllung des Gleichungssystems

---

912 In diesem Zusammenhang wird die Kritik Trautwein's am Modell von Berlin/Loeys deutlich. Er bemängelt, daß bei der Ableitung optimaler Finanzierungsformen eine risikolose Alternativinvestition nicht berücksichtigt wird. Es ist dementsprechend anzunehmen, daß bei Verschiebung der Modelparameter zwei Effekte zu erwarten sind. Zum einen eine Verlagerung optimaler Vertragsgestaltungsformen, zum anderen eine Änderung der Verteilung zwischen risikolosen Investitionen und Anlagen in ausfallrisikobedrohte Unternehmensanleihen. Vgl. Trautwein (1990), S. 185-187.

913 Die Methodik knüpft letztlich an der aus dem Wissenschaftszweig der Politischen Ökonomie stammenden Fragestellung an, warum dem Gemeinwohl dienende Institutionen ohne einen auf ihre Begründung gerichteten Gemeinwillen entstehen. Vgl. hierzu auch Hayek (1994), S. 100.

niemals zentral verfügbar gemacht werden kann."[914] Die Entwicklung von Institutionen wird mit der von NOZICK eingeführten „Erklärung mittels der unsichtbaren Hand"[915] begründet, welche die Entstehung von Institutionen darauf zurückführt, daß sich diese sowie die ihnen zugrundeliegenden Verhaltensregeln aufgrund ihrer überlegenen Form der Anpassung an das notwendigerweise unvollständige Wissen der Menschen gebildet haben.[916]

TRAUTWEIN entwickelt basierend auf der Theorie HAYEK's ein Erklärungsschema, welches auf die Entwicklung des US-High-Yield Marktes seit der zweiten Hälfte der siebziger Jahre angewendet wird. Der Aufbau des Modells stützt sich aufgrund einer Ablehnung der starken Fassung des Rationalprinzips auf die Annahme des Prinzips unvollkommener Rationalität der Marktteilnehmer.[917] Hierzu wird ein situationslogisches Entscheidungsschema[918] der am Entwicklungsprozeß beteiligten Marktteilnehmer modelliert, um in einem zweiten Schritt auf Grundlage von Kombinationsregeln aus einzelnen Verhaltensschemata auf die Entwicklung des US-Marktes für High-Yield Anleihen zu schließen.

Hierbei erklärt das Prinzip unvollkommener Rationalität Handlungen als Ergebnis von Entscheidungen, welche wiederum auf einem Entscheidungsschema beruhen. Dieses umfaßt die Menge unbewußter und bewußter Überlegungen, auf deren Basis letztlich eine Entscheidung getroffen wird.[919] Die Funktion des Prinzips der unvollkommenen Rationalität besteht nunmehr darin, das Entscheidungsschema eines Marktteilnehmers unter Annahme einer unabänderlichen Restunkenntnis zu rekonstruieren.

TRAUTWEIN stößt bei der Konstruktion eines Erklärungsschemas für die unbeabsichtigte Entstehung von Institutionen auf das grundlegende Problem, daß eine Klassifizierung von Kombinationsregeln einzelner Handlungsschemata an deren unbegrenzter Vielfalt scheitert.[920] Aus diesem Grund wählt TRAUTWEIN eine Hilfskonstruktion zur Erklärung von Institutionen, die

---

[914] Trautwein (1990), S. 2. Hierzu im Original: „Wenn jemand tatsächlich all das wüßte, was die ökonomische Theorie als 'Daten' bezeichnet, so wäre der Wettbewerb gewiß eine höchst verschwenderische Methode zur Herbeiführung einer Anpassung an dieses Tatsachen. Es ist deshalb auch nicht überraschend, daß manche Autoren die Folgerung gezogen haben, daß wir [...] auf den Markt vollkommen verzichten können [...]" Hayek (1994), S. 249.

[915] Nozick (1976), S. 32, zitiert nachTrautwein (1990), S. 3.

[916] Hieran wird der Charakter einer Gegenthese zu der als „Verschwörungsthese" bezeichneten Erklärung Popper's deutlich. Zur Verschwörungsthese vgl. Trautwein (1990), S. 22-24.

[917] Dabei stützt sich der Autor auf Watkin's Kritik am Optimierungsprinzip. Vgl. Trautwein (1990), S. 148f.

[918] Unter Situationslogik wird in diesem Zusammenhang ein Optimierungsprinzip verstanden, in dessen Rahmen ein Entscheidungsträger auf der Grundlage seiner individuellen Sicht einer Situation die beste ihm bekannte Alternative ergreift. Durch die Orientierung am tatsächlichen Wissen der betrachteten Individuen und nicht dem Wunsch, die objektive Problemsituation vollständig abzubilden, wird die Erfassung unbeabsichtigter Wirkungen möglich. Vgl. Trautwein (1990), S. 150.

[919] Hierbei wird durchaus davon ausgegangen, daß es sich bei den zugrundeliegenden Überlegungen des Handelnden um Verkürzungen gegenüber der objektiven Problemsituation handelt. Ursächlich hierfür sind selektive Wahrnehmungen, unvollkommene Präferenzen und der Zwang, Entscheidungen unter Zeitdruck fällen zu müssen. Vgl. Trautwein (1990), S. 149.

[920] Vgl. Trautwein (1990), S. 158.

auf der Erkennnis beruht, daß unbeabsichtigt entstehende Institutionen in dem Ausmaß dauerhaft sind, wie sie zur Unsicherheitsbewältigung beitragen.[921]

Im Rahmen einer kritischen Weiterentwicklung der von KNIGHT aufgestellten Klassifizierung der Methoden zur Bewältigung von Unsicherheit[922] entwickelt TRAUTWEIN eine abgewandelte Klassifizierung unsicherheitsreduzierende Methoden, die sich wie folgt präzisieren lassen:[923]

- Unter dem Begriff der Konsolidierung versteht TRAUTWEIN den Übergang zu risikoreduzierenden Handlungen. Die Risikoreduktion basiert hierbei auf der kompensierenden Wirkung gegenläufiger Unsicherheitsursachen. Die Methode der Konsilidierung ist bereits aus der Portefeuilletheorie in Form der Wertpapiermischung bekannt.[924]
- Die Spezialisierung beschreibt die Konzentration von Unsicherheitsquellen auf solche Marktteilnehmer, die besondere Fähigkeiten besitzen, mit ihnen umzugehen. Eine Entlastung von Unsicherheit findet dabei für diejenigen Individuen statt, von denen die zusätzlichen Unsicherheitsquellen übernommen wurden.
- Unsicherheitsstreuung bedeutet die Verteilung von Unsicherheitsquellen auf mehrere Entscheidungsträger gegen Zahlung einer Prämie. Unsicherheitsstreuung tritt dabei regelmäßig in Kombination mit Konsolidierung und/oder Spezialisierung beim Übernehmer auf.
- Unter einer Informationsverbreitung erster Art versteht TRAUTWEIN eine verbesserte Informationsbasis des Entscheidungsträgers in der Form, daß dieser gewisse zukünftige Umweltausprägungen aufgrund ihrer geringen Wahrscheinlichkeit aus dem Entscheidungsschema eliminieren kann.
- Informationsverbreitung zweiter Art hingegen beschreibt die zusätzliche Erkenntnis über neue, mögliche Umweltzustände, die die Ausgangssitution des Entscheidungsträgers einerseits verschlechtern, andererseits jedoch die Gefahr der Anwendung eines unzutreffenden Entscheidungsschemas verringern.

Auf Grundlage der dargestellten Klassifzierung von unsicherheitsreduzierenden Methoden läßt sich gemäß TRAUTWEIN die Frage klären, ob und in welcher Form Institutionen zur Bewältigung unabänderlicher Restunkenntnis beitragen. Ist dies der Fall, so kann die Existenz

[921] Eine Verringerung von Unsicherheit stellt, bezogen auf die Erklärung von Finanzierungsinstrumenten, eine Reduzierung der Bandbreite möglicher Handlungsfolgen und/oder ihre Verlagerung auf Dritte dar. Vgl. hierzu die Ausführung am Beispiel einer Exportversicherung, Trautwein (1990), S. 159-161. Die These unsicherheitsreduzieren derWirkungen von Institutionen wurde bereits von Lachmann aufgestellt. Vgl. Lachmann (1970), S. 45. Eine ähnliche Interpretation von Institutionen findet sich bei Krahnen (1993), S. 794.

[922] In seinen Untersuchungen zum Unternehmergewinn unterscheidet Knight insgesamt sechs Methoden der Bewältigung von Unsicherheit: (1) Konsolidierung, (2) Spezialisierung, (3) Diffusion, (4) Kontrolle der Zukunft, (5) Prognosefähigkeit und schließlich (6) Beschränkung auf vertraute Tätigkeitsgebiete. Vgl. Knight (1971), S. 238-352.

[923] Vgl. hierzu Trautwein (1990), S. 163-165.

[924] Zur Risikodiversifikation durch Wertpapiermischung vgl. Kapitel 3.3.2.3.

derartiger Institutionen auf Grundlage der Theorie HAYEK's im Sinne des methodologischen Individualismus erklärt werden.

Zur Überprüfung des Modells hinsichtlich seiner Anwendbarkeit auf real existierende Phänomene untersucht TRAUTWEIN in einem zweiten Teil seiner Arbeit das Erklärungspotential seines Ansatzes für die Enstehung des US-High-Yield Marktes. Hierfür unterscheidet er vier Gruppen von Entscheidungsträgern, wobei davon ausgegangen wird, daß diese die Wahrscheinlichkeit unterschiedlicher Umweltzustände auf einer Ordinalskala messen. Dabei verhalten sie sich risikoavers und unvollkommen rational.[925] Die Konstruktion eines Entscheidungsrahmen beschränkt die Handlungsalternativen der Entscheidungsträger auf drei alternative Formen der Fremdfinanzierung: Traditionelle Finanzierung über langfristige Bankkredite, privat plazierte Anleihen und öffentliche angebotene High-Yield Anleihen. Bevor auf die dem Modell zugrundeliegenden spezifischen Eigenschaften dieser drei Finanzierungsformen eingegangen wird, folgt eine Darstellung der vier Gruppen von Marktteilnehmern:

- Kapitalanbieter, die öffentlich und privat plazierte Anleihen von Emittenten niedriger Bonität erwerben können. Zu dieser Gruppe gehören primär institutionelle Investoren wie Lebensversicherungen, Investmentfonds, Pensionsfonds und Sparbanken. Daneben werden Privatanleger zu dieser Anlegergruppe gezählt, wobei diesen aufgrund beschränkter Dispositionsvolumina regelmäßig ein geringeres Gewicht beigemessen wird.
- Geschäftsbanken (*Commercial Banks*) stellen die zweite Gruppe von Anlegern dar. Diese bieten kapitalsuchenden Unternehmen Fremdfinanzierungsmittel in Form von langfristigen Bankkrediten an.[926]
- Unternehmen mit langfristigem Fremdfinanzierungsbedarf.
- Investmentbanken, die eine Mittlerfunktion zwischen Unternehmen und Kapitalanbietern einnehmen, indem sie Emissionen vorbereiten und durchführen sowie durch Handel im Sekundärmarkt für eine Mindestliquidität sorgen.

Als Grundlage der zu untersuchenden Entscheidungsschemata der Beteiligten dienen dabei zwei von TRAUTWEIN als allgemeingültig angenommene Präferenzregeln: Zum einen bevorzugen Entscheidungsträger höhere Einkommen gegenüber niedrigen, zum anderen bevorzugen sie eine größere Dispositionsflexibilität gegenüber einer geringeren.[927]

---

925 Dementsprechend bevorzugt ein Entscheidungsträger eine Ausprägung einer Ergebnisgröße umso mehr, je wahrscheinlicher sie ist. Zusätzlich bevorzugt er verschiedene gleich wahrscheinliche Ausprägungen einer Ergebnisgröße umso mehr, je größer diese ist. Vgl. Trautwein (1990), S. 163.

926 Grundsätzlich stellen Geschäftsbanken Fremdkapital in vier verschiedenen Formen zur Verfügung: Vereinbarungen über eine langfristige Kreditlinie (facilities, standby-letter-of-credit), Festkredite mit Laufzeiten von mindestens 3 Jahren (term loan), kurzfristige Kreditlinien (revolving credit) und einmalige Ausleihungen mit Laufzeiten bis zu einem Jahr (short-term loans). Vgl. Merris (1979), S. 17-19 sowie Eichwald (1995), Sp. 1250-1263.

927 Vgl. Trautwein (1991), S. 194.

Zur Bewertung der Handlungsalternativen werden nun für alle vier Gruppen von Marktteilnehmern Entscheidungsschemata aufgestellt, wobei unterstellt wird, daß diese nicht stabil sind, sondern aufgrund der Dynamik des marktlichen und regulatorischen Umfeldes Veränderungen unterliegen.

Für die Kapitalnachfrager werden auf Basis der in der Literatur anzutreffenden Einflußgrößen auf die Entscheidung zwischen den drei dargestellten Finanzierungsalternativen folgende Kriterien entwickelt:[928]

(1) Zeitpunkt und Form der vereinbarten Zahlungen

(2) Verhaltensspielraum bzw. Anpassungsflexibilität

(3) Vetraulichkeit des Informationsflusses

(4) Verfügbarkeit von Finanzierungsmitteln

Auf der Seite des Kapitalangebots werden dagegen nur die ersten beiden Kriterien als entscheidungsrelevante Faktoren der Kapitaldisposition angenommen. Hierbei kommt der Höhe der Zinsdifferenz zwischen den alternativen Anlageformen sowie der Prognosemöglichkeit der eigenen zukünftigen finanziellen Situation eine entscheidende Bedeutung zu.[929] Aufgrund der gesetzlich bedingten Struktur des US-amerikanischen Trennbankensystems läßt sich eine Präferenz der Gruppe der Geschäftsbanken zugunsten der Kreditfinanzierung ableiten. Investmentbanken präferieren dagegen solche Finanzierungsformen, von denen sie ein größtmögliches Provisionsergebnis erwarten. Zusätzlich besteht im Fall von öffentlich gehandelten Unternehmensanleihen eine Verdienstmöglichkeit durch den Handel im Sekundärmarkt.[930]

Im Anschluß an die Aufstellung von Entscheidungsschemata werden in einem nächsten Schritt Kombinationsregeln abgeleitet, welche die wechselseitigen Wirkungen der individuellen Entscheidungen bzw. Handlungen determinieren und durch eine Analyse der objektiven Situation gewonnen werden. Hierauf zurückgreifend werden Schlüsse auf die von den individuellen Handlungen abhängigen Wirkungen abgeleitet.[931] Schließlich wird untersucht, inwieweit die durch Verbindung von Entscheidungsschemata und Kombinationsregeln erklärten Institutionen zum Abbau von Unsicherheit der Marktteilnehmer durch die dargestellten Mechanismen beitragen.

---

928 Vgl. derselbe, S. 195-201.

929 Die Prognosemöglichkeit der Entwicklung der eigenen Finanzmittelsituation bedingt die Notwendigkeit der Dispositionsflexibilität auf der Aktivseite institutioneller Investoren. Sind die Mittelabflüsse einer Institution kaum vorhersehbar, erhält das Kriterium der Dispositionsflexibilität größeres Gewicht.

930 Eine Untersuchung am US-amerikanischen Anleihemarkt stellt dabei die Relevanz der Verdienstmöglichkeit durch Handelsgeschäfte von Investmentbanken dar. Die Gewinne aus dem Handel in Wertpapieren waren durchschnittlich doppelt so hoch wie die Provisionserträge aus der Emission. Vgl. Law (1987), S. 13. Ein ähnliches Bild spiegeln die Statistiken der Deutschen Bundesbank über die Entwicklung der Ertragslage deutscher Kreditinstitute wider. Vgl. Deutsche Bundesbank (1998), S. 29f.

931 Vgl. Trautwein (1991), S. 165.

Im Rahmen einer nachfolgenden Analyse des US-High-Yield Marktes wendet TRAUTWEIN das Modell zur Erklärung real existierender Institutionen an. Dabei untersucht er explizit die den Entscheidungsschemata zugrunde liegenden Umfeldbedingungen und stellt ihre Veränderungen im Zeitablauf dar. Im Rahmen seines Erklärungsansatzes stützt TRAUTWEIN sein Entscheidungsmodell auf den substitutiven Charakter von Kreditfinanzierung, privat plazierten Unternehmensanleihen und öffentlich angebotenen High-Yield Anleihen. Er begründet diese Annahme mit der Beobachtung einer Verschiebung der relativen Gewichtung der drei Finanzierungsformen im Zeitablauf. Hierbei ist festzustellen, daß die Entstehung des High-Yield Marktes zu einer Verdrängung der beiden anderen institutionellen Ausgestaltungsformen der Bereitstellung von Fremdkapital geführt hat.[932]

Zusammenfassend kommt TRAUTWEIN zu dem Ergebnis, daß sich die Entstehung des Marktes für High-Yield Anleihen in dem USA durch die Anwendung der Theorie HAYEK's zur Erklärung von Institutionen darstellen läßt. Diesen Schluß stützt er auf die Feststellung einer Unsicherheitsreduktion durch die Mechanismen der Konsolidierung, Spezialisierung und Unsicherheitsstreuung, die durch die Entstehung des Marktes ermöglicht wurde.[933]

4 ZWISCHENFAZIT

Ausgehend von den im ersten Teil dargestellten Funktionen eines Finanzsystems stand die Frage nach effizienten Gestaltungsformen von Finanzierungsbeziehungen hinsichtlich ihrer Eignung als Koordinationsinstrument im Mittelpunkt dieses Kapitels. Es galt dabei, zunächst die wichtigen Transmissionsmechanismen zwischen Finanzsystem und realem Sektor darzustellen, um daran anschließend vor dem Hintergrund der Annahme gradueller Instabilitäten der Institutionenstruktur von Finanzsystemen die Auslöser einer Verschiebung der relativen Gewichtung unterschiedlicher Koodinationsformen zu untersuchen.

Es wurden zunächst die in der Literatur bestehenden Erklärungsansätze für Finanzmarktinnovationen dargestellt sowie deren Verbreitung mit Hilfe eines Diffusionsmodells analysiert. Es konnte in diesem Zusammenhang eine Vielzahl möglicher Ursachen für die Einführung innovativer Finanzierungsinstrumente identifiziert werden.

In einem weiteren Untersuchungsschritt folgte ein Überblick über die wichtigen Ansätze zur Erklärung des bereits im 5. Kapitel beschriebenen Securitizationsphänomens. Dabei konnten insbesondere aus den Arbeiten von BERLIN/LOEYS und TRAUTWEIN Erkenntnisse über den Zusammenhang zwischen allgemeinen Umfeldbedingungen der Marktteilnehmer und der Herausbildung des Substitutionsprozesses von Bankkrediten gewonnen werden.

---

932 Vgl. hierzu die Ausführungen in Kapitel 2.6 dieser Arbeit.

933 Einschränkend merkt Trautwein jedoch an, daß es gleichzeitig zu einem Abbau der Informationsverbreitung erster Art gekommen ist. Diese Feststellung begründet er mit der Tatsache, daß High-Yield Anleihen im Vergleich zu Privatplazierungen regelmäßig mit geringeren Offenlegungspflichten verbunden sind. Vgl. Trautwein (1991), S. 224.

Die Vielzahl der in der Literatur bestehenden Erklärungsmodelle läßt darauf schließen, daß der Versuch einer deterministischen Abbildung der Wirkungsmechanismen aufgrund der hohen Komplexität des Untersuchungsgegenstands sowie der notwendigen Heuristik der dargestellten Modelle scheitern muß. Es gilt vielmehr, im Rahmen eines eklektischen Ansatzes Tendenzaussagen bezüglich der Wirkung vielschichtiger Wandlungsprozesse der Umfeldbedingungen abzuleiten.

Zu diesem Zweck wird im folgenden Kapit el der Versuch unternommen, auf Grundlage ausgewählter Ergebnisse der dargestellten Erklärungsansätze den Entwicklungsverlauf des Substitutionsprozesses von Bankkrediten durch High-Yield Anleihen am US-Markt abzubilden, um daraus Schlußfolgerungen bezüglich der zu erwartenden Strukturveränderungen des deutschen Finanzsystems abzuleiten.

VII ERKLÄRUNGSMODELL FÜR DIE ENTWICKLUNG DES US-HIGH-YIELD MARKTES

Eine Überprüfung der zur Erklärung der Vorteilhaftigkeit von High-Yield Anleihen aufgestellten Hypothesen anha nd des unterentwickelten deutschen Anleihemarktes[934] erscheint problematisch. Die Analyse des US-High-Yield Marktes verspricht dagegen Erkenntnisse über das Zusammenwirken wesentlicher Rahmenbedingungen in Hinblick auf den Aufbau und die Stabilität dieses Anleihemarktsegments zu generieren. Vor diesem Hintergrund werden, in Anlehnung an die dargestellten theoretischen Ansätze zur Gestaltung von Finanzierungsbeziehungen und zur Erklärung real existierender Institutionen eines Finanzsystems, nachfolgend die wesentlichen Umfeldbedingungen des US-Kapitalmarktes untersucht, mit deren Hilfe sich die Entwicklung des High-Yield Marktes seit Mitte der siebziger Jahre begründen läßt.

1 ENTSTEHUNGSGESCHICHTE DES US-HIGH-YIELD MARKTES

Entgegen der verbreiteten Meinung stellen hochverzinsliche Unternehmensanleihen am US-Kapitalmarkt kein neues Phänomen dar.[935] Das Auftreten ausfallrisikobehafteter Schuldner am US-amerikanischen Anleihemarkt läßt sich vielmehr bis zu den Anfängen eines funktionsfähigen Kapitalmarktsegments für Fremdfinanzierungsmittel der Privatwirtschaft zurückverfolgen. Dennoch wurden High-Yield Anleihen erst durch ein gestiegenes öffentliches Interesse und eine zunehmende wissenschaftliche Auseinandersetzung in den siebziger Jahren verstärkt in den Mittelpunkt gerückt und verbreitet als eines der wichtigen Finanzinnovationen des US-Kapitalmarktes bezeichnet.[936]

Ein wesentlicher Grund für die Wahrnehmung des innovativen Charakters von High-Yield Anleihen ist in der im Zeitablauf wechselnden Terminologie zur Beschreibung ausfallrisikobehafteter Unternehmensanleihen zu vermuten.[937] Unter der Bezeichnung *„Low-Grade Bonds"* wurden diese am Anfang dieses Jahrhunderts erstmalig vor dem Hintergund des Entstehens allgemein anerkannter Ratingagenturen begrifflich von der Klasse der Investment-Grade Anleihen getrennt. Während der 30er und 40er Jahre diente die Bezeichnung *„Fallen Angels"*,[938] die auf eine relative Bonitätsverschlechterung einer Vielzahl von Industrieschuldnern während der Weltwirtschaftskrise anspielte, zur Beschreibung der charakteristischen Wesensmerkmale dieser Gruppe von Unternehmensanleihen. Die im Laufe der 60er Jahre

---

934 Vgl. hierzu Kapitel 2.6 dieser Arbeit.

935 Vgl. Gaughan (1991), S. 336, der den innovativen Charakter von High-Yield Anleihen in ihrer Anwendung bei spezifischen Finanztransaktionen, wie beispielsweise Unternehmensübernahmen, sieht. Zur begrifflichen Abgrenzung von Finanzinnovationen vgl. Kapitel 6.2.1 dieser Arbeit.

936 Vgl. Porter (1992), S. 79

937 Vgl. Altman (1988), S. 288.

938 Vgl. hierzu die Ausführungen in Kapitel 2.4 dieser Arbeit.

emittierten Anleihen zur Durchführung fremdfinanzierter Unternehmensübernahmen erhielten in der Fachpresse dagegen den Titel „*Chinese Papers*".[939]

Die geläufigste Bezeichnung hochverzinslicher Unternehmensanleihen stellt der Name „*Junk Bonds*" dar, für dessen Entstehung die Literatur zum Teil unterschiedliche Erklärungen bietet.[940] Laut ALTMAN entstand der Begriff „*Junk*" in Verbindung mit Unternehmensanleihen Mitte der siebziger Jahre vor dem Hintergrund einer zum damaligen Zeitpunkt nachgewiesenen signifikanten durchschnittlichen Qualitätsverschlechterung von Unternehmensanleihen am US-Markt.[941] Seit der Vertrauenskrise dieses Marktsegments zu Beginn der neunziger Jahre, die aus der hohen Anzahl von Zahlungsausfällen und dem Zusammenbruch des Investmenthauses Drexel Burnham Lambert resultierte, und dem hieraus notwendig gewordenen Bestreben, die öffentliche Wahrnehmung dieser Wertpapiergattung positiv zu beeinflussen, wurde der Begriff „*Junk Bonds*" in der wissenschaftlichen Literatur zunehmend durch den wertfreien Ausdruck „*High-Yield Anleihen*" ersetzt.[942]

Der folgende Abriß der Entwicklungsgeschichte von High-Yield Anleihen dient dem Verständnis der zugrundeliegenden Umfeldfaktoren, deren Zusammenwirken das Angebots- und Nachfrageverhalten der Marktteilnehmer wesentlich beeinflussten.

1.1 Industrialisierungsphase des frühen 20. Jahrhunderts

Das Aufkommen innovativer Finanzierungsformen am US-amerikanischen Kapitalmarkt wird in der Literatur regelmäßig mit Phasen wirtschaftlicher Umstrukturierung in Verbindung gebracht. High-Yield Anleihen lieferten in solchen Zeiten einen wesentlichen Beitrag zur Finanzierung notwendiger Real- bzw. Finanzinvestitionen.[943]

Der Einsatz hochverzinslicher Unternehmensanleihen stellt kein neues Phänomen am US-Kapitalmarkt dar.[944] Schon vor der Einführung allgemein anerkannter Ratingagenturen Anfang des 20. Jahrhunderts wurde auf Finanzierungsinstrumente zurückgegriffen, deren Charakteristika denen der heutigen High-Yield Anleihen glichen. So dienten mezzanine Finanzierungsinstrumente in Form von Vorzugsaktien in den neunziger Jahren des vorigen Jahrhunderts der Aufbringung langfristigen Wachstumskapitals für kapitalintensive Unternehmen der Kohle- und Stahlindustrie in den USA. Im Vergleich zu Staatsanleihen und Schuldverschrei-

---

939 Vgl. Altman (1988), S. 288.

940 So führt Bruck die Bezeichnung „Junk Bonds" auf ein Werturteil Michael Milkens bezüglich einer spezifischen Anleiheemissionen eines US-amerikanischen Financiers zurück. Vgl. Bruck (1988), S. 39.

941 Vgl. Altman (1988), S. 288.

942 Vgl. Stalman (1992), S. 12-16.

943 Vgl. Madden/Balestrino (1990), S. 29, Yago (1991), S. 14.

944 „In fact, the high yield market is as old as the securities market itself." Yago (1991), S. 15.

bungen von Eisenbahnunternehmen guter Bonität mit Renditen von 3 bzw. 4 Prozent boten Vorzugsaktien dem Anleger zu dieser Zeit Renditen von bis zu 7 Prozent.[945]

Die Industrialisierung der US-amerikanischen Wirtschaft und der damit einhergehende Finanzierungsbedarf des Unternehmenssektors trug wesentlich zur Entwicklung eines organisierten Kapitalmarktes bei, der zunehmend zur Mobilisierung des erforderlichen Wachstumskapitals in Anspruch genommen wurde. Zu den ersten Emittenten ausfallrisikobehafteter Anleihen zählten Unternehmen, die in der heutigen Zeit zu den bekanntesten Blue Chips gehören: U.S. Steel finanzierte 1901 durch Ausgabe von hochverzinslichen Hypothekenanleihen in Höhe von US$ 225,6 Mio. den Aufbau des derzeit größten US-amerikanischen Stahlerzeugers. Ebenso konnte General Motors im Jahre 1910 durch Emission von hochverzinslichen Anleihen Liquiditätsengpässe überwinden und einen drohenden Konkurs abwenden. Im gleichen Jahr begab ein Unternehmen mit dem Namen „Computing-Tabulating-Recording" High-Yield Anleihen in Umfang von US$ 7 Mio., da eine Aktienemission aussichtslos erschien. Das Unternehmen verzeichnete in den folgenden Jahren überdurchschnittliche Wachstumsraten und wechselte 1924 den Namen in „International Business Machines". Der Reifenhersteller Goodyear befand sich 1921 am Rande des Konkurses, als eine durch High-Yield Anleihen finanzierte Übernahme des Unternehmens eine Neuausrichtung und nachfolgende Verbesserung der Ertragslage sicherte.

Auf Basis der in der Literatur anzutreffenden Definition von High-Yield Anleihen[946] als Gattungsbegriff solcher Fremdfinanzierungsinstrumente, deren Emittenten die qualitativen Anforderungen eines Investment Grade Ratings nicht erfüllen, kann von der Entstehung eines High-Yield Marktes i.e.S. erst seit der Verbreitung von allgemein anerkannten Ratingurteilen gesprochen werden.

Die erste Ratingagentur wurde im Jahre 1900 gegründet; neun Jahre später wurden die bis heute anzutreffenden Ratingsymbole erstmals benutzt.[947] Während anfänglich ausschließlich Eisenbahnanleihen in den USA von Ratingagenturen bewertet wurden, war bis 1924 eine nahezu vollständige Erfassung von US-Inlandsanleihen durch Ratingurteile erreicht. Unternehmensanleihen wurden erstmalig 1914 geratet.[948] Mit der Etablierung von Anleiheratings entstand eine quasi-objektive Abgrenzung des High-Yield Marktes, womit eine gezielte Erfassung empirischer Daten erst möglich wurde. Die systematische Erfassung von Kapitalmarktdaten bildet eine wesentliche Voraussetzung zur empirischen Untersuchung von Primär-

---

945 Vgl. derselbe, S. 18. Vorzugsaktien boten Emittenten zur damaligen Zeit ähnliche Finanzierungsmöglichkeiten wie sogenannte „perpetual bonds", die im frühen neunzehnten Jahrhundert vermehrt zur Wachstumsfinanzierung junger Unternehmen eingesetzt wurden.

946 Zur definitorischen Abgrenzung von High-Yield Anleihen vgl. Kapitel 2.4.

947 Vgl. Berblinger (1996), S. 25-27. Zur geschichtlichen Entwicklung von Ratingagenturen in den USA vgl. Harold (1938), S. 13-16.

948 Die Fokussierung der Ratingagenturen auf Eisenbahnanleihen und Anleihen öffentlicher Versorgungsunternehmen erklärt sich aus der Tatsache, daß bis 1920 ein Anteil von 85% der Gesamtvolumens von dieser Emittentengruppen begeben wurde. Vgl. Madden/Balestrino (1990), S. 30.

und Sekundärmärkten für Unternehmensanleihen. Während der frühen Entwicklungsphase des High-Yield Marktes existierte keine zentrale Institution für eine flächendeckende Datenerfassung, so daß insbesondere die Erfassung von Sekundärmarktdaten nur lückenhaft möglich war.

Der Anleihemarkt in den USA bestand während des frühen zwanzigsten Jahrhunderts fast ausschließlich aus Titeln von Eisenbahngesellschaften und öffentlichen Versorgungsunternehmen. Nahezu 85 Prozent aller öffentlich gehandelten Anleihen stammten von dieser Emittentengruppe, deren Anleiherating im Jahre 1928 zu 85,4 Prozent dem Kriterium des Investment-Grade genügte. High-Yield Anleihen kam während der zwanziger und dreißiger Jahre ein Anteil von 17 Prozent an der Gesamtzahl öffentlich begebener Industrieanleihen zu.[949]

HICKMAN erstellte 1958 die bis dahin umfassendste Studie über die Entwicklung des High-Yield Marktes seit Beginn des Jahrhunderts. Der Autor analysierte die Performance von High-Yield Anleihen über den Zeitraum von 1900 bis 1943 mit dem Ergebnis, daß überdurchschnittliche Investitionsrenditen in dieser Anlageklasse nur bei langfristiger und aggregierter Betrachtung belegt werden können.[950] Insbesondere stellte HICKMAN die hohe Volatilität des Marktes in Abhängigkeit konjunktureller Impulse fest. Aufgrund der Notwendigkeit eines hohen Maßes an Professionalität zur Bewertung potentieller Investitionen war eine entsprechende Konzentration institutioneller Anleger während dieser Periode feststellbar.

Mit zunehmender Verschlechterung der gesamtwirtschaftlichen Situation während der frühen dreißiger Jahre veränderte sich die Schuldnerqualität zahlreicher Emittenten am Anleihemarkt. Die darauf folgenden Herabstufungen der Anleihenqualität durch Ratingagenturen führten dazu, daß originär als Investment-Grade klassifizierte Wertpapiere in zunehmendem Ausmaß in die Gruppe der High-Yield Anleihen wechselten. Entsprechend stieg der Anteil von „Fallen Angels" am Gesamtvolumen ausstehender High-Yield Anleihen; ein Anwachsen des Gesamtvolumens ausstehender High-Yield Anleihen folgte gezwungenermaßen:[951] So stieg der Anteil von High-Yield an der Gesamtzahl öffentlich gehandelter Industrieanleihen von 13 Prozent im Jahr 1928 auf bis zu 42 Prozent in 1940.[952]

1.2 Postdepressionsphase

Rezessive Tendenzen während und nach der Wirtschaftsdepression der dreißiger Jahre blieben nicht ohne Auswirkungen auf die Ertragskraft der Unternehmen. Die Zahl der Konkurse US-amerikanischer Anleiheschuldner nahm aufgrund hoher laufender Zinsbelastung bei gleichzeitig sinkendem Cash-Flow aus operativen Geschäften in den Folgejahren stark zu.

---

949 Vgl. Hickman (1958), S. 153.

950 Vgl. Hickman (1958), S. 14.

951 Vgl. Gaughan (1991), S. 337, Yago (1991), S. 18.

952 Vgl. Perry/Taggart (1988), S. 38.

Gleichzeitig stieg das Bewußtsein vieler Investoren, daß die Ausfallwahrscheinlichkeit hochverzinslicher Unternehmensanleihen in Zeiten einer schlechten gesamtwirtschaflichen Ertragssituation weitaus stärker zunimmt als bei vergleichbaren Anleihen besserer Qualität.[953] Die aus dieser Erkenntnis resultierende Zurückhaltung der bis dahin von Kapitalverlusten weitestgehend verschonten Investoren von High-Yield Anleihen ließ die Risikoprämien entsprechend steigen und führte zu einer Ausweitung der Renditedifferenzen zwischen Investment-Grade und High-Yield Anleihen von 38 bis 110 Basispunkten im Jahr 1929 auf 225 bis 599 Basispunkte im Jahre 1934.[954]

Das Angebot von Neuemissionen am High-Yield Markt sank parallel zu dieser Entwicklung. Trotz hoher Risikoprämien wurde die Plazierung neuer Anleihen aufgrund des geringen Interesses der Investoren zunehmend schwieriger. Erneut stellte ein Großteil der dem High-Yield Sektor zugehörigen Unternehmensanleihen Titel von Fallen Angels dar. Entsprechend dominierte der Anteil dieser Schuldnergruppe den High-Yield Markt zwischen 1930 und 1950 mit nahezu 100% sämtlicher ausstehender Unternehmensanleihen.[955] Erst 1986 erreichten Fallen Angels mit etwa einem Drittel des Volumens sämtlicher ausstehender Anleihen wieder die Bedeutung, die ihnen vor den dreißiger Jahren zukam.[956]

Während der Nachkriegsjahre spielten High-Yield Anleihen am US-Anleihemarkt eine relativ untergeordnete Rolle. In dieser Periode fiel insbesondere das zyklische Verhalten der Emissionsaktivität auf. Die unstete Entwicklung dieses Marktsegmentes findet ihre Ursache primär in der hohen Konjunkturabhängigkeit des gesamtwirtschaftlichen Investitionsverhaltens und dem daraus resultierenden diskreten Finanzierungsbedarf. Das Marktvolumen schrumpfte durch Ausfall und Tilgung ausstehender Anleihen zunehmend: Zwischen 1944 und 1965 machten High-Yield Anleihen durchschnittlich 6,5 Prozent der Gesamtzahl ausstehender Unternehmensanleihen aus; dieser Anteil sank bis auf 4 Prozent zu Beginn der siebziger Jahre.[957]

Beginnend mit den vierziger Jahren erfuhr die Finanzwissenschaft bedeutende Fortschritte bei der Erklärung real beobachteter Phänomene am Kapitalmarkt. Die Entwicklungen auf dem Gebiet der Finanzanalyse, verbunden mit einer wachsenden Verfügbarkeit statistischer Kapitalmarktdaten, führten dazu, daß traditionelle Bewertungsverfahren von Unternehmensanleihen zunehmend in Frage gestellt wurden.[958]

Im Mittelpunkt stand dabei die Annahme, daß Investoren für die Übernahme des inhärent größeren Ausfallrisikos von High-Yield Anleihen eine entsprechende Risikoprämie in Form

---

953 Die Ausfallrate von hochverzinslichen Unternehmensanleihen stieg in den dreißiger Jahren bis auf 10 % der ausstehenden Nominalvolumina. Vgl. Hickman (1958), S. 189.

954 Die genannten Spread-Korridore beziehen sich auf die jeweiligen Extremrenditen von Anleihen, die von Moody's mit Aaa bzw. Baa bewertet wurden. Vgl. Yago (1991), S. 18.

955 Vgl. Hildebolt (1996), S. 2 sowie Taggart (1988), S. 8.

956 Vgl. Perry/Taggart (1988), S. 39.

957 Vgl. Gaughan (1991), S. 337.

958 Vgl. Yago (1991), S. 18.

positiver Renditediffenzen zu risikolosen alternativen Anlageobjekten erhalten. Empirische Untersuchungen stellten jedoch systematische risikoadjustierte Überrenditen fest, die insbesondere für den Fall von herabgestuften Unternehmensanleihen (*Fallen Angels*) auf Arbitragemöglichkeiten schließen ließen.[959] Die Existenz nicht nur temporärer Überrenditen im High-Yield Markt wurde zum Auslöser differenzierter Untersuchungen der Interdependenz von Ratingurteil, Ausfallrisiko und realisierten Renditen.[960] Die Beurteilung des relativen Bonitätsrisikos auf Basis historischer Bilanz- und Ertragskennzahlen, wie sie von Ratingagenturen vorgenommen wird, geriet zunehmend in die Kritik der Wissenschaft. Dabei wurde insbesondere der Informationswert von Anleiheratings vor dem Hintergrund risikoadäquater Renditedifferenzen zwischen einzelnen Ratingklassen in Frage gestellt. HICKMAN folgerte aus einer Untersuchung historischer Renditen von High-Yield Anleihen, daß „[...] errors in judgement committed by the rating systems arose from a failure to appraise accurately the earnings trend of the different industries and to allow fully for cyclical risk [...].“[961]

Mit dem Entstehen der neoklassischen Finanzierungstheorie und der zugrundeliegenden Betrachtung von finanziellen Ansprüchen als Partenteilung realer Zahlungsströme aus erwirtschafteten Überschüssen[962] ging eine Neuorientierung der Bonitätsbewertung einher.[963] Bilanzorientierte Verfahren wurden durch Cash Flow-orientierte Bewertungsansätze ergänzt. Trotz dieser Erkenntnisse blieb das Volumen von Neuemissionen im historischen Vergleich gering; ein neuer Impuls für die Aktivität am High-Yield Markt kam erst in den siebziger Jahren auf.

1.3 Entwicklung des modernen US-High-Yield Marktes

Eine grundlegende Wende am US-High-Yield Markt trat ab 1977 ein.[964] Mit dem erneuten Aufkommen sogenannter „*Original High-Yield Bonds*“[965] erfuhr das Marktsegment hochverzinslicher Unternehmensanleihen eine fundamental neue Zusammensetzung und damit einhergehend eine originäre Finanzierungsfunktion. Neben der strukturellen Veränderung des High-Yield Marktes vervielfachte sich das Marktvolumen in der Zeit von 1970 bis 1989 von knapp US$ 7 Mrd. auf über US$ 200 Mrd.[966]

959 Vgl. ebenda, S. 19.

960 Vgl. hierzu die Ausführungen in den Kapiteln 3.4.1 und 3.4.2.

961 Hickman (1958), S. 13.

962 Vgl. Kapitel 3.3. dieser Arbeit.

963 Vgl. Yago (1991), S. 19.

964 In der Literatur wird das Jahr 1977 durchgehend als das Geburtsjahr des modernen High-Yield Marktes betrachtet. Vgl. Madden/Balestrino (1990), S. 33, US General Accounting Office (1989), S. 9, Yago (1991), S. 23. Perry/Taggart (1988), S. 38 sprechen dagegen vielmehr davon, daß die Entwicklung nach 1977 „[...] perhaps more accurately [be] viewed as a resurgence of the flurishing market of the postwar years.“

965 US General Accounting Office (1989), S. 9.

966 Vgl. Davidson (1990), S. 54.

Unter Original Issue High-Yield Bonds werden solche Unternehmensanleihen subsumiert, die im Gegensatz zu Fallen Angels schon zum Emissionszeitpunkt entweder der Subinvestment-Klasse zugehören oder von keiner der wichtigen Ratingagenturen bewertet wurden.[967] Entsprechend liegt die Ursache der geringen Bonität solcher Schuldner nicht in einer Verschlechterung der Kreditwürdigkeit aufgrund negativer Geschäftsentwicklung, sondern wird durch deren bewußt gewählte agressive Finanzierungsstruktur oder ihre noch junge Kredithistorie begründet.

Der erstgenannten Gruppe der Original High-Yield Bonds gehörten hauptsächlich Unternehmen an, die durch externes Wachstum oder Restrukturierungsmaßnahmen hohe Verschuldungsgrade in Kauf nahmen. Eine Welle von Unternehmensübernahmen während der achtziger Jahre ließ den Anteil solcher Emittenten am Markt überdurchschnittlich stark ansteigen. Zur zweiten Gruppe dieser neuen Emittentengeneration sind solche Unternehmen zu rechnen, deren internes Wachstum nicht mehr ausschließlich durch Bankkredite und Innenfinanzierung getragen werden konnte. Für beide Emittengruppen bedeutete die Möglichkeit, sich über High-Yield Anleihen finanzieren zu können, eine zunehmend kostengünstigere und weniger restriktive Alternative zur traditionellen Kreditfinanzierung über Banken.[968]

Dem Aufbau eines funktionsfähigen High-Yield Marktes wird in der Literatur eine wesentliche Rolle bei der Transformation der US-amerikanischen Industriestruktur zugeschrieben.[969] High-Yield Anleihen wurden dementsprechend zu einer der wichtigsten Finanzinnovationen des 20. Jahrhunderts stilisiert.[970] Waren Unternehmen, denen aufgrund ihrer Bonität der Zugang zum organisierten Markt für Fremdkapital verschlossen blieb, regelmäßig auf kurzfristige Bankfinanzierungen angewiesen, so stand diesen seit Mitte der siebziger Jahre mit High-Yield Anleiehn eine alternative Finanzierungsform offen, die ihnen langfristiges Fremdkapital zu festen und marktkonformen Zinsen bereitstellte.[971] Mit einer konstanten Zunahme des Gesamtvolumens ging ein stetes Anwachsen der Emissionsgröße einzelner Anleihen einher. High-Yield Emittenten gelang es zunehmend, Anleihen zu plazieren, deren Emissionsvolumen dem von Investment-Grade Anleihen entsprach. Folglich verbesserte sich entspechend die Liquidität am Sekundärmarkt, woraus eine entsprechende Reduktion der Risikoprämien resultierte.[972]

---

967 Vgl. Fabozzi/Modigliani (1996), S. 492.

968 Vgl. US General Accounting Office (1989), S. 9, Taggart (1988), S. 8.

969 Vgl. Paulus/Waite (1990), S. 3, Davidson (1990), S. 55.

970 Vgl. Jensen (1989), S. 70.

971 Vgl. Stahl (1988b), S. 1067, Fabozzi (1990), S. VII.

972 Zur Darstellung des Marketability Spread vgl. Kapitel 3.3.2.1.

	Emissionsvolumen in Mrd. US$	Anzahl	Ø Emissionsvolumen in Mio. US$	Anteil an gesamten Neuemissionen
1978	1,493	52	28,712	6,7 %
1979	1,307	45	29,044	5,1 %
1980	1,442	43	33,535	3,9 %
1981	1,648	32	51,506	4,0 %
1982	2,798	48	58,292	5,9 %
1983	7,417	86	86,244	15,8 %
1984	14,952	124	120,581	15,0 %
1985	14,670	188	78,032	14,5 %
1986	34,177	234	146,056	22,0 %
1987	30,680	176	174,318	24,2 %
1988	26,380	151	174,702	23,2 %
1989	27,661	167	165,635	18,2 %
1990	1,297	9	144,111	1,4 %
1991	9,901	42	235,738	6,3 %

TABELLE 10: ÖFFENTLICH GEHANDELTE HIGH-YIELD ANLEIHEN IN DEN USA (1978-1991)[973]

Im Zusammenhang mit der Entwicklung des modernen US-High-Yield Marktes wird in der Literatur verbreitet auf die besondere Rolle des Investmenthauses Drexel Burnham Lambert (DBL) und der Person Michael Milken's hingewiesen.[974] Anfang der siebziger Jahre befaßte sich Milken mit den Untersuchungen HICKMAN's über die historischen Renditen US-amerikanischer Unternehmensanleihen seit Beginn des Jahrhunderts. Milken konnte mit Hilfe teilweise selbst entwickelter analytischer Modelle nachweisen, daß historische Renditedifferenzen zwischen Investment-Grade und Noninvestment-Grade Anleihen US-amerikanischer Emittenten seit den fünfziger Jahren kontinuierlich zunahmen und Investoren für das übernommene Ausfallrisiko systematisch überkompensierten.[975] Milken stützte seine These auf die von Marktteilnehmern vernachlässigte Tatsache, daß zum einen Zins- und Kursdifferenzen zu hochwertigen Industrieobligationen weitaus über den historischen Ausfallverlusten

973 Quelle: Altman (1988), S. 287.

974 Vgl. Beneviste/Singh/William (1993), S. 107. Die Finanzpresse hob die Rolle Milken's für die Entwicklung des US-Kapitalmarktes zum Teil in heroischer Stilisierung hervor. So schrieb ihm das Wall Street Journal 1989 die Rolle des „most important financial thinker of the century" zu. Das Life Magazine nominierte Milken zu „[...] one of the ten most important business leaders who shaped the century". Vgl. Yago (1991), S. 20.

975 Vgl. Reicheneder (1992), S. 209. Zu den Ergebnissen Hickman's vgl. Kapitel 3.4.1 dieser Arbeit.

lagen und zum anderen selbst im Falle eines Schuldnerkonkurses der Verlust des Nominalbetrages regelmäßig weniger als 100 Prozent ausmachte.[976]

Mit der Kenntnis dieser Marktunvollkommenheit spezialisierte sich Milken seit Beginn seiner Tätigkeit beim Wertpapierhaus Drexel Firestone auf den Handel mit unterbewerteten Unternehmensanleihen. Nach dem Kauf von Drexel Firestone durch Burnham and Company und dem nachfolgenden Namenswechsel in Drexel Burnham Lambert wurde das Geschäftsfeld hochverzinslicher Unternehmensanleihen weiter ausgebaut. Auf Basis der Erkenntnis überdurchschnittlicher Renditepotentiale im Anleihehandel von Fallen Angels war der Schritt zur Emission von Original High-Yield Anleihen eine logische Konsequenz im Wettbewerb um Marktanteile und Ertragssteigerungen.

Obwohl die erste Serie von Neuemissionen am High-Yield Markt im Jahr 1977 von der Investmentbank Lehman Brothers durchgeführt wurde,[977] konnte sich DBL aufgrund des vorhandenen Erfahrungswissens schnell als marktführendes Emissionshaus positionieren.[978] Schon 1983 erreichte DBL einen Marktanteil bei Neuemissionen von 57 Prozent, der sich während der folgenden 5 Jahre auf ca. 45 Prozent stabilisierte.[979] Seit 1987 begann die Dominanz DBLs im High-Yield Markt zu schwinden.[980] Das lukrative Emissionsgeschäft zog andere Investmentbanken zunehmend an.[981] Mit dem Austritt Michael Milkens aus dem aktiven Geschäft bei DBL im Jahre 1989 wurde DBL von Häusern wie Goldman Sachs, Merril Lynch und First Boston innerhalb kurzer Zeit von den vorderen Plätze der League-Tables verdrängt.[982]

Milken's Beitrag zum Aufbau des High-Yield Marktes erschöpfte sich nicht in der Identifikation rentabler Investitionsobjekte. Vielmehr schaffte er es, durch die Organisation eines liquiden Sekundärmarktes Investoren, denen das Risiko eines langfristigen Engagements in anfänglich noch illiquiden hochverzinslichen Unternehmensanleihen zu hoch erschien, von der Attraktivität dieses Marktsegments zu überzeugen.[983] Dieser Erfolg basierte auf zwei wesentlichen Stützen: Zum einen zeigte Milken durch seine Fähigkeit, erfolgreiche Emittenten zu selektieren, daß entsprechende Analysekapazitäten durch systematische Überrenditen vergütet werden. Zum anderen ermöglichte er durch den Aufbau eines Netzwerkes aus kapitalkräftigen

---

976 Vgl. Caytas/Mahari (1988), S. 189.

977 Zu den ersten Emittenten zählten LTV (US$ 75 Mio.), Zapata (US$ 75 Mio.), Fuqua Industries (US$ 60 Mio.) und Pan American World Airways (US$ 53 Mio.). Vgl. Gauhghan (1991), S. 338.

978 Vgl. Taggart (1988), S. 8, Beneviste/Singh/Wilhelm (1993), S. 108.

979 Vgl. Gaughan (1991), S. 371.

980 Über den Zeitraum von 1978 bis 1985 konstatieren Altman/Nammacher (1987), S. 46 einen Anteil an sämtlichen High-Yield Emissionen von 56,4%.

981 Vgl. Fabozzi/Modigliani (1996), S. 492.

982 Anfang 1989 zeigt sich folgende Marktaufteilung für Neuemissionen am High-Yield Markt: Goldman Sachs 34,2%, Merril Lynch 33,7%, First Boston 11,4%, Morgan Stanley 8,2% und Drexel Burnham Lambert 5,5%. Vgl. Gaugan (1991), S. 372.

983 Vgl. Davidson (1990), S. 55.

Individuen, institutionellen Investoren, Arbitrageuren, Cash Management betreibenden Finanzabteilungen von Konzernen und vereinzelten Banken, die notwendige Nachfragebasis für eine hinreichende Mindestliquidität zu schaffen.[984]

Der Funktion des Market Maker in High-Yield Anleihen kam dabei eine fundamentale Bedeutung für die weitere Entwicklung des Marktsegments zu.[985] Das Emissionshaus sorgte durch die ständige Bereitschaft, eine notwendige Marktfähigkeit der emittierten Anleihen zu sichern, für eine steigende Bereitschaft zur Marktteilnahme wichtiger Investorenkreise. Zusätzlich fungierte DBL als „lender of last ressort“[986], der für den Fall von Zahlungsschwierigkeiten Überbrückungskredite (*bridge loans*) an High-Yield Emittenten ausreichte. Durch entsprechende Marktpflege in Form von Stützungskäufen, Stillhalteabkommen und Zusatzfinanzierungen[987] gelang es DBL, das für Primärmarkttransaktionen notwendige Reputationskapital aufzubauen.[988]

Als Grundlage des Erfolgs bei der Vermarktung neuer High-Yield Anleihen wird in der Literatur vorwiegend das angesprochen Netzwerk von Investoren angeführt, dessen Praktiken letztlich sogar zur Verurteilung Milkens wegen Verstoßes gegen das amerikanische Anti-Trust- sowie das Insider Trading-Gesetz führten.[989] Sogenannte „*Commitment Letters*“, mit denen eine ausgewählte Gruppe von Investoren die Übernahme eines gewissen Anteils einer geplanten Emission garantierte, sorgten dafür, daß das Plazierungsrisiko weder vom Emittenten noch von der begleitenden Investmentbank übernommen werden mußte und somit zunehmend agressive Finanzierungsstrukturen gewählt wurden. Derartigen Übernahmezusagen kam bei fremdfinanzierten feindlichen Übernahmeangeboten im Zusammenhang mit sogenannten „*Highly-Confident Letters*“[990]eine wesentliche Funktion zu.[991]

---

984 Vgl. Davidson (1990), S. 55, Caytas/Mahari (1988), S. 190, Beneviste/Singh/Wilhelm (1993), S. 108. Die Praktiken von Milken im Zusammenhang mit dieser Netzwerkbildung wurden nachträglich sehr kritisch betrachtet. So veranlaßte DBL vielfach Emissionskunden dazu, mit den Plazierungserlösen anteilig in andere High-Yield Emissionen zu investieren. Dieses Vorgehen sicherte zunehmend den Plazierungserfolg neuer Anleihebegebungen, führte jedoch zu einer Kettenreaktion mit entsprechenden Preiskorrekturen beim Zusammenbruch des Marktes im Jahr 1990.

985 Vgl. Gaughan (1991), S. 370.

986 Gaughan (1991), S. 339.

987 Caytas/Mahari (1988), S. 190, Beneviste/Singh/William (1993), S. 109.

988 Vgl. Kapitel 4.1.2 dieser Arbeit und Booth/Smith (1986) S. 261-281 zur Untersuchung der Relevanz von Reputation im Emissionsgeschäft von Investmentbanken.

989 Das Netzwerk Milken's kam 1986 unter politischen Druck, als Ivan F. Boesky, ein wichtiges Mitglied und Teilnehmer der regelmäßig stattfindenden High-Yield Konferenzen DBLs, zum einen wegen Verstoßes gegen das Kartellrecht, zum anderen gegen das Insider-Recht verklagt wurde. Vgl. Caytas/Mahari (1988), S. 190f.

990 Eine Highly Confident Letter beinhaltet die Erklärung der Investmentbank eines Kunden, die geplante Finanzierung einer Übernahmetransaktion auf der Basis der darin dargestellten Konditionen zu sichern. Diese Erklärung stellt keine haftungsbegründende Verpflichtung der Bank dar, gilt jedoch als ausreichend glaubwürdig, um ein Übernahmeangebot an die Aktionäre der Zielgesellschaft zu lancieren. Vgl. Caytas/Mahari (1988), S. 388f.

991 Vgl. Bruck (1988), S. 126f.

Der Markt für hochverzinsliche Unternehmensanleihen erhielt im Jahre 1985 mit dem Eintritt von DBL in den Markt für Unternehmenskontrolle einen wesentlichen Impuls, der einen erneuten qualitativen Umbruch verursachte.[992] Die Tatsache, daß es High-Yield Anleihen dem Unternehmenskäufer ermöglichten, große Kapitalblöcke in kurzen Zeiträumen zu mobilisierten ohne gezwungenermaßen entsprechende Sicherheiten nachweisen zu müssen, führte zu einem signifikanten Anstieg des Transaktionsvolumens am Markt für unternehmerische Kontrollrechte. Der Einsatz von High-Yield Anleihen zur Finanzierung von Übernahmen erschien insbesondere vor dem Hintergrund der erforderlichen Geschwindigkeit und Höhe der Kapitalaufbringung solcher Transaktionen attraktiv.[993] Erneut stellte der Markteintritt DBL eine logische Erweiterung der Geschäftstätigkeit aufgrund vorhandener Ressourcen und Geschäftsbeziehungen dar.[994]

Die USA erlebten bereits mehrfach Perioden hoher Aktivität am Markt für Unternehmensübernahmen (Mergers & Acquisitions, M&A).[995] Zu den Ursachen des erneuten Auflebens von M&A-Transaktionen zu Beginn der achtziger Jahre werden in der Literatur hauptsächliche folgende Faktoren gezählt:[996]

(1) verstärkte Liberalisation/Deregulierung

(2) Wachstums- bzw. Diversifikationspolitik großer Konzerne

(3) Unterbewertung potentieller Übernahmekandidaten

(4) geringes Zinsniveau

(5) gelockerte Anti-Trust Politik

Den wohl bedeutendsten Unterschied zu bisherigen Perioden zunehmender Übernahmeaktivität stellten dabei die Entwicklung zu signifikant höheren durchschnittlichen Transaktionsvolumina dar, deren Aufbringung zunehmend durch hohe Fremdfinanzierung am Kapitalmarkt in Form von High-Yield Anleihen erfolgte. Dieser Sachverhalt wird in der folgenden Abbildung ersichtlich:

---

992 Vgl. Davidson (1990), S. 55, US General Accounting Office (1989), S. 9. Taggart (1988), S. 12 weist dagegen darauf hin, daß Drexel Burnham Lambert schon im Jahre 1981 High-Yield Emissionen zur Finanzierung von feindlichen Unternehmensübernahmen initiierte.

993 Vgl. Beneviste/Singh/William (1993), S. 107.

994 Insbesondere wurde DBL eine enge geschäftliche Beziehungen zu einer Gruppe von einflußreichen sogenannten „Corporate Raiders" nachgesagt. Vgl. Taggart (1988), S. 13.

995 In der Literatur wurden bis dahin drei Phasen verstärkter Aktivität am Markt für Unternehmenskontrolle festgestellt. Diese traten in den Jahren 1897-1902, 1926-1930 und 1965-1970 auf. Vgl. Soldofsky/Olive (1974), S. 733-739 und Weston/Chung/Hoag (1990), S. 8-12.

996 Vgl. Altman/Namacher (1987), S. 169-171, Perry/Taggart (1988), S. 40f. und Warshawsky (1987), S. 270f.

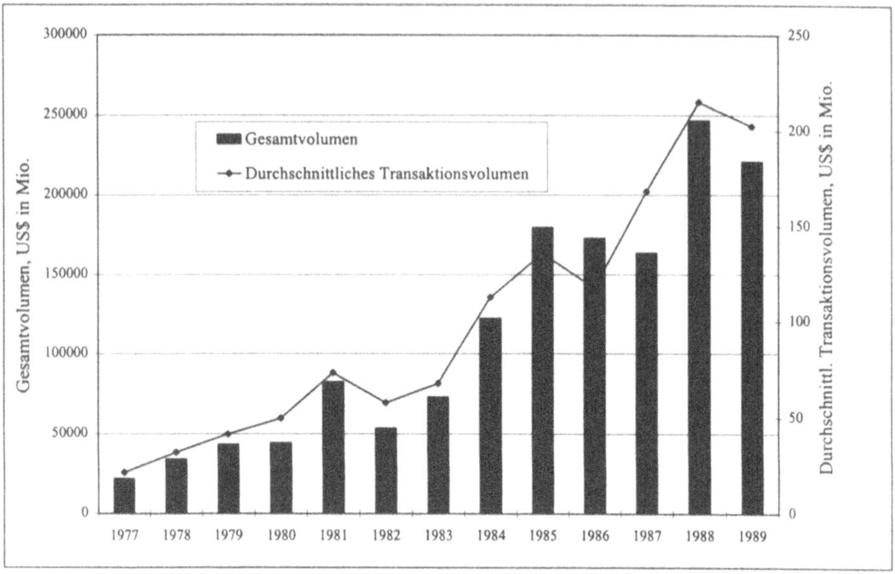

ABBILDUNG 12: ENTWICKLUNG DES US-MARKTES FÜR UNTERNEHMENSÜBERNAHMEN (1977-1989)[997]

Neben einem Anstieg der durchschnittlichen Transaktionsvolumina zeichnete sich eine qualitative Veränderung am US-Markt für Unternehmenskontrolle seit Ende der siebziger Jahre ab: Sogenannten „*Leveraged Buyouts*" (LBOs), d.h. Unternehmensübernahmen mit hohem Fremdfinanzierungsanteil, kam als Instrument zur Restrukturierung unterbewerteter Unternehmen eine gestiegene Bedeutung zu. Die Dynamik des LBO-Marktes wird primär auf den ausgeprägten Anstieg der verfügbaren Liquidität institutioneller Anleger im Verlauf der achtziger Jahre zurückgeführt.[998] Zunehmende Transaktionsvolumina bei primär fremdfinanzierten Unternehmensübernahmen führten zu einer entsprechenden Steigerung des Verschuldungsgrades[999] mit einer damit einhergehenden Zurückhaltung von Seiten der Kreditbanken, die Finanzierung zu sichern. DBL konnte dagegen aufgrund der gegebenen Plazierungskraft

---

997 Quelle: Gaughan (1996), S. 5.

998 Vgl. Caytas/Mahari (1988), S. 201. In der theoretischen Literatur zum Phänomen von LBOs wird insbesondere auf die Freisetzung ungebundener Kapitalreserven (free cash flow) hingewiesen. Vgl. hierzu Jensen (1989), S. 61-74. Zur wachsenden Bedeutung institutioneller Anleger in den USA vgl. Kapitel 7.2.2.1.

999 Vgl. Hildebolt (1996), S. 3.

innerhalb des finanzstarken Netzwerkes von High-Yield Käufern finanzielle Mittel zur Verfügung stellen, die dem Übernehmer die notwendige Flexibilität sicherten.[1000]

Untersuchungen zur relativen Bedeutung von High-Yield Anleihen für den volkswirtschaftlich zunehmend kritisch betrachteten Anstieg der Transaktionsvolumina von Unternehmensübernahmen während der achtziger Jahre[1001] kommen zu divergierenden Ergebnissen.[1002] Es konnte dennoch festgestellt werden, daß High-Yield Emissionen während dieser Phase zunehmend zur Finanzierung von Restrukturierungen US-amerikanischer Unternehmen eingesetzt wurden.[1003] So schätzte das Emissionshaus DBL, daß in den Jahren 1987 bis 1988 ein durchschnittlicher Anteil von 80 Prozent der von ihnen durchgeführten Plazierungen in direkter Verbindung mit Unternehmensübernahmen stand bzw. der Refinanzierung von Bridge Loans diente,[1004] wohingegen dieser Anteil in den Jahren 1984 und 1985 noch lediglich 12 bzw. 38 Prozent ausmachte.[1005] Im Verhältnis zum gesamten Transaktionsvolumen am M&A-Markt stellt der Finanzierungsanteil von High-Yield Anleihen dagegen weniger als 15 Prozent dar. PAULUS/WAITE ermittelten, daß ausgehend von einem Gesamtvolumen neu emittierter High-Yield Anleihen im Zeitraum zwischen 1983 und 1989 in Höhe von US$ 187 Mrd. ein Anteil von US$ 59,7 Mrd. in Verbindung mit Corporate Control-Transaktionen stand, wobei hiervon mit US$ 51 Mrd. ein Großteil auf LBOs entfiel.[1006]

Eine Studie von GILSON/WARNER zur Verwendung der Emissionserlöse von High-Yield Anleihen während der achtziger Jahre zeigt die Verteilung von registrierten Emissionen auf die unterschiedlichen Finanzierungsanlässe auf.[1007]

1000 High-Yield Anleihen eignen sich insbesondere zur Finanzierung von Unternehmensübernahmen aufgrund ihrer im Vergleich zur Kreditfinanzierung weitaus weniger restriktiven vertraglichen Nebenabreden (Covenants). Vgl. Loeys (1986), S. 9. Zur Diskussion der Finanzierungsflexibilität von High-Yield Anleihen vgl. Kapitel 7.2.1.3.

1001 Zur Rhetorik um die gesamtwirtschaftlich kritisch betrachteten Auswirkungen auf die Stabilität des Finanzsystems und die Wettbewerbsstrukturen durch zunehmende High-Yield Finanzierung vgl. Yago (1991), S. 6f.

1002 Vgl. hierzu z.B. Beneviste/Singh/William (1993), S. 107f., Taggart (1990), S. 14, Paulus/Waite (1990), S. 4-6.

1003 Vgl. Taggart (1990), S. 14.

1004 Unter Bridge Loans werden i. d. R. kurzfristige Kreditfazilitäten verstanden, die in syndizierter Form von der involvierten Investmentbank zur Finanzierung einer Übernahmetransaktion zur Verfügung gestellt werden.

1005 Vgl. Loeys (1986), S. 9.

1006 Vgl. Paulus/Waite (1990), S. 6.

1007 Vgl. Wilson/Warner (1997), S. 27 Table 1.

	Verwendungszweck des Emissionserlöses (laut Emissionsprospekt, in Anzahl der Emissionen)				
	Anzahl der Emissionen	Tilgung von Bank-krediten	Tilgung anderer Passiva	Akqusitons-finanzirung	Keine Angaben / Andere
1980	40	23	4	0	13
1981	5	15	0	0	10
1982	2	22	8	1	11
1983	0	39	14	1	26
1984	06	45	14	12	35
1985	47	43	31	27	46
1986	11	55	50	61	45
1987	76	30	55	57	34
1988	55	33	52	51	19
1989	27	19	35	43	30
1990	9	2	5	0	2
1992	44	12	16	2	14
1993	214	72	76	8	58

TABELLE 11: VERWENDUNG DER EMISSIONSERLÖSE VON US-HIGH-YIELD ANLEIHEN (1980-1993)

Dem gestiegenen Interesse der Öffentlichkeit und insbesondere der US-Aufsichtsbehörden am vermeintlichen Zusammenhang zwischen der volkswirtschaftlich unerwünschten Zunahme feindlicher Unternehmensübernahmen und der Emissionsaktivität am US-High-Yield Markt folgte eine von der amerikanischen Wertpapieraufsicht Securities and Exchange Commission (SEC) initiierte Studie Ende der achtziger Jahre. Die Untersuchungen ermittelten für den Zeitraum vor 1984 einen durchschnittlichen Finanzierungsanteil von High-Yield Anleihen an Unternehmenskäufen von 0,3 Prozent.[1008] Schon in der ersten Hälfte der Jahres 1985 kam dieselbe Studie auf einen Anteil von 13,6%. Eine parallel hierzu durchgeführte Befragung des amerikanischen Bundesrechnungshofs (US General Accounting Office), die explizit auf die Finanzierungsstruktur von feindlichen Unternehmensübernahmen (*Hostile Takeovers*) zielte,

---

[1008] Vgl. Altman/Nammacher (1987), S. 182.

kam für die Jahre 1985 und 1986 zu folgender Zusammensetzung der Transaktionsvolumina:[1009]

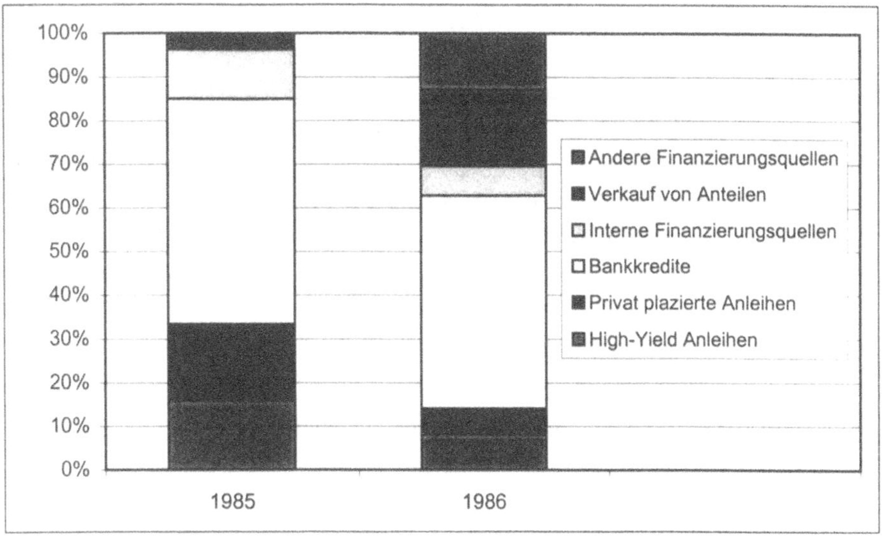

ABBILDUNG 13: FINANZIERUNGSQUELLEN VON ÜBERNAHMEN IN DEN USA 1985/1986

Trotz des in einer Vielzahl wissenschaftlicher Untersuchungen widerlegten direkten Zusammenhangs zwischen der Zunahme des Emissionsvolumens am High-Yield Markt und der parallel hierzu auftretenden Übernahmewelle US-amerikanischer Unternehmen kam es im Jahr 1986 zu ersten regulatorischen Eingriffen, deren Auswirkungen einen nicht unerheblicher Beitrag zum Zusammenbruch des Marktes gegen Ende der achtziger Jahre lieferten. Hierzu gehörte insbesondere eine Verordnung der US-Notenbank vom Dezember 1985 zur Beschränkung der Finanzierung von Unternehmensübernahmen durch High-Yield Anleihen.[1010]

Einen vorläufigen Höhepunkt der Emissionsaktivität erreichte der US-amerikanische Markt für hochverzinsliche Unternehmensanleihen im Jahre 1986. Die darauffolgenden zwei Jahre zeichneten sich durch einen leichten Rückgang der Emissionsaktivität aus, ohne daß hieraus auf wesentliche Strukturprobleme des Marktes geschlossen wurde. Erst zu Beginn des Jahres 1989 wurden die fundamentalen Probleme am High-Yield Markt ersichtlich. In der Literatur werden im wesentlichen drei Ursachen für den temporären Zusammenbruch des Marktes genannt:[1011]

1009 Vgl. US General Accounting Office (1988b), S. 23.

1010 Die Verordnung des Federal Reserve Board führte zur Anwendung sogenannter „margin requirements" auf High-Yield Anleihen, die von einem Finanzierungsvehikel (Shell Company) in Verbindung mit Unternehmensübernahmen ausgegeben wurden. Vgl. Gart (1994), S. 266f.

1011 Vgl. Hildebolt (1996), S. 4.

Eine graduelle Verschlechterung der Schuldnerbonität bei Neuemissionen seit Mitte der achtziger Jahre führte gezwungenermaßen zu einem Anstieg der Ausfallquoten mit entsprechenden Kapitalverlusten der Investoren.[1012] So stieg der Anteil der Neuemissionen mit Ratings von B- oder schlechter von durchschnittlich 30 Prozent in den Jahren 1985 bis 1986 auf über 60 Prozent zwischen 1987 und 1988. Aufgrund eines zeitlichen Verschiebungseffektes blieben die auf Jahresbasis gemessenen Ausfallraten bis 1989 weiterhin relativ moderat: Der starke Anstieg der Neuemissionen erhöhte die zur Kalkulation herangezogene Basis, die Ausfallraten dieser qualitativ minderwertigen jungen Anleihen wirkten sich dagegen erst mit einer zeitlichen Verzögerung auf die publizierten Ausfallraten des Marktsegments aus.[1013] So stieg die auf Jahresbasis ermittelte Ausfallrate im High-Yield Segment im Jahr 1989 von 3 auf 7 Prozent und erreichte im darauffolgenden Jahr einen vorläufigen Höhepunkt mit 11 Prozent. Der Anstieg der erwarteten Ausfallraten führte zu entsprechend höheren geforderten Risikoprämien von Seiten der Investoren,[1014] was zwangsläufig zu einem Einbruch der Sekundärmarktpreise bei gleichzeitg höheren Finanzierungskosten für Neuemissionen führte.

Als zweiter Faktor wird die Zunahme regulatorischer Eingriffe in den High-Yield Markt genannt, die als Folge der vermeintlichen Bedeutung von High-Yield Anleihen für die Finanzierung von Übernahmen gegen Ende der achtziger Jahre einsetzte.[1015] Obwohl der US-amerikanische Rechnungshof in einer Reihe von Untersuchungen eine Gefahr für die Stabilität des Finanzsystems aufgrund zunehmender High-Yield Finanzierungen negativ beurteilte,[1016] erging im Jahr 1989 die gesetzliche Auflage an die Sparbanken, ihre Bestände an Subinvestment-Grade Anleihen bis 1994 zu veräußern.[1017] Hintergrund der Vermutung systemschädigender Auswirkungen des ansteigenden Anlagevolumens US-amerikanischer Sparbanken am High-Yield Markt war dabei die Befürchtung einer Sozialisierung potentieller Ausfallverluste durch den Schutzmechanismus des amerikanischen Einlagenschutzsystems. Schätzungen über den Anteil US-amerikanischer Sparbanken an der Gesamtnachfrage am High-Yield Markt zum Zeitpunkt vor den ersten regulatorischen Eingriffen beliefen sich auf 7

1012 Vgl. Rosengreen (1990), S. 43. Die Trend zu stärkeren Inanspruchnahme von High-Yield Anleihen zur Finanzierung von LBOs wird dabei als ein wesentlicher Grund dieser durchschnittlichen Verschlechterung der Schuldnerbonität angesehen.

1013 Asquith/Mullins/Wolf (1989), S. 932-935 machten erstmalig auf diesen verzerrenden Effekt bei der Ermittlung von Ausfallraten aufmerksam.

1014 Vgl. hierzu die Darstellung der Bewertungsansätze für High-Yield Anleihen in Kapitel 3.3.2 dieser Arbeit.

1015 Einen umfassenden Überblick über die Raktionen staatlicher Regulierungsbehörden auf das Wachstum des US-High-Yield Marktes bietet Yago (1991), S. 179-197.

1016 Die Ergebnisse der Studie des Rechnungshofes finden sich bei US General Accounting Office (1989), S. 3-5.

1017 Vgl. Chu (1990), S. 65. Die Aufsichtsbehörde der Sparbanken (Office of Thrift Supervision) ging dabei noch restriktiver vor, als die Auflagen des Gesetzgebers vorschrieben. So wurden die Institute teilweise dazu gezwungen, ihre High-Yield Bestände zu Marktpreisen zu bewerten, was einen enormen Abschreibungsbedarf verursachte und zu einer Reduktion des gesetzlich vorgeschriebenen Haftungskapitals führte. Hierdurch wurde die Krise des US-amerikanischen Sparbankensystems noch verschärft. Vgl. Hildebolt (1996), S. 4.

bis 10 Prozent.[1018] Ein derartiger Nachfrageausfall bei Neuemissionen verbunden mit einer gleichzeitigen Veräußerung der Bestände hochverzinslicher Unternehmensanleihen durch die Sparbanken am Sekundärmarkt resultierte in signifikanten Kursrückgängen.[1019]

Der Marktaustritt des Emissionshauses DBL gilt als dritter ursächlicher Faktor für das Erliegen des High-Yield Marktes zu Beginn der neunziger Jahre. Trotz des Verlustes von Michael Milken in seiner Rolle als Organisator öffentlichkeitswirksamer Akquisitionsveranstaltungen gelang es DBL 1989 mit einem Anteil von 44 Prozent am Gesamtvolumen der Neuemissionen den Markt für hochverzinsliche Anleihen weiterhin zu dominieren.[1020] Mit dem Rückgang der Emissionstätigkeit des Gesamtmarktes verringerten sich jedoch gleichermaßen das operative Ergebnis aus Provisionsgeschäften. Darüber hinaus erlitt DBL überdurchschnittliche Verluste wegen notwendiger Wertberichtigungen der eigenen Bestände aus eigenen Handelsgeschäften. Aufgrund des immer größeren finanziellen Drucks mußte Anfang 1990 Konkurs angemeldet werden, wodurch eine wichtige Stütze der Sekundärmarktliquidität verloren ging. Über das gesamte Jahr 1990 wurden dementsprechend lediglich Neuemissionen im Gesamtwert von US$ 1,3 Mrd. durchgeführt. Die Marktkapitalisierung am High-Yield Markt schrumpfte in diesem Jahr um 12,7 Prozent.[1021]

Entgegen den Prognosen vieler Marktteilnehmer wurde die Vertrauenskrise des High-Yield Marktes schon nach wenigen Monaten überwunden. Die Preiskorrekturen der Jahre 1989 und 1990 am Sekundärmarkt eröffneten spekulativen Anlegern Aussichten auf signifikante Kursgewinne. So bot dieses Marktsegment im Jahr 1991 eine durchschnittliche Rendite von über 30 Prozent und führte letztlich dazu, daß alleine in diesem Jahr US$ 9 Mrd. aus High-Yield Investment Fonds in den Markt zurückflossen.[1022]

High-Yield Anleihen repräsentieren derzeit in den USA knapp über 20 Prozent des Gesamtmarktes für Unternehmensanleihen; seit 1996 hat sich der Markt gemessen an seiner Marktkapitalisierung mehr als verdoppelt und verzeichnete 1998 ein Neuemissionsvolumen von ca. US$ 200 Mrd.,[1023] wovon alleine 20 Prozent auf Emittenten nicht amerikanischer Herkunft entfielen.[1024] Das überdurchschnittliche Wachstum während der vergangenen Jahre ist insbesondere auf die steigenden Investitionsvolumina der US-amerikanischen Investment-

---

1018 Vgl. US General Accounting Office (1988a), S. 20, Perry/Taggart (1988), S. 39.

1019 Das Emissionshaus DBL war in den Jahren 1978 bis 1985 der bei weitem größte Unterzeichner von High-Yield Anleihen. Datenmaterial über das Volumen des tatsächlichen Bestände liegt nicht vor. Vgl. Altman/Nammacher (1987), S. 46f. Da am OTC Markt die Unterzeichner von Anleihen regelmäßig als Market Maker auftreten ist jedoch eine wesentlicher Eigenbestand zu vermuten. Vgl. Trautwein (1990), S. 178.

1020 Mit 9 Prozent am Gesamtemissionsvolumen folgt Morgan Stanley zum damaligen Zeitpunkt an zweiter Stelle. Vgl. Hildebolt (1996), S. 4.

1021 Vgl. Reicheneder (1992), S. 214.

1022 Vgl. Hildebolt (1996), S. 5.

1023 Vgl. Sacks (1998), S. 69.

1024 Vgl. Rosenberg (1998), S. 28.

fonds zurückzuführen, die während der vergangenen 12 Monate US$ 25,7 Mrd. in das Marktsegment hochverzinslicher Unternehmensanleihen investierten.[1025] Neben den auf das Investment in High-Yield spezialisierten Anlagefonds haben sich seit Mitte der neunziger Jahre zunehmend sogenannte „*Collateralized Bond Obligations*“ als Anlagevehikel etabliert. Hierbei handelt es sich um ausgelagerte Sondervermögen zur Verwaltung eines Anleihe-Pools, die sich am Kapitalmarkt über Ausgabe unterschiedliche Tranchen von Forderungsrechten refinanzieren. Als Sicherheit werden dabei die im Sondervermögen gebündelten Anleihen verwandt, wobei die Strukturierung des spezifischen Rangrechte und der Bedienungsmodalitäten eine Vielzahl von unterschiedlich ausfallrisikobehafteten Tranchen ermöglicht.[1026]

2 Erfolgsbestimmende Umfeldfaktoren

Vor dem Hintergrund der Entwicklung des US-Marktes für High-Yield Anleihen während der letzten 25 Jahre läßt sich eine Anzahl von Umfeldfaktoren identifizieren, welche einen auslösenden Charakter für dessen Entstehung aufweisen. Die nachfolgende Untersuchung der ursächlichen Determinanten dieser Entwicklung erfolgt in Anlehnung an die im ersten Teil der Arbeit dargestellten Erklärungsansätze, wobei ein Schwerpunkt auf das Modell TRAUTWEIN's gelegt wird.[1027] Es werden somit die Entscheidungsschemata der folgenden drei Gruppen von Teilnehmern am US-High-Yield Markt untersucht:

(1) Emittenten am High-Yield Markt (Kapitalnachfrage)

(2) Investoren am High-Yield Markt (Kapitalangebot)

(3) Geschäfts- und Investmentbanken (Intermediäre)

Hierbei gilt es, deren Verhalten vor dem Hintergrund veränderter Umfeldbedingungen zu begründen und das Zusammenwirken der auf einzelwirtschaftlichem Nutzenkalkül basierenden Individualentscheidungen im Hinblick auf die Entstehung des Marktsegments für hochverzinsliche Unternehmensanleihen darzustellen.

2.1 Entscheidungsschema der Kapitalnachfrage

Vor dem Hintergrund der dieser Arbeit zugrunde liegenden Themenstellung werden im folgenden unter der Gruppe der Kapitalnachfrager explizit Wachstumsunternehmen im Sinne der vorgenommenen Abgrenzung im einleitenden Teil untersucht, um deren Finanzierungspräferenzen zu identifizieren und darauf aufbauend Erklärungen für eine verstärkte direkte Inanspruchnahme des Kapitalmarktes zur Fremdfinanzierung abzuleiten.[1028] Dem Aufbau des Er-

---

1025 Vgl. Sacks (1998), S. 69

1026 Zur Funktionsweise und Strukturierung von Collateralized Bond Obligations vgl. Fahrholz (1998), S. 231-234.

1027 Vgl. Kapitel 5.3.3 dieser Arbeit.

1028 Auf eine differenzierte Betrachtung von Unternehmensgruppen unterschiedlicher Gesellschafterstruktur wird an dieser Stelle verzichtet. Es wäre zu erwarten, daß die Nutzenfunktionen dieser Unternehmensklärungsmodells entsprechend ist darzustellen, welche Ursachen dazu geführt haben, daß kapitalsuchende Unternehmen vermehrt dazu übergingen, ihren Bedarf an Finanzierungsmitteln durch Emission von Hochzinsanleihen zu decken. In der Literatur wird eine Vielzahl von Entscheidungsparametern genannt, die für die Wahl einer bestimmten Finanzierungsform ursächlich von Bedeutung sind.[1029] In der folgenden Untersuchung werden diese Einflußgrößen in vier Gruppen zusammengefaßt:

(1) Kosten der Kapitalaufbringung

(2) Zahlungsstruktur

(3) Verhaltensflexibilität

(4) Verfügbarkeit der Finanzierungsmittel

Dem Entscheidungsschema der Unternehmen liegen, gemäß der bereits dargestellten Annahme konkurrierender Finanzierungsformen, grundsätzlich drei alternative Möglichkeiten zur Aufbringung von Fremdfinanzierungsmitteln in Form von Bankkrediten, privat plazierten Anleihen und öffentlichen High-Yield Anleihen zugrunde.[1030]

2.1.1 Kapitalkosten

Die Kosten der Kapitalaufbringung durch die Emission einer High-Yield Anleihe umfassen neben den laufenden Kuponzahlungen an die Anleihebesitzer Gebühren für die Übernahmegarantie der emissionsführenden Bank bzw. Bankengruppe (*underwriting spread*) sowie weitere Aufwendungen für die Registrierung der Anleihe bei der Wertpapieraufsicht und die Publikation des Verkaufsangebots.[1031] Untersuchungen über die Struktur der Underwriting-Gebühren US-amerikanischer Investmentbanken konnten belegen, daß die Gebühren einer Übernahmegarantie für Subinvestment-Grade Anleihen im Vergleich zu Investment-Grade Finanzierungen einen wesentlich größeren Anteil an den gesamten Finanzierungskosten ausmachen. So stellen LIVINGSTON/PRATT/MANN fest, daß die Gebühren von Übernahmegarantien durch die emissionsführenden Investmentbanken während der Jahre 1980 bis 1993 für Subinvestment-Grade Anleihen im Durchschnitt 1 bis 2 Prozent höher waren als für gleichartige

---

gruppen aufgrund der mit den Besitzverhältnissen verbundenen Agency-Problemen voneinander abweichen.

1029 Vgl. hierzu Swoboda (1995), Sp. 691-700 und Schneider (1976), Sp. 1917-1927.

1030 Die hier betrachteten drei alternativen Formen der Aufbringung von Fremdfinanzierungsmitteln entsprechen den Ansätzen in der Literatur im Zusammenhang mit der Darstellung des US-High-Yield Marktes. Vgl. Loeys (1986), S. 7.

1031 Von Aspekten der Finanzierungskosten unter Berücksichtung von Steuern wird hier abgesehen. Da ein Vergleich zu alternativen Formen der Fremdfinanzierung vorgenommen wird, kann davon ausgegangen werden, daß die steuerrechtliche Behandlung nicht von der institutionellen Gestaltung der Kapitalüberlassung abhängig ist. Zu steuerlichen Aspekten der Finanzierungskosten vgl. Siegel (1995), Sp. 660-672.

Anleihen einwandfreier Schuldner, wobei sich die Kostendifferenz mit abnehmendem Rating vergrößerte.[1032]

Für die Erklärung höherer Underwriting Spreads werden zwei konkurrierende Begründungen genannt. So führt BRUCKS die höheren Emissionskosten für High-Yield Anleihen während der achtziger Jahre auf Monopolrenten der emissionsbegleitenden Investmentbanken zurück.[1033] Diese These ist zum einen wissenschaftlich kaum verifizierbar, zum anderen läßt die Tatsache, daß es seit Mitte der achtziger Jahre verstärkt zu Markteintritten weiterer Investmentbanken kam, den Schluß zu, daß das Emissionsgeschäft am US-High-Yield Markt durch oligopolistische Strukturen gekennzeichnet war.

Eine zweite, auf finanztheoretischen Erkenntnissen beruhende Erklärung begründet höhere Underwriting Spreads durch ein aus Sicht der Investmentbank größeres Risiko bei der Übernahme von High-Yield Anleihen.[1034] Im Rahmen dieser Argumentation werden drei wesentliche Risikoarten unterschieden: Zum einen entsteht für die Bank bzw. das Bankenkonsortium aufgrund der geringeren Marktfähigkeit von High-Yield Anleihen ein im Vergleich zu liquiden Investment-Grade Anleihen erhöhtes Marktpreisrisiko sowie überproportionale Marketing-Kosten während des Plazierungsprozesses. Darüber hinaus existiert aus Sicht der emissionsbegleitenden Bank ein hohes Risiko des Reputationsverlustes im Fall eines Zahlungsausfalls des Emittenten.[1035] Schließlich sind höhere Underwriting Spreads für ausfallrisikobehaftete Unternehmensanleihen auch vor dem Hintergrund einer vergleichbar höheren Bewertungskomplexität erklärbar: So wird die emissionsführende Bank regelmäßig höhere Analysekapazitäten für den Preisfindungsprozeß aufbringen müssen als dies für den homogenen und transparenten Investment-Grade Bereich notwendig ist.

Bezüglich der Kapitalkosten einer Privatplazierung kann festgestellt werden, daß die Höhe der laufenden Zinskosten bis 1982 in einer Schwankungsbreite von 5 bis zu 125 Basispunkten über vergleichbaren öffentlich gehandelten High-Yield Anleihen lag. Begründet wird dieses Phänomen durch entsprechende Renditeprämien aufgrund der fehlenden Marktfähigkeit traditioneller Privatplazierungen.[1036] Als weitere Ursache für die Schwankungen der Zinsdifferenz gilt die unterschiedliche Festlegung der Verzinsung: Während bei öffentlich begebenen

---

1032 Vgl. Livingston/Pratt/Mann (1995), S. 58f. Die Autoren untersuchten dabei gezielt die Underwriting Spreads der von DBL plazierten High-Yield Anleihen und stellten fest, daß DBL's Übernahmekosten im Durchschnitt 26 Basispunkte höher waren als die anderer Investmentbanken. Gleichzeitg konnten sie feststellen, daß die Zinskosten der von DBL plazierten Anleihen durchschnittlich 22 Basispunkte geringer ausfielen.

1033 Vgl. Bruck (1988), S. 67.

1034 Vgl. Loeys (1986), S. 8, Livingston/Pratt/Mann (1995), S. 59.

1035 Vgl. hierzu Landy/Michel/Shaked (1992), S. 27-36 sowie Michel/Shaked (1990), S. 41-50. Das Ausfallrisiko des Emittenten wird hingegen nur einen geringen Einfluß auf die Ertragslage der emissionsführenden Bank(en) haben, da die Anleihen regelmäßig nur kurzfristig im eigenen Bestand gehalten werden. Vgl. Livingston/Pratt/Mann (1995), S. 60.

1036 Vgl. Wolf (1967), S. 24, Zwick (1980), S. 23f. sowie die Ausführungen zum Marketability Spread in Kapitel 3.3.2.1.

Anleihen die Emissionsrendite mit Hilfe des Emissionskurses regelmäßig sehr kurzfristig vor der effektiven Plazierung der Anleihe an die aktuellen Marktbedingungen angepaßt wird, findet die Preisfestlegung bei Privatplazierungen bis zu mehrere Wochen im Voraus statt,[1037] was zu einer entsprechenden Prämie für das damit verbundene Marktpreisrisiko führt.[1038]

Während Privatplazierungen in den siebziger Jahren noch durchschnittlich eine um etwa 0,9 Prozent höhere Nominalverzinsung[1039] aufwiesen als vergleichbare High-Yield Anleihen,[1040] verschwand der Kostennachteil privat plazierter Anleihen ab 1982 nahezu vollständig.[1041] Neben den direkten Kapitalkosten in Form der Emissionsrendite unterscheiden sich öffentlich und privat plazierte Anleihen hinsichtlich ihrer Plazierungskosten i.e.S., die sich aus den Aufwendungen für eine Registrierung, Gebühren für die emissionsführende Bank sowie adminstrativen Folgekosten zusammensetzen.

BLACKWELL/KIDWELL untersuchen erstmalig empirisch die Zusammensetzung der Kostendifferenz zwischen privat und öffentlich plazierten Anleihen am US-Markt.[1042] Hierfür stellen sie ein Modell vor, in dem sich die Plazierungskosten aus den drei Bestandteilen Plazierungskosten im engeren Sinne (*flotation costs*), Agencykosten und Suchkosten zusammensetzen.[1043] Unter den Plazierungskosten im engeren Sinne werden die Vermittlungsgebühren der beteiligten Intermediäre, die Aufwendungen für eine Registrierung und ein eventuelles Börsenlisting sowie der eigene Verwaltungsaufwand zusammengefaßt.[1044] Hierfür konnten bereits durch SMITH und BHAGAT/FROST in empirischen Studien weitreichende Degressionseffekte (*economies of scale*) festgestellt werden.[1045] Agencykosten resultieren aus den bereits dargestellten Informationsasymmetrien und opportunistischen Verhaltensanreizen zwischen den involvierten Parteien.[1046] BLACKWELL/SMITH bestätigen die aus der neoinstitutionalistischen Theorie gewonnenen Ergebnisse, daß agencyinduzierte Kosten der Wertpapierplazierung mit der Ausfallwahrscheinlichkeit des Emittenten positiv korrelieren,[1047] wobei davon auszugehen ist, daß diese Kosten im Rahmen einer Privatplazierung aufgrund homogenerer

---

1037 Vgl. Zwick (1980), S. 28.

1038 Darüber hinaus konstatiert Zwick bezüglich der Rigidität der Zinsen, daß Kapitalanbieter am Markt für Privatplazierungen eine gewisse Aversion gegenüber drastischen Zinsanpassungen aufweisen. Diese These konnte in anderen informell organisierten Kreditmärkten bestätigt werden. Vgl. Zwick (1980), S. 29.

1039 Unter Zugrundelegung der damaligen durchschnittlichen Laufzeit von High-Yield Anleihen von 17 Jahren und einem angenommenen Diskontierungsfaktor von 11% ergibt ein nominaler Kostennachteil von 0,9% einen effektiven Zinsnachteil von 6,79% für Privatplazierungen.

1040 Vgl. Shapiro 1977), S. 48.

1041 Vgl. Howard/Kalotay (1987), S. 33. Als Ursache wird in diesem Zusammenhang eine graduelle Nachfrageverschiebung auf Investorenseite genannt, die zu entsprechenden Renditeanpassungen führte.

1042 Vgl. Blackwell/Kidwell (1988), S. 253-258.

1043 Vgl. dieselben, S. 254.

1044 Vgl. Blackwell/Kidwell (1988), S. 255.

1045 Vgl. Smith (1977), S. 273 sowie Bhagat/Frost (1986), S. 233f.

1046 Vgl. Kapitel 4.1.1 und 4.1.2 dieser Arbeit.

1047 Vgl. hierzu die Ausführungen über Agencykosten in Kapitel 4.1.3 dieser Arbeit.

Interessen der regelmäßig geringeren Anlegerzahl und strengeren vertraglichen Auflagen tendenziell geringer ausfallen als dies für öffentliche Plazierungen gilt.[1048] Bezüglich der mit der Emission von Wertpapieren verbundenen Suchkosten, d.h. Aufwendungen zur Indentifikation derjenigen Investoren, die den besten Preis für die Übernahme der Wertpapiere bieten, stellte bereits KESSEL fest, daß diese vom Wettbewerbsgrad unter den emissionsführenden Banken abhängig sind.[1049]

Zusammenfassend kommen BLACKWELL/KIDWELL zu dem Schluß, daß die Wahl zwischen einer Privatplazierung und einem öffentlichen Angebot der Wertpapiere auf Basis der Plazierungskosten vom Emissionsvolumen und dem Grad der Informationsasymmetrien zwischen Anlegern und Emittent bestimmt wird. Die folgende Abbildung zeigt den Zusammenhang zwischen dem Emissionsertrag und diesen beiden kostenverursachenden Faktoren auf:[1050]

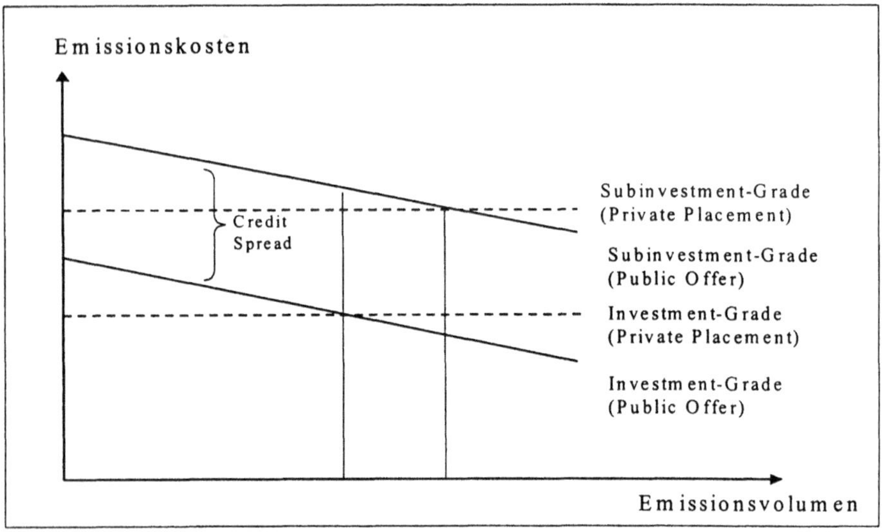

ABBILDUNG 14 : KOSTENVERLAUF UNTERSCHIEDLICHER PLAZIERUNGSVERFAHREN[1051]

Es kann somit festgehalten werden, daß öffentlich plazierte High-Yield Anleihen aufgrund der mit einer geringeren Bonität verbundenen Risikoprämie tendenziell höhere Plazierungskosten aufweisen, wobei die Differenz wesentlich von den aktuellen Kapitalmarktbedingun-

---

1048 Vgl. Blackwell/Kidwell (1988), S. 257.

1049 Vgl. Kessel (1971), S. 706. Der Autor stützt diese Hypothese auf eine Erweiterung des Modells von Stigler (1961) zur Bestimmung von Emissionsrenditen am Markt für Anleihen öffentlicher Schuldner. Bhagat/Frost (1986) erweitern das Modell Stigler's und stellen darüber hinaus einen negativen Zusammenhang zwischen gesamtwirtschaftlicher Aktivität und Höhe der Suchkosten heraus.

1050 Vgl. Blackwell/Kidwell (1988), S. 256. Der Grad der Informationsasymmetrien wird hierbei durch das Anleiherating erfasst.

1051 Quelle: Blackwell/Kidwell (1988), S. 256.

gen und dem Emissionsvolumen abhängig ist.[1052] Der Kostennachteil öffentlicher Plazierungen kann erst durch Erreichen eines kritischen Emissionsvolumens durch Kosteneinsparungen aufgrund der genannten Skaleneffekte neutralisiert werden. Vor dem Hintergrund eines durchschnittlichen Emissionsvolumens von unter US$ 100 Mio. während der frühen Entwicklungsphase des US-High-Yield Marktes[1053] kann davon ausgegangen werden, daß sich Privatplazierungen in Hinblick auf die Emissionskosten aus Unternehmensperspektive als vorteilhafter erwiesen. Ob dieser Kostennachteil der High-Yield Anleihen durch geringere laufende Finanzierungskosten ausgeglichen werden kann, hängt im Wesentlichen von der Höhe der marktüblichen Prämie für die fehlende Marktfähigkeit privat plazierter Anleihen ab.[1054] In Zeiten hoher Volatilität von Zinssätzen und Anleihepreisen ist davon auszugehen, daß fungible Titel auf eine breitere Investorenbasis treffen und der Zinsnachteil von Privatplazierungen entsprechend steigt.[1055] Die während der achtziger Jahre zu beobachtende Entwicklung zunehmender Emissionsvolumina einzelner Begebungen dürfte bei Validität des BLACKWELL/KIDWELL Modells entsprechend zu einer Verringerung des Nachteils von öffentlichen Plazierungen geführt haben.[1056]

Betrachtet man schließlich die Kreditfinanzierung als dritte Alternative zur Aufbringung von Fremdkapital, so läßt sich feststellen, daß sich diese bei isolierter Betrachtung der reinen Finanzierungskosten sowohl gegenüber High-Yield Anleihen als auch privat plaziertem Fremdkapital als vorteilhaft erweist. Der von Banken verlangte Zins auf mehrjährige Kreditlinien betrug 1977 im Durchschnitt 7,69 Prozent zuzüglich Bereitstellungshonoraren von 0,5 Prozent des ungenutzten Kreditvolumens und der Verpflichtung des Schuldners, Einlagen in Abhängigkeit der genutzen Kreditlinie zu halten.[1057] Gegenüber einer durchschnittlichen Rendite öffentlich gehandelter High-Yield Anleihen von 10,50 Prozent stellt die traditionelle Bankfinanzierung im Hinblick auf die Kosten der Kapitalaufbringung somit eine dominante Alternative dar.

Gegen Ende der siebziger Jahre kam es zu einer graduellen Verschiebung der Kostenverhältnisse der untersuchten Finanzierungsalternativen. Bedingt war diese Entwicklung durch zwei wesentlichen Umfeldfaktoren am US-amerikanischen Kapitalmarkt. Zum einen führte die auf die zweite Ölkrise im Jahre 1979 zurückgehende höhere Inflationserwartung zu steigenden Kapitalmarktzinsen. Infolge entspechender Volatilitätssteigerungen am US-Rentenmarkt wa-

---

1052 Vgl. Arak/Corcoran (1996), S. 88f.

1053 Vgl. hierzu Kapitel 6.1.3.

1054 Vgl. hierzu die Ausführungen in Kapitel 3.3.2.1.

1055 In einer empirischen Untersuchung über die Zusammensetzung des Spreads zwischen öffentlichen und privat plazierten Anleihen stellt Zwick heraus, daß dieser im wesentlichen durch drei Variablen bestimmt wird: (1) das allgemeine Zinsnieveau für eine bestimmte Risikoklasse öffentlich gehandelter Anleihen, (2) die Volatilität dieses Zinsniveaus und (3) das derzeitige Verhältnis zwischen Angebot und Nachfrage nach privat plazierten Forderungstiteln. Vgl. Zwick (1980), S. 29.

1056 Zur Entwicklung der durchschnittlichen Emissionsvolumina am US-High-Yield Markt vgl. Kapitel 6.1.3.

1057 Vgl. Trautwein (1990), S. 206.

ren insbesondere institutionelle Anleger bemüht, das Zinsänderungsrisiko ihrer Portefeuilles durch Wertpapiere geringerer Duration und ausreichender Sekundärmarktliquidität zu verringern. Dies führte zu einer verstärkten Nachfrage nach öffentlich gehandelten High-Yield Anleihen auf Kosten des Volumens privat plazierter Unternehmensanleihen.[1058]

Parallel zu dieser Entwicklung gewann die Abkehr der US-Notenbank von ihrer auf die Begrenzung von Zinsschwankungen ausgerichteten Politik an Bedeutung.[1059] Im Rahmen der Bekämpfung inflationärer Tendenzen erhöhte die Zentralbank die Refinanzierungskosten der Geschäftsbanken, was zu einer überdurchschnittlichen Verteuerung von Kreditmitteln führte. Es folgte eine entsprechende Verlagerung der Finanzierungsquellen bonitätsschwacher Unternehmen zugungsten marktlicher Formen der Kapitalaufbringung. Die relative Verteuerung intermediärer Fremdfinanzierung wird in der folgenden Abbildung dargestellt:

	Bankkredite	High-Yield Anleihen	Finanzierungsvorteil
1977	7,69 %	10,50 %	2,81 %
1978	9,75 %	11,37 %	1,62 %
1979	13,08 %	12,19 %	-0,89 %
1980	14,95 %	14,49 %	-0,46 %
1981	19,14 %	17,44 %	-1,70 %
1982	14,77 %	16,36 %	1,59 %
1983	11,08 %	13,99 %	2,91 %

TABELLE 12: VERGLEICH VON KREDITZINSEN UND HIGH-YIELD RENDITEN IN DEN USA (1977-1983)[1060]

Mit Beginn rezessionärer Entwicklungen der US-amerikanischen Wirtschaft Anfang der achtziger Jahre ging erneut eine Lockerung der Geldpolitik einher, die eine Umkehr der relativen Vorteilhaftigkeit beider Formen der Aufbringung von Fremdmitteln bewirkte. Entsprechend sank der Finanzierungsvorteil von High-Yield Anleihen. Gleichfalls führte die Einführung von Rule 144a durch die US-amerikanische Wertpapieraufsicht SEC dazu, daß sich der Unterschied zwischen Privatplazierungen und öffentlich angebotenen Wertpapieren hinsichtlich ihrer Sekundärmarktliquidität zunehmend verringerte.[1061] Die hierdurch geschaffene Mög-

[1058] Die geringere Zinssensitivität ausfallrisikobehafteter Anleihen wurde in Kapitel 3.3.2.3 im Rahmen des CAPM dargestellt. An dieser Stelle sei gleichfalls auf die wesentliche Bedeutung einer durchschnittlich geringeren Duration von High-Yield Anleihen aufgrund hoher laufender Kuponzahlungen hingewiesen. Vgl. Weinstein (1985), S. 39. Zur Diskussion der tendenziell geringeren Duration ausfallrisikobehafteter Anleihen vgl. Kapital 3.3.2.2.

[1059] Vgl. Taggart (1988), S. 6.

[1060] Quelle: Trautwein (1990), S. 210.

[1061] Dies ging primär auf das erhöhte Emissionsvolumen von 144a-Wertpapieren zurück, da Registrierungskosten bei der SEC vermieden werden konnten.

lichkeit eines liquiden Sekundärmarkthandels für Wertpapiere nach Rule 144a unter institutionellen Anlegern resultierte in einer signifikanten Reduktion der geforderten Prämien vormals hochgradig illiquider privat plazierter Finanzierungstitel.[1062] Das Emissionsvolumen hochverzinslicher Unternehmensanleihen verzeichnete trotz verbesserter Konditionen am Kreditmarkt hingegen keinen Rückgang, was darauf schließen läßt, daß die Höhe der Kapitalkosten keine hinreichende Begründung zur Erklärung des Marktwachstums darstellt. Vielmehr ist davon auszugehen, daß zusätzlich weitere Faktoren das Wachstum dieses Marktsegments beeinflußt haben.

2.1.2 Zahlungsstruktur

Unter dem Kriterium der Zahlungsstruktur werden neben der Dauer der Mittelbereitstellung sowohl die Art der Zahlungsfeststellung als auch die Möglichkeit der Anpassung an Veränderungen des Finanzierungsmittelsbedarfs des Emittenten untersucht. Vor dem Hintergrund der spezifischen Finanzierungsbedürfnisse von Wachstumsunternehmen gilt es, solche Finanzierungsformen zu identifizieren, die diesen Anforderungen bestmöglich gerecht werden.

Bezüglich des Zeithorizonts der zur Verfügung gestellten Finanzierungsmittel lassen sich traditionelle Bankkredite im langfristigen Bereich in langfristige Festkredite oder Kreditlinien (*term loan*) und revolvierende Kreditlinien mit kürzeren Laufzeiten (*revolving facilities*) unterscheiden. Vor dem Hintergrund der für Wachstumsunternehmen im besonderen Aumaß wichtigen Finanzierung langfristiger Investitionsprojekte werden im folgenden ausschließlich langfristige Festkredite untersucht, um deren Eignung zur Befriedigung der spezifischen Anforderungen an eine adäquate Wachstumsfinanzierung im Vergleich zu alternativen Finanzierungsformen darzustellen. Insbesondere kann davon ausgegangen werden, daß eine revolvierende Bankfinanzierung bestenfalls zur Deckung des kurzfristigen Finanzmittelbedarfs (*working capital*) geeignet ist. Die Notwendigkeit einer fristenkongruenten Finanzierung wurde bereits in der klassischen Finanzierungslehre in den Mittelpunkt der betrieblichen Finanzierungspolitik gestellt.[1063] Dieses Argument gewinnt vor dem Hintergrund der dieser Arbeit zugrunde liegenden Fragestellung insbesondere wegen der Feststellung einer relativ langfristigen Kapitalbindung von Wachstumsinvestitionen an Gewicht.[1064]

Langfristige Festkredite weisen regelmäßig maximale Laufzeiten von 3-5 Jahren auf und bedeuten für eine Finanzierung von Investitionsprojekten mit längerer Armotisationsdauer ein wesentliches Refinanzierungsrisiko.[1065] Öffentlich plazierte High-Yield Anleihen bieten dagegen insbesondere solchen Unternehmen, die in frühen Entwicklungsphasen einen negativen

---

1062 Vgl. Arak/Corcoran (1996), S. 88.

1063 Vgl. hierzu Kapitel 3.2.1 dieser Arbeit.

1064 Albach stellt fest, daß gerade junge Unternehmen einen höheren Anteil des Anlagevermögens am Gesamtvermögen aufweisen. Aus diesem Grund ist das Vermögen der Unternehmensgruppe regelmäßig langfristiger gebunden. Vgl. Albach (1995), Sp. 673.

1065 Vgl. Fabozzi/Modigliani (1996), S. 493.

Cash Flow aufweisen, aufgrund von Laufzeiten zwischen gewöhnlich 7 und 10 Jahren eine solidere Planungsgrundlage. Hinzu kommt die Möglichkeit zeitlich verzögerter Zinszahlungen durch Strukturierung als „*Deferred Interest Bonds*" oder Nullkuponanleihen (*Zero Coupon Bonds*), während eine Kreditfinanzierung regelmäßig auf vereinbarten Tilgungsplänen (*amortizing loans*) beruht, welche die Liquidität des Schuldners zusätzlich zu den laufenden Zinszahlungen belasten.

High-Yield Anleihen werden in den USA überwiegend mit festen Zinskupons emittiert (*straight bonds*). Hierdurch erhält der Emittent zusätzliche Planungssicherheit über zukünftige Liquiditätsabflüsse, während eine laufende Anpassung der Verzinsung von Bankkrediten und Privatplazierungen die Kalkulation der zukünftigen Zinsbelastung des Schuldners erschwert. Variable Zinsvereinbarungen eröffnen dem Emittenten zwar die Chance zukünftig sinkender Finanzierungskosten, stellen jedoch gleichzeitig ein Liquiditätsrisiko im Fall einer unvorteilhaften Zinsentwicklung dar. Da davon auszugehen ist, daß Wachstumsunternehmen zum überwiegenden Teil nur über geringe Liquiditätspuffer verfügen, überwiegt das Risiko kurzfristiger Zahlungsunfähigkeit die Chance sinkender Kapitalkosten. Zusätzlich bieten High-Yield Anleihen dem Emittenten in Form eines Rückkaufrechts (*Call Option*) regelmäßig die Möglichkeit, durch Refinanzierung eine Anpassung an veränderte Kapitalmarktbedingungen zu erreichen.[1066] Derartige Anpassungsmöglichkeiten werden im folgenden unter dem Kriterium der Handlungsflexibilität untersucht.

2.1.3 Handlungsflexibilität

Die Bedeutung der Finanzierungsflexibilität eines Unternehmens wird in der Literatur vielfach hervorgehoben.[1067] JUNG/KIM/STULZ stellen diesen Sachverhalt insbesondere vor dem Hintergrund der Finanzierungsanforderungen junger Wachstumsunternehmen heraus, wobei die Notwendigkeit einer flexiblen Finanzierungstruktur vor allem vom Verschuldungsgrad und der Schuldenstruktur der Unternehmen bestimmt wird.[1068] Die Diskussion um einen optimalen Grad der Finanzierungsflexibilität wird dabei hauptsächlich vor dem Hintergrund der Wahl der institutionellen Form der Kapitalbereitstellung geführt.[1069]

Unter dem Kriterium der Handlungsflexibilität zur Untersuchung der Finanzierungsalternativen aus Unternehmenssicht wird im folgenden die Möglichkeit der individuellen Gestaltbar-

---

1066 Im Gegensatz hierzu zeichnen sich Privatplazierungen i.d.R. durch ein Fehlen derartiger Kündigungsrechte seitens der Schuldner aus. Vgl. Arac/Corcoran (1996), S. 89.

1067 Vgl. Donaldson (1969), S. 67-79, Brealey Myers (1996), S. 448, Higgins (1992), S. 197 sowie Breuer (1986), S. 49. Gleichfalls kommt der Finanzierungsflexibilität eines Schuldners aus der Perspektive der Anlegerbewertung eine entscheidende Rolle zu. Vgl. Howe (1990a), S. 123.

1068 Vgl. Jung/Kim/Stulz (1996), S. 159f.

1069 Mit der Analyse der relativen Vorteilhaftigkeit direkter gegenüber indirekter Finanzierung vor dem Hintergrund agencytheoretischer Betrachtungen befassen sich die Arbeiten von Sharpe (1990), Diamond (1991), Rajan (1992), Hoshi/Kashyap/Scharfstein (1993) sowie Chemmanur/Fulghieri (1994b). Einen guten Literaturüberblick bieten Anderson/Makhija (1999), S. 310-312.

keit von Finanzierungsverträgen sowie die Anpassung der mit einer Kapitalaufnahme verbundenen Zahlungsströme an veränderte Umweltbedingungen verstanden.

In diesem Zusammenhang kann konstatiert werden, daß High-Yield Anleihen aufgrund der zur Handelbarkeit notwendigen Standardisierung regelmäßig geringere Möglichkeiten der individuellen Anpassung in Hinblick auf die Finanzierungsanforderungen des Schuldners bieten. Die Abstimmung der spezifischen Präferenzen von Kapitalanbietern und –nachfragern ist bei Privatplazierungén und Bankkrediten vor dem Hintergrund einer reduzierten Anzahl von Transaktionspartnern dagegen tendenziell leichter möglich.[1070]

Der Nachteil sogenannter „straight bonds" in Hinblick auf die spezifischen Finanzierungsbedürfnisse der typischen High-Yield Emittenten wurde durch innovative Anleihestrukturierungen seit Beginn der achtziger Jahre weitestgehend neutralisiert. Die im Gegensatz zu Bankkrediten fehlende Option einer vorzeitigen Kündigung der Finanzierungsbeziehung war aus Schuldnerperspektive regelmäßig mit erheblichen Opportunitätskosten verbunden. Durch Integration von Kündigungsrechten seitens des Emittenten (*call options*) im Anleihevertrag, die dem Schuldner nach einer gewissen Mindstlaufzeit (*non-call period*) die Möglichkeit zur Anpassung seiner Finanzierungsstruktur bieten, konnte den besonderen Bedürfnissen der Emittenen Rechnung getragen werden. Eine zunehmende Akzeptanz derartiger Strukturkomponenten unter den Markttteilnehmern ist zu einem wesentlichen Anteil auf ein verbessertes Bewertungsverständnis der Anleger zurückzuführen, welches durch die parallele Herausbildung liquider Derivatemärkte gefördert wurde. Zeitgleich setzten sich verstärkt die bereits angesprochenen „*Deferred Interest Securities*" am High-Yield Markt durch, die erstmalig zu Beginn der achtziger Jahre in Verbindung mit dem zunehmenden Auftreten fremdfinanzierter Unternehmensübernahmen begeben wurden.[1071]

Neben diesen auf die Möglichkeit einer vorvertraglichen Anpassung der Finanzierungsbeziehung bezogene Entwicklung, lassen sich für High-Yield Anleihen vielschichtige Vorteile hinsichtlich der Handlungsflexibilität vor dem Hintergund verhaltensbestimmender Wirkungen der Finanzierungsbeziehung während der Dauer der Kapitalüberlassung identifizieren. Zum einen beinhalten Anleiheverträge im Vergleich zu Bankkrediten und Privatplazierungen regelmäßig weniger und schwächere nebenvertragliche Abreden (*Covenants*),[1072] welche die Möglichkeit einer vorzeitigen Kündigung der Kapitalüberlassung an die Einhaltung be-

---

1070 Durch Einführung der Regulation D durch die US-amerikanische Wertpapieraufsicht im Jahre 1982 wurde eine Beschränkung der Investorenanzahl bei Privatplazierungen aufgehoben. Hiermit ging eine Erweiterung des Investorenkreises einher, welche die Abstimmung von Investoreninteressen tendenziell erschwerte. Vgl. Wolf (1988), S. 117.

1071 Vgl. DeRosa-Farag (1990), S. 87. Zu der Klasse von Deferred Interest Securities werden hauptsächlich Zero-Coupon Bonds, Step-Coupon Bonds, Zero-Fixed-Coupon Bonds und Payment-in-Kind Bonds gerechnet. Eine Analyse dieser Finanzierungsinstrumente findet sich bei DeRosa-Farag (1990), S. 87-102.

1072 Eine Studie von Gilson/Warner weist auf eine signifikant höhere Anzahl nebenvertraglicher Abreden von Kreditverträgen im Vergleich zu High-Yield Anleihen hin. Im Durchschnitt wurden für Kreditverträge 24

stimmter Auflagen bezüglich Kapitalstruktur und Geschäftstätigkeit binden.[1073] Derartige Einschränkungen des Entscheidungsraums können, wie SMITH/WARNER darstellen, dazu führen, daß Investitionsprojekte mit positiven Nettobarwerten nicht realisiert werden.[1074] Darüber hinaus erhöhen sie die Wahrscheinlichkeit eines Schuldnerkonkurses, was bei positiven Konkurskosten neben einzelwirtschaftlichen Kapitalverlusten gesamtwirtschaftliche Wohlfahrtsverluste impliziert.[1075] Ebenso bedeutet der Verzicht auf Sicherheiten im Gegensatz zur Bankfinanzierung, daß Opportunitätsverluste vermieden werden können.[1076]

Aus Sicht des Kapitalsuchenden Unternehmens stellen nebenvertragliche Auflagen einer Finanzierungsbeziehung insbesondere bei geringer Prognosegenauigkeit zukünftiger Geschäftsbedingungen einen wesentlichen Nachteil dar. Die gilt für Wachstumsunternehmen, wie bereits dargestellt, um so mehr, da diese regelmäßig einer hohen Umfelddynamik ausgesetzt sind.

Die relative Flexibilität von High-Yield Anleihen und Bankkrediten wird weiterhin von der Möglichkeit und den Kosten einer Restrukturierung der Finanzierungsbeziehung in Folge unvorhergesehener Zahlungsunfähigkeit des Schuldners bestimmt.[1077] In diesem Zusammenhang wird in der Literatur vorwiegend auf die Vorteile der Bankfinanzierung hingewiesen, die aus der leichteren Erreichbarkeit der Gläubiger sowie einer tendenziell einfacheren Konsensbildung unter denselben resultieren.[1078] Dieses Argument ist jedoch insofern zu relativieren, als daß große Kreditvolumina regelmäßig durch Syndizierung auf mehr als einen Gläubiger verteilt werden und dem Vorteil einer Verringerung der Free-Rider-Problematik im Rahmen von vertraglichen Nachverhandlungen die Nachteile opportunistischen Verhaltens seitens der kreditgebenden Banken gegenüberstehen.[1079]

Somit kann eine eindeutige Aussage bezüglich der Dominanz einer der drei untersuchten Finanzierungsformen vor dem Hintergrund der Handlungsflexibilität des Schuldners nicht getroffen werden. Dennoch ist festzustellen, daß die Literatur zur Erklärung der Vorteilhaftigkeit der Finanzierung über High-Yield Anleihen überwiegend das Argument weniger restrik-

---

restriktive Negativklauseln festgestellt, wohingegen bei High-Yield Anleihen lediglich 6 ermittelt wurden. Vgl. Gilson/Warner (1998), o.S. (Annex Table 4).

1073 Einen Überblick über nebenvertragliche Abreden der Finanzierungsalternativen bieten Smith/Warner (1989), S. 111-161.

1074 Vgl. Smith/Warner (1979), S. 117. „Proponents of junk bond argue that bank debt can inhibit growth [...]“, ebenda, S. 4.

1075 Vgl. hierzu Beneish/Press (1993), S. 233-257, Smith (1993), S. 289f. sowie die Ausführungen in Kapitel 4.2.1.4 dieser Arbeit.

1076 Vgl. Gilson/Warner (1997), S. 4. Die Besicherung von Vermögensgegenständen schränkt die Verfügungsrechte derselben durch das Unternehmen ein und erzeugt Opportunitätsverluste, wenn dadurch bestehende Ressourcen nicht die optimale Verwendung finden.

1077 Vgl. Gilson/Warner (1997), S. 5.

1078 Vgl. hierzu Smith/Warner (1979) sowie Gilson/John/Lang (1990).

1079 Vgl. Sharpe (1990), Diamond (1991) sowie Rajan (1992). In diesem Zusammenhang sei auf die Möglichkeit der opportunistischen Ausnutzung der Monopolstellung von kreditgebenden Banken verwiesen, die in Kapitel 4.2.14 dargestellt wurde.

tiver nebenvertraglicher Auflagen herausstellt. Eine empirische Untersuchung von GILSON/WARNER widmet sich explizit der Frage, ob die Emission von High-Yield Anleihen von Wachstumsunternehmen zu einer Verdrängung traditioneller Bankkredite geführt hat.[1080] Hierzu analysieren die Autoren aus einer Stichprobe von Unternehmen, die hohe Wachstumsraten aufweisen und vorwiegend durch Bankkredite finanziert sind, Ertrags- und Finanzkennziffern vor und nach der Emission von High-Yield Anleihen.[1081] Die Ergebnisse zeigen, daß ein überwiegender Anteil der untersuchten Unternehmen vor der Emission erkennbare Ertragsschwächen aufwies.[1082] Die Autoren schließen hieraus, daß diese Entwicklung zu steigenden Opportunitätskosten aufgrund strenger Auflagen der Kreditfinanzierung geführt hat und somit die größere Handlungsflexibilität als ursächlicher Motivator zur Entscheidung der Substitution von Bankkrediten durch High-Yield Anleihen gewertet werden kann.[1083]

2.1.4 Verfügbarkeit

Das Kriterium der Verfügbarkeit wurde bereits im Zusammenhang mit dem Phänomen der Kreditrationierung an Kapitalmärkten dargestellt.[1084] Hierbei ist vor dem Hintergrund stark ausgeprägter informationeller Asymmetrien bei der Finanzierung von Wachstumsunternehmen davon auszugehen, daß diese Gruppe von Kapitalnachfragern in besonderem Ausmaß rationierendem Verhalten von Kapitalanbietern ausgesetzt ist. TAGGART führt die Entwicklung des US-High-Yield Marktes zu einem wesentlichen Anteil auf die stark schwankende Verfügbarkeit von Finanzierungsmitteln wahrend der achtziger Jahre zurück.[1085] Seiner Argumentation folgend führte die hohe Volatilität von Inflationsraten und Renditen festverzinslicher Wertpapiere am Kapitalmarkt[1086] zu einer erhöhten Unsicherheit der Unternehmen bezüglich des Zugangs und den Kosten neuer Finanzierungsmittel. So konnte insbesondere in gesamtwirtschaftlich rezessiven Phasen festgestellt werden, daß der Zugang zu Fremdmitteln über den Kapitalmarkt für Schuldner geringer Kreditqualität unmöglich wird. Dies galt beispielsweise im Anschluß an die erste Ölkrise zu Beginn des Jahres 1974, als sich das Phänomen des „Credit Crunsh" gesamtwirtschaftlich in besonderem Maße kontraktiv auswirkte und zu einer wesentlichen Ursache der darauffolgenen Rezession stilisiert wurde.[1087] Vor diesem Hintergrund gewinnt eine langfristige Kapitalbeschaffung gegenüber kurz- bis mittelfristiger Bankfinanzierung an Bedeutung.

1080 Vgl. Gilson/Warner (1997), S. 1f.

1081 Hierbei stützen sich die Autoren auf jährliche Wachstumsraten der Umsatzerlöse. Die Stichprobe wies dabei eine durchschnittliche jährliche Wachstumsrate von 301,5% auf. Vgl. Gilson/Warner (1997), S. 1.

1082 Die Autoren heben an dieser Stelle ausdrücklich hervor, daß die beobachtbaren Ertragsverschlechterungen nicht auf die High-Yield Emission selbst zurückzuführen sind. Vgl. Gilson/Warner (1997), S. 16.

1083 Vgl. Gilson/Warner (1997), S. 16.

1084 Vgl. Kapitel 4.2.2 dieser Arbeit.

1085 Vgl. Taggart (1988), S. 6.

1086 Seit der Umstellung der Geldpolitik der US-Notenbank im Jahre 1979 verdoppelte sich die Standardabweichung der Renditen am Rentenmark. Vgl. ebenda, S. 6.

1087 Vgl. Conelly (1976), S. 32.

Die in der Literatur zum Thema des Relationship Banking diskutierte These, daß intermediäre Finanzierungsformen das Problem der Kreditrationierung durch Reputationsaufbau und intertemporäre Risikoallokation über anreizkompatible Finanzierungsverträge tendenziell verringern,[1088] kann insbesondere im Fall junger Wachstumsunternehmen angezweifelt werden. Grundsätzlich konnten empirische Studien an unterschiedlichen nationalen Finanzmärkten einen positiven Zusammenhang zwischen der Intensität der Bank-Schuldner-Beziehung und dem Zugang zu Finanzierungsmitteln feststellen, jedoch zeigten Untersuchungen des US-Kreditmarktes gleichfalls, daß auch Banken in Zeiten allgemeiner Ertragsschwächen nur eingeschränkt zur Kreditvergabe bereit sind.[1089] Darüber hinaus verfügen insbesondere Wachstumsunternehmen aufgrund ihrer kurzen Kredithistorie i.d.R. über kein ausreichendes Reputationskapital, das zur Milderung des Rationierungsverhaltens der Banken beitragen könnte. Es ist vielmehr davon auszugehen, daß gerade diese Gruppe von Kapitalnachfragern in Zeiten geringer Bankenliquidität verstärkt vom Zugang zum Kreditmarkt ausgeschlossen wird.

Neben dem Zugang zu Finanzierungsmitteln umfaßt das Kriterium der Verfügbarkeit ebenfalls eine zeitliche Komponente im Sinne der Geschwindigkeit der Abwicklung einer Finanzierungstransaktion. Hier zeigt sich die Vorteilhaftigkeit von Bankkrediten und Privatplazierungen gegenüber der Plazierung von High-Yield Anleihen, da der Prozeß der Syndikatsbildung, Übernahme und Registrierung verkürzt wird bzw. gänzlich entfällt.[1090] Dieser Nachteil öffentlich plazierter High-Yield Anleihen wurde jedoch durch die Möglichkeit einer nachträglichen Registrierung sowie der Einführung der sogenannten „*Shelf Registration*" durch Rule 415 relativiert.[1091]

Eine theoretisch oder empirisch fundierte Aussage bezüglich der Dominanz einer der drei untersuchten Finanzierungsalternativen in Bezug auf die Verfügbarkeit von Finanzierungsmitteln ist somit nicht möglich. Dennoch wird in der Literatur durchgängig darauf hingewiesen, daß die Entwicklung eines funktionsfähigen High-Yield Marktes es gerade solchen Unternehmen, die in der Vergangenheit auf restriktiv wirkende Kreditfinanzierung angewiesen waren, ermöglichte, Wachstumskapital über den organisierten Kapitalmarkt zu beschaffen und somit volkswirtschaftlich notwendige Investitionen durchzuführen.[1092]

1088 Vgl. Allen/Douglas (1995b), S. 2f.

1089 Vgl. US General Accounting Office (1988a), S. 48 und 57.

1090 Im Zusammenhang mit Übernahmetransaktionen, bei denen die Geschwindigkeit der Kapitalmobilisierung eine entscheidendes Erfolgsdeterminante darstellt, wurde die relative Inflexibilität der Inanspruchnahme des Kapitalmarktes durch kurzfristige Syndikatskredite (bridge loans) umgangen. Vgl. hierzu die Ausführungen in Kapitel 6.1.3 dieser Arbeit.

1091 Vgl. Gart (1994), S. 83f. Zur Auswirkung der Einführung von Rule 415 auf die Underwriting Gebühren und die Schuldnerqualität bei Anleiheemissionen vgl. Allen/Lamy/Thompson (1990), S. 275-286. Zu den Auswirkungen auf die Wettbewerbsintensität unter emissionsführenden Investmentbanken vgl. Cornett/ Davidson (1996), S. 109f.

1092 Vgl. Yago (1991), S. 10, Fabozzi/Modigliani (1996), S. 493, Gilson/Warner (1997), S. 1.

2.2 Entscheidungsschema des Kapitalangebots

Eine Untersuchung der ursächlichen Faktoren für die Entwicklung des US-High-Yield Marktes vor dem Hintergrund des Verhaltens von Kapitalanbietern umfaßt zwei Analyseschwerpunkte. Zum einen ist zu hinterfragen, welche Charakteristika öffentlich gehandelter Hochzinsanleihen dazu geführt haben, daß Investoren am US-amerikanischen Kapitalmarkt verstärkt in diesem Marktsegment aktiv wurden, zum anderen stellt sich die Frage, weshalb die traditionelle Bankenfinanzierung nur in geringerem Umfang bzw. zu höheren Kosten verfügbar wurde.

Die Beurteilung von High-Yield Anleihen als Investitionsobjekt aus der Perspektive des Kapitalangebots soll im folgenden auf Basis eines Entscheidungsmodells erfolgen, dessen Grundidee der „Theorie der Nachfrage nach Gütereigenschaften" von LANCASTER entnommen wurde.[1093] Diese aus dem Bereich des Finanzmarketing abgeleitete Vorgehensweise interpretiert einen Fremdkapitaltitel bzw. Finanzierungsvertrag als eine spezifische Kombination einzelner nutzenstiftender Eigenschaften und deren Ausprägungen.[1094] Somit sind in einem ersten Schritt die aus Investorensicht relevanten nutzenstiftenden Eigenschaften eines Investitionsobjektes zu identifizieren und zu hierarchisieren, um in einem zweiten Schritt zu untersuchen, ob High-Yield Anleihen den Anlegerpräferenzen genügen.

Vor diesem Hintergrund wird in den folgenden Kapiteln zunächst ein Überblick über die Zusammensetzung der Gruppe der Kapitalanbieter gegeben, um im Anschluß daran die wesentlichen nutzenstiftenden Eigenschaften von High-Yield Anleihen zu untersuchen.

2.2.1 Zusammensetzung des Kapitalangebots

Die Anwendung des folgenden Entscheidungsmodells bedarf einer Differenzierung verschiedener Anlegertypen, da davon auszugehen ist, daß deren Nutzenfunktionen aufgrund unterschiedlicher Entnahmepräferenzen und Anlagerestriktionen voneinander abweichen. Unter dem Begriff des Kapitalanbieters sollen im folgenden neben den Geschäftsbanken alle Marktteilnehmer verstanden werden, welche über die Möglichkeit zum Erwerb von privat plazierten oder öffentlich gehandelten High-Yield Anleihen verfügen.

Die in den nachfolgenden beiden Teilkapiteln angestellte Untersuchung von Ursachenfaktoren für das Anlageverhalten unterschiedlicher Investorentypen basiert auf der Hypothese, daß sich Kapitalanbieter anhand bestimmter Segmentierungskriterien hinsichtlich ihres Anlageverhaltens in möglichst homogene, aber untereinander heterogene Teilgruppen aufspalten lassen, wodurch sich letzlich Informationen über Strukturen und Gesetzmäßigkeiten des Marktes

---

[1093] Die Grundidee der Theorie Lancaster's besteht darin, daß der Nutzen von Nachfragern nach einem Gut nicht vom Gut selbst gestiftet wird, sondern den diesem Gut innewohnenden Eigenschaften zuzuschreiben ist. Vgl. Lancaster (1966), S. 14-23.

[1094] Vgl. Klein (1996), S. 333. Glaum untersucht die Übertragbarkeit dieser Theorie auf Finanzierungsinstrumente und kommt dabei zu dem Ergebnis, daß sich Lancaster's Gedanken auf die Nachfrage von Finanztiteln übertragen läßt. Vgl. Glaum (1991). S. 110.

ableiten lassen. In Bezug auf die Kriterien des Anlagepotentials und der Art des Entscheidungsprozesses lassen sich diese anlehnend an KLEIN in individuelle und institutionelle Investoren untergliedern.[1095] Unter individuellen Investoren werden dabei private Haushalte und nicht finanzwirtschaftliche Unternehmen verstanden, während die Gruppe der institutionellen Investoren Organisationen wie Banken, Versicherungen, Kapitalanlagegesellschaften sowie Pensionskassen umfaßt.[1096] Individuelle Investoren zeichnen sich regelmäßig durch ein geringeres Anlagepotential sowie weniger institutionalisierte und formalisierte Entscheidungsprozesse aus. Weiterhin sind individuelle Investoren hinsichtlich ihres Dispositionsfreiraums, ausgenommen der Tatsache, daß diese vom Erwerb von Privatplazierungen ausgeschlossen sind, keinen gesetzlichen Einschränkungen unterworfen. Institutionelle Investoren verfügen dagegen weithin über große finanzielle Dispositionsvolumina, die unter Anwendung professioneller Verfahren und unter Einsatz eigener Analysekapazitäten an Finanzierungsmärkten angelegt werden. Dabei gilt für diese Anlegergruppen ein eingeschränkter Handlungsraum, da aufgrund gesetzlicher, selbstregulatorischer und auch organisationeller Einschränkungen gewisse Mindestanforderungen an realisierbare Anlageobjekte gelten.

Zur Beurteilung der Zusammensetzung der Anlegergruppen am US-Markt für High-Yield Anleihen während der achtziger Jahre lassen sich lediglich Schätzungen der involierten Investmentbanken heranziehen. Dies ist vor allem darauf zurückzuführen, daß ein Großteil der Transaktionen über den „*over-the-counter*" Markt unter Umgehung organisierter Börsen abgewickelt wurde.[1097] Für das Jahr 1988 wurde die Verteilung unterschiedlicher Anlegergruppen am High-Yield Markt vom US-amerikanischen Bundesrechnungshof wie in Abbildung 15 dargestellt geschätzt:[1098]

Investmentfonds gehörten 1988 mit einem Investitionsanteil von 32 Prozent zu den wichtigsten Anlegern am Markt für hochverzinsliche Unternehmensanleihen. Hervorzuheben ist, daß der größte Anteil der am High-Yield Markt investierten Fonds ausschließlich in dieser Wertpapierklasse engagiert ist.[1099] Es ist davon auszugehen, daß diese Anlegergruppe über fundierte Ressourcen zur Bewertung ausfallrisikobehafteter Unternehmensanleihen verfügt. Wie in den folgenden Teilkapiteln noch dazustellen ist, hatte das Wachstum dieser Investorengruppe einen wesentlichen Einfluß auf die Marktentwicklung.

Aufgrund ihres erheblichen Gesamtanlagevolumens bildete die Versicherungsindustrie schon 1988 mit lediglich 3,5 Prozent ihrer Gesamtinvestitionen am Kapitalmarkt eine der wichtigsten Investorengruppen am US-High-Yield Markt.[1100] Innerhalb dieser Investorengruppe

---

1095 Vgl. Klein (1996), S. 169.

1096 Vgl. Süchting (1993), Sp. 1127.

1097 Vgl. Cornell/Green (1991), S. 29.

1098 US General Accounting Office (1988), S. 20.

1099 Vgl. Stahl (1988a), S. 113.

1100 Vgl. US General Accounting Office (1988b), S. 20.

stellten Lebensversicherungen den wichtigsten Investor in diesem Marktsegment dar.[1101] Der verhältnismäßig geringe Anteil von High-Yield Anlagen am Gesamtportefeuille der Versicherer liegt weniger in gesetzlichen Restriktionen begründet, sondern ist vielmehr ein Ergebnis der notwendigen Diversifikationspolitik dieser eher als konservativ einzuschätzenden Investorengruppe, deren Investitionsstrategie regelmäßig langfristig orientiert ist. Versicherungen stellen neben Banken die wichtigste Anlegergruppe von privat plazierten Unternehmensanleihen dar, woraus auf das Vorhandensein notwendiger Analyseressourcen im Bereich des Kreditrisikos geschlossen werden kann.

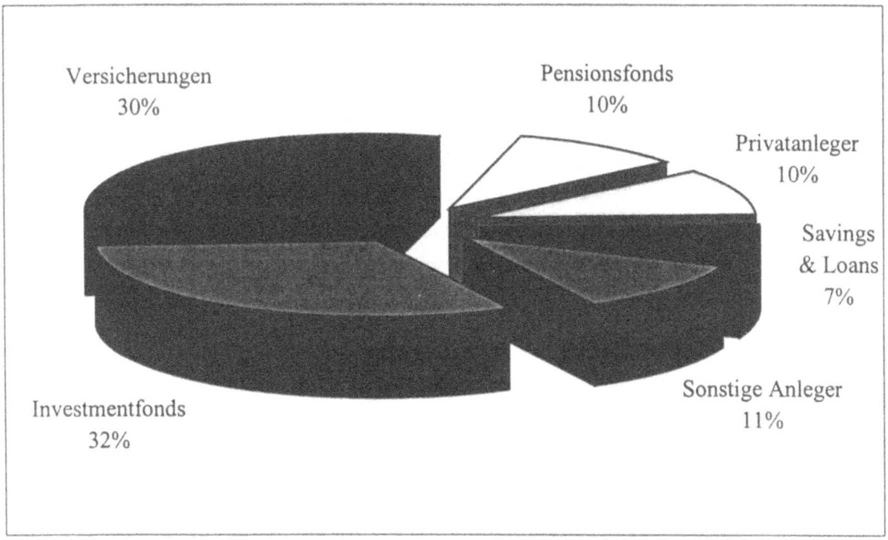

ABBILDUNG 15: INVESTOREN AM US-HIGH-YIELD MARKT 1988[1102]

Die Gruppe der Pensionsfonds stellten 1988 das drittgößte Nachfragesegment am High-Yield Markt dar. Obwohl hochverzinsliche Unternehmensanleihen im Durchschnitt lediglich ein Prozent des Gesamtanlagevermögens ausmachen, ist das Engagement einzelner Fonds in Einzelfällen sehr hoch. [1103] Aufgrund der Tatsache, daß Pensionsfonds im Rahmen ihrer laufenden Offenlegung nicht verpflichtet sind, High-Yield Anlagen separat auszuweisen, bleibt die Analyse auf Schätzungen von Marktteilnehmern beschränkt. Neben der noch darzustellenden Veränderung der regulatorischen Rahmenbedingungen, die zu einer signifikanten Ausweitung

1101 Angaben der US-amerikanischen Versicherungsaufsichtbehörde (National Association of Insurance Commissioners) zufolge hielten Lebensversicherungen im Jahre 1988 High-Yield Anleihen im Gesamtvolumen von US$ 33,4 Mrd., während die Gesamtbranche ein Portefeuille im Volumen von US$ 37,3 Mrd. aufwies. Vgl. US General Accounting Office (1988b), S. 20. Hierbei ist darauf hinzuweisen, daß diese Angaben privat plazierte Anleihen einschließen, die im Rahmen der aufsichtsrechtlichen Erfassung High-Yield Anleihen gleichgestellt werden.

1102 Quelle: US General Accounting Office (1988), S. 20 (Appendix II).

1103 Vgl. US General Accounting Office (1988b), S. 21.

der durch Pensionsfonds verwalteten Mittel geführt hat, soll an dieser Stelle auf einen wesentlichen Vorteil von High-Yield Anleihen aus Perspektive dieser Anlegergruppe hingewiesen werden. So schreibt der Gesetzgeber vor, bei im Portefeuille von Pensionsfonds gehalten Aktien im Fall von Kursrückgängen Wertberichtigungen vorzunehmen, während Anleihen generell zu Amortisationskosten anzusetzen sind. Da Unternehmen bei negativen Abweichungen des Fondsertrags verpflichtet sind, die laufenden Beitragsleistungen zu erhöhen, stellen High-Yield Anleihen einen Schutz vor unplanmäßigen Liquditätsabflüssen der Fondssponsoren dar, da diese aufgrund ihrer hohen laufenden Kuponzahlungen temporäre Performanceschwächen in Zeiten unterdurchschnittlicher Erträge des Restportefeuilles kompensieren können.[1104]

Vor dem Hintergrund der notwendigen Bewertungsressourcen, die mit einem Engagement in ausfallrisikobehaftete Unternehmensanleihen verbunden sind, erscheint ein Anteil von 10 Prozent des Gesamtmarktes, der durch Privatanleger aufgebracht wird, zunächst erstaunlich. Durch die am US-Kapitalmarkt weite Verfügbarkeit von Anleiheratings sowie eine im Verlauf der Marktentwicklung zunehmende Verbreitung öffentlich zugänglicher Analysematerialien emissionsführender Investmentbanken konnte ein nachteiliger Skaleneffekt jedoch tendenziell verringert werden.

Die sonstigen Anleger umfassen eine sehr heterogene Investorengruppe, die aus Unternehmen, Banken, Wertpapierhändlern sowie ausländischen Käufern besteht. Diese sollen in den folgenden Ausführungen keiner gesonderten Analyse unterzogen werden, da zum einen deren Marktanteile keine wesentliche Erklärung der Marktentwicklung begründen und zum anderen kein valides Informationsmaterial über deren Entscheidungsverhalten deduziert werden kann.

Trotz ihres relativ geringen Anteils am Gesamtvolumen des High-Yield Marktes sind die US-amerikanischen Sparbanken (*Savings & Loans*) immer wieder in den Fokus der Untersuchungen von Wissenschaft und der öffentlichen Diskussion geraten. Dieser Sachverhalt ist insbesondere auf ein verstärktes allgemeines Interesse im Zusammenhang mit der Krise der *Thrift Industry* zurückzuführen. Seit Einführung des *Garn-St. Germain Depository Act* von 1982 war das Engagement in Unternehmensanleihen von Sparbanken gesetzlich auf 11 Prozent ihrer Einlagegelder beschränkt. Nach signifikanten Verlusten, die US-amerikanische Sparbanken im Zusammenhang mit dem Konkurs einer Reihe großvolumiger Schuldner am High-Yield Markt erlitten, wurde diesen, wie bereits dargestellt, der Zugang zu diesem Marktsegment verschlossen.[1105]

Aufgrund des in den USA gesetzlich begründeten Trennbankensystems bleibt den Geschäftsbanken die Unterzeichnung, der Erwerb und der Handel von Unternehmensanleihen gesetz-

---

1104 Vgl. Stahl (1988a), S. 128.

1105 Vgl. hierzu die Ausführungen in Kapitel 7.1.3.

lich untersagt.[1106] Ein Gutachten der US-Notenbank aus dem Jahre 1977 räumt ihnen zwar grundsätzlich das Recht ein, als Vermittler von Privatplazierungen tätig zu werden,[1107] die Auslegung in der Praxis bleibt jedoch weiterhin umstritten.[1108] Somit reduziert sich das Entscheidungsschema der Geschäftbanken auf die Vergabe von langfristigen Krediten oder deren Ablehnung. Neben der Höhe der Zinsspanne eines Kreditgeschäfts sowie des Risikos eines Zahlungsausfalls des Schuldners wird die Entscheidung der Bank wesentlich von der Möglichkeit anderer Ertragsquellen, die im Zusammenhang mit einer Geschäftsbeziehung zum Schuldner entstehen, mitbeeinflußt.[1109] Vor dem Hintergrund der bereits dargestellten Probleme einer empirischen Verifizierung der Existenz rationierenden Kreditvergabeverhaltens seitens der Geschäftsbanken[1110] wird der Einfluß dieser Entscheidungsträger im Rahmen des folgenden Erklärungsschemas auf die Kosten der Bereitstellung von Kreditmitteln beschränkt, ohne Hypothesen über den durch informationelle Asymmetrien beeinflußten Grad der Verfügbarkeit zu treffen.

Im folgenden wird zunächst unabhängig von den gruppenspezifischen Anforderungen untersucht, inwiefern High-Yield Anleihen eine attraktive Wertpapierklasse darstellen. Dies geschieht in erster Linie auf Basis einer Darstellung des Risiko-Rendite-Profils des Gesamtmarktes hochverzinslicher Unternehmensanleihen. In einem weiteren Untersuchungsschritt wird dann in Anlehung an das dem Handlungsschema der Kapitalnachfrage zugrunde liegende Kriterium der Handlungsflexibilität der Dispositionsspielraum aus Perspektive des Kapitalangebots analysiert.

2.2.2 Risiko-Rendite-Profil

Risiko und Rendite sind regelmäßig Gegenstand betriebswirtschaftlicher Untersuchungen unterschiedlicher Forschungsrichtungen.[1111] Dabei stellen die Betrachtungen der relativen Rendite einen Schwerpunkt der auf Grundlage der normativen Entscheidungstheorie abgeleiteten Investitionstheorie dar. Im Mittelpunkt der Untersuchung von Risiko-Rendite-Beziehungen steht dabei die Frage nach der Informations- und Bewertungseffizienz von

---

1106 Vgl. Gart (1994), S. 16. Begründet wird der Ausschluß von Geschäftsbanken primär durch Überlegungen hinsichtlich der Stabilität des Finanzsystems und der Gefahr opportunistischer Risikopolitik vor dem Hintergrund der staatlichen Einlagenversicherung. Entsprechende Restriktionen finden sich in Verlautbarungen des Comptoller of the Currency, des Federal Reserve Boad und der Federal Deposit Insurance Corporation. Ein Überblick findet sich bei US General Accounting Office (1988b), S. 21f.

1107 Vgl. Trautwein (1990), S. 203.

1108 Vgl. Fein (1978), S. 746. Inzwischen hat sich die Gesetzeslage insofern geändert, daß US-Geschäftsbanken als Bevollmächtigte beim Verkauf von Privatplazierungen auftreten können. Gleichfalls wurde den Geschäftsbanken das Underwriting-Geschäft außerhalb der USA über deren ausländische Tochtergesellschafter grundsätzlich erlaubt. Vgl. Baas (1997), S. 606.

1109 Vgl. Rosengreen (1990), S. 42.

1110 Vgl. hierzu die Ausführungen zur empirischen Überprüfbarkeit des Rationierungsphänomens in Kapitel 5.2.2.

1111 Die Betrachtungen stammen dabei aus Sicht des Marketing, des strategischen Managements oder der Finanzwirtschaft. Vgl. Wiemann/Mellewigt (1998), S. 551.

Wertpapieren am Kapitalmarkt.[1112] Gemäß dem μ-δ-Prinzip wird hierbei ein positiver Zusammenhang zwischen Risiko und Rendite unterstellt, der darauf zurückzuführen ist, daß rational handelnde Investoren nur solche Alternativen wählen, die bei gleichem Erwartungswert eine niedrigere Varianz aufweisen bzw. bei gleicher Varianz Investitionen mit einem höheren Erwartungswert präferieren.[1113]

Die folgende Analyse der spezifischen Risiken von High-Yield Anleihen dient dem Zweck, deren spezifische Investment-Eigenschaften herauszustellen, um in einem zweiten Schritt zu untersuchen, ob High-Yield Investoren für die Übernahme dieser Risiken am Markt mit entsprechenden Prämien kompensiert werden. Für die folgende Untersuchung erweist es sich als notwendig, die unterschiedlichen Inhalte der in der Literatur verwendeten Zinssatz- bzw. Renditeformen bei Unsicherheit voneinander abzugrenzen.

Die Effektivverzinsung einer Anlage in festverzinsliche Wertpapiere stellt den relativen Ertrag des Investments dar, der neben dem vereinbarten Zins durch Berücksichtigung von Ausgabepreis und Tilgungsmodalitäten sowie Restlaufzeit eine durchschnittliche Periodenverzinsung ermittelt (*promised yield*). Es handelt sich dementsprechend um eine ex-ante Rendite unter Sicherheit.[1114]

Davon abzugrenzen ist der Begriff der erwarteten Rendite einer Anlage. Hierunter versteht man die ex-ante für möglich gehaltene Verzinsung des eingesetzten Kapitals unter Berücksichtigung einer subjektiven Wahrscheinlichkeitsverteilung. Sie stellt somit einen Erwartungswert bei Unsicherheit über zukünftige Umweltzustände dar.

Zur Beurteilung tatsächlich erwirtschafteter relativer Erträge aus der Bereitstellung finanzieller Mittel dient die realisierte Rendite. Sie berechnet sich aus der Gegenüberstellung von tatsächlich erfolgten Rückflüssen zu eingesetztem Kapital über den Zeitraum der Kapitalbindung. Erst eine Untersuchung der realisierten Rendite verspricht Aufschluß darüber zu geben, ob eine bestimmte Investition im Vergleich zur Alternativanlage eine vorteilhafte risikoadjustierte Rendite erwirtschaftet hat.

Die Anlageentscheidung eines Investors bzw. einer Investorengruppe wird dabei von der erwarteten Rendite unter Berücksichtigung des erwarteten Risikos, welches i.d.R. durch die durchschnittliche Abweichung vom Erwartungswert operationalisiert wird, determiniert.[1115] Trotz der Unmöglichkeit einer Quantifizierung der Erwartungswerte kann davon ausgegangen werden, daß der subjektive Entscheidungsprozeß überwiegend von der objektiv ermittelbaren

---

1112 Vgl. hierzu die Ausführungen zur Effizienz von Anleihemärkten in Kapitel 3.3.2.2 dieser Arbeit.

1113 Vgl. hierzu Kapitel 3.3.2.3 dieser Arbeit.

1114 Vgl. Uhlir/Steiner (1994), S. 7.

1115 Ein wesentliches Argument der Promotoren des High-Yield Marktes bestand in der Behauptung, daß die risikoadjustierten Renditen von Subinvestment-Grade Anleihen diejenigen von höher gerateten Anleihen im Durchschnitt übertreffen. Vgl. Cornell/Green (1991), S. 29.

realisierten Rendite vergangener Perioden bestimmt wird.[1116] Eine Untersuchung historischer ex-post Renditen verspricht somit Aufschluß über die erwarteten Renditen und folglich den Bewertungsprozeß potentieller Investoren zu vermitteln.

Das Aufleben eines modernen High-Yield Marktes hat seit Mitte der siebziger Jahre zu einem intensivierten Interesse der Finanzwissenschaft an der Investmentqualität dieser Wertpapierklasse und der Effizienz dieses Marktsegmentes geführt. Frühe Untersuchungen kamen zu dem Ergebnis, daß High-Yield Emissionen überwiegend unterbewertet waren.[1117] Dieser Schluß folgte aus der Tatsache, daß ex-post ermittelte Ausfallraten weitestgehend geringer waren als die von Risikoprämien auf theoretischer Basis implizierten erwarteten Ausfallraten.[1118]

Ein weiterer Ansatz zur Approximation der erwarteten Renditen besteht darin, die zum Untersuchungszeitpunkt bekannte Effektivverzinsung ausstehender Anleihen durch die erwarteten zukünftigen Ausfallraten zu korrigieren.[1119] Dieses Vorgehen basiert auf der Annahme, zukünftige Ausfallraten durch Extrapolation hinreichend korrekt abbilden zu können. Studien von ALTMAN, ALTMAN/NAMMACHER sowie WEINSTEIN ermitteln jährliche Ausfallraten zwischen 1 und 3 Prozent,[1120] die vor dem Hintergrund einer durchschnittlichen Mehrverzinsung von 3 bis 5 Prozent gegenüber Investment-Grade Unternehmensanleihen die These realisierbarer Überenditen am High-Yield Markt unterstützen.[1121]

Die in der Literatur vorherrschende positive Beurteilung der Investmentperformance von High-Yield Anleihen wurde gegen Ende der achtziger Jahre zunehmend kritisch hinterfragt. Dabei wurde auf zwei grundsätzliche Schwächen der frühen Untersuchungen hingewiesen: Zum einen wurde die Ermittlung historischer Ausfallraten zunehmend kritisiert, zum anderen basierten die Studien auf teilweise unterschiedlichen methodischen Ermittlungsverfahren zur Renditeberechnung, die nicht uneingeschränkt mit Performance-Indikatoren alternativer Anlageklassen vergleichbar sind.[1122] Dementsprechend sind in der Literatur signifikante Abweichungen der ermittelten Investmentperformance von High-Yield Anleihen zu erkennen, die neben den erwähnten methodologischen Unterschieden auf verschiedene Grundgesamtheiten und Untersuchungszeiträume zurückgeführt werden können.[1123]

1116 „Expected returns are impossible to measure, and realized returns are an imperfect proxy because of their substantial variation over time." Perry/Taggart (1988), S. 39.

1117 Vgl. Hickman (1958), Fraine/Mills (1961), Fitzpatrick/Severiens (1978) sowie Altman (1987).

1118 Zur Ermittlung implizierter Ausfallraten vgl. Kapitel 3.3.2.2 dieser Arbeit.

1119 Vgl. Altman (1989) sowie Goodman (1989).

1120 Vgl. Altman (1987), Altman/Nammacher (1985) und Weinstein (1987b).

1121 Vgl. Cornell/Green (1991), S. 29.

1122 Vgl. Zivney/Bertin/Torabzadeh (1993), S. 79.

1123 Eine Überblick über die unterschiedlichen Untersuchungsergebnisse und Methoden bieten Alderson/ Zivney (1994), S. 403-415.

Hinsichtlich der Ermittlung historischer Ausfallraten begann 1989 aufgrund widersprüchlicher Veröffentlichungen eine intensive Auseinandersetzung über die methodologische Korrektheit einiger Untersuchungen.[1124] Unter dem Begriff des Ausfalls (*Default*) einer Anleihe wird dabei der Umstand verstanden, daß der Schuldner zahlungsunfähig wird, ein formales Konkursverfahren eingeleitet wird oder im Wege eines Vergleichs (*exchange offer*) die Zahlungsunfähigkeit vermieden wird.[1125] Letzterer Sachverhalt stellt für den Schuldner eine Möglichkeit dar, durch Tausch der bestehenden Verbindlichkeiten in neue Wertpapiere mit regelmäßig geringerem Nominalwert und/oder Verzinsung die Gefahr einer Zahlungsunfähigkeit abzuwenden.[1126] Während die traditionelle Methode zur Ermittlung jährlicher Ausfallraten darauf basiert, den Nominalwert ausgefallener Anleihen eines Jahres zum Gesamtvolumen ausstehender Anleihen[1127] in Beziehung zu setzen und durch Bildung gewichteter Durchschnitte eine mittlere Ausfallrate für einen betrachteten Zeitraum zu ermitteln, ignoriert diese Methodik zum einen die Tatsache, daß ein Schuldnerausfall nicht gezwungenermaßen einen Totalverlust für den Gläubiger bedeutet, zum anderen die Beobachtung, daß sich die Ausfallwahrscheinlichkeit während der Laufzeit nicht statisch verhält, sondern regelmäßig zunimmt.[1128] Vor dem Hintergrund, daß Anleihen zahlungsunfähiger Schuldner im Monat des Bekanntwerdens der Zahlungsunfähigkeit durchschnittlich zu 40 Prozent des Nominalwertes gehandelt wurden,[1129] überzeichnet eine Vernachlässigung der Konkursschwere den Kapitalverlust des Anlegers und führt somit zu einer Unterschätzung der realisierten Investitionsrenditen.[1130] Tabelle 13 stellt diesen Sachverhalt für die Jahre 1985 bis 1991 dar.

Eine wesentliche Schwäche der traditionellen Methode zur Ermittlung historischer Ausfallraten auf Jahresbasis stellt jedoch die Vernachlässigung der dynamischen Komponente des Ge-

---

1124 Vgl. Altman (1992), S. 81.

1125 Vgl. Hradsky/Long (1990), S. 70. Untersuchungen zum finanziellen Restrukturierungsverhalten als Reaktion auf den Eintritt von Zahlungsunfähigkeit finden sich bei Gilson/John/Lang (1990) und Brown/James/Mooradian (1994).

1126 Vgl. Asquith/Gerstner/Scharfstein (1994), S. 625.

1127 Altman (1991) modifiziert diese Methodik durch Korrektur der Basis von bereits im Zahlungsverzug befindlichen Anleihen. Während diese Bereinigung während der achtziger Jahre aufgrund geringer Konkursquoten zu keinen signifikanten Abweichungen führte, ermittelte Altman für die Jahre 1990 und 1991 korrigierte Ausfallquoten von 10,14% bzw. 10,27% im Gegensatz zu unbereinigten 8,74% bzw. 9,01%.

1128 Vgl. Altman (1992), S. 85. Einen weiteren Kritikpunkt bildet die Tatsache, daß exchange offers bei einem Großteil der Untersuchungen nicht zur Masse der Schuldnerausfälle gerechnet werden. Die Möglichkeit eines exchange offers bedeutet für den Schuldner, daß er einen Konkurs oder die Gläubigerverwaltung durch Chapter 11 umgehen kann, indem er den Gläubigern einen Tausch in neue Anspruchsrechte anbietet. Derartige Tauschtransaktionen sind jedoch regelmäßig mit Vermögensverlusten der Gläubiger verbunden. Hradsky/Long liefern dagegen Ausfallraten, die exchange offers miteinbeziehen. Vgl. Hradsky/Long (1990), S. 70.

1129 Vgl. Altman (1992), S. 81.

1130 Neben der Möglichkeit des Verkaufs nach Eintritt der Zahlungsunfähigkeit stellen Altman/Kishore (1996) fest, daß High-Yield Investoren mit einer Befriedigung ihrer Ansprüche von bis zu 70 Prozent der Nominalschuld im Rahmen von Auseinandersetzungsverfahren rechnen können. Dabei weisen die Autoren insbesondere darauf hin, daß die Höhe der Befriedigungsquote wesentlich von der Branchenzugehörigkeit des Schuldners abhängig ist. Vgl. Altman/Kishore (1996), S. 60.

samtmarktes dar. Ungeachtet der Tatsache, daß davon auszugehen ist, daß die Ausfallwahrscheinlichkeit von Anleihen während ihrer Laufzeit zunimmt,[1131] führt der Rückgang des jährlichen Neuemissionsvolumens auch bei konstanter Anzahl zahlungsunfähiger Anleihen zu einer steigenden Ausfallrate.[1132] Im Umkehrschluß kann darauf geschlossen werden, daß die hohe Emissionsaktivität seit Beginn der achtziger Jahre zu einer Unterbewertung der tatsächlichen Ausfallwahrscheinlichkeit geführt hat.[1133]

	Ø Ausfallrate	Ø Preis nach Bekanntgabe[1134]	Ø Verlust des Kupons[1135]	Ø Tatsächlicher Kapitalverlust
1985	1,71 %	5,9 %	13,69 %	1,04 %
1986	3,50 %	34,5%	10,61 %	2,48 %
1987	5,78 %	75,9%	12,07 %	1,74 %
1988	2,66 %	43,6%	11,91 %	1,66 %
1989	4,29 %	38,3%	13,40 %	2,93 %
1990	10,14 %	23,4%	12,94 %	8,24 %
1991	10,27 %	36,0%	11,59 %	7,16 %

TABELLE 13: AUSFALLRATEN UND KAPITALVERLUSTE VON US-HIGH-YIELD ANLEIHEN (1985-1991)[1136]

ALTMAN untersucht vor diesem Hintergrund erstmalig kumulierte Ausfallraten von High-Yield Anleihen für den Zeitraum von 1971-1986.[1137] Hierfür betrachtet er für aufeinanderfolgende Jahre, welcher Anteil am Gesamtemissionsvolumen bis zum jeweils untersuchten Zeitpunkt ausgefallen, gekündigt oder im Rahmen eines Ausgleichs getauscht wurde. Dabei stellt er bei einem Betrachtungshorizont von 10 Jahren kumulierte Ausfallraten von bis zu 37,85 Prozent fest.[1138] Auf Basis dieses als *„aging analysis"* bezeichneten Konzeptes ermitteln ASQUITH/MULLINS/WOLFF für das Jahr 1988 kumulierte Ausfallraten von 34 Prozent aller in

1131 Diese Beobachtung gilt insbesondere für High-Yield Anleihen, die regelmäßig Kündigungsrechte des Emittenten (call options) aufweisen. Vgl. Altman (1992), S. 85.

1132 Vgl. Helwege/Kleimann (1996), S. 4. Die Autoren ermittelten die statistische Erklärungskraft für die Ausfallwahrscheinlichkeit der drei unabhängigen Variablen Credit Rating, Wachstum des BSP sowie dem Alter von Anleihen. Allein 77% Prozent der Varianz ihres Regressionsmodells konnten dabei durch das Anleihealter erklärt werden; 60% durch die gesamtwirtschaftliche Entwicklung und lediglich 34% durch das Credit Rating. Vgl. ebenda, S. 3.

1133 Vgl. Asquith/Mullins/Wolff (1989), S. 925.

1134 In Prozent des Nominalwertes.

1135 Prozentualer Verlust aufgrund des Ausfalls von Kuponzahlungen im Jahr der Zahlungsunfähigkeit. Hierbei wird ein Mittelwert in Höhe eines halben Kupons angenommen.

1136 Quelle: Altman (1992), S. 83.

1137 Vgl. Altman (1989), S. 909-922. Eine Ausweitung des Untersuchungszeitraums auf die Periode von 1971 bis 1991 findet sich bei Altman (1992), S. 78-92.

1138 Diese Angabe bezieht sich auf die untersuchte Gruppe von Anleihen, die zum Emissionszeitpunkt ein Rating von B aufwiesen. Vgl. Altman (1992), S. 86.

den Jahren 1977 und 1978 öffentlich plazierten High-Yield Anleihen.[1139] Die Autoren werten dieses Ergebnis als Bestätigung der Hypothese zunehmender Ausfallwahrscheinlichkeiten im Zeitverlauf.[1140]

Neben der dargestellten Problematik einer methodologisch korrekten Emittlung historischer Ausfallraten stellt die Berechnung ex-post realisierter Renditen im Vergleich zu alternativen Anlageklassen einen in der Literatur verbreiteten Diskussionsschwerpunkt vor dem Hintergrund der Investmentperformance von High-Yield Anleihen dar.[1141] ALTMAN/NAMACHER ermitteln für den Zeitraum von 1979 bis 1986 superiore Erträge hinsichtlich versprochener und tatsächlich realisierter Renditen im Vergleich zu Investment-Grade Anleihen.[1142] Auf Grundlage kumulierter Ausfallraten kommte ALTMAN in einer späteren Studie für den Zeitraum von 1971-1987 dagegen zu weniger vorteilhaften Perfomance-Kennzahlen, die in langfristiger Betrachtung jedoch weiterhin die erzielten Renditen qualtitativ einwandfreier Anleihen übertreffen.[1143]

Zur Erfassung des Risiko-Rendite-Profils ermitteln BLUME/KEIM für gleichartig gewichtete Portefeuilles von High-Yield und Investment-Grade Anleihen von 1977 bis 1986 höhere Renditen für erstere bei gleichzeitig geringeren Marktbetas gemessen am Aktienindex S&P 500.[1144] Weitere Untersuchungen vergleichen den Zusammenhang zwischen realisierten Renditen und beobachteten jährlichen Abweichungen von deren Mittelwert, um Aussagen über das relative Risiko verschiedener Wertpapierklassen abzuleiten. Die folgende Tabelle zeigt diesen Zusammenhang exemplarisch auf:

1139 Vgl. Asquith/Mullins/Wolf (1989), S. 929. Die Differenz zum Ergebnis der Studie von Altman (1989) folgt im Wesentlichen aus der Tatsache, daß Asquith/Mullins/Wolf ausschließlich Anleihen des Subinvestment-Grade Bereichs untersuchen und nicht zwischen Ratingkategorien innerhalb dieser Klasse unterscheiden. Das Ergebnis Altman's bezieht sich dagegen ausschließlich auf mit B gerateten Anleihen.

1140 Blume/Keim (1987) weisen kritisch darauf hin, daß die Ergebnisse von Asquith/Mullins/Wolff (1989) den dargestellten Verlauf der Ausfallwahrscheinlichkeit überzeichnen, da der Einfluß konjunktureller Faktoren nicht berücksichtigt wird. Davidson (1990) erklärt die Beobachtung im Zeitverlauf steigender Ausfallraten mit der Tatsache, daß insbesondere Unternehmen mit hohem Verschuldungsgrad regelmäßig auf langfristig orientierte Investitionen (F&E, Personalentwicklung) verzichten.

1141 Einen Überblick und Kritik an den vorherrschenden Berechnungsmethoden bieten Zivney/Bertin/ Torabzadeh (1993), S. 78-81.

1142 Vgl. Altman/Namacher (1987), S. 22. Hierbei definieren die Autoren die realisierte Rendite (realized yield) als durchschnittliche versprochene Rendite abzüglich der ermittelten Ausfallrate multipliziert mit dem durchschnittlichen Kapitalverlust der Ausfälle in den untersuchten Zeiträumen, korrigiert um den hälftigen Kuponertrag des Ausfalljahres.

1143 Vgl. Altman (1989), S. 909.

1144 Vgl. Blume/Keim (1987), S. 26f. Die Autoren ermitteln Beta Werte von 0,3 für High-Yield Anleihen und 0,37 für Investment Grade Anleihen. Dabei wird die Wirkung von Zinsänderungen und unterschiedlichen Sensitivitäten beider Anlageklassen vernachlässigt. In einer späteren Untersuchung erklären Blume/Keim/Patel die relativ geringe Volatilität von High-Yield Anleihen mit der Existenz von Call Optionen. Vgl. Blume/Keim/Patel (1991), S. 49.

	High Yield Anleihen		Regierungsanleihen		S&P 500 Index	
	Rendite	Standard-abweichung	Rendite	Standard-abweichung	Rendite	Standard-abweichung
5 Jahre	12,38 %	9,14 %	10,70 %	4,56 %	15,88 %	13,37 %
10 Jahre	13,61 %	8,61 %	11,47 %	5,41 %	16,18 %	15,75 %

TABELLE 14: RENDITE-RISIKO-PROFIL ALTERNATIVER WERTPAPIERKLASSEN[1145]

Trotz der aus den unterschiedlichen empirischen Untersuchungen resultierenden Unsicherheit bezüglich der tatsächlichen Investmentgüte von High-Yield Anleihen läßt sich ein breiter Konsens darüber feststellen, daß Investoren bis zum Ende der achtziger Jahre für die Übernahme von Ausfallrisiken mit entsprechenden Renditeprämien kompensiert wurden. Die Mehrverzinsung von High-Yield Anleihen im Vergleich zu risikolosen Staatsanleihen schwankt während des Zeitraums von 1980-1989 zwischen 300 und 650 Basispunkten. Bei durchschnittlichen, auf Jahresbasis ermittelten Ausfallraten von 1 bis 2 Prozent bedeutet dies einen signifikanten Renditevorsprung gegenüber Portefeuilles aus Investment-Grade Unternehmensanleihen oder Staatspapieren, deren Performance insbesondere während Perioden steigender Zinssätze nur unterdurchschnittlich ausfiel.[1146]

In einem zweiten Schritt ist nun zu untersuchen, ob sich die Wahrnehmung eines superioren Risiko-Rendite-Profils im Verlauf der Herausbildung des Marktes für High-Yield Anleihen erkennbar geändert hat und somit zu einer verstärkten Nachfrage nach hochverzinslichen Unternehmensanleihen geführt hat. In diesem Zusammenhang wird in der Literatur überwiegend die Meinung vertreten, daß die Verbreitung finanzwissenschaftlicher Erkenntnisse im Bereich der Investitionstheorie im allgemeinen und das gesteigerte Interesse an der Investmentperformance von High-Yield Anleihen im besonderen zu einer grundlegenden Veränderung des Entscheidungsprozesses des Kapitalangebots beigetragen hat.[1147] Dies gilt verstärkt vor dem Hintergrund einer zunehmenden Institutionalisierung des Kapitalangebots, mit dem der Einsatz wissenschaftlich fundierter Methoden der Portefeuillebildung einher ging. Hierbei setzte sich die Erkenntnis durch, daß diversifizierte High-Yield Portefeuilles trotz erhöhten Ausfallrisikos einzelner Titel tatsächlich ein geringeres Risiko aufweisen als vergleichbare Porte-

1145 Quelle: Bennett/Esser/Roth (1994), S. 44.

1146 Vgl. Madden/Balestrino (1990), S. 32. Die Autoren weisen in diesem Zusammenhang darauf hin, daß steigende Inflationsraten während dieser Evolutionsphase des US High-Yield Marktes dazu geführt haben, daß reale Finanzierungskosten für Emittenten aufgrund steigender Umsatzerlöse bei gleichzeitig fallenden realen Zins- und Tilgungszahlungen tendenziell sinken (S. 33). Dieses Argument muß jedoch mit Hinweis auf eine nicht zu vermutende Geldillusion der Investoren angezweifelt werden.

1147 Vgl. Tripp Howe (1988), S. 6.

feuilles aus Investment-Grade Anleihen, da die Ausfallrisiken einzelner Schuldner regelmäßig nur schwach korreliert sind.[1148]

Gestützt wird die Hypothese zunehmender Instiutionalisierung durch die überproportionale Ausweitung der von Investmentfonds verwalteten Mittel. So stieg die Anzahl der auf High-Yield Anleihen spezialisierten Investmentfonds von einigen wenigen gegen Ende der siebziger Jahre auf 72 im Jahre 1987, die ein Gesamtvolumen von über US$ 30 Mrd. verwalteten.[1149]

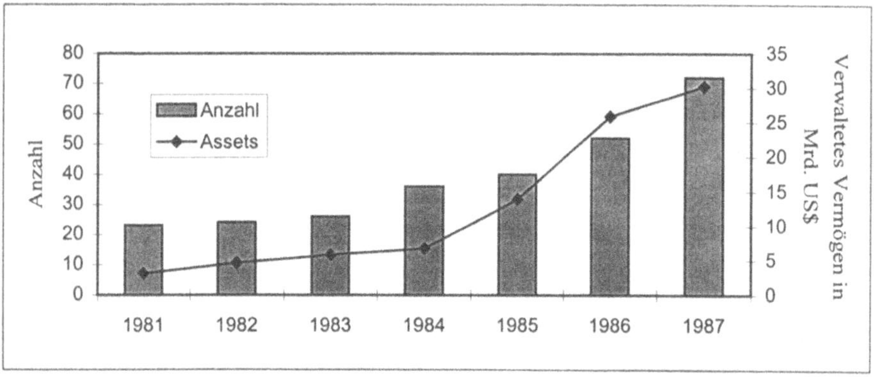

ABBILDUNG 16: ENTWICKLUNG DER HIGH-YIELD FONDS IN DEN USA 1981-1987[1150]

Zusätzlich haben Verbesserungen im Bereich der Informationstechnologie und Datenverarbeitung dazu geführt, daß, anlehnend an die Terminologie GÄFGEN'S, nomologisches Wissen über die Gesetzmäßigkeiten des Marktes schneller und kostengünstiger mit notwendigem ontologischen Wissen im Sinne situationsabhängiger Informationen verbunden und zu konkreten Anlageentscheidungen verarbeitet werden kann.[1151]

Parallel zu diesen Entwicklungen vollzog sich seit Ende der siebziger Jahre ein Trend hin zu einer Verknappung der aus traditionellen Quellen bereitgestellten Fremdfinanzierungsmitteln. Als Reaktion auf die gestiegene Zinsvolatilität und die Herausbildung einer inversen Zinsstruktur am US-Kapitalmarkt aufgrund gestiegener Inflationserwartungen der Marktteilnehmer gingen Kreditinstitute und Versicherungen dazu über, das Angebot langfristiger, festverzinslicher Kreditmittel zunehmend zu reduzieren.[1152]

1148 Vgl. Perry/Taggart (1988), S. 40.

1149 Vgl. Madden/Balestrino (1990), S. 33.

1150 Quelle: US General Accounting Office (1988), S. 24 (Appendix II).

1151 Zur Terminologie und Bedeutung von nomologischem und ontologischem Wissen im Rahmen der Entscheidungstheorie vgl. Gäfgen (1974), S. 95f.

1152 Vgl. Madden/Balestrino (1990), S. 33.

Darüber hinaus führten Änderungen des regulatorischen Umfeldes zu einer Ausweitung der Verlagerung zu disintermediären Finanzierungsformen auf Kosten traditioneller Kreditfinanzierung. Liberalisierungsmaßnahmen am US-amerikanischen Bankenmarkt umfaßten zum einen die Abschaffung administrativ fixierter Zinsobergrenzen auf Spareinlagen, die den Margendruck der Finanzinstitute zusätzlich intensivierten.[1153] Zum anderen bedingte eine im *Tax Reform Act* von 1986 stipulierte Beschränkung zur Bildung von Verlustrückstellungen auf das Kreditportfeuille von Commercial Banks den Verlust eines wesentlichen Kostenvorteils der Kreditfinanzierung.[1154]

Es kann somit festgehalten werden, daß zwei wesentliche Faktoren zu einer Veränderung des Entscheidungsschemas des Kapitalangebots geführt haben: Zum einen gewann während der achtziger Jahre das Kriterium der relativen Investmentperformance bei der Dispositionsentscheidung finanzieller Mittel zunehmend an Bedeutung. Auslöser hierfür war neben dem gestiegenen Performancedruck institutioneller Anleger, der auf konjunkturelle und strukturelle Veränderungen des Finanzmarktes zurückzuführen ist, ebenfalls eine Verbesserung der Bewertungsmethodik alternativer Anlagemöglichkeiten durch die Erweiterung verfügbaren Datenmaterials und wissenschaftlicher Erkenntnisse. Zum anderen bewirkte die Zunahme der Volatilität des US-amerikanischen Rentenmarktes bei gleichzeitiger Verflachung der Zinsstrukturkurve eine sinkende Bereitschaft der Geschäftsbanken langfristige Kreditfinanzierungen bereitzustellen. Gleichzeitig führte die regulatorisch bedingte Verteuerung der einlagenbasierten Refinanzierung von Geschäftsbanken zu sinkenden Margen im Kreditgeschäft, wodurch das Kreditangebot verstärkt rationiert wurde. Insgesamt stieg somit die Attraktivität alternativer Anlageformen, wobei der High-Yield Markt Investoren überdurchschnittliche risikoadjustierte Renditen versprach.

Zur Darstellung der zunehmenden Investitionsbereitschaft am US-High-Yield Markt läßt sich der Erklärungsansatz für Finanzinnovationen von MOLYNEUX/SHAMROUKH heranziehen.[1155] Ausgehend von der *„rational-efficiency"*-Hypothese können die beschriebenen konjunkturellen Veränderungen als externe Bewertungseinflüsse interpretiert werden. Die mit der Entwicklung des High-Yield Marktes einhergehende Verbesserung der Bewertungsmethodik stellt hingegen einen internen Einfluß dar, der die Kosten des Markteintritts neuer Anlegergruppen tendenziell gesenkt hat. Weiterhin kann davon ausgegangen werden, daß der zunehmende Wettbewerb unter institutionellen Anlegern zu einer Intensivierung des *„bandwagon"*-Effektes geführt hat. Zur Stützung dieser These kann insbesondere die Verbreitung von High-

---

1153 Vgl. Perry/Taggart (1988), S. 40.

1154 Vor Einführung des Tax Reform Act im Jahre 1986 konnten Kreditinstitute jährlich einen konstanten Prozentsatz ihres Kreditportefeuilles in sogenannte „loan-loss reserves" einstellen, die in entsprechenden Steuervorteilen resultierten (Steuerverschiebungseffekt). Diese Regelung wurde für Banken mit Kreditvolumina über US$ 400 Mio. durch das Gesetz abgeschafft. Vgl. Gart (1994), S. 87.

1155 Vgl. hierzu Kapitel 6.2.3.

Yield Fonds herangezogen werden, die als Symptom des von MOLYNEUX/SHAMROUKH postulierten adaptiven Verhaltens der Risikovermeidung gewertet werden kann.

2.2.3 Dispositionsflexibilität

Eine in der Literatur überwiegend genannte Ursache für die relative Verdrängung von privatplazierten Anleiheformen durch öffentlich angebotene High-Yield Anleihen stellt deren höhre Dispositionsflexibilität aus der Perspektive des Anlegers dar. Unter dem Kriterium der Dispositionsflexibilität wird im folgenden in Analogie zum Entscheidungsschema der Kapitalnachfrage der Verhaltensspielraum hinsichtlich der Kapitalbindung verstanden. Dieser wird durch die Möglichkeit einer vorzeitigen Auflösung der Finanzierungsbeziehung bestimmt und gewinnt insbesondere vor dem Hintergrund unsicherer zukünftiger Umweltsituationen an Bedeutung. Unsicherheit besteht dabei sowohl in Bezug auf die finanzielle Situation des Kapitalanbieters als auch hinsichtlich der Entwicklung der Bedingungen am Kapitalmarkt.

Die relative Gewichtung des Kriteriums der Dispositionsflexibilität variiert in Abhängigkeit des Investortyps und der Erwartung zukünftiger Kapitalmarktbedingungen. Grundsätzlich bestimmt die Zugehörigkeit zu einem bestimmten Investorentyp die Anlagestrategie und damit folglich die Bedeutung des Verhaltensspielraums, welche durch Umweltrestriktionen und organisationale Vorgaben beeinflußt wird.

Unter Umweltrestriktionen sollen im folgenden die ökonomischen Rahmenbedingungen verstanden werden, deren Veränderung in Anpassungen des Anlageverhaltens der Kapitalanbieter resultieren. In diesem Zusammenhang spielt die prognostizierte sowie die tatsächliche Zinsentwicklung eine entscheidende Rolle, da zum einen davon auszugehen ist, daß die absolute Höhe des Zinsniveaus den Entscheidungsprozeß der Anleger beeinflußt,[1156] zum anderen dessen Schwankungsbreite (Volatilität) die relative Gewichtung der Kriteriums der Dispositionsflexibilität bestimmt. Letzterer Aspekt gilt insbesondere vor dem Hintergrund, daß Anleger in Zeiten volatiler Kapitalmarktzinsen verstärkt bemüht sind, eine Umschichtung ihres Anlagevermögens in solche Titeln vorzunehmen, die zum einen über eine ausreichende Fungibilität verfügen, zum anderen geringere Sensitivitäten gegenüber Zinsänderungen aufweisen.[1157]

Hinsichtlich der Dispositionsentscheidung institutioneller Anleger erhalten neben der Entwicklung des Zinsniveaus solche ökonomischen Rahmenbedingungen Relevanz, die sich auf das zur Verfügung stehende Anlagepotential auswirken. Dies gilt zum einen für das Passivgeschäft von Banken, Versicherungen, Bausparkassen und Investmentfonds, dessen Volumen und Struktur von der gesamtwirtschaftlichen Vermögensbildung beeinflußt ist, sowie für das Aktivgeschäft, welches von der Entwicklung der Kapitalnachfrage bestimmt wird.

[1156] An dieser Stelle sei beispielhaft das Kreditvergabeverhalten von Banken genannt. In Niedrigzinsphasen und bei erwarteten zukünftigen Zinssteigerungen ist davon auszugehen, daß einer Vergabe langfristiger Kredite der Erwerb von kurzfristigen Forderungsrechten bzw. Wertpapieren vorzuziehen ist. Vgl. Neuber (1988), S. 77f.

[1157] Vgl. Shapiro (1977), S. 45.

In diesem Zusammenhang gewinnt die Dispositionsflexibilität eine Anlageklasse insbesondere dann an Bedeutung, wenn Anleger die zukünftige Entwicklung weitgehend als unvorhersehbar einstufen.[1158] Der Grad der mit zukünftigen Zahlungsverpflichtungen verbundenen Unsicherheit wird dabei von den zugrundeliegenden Intermediationsleistungen der instiutionellen Anlegergruppen bestimmt. Während Lebensversicherungen, deren Auszahlungen pro Periode weitestgehend gleich bleiben, die eigene Mittelsituation in einem hohen Ausmaß prognostizieren können, ist sowohl der Zufluß als auch der Abfluß der von Sparbanken und Wertpapierfonds verwalteten Mittel mit höherer Unsicherheit verbunden.[1159]

Die originäre Geschäftstätigkeit institutioneller Anleger bestimmt neben dem Grad der Vorhersehbarkeit der eigenen Mittelsituation zuätzlich das Ausmaß sowie den Inhalt von organisationalen Vorgaben in Bezug auf die Auswahl realisierbarer Investitionsobjekte, die als zweiter wesentlicher Faktor die Bedeutung der Dispositionsflexibilität für das Investitionsverhalten bestimmen. Grundsäzlich dienen organisationale Vorgaben der Sicherstellung, daß verfolgte Anlageziele durch die Auswahl von Investitionsalternativen bestmöglich erreicht werden. Unter Anlagezielen werden in der grundlegenden Literatur zur Investitionstheorie und -politik die drei Teilziele Rentabilität, Sicherheit und Liquidität genannt,[1160] wobei letzterem im Zusammenhang mit dem hier untersuchten Kriterium der Dispositionsflexibilität eine zentrale Rolle zukommt. So ist davon auszugehen, daß zur Erreichung anlegergruppenspezifischer Ziele Mindestanforderungen an den Grad der Liquidität der realisierbaren Investitionsalternativen gestellt werden.[1161]

Zusätzlich unterscheiden sich Investorengruppen danach, ob ihrem Anlageverhalten eine Buy-and-hold oder eine handelsorientierte Strategie zugrunde liegt. Das Kriterium der Dispositionsflexibilität gewinnt bei handelsorientiertem Anlageverhalten entsprechend an Bedeutung. Die Auswahl einer spezifischen Anlagestrategie wird hierbei erneut sowohl von Umweltrestriktionen als auch von organisationalen Vorgaben bestimmt. Erstere umfassen in diesem Zusammenhang insbesondere wettbewerbspolitische Faktoren, die sich unmittelbar auf die verfolgte Anlagepolitik auswirken. Hierbei ist davon auszugehen, daß ein erhöhter Verdrängungswettbewerb unter institutionellen Kapitalsammelstellen zu einer Steigerung des Performancedrucks mit entsprechender Fokussierung auf handelsorientierte Anlagestrategien führt.

Vor diesem Hintergrund ist zum einen zu untersuchen, in welchem Ausmaß alternative Fremdfinanzierungsformen aus der Perspektive des Kapitalangebots dem Kriterium der Dispositionsflexibilität genügen; zum anderen gilt es darzustellen, ob die Gewichtung dieses

---

1158 Vgl. Trautwein (1990), S. 202.

1159 Vgl. Wolf (1988), S. 116.

1160 Die genannten Anlageziele reflektieren nicht zuletzt regulatorische Anforderungen an die Qualität der deckungsstockfähiger Aktiva im Versicherungswesen. Vgl. hierzu Kapitel 8.3.2.

1161 Vgl. Klein (1996). S. 176. Dies gilt beispielsweise im Hinblick auf ein notwendiges Mindestvolumen plazierter Wertpapiere oder auf die Notwendigkeit einer Börsennotierung.

Kriteriums innerhalb des Entscheidungsschemas der betrachteten Anlegergruppen im Zeitverlauf wahrnehmbarer Veränderungen unterlag.

Es läßt sich feststellen, daß öffentlich plazierte High-Yield Anleihen aufgrund ihrer Standardisierung und Fungibilität den Anforderungen der Dispositionsflexibilität grundätzlich am besten genügen.[1162] Insbesondere bietet ein liquider Sekundärmarkt dem Investor die Möglichkeit, kurzfristig Finanzierungsbeziehungen zu beenden, und die mit der Investition in Verbindung stehenden Zahlungsströme an die eigene Mittelsituation anzupassen. Darüber hinaus erlaubt der öffentliche Handel dem Anleger Reaktionen auf erwartete Bonitätsverschlechterungen oder geänderte Rahmenbedingungen, die alternative Anlageformen attraktiver erscheinen lassen. Gleichfalls eröffnet ein liquider Sekundärmarkt erst die Möglichkeit, handelsorientierte Strategien durchzuführen.

Privatplazierungen bieten dagegen den Vorteil, daß die mit der Anlageentscheidung im Zusammenhang stehenden Zahlungsströme weitestgehend vorhersehbar werden. Dies gilt insbesondere vor dem Hintergrund, daß Kündigungsrechte des Schuldners im Unterschied zu öffentlich begebenen Anleihen regelmäßig ausgeschlossen werden.[1163] Dieser Sachverhalt erweist sich aus Investorenperspektive dann als besonders vorteilhaft, wenn die eigene Mittelsituation in einem hohem Maße prognostizierbar ist, wie dies für Lebenversicherungen, deren Auszahlungen pro Periode weitestgehend konstant bleiben, anzunehmen ist.[1164] Darüber hinaus spielten handelsorientierte Investmentstrategien für Lebensversicherungen bis Ende der siebziger Jahre lediglich eine untergeordnete Rolle.[1165] Somit boten privat plazierte Anleihen für diese Investorengruppe die erforderlichen nutzenstiftenden Eigenschaften, auf deren Grundlage Anlageentscheidungen getroffen wurden.[1166]

Die dem Entscheidungschema der Anlegerseite zugrundeliegenden Rahmenbedingungen erfuhren im Verlauf der Herausbildung eines liquiden High-Yield Marktes durch strukturelle Reformen des US-amerikanischen Finanzsystems weitreichende Veränderungen. So führte der Erlaß des *Employee Retirement Income Security* Act im Jahre 1974 zu einer grundlegenden Verlagerung institutionell verwalteter Vermögensbestände. Erstmalig wurden US-amerikanischen Unternehmen Ansätze für die Beiträge zu Pensionsplänen, die für eine steuerrechtliche Anerkennung der Verwaltung eines rechtlich vom Unternehmen unabhängigen Treuhänders unterliegen müssen, gesetzlich vorgeschrieben.[1167] Gleichzeitig wurden im Rah-

---

1162 Vgl. hierzu auch Kapitel 7.2.1.3.

1163 Im Gegensatz hierzu beinhalten High-Yield Anleihen überwiegend Kündigungsrechte in Form einer Call Option des Emittenten. Vgl. hierzu Kap. 6.2.1.2.

1164 Vgl. Trautwein (1990), S. 202.

1165 Vgl. Shapiro (1977), S. 44 und 50.

1166 „Unlike publicly issued bonds, privately placed bonds can only be sold directly to a limited number of sophisticated investores, usually life insurance companies [...]. Moreover, privately placed bonds are held for investment purposes rather than for resale [...].“ Loeys (1986), S. 7.

1167 Vgl. Davidson (1990), S. 55.

men der privaten Altersversorgung durch steuerlich begünstigte Wertpapierfonds Anreize geschaffen, die in der Folgezeit zu einer verstärkten Konzentration des Geldvermögens bei Kapitalanlagegesellschaften beitrugen.[1168]

Neben dieser Verschiebung der relativen Dispositionsvolumina einzelner Investorengruppen wurde im Rahmen einer Lockerung aufsichtsrechtlicher Anlagevorschriften mit der Einführung der sogenannten „*prudent man rule*" der Verhaltensspielraum institutioneller Anleger signifikant erweitert.[1169] Zukünftig wurde die Einhaltung aufsichtsrechtlicher Mindestanforderungen an die Anlage von Pensionsgeldern nicht mehr an den Merkmalen einzelner Investments, sondern an der Gesamtheit aller Anlagen gemessen.[1170] Vor dem Hintergrund eines Diversifikationseffektes, der unter Annahme eines hohen Anteils unsystematischer Risiken von ausfallrisikobehafteten Unternehmensanleihen bei dieser Wertpapiergattung als besonders ausgeprägt zu vermuten ist,[1171] bedeutete diese Neuregelung eine wesentliche Besserstellung für Anlagen in High-Yield Anleihen.

Neben diesen regulatorisch bedingten Veränderungen der Rahmenbedingungen führten ökonomisch induzierte Umweltrestriktionen zu einer gestiegenen Gewichtung der Dispositionsflexibilität innerhalb des Entscheidungsschemas des Kapitalangebots. Die durch den Ölpreisschock im Winter 1973/1974 sowie die Änderungen der Stabilitätspolitik der US-Notenbank ausgelöste Verteuerung des Faktors Kapital und die dadurch gestiegenen Anreize zur Anlage in weniger zinssensitive Wertpapiergattungen ließ die Nachfrage nach High-Yield Anleihen, wie bereits im Zusammenhang mit der Entwicklung der relativen Finanzierungskosten dargestellt, weiter wachsen.[1172] Der Wunsch nach mehr Flexibilität im Aktivgeschäft von Finanzintermediären spiegelte sich in der gleichzeitigen Ausweitung des Marktes für Asset-Backed Securities wider, die in der Literatur als Symptom des verbreitet einsetzenden Verbriefungstrends interpretiert wird.[1173]

Der zunehmende Marktumfang trug dabei gleichfalls zu einem erhöhten Diversifikations- und Handelspotential bei, wodurch der Vorteil öffentlich angebotener High-Yield Bonds hinsichtlich des Verhaltensspielraums der Marktteilnehmer erneut gesteigert wurde. Zusätzlich konnten die mit dem Erwerb von Privatplazierungen verbundenen rechtlichen Hürden umgangen

---

1168 Vgl. Levi/Bencivenga (1990), S. 41.

1169 Vgl. Perry/Taggart (1988), S. 41. Zur Einhaltung der prudent man rule gilt, daß „[...] a fiduciary exercise descretion, prudence, and sound judgement in managing the assets of a third party." Gart (1994), S. 399.

1170 Der bisher allgemein gültige „security-by-security approach" wurde durch die Neuregelung durch einen „whole portfolio approach" abgelöst. Vgl. Fong/Fabozzi (1985), S. 39-42.

1171 Zur Diskussion der relativen Gewichtung von systematischen und unsystematischen Risiken eines High-Yield Portefeuilles vgl. Kapitel 3.3.2.3.

1172 Vgl. Kapitel 7.2.1.1.

1173 Vgl. Taggart (1988), S. 7. Zu den weiteren Ursachen des Verbriefungstrends vgl. Kapitel 6.3 dieser Arbeit.

werden.[1174] Diese Entwicklungen erklären die beobachtete Verdrängung von Privatplazierungen durch öffentlich gehandelte High-Yield Anleihen nach 1977, wie sie aus der folgenden Abbildung ersichtlich wird:

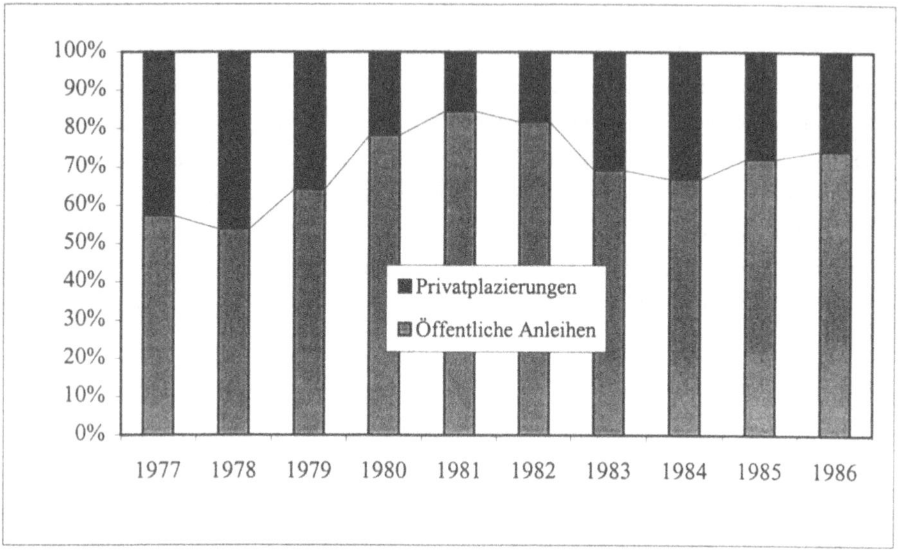

ABBILDUNG 17: VERTEILUNG ÖFFENTLICH UND PRIVAT BEGEBENER ANLEIHEN (1977-1986)[1175]

2.3 Rolle der Intermediäre

Der Rolle von Intermediären im Finanzierungsprozeß kommt im Zusammenhang mit der Erklärung der Entwicklung eines US-Marktes für hochverzinsliche Unternehmensanleihen aus zwei Gründen eine wesentliche Bedeutung zu: Zum einen führte eine Verknappung des Finanzierungsangebots durch Geschäftsbanken wie bereits dargestellt zu Ausweichreaktionen der Kapitalnachfrage. Die ursächlichen Faktoren für die gestiegene Zurückhaltung der Geschäftsbanken zur Vergabe langfristigen Fremdkapitals werden nachfolgend untersucht. Zum anderen ist davon auszugehen, daß Investmentbanken, deren emissionsbegleitende Leistungen sowie mögliche Verbundgeschäfte eine wichtige Ertragsquelle darstellen, eine Verdrängung indirekter Finanzierungsbeziehungen durch Kapitalmarkttransaktionen wesentlich gefördert haben. Die Entscheidungsschemata beider Gruppen von Marktteilnehmern werden im folgenden dargestellt.

1174 Rechtliche Hürden bestehen dabei insbesondere in Form von Anforderungen an die Anlageabsichten und den erforderlichen Wissensstand der Investoren in Privatplazierungen, von denen die Wertpapieraufsicht die Ausnahme von Registrierungspflichten abhängig macht.

1175 Quelle: Trautwein (1990), S. 178.

2.3.1 Geschäftsbanken

Aufgrund komparativer Vorteile bei der Bewertung und Steuerung von Risiken übernehmen Geschäftsbanken (*commercial banks*) in ihrer Funktion als Finanzintermediäre solche Risiken, die auf Unsicherheit bezüglich der Ausfallwahrscheinlichkeit von Schuldnern sowie der zukünftigen Zinsentwicklung beruhen. Für die Risikoübernahme verlangen Geschäftsbanken eine entsprechende Vergütung, die sich aus der Differenz zwischen den Zinserträgen aus Aktivgeschäften und ihren eigenen Refinanzierungkosten ergibt. Dieser, in der Theorie zur Bankenintermediation dargestellte Zusammenhang[1176] basiert auf der Gültigkeit zweier wesentlicher Prämissen: Zum einen wird unterstellt, daß Geschäftsbanken über einen komparativen Wettbewerbsvorteil bei der Analyse von Ausfallrisiken und deren Kontrolle verfügen, zum anderen wird von einer positiven Zinsdifferenz zwischen Aktiv- und Passivgeschäften ausgegangen, die notwendigerweise ausreichen muß, um das Eigenkapital der Bank zu erhalten.[1177]

Die auf regulatorische Eingriffe in die Marktstruktur zurückzuführende oligopolistische Stellung US-amerikanischer Geschäftsbanken im Kreditgeschäft bedingte zum einen eine entsprechend geringe Preiselastizität der Kreditnachfrage, zum anderen trugen administrativ fixierte Zinsobergrenzen im Einlagengeschäft verstärkt zur Generierung von Überschüssen bei, die eine Kompensation der Verluste aus Kreditausfällen ermöglichten.[1178] Zwei Entwicklungen am US-Kapitalmarkt führten seit Beginn der siebziger Jahre zu einer fundamentalen Veränderung der wettbewerblichen Situation von Geschäftsbanken: Zum einen führten technologische und institutionelle Entwicklungen dazu, daß sich der komparative Vorteil der Geschäftsbanken bei der Bewertung und Steuerung von Risiken tendenziell verringerte; dies zog eine verstärkte direkte Inanspruchnahme des Kapitalmarktes durch bonitätsmäßig einwandfreie Kapitalnachfrager nach sich[1179] und entzog den Geschäftsbanken eine relativ risikolose Ertragsquelle. Zum anderen verringerte sich die Zinsdifferenz zwischen Aktiv- und Passivgeschäft der Kreditinstitute. Die ursächlichen Faktoren für diese Veränderungen lassen sich wie folgt zusammenfassen:

(1) Verstärkter Wettbewerb unter den Geschäftsbanken

(2) Allgemeiner Trend zu Verbriefung (Securitisation)

(3) Verdrängung von Spareinlagen durch höherverzinsliche Anlageprodukte

Das US-amerikanische Bankensystem zeichnet sich seit 1927 durch eine gesetzlich vorgeschriebene geographische Segmentation aus, die vor dem Hintergrund der Stabilität des Finanzsystems Geschäftsbanken vor bundesweitem Wettbewerb im Kredit- und Einlagenge-

---

1176 Vgl. Kapitel 5.1

1177 Vgl. Sussmann (1988), S. 101.

1178 Vgl. US General Accounting Office (1988c), S. 8.

schäft schützen sollte.[1180] Umgehungsreaktionen auf gesetzlich bedingte Wettbewerbsverzerrungen führten schon während der fünfziger Jahre zur Bildung von Holdinggesellschaften, die ihr Kreditgeschäft über regionale Tochterbanken abwickelten. Verstärkt wurde diese Entwicklung durch den zunehmenden Konzentrationsprozeß im Bankengeschäft, der auf die zahlreichen Fusionen von Kreditinstituten im Verlauf der sechziger Jahre zurückzuführen ist. Zusätzlich nahm seit Beginn der achtziger Jahre der internationale Wettbewerb am Markt für Unternehmensfinanzierungen zu. So bedingte die Abschaffung der japanischen Restriktionen des Kapitalverkehrs im Jahre 1980 einen signifikanten Anstieg der verfügbaren institutionellen Finanzierungsmittel am Markt für syndizierte Kredite, der insbesondere im Zusammenhang mit Übernahmetransaktionen während der späten achtziger Jahre zu einem erhöhten Angebot günstiger Kredite führte.[1181]

Weiterhin trug ein allgemeiner Trend zur Verbriefung von finanziellen Ansprüchen zu einer Erosion der traditionellen Ertragsgrundlagen der US-Geschäftsbanken bei. Dieses Phänomen zeigt sich insbesondere bei der Entstehung des Marktes für Commercial Paper-Programme, die in direkter Konkurrenz zu kurzfristigen Bankkrediten von bonitätsmäßig guten Schuldnern stehen. Während im Jahre 1974 Bankkredite noch 59 Prozent der kurzfristigen Verbindlichkeiten US-amerikanischer Industrieunternehmen ausmachten, reduzierte sich dieser Anteil innerhalb von knapp zehn Jahren auf weniger als 24 Prozent.[1182] Gleichzeitig wurden durch das Wachstum des Eurobondmarktes seit Mitte der siebziger Jahre verstärkt syndizierte Großkredite durch handelbare und zunehmend liquide Schuldverschreibungen substituiert. Getragen wurden dieser Trend nicht zuletzt durch technologische Fortschritte, die computergestütze Wertpapieranalysen und Clearingfunktionen verbesserten.[1183]

Auf der Passivseite der Geschäftbanken führte hingegen eine zunehmende Verdrängung traditioneller Spareinlagen durch innovative Anlageformen zu erhöhten Finanzierungskosten der Finanzintermediäre. Das Aufkommen neuer Finanzierungsinstrumente wie beispielsweise Geldmarktzertifikate (*money market certificates*), höherverzinslicher Einlagenzertifikate (*certificates of deposit*) sowie Investmentfonds bedingte einen steten Rückgang der traditionellen Spar- und Sichteinlagen der Geschäftsbanken, die regelmäßig eine günstige Refinanzierungs-

---

1179 Der Finanzierungsanteil US-amerikanischer Geschäftsbanken im kurzfristigen Bereich sank von 90% im Jahr 1991 auf weniger als 50% im Jahr 1986. Vgl. Sussmann (1988), S. 101.

1180 Grundlage dieser geographischen Segmentation bildet der Mc Fadden Act aus dem Jahre 1927 sowie der Banking Act von 1933. Die zunehmende Verbreitung von staatenübergreifenden Bank Holding Companies zur Umgehung dieser Restriktionen führte 1956 zur Umsetzung des Bank Holding Company Act, der im wesentlichen die Kontrollrechte der Holdinggesellschaften beschränkte. Obwohl der Markt für Konsumentenkredite und Einlagengeschäfte insbesondere wegen hoher Transaktionskosten staatenübergreifender Geschäfte segmentiert blieb, gilt das Großkreditgeschäft am amerikanischen Bankenmarkt heute weitestgehend als bundesweit. Vgl. Gart (1994), S. 60f.

1181 Vgl. Gart (1994), S. 311.

1182 Vgl. Loyes (1986), S. 10.

1183 Vgl. Sussman (1988), S. 101 sowie Gart (1994), S. 318.

quelle darstellen.[1184] Neben einer Erhöhung der Finanzierungskosten bewirkte die Umschichtung in tendenziell kurzfristigere liquidierbare Anlageformen ein erhöhtes Zinsrisiko aus der Fristentransformation. Verstärkt wurde diese Entwicklung durch inflationäre Tendenzen während der siebziger Jahre, die in negativen Realzinsen auf Bankeinlagen resultierten und somit einerseits den Anreiz zur Umschichtung in höherverzinsliche Anlageformen verstärkten und darüber hinaus zu einer erhöhten Volatilität der Finanzierungskosten für die Geschäftsbanken führten.[1185] Der Gesetzgeber in den USA reagierte auf die zunehmenden Umgehungspraktiken[1186] durch partielle Deregulierung des Bankensektors, um dessen Wettbewerbsposition zu stärken.[1187] Zur Verbesserung der Kapitalbeschaffungsmöglichkeiten der Geschäftbanken wurde 1986 die gesetzliche Zinsfixierung auf Bankeinlagen (Regulation Q des Banking Act von 1933) abgeschafft, wodurch sich der Wettbewerbsdruck unter den Kapitalsammelstellen noch intensivierte.[1188]

Zusammengenommen trugen die drei dargestellten Entwicklungen wesentlich dazu bei, daß sich die Ertragssituation US-amerikanischer Geschäftsbanken aufgrund wettbewerblicher Nachteile zunehmend verschlechterte.[1189] Als Reaktion bot sich aus der Perspektive der Geschäftsbanken eine Konzentration auf ertragreichere und damit risikointensivere Geschäftsfelder an, die nicht von bankrechtlichen Restriktionen erfaßt wurden.[1190] Vor diesem Hintergrund ist das hohe Abschreibungsvolumen auf lateinamerikanische Kredite der Geschäftsbanken gegen Mitte der achtziger Jahre zu erklären.[1191] Gleichfalls konnte eine signifikante Aus-

---

1184 Vgl. Gart (1994), S. 290. Diese Entwicklung läßt sich beispielhaft am Aufkommen von geldmarktnahen Einlageprodukten darstellen. Nur drei Monate nach der Einführung sogenannter „Money Market Deposit Accounts“ im Dezember 1982 erreichten diese ein Gesamtvolumen von über US$ 300 Mrd. Dies entsprach einen Anteil von 15% an den gesamten Bankeinlagen. Vgl. Keeley/Zimmermann (1985), S. 614.

1185 Vgl. Perry/Taggart (1988), S. 40.

1186 An dieser Stelle sei auf den Mechanismus der im Rahmen der Theorie von Finanzinnovationen dargestellten „Regulatorischen Dialektik“ (Kapitel 6.2.2.3) hingewiesen. In der Literatur zur Deregulierung der US-amerikanischen Bankengesetzgebung wird gleichfalls von einem „regulatory lag“ gesprochen. Vgl. Sussman (1988), S. 103.

1187 Die Bestrebungen des US-amerikanischen Gesetzgebers zur Deregulierung und Verbesserung der Wettbewerbsposition der Thrift Industry wurden im Rahmen des „Depository Institutions Deregulation and Monetary Control Act“ von 1980 und des „Garn-St. Germain Act“ von 1982 umgesetzt. Die Zinsbegrenzung auf Bankeinlagen wurde durch eine Erweitertung (amendment) zu letzterem Gesetz fixiert. Vgl. Gart (1994), S. 81f.

1188 Vgl. Betubiza/Leatham (1996), S. 1. Zahlreiche wissenschaftliche Studien untersuchen die Reaktionen des Kreditvergabeverhaltens US-amerikanischer Geschäftsbanken auf die gestiegenen und volatileren Refinanzierungskosten im Anschluß an die Deregulierung des Bankenmarktes. Dabei konnte festgestellt werden, daß zunehmend Kredite mit kürzeren Laufzeiten und geringeren Ausfallrisiken ausgereicht wurden. Vgl. ebenda, S. 3f.

1189 Eine umfangreiche Analyse der verschärften Wettbewerbssituation US-amerikanischer Geschäftsbanken im Einlage- und Kreditsegment bieten Auerbach/Hayes (1986), S. 85-107.

1190 Vgl. Endres (1997), S. 56.

1191 Ein alternativer Erklärungansatz für die gestiegenen Abschreibungen auf Kredite in den Bilanzen US-amerikanischer Geschäftsbanken führt diese auf die Reform der Richtlinien zur Bemessung des haftenden Eigenkapitals von Banken zurück. 1998 wurden von der US-Bankenaufsichtsbehörde „Comptroller of the Currency“ Änderungen bezüglich der Höhe und der Berechnungsmethodik des Haftungskapitals eingeweitung der durchschnittlichen Duration von Industriekrediten beobachtet werden, die mit entsprechend höheren Zinsrisiken aus der Fristentransformation einherging. Das erhöhte Risiko in den Bankbilanzen führte wiederum zu steigenden Kapitalkosten, wodurch der Securitisationsprozeß erneut an Dynamik gewann. Es kann somit trotz Verzicht auf eine empirische Verifikation des Rationierungsphänomens davon ausgegangen werden, daß der traditionelle Intermediationsprozeß der Geschäftbanken zunehmend durch strukturelle Veränderungen der Finanzindustrie gehemmt wurde und somit kapitalsuchende Unternehmen gezwungen waren, auf alternative Formen der Aufbringung von Fremdkapitel zurückzugreifen.

2.3.2 Investmentbanken

Im Zusammenhang mit alternativen Kapitalbeschaffungsformen gewinnt die Rolle der Investmentbanken in ihrer Funktion als Emissionshaus entscheidend an Bedeutung. Im Rahmen einer funktionsorientierten Analyse dieser Gruppe von Marktteilnehmern läßt sich zunächst zwischen einer Transaktions- und einer Informationsfunktion der Investmentbanken unterscheiden.[1192] Erstere bezeichnet die Unterstützung bei der Anbahnung, der Durchführung und der Dokumentation von Transaktionen, die sowohl hinsichtlich der Erstplazierung als auch im Zusammenhang mit Handelsgeschäften im Sekundärmarkt Relevanz erhält. Hierbei wird die Plazierungskraft[1193] der Emissionsbank auf dem Primärmarkt zu einer wesentlichen Voraussetzung für eine erfolgreiche Finanzierungstransaktion. Die Informationsfunktion der Emissionsbank umfaßt hingegen die Übermittlung glaubwürdiger Informationen über die Bonität des Emittenten an potentielle Anleger. Diese kann auf Grundlage direkter Kommunikation in Form von Analyseberichten, Anlageempfehlungen und Roadshows oder in indirekter Form durch Reputationstransfer erfolgen. Sie dient primär dem Abbau von informationellen Asymmetrien zwischen Emittent und Investor und bestimmt maßgeblich die Finanzierungskosten für den Emittenten.[1194]

Zur Darstellung des Entscheidungsschemas der Investmentbanken im Rahmen einer ertragswirtschaftlichen Analyse der Emissionstätigkeit werden im folgenden die vier im Zusammenhang mit dem Emissionsgeschäft stehenden Teilfunktionen näher untersucht:

(1) Risikoübernahme
(2) Distribution
(3) Beratung
(4) Handel

führt, die gemäß Kim/Kross dazu führten, daß Verlustrückstellungen zunehmend durch direkte Abschreibungen substituiert wurden. Vgl. Kim/Kross (1998), S. 69f.

1192 Vgl. Klein (1996), S. 233.

1193 Die Plazierungskraft wird bestimmt durch die Größe des inländischen und ausländischen Filialnetzes, der Zahl der betreuten Wertpapierdepots sowie der Anzahl und der Qualität der Kontakte zu institutionellen Investoren. Letzterer Aspekt dürft im Fall von High-Yield Anleihen von besonderem Gewicht sein.

1194 Vgl. hierzu die Ausführungen zu den Agency-Problemen der Fremdfinanzierung in Kapitel 4.1 dieser Arbeit.

Im Zusammenhang mit ihrer Risikoübernahmefunktion erwirbt die Investmentbank einen festgelegten Teil bzw. das Gesamtvolumen der zu emittierenden Wertpapiere zu einem festen Preis. Die emittierende Gesellschaft versichert sich somit gegen ein Absatzrisiko, welches aufgrund einer Restunsicherheit bezüglich der wahrgenommenen Bonität des Emittenten sowie kurzfristiger Marktzinsfluktuationen besteht. Für die Übernahme dieses Absatzrisikos verlangt die Investmentbank eine entsprechende Prämie in Form eines „*Underwriting Spreads*", der die Differenz zwischen Übernahme- (*proceeds to company*) und Plazierungspreis (*offering price*) darstellt. Die Höhe dieser Prämie korreliert regelmäßig negativ mit der Bonität und der Größe des Emittenten sowie dem Emissionsvolumen.[1195] Der Zusammenhang zwischen der Bonität des Emittenten und den Kosten für die Übernahmegarantie sowie mögliche Erklärungsansätze wurde bereits in Kapitel 6.2.1.1 dargestellt. Entsprechend bieten sich für eine Investmentbank überdurchschnittliche Ertragspotentiale bei der Emission von ausfallrisikobehafteten Unternehmensanleihen.

Die Distributionsfunktion der Investmentbank ergibt sich aus deren spezialisierter und regelmäßig weit gespannter Distributionsorganisation, wodurch eine Plazierung von hohen Volumina ermöglicht wird.[1196] Die Plazierungskraft eines Intermediärs auf dem Primärmarkt wird wesentlich von der Anzahl und der Qualität der Kontakte zu institutionellen Investoren geprägt.[1197] Im Zusammenhang mit der Distributionsleistung der Investmentbank wird die Informationsfunktion deutlich, da insbesondere bei erklärungsbedürftigen Produkten bzw. informationellen Asymmetrien hinsichtlich der Bonität eines Schuldners die Anlageentscheidung des Investors von den Analysefähigkeiten und der Reputation des Investmentbank beeinflußt wird. Für die Plazierung von Wertpapieren unter dem Anlegerpublikum erhält die Investmentbank eine Verkaufskommission, die i.d.R. geringer ausfällt als die Gebühren für eine Übernahmegarantie.

Im Rahmen der emissionsbegleitenden Aktivitäten einer Investmentbank übernimmt diese eine Beratungsfunktion gegenüber dem Emittenten, die sich primär auf die Wahl des geeigneten Finanzierungsinstruments sowie dessen Ausstattung und den Zeitpunkt der Plazierung erstreckt. Eng mit der Beratungsleistung verbunden ist die Kreation von innovativen Anleiheformen, die, wie im Folgenden noch darzustellen ist, eine wesentliche Stütze des Marktwachstums bildet. Die Investmentbank übt, analog zur Vermarktung im Rahmen der Plazierung unter instutionellen Investoren, einen signifikanten Einfluß auf das Entscheidungsschema der Kapitalnachfrager aus. Somit kommt ihr auch vor diesem Hintergrund eine unterstützende Rolle für das Aufkommen des modernen High-Yield Marktes zu. Die Beratung des Emittenten durch die Investmentbank stellt keine eigene Ertragsquelle dar, bildet jedoch die

---

1195 Vgl. Altman/Nammacher (1987), S. 49-55.

1196 Vgl. Weston/Brigham (1975), S. 405f.

1197 Vgl. Klein (1996), S. 234.

Grundlage für Verbunderträge aus der Durchführung weiterer Transaktionen wie beispielsweise Unternehmensübernahmen.[1198]

Die grundlegende Bedeutung ausreichender Liqudität im Sekundärmarkt wurde bereits im Zusammenhang mit dem Kriterium der Dispositionsflexibilität des Kapitalangebots herausgestellt.[1199] Aus Perspektive der emissionsführenden Investmentbank bildet der Handel im Sekundärmarkt, bei dem sie regelmäßig als Market Maker auftritt, eine weitere Ertragsquelle, wobei die Attraktivität von Handelsgeschäften negativ mit der Marktliquidität korreliert.[1200] Darüber hinaus bestimmt die Liquidität des Marktsegments für hochverzinsliche Unternehmensanleihen die Kapitalkosten der Emittenten.[1201] Hieraus wird ersichtlich, daß der Gruppe der Investmentbanken neben den bereits dargestellten Wirkungszusammenhängen auch aufgrund ihrer Funktion als Market Maker eine wichtige Rolle im Zusammenhang mit der Entwicklung eines funktionsfähigen High-Yield Marktes zukommt.

Es konnte somit gezeigt werden, daß die beteiligten Investmenbanken am US-Markt für High-Yield Anleihen eine wesentliche Funktion als Initiator und Katalysator des Volumenswachstums erfüllten. Zur Untersuchung der ursächlichen Faktoren, die zu einer verstärkten Bereitschaft der Investmentbanken zur Emission und zum Handel mit hochverzinslichen Unternehmensanleihen geführt haben, wird im folgenden das Entscheidungsschema dieser Gruppe von Marktteilnehmern dargestellt. Erneut ist hierbei zu beachten, daß den US-amerikanischen Investmentbanken aufgrund des *Glass-Stegall Act* von 1933 das Einlage- und Kreditgeschäft gesetzlich untersagt ist. Somit beschränkt sich die Analyse auf das Ertragspotential von High-Yield Emissionen und dem Handel mit diesen im Sekundärmarkt.

Im Mittelpunkt der Ziele des Emissionsgeschäfts einer Investmentbank steht die Erzielung größtmöglicher Gewinne.[1202] Neben diesem Formalziel ist zu beobachten, daß sich Investmentbanken oftmals an Emissionen beteiligen, die gegen das Ziel der Gewinnerzielung verstoßen.[1203] In diesem Fall kann davon ausgegangen werden, daß Prestige-, Marktanteilsüberlegungen oder die Gesamtkundenbeziehung Subziele darstellen, die mit einer langfristien Ertragsmaximierung durchaus vereinbar sind.

Es konnte bereits dargestellt werden, daß die Emissionsaktivität am Markt für High-Yield Anleihen der Investmentbank überdurchschittliche Gewinnpotentiale verspricht. Gleichzeitig

---

1198 So beliefen sich beispielsweise beim Emissionshaus DBL die Provisionseinnahmen aus Mandaten von Unternehmensübernahmen, die mit High-Yield Anleihen finanziert wurden, auf 25% der Gesamterträge. Vgl. Reich (1986), S. 82. Regelmäßig bildet die Finanzierungstransaktion die Voraussetzung für derartige Akquisitionen.

1199 Vgl. Kapitel 7.2.2.3 dieser Arbeit.

1200 Die Gewinne US-amerikanischer Investmentbanken aus dem Handel mit Wertpapieren überstiegen die Underwriting-Gebühren während der achtziger Jahre um bis zu 100%. Vgl. Law (1989), S. 13.

1201 Vgl. Amihud/Mendelson (1989), S. 223 sowie Fridson/Gao (1996), S. 20.

1202 Vgl. Herrhausen (1987), S. 330f., Kollar (1987), S. 65.

1203 Vgl. Lang (1993), S. 27.

bedingt die Übernahmefunktion der Emissionsbank regelmäßig ein erhöhtes Maß an Absatz- und Preisrisiken, die mit der Reife und Liquidität des Marktes tendenziell abnehmen. Neben diesen unmittelbaren ertragswirtschaftlichen Risiken bedeutet eine mißlungene Emission bzw. ein nachträglicher Zahlungsausfall des Schuldners einen wesentichen Reputationsverlust des emssionsbegleitenden Instituts. Es stellt sich die Frage, welche Ursachen dazu geführt haben, daß Investmentbanken zunehmend bereit waren, die mit der Emission von Subinvestment-Grade Anleihen verbundenen Risiken zu übernehmen. Auch hier dienen wettbewerbsorientierte Überlegungen zur Erklärung des Verhaltens dieser Gruppe von Marktteilnehmern.

Vor dem Hintergrund der seit 1978 zu beobachtenden allgemeinen Verringerung der Underwriting-Spreads im Emissionsgeschäft US-amerikanischer Investmentbanken[1204] bot sich insbesondere in den frühen Entwicklungsjahren des High-Yield Marktes für die beteiligten Investmentbanken eine Nischenstrategie an, die, wie bereits dargestellt, seit Mitte der siebziger Jahre von dem Emissionshaus DBL verfolgt wurde.[1205] Wie die nachfolgende Abbildung zeigt, bedingte der zunehmende Margendruck im Emissionsgeschäft bonitätsmäßig guter Schuldner und der zu beobachtende Erfolg früherer High-Yield Emissionen den Markteintritt weiterer Investmentbanken.

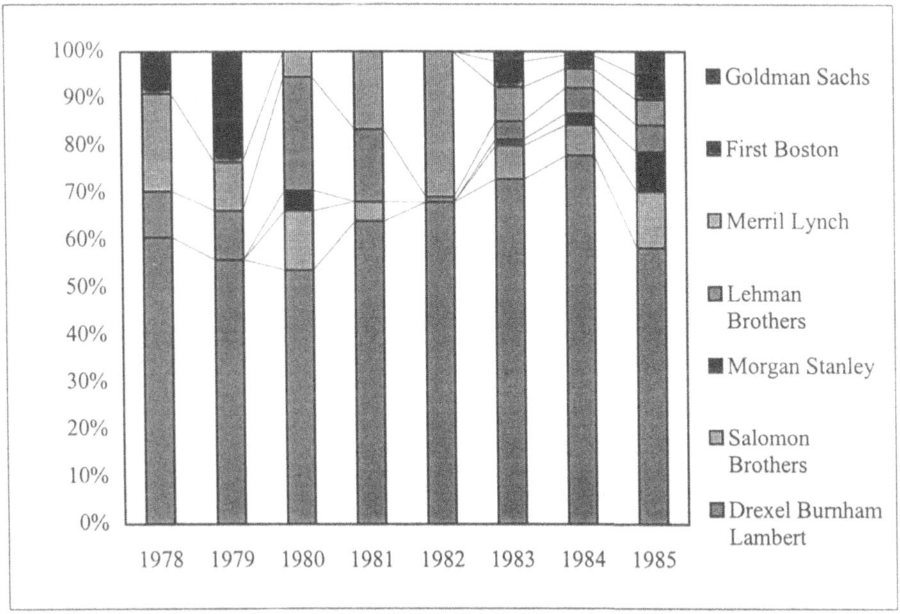

ABBILDUNG 18: EMSSIONSBANKEN AM US-HIGH-YIELD MARKT 1978-1985

1204 Vgl. Stahl (1988a), S. 193 sowie Auerbach/Hayes (1986), S. 123.

1205 Vgl. hierzu Kapitel 7.1.3 dieser Arbeit.

Der zunehmende Margendruck im Emissionsgeschäft der Investmentbanken läßt sich auf eine Vielzahl von Faktoren zurückführen, von denen vor dem Hintergrund der Übertragung des Erklärungsmusters auf den deutschen Markt drei wesentliche Entwicklungen hervorgehoben werden sollen.

Zum einen zeichnet sich seit Beginn der siebziger Jahre in USA ein Übergang von langfristigen Geschäftsbeziehungen (*relationship banking*) zu einer fallweisen Zusammenarbeit (*transaction based banking*) zwischen Investmentbanken und ihren Kunden ab, wobei die Mandatsvergabe des Kunden regelmäßig von der Attraktivität des Finanzierungsvorschlags abhängt.[1206] Dieser Trend wurde durch die primär wettbewerbspolitisch motivierte Einführung[1207] der sogenannten „Rule 415" (*shelf registration*) im Jahr 1982 intensiviert.[1208] Im Rahmen einer Registrierung unter Rule 415 wird es möglich, die Emission von Wertpapieren innerhalb eines Zeitraums von 2 Jahren nach der SEC-Registrierung zeitlich flexibel zu gestalten.[1209] Empirische Untersuchungen belegen seit Einführung von Rule 415 sinkende Emissionskosten für die Kapitalnachfrager,[1210] deren Ursache neben einem besseren Timing der Marktplazierung und einer Reduktion des Offenlegungsaufwandes ebenfalls in einem erhöhten Preiswettbewerb unter den emissionsführenden Investmenthäusern vermutet wird.[1211]

Auf der Anlegerseite zeichnete sich neben dem seit Beginn der sechziger Jahre überproportionalen Wachstum des Wertpapiervolumens an organisierten Kapitalmärkten und einer zunehmenden Komplexität der gehandelten Produkte insbesondere der Trend zur Institutionalisierung ab.[1212] Das Wachstum institutionell verwalteter Anlagemittel ist, wie bereits dargestellt, zu einem wesentlichen Anteil auf Veränderungen des regulatorischen Umfeldes zurückzuführen.[1213]

Mit der zunehmenden Konzentration der Nachfrage nach Finanzierungstiteln ging ein entsprechender Machtzuwachs der institutionellen Anleger bei den Plazierungsverhandlungen mit Investmentbanken einher, der den Ertragsdruck der Emissionshäuser zusätzlich intensi-

---

1206 Vgl. Law (1987), S. 15.

1207 Daneben stand die Wettbewerbsfähigkeit des US-Kapitalmarktes im Mittelpunkt der Gesetzesreform. Die restriktiven Anforderungen an das Registrierungsverfahren nach Maßgaben des Securities Act von 1933 führten zu einer zunehmenden Inanspruchnahme von außeramerikanischen (off-shore) Märkten zur Emission von Wertpapieren. Vgl. Auerbach/Hayes (1986), S. 124.

1208 Zunächst wurde Rule 415 für eine einjährige Probezeit durch die US-Wertpapieraufsichtsbehörde erlassen. Im Jahr 1983 entschied sich diese für eine permanente gesetzliche Grundlage, die jedoch im Vergleich zu den Anforderungen der früheren Version weitreichendere Auflagen beinhaltete. Vgl. hierzu Banoff (1984), S. 135-147.

1209 Vgl. Allen/Lamy/Thompson (1990), S. 276.

1210 Vgl. hierzu die Studien von Kidwell/Marr/Thompson (1984), Rogowski/Sorensen (1985) sowie Fung/ Rudd (1986). Allen/Davidson/Thompson relativieren hingegen die Ergebnisse früherer Untersuchungen, indem sie auf Verzerrungen der Auswahl der Stichproben hinweisen. Vgl. Allen/Lamy/Thomsen (1990), S. 286.

1211 Vgl. Auerbach/Hayes (1986), S. 143.

1212 Vgl. ebenda, S. 94f.

1213 Vgl. Kapitel 7.2.2.1.

vierte.[1214] Die zunehmende Institutionalisierung führte gleichzeitig zu einer Ausweitung des Handelsvolumens, wobei insbesondere von den handelsorientierten Anlagestrategien von spezialisierten High-Yield Fonds ein wesentlicher Beitrag zur Verbesserung der Sekundärmarktliquidität ausging. Der Ausbau ihrer Emissions- und Researchaktivitäten versprach den Investmentbanken somit zusätzliche Ertragspotentiale im Handelsgeschäft.[1215]

Wie bereits im Zusammenhang mit der Entwicklung des modernen High-Yield Marktes seit 1977 dargestellt,[1216] trug neben anderen Ursachenfaktoren die Verfügbarkeit großer Volumina institutionell verwalteter Mittel zu einem signifikanten Anstieg des Transaktionsvolumens von Unternehmensübernahmen bei. Der Restrukturierungsbedarf des US-amerikanischen Unternehmenssektors war vorwiegend auf realwirtschaftliche Faktoren zurückzuführen.[1217] Dies führte zum einen zu der Notwendigkeit zweckkonformer Finanzierungsformen, zum anderen ging hiervon ein wesentlicher Anreiz der Investmentbanken aus, sich verstärkt am Emissionsgeschäft von High-Yield Anleihen zu beteiligen, da hiervon entsprechende Verbundeffekte im Hinblick auf das M&A-Geschäft zu erwarten waren.

Zusammenfassend kann festgehalten werden, daß das Emissionsgeschäft am High-Yield Markt für Investmentbanken überdurchschnittliche Renditen versprach und somit insbesondere vor dem Hintergrund sinkender Grenzerträge im Bereich von Investment-Grade Anleihen einen wesentlichen Anreiz bot, die Marktentwicklung zu fördern. Es lag somit im Interesse der Investmentbanken, sowohl Kapitalnachfrager als auch Investoren von den Vorteilen dieser Wertpapiergattung zu überzeugen. Durch entsprechende Aufklärungsarbeit in Form von Analystentreffen und Research-Veröffentlichungen sowie der Bereitstellung von Liquidität im Sekundärmarkt übernahmen die beteiligten Investmentbanken eine wesentliche Katalysatorfunktion für die Entstehung eines funktionsfähigen Marktes für High-Yield Anleihen.

3 ZWISCHENFAZIT

Die Darstellung der Entwicklung des US-Marktes für hochverzinsliche Anleihen diente der Identifizierung der wesentlichen Umfeldfaktoren, mit deren Hilfe die Entwicklung des Marktsegmentes erklärt werden kann. Es wurden hierfür, anlehnend an den Ansatz TRAUTWEIN's zur Erklärung von Institutionen, die Entscheidungschemata der Kapitalnachfrager und -anbieter hinsichtlich deren unterschiedlicher Einflußgrößen untersucht. Die Grundlage dieser Entscheidungsschemata bildeten drei alternative Ausgestaltungsformen einer Finanzierungsbeziehung: Bankkredite, privat plazierte Anleihen und öffentlich gehandelte High-Yield An-

---

1214 Vgl. Berlin/Mester (1997), S. 2.

1215 Schätzungen zufolge wurden 1986 am Sekundärmarkt High-Yield Anleihen im Wert von US$ 240 Mrd. gehandelt. Dies entspricht unter Berücksichtigung der damaligen Marktkapitalisierung einer Umschlaghäufigkeit von 2,5 pro Jahr. Vgl. Taggart (1988), S. 20, FN 3.

1216 Vgl. Kapitel 7.1.3.

leihen. Aufgrund der dargestellte Präferenzverschiebungen konnte die Entstehung des High-Yield Marktes auf Basis einzelwirtschaftlichen Kalküls der Marktteilnehmer begründet werden.

An dieser Stelle wird betont darauf hingewiesen, daß eine Analyse der Umfeldfaktoren und deren Erklärungsgehalt für reale Phänomene am Kapitalmarkt aus zwei Gründen zu keiner einwertigen Schlußfolgerung führen kann: Zum einen ist das Wissen über nomologische Beziehungen zwischen Umfeldveränderungen und deren Auswirkung auf das wirtschaftliche Handeln von Marktteilnehmern nicht vollständig. Die Ergebnisse veränderter Entscheidungsschemata sind aus diesem Grund immer nur als Tendenzaussagen zu werten. Zum anderen überwiegt die Erkenntnis, daß die reale Vielzahl relevanter Entscheidungsfaktoren und deren Interdependenzen eine deterministische Abbildung der Wechselwirkung zwischen Entscheidungsverhalten und Umweltbedingungen nicht zuläßt. Dennoch konnten in den Ausführungen dieses Kapitels eine Vielzahl von Faktoren herausgestellt werden, auf deren Grundlage im nachfolgenden Kapitel eine Prognose der Entwicklungen am deutschen Kapitalmarkt erfolgt. In Analogie zur Strukur der vorangegangenen Analyse lassen sich diese Faktoren wie dargestellt systematisieren:

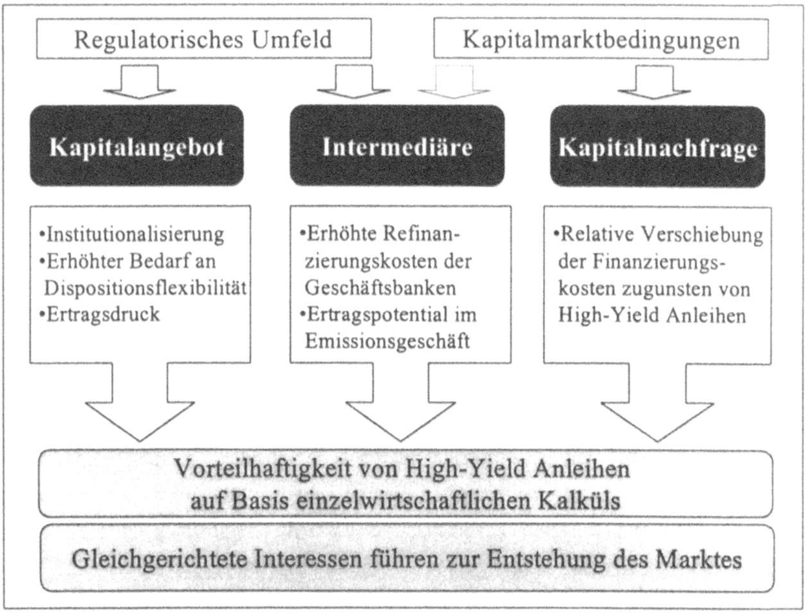

Abbildung 19: Erklärungsschema für die Entstehung des US-High-Yield Marktes

---

[1217] Eine ausführliche Analyse der Auslöser der verstärkten Restrukturierungsmaßnahmen und den hieraus resultierenden Verbesserungen der Wettbewerbsposition US-amerikanischer Unternehmen bietet Yago (1988), S. 119-131.

VIII Potentialanalyse des Marktes für deutsche High-Yield Anleihen

1 Vorbemerkungen

Im Rahmen der nachfolgenden Bewertung des Entwicklungspotentials eines Marktes für hochverzinsliche Unternehmensanleihen deutscher Emittenten besteht die Notwendigkeit einer Eingrenzung des zugrundeliegenden Marktsegments. Hieran anschließend wird ein Überblick über den deutschen Anleihemarkt gegeben sowie die in der Literatur vorwiegend genannten Ursachen für dessen geringen Entwicklungsstand dargestellt. Auf Grundlage dieser Erkenntnisse werden daraufhin die wesentlichen Faktoren identifiziert, die zur Prognose des weiteren Entwicklungsverlaufs herangezogen werden.

1.1 Marktabgrenzung

Neben der bereits in Kapitel 2.4 vorgenommenen Definition von High-Yield Anleihen als durch spezifische Eigenschaften gekennzeichnete Finanzierungsinstrumente besteht vor dem Hintergrund der Analyse einer Lösungsidee für die Problemstellung dieser Arbeit die Notwendigkeit einer Abgrenzung des Marktes, der als institutionelle Plattform eben dieser Finanzierungsinstrumente dient. Grundsätzlich stehen Emittenten für die Plazierung von Fremdkapitaltiteln die Segmente des Inlandsmarktes, des Euromarktes und des Auslandsmarktes für Anleihen zu Verfügung.[1218] Die Abgrenzung geschieht dabei in Literatur und Praxis nicht eindeutig, da die Grenzen dieser Märkte zunehmend verwischen.[1219] Trennungskriterien sind hierbei die geographische Herkunft des Emittenten sowie der wesentlichen Investoren, die Währung des Forderungstitels sowie der Ort des Sekundärhandels, d.h. des Börsenplatzes, an dem regelmäßig Kursfeststellungen erfolgen.[1220]

Festzuhalten ist zunächst, daß es sich im Rahmen der vorliegenden Arbeit um die Analyse einer Finanzierungsform von Unternehmen deutscher Herkunft handelt. Hierbei werden ausländische Tochterunternehmen in die Analyse miteinbezogen, da davon auszugehen ist, daß die Gestaltungsvariante einer Emission über ausländischer Tochterunternehmen entweder vor dem Hintergrund steuerrechtlicher Überlegungen geschieht oder zur Finanzierung ausländi-

---

1218 Darüber hinaus hat sich der Begriff der Globalanleihe zunehmend durchgesetzt. Es handelt sich hierbei um eine internationale Plazierung, die im Gegensatz zur Euroanleihe ebenfalls im Sitzland des Emittenten angeboten wird. Eine Trennung zwischen Euro- und Globalanleihen geschieht primär vor dem Hintergrund der mit einem inländischen Angebot verbundenen Registrierungspflicht am US-amerikanischen Markt. Vgl. Bosch/Groß (1998), S. 30.

1219 Dies gilt insbesondere in Hinblick auf eine Abgrenzung des Euromarktes. Vgl. Heilenkötter (1998), S. 1.

1220 Am Kriterium des Handelsortes wird sogleich die Problematik einer trennscharfen Abgrenzung der Marktsegmente für den Fall eines Verzichts auf ein Börsenlisting deutlich. Privat plazierte Anleihen werden dementsprechend gemäß ihrer Dokumentation in Anlehnung an die in der Praxis verwendeten Standards eingeordnet.

scher Geschäftseinheiten dient, die dem Konsolidierungskreis der deutschen Mutter angehören.

Grundsätzlich bietet sich diesen Unternehmen die Möglichkeit der Emission von Wertpapieren am inländischen oder an ausländischen Kapitalmärkten. Emissionen inländischer Schuldner am heimischen Kapitalmarkt werden der Gattung der Inlandsanleihen zugerechnet, wohingehen letztere als Auslandsanleihen bezeichnet werden.[1221] Anleiheemissionen an ausländischen Kapitalmärkten unterliegen den jeweiligen lokalen gesetzlichen Rahmenbedingungen, wie beispielsweise Registrierungs- und Offenlegungspflichten und den spezifischen Rechnungslegungsnormen. Inlandsanleihen hingegen unterliegen den inländischen Rechtsgrundlagen des Emissionsgeschäfts, die sich in aufsichtsrechtliche und sonstige öffentlich-rechtliche Vorschriften einerseits und Bestimmungen privatrechtlicher Natur andererseits einteilen lassen.[1222] Zu Ersteren zählen im wesentlichen die regulatorischen Rahmenbedingungen der Bankaufsicht sowie die Emissionsgenehmigung laut Börsengesetz. Letztere umfassen privatrechtliche Grundlagen des Aktiengesetzes, des Bürgerlichen Gesetzes und Handelsgesetzes sowie des Schuldverschreibungsgesetzes und die Bestimmungen zur Prospekthaftung.

Eine Sonderstellung nehmen Euroanleihen ein,[1223] die sich primär durch ein grenzüberschreitendes Anlegerpublikum auszeichnen. Euroanleihen können aus Perspektive des Emittenten entweder in Heimatwährung oder einer ausländischen Währung begeben werden. Die Plazierung erfolgt zu einem wesentlichen Anteil außerhalb des Sitzlandes des Emittenten durch ein internationales Bankenkonsortium.[1224] Die Besonderheit des Euromarktes für Anleihen besteht in der geringen Regulierungsdichte und Flexibilität dieses Marktsegments.[1225] Euroanleihen unterliegen ausschließlich selbstregulatorischen Anforderungen der Marktteilnehmer

---

1221 Man spricht in diesem Fall je nach Lokalität des Auslandsmarktes von „Yankee Bonds" (USA), „Bulldog Bonds" (England) oder auch „Samurai Bonds" (Japan).

1222 Vgl. hierzu Bosch/Groß (1998), S. 3-9.

1223 Die Bezeichnung „Euroanleihe" bzw. „Eurobond" stammt vom Begriff des Euromarktes, der sich im Laufe der siebziger Jahre zunehmend als Plattform für die Anlage ausländischer Guthaben entwickelte. In diesem Zusammenhang kamen den sogenannten „Petrodollars", d.h. Dollar-Einlagen bei europäischen Banken von Anlegern aus den erdölproduzierenden Ländern, eine bedeutende Rolle zu. Man untergliedert den Euromarkt hinsichtlich der Laufzeitsegmente in einen Euro- Geld-, Kredit- und Kapitalmarkt. Vgl. hierzu Storck (1998), S. 8f.

1224 Vgl. Bosch/Groß (1998), S. 29. Die Einschaltung eines internationalen Emissionskonsortiums stellt eine Voraussetzung für die Ausnahme von der Prospektpflicht gemäß § 4 VerkProspG. dar. Die hierzu erlassene Bekanntmachung des Bundesaufsichtsamtes für den Wertpapierhandel vom 15.4.1996 verlangt desweiteren, daß ein Angebot zu einem „[...] Prozentsatz von mindestens 50% in anderen Staates als dem des Sitzes erfolgen muß." Vgl. Bundesaufsichtsamt für den Wertpapierhandel (1996), S. 2.

1225 So wurden vielfach innovative Finanzierungsinstrumente (z.B. Floating Rate Notes) und -verfahren (z.B. Fixed Price Reoffer Verfahren) erstmalig am Eurobondmarkt eingeführt, bevor sie sich an den nationalen Inlandsmärkten durchsetzen konnten.

sowie den börsenrechtlichen Auflagen des Handelsortes. Hierbei stellen Luxemburg und London die zwei wichtigsten Börsenplätze für Euroanleihen dar.[1226]

Da sich, wie im weiteren Verlauf dieses Kapitels dargestellt wird, durch die Europäische Währungsunion seit 1999 eine zunehmende Integration der nationalen Finanzmärkte im Kreis der elf Mitgliedsländer abzeichnet, ist damit zu rechnen, daß in sich Zukunft die Grenzen zwischen Inlands- und Euroanleihen weiter auflösen werden. Betrachtet man die Finanzierungspraktiken deutscher Unternehmen am Anleihemarkt, so kommt dem Euromarkt schon zum derzeitigen Zeitpunkt eine wichtigere Rolle zu als dem deutschen Markt für Inlandsanleihen.[1227] Aus diesem Grund wird in der folgenden Untersuchung der Euromarkt als Plattform für hochverzinsliche Unternehmensanleihen zugrunde gelegt.

Ebenso entfällt mit der Einführung einer gemeinsamen europäischen Währung die Differenzierung nach unterschiedlichen Emissionswährungen am europäischen Anleihemarkt. Derzeit stellen der US-Dollar und das britische Pfund am Euromarkt die zwei am stärksten verbreiteten Emissionswährungen dar.[1228] Es ist jedoch davon auszugehen, daß mit zunehmender Liquidität eines Euro-denominierten Anleihemarktes die Dominanz dieser Währungen zunehmend schwindet. Somit konzentriert sich die folgende Potentialanalyse auf die Möglichkeit deutscher Emittenten zur Wachstumsfinanzierung durch High-Yield Anleihen in einem gemeinsamen europäischen Währungsraum.

1.2 Status Quo des Marktes für deutsche Unternehmensanleihen

Der deutsche Rentenmarkt nimmt mit einem Nominalvolumen von DM 3,7 Billionen im europäischen Vergleich mit Abstand die Spitzenposition ein; weltweit rangiert er hinter den USA und Japan an dritter Stelle.[1229] Die währungsbedingte Aufhebung der Segmentation nationaler Anleihemärkte innerhalb der Teilnehmergruppe der Europäischen Währungsunion seit 1999 hat einen Euro-Rentenmarkt geschaffen, der in Hinblick auf sein Volumen etwa 70 Prozent des US-Marktes erreicht.[1230] Dennoch zeichnet sich der europäische und insbesondere der deutsche Rentenmarkt durch eine Konzentration auf öffentliche Anleihen und Bankschuldverschreibungen aus. Dieses Phänomen ist symptomatisch für den hohen Intermediationsgrad der jeweiligen Finanzsysteme, der am Anteil des bankvermittelten Finanzierungsvolumens deutlich wird: Während am US-Finanzmarkt der Anteil von Bankkrediten am Brutto-

1226 Der Grund hierfür liegt neben steuerrechtlichen Überlegungen hauptsächlich in der geringen Regelungsdichte dieser Börsenplätze und ihrer guten Infrastruktur, vor allem der hohen Präsenz wichtiger Anlegergruppen.

1227 Vgl. hierzu Kapitel 8.1.2.

1228 Vgl. Heilenkötter/Jost (1998), S. 5.

1229 Vgl. Deutsche Bundesbank (1998d), S. 50.

1230 Vgl. Ruwisch (1998), S. 52.

inlandsprodukt lediglich 45 Prozent entspricht, beträgt dieser in Deutschland annähernd 100 Prozent.[1231]

Die unterschiedliche Zusammensetzung der Anleihemärkte wird bei einer Untersuchung der deutschen Emittentenstruktur besonders evident. Betrachtet man den Anteil der Unternehmensanleihen am deutschen Rentenmarkt, so ist eine offensichtliche Unterentwicklung dieses Marktsegmentes festzustellen: Mit lediglich 0,17 Prozent des Gesamtvolumens deutscher Rentenpapiere stellen Unternehmensanleihen eine vernachlässigte Wertpapiergattung sowohl im internationalen als auch im europäischen Vergleich dar. Wie die folgende Abbildung der Zusammensetzung des deutschen Anleihemarktes zeigt, wird dieser von Anleihen öffentlicher Schuldner und Kreditinstituten dominiert.

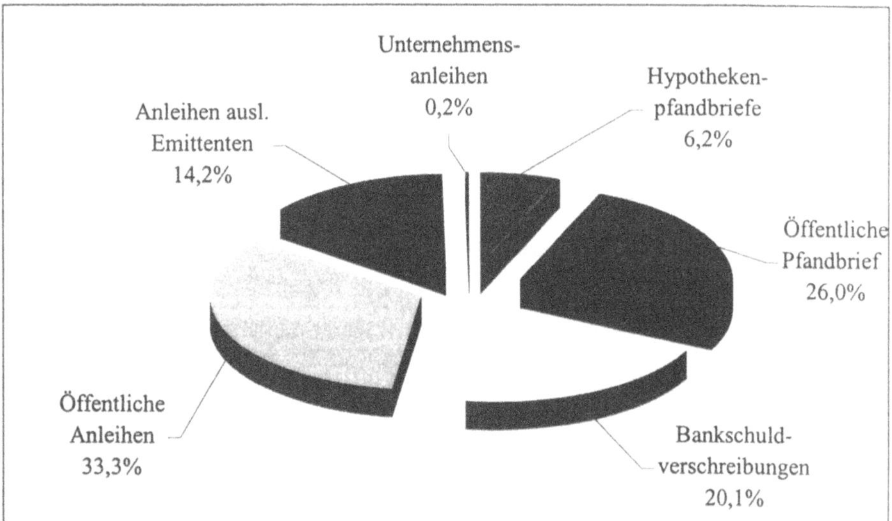

ABBILDUNG 20: ZUSAMMENSETZUNG DES DEUTSCHEN ANLEIHEMARKTES[1232]

Das Wachstum des deutschen Marktes für Inlandsanleihen wurde wesentlich vom Finanzierungsbedarf öffentlicher Haushalte im Zusammenhang mit der Wiedervereinigung gefördert.[1233] Zwischen 1989 und 1998 konnte sich das Volumen ausstehender Anleihen öffentlicher Schuldner annähernd verdreifachen. Ein wesentlicher Anteil der öffentlichen Finanzierung wurde dabei vom Bankensektor bereitgestellt, der sich wiederum überwiegend am Kapitalmarkt refinanzierte.

Der deutsche Inlandsanleihemarkt zeichnet sich durch einen im internationalen Vergleich hohen Anteil ausländischer Investoren aus. Das Volumen der von ausländischen Anlegern ge-

---

1231 Vgl. Brookes/Winkelmann (1998), S. 2.

1232 Quelle: Deutsche Bundesbank (1998d), S. 50.

1233 Vgl. Kaiser/Krämer/Herrmann (1997), S. 10.

haltenen öffentlichen Anleihen stieg nicht zuletzt aufgrund der im Vorfeld der Europäischen Währungsunion aufkommenden Zweifel an der Stabilität der neuen Währung sowie der Flucht in sichere Währungen zahlreicher institutioneller Investoren im Zusammenhang mit der Asien- und Rußlandkrise des vergangenen Jahres.

Die Anzahl deutscher Unternehmen, die sich Anfang 1998 am Inlandsmarkt fremdfinanzierten, beschränkte sich auf 11; dagegen umfaßte der Euromarkt 35 deutsche Emittenten mit dem zehnfachen Volumen ausstehender Finanzierungstitel. Ein bedeutender Anteil der Anleihen deutscher Emittenten am Euromarkt lautete dabei auf Währungen außerhalb des Euroraums.

Gründe für das weitaus größere Volumen von Euroanleihen deutscher Unternehmen sind vor allem steuerlicher und rechtlicher Natur.[1234] Darüber hinaus treffen Emittenten hier regelmäßig auf ein breiteres Spektrum von Investoren, die Kreditrisiken aufgeschlossener gegenüberstehen als der typische Investor am Inlandsmarkt. Die folgende Abbildung zeigt diesen Sachverhalt im Vergleich zu anderen wichtigen Teilnehmerstaaten der Währungsunion auf:

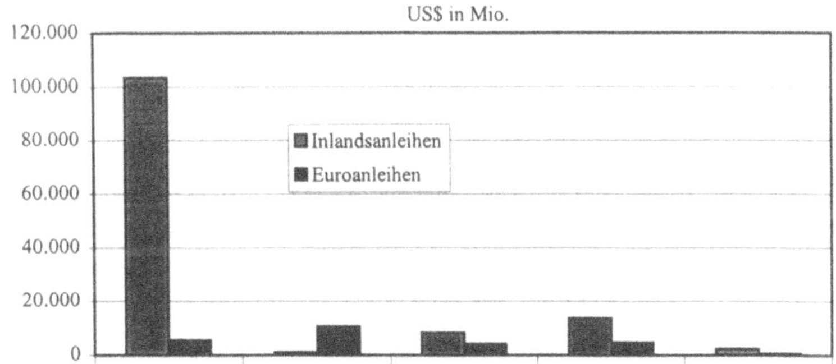

	Frankreich	Deutschland	Niederlande	Italien	Spanien
Inlandsanleihen	103.375	1.027	8.262	13.614	2.357
Euroanleihen	5.544	10.602	4.114	4.693	575

ABBILDUNG 21: UNTERNEHMENSANLEIHEN AUSGEWÄHLTER TEILNEHMERLÄNDER DER EUROPÄISCHEN WÄHRUNGSUNION[1235]

Insgesamt kann festgehalten werden, daß deutsche Unternehmen sowohl am Inlands- als auch am Euromarkt im Verhältnis zum nationalen Bruttoinlandsprodukt unterrepräsentiert sind. In den vergangenen Jahren haben jedoch sowohl die Anzahl der Neuemissionen deutscher Emittenten als auch das Volumen einzelner Anleihen merkbar zugenommen. Ein wesentlicher Faktor für diesen Trend stellt der Wunsch der Emittenten dar, die Investorenbasis für ihre Fremdkapitalbeschaffung zu verbreitern und somit eine größtmögliche Unabhängigkeit zu erlangen. Dabei ist zu vermuten, daß steuerrechtliche Aspekte bei der Entscheidung für den

---

1234 Vgl. Heilenkötter (1998), S. 3.

Euroanleihemarkt eine nicht unerhebliche Rolle spielten. Darüber hinaus bot dieses Marktsegment während der vergangenen Jahre weitaus vorteilhaftere Konditionen, wobei der allgemein hohe internationale Bekanntheitsgrad zahlreicher deutscher Unternehmen die Plazierung unter internationalen Investoren erleichterte.

1.3 Gründe für den geringen Entwicklungsstand des Marktsegments

Zur Erklärung des geringen Entwicklungstandes des deutschen Marktes für Unternehmensanleihen lassen sich institutionelle sowie kulturelle Ursachenfaktoren identifizieren.[1236] Während Letztere aufgrund ihres primär qualitativen Charakters im Rahmen wissenschaftlicher Untersuchungen umstritten sind, werden an dieser Stelle schwerpunktmäßig die institutionellen Faktoren dargestellt, um diese im nachfolgenden Kapitel hinsichtlich ihrer Stabilität und wechselseitigen Beeinflussung zu überprüfen.

Als wesentliche institutionelle Erklärungsfaktoren gelten:

(1) Hoher Intermediationsgrad des deutschen Finanzsystems

(2) Regulatorische Hindernisse

(3) Fehlen eines Marktes für Unternehmenskontrolle

Das deutsche Finanzsystem zeichnet sich, wie bereits mehrfach dargestellt, im internationalen Vergleich durch einen hohen Intermediationsgrad aus.[1237] Dieser manifestiert sich sowohl in der Höhe des anteiligen gesamtwirtschaftlichen Geldvermögens, das in Form von Einlagen und anderen Sparformen im Bankensektor gebunden ist, als auch im hohen Finanzierungsanteil deutscher Kreditinstitute im Unternehmenssektor. Aufgrund der geringen direkten Inanspruchnahme des Kapitalmarktes zur Fremdfinanzierung deutscher Unternehmen ist eine dem US-amerikanischen Anlagemarkt vergleichbare Kreditkultur[1238] nicht vorhanden. Gleichermaßen hat in der Vergangenheit die geringe Bereitschaft, unternehmensinterne Informationen öffentlich bereitzustellen, dazu beigetragen, daß sowohl Aktien- als auch Anleiheemissionen eine im internationalen Vergleich wenig genutzte Finanzierungsquelle darstellten.[1239] Vor diesem Hintergrund ist die geringe Verbreitung öffentlich zugänglicher Ratings bis vor weni-

---

1235 Quelle: Deutsche Bank Research (1998), S. 8.

1236 Vgl. Declève/Bernadi (1992), S. 387.

1237 Der Intermediationsgrad eines Finanzsystems wird durch den Quotienten aus dem Gesamtvermögen des Bankensektors und dem aller Finanzinstitute (Versicherungen, Kapitalanlagegesellschaften, Pensionsfonds) gemessen. Vgl. Schröder/Schrader (1997), S. 22.

1238 Zur Kreditkultur im Zusammenhang mit der Venture Capital-Finanzierung in Deutschland vgl. Bernet (1998), S. 175f.

1239 Im Zusammenhang mit der charakteristischen Scheu deutscher Unternehmen vor Publizitätspflichten und Mitbestimmungsrechten wird vielfach der Begriff der „Herr-im-Haus-Mentalität“ verwandt. Vgl. Bundesverband Deutscher Banken (1996), S. 10.

gen Jahren in Deutschland zu erklären. [1240] Erst die sich während der letzten zwanzig Jahre graduell vollziehende Verflechtung der internationalen Finanzmärkte[1241] hat dazu geführt, daß Ratings sich zunehmend auf Euromärkten durchgesetzt haben.[1242] Auf eine Vermarktung von Finanzierungstiteln im Sinne einer proaktiven Investor Relations-Politik wurde von deutschen Unternehmen aufgrund der weiten Verfügbarkeit von Bankkrediten[1243] weitgehend verzichtet.[1244]

Aus dem Fehlen öffentlich gerateter Unternehmensschuldner resultiert, daß am deutschen Anleihemarkt im Gegensatz zur Entwicklung des US-High-Yield Segments das Auftreten von Fallen Angels auch in rezessiven gesamtwirtschaftlichen Perioden ausblieb.[1245] Der in Amerika während der sechziger und siebziger Jahre aufkommende Sekundärmarkthandel mit herabgestuften Unternehmensanleihen stellte einen wesentlichen Impuls für die Entwicklung des Original High-Yield Marktes dar.[1246]

Eine Anpassung der Intermediationsstrukturen des deutschen Finanzsystems an die durch einen stärkeren Kapitalmarktbezug gekennzeichneten angloamerikanischen Verhältnisse wurde nicht zuletzt durch regulatorische Hindernisse verzögert. So führten erst zu Beginn der neunziger Jahre einsetzende Liberalisierungsmaßnahmen[1247] am deutschen Kapitalmarkt zu einer verstärkten Nutzung marktlicher Finanzierungsformen, die in der Vergangenheit aufgrund hoher Anforderungen an Emittenten und Emissionsverfahren sowie steuerlicher Benachteiligungen im Vergleich zu bankvermittelter Kapitalaufnahme keine Kostenvorteile versprachen. Durch die sogenannte Restliberalisierung im Jahr 1990 sowie die Umsetzung diverser Finanzmarktförderungsgesetze wurde die Attraktivität des Finanzplatzes Deutschland sowohl aus Emittenten- als auch aus Investorenperspektive signifikant verbessert.

1240 Für diese These spricht gleichermaßen die Tatsache, daß im Jahr 1997 etwa ein Drittel der von Standard & Poor's gerateten Unternehmen auf die Veröffentlichung verzichteten. Vgl. Crehan (1997), S. 22.

1241 Vgl. hierzu Kapitel 8.2.1.1.

1242 Moody's vergab erstmalig 1974 ein Rating für eine Eurobond Emission. In dem sich seit Mitte der siebziger Jahre entwickelnden Euro-Commercial Paper Markt gilt ein Rating als notwendige Voraussetzung. Vgl. Young/Diaz (1993), S. 22.

1243 Schröder/Schrader (1996), S. 23 stellen fest, daß deutsche Banken aufgrund ihres weit gestreuten Anteilsbesitzes an deutschen Industrieunternehmen in der Vergangenheit auch Schuldnern mit hohen Verschuldungsgraden Kreditmittel zu günstigen Konditionen einräumten.

1244 Eine IRES-Investor Relations Studie vom November 1998 ergab, daß 92% der deutschen Aktiengesellschaften dem Investor Relations heute einen weitaus höheren Stellenwert zurechnen als vor 10 Jahren. Vgl. GWP Media Marketing (1998), S. 9.

1245 Decleve/Bernardi (1992), S. 389 führen darüber hinaus an, daß es aufgrund der in Europa weit verfügbaren staatlich subventionierten Kredite für Wachstumsunternehmen das Phänomen der „Rising Stars" am Anleihemarkt nicht geben konnte.

1246 Vgl. hierzu Kapitel 7.1.3.

1247 Hierzu gehörten im wesentlichen die Abschaffung der Börsenumsatzsteuer (1990), die Genehmigung von Commercial Paper-Progammen (1991), das Inkrafttreten des Wertpapierverkaufs-Prospektgesetzes (1991), die Liberalisation von DM-Eurobond Emissionen (1992), die Einführung von Geldmarktfonds (1994) sowie die Veränderungen in Hinblick auf das Geschäftsfeld von Kapitalanlagegesellschaften (1994). Vgl. Mattern/Seifert/Streit/Voth (1997), S. 85f. Zu den aktuell anwendbaren Rechtsvorschriften zur Begebung von DM-Anleihen vgl. Harrer (1997), S. 5-17.

Als symptomatisches Merkmal deutscher Intermediationsstrukturen ist gleichfalls die historisch geringe Aktivität am Markt für Unternehmenskontrolle zu werten. Der weit gestreute Beteiligungsbesitz deutscher Banken sowie der geringe Anteil in Streubesitz befindlicher Aktien in Deutschland resultierte in den vergangenen Jahren in einem vernachlässigbaren Transaktionsvolumen von Unternehmensübernahmen. Darüber hinaus bot die Industriestruktur in Deutschland aufgrund des großen Anteils in Familienbesitz befindlicher mittelständischer Unternehmen wenig Akquisitionsziele potentieller Übernehmer. Eine branchenübergreifende Restrukturierungswelle, wie sie während des achtziger Jahre in den USA beobachtet wurde, fand in Deutschland auch aufgrund einer fehlenden Shareholder-Value Orientierung seitens der Unternehmensführung nicht statt.[1248] Wie bereits im Zusammenhang mit der Entwicklung des US-Marktes während der achtziger Jahre dargestellt, ging von dem gestiegenen Finanzierungsbedarf des Unternehmenssektors in Verbindung mit fremdfinanzierten Unternehmensübernahmen ein wesentlicher Impuls für die Emissionsaktivität am High-Yield Markt aus;[1249] eine vergleichbare Entwicklung deutscher Unternehmen konnte bis dato nicht beobachtet werden.

2 ANALYSE DER WACHSTUMSFAKTOREN

Hinsichtlich seiner Struktur und Qualität ist der deutsche Kapitalmarkt seit Beginn der neunziger Jahre von einer hohen Dynamik geprägt. Die seit Ende des zweiten Weltkrieges bewährten Strukturen des Finanzsystems wurden vor dem Hintergrund einer verstärkten Globalisierung und Institutionalisierung der internationalen Finanzströme sowie einem intensiveren Wettbewerb im realwirtschaftlichen Sektor von Wissenschaft und Praxis zunehmend in Frage gestellt.

Im Folgenden werden die Veränderungen der Rahmenbedingungen des deutschen Kapitalmarktes und die daraus resultierenden Anpassungen der Marktteilnehmer untersucht und in Hinblick auf die Erfolgswahrscheinlichkeit eines deutschen High-Yield Marktes bewertet. Vor dem Hintergrund der Verwirklichung der Europäischen Währungsunion am 1.1.1999 haben sich die Grenzen zwischen nationalen Teilmärkten des europäischen Finanzsystems in einigen Bereichen annähernd aufgelöst. Aus diesem Grund wird in der folgenden Analyse eine sinnvolle Trennung zwischen den deutschen und europäischen Kapitalmärkten nicht durchgehend möglich sein.

2.1 Veränderte Umfeldbedingungen des Kapitalangebots

In Analogie zur Untersuchung der Erklärungsfaktoren für die Entwicklung des US-High-Yield Marktes werden nachfolgend die Zusammensetzung und das Anlageverhalten des Kapitalangebots analysiert. Hierbei werden drei wesentliche Entwicklungstrends herausgestellt,

---

1248 Vgl. o.V. (1998b), S. 2.

1249 Vgl. Kapitel 7.1.3.

die sich auf die Zusammensetzung des Kapitalangebots, die Effizienz der institutionellen Rahmenbedingungen sowie schließlich den Prozeß der Anlageentscheidung beziehen.

2.1.1 Trend zur Institutionalisierung

Eine der grundlegendsten strukturellen Veränderungen an den internationalen Kapitalmärkten stellt die zunehmende Konzentration disponiblen Kapitals unter der Kontrolle institutioneller Investoren dar. Dieses als Institutionalisierung bezeichnete Phänomen prägt die veränderte Machtverteilung an den Märkten für Finanzierungstitel. Zu den wichtigsten Gruppen institutioneller Investoren zählen Kapitalsammelstellen in Form von Versicherungen, Kapitalanlagegesellschaften und Pensionsfonds sowie in einer weiten Abgrenzung auch Kreditinstitute und große Industrieunternehmen, die i.d.R. über erhebliche Anlagesummen verfügen und diese professionell an nationalen und internationalen Finanzmärkten disponieren.[1250] Institutionelle Investoren verfügten 1995 weltweit über ein Vermögen von mehr als US$ 20 Billionen und kontrollierten mehr als die Hälfte des gesamten Anleihe- und Aktienkapitals, das an den Börsen der G7-Länder gehandelt wurde.[1251]

Das Gewicht und die Verteilung auf unterschiedliche Gruppen institutioneller Anleger variiert innerhalb der Finanzsysteme der westlichen Industrieländer erheblich, wobei die Ursachen für nationale Differenzen primär im regulatorischen Umfeld der Finanzdienstleistungsbranche begründet liegen. Ein Vergleich der Vermögensbestände institutioneller Anleger im Verhältnis zum Bruttoinlandsprodukt wichtiger Industrienationen zeigt die nationalen Differenzen der Anlegerstrukturen und deren Entwicklung auf.

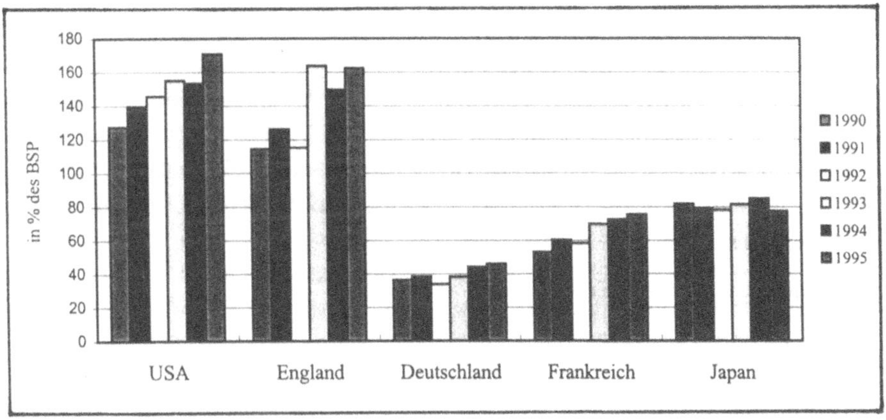

ABBILDUNG 22: VERMÖGENSBESTÄNDE INSTITUTIONELLER ANLEGER IM INTERNATIONALEN VERGLEICH [1252]

1250 Vgl. Deutsche Bundesbank (1998c), S. 56.

1251 Vgl. International Monetary Fund (1998), S. 180.

1252 Quelle: Organization for Economic Development (1997).

Während angloamerikanische Finanzmärkte sich durch eine überaus dominante Stellung institutioneller Investoren auszeichnen, bleibt die Bedeutung dieser Anlegergruppe insbesondere in Deutschland relativ gering. Dieser Sachverhalt liegt zu einem wesentlichen Anteil in der noch darzustellenden besonderen Struktur der deutschen Altersvorsorge begründet. Der geringe Anteil institutionell verwalteter Vermögensbestände läßt auf ein entsprechendes Nachholpotential schließen.

Trotz dieses Nachholpotentials nehmen institutionelle Investoren schon heute eine wichtige Position am inländischen Kapitalmarkt ein. Die Anteile ausgewählter Anlegergruppen am Gesamtumlauf deutscher Rentenwerte laut Depotstatistik der Deutschen Bundesbank zeigt diesen Sachverhalt auf:

	1980	1990	1996
Kreditinstitute	43,8 %	42,8 %	36,7 %
Versicherungen	11,7 %	9,4 %	6,1 %
Investmentfonds	5,0 %	6,1 %	9,6 %
Nichtfinanzielle Unternehmen	5,4 %	4,4 %	3,0 %
Ausländer	4,4 %	15,8 %	30,5 %
Institutionelle Investoren gesamt	**70,3 %**	**78,5 %**	**85,9 %**

TABELLE 15: ANTEIL INSTITUTIONELLER INVESTOREN AM DM-RENTENMARKT[1253]

Die Entwicklung des Gesamtanteils sowie dessen Verteilung auf unterschiedliche Anlegergruppen zeigt deutlich eine Zunahme des Gewichts institutioneller Anleger am deutschen Rentenmarkt seit Beginn der achtziger Jahre. Eine Besonderheit stellt hierbei das starke Wachstum des von ausländischen Investoren gehaltenen Vermögensanteils dar. Mit einem Wachstum von annähernd 100 Prozent gewinnt darüber hinaus die Gruppe der Investmentfonds an Gewicht. Eine Fortsetzung des Trends zunehmender Institutionalisierung des deutschen sowie des europäischen Kapitalmarktes wird aufgrund der folgenden Ursachenfaktoren zu erwarten sein:

(1) Demographische Entwicklung

(2) Technologisierung

(3) Deregulierung und Harmonisation

(4) Disintermediation

Die wohl bedeutendste Triebkraft für eine weitergehende Verlagerung zugunsten institutioneller Vermögensverwaltung stellt die <u>demographische Entwicklung</u> des Großteils der westlichen Industrienationen vor dem Hintergrund der strukturellen Schwäche der bestehenden Altersversorgungssysteme dar. Durch den absehbaren Anstieg des Durchschnittsalters der Bevölkerung dieser Ländergruppe wächst die Notwendigkeit des Aufbaus substanzorientierter Altersversorgungssysteme auf privater, betrieblicher und staatlicher Ebene. Während angloamerikanische Altersversorgungssysteme bereits heute zu einem Großteil auf kapitalisierenden Pensionsfonds basieren, zeichnet sich das deutsche System durch eine mehrheitlich nach dem Umlageprinzip finanzierte Alterversorgung aus.[1254] Die finanzielle Stabilität solcher auf laufenden Beitragseingängen basierten Umlageverfahren wird durch demographische Faktoren wie einer längeren Lebenserwartung und kürzeren Lebensarbeitszeiten[1255] zunehmend gefährdet und hat bereits zu erkennbaren Reaktionen der Rententräger wie auch der Versicherten geführt.[1256] Die Ausweitung der Nachfrage nach privaten Altersversorgungsplänen sowie politisch motivierte Strukturreformen belegen das gestiegene Problembewußtsein.

Diese Entwicklung fördert sowohl die private Kapitalakkumulation in Form steigender Mittelzuflüsse in Lebensversicherungen und alternativer Sparpläne von Kapitalanlagegesellschaften als auch eine zunehmende Ausgliederung der betrieblichen Altersvorsorge durch einen Abbau der als deutsche Besonderheit geltenden Pensionsrückstellungen großer Industrieunternehmen, die 1998 mit 57 Prozent den überwiegenden Anteil betrieblicher Altersversorgung ausmachten.[1257]

Die Verbreitung betrieblicher Pensionsfonds ist in Deutschland nicht zuletzt aus Gründen steuerlicher Diskriminierung gegenüber alternativen Formen der betrieblichen Altersversorgung im internationalen Vergleich gering. Während innerhalb der Gruppe der OECD-Länder seit 1990 ein durchschnittliches jährliches Wachstum der von Pensionsfonds verwalteten Mittel von 10,9 Prozent ermittelt wurde stand diesem eine Wachstumsrate von lediglich 7,9 Prozent in Deutschland gegenüber.[1258] Ein internationaler Vergleich der Gesamtvermögen nationaler Pensionssysteme im Verhältnis zum Bruttoinlandsprodukt der Länder zeigt die enormen Strukturdifferenzen noch eindrucksvoller auf. Hier stehen Quoten von 117 Prozent in der Schweiz solchen von 3 bis 6 Prozent in den Ländern Frankreich, Italien und Deutschland gegenüber. Dieser Kennzahlen dienen als Indikatoren des Nachholpotententials institutionell verwalteter Kapitalressourcen der Altersversicherung. Eine Mobilisierung dieser Reserve hätte erhebliche Auswirkungen auf die Struktur der betroffenen Kapitalmärkte, wodurch nicht zuletzt unterkapitalisierte Marktsegmente, wie das Segment für Unternehmensanleihen, signifikant profitieren könnten.

1253 Quelle: Deutsche Bundesbank (1998).

1254 Vgl. Finanzplatz (1998), S. 2, Deutsche Bank Research (1995), S. 3

1255 Zur Generationenbilanz vgl. Schnabel (1998), S. 21-23

1256 Vgl. Rosen (1997), S. 2,

1257 Vgl. Griffin (1997), S. 19 sowie Finanzplatz (1998), S. 13.

1258 Vgl. Blommestein (1998), S. 1.

Der Trend zunehmender privat initiierter Altersvorsorge in Deutschland zeichnet sich bereits an der veränderten Zusammensetzung des privaten Geldvermögens deutscher Haushalte ab. Hiervon profitierten in erster Linie Kapitalanlagegesellschaften, deren Anlagevolumen wie auch die Anzahl der von ihnen aufgelegten Fonds während der vergangenen Jahre ein signifikantes Wachstum verzeichnen konnten. Die Zunahme der von deutschen Kapitalanlagegesellschaften verwalteten Mittel und der zugelassenen Fonds ist in der nachfolgenden Abbildung dargestellt:

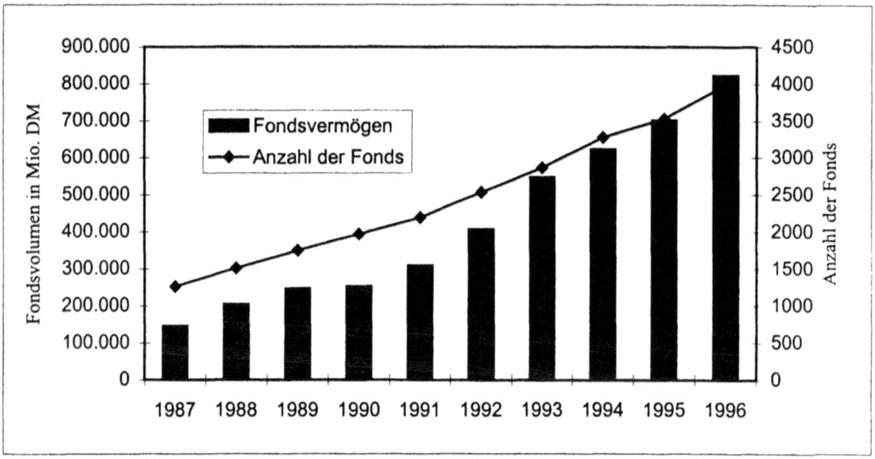

ABBILDUNG 23: GESAMTVERMÖGEN UND ANZAHL DER IN DEUTSCHLAND ZUGELASSENEN FONDS[1259]

Ein zweiter wesentlicher Trend ist in der zunehmenden Technologisierung des Informations- und Kommunikationsprozesses an internationalen Kapitalmärkten zu erkennen. Aufgrund vergrößerter Kapazitäten der Datenverarbeitung, einer schnelleren Datenübermittlung und der Ausweitung der verfügbaren Datenmengen werden zunehmend komplexe Investment-Produkte angeboten, die eine Erfüllung der Intermediationsfunktionen zu geringen Kosten bei hohen Eintrittsbarrieren ermöglichen. Die Konzentration der Branche wird durch hohe Degressionseffekte der Informationskosten weiter zunehmen.[1260] Gleichzeitig sinken dabei die Distributionskosten der Anbieter, da durch elektronische Medien der Vertrieb von Investmentprodukten immer weniger an die physische Präsenz von Verkaufsmittlern gebunden ist. Die Transparenz der Produktangebote wird weiterhin steigen und somit zu einer Intensivierung des Leistungswettbewerbs führen.

Insbesondere an solchen Finanzmärkten, deren Durchdringungsgrad durch institutionelle Investoren im internationalen Vergleich zurückliegt, wird die Beschleunigung der Liberalisie-

1259 Quelle: Hoppenstedt (1997), S. VIII.

1260 Vgl. Bloomstein/Funke (1998), S. 2.

rung und Harmonisierung rechtlicher Rahmenbedingungen zu einer Verstärkung des Institutionalisierungstrends beitragen. Dies gilt in besonderem Maße für die Finanzdienstleistungsbranche innerhalb der Europäischen Währungsunion.[1261] Mit dem grenzübergreifenden Angebot neuer Investmentprodukte ist damit zu rechnen, daß zunehmend traditionelle Bankdienstleistungen von der Gruppe sogenannter Non-Banks übernommen werden. Die Auswirkungen werden sich primär auf der Passivseite der Bankbilanzen wiederspiegeln. Somit ist eine Zunahme des Provisionsgeschäfts der Universalbanken auch in Zukunft zu erwarten.

Dies beschleunigt wiederum den schon begonnenen Prozeß der Disintermediation an den europäischen Finanzmärkten. In Deutschland hat sich der Anteil der Bankeinlagen am gesamten Geldvermögen privater Haushalte, wie aus der folgenden Abbildung ersichtlich, schon seit Anfang der achtziger Jahre kontinuierlich verringert. Gleichzeitig stieg der Anteil verbriefter Verbindlichkeiten der Kreditwirtschaft, was auf eine zunehmende Substitution der Bankenintermediation in Deutschland schließen läßt.

	Anteil der Bankeinlagen am Geldvermögen	Anteil verbriefter Mittel an den Verbindlichkeiten	
		Unternehmenssektor	Kreditwirtschaft
1970	52,4 %	30,9 %	17,3 %
1975	54,5 %	26,8 %	20,1 %
1980	52,4 %	21,4 %	21,1 %
1985	46,1 %	29,5 %	26,6 %
1990	44,5 %	25,3 %	24,1 %
1991	43,1 %	24,4 %	25,9 %
1992	43,0 %	23,9 %	27,3 %
1993	42,5 %	29,4 %	28,7 %
1994	41,5 %	32,5 %	28,2 %
1995	39,9 %	29,7 %	30,1 %
1996	39,2 %	31,1 %	31,1 %

ABBILDUNG 24: KENNZIFFERN DER INTERMEDIATIONSSTRUKTUR IM DEUTSCHEN FNANZSYSTEM[1262]

Aus der obigen Darstellung wird gleichermaßen ersichtlich, daß die zunehmende Verlagerung des deutschen Geldvermögensbestandes vom Bankensektor zu anderen Kapitalsammelstellen

1261 Ein wesentlicher Schritt wurde mit der Umsetzung entsprechender Richtlinien zu Harmonisierung des Investmentrechts und der Einführung des sogenannten „Europäischen Passes" vollzogen. Hierdurch können Investmentgesellschaften ihre Produkte nach Zulassung im Heimatland grenzübergreifend in Ländern der Europäischen Gemeinschaft anbieten, ohne den nationalen Zulassungsbedingungen genügen zu müssen. Vgl. C&L Deutsche Revision (1998), S. 248-253

1262 Quelle Deutsche Bundesbank (1998c), S. 59.

bis dato zu keiner signifikanten Veränderung der Kapitalbeschaffung des Unternehmenssektors geführt hat. Der Anteil verbriefter Forderungen am Gesamtbestand der Verbindlichkeiten deutscher Industrieunternehmen ist über den betrachteten Zeitraum nur marginal gestiegen. Diese Feststellung deckt sich mit der bereits dargestellten Unterentwicklung des deutschen Marktes für Unternehmensanleihen. Eine entsprechender Trend zur Disintermediation des Aktivgeschäfts deutscher Banken ist jedoch aufgrund der zunehmenden Institutionalisierung als logische Konsequenz des verringerten Passigeschäfts abzusehen.

In direktem Zusammenhang mit dem zu beobachtenden Trend zur Institutionalisierung steht eine zunehmende internationale Verflechtung der europäischen und insbesondere der deutschen Kapitalmärkte. Während 1997 inländische Anleger im Volumen von DM 77 Mrd. Anleihen ausländischer Emittenten erwarben, wurden netto im gleichen Jahr Anleihen im Volumen von DM 122 Mrd. bei ausländischen Investoren plaziert.[1263] Dieser Trend wurde aufgrund der Asienkrise im vergangenen Jahr noch verstärkt, da ausländische Investoren primär in Anleihmärkte mit stabilen Währungen investierten.

Betrachtet man die Nominalvolumina der von Ausländern gehaltenen Wertpapiere am DM-Eurobond Markt, so wird die zunehmende Bedeutung dieser Anlegerklasse ersichtlich.

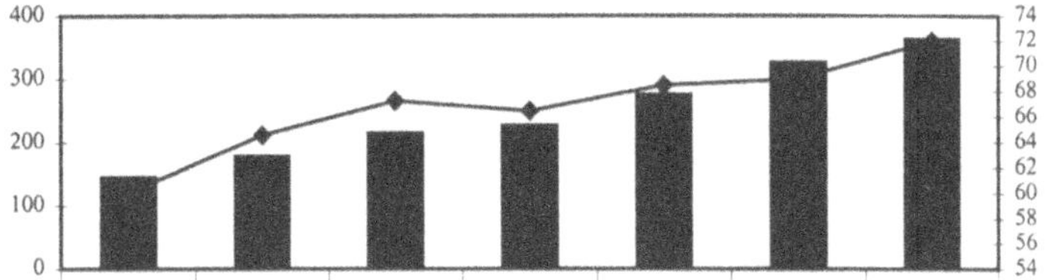

	1991	1992	1993	1994	1995	1996	1997
DM in Mrd	145,374	0X178,3	215,1	227	275,4	325,8	362,4
in %	60,1	64,6	67,3	66,5	68,5	69	72

ABBILDUNG 25: BEDEUTUNG AUSLÄNDISCHER ANLEGER IM DM-EUROBOND MARKT[1264]

Weiterhin stellen US-Investoren einen bedeutenden Anteil der Nachfrage am entstehenden europäischen High-Yield Markt dar. Dies ist nicht zuletzt auf eine Angebotsknappheit qualitativ guter hochverzinslicher Unternehmensanleihen am US-amerikanischen Markt bei gleichzeitigem Anwachsen der verfügbaren Mittel von High-Yield Fonds zurückzuführen. Ebenso hat die Entwicklung effizienter Swapmärkte zu einer steigenden Internationalisierung des Anlageverhaltens institutioneller Investoren geführt. Im Rahmen einer zunehmenden Globalisierung der Finanzmärkte erscheint eine grenzüberschreitende Diversifikation schon aus portefeuilletechnischen Gründen geboten. Bedenkt man, daß der Anteil US-amerikanischer

1263 Vgl. Deutsche Bundesbank (1998c), S. 62.

Portfolioinvestments im Ausland zur Zeit nicht mehr als 5 Prozent ausmacht, wird das zukünftige Potential grenzüberschreitender Investitionen ersichtlich.[1265]

Schließlich hat die Einführung der gemeinsamen europäischen Währung zu einer Veränderung der Zusammenstellung der insbesondere für institutionelle Anleger wichtigen Benchmarkindizes geführt.[1266] Es wird damit gerechnet, daß der Anteil der zur Gruppe der Teilnehmerländer des Euros zählenden Finanzmärkte auf 31 bis 34 Prozent der Gesamtgewichtung ausgeweitet wird.[1267] Vor diesem Hintergrund wird ein verstärktes Engagement außereuropäischer Anleger in europäischen Rentenwerten zur logischen Konsequenz.

2.1.2 Zunehmende Effizienz des Marktsegments

Durch den wachsenden Wettbewerbsdruck institutioneller Marktteilnehmer und die damit verbundenen strukturellen Veränderungen am Kapitalmarkt ist eine Zunahme der Effizienz der betroffenen Finanzmarktsegmente zu erwarten. Eine aus gesamtwirtschaftlicher Perspektive gebotene Verbesserung der Allokation des Produktionsfaktors Kapital wird in diesem Zusammenhang durch die drei Subziele der Marktvollständigkeit sowie der operationellen und informationellen Effizienz gewährleistet.

Trotz annähernder Vollständigkeit des deutschen Rentenmarktes in Bezug auf das Laufzeitenspektrum am Termin- und Kassamarkt für Anleihen öffentlicher Schuldner ist im Marktsegment für Unternehmensanleihen ein Defizit hinsichtlich des Angebots unterschiedlicher Merkmalsausprägungen zu erkennen.[1268] Dies gilt insbesondere im Hinblick auf die Marktgängigkeit von Kreditrisiken im unteren Bereich des Kreditspektrums, dem High-Yield Anleihen zuzurechnen sind. Durch den Wegfall des Währungsrisikos innerhalb der Gruppe der Teilnehmerländer der Europäischen Währungsunion ist mit einer steigenden Bedeutung von Kreditrisiken zu rechnen. Mit zunehmender Konvergenz der innereuropäischen Staatsanleihen bedingt das einzelwirtschaftliche Kalkül der Marktteilnehmer eine Ausweitung der Nachfrage nach Rentenwerten geringerer Korrelation. Diese Entwicklung läßt sich auch im Rahmen des dargestellen Modells von GREENBAUM/HAYWOOD auf Basis veränderter Eigenschaftenprofile der verfügbaren Anlagemöglichkeiten erklären.[1269] Weiterhin haben stark fallende Kosten der Kommunikation und Datenverarbeitung nicht nur, wie bereits dargestellt, die Kosten der Finanzdienstleistungen gesenkt, sondern gleichfalls über eine dadurch erleichterte Verarbeitung und Analyse von Informationen zu einer Zunahme der Produktvielfalt im Derivatehandel geführt, die tendenziell zu einer Verbesserung der Marktvollkommenheit beitrug.[1270]

1264 Quelle: Deutsche Morgan Grenfell (1998), o.S.

1265 Vgl. Löwe (1997), S. 136.

1266 Vgl. Brown (1998), S. 1

1267 Vgl. Deutsche Morgan Grenfell (1998), o. S.

1268 Vgl. Deutsche Bundesbank (1998c), S. 64f.

1269 Vgl. hierzu Kapital 5.2.2.2.

1270 Vgl. Löwe (1997), S. 134.

Eine Erweiterung der Markttiefe und -breite des Segments für Unternehmenanleihen kommt somit der Forderung institutioneller Anleger nach Diversifikationsmöglichkeiten nach. Wie bereits am US-High-Yield Markt empirisch nachgewiesen, stellt eine hinreichende Streuung des Kreditrisikos eine wesentliche Vorraussetzung für die langfristige Erzielung superiorer Renditen dar.[1271] Durch die verstärkte Emissionsaktivität am europäischen High-Yield Markt während der vergangenen zwei Jahre hat sich das Diversifikationspotential erheblich verbessert.[1272]

Operationale Effizienz beschreibt dagegen die Höhe der Transaktionskosten, die mit der Anbahnung, Durchführung und Abwicklung einer spezifischen Kaptialmarkttransaktion verbunden sind.[1273] Transaktionskosten bilden die Differenz zwischen Kapitalkosten des Emittenten und Rendite des Investors und bestimmen somit gleichermaßen die Wahrscheinlichkeit des Zustandekommens einer Finanzierungsbeziehung. Operationale Effizienz wird durch verfahrenstechnische Komponenten wie Informationskosten, Kosten der Teilnahme am Handel oder Clearingkosten sowie durch handelsendogene Komponenten wie Liquidität und Ausführungsgeschwindigkeit determiniert. Die Effizienz der verfahrenstechnischen Komponente ist mit der Entwicklung plattformübergreifender Handelssysteme und dem Fortschritt der technischen Infrastruktur zunehmend verbessert worden. Derartige Verbesserungen der operationalen Effizienz stehen in einem direkten Zusammenhang mit einem intensiveren Standortwettbewerb europäischer Finanzplätze.[1274] Auch hierbei entfällt durch den Wegfall der Währungsdifferenzen ein wesentlicher Kostenfaktor. Veränderte Wettbewerbsverhältnisse zwischen Anlegern, Emittenten und Finanzintermediären haben in diesem Zusammenhang wesentlich zu Strukturveränderungen beigetragen, die zur Förderung von Produktinnovationen, neuen Markttechniken und Verbesserungen der Infrastruktur führten.[1275]

Neben Gebühren und Provisionen, die beim Wertpapiergeschäft anfallen, kommt der Liquidität am Sekundärmarkt eine wichtige Rolle für das Entscheidungsverhalten von Investoren zu. Die Liquidität eines Wertpapiers bestimmt neben den direkten Intermediationskosten in Form von Handelsspannen gleichfalls die Wahrscheinlichkeit unerwünschter Preisausschläge aufgrund fehlender Markttiefe. Wesentliche Determinanten der Markttiefe sind das Emissionsvolumen sowie der Anteil des sogenannten „*Free Floats*“, worunter der Anteil der Gesamtvolumens verstanden wird, der zwischen Anlegern aktiv gehandelt wird. Hierbei ist festzustellen, daß bisherige Emissionen hochverzinslicher Unternehmensanleihen eine relativ geringe durchschnittliche Emissionsgröße aufwiesen, wodurch die Liquidität am Sekundärmarkt

---

1271 Vgl. Kapitel 7.2.2.2.

1272 Vgl. Bream (1998a), S. 63.

1273 Diese wurden bereits im Zusammenhang mit dem Erklärungspotential operationaler Ineffizienzen für Finanzmarktinnovationen im Rahmen des kapitalmarkttheoretischen Ansatzes Van Horne's beschrieben. Vgl. Kapitel 5.2.2.4.

1274 Zu den Verbesserungen der operationalen Effizienz des deutschen Finanzmarktes nach Einführung des zweiten Finananzmarktförderungsgesetztes vgl. Breuer (1994b), S. 444-448.

beeinträchtigt wurde. Es zeichnet sich hingegen ein Trend zu größeren Emissionsvolumina ab, der sich vor dem Hintergrund eines zunehmend größeren Investorenkreises verstärken wird.[1276] Darüber hinaus ist damit zu rechnen, daß mit einer Intensivierung des Wettbewerbs unter den emissionsführenden Investmentbanken, der sich aus zahlreichen Ankündigungen zur Geschäftspolitik einzelner Institute absehen läßt,[1277] eine verstärkte Bereitschaft zur nachträglichen Sicherung ausreichender Sekundärmarktliquidität einhergeht.[1278]

Als letzte der drei genannten Dimensionen der Kapitalmarkteffizienz kommt der Preis- und Informationseffizienz eine wesentlich Bedeutung für das Anlageverhalten an Kapitalmärkten zu. Voraussetzung hierfür bilden sowohl eine hinreichende Marktliquidität als auch das Vorhandensein notwendiger Bewertungsfähigkeiten der Marktteilnehmer.[1279]

Verschiedene Indikatoren[1280] deuten darauf hin, daß sich die Liquidität am deutschen und am europäischen Rentenmarkt während der letzten Jahre signifikant verbessert hat. Diese Beobachtung gilt allerdings in erster Linie dem Markt für Anleihen öffentlicher Schuldner, der nicht zuletzt durch den enormen Finanzierungsbedarf der Regierungen einen starken Volumenanstieg verzeichnen konnte. Es ist jedoch zu erwarten, daß ein Zusammenwachsen der bis zur Einführung eines gemeinsamen Währungsraums segmentierten nationalen Rentenmärkte positive Auswirkungen auf die Liquidität des Marktes für Unternehmensanleihen nach sich ziehen wird.[1281] Gleichzeitig wird mit einer weiteren Zunahme der im Markt gehandelten Anleihen unterschiedlicher Schuldner eine Vergleichsgrundlage geschaffen, die insbesondere die Preisfindung am Primärmarkt erleichtert. Die Verfügbarkeit einer verbreiterten Datenbasis zur Bestimmung notwendiger Renditeprämien für Bonitätsunterschiede am europäischen Markt für Unternehmensanleihen wird gleichfalls mit dem Verschwinden währungsbedingter Spread-Differenzen zu einer verbesserten Transparenz führen. Während am US-Markt eine Vielzahl von Benchmark-Indizes des High-Yield Segments laufend ermittelt werden, wurden erst im Laufe des vergangenen Jahres von einigen US-amerikanischen Investmenthäusern, die sich verstärkt im wachsenden Markt für Unternehmensanleihen in Europa positionieren wollen, erstmals Indizes für den europäischen High-Yield Markt entwickelt.[1282]

Eine weitere wesentliche Voraussetzung für einen preis- und informationseffizienten Markt bildet, wie bereits in Kapitel 3.3.3.2 dargestellt, eine hinreichende Fähigkeit des Anlegerpu-

---

1275 Vgl. Deutsche Bundesbank (1998c), S. 56.

1276 Vgl. hierzu Kapitel 8.3.

1277 Vgl. Kapitel 8.3.4.

1278 Vgl. Adams/Ball (1997), S. 33f.

1279 Vgl. Kapitel 3.4.2.

1280 Zur Messung der Liquidität werden regelmäßig das Umsatzvolumen sowie Volatilitätskennzahlen herangezogen, wobei letztere in Folge der asiatischen und lateinamerikanischen Finanzkrisen während des letzten Jahres stark verzerrt wurden.

1281 Vgl. Ruwisch (1998), S. 52.

1282 Hierzu gehören neue Indizes der Investmentbanken Lehman Brothers, J.P. Morgan sowie Merril Lynch. Vgl. o.V. (1998c), S. 24 sowie o.V. (1998d), S. 25.

blikums zur Bewertung von Kreditrisiken. Im Gegensatz zum US-amerikanischen Anleihemarkt fehlen europäischen Investoren derzeit die Analyseressourcen auf dem Gebiet des Kreditrisikos, da Anlagestrategien bis dato primär durations- und währungsgetrieben ausgerichtet wurden.[1283] Der europäische und in besonderem Ausmaß der deutsche Anleihemarkt werden weiterhin primär von Emittenten erstklassiger Bonität dominiert, weshalb Investitionen in Analysekapazitäten in der Regel vergleichbar gering ausfielen.

Die dargestellte Gewichtungsverschiebung notwendiger Analyseschwerpunkte zugunsten von Kreditrisiken wird von der zunehmenden Marktöffnung für internationale Investoren und Intermediäre verstärkt. Durch den aggressiven Markteintritt angloamerikanischer Investmentbanken und Fondsgesellschaften mit erheblichem Erfahrungswissen auf dem Gebiet der Kreditanalyse werden europäische Marktteilnehmer verstärkt zum Abbau dieses Defizits gezwungen. Die zunehmende Dominanz angloamerikanischer Institute konnte bereits am Eurodollar-Anleihemarkt beobachtet werden, an welchem sechs der zehn größten Emissionsführer (*Bulge Bracket*) US-amerikanischer Herkunft sind.[1284] Ein weiteres Symptom dieses Trends wird durch die in den letzten Jahren erkennbare Verbreitung innovativer Fremdfinanzierungsinstrumente, die am US-Kapitalmarkt bereits vor einigen Jahren etabliert wurden, deutlich. Dies gilt sowohl für den kreditsensitiven Bereich des sogenannten „*Structured Finance*“[1285] als auch für die Ausgestaltung von Anleihebedingungen.[1286]

Ein wesentlicher Impuls für die Zunahme der Informationseffizienz am europäischen Markt für Unternehmensanleihen wird von der zu erwartenden Verbreitung von Ratingurteilen ausgehen. Wie bereits dargestellt, ist der Verbreitungsgrad von Ratings insbesondere bei deutschen Unternehmen im internationalen Vergleich rückständig, da deutsche Emittenten in der Vergangenheit aufgrund einer ausgeprägten „*name recognition*“[1287] des Anlegerpublikums in den meisten Fällen auf ein neutrales Bonitätsurteil einer Ratingagentur verzichten konnten.[1288] Aufgrund der bilateralen Struktur von Finanzierungsbeziehungen im deutschen Finanzsystem überwogen in der Vergangenheit interne Bonitätsbewertungen der Kreditbanken. Vor dem Hintergrund tendenziell zunehmender grenzüberschreitender Finanzierungstransaktionen wird die Notwendigkeit unabhängiger Bonitätsbeurteilungen zur Ansprache des internationalen

---

1283 Vgl. Paul-Choudhury (1998), S. 33.

1284 Vgl. Gray (1997), S. 1.

1285 In diesem Zusammenhang ist beispielsweise die erste Transaktion zur Verbriefung von Kundenkrediten (Collateralized Loan Obligation) der Deutschen Bank AG im Juli 1998 zu erwähnen. Vgl. Herrmann (1998), S. 2.

1286 Hierzu gehören insbesondere Callable Bonds sowie sogenannte „Clawback Provisions“, die dem Schuldner ein Kündigungsrecht im Fall einer anschließenden Kapitalerhöhung bieten. Vgl. Goyal/Gollapudi/Odgen (1998), S. 213.

1287 Crehan (1997), S. 23.

1288 Dies gilt gleichfalls im noch jungen Markt für Commercial Paper-Programme in Deutschland. Aufgrund der Tatsache, daß vorwiegend deutsche Universalbanken, die mit den jeweiligen Schuldnern eine lange Kredithistorie aufgebaut haben, als Arranger derartiger Emissionsprogramme auftraten, wurde in der Vergangenheit häufig auf ein Rating verzichtet.

Investorenpublikums zunehmen. Das Risikobewußtsein der Anleger ist nicht zuletzt durch die Zunahme der Ausfallquoten in Krisenregionen während des letzten Jahres gestiegen. Gleichfalls wird damit gerechnet, daß sich eine Harmonisierung der aufsichtsrechtlichen Rahmenwerke nationaler Finanzmärkte in Hinblick auf die Offenlegung der Kreditrisiken von bilanzwirksamen sowie –unwirksamen Geschäften der Banken durchsetzen wird.[1289] Hieraus wird der Trend zu einer am US-Markt vorherrschenden ratingakzessorischen Kapitalmarktregulierung, der zu einer verstärkten Verbreitung von Ratings führen wird, deutlich.[1290]

Zusammenfassend kann festgehalten werden, daß mit einer weiteren Effizienzsteigerung am europäischen Markt für Unternehmensanleihen zu rechnen ist. Hierbei werden insbesondere die mit der Europäischen Währungsunion verbundenen Struktureffekte wesentlich zu einer Erhöhung der Liquidität und Transparenz der bis dato segmentierten nationalen Teilmärkte beitragen. Mit einer verbesserten Funktionsfähigkeit der Allokationsmechanismen werden vom Markt die wesentlichen Intemediationsfunktionen tendenziell besser erfüllt und die bis dahin vorherrschenden Vorteile alternativer Intermediationsformen verringert. Dies betrifft in erster Linie einen erleichterten Zugang junger Unternehmen zu marktlichem Risikokapital sowie eine verbesserte Informationsversorgung durch effiziente Marktpreise für Kreditrisiken. Traditionell von Banken übernommene Intermediationsfunktionen können somit kostengünstiger und allokativ effizienter durch marktliche Koodinationsmechanismen übernommen werden.

2.1.3 Steigender Performancedruck

Der dargestellte Trend zur Konzentration des Finanzvermögens deutscher Kapitalanbieter unter institutionellen Anlegern forciert den Wettbewerb um die Verwaltung des gesamtwirtschaftlichen Anlagevolumens. Hierbei kommt dem substitutiven Charakter der anlageverwaltenden Institutionen eine wesentliche Rolle zu, da eine zunehmende Transparenz des Marktes für Finanzdienstleistungen in Verbindung mit einer steigenden Preiselastizität der Nachfrage nach diesen Leistungen den Wettbewerb auf die relative Performance der Kapitalverwaltung reduziert. Darüber hinaus hat sich durch die Liberalisierung des Kapitalverkehrs, die Abschaffung nationaler Währungen innerhalb der Euro-Teilnehmerländer und die Harmonisierung der nationalen Zulassungvoraussetzungen europäischer Finanzdienstleister die Wettbewerbssituation zunehmend verschärft.

Die sich aus dieser Entwicklung ergebende Erhöhung des Performancedrucks institutioneller Anleger wird zu einer entsprechenden Veränderung der Bewertungsprozesses alternativer Fi-

---

1289 Vgl. Harris (1998), S. 9 sowie Bank for International Settlements (1997), S. 13.

1290 Bis dato wird an europäischen Kapitalmärkten ausschließlich in Großbritannien zur Ermittlung des vorgeschriebenen Haftungskapitals von Wertpapierhäusern auf Ratingurteile zurückgegriffen. Hier erfolgt beispielsweise eine Anrechnung von Investment Grad Anleihen auf das Haftungskapital eines Kreditinstituts in Höhe von 20% wohingegen Buchkredite mit 100% gewichtet werden. Vgl. Ascarelli (1998), S. 13

nanzanlagen führen, wodurch eine stärkere Orientierung auf Kreditrisiken zu erwarten ist. Diese These wird von den folgenden aktuellen Entwicklungen gestützt:

(1) Sinkende Kapitalmarktzinsen

(2) Wegfall des Währungsrisikos

(3) Zunehmende Konvergenz

Weltweit sind seit einigen Jahren stetig sinkende Kapitalmarktzinsen zu beobachten. Inflationäre Tendenzen sind in den meisten westlichen Industrieländern zunehmend in den Hintergrund geraten, wohingegen andere wirtschaftspolitische Ziele der Regierungen und Notenbanken, wie der Abbau des hohen Niveaus der Erwerbslosigkeit sowie die Stabilisierung des Wirtschaftswachstums, deren Fiskal- und Geldpolitik vorwiegend bestimmen. Das Zinsniveau von Regierungsanleihen und Titeln öffentlicher Schuldner hat einen historischen Tiefpunkt erreicht, wodurch das Erreichen zugesagter Renditen für institutionelle Anleger zunehmend in Frage gestellt wird.[1291] Diese Entwicklung hat schon seit Mitte der achtziger Jahre dazu geführt, daß verstärkt in risikoreichere Kapitalmarktsegmente investiert wurde, um die Gesamtperformance zu verbessern. In diesem Zusammenhang stieg insbesondere vor dem Hintergrund einer absehbaren Konvergenz der Kapitalmarktzinsen innerhalb des europäischen Währungsraums das Engagement deutscher Investoren in Regierungsanleihen geringerer Währungsstabilität.[1292] Darüber hinaus ist aufgrund der im Stabilitätspakt vereinbarten Verschuldungsgrenzen der Euro-Teilnehmerländer mit einem weiteren Rückgang der Staatsverschuldung über den Anleihemarkt zu rechnen.[1293] Dies zwingt Investoren erneut, in andere Segmente des Anleihemarktes vorzudringen, um einer Verengung dieses Marktsegments auszuweichen.

Die Einführung des Euros hat zumindest innerhalb des Kreises der Mitgliedsländer zu einem Wegfall des Währungsrisikos geführt, woraus sich die Notwendigkeit alternativer Möglichkeiten der Renditeverbesserung ergibt. Aufgrund der anhaltenden Instabilität außereuropäischer Schuldner wird damit gerechnet, daß institutionelle Investoren in Zukunft verstärkt in kreditsensitive Bereiche umschichten werden, um entsprechende Performanceverbesserungen zu erwirtschaften. Zusätzlich ist damit zu rechnen, daß durch die Auflösung der währungsbedingten Segmentation nationaler Kapitalmärkte die Portefeuillepolitik institutioneller Anleger zunehmend von der Kreditrisikoanlayse bestimmt wird, wohingegen durations- und währungsbasierte Anlagestrategien in den Hintergrund rücken. Die Umsetzung dieser Anlagepolitik wird im europäischen Umfeld durch die Hinfälligkeit aufsichtsrechtlicher Anlagebeschränkungen hinsichtlich Währungsrisiken erleichtert. Waren in der Vergangenheit insbe-

---

1291 Vgl. Heilenkötter (1998), S. 5.

1292 So hat sich beispielsweise der Renditespread zwischen italienischen Staatsanleihen und Bundesanleihen während der letzten drei Jahre um 600 Basispunkte reduziert. Vgl. Davies (1998), S. VI.

1293 Vgl. Kaiser (1998), S. 2. Die Nettoneuverschuldung der Teilnehmerstaaten der Europäischen Währungsunion ist bereits 1998 um knapp US$50 Mrd. gesunken. Vgl. Davies (1998), S. VI.

sondere Versicherungsunternehmen in Bezug auf den Anteil ihres Gesamtportefeuilles, der in Fremdwährungstitel investiert werden konnte, gesetzlich beschränkt,[1294] so ist diese nachfrageseitige Verzerrung des Marktmechanismus inzwischen der Realität eines gemeinsamen Rentenmarktes gewichen.

Schließlich ist davon auszugehen, daß eine weitere Zunahme der Konvergenz europäischer Anleihemärkte Kreditrisiken zum dominanten Baustein zukünftiger Diversifikationsstrategien des professionellen Asset Management werden läßt. Die bereits angesprochene graduelle Auflösung der Segmentation am europäischen Kapitalmarkt konnte bereits im Vorfeld der endgültigen Implementation der Einheitswährung beobachtet werden. Die zunehmende Substituierbarkeit öffentlicher Benchmark-Anleihen innerhalb der Gruppe der Euro-Teilnehmerländer manifestiert sich dabei zum einen in gesunkenen Renditedifferenzen zwischen den einzelnen Anleihemärkten, zum anderen in einer gestiegenen Korrelation der Märkte untereinander. Die folgende Tabelle zeigt letzteren Sachverhalt anhand des Gleichlaufs von nationalen Anleiherenditen mit dem deutschen Rentenmarkt auf:

	1994	1998
Frankreich	0,81	0,91
Italien	0,61	0,70
Spanien	0,69	0,83
Niederlande	0,93	0,96
Belgien	0,83	0,90
Irland	0,48	0,60

TABELLE 16: ENTWICKLUNG DER KORRELATION EUROPÄISCHER ANLEIHEMÄRKTE[1295]

Wie hieraus ersichtlich, stellten die untersuchten Anleihemärkte schon vor der Einführung eines einheitlichen Währungsraums enge Substitute dar, woraus zu schließen ist, daß eine effiziente Risikodiversifikation auf ausschließlich geographischer Basis innerhalb der Euro-Teilnehmerländer mit der eingetretenen Konvergenz der Märkte nicht mehr möglich ist.[1296] Somit sehen sich Fondsmanager im gestiegenem Maße gezwungen, Risikodiversifikationsstrategien innerhalb des Euro-Raums auf Kreditrisiken auszuweiten. Gleichzeitig verringern sich die Chancen einer Renditesteigerung von Anleiheportefeuilles durch Arbitragegewin-

---

1294 Vgl. Kaiser (1998), S. 2.

1295 Quelle: Goldman Sachs (1998a). Die Werte beziehen sich auf die die Überrenditen 10-jähriger Regierungsanleihen nach Bereinigung von Währungseffekten.

1296 Es ist davon auszugehen, daß auch innerhalb der Gruppe der Euro-Teilnehmerländer eine gewisse Restsegmentation bestehen bleibt, die primär auf strukturelle und steuerrechtliche Unterschiede der nationalen Märkte zurückzuführen ist. Zu den Ursachen einer unvollständigen Konvergenz der Euro-Kapitalmärkte vgl. Brookes/Winkelmann (1998), S. 3-12 sowie Kaiser (1998), S. 2-4.

ne.[1297] Ein Übertreffen des aus Perspektive des Portefeuillemanagers wesentlichen Benchmark-Index wird lediglich durch direktionale Handelsstrategien, d.h. durch das Eingehen eines höheren Zinsänderungsrisikos, oder eine stärkere Fokussierung auf Kreditrisiken möglich sein.[1298]

Hieraus resultiert eine verstärkte Nachfrage institutioneller Anleger nach Kreditrisiken, die das Wachstum eines europäischen Marktes für Unternehmensanleihen beschleunigen wird. Wie bereits im theoretischen Teil dieser Arbeit herausgestellt, bieten insbesondere ausfallrisikobehaftete Unternehmensanleihen aufgrund ihrer geringen Korrelation mit risikolosen Staatsanleihen ein hohes Diversifikationspotential gegenüber Zinsänderungsrisiken bei gleichzeitig hohem Anteil unsystematischer Risiken im Kreditbereich.[1299] Ein breit gestreutes Portefeuille aus Unternehmensanleihen verspricht somit superiore Renditen bei ausreichender Streuung der Ausfallrisken.

2.2 Finanzierungsbedarf der Kapitalnachfrage

Wie aus der obigen Analyse von Umfeldfaktoren ersichtlich wurde, läßt sich eine Vielzahl von Wirkungsmechanismen identifizieren, die tendenziell in einer erhöhten Nachfrage nach Unternehmensanleihen am europäischen Kapitalmarkt resultieren. Somit ist grundsätzlich zu erwarten, daß aufgrund eines zunehmenden Kapitalangebots die Finanzierungskosten für Emittenten entsprechend sinken und somit die Attraktivität disintermediärer Fremdfinanzierungsformen aus Perspektive der Unternehmensschuldner im Vergleich zur Bankfinanzierung steigt. Zur Untersuchung der Frage, ob vor dem Hintergrund geringerer Finanzierungskosten und einem besseren Zugang von marktlichen Fremdfinanzierungsformen eine graduelle Substitution von bankvermittelten Finanzierungsmitteln bzw. eine Erhöhung des durchschnittlichen Verschuldungsgrades des deutschen Unternehmenssektors aufgrund einer Ausweitung der Finanzierungskapazität zu erwarten ist, wird in den folgenden Kapiteln zunächst die Verfügbarkeit traditioneller Kreditformen analysiert, um anschließend die zu erwartende Veränderung des Finanzierungsbedarfs möglicher Emittenten von Unternehmensanleihen darzustellen.

2.2.1 Verknappung traditioneller Kreditformen

Die geringe Inanspruchnahme organisierter Kapitalmärkte deutscher Unternehmen zum Zwecke der Kapitalbeschaffung wird außer auf die dargestellten allgemeinen Strukurdefizite des Finanzsystems regelmäßig auf die traditionell geringen Kosten der Bankfinanzierung zurückgeführt. Letzlich handelt es sich dabei um eine zirkuläre Kausalkette, da die kostengünstige Kreditfinanzierung zu einem wesentlichen Teil auf die wegen unterentwickelter Alternativanlagen des gesamtwirtschaftlichen Geldvermögens geringen Refinanzierungkosten der

1297 Vgl. Heusinger (1999), S. 2.

1298 Vgl. Breuer (1998), S. 328 sowie Brookes/Winkelmann (1998), S. 2.

Kreditinstitute zurückzuführen ist. Insbesondere kann theoretisch nachgewiesen werden, daß der Prozeß der Kreditvergabeentscheidung mitunter endogen von strukturellen Komponenten des Kreditmarktes beeinflußt wird.[1300] Es stellt sich somit die Frage, ob vor dem Hintergrund der dargestellten Veränderung des Anlageverhaltens eine Anpassung der Kreditvergabepolitik deutscher Banken zu erwarten ist.

Wie bereits im Zusammenhang mit dem Disintermediationsprozeß am US-amerikanischen Finanzmarkt dargestellt, hängt die Ertragsstabilität des Bankensektors wesentlich vom Zugang zu kostengünstigen Refinanzierungsmöglichkeiten ab.[1301] Das für den deutschen Bankenmarkt charakteristische flächendeckende Stellennetz privater und öffentlicher Kreditinstitute diente in der Vergangenheit vor allem dem Zweck, einen hohen Anteil des Sparvolumens privater Anleger anzuziehen.[1302] In der Tat betrug dieser Anteil bis in die sechziger Jahre annähernd ein Drittel der Geldvermögensbildung inländischer Privathaushalte. Das Aufkommen alternativer Anlageformen und ein erhöhtes Renditebewußtsein haben zu einer signifikanten Verlagerung des Sparvolumens zu Lasten des Bankensektors geführt.

Die Diversifikation der privaten Geldanlage zu Lasten des traditionellen Banksparens läßt sich dabei auf zwei wesentliche Gründe zurückführen:[1303] Zum einen förderten die seit der Nachkriegszeit akkumulierten privaten Geldvermögen das Renditebewußtsein breiter Bevölkerungsschichten, welches zu einer erhöhten Ertragsorientierung betrug. Ein theoretisches Erklärungsmodell dieses Phänomens wurde bereits im Zusammenhang mit den nachfrageorientierten Ansätzen zur Begründung von Finanzinnovationen dargestellt.[1304] Zum anderen trugen inflationären Tendenzen währen der siebziger Jahre dazu bei, daß Privathaushalte verstärkt nach zinsattraktiveren Anlageformen suchten, um reale Verluste ihres Geldvermögensbestandes zu vermeiden.

Gewinner dieses Prozesses waren insbesondere Versicherungen und Geldmarktfonds, die dem Anleger regelmäßig höhere Renditen als Spareinlagen versprechen.[1305] Die folgende Abbildung zeigt diese Entwicklung auf:

1299 Vgl. Kapitel 3.3.2.3 und Kapitel 7.2.2.2 dieser Arbeit.

1300 Vgl. hierzu Riodan (1993), S. 328f.

1301 Vgl. Kapitel 7.2.3.1.

1302 Vgl. Endres (1997), S. 54.

1303 Vgl. Rehm (1992), S. 723

1304 Es handelt sich hierbei um die Einkommenseffekt-Hypothese im Rahmen des Modells von Greenbaum/Haywood. Vgl. hierzu Kapitel 7.2.2.2.

1305 Zur Entwicklung des internationalen Anlageverhaltens privater Haushalte vgl. Rehkugler/Voigt/Wolff (1993), S. 316-322.

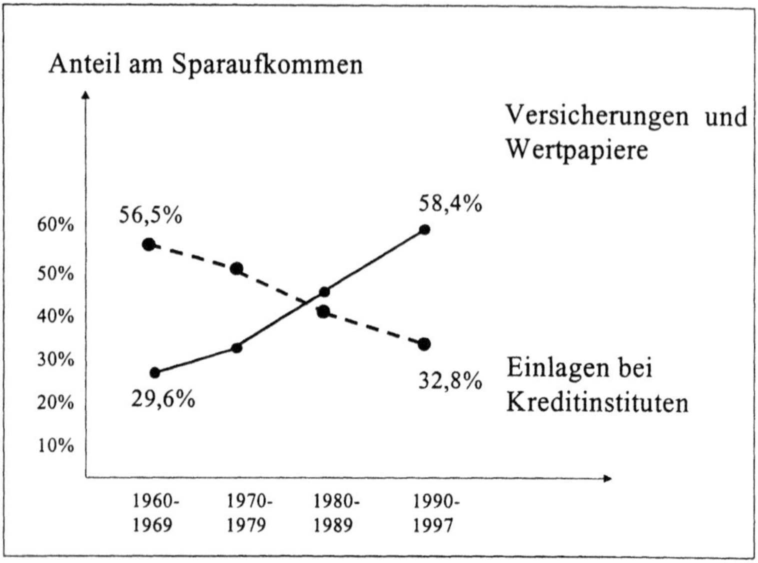

ABBILDUNG 26: ENTWICKLUNG DER ANTEILE AM SPARAUFKOMMEN DEUTSCHER PRIVATHAUSHALTE[1306]

Zusätzlich hat sich der Zinsüberschuß deutscher Kreditinstitute nicht zuletzt aufgrund einer zunehmenden Verflachung der Zinsstrukturkurve während der letzten Jahre signifikant reduziert.[1307] Die Entwicklung des Zinsgefüges führte vor allem dazu, daß Erträge aus der Fristentransformation im Jahr 1997 wegbrachen. Im Kreditgeschäft deutscher Banken war während der letzten Jahre zusätzlich ein Trend zu längerfristigen Ausleihungen erkennbar, welcher bei fristenkongruenter Refinanzierung den Margendruck noch intensivierte. So sank der Zinsüberschuß in Relation zum durchschnittlichen Geschäftsvolumen (Zinsspanne) auf einen Tiefstand von 1,5 Prozent.[1308] Gleichzeitig stieg der Provisionsüberschuß um fast 17 Prozent,[1309] was auf eine strukturelle Verlagerung der Disintermediationsleistungen deutscher Banken schließen läßt.

Mit dieser Entwicklung geht eine zunehmende Erosion der am deutschen Finanzmarkt traditionellen Hausbankenbeziehung einher. Der Konditionenwettbewerb unter den Finanzmittlern sowie eine ausgeweitete Angebotspalette alternativer Finanzierungsformen führten zu einer abnehmenden Loyalität in Finanzierungsbeziehungen. Aufgrund des hohen vertikalen Inte-

1306 Quelle: Deutsche Bundesbank (1999), S. 40.

1307 Die Zinsdifferenz zwischen festverzinslichen Wertpapieren mit Laufzeiten von bis zu 2 Jahren und solchen mit Restlaufzeiten von über 9 Jahren verringerte sich 1997 von 2,5 auf 1,1 Prozentpunkte.

1308 Vgl. Deutsche Bundesbank (1998b), S. 30.

1309 Vgl. ebenda, S. 30.

grationsgrades deutscher Universalbanken wurde die Preisgestaltung im Kreditgeschäft in der Vergangenheit durch eine Mischkalkulation auf langfristiger Basis geprägt:[1310] Günstige Kreditkonditionen erlaubten der Bank, den Schuldner als Kunden für weitere Bankdienstleistungen zu binden. Mit der Zunahme fallweiser Zusammenarbeit zwischen Schuldner und Bank wird einer auf Mischkalkulation basierenden Preisgestaltung im Kreditgeschäft die Grundlage entzogen. Schon heute kann in weniger als 20 Prozent der Geschäftsbeziehungen, bei denen die im Kreditgeschäft erwirtschafteten Erträge unterhalb der notwendigen Mindestrendite liegen, das verbleibende Geschäft einen kompensierenden Renditebeitrag erwirtschaften.[1311]

Die zunehmende Globalisierung von Finanzierungsströmen läßt eine grundlegende Strukturanpassung des deutschen Bankensystems erwarten. Dieser Prozeß setzte bereits im Vorfeld der europäischen Währungsunion ein und wird durch den Wegfall nationaler Währungen zunehmend beschleunigt. In diesem Zusammenhang lassen sich drei wesentliche Entwicklungstrends der Finanzdienstleistungsbranche identifizieren, von denen ausschlaggebende Impulse auf die zukünftige Geschäftspolitik zu erwarten bzw. schon eingetreten sind:

(1) Zunehmender Ertragsdruck
(2) Intensivierung des Wettbewerbs
(3) Konsolidierung der Finanzdienstleistungsindustrie

Fortschritte auf dem Gebiet der Informations- und Kommunikationstechnologie während der letzten 20 Jahre führten dazu, daß sich nationale Banken zunehmend an globalen Standards messen müssen. Ein internationaler Vergleich offenbart vor diesem Hintergrund das signifikante Rentabilitätsdefizit deutscher Geschäftsbanken. Unterschiedliche Profitabilitätskennzahlen der Bankindustrien westlicher Industrieländer zeigen diesen Sachverhalt deutlich auf:

	Return on Assets	Return on Equity	Cost-Income Ratio
USA	1,11 %	15,57 %	62,69 %
England	0,78 %	16,56 %	67,64 %
Spanien	0,61 %	10,26 %	65,75 %
Frankreich	0,29 %	8,26 %	71,89 %
Deutschland	0,20 %	7,34 %	70,97 %
Italien	0,20 %	5,00 %	74,73 %
Schweiz	0,08 %	2,14 %	70,40 %

TABELLE 17: PROFITABILITÄTSKENNZAHLEN VON BANKEN IM INTERNATIONALEN VERGLEICH[1312]

1310 Diese These wird insbesondere durch die hohe Varianz der geforderten Kreditmarge für Kredite annähernd gleicher Risikoklassen bestätigt. Eine derartige Preiswillkür wird als Beweis der relativen Ineffizienz des Marktsegments gewertet. Vgl. Sarkis/Leben/Sevet (1998), S. 662.

1311 Vgl. Drzik/Strothe (1997), S. 680.

1312 Vgl. Goldman Sachs (1998a), S. 4.

Aufgrund der geringen Eigenkapitalrendite deutscher Banken ist mit einer weiteren Zunahme des Ertragsdrucks durch Verwirklichung der Europäischen Währungsunion zu rechnen. Vor dem Hintergrund einer verstärkten Shareholder-Value Orientierung deutscher Aktiengesellschaften wird bei deutschen Kreditinstituten die Notwendigkeit einer Anpassung an internationale Profitabilitätsmaßstäbe zunehmen.[1313] Insbesondere ist davon auszugehen, daß Banken im bilanzwirksamen Geschäft erhöhte Anforderungen an die geforderte Rendite stellen werden. Ein verbessertes Controlling im Firmenkundengeschäft wird letzlich zu einer effizienteren Bewertung von Kreditrisiken führen,[1314] was eine Rationierung bzw. Verteuerung der traditionellen Kreditfinanzierung nach sich zieht.[1315] Darüber hinaus kann erwartet werden, daß mit der Verbesserung der Bewertungseffizienz des Marktes für Unternehmensanleihen eine zunehmende Konvergenz zwischen Kredit- und Anleihemärkten einhergeht, wodurch zusätzlicher Druck auf die überwiegend günstigen Kreditkonditionen in Deutschland entstünde.[1316]

Mit der bereits dargestellten Auflösung traditioneller Hausbankenbeziehungen zugunsten von transaktionsbasierten Geschäftsbeziehungen sowie einer fortschreitenden Harmonisierung und Deregulierung der europäischen Finanzdienstleistungsbranche geht eine Intensivierung des Wettbewerbs einher. Der Finanztheorie zufolge neigen Kreditinstitute in wettbewerbsintensiven Marktstrukturen eher zu konservativen Kreditvergabepraktiken.[1317] Dieses Phänomen läßt sich mit Hilfe informationsökonomischer Ansätze im Zusammenhang mit der Theorie zur Kreditrationierung begründen.[1318] Gleichzeitig ist festzustellen, daß mit einer Verringerung der Intensität von Geschäftsbeziehungen ein in der Literatur vorherrschender Erklärungsansatz zur Vorteilhaftigkeit intermediärer Finanzierungsformen entkräftet wird.[1319]

Schließlich ist damit zu rechnen, daß die bereits zu beobachtende Zunahme der Konsolidierung der Finanzdienstleistungsindustrie zu einer Veränderung der Intermediationsstrukur des deutschen Finanzsystems beitragen wird.[1320] Hierbei ist insbesondere auf den Verlust des „*home market advantage*"[1321] im europäischen Kontext seit Einführung der Währungsunion hinzuweisen, der den aktuellen Konsolidierungsdruck maßgeblich mitbestimmt.[1322] Grundsätzlich ist zwischen horizontalen und vertikalen Konsolidierungstendenzen zu differenzieren.

1313 Vgl. Young/Mayer/Sullivan (1996), S. 28f.

1314 Vgl. Burger/Buchhart (1998), S. 409f., die insbesondere einen zunehmenden Einsatz interner Ratings und neuronaler Netzte für die Steuerung des Gesamtrisikos der Banken vorhersagen.

1315 Zur Notwendigkeit risikoorientierter Bankpreispolitik vgl. Strötgen (1998), S. 330-333.

1316 Vgl. Davies/Luce (1998), S. 24 sowie Davies (1998), S. VI.

1317 Vgl. Riordan (1993), S. 347.

1318 Vgl. Kapitel 5.2.1 dieser Arbeit.

1319 Vgl. hierzu die Ausführungen zum „delegated monitoring" in Kapitel 4.1.3.

1320 vgl. Burchard/Bongartz (1998), S. 392f. Als wesentliche Ursachen hierfür werden genannt: Die hohe Kapitalintensität des klassischen Kreditgeschäfts, aufsichtsrechtlich bedingte Wachstumsbeschränkungen, der hohe Homogenitätsgrad der Kreditprodukte, die hohe Zinssensitivität des Geschäftsbereichs sowie Informationen als kritische Ressource des Bankgeschäfts.

1321 Mounts (1998), S. 1.

1322 Vgl. Breuer (1998), S. 328.

Horizontale Zusammenschlüsse, die primär von erwarteten Synergieeffekten durch Skalenerträge motiviert sind, werden insbesondere im hochfragmentierten[1323] Bankindustrien in Ländern wie Deutschland, Spanien, Italien und England als vorteilhaft bewertet und versprechen positive Auswirkungen auf die Ertragssituation der Institute.[1324] Vertikale Zusammenschlüsse hingegen werden vor allem von Verbundeffekten des Dienstleistungsangebots getrieben und haben seit Mitte der achtziger Jahre zu einer Anzahl von Übernahmen angloamerikanischer Investment Banken durch deutsche Universalbanken geführt. Derartige Zusammenschlüsse sind vor dem Hintergrund der Disintermediationsstruktur des deutschen Finanzsystems von besonderem Interesse, da sie als Symptom der Anpassung von Geschäftsstrategien deutscher Banken in Erwartung zunehmender Disintermediation am Kapitalmarkt zu werten sind. Gleichfalls führt eine zunehmende Schwerpunktverlagerung der Geschäftpolitik deutscher Banken zugunsten bilanzneutraler Provisionsgeschäfte zum Abbau von Interessenskonflikten bei der Emissionsberatung. Waren deutsche Geschäftsbanken in der Vergangenheit vor allem daran interessiert, Unternehmen als Kreditkunden an sich zu binden, so wird in Zukunft eine verstärkte Ausrichtung auf die Positionierung im Emissionsgeschäft zu erwarten sein.

Neben der für deutsche Industrieunternehmen dominanten Kreditfinanzierung über Hausbanken hat sich seit Beginn der achtziger Jahre ein Markt für international syndizierte Kredite (Euro-Kreditmarkt) herausgebildet, der als eine weitere Quelle der Fremdfinanzierung zunehmend an Bedeutung gewonnen hat.[1325] Diese im Rahmen eines Bankenkonsortiums ausgereichten Kredite stehen regelmäßig in Verbindung mit spezifischen Finanzierungsanlässen wie Übernahmen oder Projektfinanzierungen. Der Vorteil syndizierter Kredite liegt primär in ihrer Möglichkeit zur Mobilisierung großer Kapitalbeträge und ihrer flexiblen Gestaltbarkeit in Hinblick auf die Zahlungsmodalitäten.[1326] Syndizierte Kredite sind jederzeit durch den Gläubiger kündbar, werden variabel in Abhängigkeit eines Referenzsatzes verzinst und sind vorwiegend in Form von Kreditfazilitäten vereinbart, die gegen Zahlung einer Bereitstellungsgebühr die jederzeitige Inanspruchnahme bis zur Höhe der Kreditlinie ermöglichen.[1327]

Der Markt für syndizierte Kredite galt während der achtziger Jahre vorwiegend als Schuldnermarkt, da aufgrund hoher Liquidität des Bankensektors das Kreditangebot überwog und der Wettbewerb unter anlagesuchenden Banken zu äußerst attraktiven Konditionen aus Un-

---

1323 Die hohe Fragmentation des deutschen Bankenmarktes läßt sich am Anteil der fünf größten Institute am Gesamtmarkt darstellen. Dabei weist Deutschland mit 17% mit Abstand den geringsten Konzentrationsgrad im europäischen Vergleich auf. Italien (29%), Frankreich (47%), Großbritannien (57%) sowie die Niederlande (81%) zeichnen sich durch weitaus höhere Konzentrationsmaße aus. Vgl. Lee (1998), S. 13.

1324 In Deutschland konnte dieser Trend in den vergangenen Jahren insbesondere im Sparkassen- und Genossenschaftssektor beobachtet werden. Der Zusammenschluß von Bayerischer Vereinsbank und Hypo-Bank wurde gleichfalls durch Skaleneffekte motiviert. Vgl. Büschgen (1998), S. 181.

1325 Vgl. Storck (1998), S. 29f. International syndizierte Kredite (Eurokredite) werden in der Regel an eine Bank (Arranger) mandatiert, die nachfolgend eine Gruppe von weiteren Führungsbanken bildet, um Teilbeträge der Gesamtsumme am Markt zu plazieren.

1326 Vgl. Lehmann (1997), S. 4

1327 Vgl. Büschgen (1998), S. 242f.

ternehmensperspektive führte.[1328] Seit einiger Zeit ist jedoch ein Rückgang des Mittelangebots zu beobachten, welcher durch die Krisen in Rußland und Asien beschleunigt wurde.[1329] Mit Beginn der Bankenkrise in Japan wurde dem Markt für syndizierte Kredite Liquidität in Höhe von annähernd 20 Prozent entzogen,[1330] was zu einer marktübergreifenden Verschlechterung der Konditionen führte.[1331]

Parallel zu einer relativer Verteuerung bankvermittelter Finanzierungsformen am Euro-Kreditmarkt zeichnen sich zwei Entwicklungstrends ab, die zu einer tendenziellen Verringerung der Vorteilhaftigkeit intermediärer Finanzmittelaufbringung in Form von Syndikatskrediten führen: Zum einen wird das Plazierungsrisiko syndizierter Kredite zunehmend an den Schuldner zurückgegeben, zum anderen zeichnen sich im Geschäft mit inländischen Bankkonsortien restriktivere Kreditbedingungen ab.

Mit der bereits dargestellten Angebotsverknappung syndizierter Kredite geht eine grundlegende Verschiebung der Machtverhältnisse zwischen Kapitalanbietern und –nachfragern einher. Neben einer relativen Verteuerung syndizierter Kreditfazilitäten und dem Trend zu kürzeren Laufzeiten hat sich im internationalen Kreditgeschäft zunehmend eine Abkehr von Preiszusagen der arrangierenden Banken durchgesetzt.[1332] Diese Entwicklung läßt sich insbesondere an der verbreiteten Anwendung sogenannter „*Market-Flex*"-Klauseln in der Dokumentation von Kreditvereinbarungen erkennen. Derartige Vertragsbedingungen stipulieren eine flexible Konditionenfestschreibung, die der arrangierenden Bank die Möglichkeit einräumt, die endgültige Verzinsung kurzfristig vor der Plazierung innerhalb des Bankenkonsortiums an die aktuellen Verhältnisse anzupassen.[1333] Somit trägt der Schuldner das Zins- und Absatzrisiko des Konsortialkredits, wodurch eine an den Distributionskapazitäten orientierte Auswahl der arrangierenden Bank an Gewicht gewinnt.

Während in der Praxis angelsächsischer Konsortialbanken sogenannte „*Financial Covenants*" einen üblichen Bestandteil einer Finanzierungsbeziehung darstellen, wurden deutsche Kreditinstitute und Kreditnehmer in der Vergangenheit nahezu ausschließlich im internationalen

---

1328 Vgl. Peterson (1998), S. 56.

1329 Vgl. Bank for International Settlements (1997), S. 3. Das Gesamtvolumen syndizierter Unternehmenskredite schrumpfte 1998 weltweit um 22% auf US$ 872 Mrd. Vgl. Becket (1999), S. 13

1330 Die Ursache für den Rückzug japanischer Banken vom internationalen Kreditmarkt ist primär auf deren signifikant gestiegene Refinanzierungskosten zurückzuführen. Aufgrund der hohen Anzahl von Problemkrediten japanischer Geschäftsbanken wurde deren Bonität durch die führenden Ratingurteile schlechter beurteilt, was zu einer Zunahme der Refinanzierungskosten um bis zu 100 Basispunkte führte. Vgl. Lee (1998), S. 17.

1331 Empirische Studien über die Entwicklung von Finanzierungskosten im Konjunkturzyklus weisen nach, daß Kredite und Wertpapiere nur unvollkommene Substitute darstellen. Dies gilt insbesondere in Phasen allgemeiner Liquiditätsenge, in denen die Kreditkosten regelmäßig stärker steigen als der Wertpapierzins.Vgl. Stöß (1996), S. 8.

1332 Vgl. Peterson (1998), S. 57.

1333 Vgl. Lewis (1998), S. 2, Becket (1999), S. 13.

Kreditgeschäft mit derartigen Kreditbedingungen konfrontiert.[1334] Unter dem Begriff Financial Covenants werden vertragliche Nebenabreden zusammengefaßt, die dem Kreditnehmer die Einhaltung festgelegter Auflagen vorschreiben, um den Fortbestand der Finanzierungsbeziehung nicht zu gefährden.[1335] Während derartige Bilanzrelationsklauseln vereinzelt zur Sicherstellung der versicherungsaufsichtsrechtlichen Deckungsstockfähigkeit von Schuldscheindarlehen eingesetzt wurden,[1336] spielten sie im inländischen Kreditgeschäft bisher keine wichtige Rolle. Mit der gestiegenen Zahl von Insolvenzen und den damit verbundenen Kreditausfällen[1337] wuchs das Bedürfnis der Kreditinstitute, die Kreditwürdigkeit der Schuldner und das damit verbundene Ausfallrisiko auch während der Laufzeit strenger zu überwachen.[1338]

Es ist zu erwarten, daß das Bedürfnis nach erhöhter Überwachungs- und Eingriffsmöglichkeit durch vertragliche Nebenabreden vor dem Hintergrund der Einführung des neuen Insolvenzrechts am 1.1.1999 noch steigen wird.[1339] Insbesondere ist davon auszugehen, daß klassische Sicherungsformen, die in Kreditverträgen zur Absicherung der Bankenforderung dienen, durch den neugestalteten Rechtsrahmen zunehmend in Frage gestellt werden. Entsprechend ist mit einer Ausweitung des Einsatzes von Negativklauseln im inländischen Kreditgeschäft zu rechnen. Wie bereits in Verbindung mit dem Kriterium der Handlungsflexibilität der Kapitalnachfrage dargestellt,[1340] sind mit der Ausweitung verhaltensbeschränkender Nebenabreden Opportunitätskosten des Schuldners verbunden, welche die relative Vorteilhaftigkeit einer Finanzierungsbeziehung verringern. Dies gilt insbesondere für Schuldner, deren zukünftige Finanz- und Ertragslage nur unvollständig prognostizierbar ist. Somit kann auch von dieser Entwicklung eine zunehmende Präferenz der Kapitalnachfrage für alternative Fremdfinanzierungsquellen erwartet werden.

Zusammenfassend kann festgestellt werden, daß sich eine Vielzahl von Faktoren identifizieren läßt, die auf einen grundlegenden Wandlungsprozeß traditioneller Intermediationsstrukturen des deutschen Finanzsystems hindeuten. Insbesondere kann von einer tendenziell abnehmenden Bereitschaft deutscher Kreditinstitute zur langfristigen Finanzierung von Schuldnern

---

1334 Vgl. Wittig (1996), S. 1381.

1335 Zur betriebswirtschaftlichen Bedeutung von Financial Covenants im Zusammenhang mit dem deutschen Insolvenzrecht vgl. Thießen (1996), S. 19.

1336 Aufgrund der erstmaligen Anwendung dieser Praxis in Absprache mit dem Versicherungsaufsichtsamt durch die Bayer AG bezeichnet man diese Klauseln auch als „Bayer-Formel“. Vgl. hierzu Kühbacher (1996), S. 119-121.

1337 Flesch (1997), S. 77 weist darauf hin, daß neben der Zunahme von Insolvenzfällen deutscher Kreditkunden zunehmend ein Trend hin zur Loslösung der Konkursquoten vom Konjukturverlauf sichtbar wird, der das Risikosteuerungsproblem der Banken noch verschärft.

1338 Vgl. Wittig (1996), S. 1381.

1339 Zu den Inhalten des neuen Insolvenzrechts und den Auswirkungen auf die Verwertbarkeit von Mobiliarsicherheiten, d.h. Sicherungseigentum, Sicherungsabtretung, Pfändungsrechten und gesetzlichen Pfandrechten, vgl. Obermüller (1998), S. 30. Zu den Bankbetriebswirtschaftlichen Konsequenzen vlg. Eilenberger (1997), S. 521-536.

1340 Vgl. Kapitel 7.1.2.3.

minderer Bonität ausgegangen werden. Ebenfalls ist zu erwarten, daß sich die bis dato geringen Kosten der Kreditfinanzierung zunehmend an die veränderten Refinanzierungsbedingungen der Geschäftsbanken anpassen werden, womit ein wesentlicher Grund für die geringe Inanspruchnahme des organisierten Kapitalmarktes durch deutsche Unternehmen entfällt. Gleichzeitig ist zu beobachten, daß sich Kreditbanken verstärkt im bilanzneutralen Provisionsgeschäft engagieren, um an dem Trend der Substitution von Krediten durch verbriefte Finanzierungsformen teilzuhaben und neue Kundenkreise zu erschließen.[1341]

Die damit einhergehende Verknappung traditioneller Kreditformen zwingt Emittenten dazu, alternative Finanzierungsformen zu überdenken. Vor dem Hintergrund der nachfolgend zu untersuchenden Veränderungen des Marktumfeldes der Kapitalnachfrage wird die Notwendigkeit innovativer Finanzierungsmethoden offensichtlich.

2.2.2 Veränderungen des Marktumfeldes deutscher Unternehmen

Die Erkenntnis, daß Märkte nicht statisch sind, sondern einem kontinuierlichen Wandel unterliegen, stellt per se noch kein überzeugendes Argument für eine grundlegende Veränderung der Institutionenstruktur eines Finanzsystems dar. Vor dem Hintergrund des im theoretischen Teil dieser Arbeit dargestellten funktionsorientierten Erklärungsansatzes realer Phänomene an Finanzmärkten kann der Einfluß realwirtschaftlicher Faktoren auf die Entwicklung der Institutionenstruktur eines Finanzsystems hingegen deutlich gemacht werden.[1342] Anlehnend an die These „institutions follow functions"[1343] läßt sich zur Erklärung und Prognose unterschiedlicher Koordinationsmechanismen von Finanzierungsbeziehungen eine Analyse der situativen Anforderungen an effiziente Kapitalüberlassungsverträge heranziehen. Somit wird der reziproke Wirkungszusammenhang zwischen Real- und Finanzsektor deutlich, der als Grundlage der nachfolgenden Argumentation dient.

Im Zusammenhang mit einer Untersuchung der realwirtschaftlichen Umfeldveränderungen wird in der Literatur vorwiegend der zunehmende Trend zur Restrukturierung des Unternehmenssektors in Europa genannt. Hiervon ist insbesondere eine Verschiebung der relativen Gewichtung des Anforderungsprofils an eine optimale Finanzierungsbeziehung zu erwarten, die eine Zunahme des Angebots von hochverzinslichen Unternehmensanleihen beschleunigen wird.

Die rapide Verbreitung von High-Yield Anleihen am US-Markt wird in der Literatur vorwiegend dem mit der hohen Restrukturierungsaktivität im Unternehmenssektor während der achtziger Jahre verbundenen Finanzierungsbedarf zugeschrieben.[1344] Die Maßnahmen zur Restrukturierung umfaßten dabei im wesentlichen eine Fokussierung auf Kernaktivitäten, was

---

1341 Vgl. Lang (1993), S. 1, Kolb/Rubner (1998), S. 32.

1342 Vgl. Kapitel 6.1.

1343 Vgl. Merton/Bodie (1995), S. 4.

1344 Vgl. Yago (1991), S. 3.

zur Folge hatte, daß zahlreiche Geschäftsfelder in Form von Management-Buy-Outs bzw. Management-Buy-Ins aus bestehenden Konzernstrukturen herausgelöst wurden.[1345] Die Finanzierung derartiger Transaktionen, die primär vor dem Hintergrund einer sinkenden internationalen Wettbewerbsfähigkeit und einer gestiegenen Shareholder-Value Orientierung durchgeführt wurden, basierte in der Mehrzahl der Fälle auf einem hohen Anteil von Fremdkapital (*Leveraged Buy-Outs*), welches durch die Emission von High-Yield Anleihen beschafft werden konnte.

Der deutsche Markt für Unternehmensübernahmen ist im Vergleich zu US-amerikanischen Verhältnissen unterentwickelt, hat jedoch seit Mitte der achtziger Jahren an Dynamik gewonnen.[1346] Die Entwicklung der Volumina deutscher M&A-Transaktionen ist nachfolgend abgebildet:

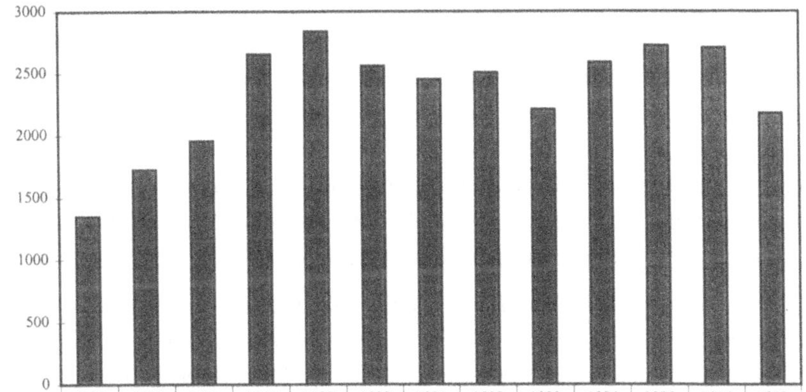

	1985	1986	1987	1988	1989	1990	1991	1992	1993	1994	1995	1996	1997
DM in Mio.	1350	1725	1955	2652	2839	2560	2450	2505	2208	2586	2720	2703	2177

ABBILDUNG 27: M&A-TRANSAKTIONEN IN DEUTSCHLAND[1347]

Als wesentliche Ursachen für den ansteigenden Trend des Transaktionsvolumens werden vorwiegend die Verwirklichung des Europäischen Binnenmarktes, die deutsche Wiedervereinigung, eine zunehmende Anzahl von Privatisierungen, der Technologiewandel sowie das verstärkte Auftreten angelsächsischer Investmentbanken genannt.[1348] Trotz der Entwicklung der letzten Jahre wird im Vergleich zu den Transaktionsvolumina des US-amerikanischen

1345 Vgl. Gaughan (1996), S. 35-40.

1346 Zu den Ursachen der schwachen Aktivität am deutschen Markt für Unternehmenskontrolle wird vorwiegend die geringe Relevanz strategischer Finanzinvestoren genannt. Darüber hinaus standen strukturelle Faktoren des deutschen Finanzsystems (geringe Anzahl börsengelisteter Unternehmen, Bankendominanz, Abwehrmaßnahmen Anspruchsgruppenkonzept, geringe Informations- und Meldepflichten) derartigen Transaktionen im Wege. Vgl. Büschgen (1993), S. 353 sowie Achleitner (1995), o.S.

1347 Quelle: Dufey/Hommel (1998), S. 2.

M&A-Marktes ein enormes Nachholpotential, insbesondere vor dem Hintergrund einer zunehmenden Intensivierung des innereuropäischen Wettberwerbs, ersichtlich. Erste Anzeichen einer weitergehenden Bereinigung der Geschaftsportefeuilles deutscher Industriekonzerne konnten in den vergangenen Monaten bereits beobachtet werden.[1349]

Im Mittelpunkt der Überlegungen zur Konzernrestrukturierung steht das Bestreben nach einer effizienteren Kapitalallokation.[1350] Getragen von der zunehmenden Messung der für die Aktionäre geschaffenen Werte (*Shareholder Value*) ist seit einigen Jahren auch unter europäischen Unternehmen mit einer gewissen zeitlichen Verzögerung der Trend zur Fokussierung auf Kernkompetenzen zu beobachten, um die zur Deckung der Kapitalkosten notwendigen Kapitalrenditen zu erwirtschaften.[1351] Mit diesem Bestreben geht die Abspaltung von Unternehmensbereichen (*Spin-Offs*) einher, deren Durchführung den Einsatz neuer Finanzierungstechniken fördert.[1352]

Darüber hinaus wird von europäischen und US-amerikanischen Buy-out Fonds ein wesentlicher Impuls für die Restrukturierungsaktivitäten erwartet. Diese auf die Finanzierung von Eigentümerwechseln ausgerichteten Kapitalsammelstellen haben das enorme Nachholpotential am europäischen Markt bereits erkannt und verfügen über reichhaltige Kapitalressourcen. Schätzungen gehen davon aus, daß Ende 1998 europaweit mehr als US$ 20 Mrd. in derartigen Fonds investiert waren.[1353] Gleichzeitig stieg das Interesse US-amerikanischer Buy-out Fonds an grenzüberschreitenden Akquisitionen, die vor dem Hintergrund der Europäischen Währungsunion auf kontinentaleuropäische Transaktionen zielen.

Weiterhin wird im Zusammenhang mit einer zukünftig zu erwartenden Ausweitung des Marktes für Unternehmenskontrolle vielfach auf den anhaltenden Trend zur Privatisierung der im Staatsbesitz befindlichen Unternehmen sowie den bevorstehenden Generationswechsel zahlreicher Familienunternehmen hingewiesen.[1354]

Die Finanzierungsstruktur derartiger Transaktionen muß dabei insbesondere dem Anspruch möglichst hoher Flexibilität und adäquater Planungssicherheit genügen. Wie bereits im Zusammenhang mit der Erklärung des Aufkommens von High-Yield Finanzierungen am US-

---

1348 Vgl. ebenda, S.2.

1349 Neben der Entflechtung deutscher Industriekonzerne ist damit zu rechnen, daß sich deutsche Banken- und Versicherungskonzerne zunehmend von ihrem Beteiligungsbesitz trennen werden. Dieser Trend zeichnete sich insbesondere in den letzten Wochen des Jahres 1998 ab, als zahlreiche Finanzinstitute aus steuerrechtlichen Gründern ihren Beteiligungsbesitz in eigene Holdinggesellschaften ausgliederten.

1350 Vgl. Dambach (1998), S. 658.

1351 Vgl. Boland (1998b), S. 4.

1352 So wurde die Übernahme der Sirona Dental Systems, eines ausgegliederten Siemens-Geschäftsbereichs, durch die Venture Capital Gesellschaft Schroder Ventures mit der Emission einer zehnjährigen High-Yield Anleihe im Volumen von DM 170 Mio. finanziert. Eine Besonderheit dieser Plazierung stellte der hohe Anteil europäischer Investoren dar, der im wesentlichen auf den hohen Bekanntheitsgrad des Emittenten bzw. dessen ehemaliger Muttergesellschaft zurückgeführt wird. Vgl. Bream (1998a), S. 62.

1353 Vgl. Reed/Peterson (1998), S. 43.

1354 Vgl. Jenkins (1996), S. 33, Boland (1998b), S. 3.

Markt dargestellt, bieten High-Yield Anleihen hierfür spezifische Vorteile gegenüber alternativen Finanzierungsformen.[1355] Die steigende Anzahl von Unternehmensübernahmen wird vor allem zu einem größeren Bedarf von nachrangigen Fremdmitteln führen, da Eigenkapital und der Zugang zu Bankkrediten regelmäßig in Abhängigkeit von der Haftungsmasse derartiger Transaktionen beschränkt bleiben.[1356] Die damit einhergehende Finanzierungslücke, die bis zu 25 % des Gesamtfinanzierungsvolumens ausmacht,[1357] wird gewöhnlich durch Mezzanine-Kapital gedeckt, wobei sich in der deutschen Praxis vorwiegend Darlehen der Unternehmenskäufer (*Sellers Note*) oder Beteiligungsgesellschaften sowie Genußrechtskapital durchgesetzt haben.[1358]

Eine typische Finanzierungsstruktur von Unternehmenskäufen besteht somit aus mehreren Kapitalschichten unterschiedlicher Ranghöhe, wobei die Verteilung primär von deren Verfügbarkeit und den Finanzierungskosten bestimmt wird.[1359] Es ist damit zu rechnen, daß High-Yield Anleihen aufgrund ihrer günstigeren Konditionen zunehmend alternative privat plazierte Mezzanine-Instrumente verdrängen werden.[1360] Wie bei zahlreichen Emissionen am noch jungen europäischen High-Yield Markt beobachtet werden kann, dienen High-Yield Anleihen gleichfalls zu Refinanzierung kurzfristiger Syndikatskredite, die aufgrund ihrer flexiblen Verfügbarkeit als Brückenfinanzierung bei Übernahmetransaktionen eingesetzt werden.[1361] Darüber hinaus ist aufgrund des sich abzeichnenden Trends ansteigender Transaktionsvolumina einzelner Unternehmensübernahmen[1362] damit zu rechnen, daß der Kostenvorteil öffentlicher Plazierungen nachrangigen Fremdkapitals zunehmen wird.[1363]

High-Yield Anleihen bieten im Vergleich zu alternativen Finanzierungsinstrumenten insbesondere den Vorteil planbarer Zahlungsströme, die je nach Ausgestaltung der Anleihebedingungen an die Finanzierungsanforderungen angepaßt werden können. Im Gegensatz zu Bank- und Syndikatskrediten weisen High-Yield Anleihen überwiegend fixe Zinszahlungen auf,[1364]

1355 Vgl. Kapitel 7.2.1.2 und 7.2.1.3.

1356 Vgl. Kessel (1989), S. 18 sowie Hoffmann (1992), S. 88.

1357 Vgl. Wolbert (1989), S. 676, Hoffmann (1992), S. 88, o.V. (1998b), S. 1.

1358 Vgl. Schwenkedel (1991), S. 86 sowie Gereth/Schulte (1992), S. 67-76.

1359 Regelmäßig besteht die Finanzierungstruktur einer Unternehmensübernahme aus ca. 60% Bankkrediten, 20% Eigenkapital und 20% nachrangigem Fremdkapital in Form mezzaniner Finanzierungsinstrumente oder High-Yield Anleihen. Vgl. Brooks (1989), S. 64. Europäische LBO-Transaktionen zeichnen sich im Vergleich zur Praxis am US-Markt durch weniger agressive Finanzierungsstrukturen aus, wobei neben einem geringeren Gesamtverschuldungsgrad insbesondere der Anteil nachrangigen Fremdkapitals geringer ist. Vgl. Declève/Bernardi (1992), S. 390 sowie Luce (1998a), S. 2.

1360 Während privat plaziertes Mezzanine-Kapital eine durchschnittliche Rendite von ca. 15-20% aufweist, belaufen sich die Finanzierungskosten durch High-Yield Anleihen in Abhängigkeit von der Bonität des Schuldners und den Kapitalmarktkonditionen auf ca. 9-13%. Vgl. Wotowicz (1996), S. 3.

1361 Vgl. Heilgenkötter/Jost (1998), S. 8.

1362 Vgl. Storck (1993), S. 122f.

1363 Dieser Zusammenhang resultiert aus dem hohen Fixkostenanteil des Emissionsverfahrens. Vgl. hierzu Kapitel 7.2.1.1.

1364 Vgl. Heilenkötter/Jost (1998), S. 8.

die bei Bedarf auch erst mit einer gewissen zeitlichen Verzögerung (*Deferred-Interest-Bonds*) oder am Laufzeitende einsetzen (*Zero-Coupon-Bonds*) bzw. in Form anderer Rechtsansprüche (*Payment-in-Kind Bonds*) strukturiert sein können.[1365]

Im Zusammenhang mit dem Einsatz von High-Yield Anleihen zur Wachstumsfinanzierung bieten derartige liquditätschonende Strukturen einen wesentlichen Vorteil, da es während der ersten Phase der Laufzeit zu keiner Belastung des operativen Cash Flow kommt.[1366] Gleichfalls sind High-Yield Anleihen regelmäßig endfällig, wohingegen Bankfinanzierungen meist auf Basis eines Amortisationsplans zu tilgen sind.

Hinsichtlich der Laufzeit von High-Yield Anleihen ist zunächst festzustellen, daß diese mit 8 bis 10 Jahren den Vorzug eines langen Planungshorizonts für den Emittenten gewährleisten und somit das Refinanzierungsrisiko weitestgehend minimieren. Zusätzlich bietet die Ausgestaltung der Anleihebedingungen dem Schuldner eine flexible Anpassung der Bilanzstruktur an veränderte Finanzierungsbedingungen. So weist der Großteil der im Markt gehandelten Anleihen ein Kündigungsrecht des Schuldners auf, das nach Ablauf einer Karenzzeit von gewöhnlich 2 bis 3 Jahren (*Non-Call–Period*) eine Kündigung zu bestimmten Bedingungen erlaubt.[1367] Gleichfalls kann dem Emittenten das Recht zur anteiligen Kündigung im Falle einer nachfolgenden Kapitalerhöhung eingeräumt werden (*Clawback-Provision*), was eine High-Yield Begebung insbesondere vor dem Hintergrund eines anschließendes Börsengangs attraktiv erscheinen läßt. Da die Finanzierung einer Übernahmetransaktion durch LBO-Fonds oder Venture Capital-Gesellschaften regelmäßig mit dem Finalziel des Exits durch eine Börseneinführung erfolgt, bietet eine High-Yield Emission aufgrund ihrer Öffentlichkeitswirksamkeit darüber hinaus einen wesentlichen Vorteil gegenüber privat plaziertem Mezzanine Kapital.[1368]

Die Kosten einer High-Yield Finanzierung werden, wie dargestellt, von den Begebungskosten sowie den laufenden Kuponzahlungen und der Amortisation der Differenz zwischen Emissionspreis und Tilgungsbetrag determiniert.[1369] Aufgrund eines nicht unerheblichen Fixkostenanteils von Anleiheplazierungen kommt der Höhe des Finanzierungsbedarfs somit eine wesentliche Rolle bei der Berurteilung der relativen Vorteilhaftigkeit gegenüber privat plazierten Mezzanine-Instrumenten bzw. einer direkten Kreditaufnahme zu. Dieser Sachverhalt erklärt den im folgenden Kapital darzustellenden Trend zu steigenden Emissionsvolumina. Gleichzeitig ist bei steigendem Wettbewerb unter den emissionsführenden Investmentbanken mit einer relativen Verringerung der Emissionskosten zu rechnen. Die Kosten des Arrangeurs und

---

1365 Vgl. Amato (1997), S. 307-312.

1366 Vgl. Gaughan (1991), S. 381f.

1367 Vgl. Goldblatt (1998), S. 1.

1368 Vgl. Kolb/Rubner (1998), S. 32.

1369 Vgl. hierzu Kapitel 7.2.1.1.

des Konsortiums belaufen sich derzeit im Normalfall auf 2,5 bis 3 Prozent des Emissionsvolumens.[1370]

Im Vergleich zu alternativen mezzaninen Finanzierungsinstrumenten, welche vorwiegend im Zusammenhang mit Übernahmetransaktionen zur Schließung der Finanzierungslücke zwischen Eigenkapital und vorrangigen Bankkrediten eingesetzt werden, erscheinen High-Yield Anleihen primär wegen ihrer weitaus geringeren Auflagen (*Covenants*) und ihrem Schutz vor Verwässerungseffekten der Eigentümerstruktur vorteilhaft. Somit bieten sie die Möglichkeit zur Beschaffung von haftendem Risikokapital, ohne daß Kontrollrechte, die über eine notwendige Informationsversorgung der Gläubiger hinausgehen, abgegeben werden müssen.

Zusammenfassend kann festgestellt werden, daß von den beschriebenen Veränderungen des Unternehmensumfeldes ein wesentlicher Impuls auf den zukünftigen Bedarf nachrangigen Fremdkapitals zu erwarten ist. Aufgrund der dargestellten Vorteile von High-Yield Finanzierungen gegenüber privat plaziertem Mezzanine-Kapital ist somit mit einer Zunahme des Angebots hochverzinslicher Unternehmensanleihen zu rechnen. Ein dominanter Anteil dieses Potentials ist auf die steigende Anzahl fremdfinanzierter Unternehmensübernahmen zurückzuführen.

3 Bestandsaufnahme des europäischen High-Yield Marktes

3.1 Entwicklungsverlauf

Mitte der achtziger Jahre kamen, getragen vom Erfolg des US-Marktes für hochverzinsliche Unternehmensanleihen, erstmalig in DM denominierte High-Yield Anleihen an den europäischen Kapitalmarkt, die zum Großteil zur Finanzierung der Akquisitionspolitik internationaler Konglomerate dienten. Zu den bekanntesten Schuldnern gehörte Heron International, ein britisches Immobilienunternehmen, das 1985 über eine niederländische Tochter eine zehnjährige Anleihe über DM 100 Mio. durch die Deutsche Bank als Lead Manager begab.[1371] Knapp drei Jahre später folgten zwei fünfjährige Anleihen der australischen Bond Finance, einer britischen Tochter des australischen Medien-Konglomerats Bond Corporation Holding.[1372] Die BHF Bank übernahm hierbei die Rolle des Underwriter und Lead Manager über eine Emission im Volumen von DM 150 Mio. und eine weitere von DM 175 Mio.[1373] Im gleichen Jahr plazierte die Bayerische Vereinsbank ebenfalls eine fünfjährige Anleihe des Schuldners Maxwell Communication Corporation über DM 150 Mio.[1374] Schließlich folgten Anleihen des

1370 Vgl. Kolb/Rubner (1998), S. 32.

1371 Vgl. o.V. (1992a), S. 170, o.V. (1992b), S. 110 sowie o.V. (1992c), S. 82.

1372 Vgl. o.V. (1990a), S. 39.

1373 Vgl. o.V. (1989), S. 12.

1374 Vgl. o.V. (1988), S. 23.

britischen Immobilienunternehmens National Home Loans Corporation im Jahr 1988 sowie eine weitere der Polly Peck International Finance im Jahre 1989.[1375]

Als es zu Beginn der neunziger Jahre zu ersten Zahlungsausfällen am jungen europäischen High-Yield Markt kam,[1376] wurde die Qualität des gesamten Marktsegments in der Öffentlichkeit zunehmend in Frage gestellt. Deutsche Banken, die sich an Emissionen zahlungsunfähiger Schuldner beteiligt hatten, wurden vor allem aufgrund ihrer optimistischen Anlageempfehlungen stark kritisiert und teilweise gerichtlich zu Entschädigungszahlungen an Privatinvestoren gezwungen.[1377] Die hohen Ausfallverluste dieser Anleihen führten zu einem schnellen Ende des jungen Kapitalmarktsegments für hochverzinsliche Unternehmensanleihen. Emittenten geringer Bonität blieb in den darauffolgenden Jahren der Zugang zu europäischen Anleihemärkten weitestgehend verschlossen.

Die nach dem Zusammenbruch des US-High-Yield Marktes im Jahre 1990 relativ kurzfristige Erholung der Emissionsaktivität[1378] ermöglichte auch vor dem Hintergrund einer zunehmenden Öffnung des US-Kapitalmarktes insbesondere jungen Unternehmen des Kommunikations- und Technologiebereichs europäischer Herkunft Mitte der neunziger Jahre eine vermehrte Inanspruchnahme dieses Auslandsmarktes. Während der Jahre 1995 und 1996 wurden von europäischen Unternehmen insgesamt 23 High-Yield Anleihen im Gesamtvolumen von US$ 6,06 Mrd. in Form privat plazierter Rule 144a Emissionen bei US-Investoren untergebracht.[1379] Innovative Unternehmen wie Kabelmedia und Fresenius Medical Care stießen dabei auf keine wesentlichen Probleme, ihre Anleihen unter renditeorientierten institutionellen Investoren zu plazieren.[1380]

Als am 15. April 1997 die französische Geberit SA eine Anleihe im Euromarkt im Volumen von DM 175,5 Mio. und einem Renditevorsprung von 423 Basispunkten vor der laufzeitäquivalenten Bundesanleihe über die US-amerikanische Investmentbank Merril Lynch begab, wurde diese überraschend gut von europäischen Investoren aufgenommen. Zum Zeitpunkt der Emission verfügt das im Sanitärbereich tätige Unternehmen, welches im Rahmen eines Buyout von der Venture Capital Firma Doughty Hanson anteilig übernommen wurde, über ein Rating von B+/B2 der beiden Ratingagenturen Standard & Poor‘s und Moody‘s. Erstaunlich

---

1375 Vgl. o.V. (1992b), S. 110 sowie Schubert (1992), S. 122.

1376 Als erste Anzeichen bevorstehender Zahlungsschwierigkeiten der Emittenten galten die Herabstufung der Bond Corporation von anfänglich BB auf CCC sowie eine generelle Schwäche der Immobilienbranche, die 1992 Heron zur Aussetzung von Zinszahlungen zwang. Beide Anleihen wurden auf dem Wege eines Vergleichs in neue Wertpapiere umgetauscht. Maxwell Communication stellte 1991 den Antrag auf Gläubigerschutz (Chapter 11) und zahlte nach langen juristischen Auseinandersetzungen vier Jahre später lediglich 27% der Nominalschuld an die Anleihebesitzer. Die Gläubiger von Polly Peck erhielten 1996 dagegen weniger als 2% der Nominalschuld des bankrotten Unternehmens. Vgl. Esterhazy (1991), S. 2, Altschul (1990), S. 44-51, o.V. (1992c), S. 110, o.V. (1993c), S. 90.

1377 Vgl. o.V. (1994), S. 25.

1378 Vgl. Kapitel 7.1.3.

1379 Vgl. o.V. (1997b), S. 53f.

1380 Vgl. Kolb/Rubner (1998), S. 32.

war insbesondere, daß der Großteil des Gesamtvolumens von europäischen Investoren gezeichnet wurde.

Dieser Initialzündung folgten weitere Begebungen europäischer Emittenten minderer Bonität. Mit der Schlagzeile „Junk comes to Europe“ zog die Fachzeitschrift „International Investor“ ein Resumé des Jahres 1997.[1381] Die hohe Emissionsaktivität setzte sich auch 1998 fort, kam jedoch aufgrund der im Zusammenhang mit der Russland-Krise im Sommer des Jahres stehenden allgemeinen Emissionsflaute am Euromarkt abrupt zum Erliegen. Nachdem einige bereits angekündigte Emissionen am High-Yield Markt wegen des geringen Interesses auf Investorenseite abgesagt bzw. auf unbestimmte Zeit verschoben wurden, kam im Oktober 1998 mit der britischen NTL, einem expansiven Unternehmen der Kabel-TV Branche, erstmalig wieder ein Emittent mit einer hochverzinslichen Unternehmensanleihe an den Euromarkt. Grundsätzlich ist auf Seiten der Marktteilnehmer ein verhaltener Optimismus für die weitere Entwicklung dieses Marktsegments erkennbar; aufgrund der weiterhin andauernden Krisen einiger Schuldnerländer in Zentraleuropa und Südamerika ist jedoch vorerst mit einer gewissen Verunsicherung der Investoren bezüglich der Aufnahme jeglicher Kreditrisiken zu rechnen.[1382]

Die Entwicklung eines Kapitalmarktsegments für hochverzinsliche Unternehmensanleihen steht jedoch erst am Anfang einer möglichen Wiederholung der US-amerikanischen Erfolgsgeschichte. Allein während der ersten zwei Monate des Jahres 1998 konnte ein Emissionsvolumen von 50 Prozent des gesamten vergangenen Jahres verzeichnet werden.[1383] Schätzungen gehen von einem jährlichen Emissionsvolumen zwischen US$ 20 und 30 Mrd. für die kommenden Jahre aus. Emissionsbegleitende Finanzinstitute haben das Potential zukünftiger Ertragsquellen früh erkannt und sind bemüht, sich in diesem Marktsegment zu positionieren.[1384]

3.2 Investoren am europäischen High-Yield Markt

Trotz der nachgewiesen überdurchschnittlichen Performance von US-High-Yield Fonds[1385] ist derzeit noch eine überwiegende Zurückhaltung europäischer Investoren in dem jungen Marktsegment hochverzinslicher Anleihen zu beobachten. Die wesentlichen Ursachen hierfür sowie mögliche Entwicklungstrends wurden bereits dargestellt. Es gilt nun, den derzeitigen Investortyp am europäischen High-Yield Markt zu identifizieren, um hieraus Schlußfolgerungen

---

1381 Vgl. o.V. (1998a), S. 70.

1382 Der starke Gleichlauf von Renditespreads und Volatilität am Markt für Emerging Markets Kredite und High-Yield Anleihen ist zu einem nicht unwesentlichen Anteil auf organisatorische Faktoren auf Seiten der Fondsmanager und Investmentbanken zurückzuführen. Regelmäßig wird im Handel zwischen diesen Risikokategorien nicht getrennt.

1383 Vgl. Kolb/Ruber (1998), S. 32.

1384 Vgl. Goldblatt (1997), S. 9.

1385 Zu den 10 besten US-amerikanischen Fonds im 5-Jahres Performancevergleich gehörten im Jahr 1998 alleine 7 der High-Yield Kategorie an. Vgl. Chacko (1998), S. 2.

bezüglich dessen Anlagepräferenzen abzuleiten und zu prüfen, ob die gegenwärtige Struktur des europäischen High-Yield Marktes diesen Präferenzen gerecht wird.

Im Rahmen einer Umfrage bei deutschen institutionellen Investoren, die in Zusammenarbeit mit der Investmentbank Goldman, Sachs & Co. oHG, Frankfurt, im Juli 1998 durchgeführt wurde, konnten wesentliche Erkenntnisse über das Anlageverhalten gewonnen werden. Hierfür wurden Kapitalsammelstellen wie Investmentfonds, Versicherungen und Banken mit Hilfe eines strukturierten Fragebogens zu ihrem aktuellen Engagement im High-Yield Anleihemarkt, dem der Kapitaldisposition zugrundeliegenden Entscheidungsprozeß sowie den Präferenzen hinsichtlich der spezifischen Ausgestaltung von Anlageobjekten befragt.[1386] Die Umfrage erhebt nicht den Anspruch wissenschaftlicher Repräsentativität, dient jedoch der Identifizierung von bestehenden Hemmnissen eines stärkeren Investments in diesem Marktsegment.

Ebenso wie der US-amerikanische wird auch der europäische High-Yield Markt von institutionellen Investoren dominiert. Die Ursache hierfür liegt primär in den notwendigen Analyseressourcen, die eine fundierte Auswahl möglicher Anlageobjekte erfordern und deren Aufbringung aufgrund der regelmäßig geringen Anlagevolumina einzelner Privatinvestoren aus wirtschaftlichen Gründen nicht gerechtfertigt erscheint.[1387] Darüber hinaus ist, wie gezeigt wurde, die Erzielung überdurchschnittlicher Renditen von einer effizienten Streuung der Kreditrisiken abhängig, wobei die hierdurch erwarteten Diversifikationgewinne erst bei einem hinreichenden Mindestanlagevolumen die Transaktionskosten kompensieren können.

Zum derzeitigen Zeitpunkt kommt US-amerikanischen institutionellen Investoren aufgrund des noch geringen Nachfragevolumens europäischer Anleger eine bedeutende Rolle für den Plazierungserfolg europäischer High-Yield Anleiheemissionen zu. Am US- High-Yield Markt dominieren Investmentfonds, die sich auf die Anlage in hochverzinsliche Unternehmensanleihen spezialisieren, mit 45 Prozent die Nachfrage in diesem Marktsegment. Für diese Investorengruppe bietet sich ein Engagement am europäischen Markt vor allem aus Gründen der grenzüberschreitenden Risikostreuung und der relativ attraktiven Spreads im europäischen Markt an.[1388] Der Anteil von US-Investoren am Gesamtvolumen einzelner europäischer Emissionen schwankt in Abhängigkeit von der spezifischen Plazierungsform und Emissionswährung der Anleihe. Zahlreiche Emissionen wurden vor dem Hintergrund einer breiteren Investorenbasis in mehreren Tranchen plaziert, wobei regelmäßig eine US-Dollar Tranche in Form einer privat plazierten 144a-Emission auf das Nachfragepotential von US-High-Yield Fonds zielt.[1389] Vor dem Hintergrund der anhaltenden Kapitalzuflüsse in US-amerikanische High-Yield Fonds und der Tatsache, daß allein im Jahr 1999 US-High-Yield Anleihen im

---

1386 Er wurden insgesamt 87 Fragebögen versandt, von denen 58 beantwortet wurden. 66% der Antworten enfielen auf Versicherungen, 29% auf Finanzinstitute und 5% auf Pensions- oder Investmentfonds.

1387 Vgl. Edwards (1995), S. 111.

1388 Vgl. Hart (1997), S. 20f.

1389 Vgl. hierzu Kapitel 8.3.3.

Volumen von US$ 33 Mrd. erstmals kündbar werden,[1390] ist somit von einem beträchtlichen Anlagepotential

Mit einer zunehmenden Akzeptanz hochverzinslicher Unternehmensanleihen am nationalen Kapitalmarkt ist damit zu rechnen, daß der Anteil inländischer Investoren kontinuierlich wachsen wird. Im Folgenden werden die drei wichtigen deutschen Investorengruppen der Kapitalanlagegesellschaften, Versicherungen und Banken untersucht.

Die Anlagepolitik von Kapitalanlagegesellschaften wird primär von aufsichtsrechtlichen Bestimmungen[1391] sowie fondsspezifischen Zielen bestimmt. Nach dem potentiellen Anlegerkreis unterscheidet man zwischen Publikums- und Spezialfonds, wobei letztere aufgrund ihrer speziell auf die Erfordernisse des Investors ausgerichten Anlagepolitik wesentlich geringeren gesetzlichen Auflagen unterliegen.[1392] Deutsche Publikums- und Spezialfonds verwalteten Ende 1998 ein Gesamtvermögen von DM 382,7 Mrd. bzw. DM 681,5 Mrd; hiervon entfiel auf Rentenfonds ein Gesamtvolumen von DM 123,3 Mrd. bzw. DM 198,0 Mrd.[1393]

Für Kapitalanlagegesellschaften gelten bezüglich einem Investment in High-Yield Anleihen keine spezifischen gesetzlichen Restriktionen. Sie unterliegen dem Gesetz über Kapitalanlagegesellschaften (KAGG), das für Anlagen in Rentenpapiere grundsätzlich eine öffentliche Notierung an einer Börse bzw. einem regulierten Markt eines Mitgliedstaates der Europäischen Wirtschaftszone EFTA vorschreibt.[1394] Lediglich 10 Prozent ihres Gesamtportefeuilles dürfen in Wertpapiere investiert werden, die über keine Notierung verfügen.[1395] Weiterhin darf das Investment in Wertpapiere eines einzelnen Emittenten nicht mehr als 5 Prozent des Portefeuilles ausmachen[1396] sowie 10 Prozent des Gesamtemissionsvolumens nicht übersteigen.[1397] Darüber hinaus gilt für die Anlagepolitik der Kapitalanlagegesellschaft, daß diese durch kaufmännische Sorgfalt die Interessen der Anleger zu wahren und die vom Bundesaufsichtsamt für das Kreditwesen genehmigten Vertragsbedingungen des Fonds zu beachten hat.[1398]

1390 Vgl. Brewis (1998), S. 38

1391 Kapitalanlagegesellschaften gelten als Kreditinstitut im Sinne des Kreditwesengesetzes (KWG) und müssen daher den im KWG genannten Vorschriften für Banken genügen. Keine Anwendung finden dagegen die Grundsätze I bis II KWG. Vgl. Büschgen (1993), S. 193f. sowie Schierenbeck/Hölscher (1998), S. 626.

1392 Vgl. Mathes (1995), Sp. 1077. Dagegen gelten für Spezialfonds besondere Auflagen hinsichtlich der maximalen Investorenanzahl sowie der Übertragbarkeit der Fondsanteile. Vgl. Schwark (1995), Sp. 1967f.

1393 Quelle: Deutsche Bundesbank (1998e), S. 52.

1394 Diese Notierung muß innerhalb eines Jahres nach der Emission des spezifischen Wertpapiers erfolgen. Vgl. § 8, I (1), (2), (4) KAGG. Ausnahmen bezüglich der Notwendigkeit einer Zulassung am amtlichen Handel bestehen, sofern diese in den Vertragsbedingungen des Fonds vorgesehen sind.

1395 Vgl. § 8 II (1) KAGG.

1396 Eine Ausweitung auf 10% ist gesetzlich zulässig, sofern dies in den Vertragsbedingungen vorgesehen ist. Vgl. § 8a I KAGG.

1397 Vgl. § 8a II KAGG.

1398 Vgl. § 10 I und §§ 15, 33 KAGG. Hierzu Büschgen (1993), S. 396 sowie Schwark (1995), Sp.1072.

Deutsche Rentenfonds investieren zum überwiegenden Teil in Anleihen erstklassiger Schuldner,[1399] wobei zur Performancesteigerung regelmäßig derivate Zinsprodukte im Rahmen von direktionalen Anlagestrategien beigemischt werden. Dennoch ist seit einiger Zeit ein zunehmendes Interesse an Spezialitätenfonds, die sich gezielt in risikoreicheren Marktsegmenten engagieren, zu beobachten. So gründete die Privatbank Trinkaus & Burkhard über ihre Fondsgesellschaft im Januar 1995 einen Fonds luxemburger Provinienz, der gezielt in hochverzinsliche Anleihen investiert.[1400] Darüber hinaus wurde das Angebot angloamerikanischer Kapitalanlagegesellschaften über ihre ansässigen Tochtergesellschaften im europäischen Markt während der letzten Jahre verstärkt ausgebaut. Diese bieten aufgrund ihrer am US-Markt gewonnenen Expertise zunehmend spezialisierte Investmentfonds mit Anlageschwerpunkt in hochverzinslichen Unternehmensanleihen an. Das Interesse der großen deutschen Fondsgesellschaften an hochverzinslichen Unternehmensanleihen europäischer Emittenten ist jedoch aufgrund des breiteren und liquideren US-High-Yield Marktes weiterhin gering. Dennoch wird zunehmend ein Interesse an der Entwicklung spezialisierter Fonds für europaweite Hochzinsanleihen seitens der wichtigen Fondsgesellschaften bekundet.[1401]

Vor dem Hintergrund des derzeit bestehenden Defizits an Analyseressourcen im Kreditrisikobereich lagern deutsche Fonds das Management von High-Yield Portefeuilles teilweise an externe Spezialisten aus,[1402] um von dem Erfahrungswissen US-amerikanischer Fondsverwalter zu profitieren. Durch die Zulassung sogenannter Dachfonds im Rahmen des zweiten Finanzmarktförderungsgesetzes wurde es deutschen Kapitalanlagegesellschaften ermöglicht, Anteile fremder Fonds in ihren Portefeuilles aufzunehmen, wovon eine graduelle Verlagerung der Risikostruktur zugunsten des Kreditrisiskos zu erwarten ist.

Als zweite wichtige Investorengruppe treten Versicherungsunternehmen am Kapitalmarkt auf, welche die von ihnen vereinnahmten Prämien bis zur Auszahlung in verzinsliche Vermögenswerte umwandeln. Deutsche Versicherungsunternehmen verfügten Ende 1998 über Vermögensanlagen von insgesamt DM 1,45 Billionen, wovon 0,49 Billionen in Wertpapieren investiert waren.[1403] Ihre Anlagepolitik ist regelmäßig langfristiger Natur, wobei insbesondere bei Lebensversicherungen von einer weitestgehenden Prognostizierbarkeit der Zahlungsströme auszugehen ist. Die Anlage der Versicherungsunternehmen erfolgt vor dem Hintergrund der Erfüllung ihrer Leistungsversprechen, wobei Lebensversicherungen den von ihnen zuge-

---

1399 Dies geht aus den Jahresberichten der großen deutschen Investmentgesellschaften hervor. Vgl. Dresdner Bank Investmentgruppe (1997), S. 4, DB Investment Management S.A. (1997), S. 18 sowie DWS Deutsche Gesellschaft für Investmentsparen (1997), S. 11.

1400 Vgl. Trinkaus Luxembourg Investment Managers (1995), S. 5.

1401 Mit der Einführung derartiger Fonds wird ab Mitte 1999 gerechnet. Als wesentliches Hindernis wird in diesem Zusammenhang primär auf das Fehlen repräsentativer Indezes für den europäischen High-Yield Markt verwiesen. Vgl. Wall (1998), S. 16.

Vgl. Goldman Sachs (1998c), S. 6.

1403 Vgl. Deutsche Bundesbank (1998e), S. 7.

sagten sogenannten „Rechnungszins“ in Höhe von 3 bis 4 Prozent zu erwirtschaften haben.[1404]

Das Vermögen der Versicherungsunternehmen besteht aus dem gesetzlich definierten „gebundenen Vermögen“, das sich aus dem Deckungsstock und dem übrigen gebunden Vermögen zusammensetzt, sowie dem „ungebundenen Vermögen“, für welches seit der Novellierung des Versicherungsaufsichtsgesetzes (VAG) im Jahre 1994 keine gesetzlichen Anlagevorschriften mehr gelten. Neben den allgemeinen Anlagegrundsätzen der Sicherheit, Rentabilität, Liquidität und angemessenen Streuung[1405] beinhalten die aufsichtsrechtlichen Anlagevorschriften für das gebundene Vermögen einen Katalog, der die zugelassenen Anlagearten konkretisiert. Hierfür gelten desweiteren die Prinzipien der Belegenheit, das die geographische Auswahl der Anlage auf die Europäische Gemeinschaft sowie die EFTA-Staaten weitestgehend einschränkt,[1406] und das Prinzip der Kongruenz, das eine Übereinstimmung der Währungen von Aktiv- und Passivpositionen vorschreibt.[1407]

Grundsätzlich ist Versicherungsunternehmen die Anlage in Unternehmensanleihen von Schuldnern, deren geographische Herkunft nicht gegen das Belegenheitsprinzip verstößt, erlaubt. Qualitative Anforderungen an die Bonität oder Besicherung der Ansprüche bestehen im Gegensatz zu nicht verbrieften Darlehen an Unternehmensschuldner nicht.[1408] Dies gilt seit der Umsetzung der Dritten EU-Versicherungsrichtlinie in deutsches Recht im Jahre 1994 auch für nachrangige Verbindlichkeiten, womit High-Yield Anleihen gemäß VAG als zulässige Anlageart grundsätzlich zur Portefeuillebeimischung von Versicherungen genehmigt sind. Ein wesentliches Hindernis der Portefeuillegestaltung stellt die aufsichtsrechtliche Begrenzung des zulässigen Anteils am Gesamtvolumen einer Anleiheemission von 5 Prozent dar. Aufgrund einer durchschnittlichen Emissionsgröße von DM 200 bis 400 Mio. und der derzeit noch begrenzten Anzahl europäischer High-Yield Anleihen ist eine effiziente Risikostreuung nicht uneingeschränkt möglich. Mit zunehmender Marktbreite und größeren Emissionsvolumina ist eine Erweiterung des Aktionsraumes dieser Investorengruppe zu erwarten.

Die derzeit geringe Akzeptanz ausfallrisikobehafteter Unternehmensanleihen innerhalb der Investorengruppe der Versicherungen ist im wesentlichen auf die geringe Verfügbarkeit der notwendigen Analysekapazitäten zurückzuführen.[1409] Darüber hinaus ist mit einem Invest-

---

1404 Vgl. Schierenbeck/Hölscher (1998), S. 232.

1405 Vgl. § 54, Abs. 1 VAG.

1406 Für Anlagen außerhalb dieses Gebiets gelten Höchstgrenzen, die sich auf 5% des Deckungsstocks sowie 20% des sonstigen gebundenen Vermögens belaufen. Vgl. § 54a Abs. 1 und 6 VAG.

1407 Vgl. Hohlfeld (1995), Sp. 1910f.

1408 Es gelten dabei insbesondere strenge Anforderungen an die Gewährung von Darlehen an Unternehmen in Form von erststelligen Grundpfandrechten. Desweiteren darf die Verzinsung und Rückzahlung des Darlehens nicht gefährdet erscheinen, wovon nach Ansicht der Aufsichtsbehörde nur bei Einhaltung gewisser bilanzieller Finanzrelationen und einer jährlichen Bestätigung durch einen Wirtschaftsprüfer auszugehen ist. Vgl. Schierenbeck/Hölscher (1998), S. 236.

1409 Vgl. Paul-Choudhury (1998), S. 33.

ment in Inhaberschuldverschreibungen ein bilanztechnischer Nachteil gegenüber Namensschuldverschreibungen bzw. Schuldscheindarlehen verbunden: Während letztere gemäß handelsrechtlichen Bewertungsvorschriften als „sonstige Ausleihungen" zu Anschaffungskosten zu bilanzieren sind, werden öffentlich gehandelte Wertpapiere grundsätzlich zum Umlaufvermögen gezählt und unterliegen somit dem Niederstwertprinzip.[1410] Aus Gründen der Bilanzkontinuität erscheinen somit privat plazierte Schuldscheindarlehen aus Sicht des Versicherers vorteilhafter.

Der Anteil von Unternehmensanleihen am Gesamtanlagevolumen der befragten Versicherungsinstitute lag überwiegend unter dem von Investmentfonds. Dabei fiel insbesondere auf, daß lediglich knapp 30 Prozent der befragten Versicherungsinstitute über eigene Researchkapazitäten im Kreditrisikobereich verfügten. Die Entscheidung für eine Anlage in High-Yield Anleihen wird von Versicherungsunternehmen größtenteils von einem Börsenlisting abhängig gemacht. Hiervon versprechen sich die Anleger die notwendige Liquidität und Bewertungseffizienz im Sekundärmarkt.

Eine weitere wichtige Investorengruppe am High-Yield Markt stellen Banken dar. Wie bereits im Rahmen banktheoretischer Ansätze zur Erklärung des Disintermediationsphänomens dargestellt, ist eine zunehmende Spezialisierung auf Teilfunktionen des Intermediationsprozesses unter Finanzdienstleistern erkennbar.[1411] Neben dem allgemein zu beobachtenden Trend zur Verbriefung bilanzwirksamer Forderungen im Bankensektor werden von deutschen Kreditinstituten in zunehmendem Ausmaß Wertpapiere gehalten, deren Anlageerträge nicht unerheblich zum Teilbetriebsergebnis beitragen. So kompensieren deutsche Banken die rückläufige Nachfrage nach Direktkrediten teilweise durch einen verstärkten Erwerb von Wertpapieren, insbesondere Anleihen und Schuldverschreibungen.[1412] Neben einer Verbesserung des Zinsüberschusses, der 1997 bei deutschen Banken das niedrigste Niveau seit Einführung der Bundesbankstatistik zur Ertragslage deutscher Kreditinstitute im Jahr 1968 erreichte, investieren Banken zunehmend in verbriefte Unternehmensanleihen, um ihr Kreditportefeuille stärker zu diversifizieren.[1413]

Vor dem Hintergrund der geltenden Regelungen zur Eigenmittelaustattung von Kreditinstituten, die in den Anwendungsbereich des KWG fallen, erscheinen hochverzinsliche Unternehmensanleihen nicht zuletzt aufgrund der derzeit praktizierten Erfassung von Risikoaktiva geeignet, um der bereits dargestellten Notwendigkeit zur Verbesserung der Eigenkapitalrendite zu genügen.[1414] Zur Begrenzung des Adressenausfallrisikos werden Aktivgeschäfte der Kre-

---

1410 Vgl. § 341 Abs. 2 HGB.

1411 Vgl. Kapitel 6.1.3.

1412 Vgl. Deutsche Bundesbank (1998b), S. 32f.

1413 Vgl. Rathore (1997), S. 7 sowie Weiner (1998), S. 24.

1414 Kreditinstitute müssen nach § 10 Abs. 1 im Interesse der Erfüllung ihrer Verpflichtungen gegenüber ihren Gläubigern über angemessene Eigenmittel verfügen. Zur Beurteilung der Angemessenheit gelten die Inditinstitute nach sogenannten „Adressenausfallgewichtungssätzen“ gemäß der Bonität des Vertragspartners, d.h. des Kreditnehmers oder Wertpapieremittenten, und dessen geographischer Herkunft, differenziert nach der Zugehörigkeit zu bestimmten Länderzonen, anteilig dem haftenden Eigenkapital gegenübergestellt.[1415] Dabei werden Geschäftspartner nicht individuell nach ihrer Bonität gewichtet, sondern durch eine pauschale Klassifizierung in drei Qualitätsgruppen eingeteilt. Da sowohl Forderungen an Unternehmenskunden als auch börsenfähige Anleihen von Nichtbanken mit einem Bonitätsgewichtungsfaktor von 100 Prozent unabhängig von ihrem individuellen Ausfallrisiko in die Berechnung der Risikoaktiva eingehen, besteht grundsätzlich ein Anreiz, gute Kreditrisiken durch höherverzinsliche Unternehmensanleihen zu substitutieren. Diese bieten neben einer regelmäßig höheren Kapitalrendite insbesondere eine bessere Dispositionsflexibilität am Sekundärmarkt.

Insgesamt wird das derzeitige Verhalten inländischer institutioneller Investoren von zwei wesentlichen Hemmnissen in Bezug auf ein stärkeres Engagement am High-Yield Markt geprägt: Zum einen exisiert ein grundlegendes Defizit an Researchkapazität und Know How im Kreditrisiko-Bereich; zum anderen bestehen, abgesehen von regulatorischen Restriktionen, hohe interne Anforderungen an die Kreditqualität der Anlageobjekte.

Der Mangel an Researchkapazität läßt sich primär auf die bereits dargestellte historische Dominanz erstklassiger Schuldner am deutschen Anleihemarkt zurückführen. Die vorgenommene Befragung der Marktteilnehmer konnte in diesem Zusammenhang wichtige Erkenntnisse über die derzeitige Anlagepraxis deutscher institutioneller Anleger generieren. Insbesondere konnte ein Mangel an notwendigen Analyse- und Handelskapazitäten deutscher institutioneller Investoren beobachtet werden. Mehr als 75 Prozent der befragten Institute verfügten zum Zeitpunkt der Umfrage über weniger als 2 spezialisierte Analysten zur Beurteilung von High-Yield Anleihen. Das derzeitige Defizit an Humanressourcen wird vor dem Hintergrund US-amerikanischer Vergleichszahlen noch offensichtlicher: Neben einer durchschnittlichen Anzahl von 6 Analysten im Bereich Credit Research zeigt eine aus dem Jahr 1998 stammende Umfrage, daß die Zahl der im High-Yield Bereich insgesamt beschäftigten Mitarbeiter im Durchschnitt die Anzahl der Kreditanalysten um 100 Prozent übersteigt.[1416] Dieser Sachverhalt verdeutlicht den hohen Komplexitätsgrad dieser Anlageklasse, der für eine professionelle Marktteilnahme mit einem nicht unerheblichen Bedarf an Analysefähigkeiten verbunden ist. Da eine positive Haltung europäischer Investoren gegenüber dem High-Yield Marktsegment überwiegt,[1417] ist damit zu rechnen, daß die notwendigen Research-Kapazitäten mit einer ge-

---

halte des vom Bundesaufsichtsamt erlassenen Grundsatz I, der den internationalen Standards der Bank for International Settlement genügt. Vgl. Schierenbeck/Hölscher (1998), S. 120f.

1415 Zur Neufassung des Grundsatzes I und der Umsetzung der EU-Kapitaladäquanzrichtlinie und deren Anwendung auf bilanzwirksame Geschäfte von Kreditinstituten vgl. Boos/Schulte-Mattler (1997), S. 474-475.

1416 Vgl. Goldman Sachs (1998c), S. 7.

1417 Eine Umfrage der Deutschen Bank Research aus dem Jahr 1998 belegt die grundsätzlich positive Einstellung institutioneller Investoren gegenüber dem High-Yield Markt. Auf einer Skala von 1 bis 5 zeigten

wissen zeitlichen Verzögerung verstärkt ausgebaut werden. Derzeit ist jedoch davon auszugehen, daß der personelle Engpaß viele europäische Anleger von einem Engagement in ausfallrisikobehafteten Unternehmensanleihen abhält. Einer Umfrage unter europäischen Investoren zufolge scheiterte die Teilnahme am High-Yield Markt bei 31 Prozent der Befragen an mangelnden Analysekapazitäten.

Die geringe Verfügbarkeit interner Researchkapazitäten deutscher Investoren erklärt gleichermaßen den intensiven Rückgriff auf externe Analysen und den hohen Bedeutungsgrad eines vorhandenen Ratings. Nahezu alle befragten Institute greifen zur Unterstützung ihrer Kapitaldisposition auf Kreditanalysen externer Anbieter, vor allem der jeweiligen emissionsbegleitenden Investmentbanken, zurück. Während bei der Auswahl potentieller Anlageobjekte grundsätzlich alle Unternehmensanleihen mit Investment-Grade Rating in Frage kommen, werden lediglich bei knapp der Hälfte der Befragten solche Anleihen in den Auswahlprozeß miteinbezogen, die über kein Investment-Grade Rating verfügen bzw. nicht geratet sind. Diesem Verhalten liegen primär interne Richtlinien zugrunde, die Investitionen am High-Yield Markt aus Gründen der Risikokontrolle grundsätzlich ausschließen.[1418]

Die restriktive Wirkung interner Anforderungen an die Investmentqualität potentieller Anlageobjekte zeigt sich deutlich an der Zusammensetzung der Anlageportefeuilles deutscher Versicherungen. Hier dominieren Rentenwerte mit 70 Prozent des Gesamtvolumens, wovon annähernd 80 Prozent Titel erstklassiger Schuldner (Regierungsanleihen, Schuldscheindarlehen an Gebietskörperschaften sowie Pfandbriefe) ausmachen. Einer Umfrage der Deutschen Bank Research vom November 1998 zufolge sehen sich 41 Prozent der wichtigen europäischen institutionellen Anleger durch interne Richtlinien daran gehindert, Investitionen im unteren bereich der Kreditrisikoskala zu tätigen.

Dieser Sachverhalt ist nicht zuletzt auf das Fehlen adäquater Anlagerichtlinien für Unternehmensanleihen zurückzuführen. Aufgrund der historisch geringen Relevanz des Marktes für Unternehmensanleihen und der geringen Verbreitung von Ratingurteilen besteht die Notwendigkeit zur Anpassung bestehender Anlagegrundsätze. Für 35 Prozent der Befragten stellte laut Umfrage von Goldman Sachs die Anpassung der Anlagegrundsätze die wichtigste interne Herausforderung in Bezug auf ein stärkeres Engagement am High-Yield Markt dar.[1419]

Trotz der zum aktuellen Zeitpunkt noch geringen Akzeptanz hochverzinslicher Anleihen unter institutionellen Investoren ist aufgrund der bereits dargestellten Entwicklungstendenzen mit einem zunehmenden Adaptionsverhalten der Marktteilnehmer zu rechnen. Presseberichten zufolge beginnen deutsche Banken verstärkt damit, Personal US-amerikanischer Investment-

---

sich europäische Investoren mit einem durchschnittlichen Wert von 3,3 weitaus aufgeschlossener gegenüber diesem Marktsegment als US-Investoren.

1418 Vgl. hierzu auch o.V. (1997c, S. 48

1419 Vgl. Goldman Sachs (1998c), S. 8.

banken für den Aufbau ihrer Geschäftseinheiten abzuwerben.[1420] Aufgrund der absoluten Größe institutioneller Anlageportefeuilles würde bereits eine geringe prozentuale Verlagerung der Anlageschwerpunkte einen signifikanten Liquiditätsschub am europäischen High-Yield Markt auslösen.

Insgesamt zeigt sich die Mehrheit institutioneller Investoren in Europa sehr optimistisch gegenüber der weiteren Marktentwicklung. Eine Studie der Investmentbank Goldman Sachs bei europäischen institutionellen Anlegern zeigt das derzeitige Anlagevolumen im High-Yield Segment sowie die zukünftig geplanten Gewichtungsverschiebungen auf. Die Ergebnisse verdeutlichen erneut die geringe Relevanz dieser Wertpapiergattung im derzeitigen Investitionsmix, lassen jedoch einen relativ klaren Trend zu einem stärkeren Engagement erkennen.

Anteil am Portefeuille	Juni 1998	Plan 1999	Plan 2002
> 20 %	0 %	4 %	4 %
16–20 %	2 %	0 %	0 %
11–15 %	2 %	4 %	18 %
6-10 %	8 %	22 %	38 %
1-5 %	69 %	64 %	36 %
0 %	19 %	6 %	36 %

TABELLE 18: ANTEIL VON HIGH-YIELD ANLEIHEN AM GESAMTPORTEFEUILLE EUROPÄISCHER INSTITUTIONELLER INVESTOREN[1421]

Dieses Ergebnis konnte von der Umfrage unter deutschen Investoren bestätigt werden. Während im Juli 1998 lediglich 40 Prozent der befragen Institute High-Yield Anleihen in ihrem Portefeuille hielten und 17 Prozent noch im laufenden Jahr erstmalig in diesem Marktsegment aktiv zu werden planten, bestätigten 75 Prozent der Rückläufe ihre Bereitschaft, innerhalb der nächsten 3 Jahre in hochverzinsliche Unternehmensanleihen zu investieren.

3.3 Emittentenstruktur

Die noch junge Entwicklungsgeschichte des europäischen High-Yield Marktes zeigt bereits deutliche Strukturmerkmale der Angebotsseite auf. Eine Untersuchung der Emittentenstruktur verspricht, Erkenntnisse über den Unternehmenstyp zu generieren, dessen Charakteristika für eine Finanzierung mit High-Yield Anleihen besonders geeignet erscheinen.

1420 So wurden in den Monaten Juli bis Oktober 1998 alleine von der Deutschen Bank 12 Mitarbeiter US-amerikanischer Investmentbanken für den Aufbau eines eigenen High-Yield Bereichs in London abgeworben. Vgl. o.V. (1998e), S. 1.

1421 Quelle: Goldman Sachs (1998c), S. 7.

Eine Aufgliederung nach Emissionswährungen sämtlicher ausstehender Anleihen demonstriert den dominanten Anteil von in US-Dollar denominierten High-Yield Anleihen.[1422] Die Ursache für diesen Sachverhalt liegt in dem weiterhin großen Anteil US-amerikanischer Investoren an diesem Marktsegment und der damit einhergehenden Ausrichtung der Kapitalnachfrage.[1423] Trotz liquider Swapmärkte stellt die Notwendigkeit der Absicherung von Währungsrisiken für US-Investoren einen wesentlichen Nachteil im Vergleich zu in US-Dollar denomininierten Anleihen dar. Aufgrund von regelmäßig in den Anleihebedingungen verankerten Kündigungsrechten des Schuldners würde eine perfekte Absicherung über optionale Swapvereinbarungen zu erheblichen Kosten für den Investor führen.[1424]

Zu den wichtigsten europäischen Währungen gehören das britische Pfund und die DM, wobei erstere vor allem aufgrund des dominanten Anteils englischer Emittenten sowie einer breiten Investorenbasis[1425] und letztere aufgrund ihrer relativen Stabilität verstärkt als Emissionswährung gewählt wird.[1426]

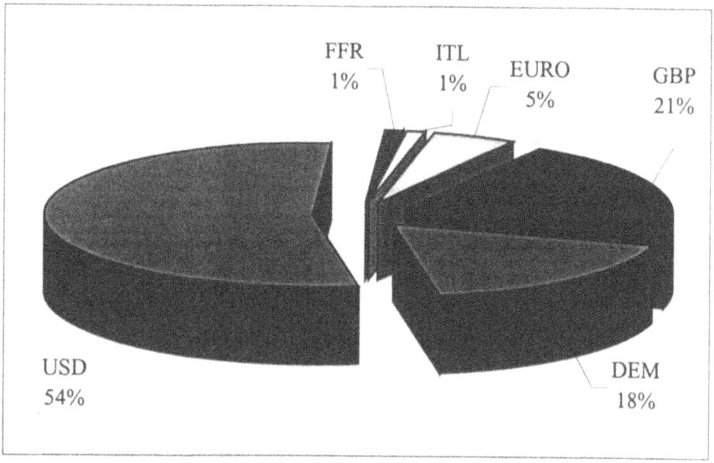

ABBILDUNG 28: EMISSIONSWÄHRUNGEN AM EUROPÄISCHEN HIGH-YIELD MARKT

Es wird damit gerechnet, daß die Zahl der in Euro denominierten High-Yield Emissionen mit der Wiederaufnahme der Emissionsaktivität bedeutend wachsen wird. Der Anteil von in US-Dollar denominierten Anleihen wird sich dagegen zumindest kurzfristig nicht signifikant reduzieren. Hierfür spricht vor allem die wesentliche Bedeutung US-High-Yield Fonds.

1422 Eine Übersicht sämtlicher ausstehender Anleihen des europäischen High-Yield Marktes findet sich im Anhang dieser Arbeit.

1423 Vgl. Weiner (1998), S. 24.

1424 Vgl. Goldman Sachs (1998c), S. 10.

1425 o.V. (1997a), S. 31.

1426 Vgl. Bream (1998a), S. 62.

Untersucht man die Verteilung der Schuldnerbonität im europäischen im Vergleich zum US-High-Yield Markt, so stellt man ein wesentlich schlechteres Qualitätsprofil der Gesamtheit europäischer Emittenten fest. Während Anleihen der Ratingkategorien B oder besser lediglich einen Anteil von 14 Prozent des europäischen Gesamtvolumens ausmachen, so stellen Anleihen dieser Ratingkategorien am US-Markt insgesamt 41 Prozent des Gesamtmarktes dar.[1427] Diese Besonderheit ist primär mit dem hohen Anteil anleihefinanzierter Leveraged Buy-Out Transaktionen am europäischen Markt zu begründen, die aufgrund regelmäßig hoher Verschuldungsgrade entsprechend geringere Ratings erzielen. Gleichfalls existieren unter den europäischen Emittenten de facto keine heruntergestuften Anleiheschuldner, die einen wesentlichen Anteil der „*Upper High-Yield Class*" in den USA ausmachen. Darüber hinaus fällt der hohe Anteil europäischer Emittenten ohne Rating auf, der auf die allgemein geringe Verbreitung von Ratingurteilen am europäischen Anleihemarkt zurückzuführen ist.

Die Verteilung europäischer Emittenten auf Branchensektoren zeigt eine deutliche Konzentration im Telekom-, Kabel- und Mediensektor.[1428] Im Gegensatz zum breit gestreuten Branchenprofil des US-amerikanischen Marktes bedeutet dies eine nicht zu unterschätzende Einschränkung des Diversifikationspotentials am europäischen Markt. Eine tendenzielle Verbreiterung des Branchenprofils bildete sich durch Emissionen von Industrieunternehmen im Verlauf des Jahres 1998 heraus, die, vom Nachholbedarf der institutionellen Nachfrage beeinflußt, von überdurchschnittlich vorteilhaften Konditionen profitierten.[1429] Hierzu zählten insbesondere die Plazierungen der niederländischen Kappa Group, der deutschen Sirona Dental Systems sowie des französischen Konsumgüterherstellers Remy Cointreau.

Die dominante Stellung von Emittenten der Telekommunikationsbranche wird primär auf deren spezifisches Finanzierungsprofil zurückgeführt. So eignen sich Unternehmen dieser Branche insbesondere für High-Yield Finanzierungen, da hohe Investitionsvolumina bei gleichzeitigen Anlaufverlusten alternative Fremdfinanzierungsformen in Ermangelung notwendiger Sicherheiten regelmäßig ausschließen. Zusätzlich zeichnet sich die Branche aufgrund intensiver Liberalisierungsmaßnahmen auf nationalen Telekommärkten durch eine hohe Übernahmeaktivität aus, deren Finanzierung zum Großteil über High-Yield Anleihen erfolgte. Die vergleichbar geringe Konjunkturabhängigkeit der Branche[1430] sowie relativ stabile Wachstumsraten bei gleichzeitig hohen Markteintrittsbarrieren erlauben es den Emittenten, trotz fehlender Kredithistorie und Sicherheiten renditeorientierte Anleger zu finden.

High-Yield Anleihen ermöglichen Emittenten der Telekombranche insbesondere die notwendige Anpassung der Finanzierung an ihr spezifisches Cash-Flow Profil. Die endfällige Struk-

---

1427 Vgl. Goldman Sachs (1998c), S. 3.

1428 Insgesamt stammen 61% des europäischen Emissionsvolumens aus dem Telekom-, Kabel- und Medienbereich. Dieser Anteil steht einem Gewicht von 35% im US-High-Yield Markt gegenüber. Mit 12,8% stellt die Logistikbranche die zweitwichtigste Emittentengruppe am europäischen Markt dar.

1429 Vgl. Brewis (1998), S. 21.

turierung von High-Yield Anleihen stellt in diesem Zusammenhang einen wesentlichen Vorteil gegenüber einer Bankfinanzierung dar. Dies erklärt den hohen Anteil von Nullkuponanleihen unter den Emittenten dieser Branche: Während der Anteil von Nullkuponanleihen am gesamten europäischen High-Yield Markt rund 24 Prozent ausmacht, wurden im Telekombereich 39 Prozent aller Emissionen derartig strukturiert.[1431] Darüber hinaus erlauben Laufzeiten von regelmäßig 8 bis 10 Jahren eine fristenkongruente Finanzierung der Anlageinvestitionen.

Neben der Telekommunikationsbranche bildet die Gruppe konsumnaher Industrien mit rund 25 Prozent des Gesamtvolumens einen weiteren Schwerpunkt der Emissionsaktivität am europäischen High-Yield Markt. Eine Untersuchung der Verwendungszwecke von Emissionserlösen dieser Schuldnergruppe zeigt einen überdurchschnittlich hohen Anteil akquisitionsbedingter High-Yield Emissionen. Mit 55 Prozent des Gesamtvolumens dominiert die Finanzierung von Unternehmensübernahmen unter den in Emissionsprospekten regelmäßig aufgeführten Finanzierungsanlässen.[1432] Der zunehmende Einsatz von High-Yield Anleihen im Verbindung mit Unternehmensübernahmen zeigt einen deutlichen Trend der Substitution privat plazierter Mezzanine-Finanzierungen auf. Derartige Transaktionen wurden vor Entstehung des europäischen Marktsegments für hochverzinsliche Unternehmensanleihen primär durch nachrangige Syndikatskredite oder eigenkapitalähnliche mezzanine Finanzierungstitel finanziert.[1433]

Emittenten wie Remy Cointreau, HMV Media, William Hill oder IPC Magazines konnten hierbei insbesondere von einer hohen „*name recognition*“ profitieren. Dies zeigte sich insbesondere an dem hohen Anteil europäischer Investoren am Plazierungserfolg. In diesem Zusammenhang wurde vor allem deutlich, daß aufgrund der noch geringen Marktbreite ein effizientes Pricing am Fehlen einer Benchmark scheiterte. Während im europäischen Marktsegment der Telekommunikationbranche inzwischen ein gewisser Grad an Vergleichsmöglichkeiten der Emittentenqualität in Bezug auf Marktposition, Finanzierungspolitik und Ertragslage gegeben ist, existieren im Breich der konsumnahen Branchen bisher kaum Überschneidungen der individuellen Geschäftsfelder.

Zukünftige Ertragspotentiale werden somit zur wesentlichen Determinante des Plazierungserfolgs. High-Yield Anleihen gelten als „story driven“,[1434] d.h. es überwiegen projektive Bewertungsverfahren, die weniger auf vergangenheitsorientierten Bonitätseinschätzungen basieren, als vielmehr die Chancen überdurchschnittlicher zukünftiger Erfolge in den Mittelpunkt der Bewertung stellen. Hieraus wird ersichtlich, daß High-Yield Anleihen, ähnlich den Aktien

---

1430 Vgl. Vakili/Katz (1998), S. 28.

1431 Vgl. Dambach (1998), S. 659

1432 Im Vergleich hierzu dienten bei 36% der High-Yield Emissionen der konsumnahen Branchen die Erlöse zur Refinanzierung bestehender Verbindlichkeiten sowie bei 9% zum Aufbau von Kapitalreserven.

1433 Vgl. Brown (1998), S. 34.

1434 Vgl. Paul-Choudhury (1998), S. 32.

innovativer Unternehmen an den jungen Wachstumsbörsen wie dem Neuen Markt, stark von subjektiven Faktoren des Anlageverhaltens beeinflußt werden.

Ein Vergleich der Renditespreads europäischer High-Yield Anleihen im Vergleich zu laufzeitadäquaten Referenzanleihen der Emissionswährung legt ein weiteres charakteristisches Merkmal des europäischen High-Yield Marktes offen. Neben der schuldnerspezifischen Bonität einer Anleihe wird, wie in Kapitel 3.3.2.1 dargestellt, die vom Investor geforderte Rendite wesentlich von der Liquidität am Sekundärmarkt beeinflußt. Eine Marktstudie des europäischen und des US-High-Yield Marktes im Juli 1998 läßt eine systematische Renditeprämie europäischer Emissionen erkennen.[1435] Hierfür wurden Anleihen gleicher Branchenzugehörigkeit, bereinigt um bonitätsbedingte Verzerrungen, hinsichtlich ihrer Renditespreads zur laufzeitäquivalenten Regierungsanleihe verglichen. Es konnten dabei unabhängig von der Anleihewährung durchgehend höhere Renditeprämien europäischer Emissionen sowie eine annähernd doppelt so große Streuung der Renditespreads im Vergleich zum US-Markt festgestellt werden, die die Existenz einer Liquiditätsprämie am europäischen Markt vermuten läßt. Der Vergleich von simultan am US-amerikanischen und europäischen Markt plazierten Anleihetranchen desselben Emittenten verdeutlicht jedoch, daß unabhängig von der Liquidität des individuellen Wertpapiers die von europäischen Anlegern geforderten Risikoprämien über denen von US-Investoren liegen. Der durchschnittliche Renditeabstand betrug, wie in der folgenden Abbildung dargestellt, im Juli 1998 etwa 100 Basispunkte.

Emittent	Volumen (Mio.)	Kupon	Rating	Spread (BP)
NTL	125 GBP	9,500 %	B3/B-	400
	400 USD	10,000 %	B3/B-	300
Diamond	135 GBP	10,000 %	B3/NR	389
	110 USD	9,125 %	B3/NR	276
HMV Media	135 GBP	10,875 %	B3/B-	543
	125 USD	10,250 %	B3/B-	479
Orange	200 GBP	8,625 %	Ba3/B+	262,5
	545 USD	7,625 %	Ba3/B+	287,5

Tabelle 19: Spreads am US-amerikanischen und europäischen High-Yield Markt

Die dargestellten Renditedifferenzen lassen darauf schließen, daß Emittenten am europäischen High-Yield Markt einer relativen Bewertungsineffizienz gegenüberstehen. Ein weiterer Erklärungsansatz für die relativen Spread-Differenzen am US-amerikanischen und europäischen High-Yield Markt basiert auf den nationalen Unterschieden des Konkursrechts dieser Märkte. Aufgrund eines aus Gläubigerperspektive relativ vorteilhaften Vergleichsverfahrens

1435 Vgl. Goldman Sachs (1998c), S. 8f.

in Form des sogenannten „*Chapter Eleven Filing*" ist für US-amerikanische Schuldner tendenziell eine höhere Befriedigungsquote im Konkursfall zu erwarten.[1436] Wie bereits im Zusammenhang mit der Darstellung risikoneutraler Bewertungsmodelle belegt wurde,[1437] bestimmt das Erwartungswertkalkül auf Investorenseite gleichermaßen die geforderte Rendite. Diese Vermutung wird ebenso durch den indikativen Verlauf der Kreditrisikoprämien in Bezug auf die zugrundeliegenden Anleiheratings deutlich:

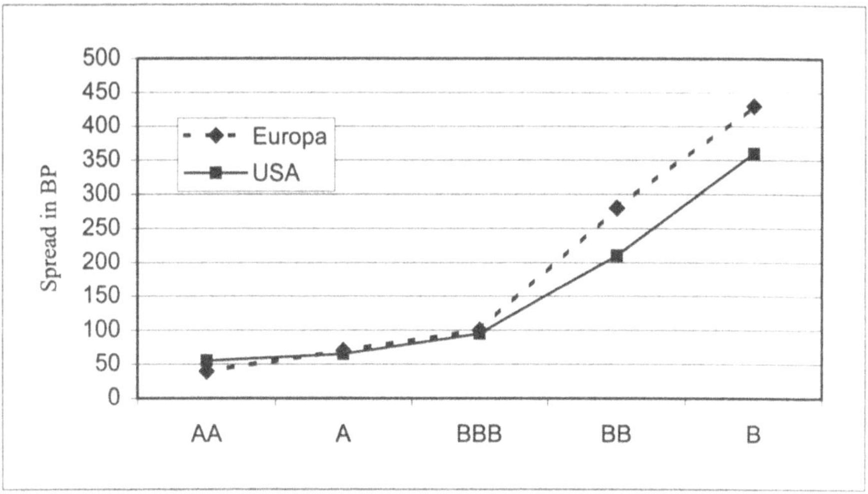

ABBILDUNG 29: INDIKATIVE HIGH-YIELD SPREADS IN EUROPA UND DEN USA

Die unterschiedliche Abgeltung für die Übernahme von Kreditrisiken an den beiden untersuchten Märkten läßt darüber hinaus vermuten, daß europäischen Investoren der Zugang zum High-Yield Markt partiell verschlossen ist.[1438] Diese Hypothese läßt sich durch den bereits dargestellten Engpaß in Bezug auf die notwendigen Researchkapazitäten und das Fehlen adäquater interner Anlagerichtlichen unter europäischen Anlegern stützen.

3.4 Rolle der Intermediäre am europäischen High-Yield Markt

Die Untersuchung der Ursachenfaktoren für das verspätete Interesse von Emittenten und Investoren am Entstehen eines High-Yield Marktes verdeutlicht die besondere Bedeutung, die den Intermediären am Kapitalmarkt für die weitere Entwicklung dieses Marksegmentes zukommt. In diesem Zusammenhang wird die notwendige Aufklärung der Marktteilnehmer

---

1436 Vgl. Howe (1990b), S. 273-280

1437 Vgl. Kapital 3.3.2.2.

1438 Für diese Hypothese spricht gleichfalls der geringe Anteil von B oder schlechter gerateten Emittenten am europäischen High-Yield Markt. Die Renditedifferenzen zwischen europäischen und US-Anleihen eröffnen entsprechende Arbitragemöglichkeiten, die bereits zu einer signifikanten Verringerung des Spreads bei B-Anleihen auf derzeit ca. 50 Basispunkte geführt hat. Vgl. Fesser (1998), S. 41

durch die emissionsführenden Banken sowie eine Verbreitung öffentlich zugänglicher Bonitätsbeurteilungen von Ratingagenturen deutlich.

Bis dato war das Interesse deutscher Geschäftsbanken an der Entwicklung eines funktionsfähigen Marktes für Unternehmensanleihen eingeschränkt. Wie bereits dargestellt, stehen Unternehmensanleihen aufgrund ihres zumindest partiell substitutiven Charakters in direkter Konkurrenz zu bankvermittelten Kreditformen. Der gestiegene Anreiz zur Ausweitung bilanzneutraler Geschäfte zur Umgehung kapitalintensiver Buchkredite sowie zurückgehende Margen im Kreditbereich bei gleichzeitig steigenden Ertragspotentialen im Provisionsgeschäft führte zu einem verstärkten Interesse der Geschäftsbanken, durch Unterstützung des Anleihemarktes emissionsbegleitende Dienstleistungen anzubieten zu können.[1439]

Hierbei stehen die Geschäftsbanken in Konkurrenz zu Investmentbanken mehrheitlich angloamerikanischer Herkunft. Diese profitieren von ihrem ausgebildeten Erfahrungswissen am amerikanischen High-Yield Markt sowie einem globalen Netzwerk, welches die Identifizierung potentieller Emittenten erleichtert und die Plazierung unter einem internationalen Anlegerpublikum ermöglicht. Die Verteilung der Emissionsmandate am europäischen High-Yield Markt zeigt die Dominanz angloamerikanischer Investmentbanken deutlich auf.

	Bank	Anzahl der Mandate
1	Bankers Trust	11
2	Goldman Sachs	10
3	Morgan Stanley Dean Witters	9
4	Donaldson Lufkin Jenrette	7
5	Merril Lynch	6
6	Chase Manhattan	5
7	Lehman Brothers	3
8	Credit Suisse First Boston	2
9	Warburg Dillon Read	2
10	Credit Lyonnaise	2

TABELLE 20: LEAGUE TABLE DES EUROPÄISCHEN HIGH-YIELD MARKTES[1440]

Die Dominanz US-amerikanischer Investmentbanken im Emissionsgeschäft von High-Yield Anleihen europäischer Schuldner zeigt deutlich, daß die materielle Präsenz weniger zur entscheidenden Markteintrittsbarriere wird als die vergleichbar wichtigere Reputation eines

1439 Vgl. Kapitel 8.2.2.1.

1440 Stand Ende 1998. Eigene Berechnung; nur Mandate als Lead Manager; alle Währungstranchen mitgerechnet.

emissionsführenden Instituts.[1441] Die hohe Erklärungsbedürftigkeit kreditsensitiver Investmentprodukte, insbesondere vor dem Hintergrund der wenig ausgeprägten Kreditkultur europäischer Investoren, resultiert zum einen in einer weitaus stärkeren Notwendigkeit emissionsbegleitender Dienstleistungen der Emissionsbank im Rahmen ihrer Konsortialfunktion[1442], zum anderen in der bereits dargestellten Rolle als Market Maker. In diesem Zusammenhang sind die derzeit zu beobachtenden Anstrengungen zahlreicher Investmentbanken zur frühzeitigen Positionierung in diesem Marktsegment zu erklären.[1443]

Das europäische Marktsegment für hochverzinsliche Unternehmensanleihen wird derzeit gleichfalls als lukrativer Ersatz für den nahezu erstickten Emerging Markets Bereich gewertet.[1444] Diese Einstellung spiegelt die negative Entwicklung zahlreicher Auslandsmärkte für Kreditrisiken wider, bei denen Anleger und Banken insbesondere bei asiatischen und russischen Schuldtiteln signifikante Verluste erlitten.

Ein verstärktes Engagement der Banken am High-Yield Markt ist nicht zuletzt aufgrund des hohen Potentials an Verbundeffekten anderer Geschäftsbereiche zu erwarten. In diesem Zusammenhang kommt einem produktübergreifenden Angebot im Sinne eines „one-stop shopping" zunehmende Bedeutung beim Wettbewerb um Emissions- und Beratungsmandate im M&A-Geschäftsbereich der Banken zu. Die bereits dargestellte Verbindung zwischen Restrukturierungsmaßnahmen in Form von Spin-offs und Unternehmensübernahmen und der hieraus entstehenden Notwendigkeit adäquater Finanzierungsangebote schafft ein nicht unerhebliches Economies-of-Scope-Potential für die vermittelnde Bank.

Neben sortimentspolitischen Maßnahmen der Banken im Emissionsgeschäft wird die Kommunikation der angebotenen Dienstleistungen vor allem in der Entstehungsphase des Marktes zu einer wichtigen Erfolgsdeterminante. Vor dem Hintergrund des verstärkten Wettbewerbsdrucks der Branche ist davon auszugehen, daß Investmentbanken zunehmend darum bemüht sind, sich im High-Yield Markt als Kompetenzzentrum zu positionieren. Hiebei wird der Kontakt zu potentiellen Emittenten sowie zu finanzstarken Investoren zum herausragenden Wettbewerbsfaktor. Im Rahmen eines emittenten- und investorenbezogenen Marketing kommt der Kommunikationsfunktion dabei eine entscheidende Rolle zu.

Durch den verstärkten Einsatz von Öffentlichkeitsarbeit ist eine zunehmende Aufklärung über die produktspezifischen Eigenschaften von High-Yield Anleihen zu erwarten. Dabei kann durch Rückgriff auf Erkenntnisse am US-Markt eine kurzfristige Verbesserung der Bewertungseffizienz erreicht werden.

1441 Vgl. hierzu auch die Ausführungen zum sogenannten „underwriter effect" in Kapitel 3.3.2.1.

1442 Hierzu gehört vor allem ein intensiver Kontrakt zu wichtigen Investorengruppen und eine professionell durchgeführte Vermarktung im Rahmen der sogenannten „Roadshows".

1443 Vgl. Brewis (1998), S. 38. An dieser Stelle wird insbesondere auf die zunehmende Verbreitung von Research Analysen des europäischen High-Yield Marktes verwiesen.

1444 Vgl. o.V. (1998d), S. 29.

Schließlich sei auf die Handelsfunktion der Investmentbanken hingewiesen: Regelmäßig verpflichtet sich die emissionsführende Bank dazu, im Anschluß an die Plazierung der Anleihen als Market Maker bereit zu stehen und damit dem Investor die jederzeitige Handelbarkeit zu gewährleisten, wodurch ein wesentlicher Beitrag zur Sekundärmarktliquidität geleistet wird. Eine Verbesserung der von Anlegern überwiegend bemängelten Liquidität am High-Yield Markt würde darüber hinaus von einer Zunahme spezialisierter Investmentfonds profitieren. Eine verstärkte Präsenz von Spezialfonds, die sich auf Kreditrisiken im Unternehmensbereich spezialisieren, ist vor dem Hintergrund der dargestellten Strukturveränderungen der Investmentbranche zu erwarten.

Als Intermediäre im weiteren Sinne kommt unabhängigen Ratingagenturen eine wesentliche Funktion zur Steigerung der Informationseffizienz und Akzeptanz von hochverzinslichen Unternehmensanleihen zu. Der verstärkte Personalaufbau internationaler Ratingagenturen in den europäischen Finanzzentren läßt auf eine entsprechende Nachfrage von Seiten der Emittenten schließen.[1445] Das gestiegene Interesse an Ratings ist dabei nicht auf den Unternehmenssektor beschränkt. Durch den grundlegenden Wandel des europäischen Kapitalmarktes in Zuge der Europäischen Währungsunion sehen sich Emittenen einem zunehmenden Wettberwerb der Kapitalnachfrage ausgesetzt. Der Wegfall der Segmentierung nationaler Anleihemärkte, zwingt Emittenten zu einer aktiveren Vermarktung ihrer Finanzierungstitel, um ein zunehmend grenzüberschreitendes Anlegerpublikum zu erreichen. Als symptomatisches Beispiel läßt sich das erstmalige Rating eines Bundeslandes im vergangenen Jahr sowie die Verbreitung von Pfandbrief Ratings deuten.[1446]

Mit einer Ausweitung der Verfügbarkeit öffentlich zugänglicher Beurteilungskriterien der Schuldnerbonität durch Ratingurteile und Research Analysen der vermittelnden Banken werden die Informationskosten der Marktteilnehmer signifikant verringert. Gleichzeitig steigt die Transparenz des Marktsegmentes, wodurch eine Verbesserung der Informationseffizienz zu erwarten ist.

1445 Vgl. Luce (1998b), S. 27.

1446 Vgl. Everling (1998), S. 482f.

IX Schlußbetrachtung und Ausblick

Ausgehend von der in Wissenschaft und Praxis konstatierten Notwendigkeit eines verbesserten Zugangs zu Risikokapital für junge Wachstumsunternehmen wurden in der vorliegenden Untersuchung die Möglichkeiten und Grenzen einer marktbasierten Aufbringung von haftendem Fremdkapital in Form von High-Yield Anleihen dargestellt.

Ausgangspunkt bildete die These, daß die im Mittelpunkt der Wachstumsfinanzierung stehende Haftungsfunktion nicht notwendigerweise an die Typologisierung einer Finanzierungsart gebunden ist, sondern gleichermaßen von Eigen- und Fremdkapital erfüllt werden kann. Aufgrund der in Deutschland vorherrschenden Dominanz bankvermittelten Fremdkapitals stellte sich die Frage, ob durch Aufbau eines funktionsfähigen Marktes für hochverzinsliche Unternehmensanleihen die Verfügbarkeit langfristigen Haftungskapital ausgeweitet werden kann. Zielsetzung der Arbeit war es, die notwendigen Rahmenbedingungen für die Entstehung dieses Marktsegmentes zu identifizieren, um darauf aufbauend das Entwicklungspotential in Deutschland aufzuzeigen.

Das Vorgehen der Untersuchung leitete sich aus der Zielsetzung der Arbeit ab: es galt, auf Basis der finanztheoretischen Ansätze die Vorteile einer marktlichen Koordination von Finanzierungsbeziehungen herauszustellen und die wesentlichen Ursachen für die Entwicklung einer Institutionenstruktur am Finanzmarkt zu beleuchten.

Zur Verifikation der theoretisch gewonnenen Erkenntnisse wurde in einem zweiten Schritt ihr Erklärungsgehalt und ihre Anwendbarkeit auf die Entstehung des US-High-Yield Marktes getestet. Dabei konnten die zentralen Ursachenfaktoren des Marktumfeldes, die eine graduelle Substitution der Finanzintermediation im engeren Sinne durch marktliche Koordinationsmechanismen begründeten, identifiziert werden.

Schließlich galt es, vor dem Hintergrund der bestehenden Institutionenstruktur des deutschen Finanzsystems die Auswirkungen eines sich vollziehenden Wandels des Marktumfeldes auf das Verhalten der Marktteilnehmer zu prognostizieren. Hierbei konnten einige wesentliche Entwicklungen festgestellt werden, die einen Übergang zu marktlichen Koordinationsformen von Fremdfinanzierungsbeziehungen absehbar erscheinen lassen:

- Eine zunehmende Konzentration des gesamtwirtschaftlichen Geldvermögens bei institutionellen Investoren führt zu einer Beschleunigung des Disintermediationsprozesses. Der Trend zur Institutionalisierung bewirkt eine Gewichtungsverschiebung zugunsten marktorientierter Allokationsmechanismen des Finanzsystems. Gleichzeitig intensiviert sich der grenzüberschreitende Kapitalverkehr, der eine Anpassung der Institutionenstruktur fördert.
- Hiermit geht eine Zunahme der Markteffizienz einher. Aufgrund eines verstärkten Standortwettbewerbs gewinnt der Markt für Unternehmensanleihen an operationaler Effizienz,

Vollständigkeit, Liquidität und Transparenz. Eine Verbesserung des marktlichen Bewertungsmechanismus relativiert die Vorteile bilateraler Finanzierungsbeziehungen.

- Sinkende Realzinsen und ein erhöhter Wettbewerb um das Anlagevermögen privater Haushalte durch Eintritt neuer Wettbewerber führen zu einer Zunahme des Performancedrucks institutioneller Anleger. Der Wegfall von Währungsdifferenzen im Rahmen der Europäischen Währungsunion sowie eine zunehmende Konvergenz der Kapitalmärkte innerhalb der Euro-Zone lassen Kreditrisiken in den Vordergrund der Dispositionsentscheidung dieser Investorengruppe rücken.
- Ein verändertes Anlageverhalten privater Haushalte führt zu steigenden Refinanzierungskosten der Geschäftsbanken. Diese Entwicklung bewirkt in Verbindung mit einem zunehmenden Ertragsdruck, einer Intensivierung des Wettbewerbs und einer Fortsetzung des Konsolidierungstrends innerhalb der Finanzdienstleistungsindustrie eine Verknappung traditioneller Fremdfinanzierungsformen des Unternehmenssektors.
- Gleichzeitig steigt der Bedarf an nachrangigem Fremdkapital der Unternehmen. Zur Erwirtschaftung kapitalkostenadäquater Renditen sehen sich deutsche Unternehmen zunehmend gezwungen, bestehende Konzernstrukturen zu reorganisieren und dabei Geschäftbereiche zu veräußern. Hiervon wird, in Verbindung mit dem bevorstehenden Generationswechsel zahlreicher Familienunternehmen sowie einem anhaltenden Trend zur Privatisierung, eine Zunahme des Transaktionsvolumens am Markt für Unternehmensübernahmen erwartet. Zur Finanzierung derartiger Transaktionen wird verstärkt auf nachrangiges Fremdkapital zurückgegriffen.

Die Einführung der Europäischen Währungsunion stellt vor dem Hintergrund der untersuchten Entwicklungsfaktoren einen bedeutenden Katalysator dar. Die zunehmende Integration von Finanz- und Produktmärkten erhöht den Anpassungsdruck sämtlicher Marktteilnehmer.

Bei einer Untersuchung des Entwicklungsverlaufs des noch jungen Marktsegments für High-Yield Anleihen in Europa zeichnen sich die prognostizierten Anpassungen bereits partiell ab. Dennoch konnten wesentliche Problembereiche identifiziert werden, die einer weiteren Annäherung an das US-amerikanische System derzeit noch im Wege stehen:

- Fehlende Kapazitäten europäischer Investoren zur Bewertung von Kreditrisiken
- Unzureichende Verbreitung von öffentlich zugänglichen Ratingurteilen
- Geringe Liquidität und Diversifikationspotential am Markt für Unternehmensanleihen

Vor dem Hintergrund der dargestellten Entwicklungstrends ist jedoch mit einem graduellen Abbau dieser Defizite zu rechnen. Es bleibt abzuwarten, ob sich der anfängliche Erfolg des jungen Marktsegmentes in Anbetracht der derzeitigen Krise an den internationalen Kapitalmärkten behaupten kann.

Literaturverzeichnis

Abrahamson, E./ Rosenkopf, L. (1990): When do Bandwagon Diffusion Roll ? How Far do They go ? and When do They Roll Backwards: A Computer Simulation, in: Academy of Management Best Papers Proceedings, o.Jg. (1990), S. 155-159

Abrahamson, E./ Rosenkopf, L. (1993): Institutional and Competitive Bandwagons: Using Mathematical Modeling as a Tool to Explore Innovation Diffusion, in: Academy of Management Review, Vol. 18 (1993), S. 487-517

Achleitner, Paul (1995): International Mergers & Acquisitions, unveröffentlichte Arbeitsunterlagen für die Arbeitsgruppe "International Mergers & Acquisitions" des Instituts für Unternehmens-führung am 17./18.11. 1995, Frankfurt a.M. 1995

Adler, Michael/ Dumas, Bernard (1975): Optimal International Acquisitions, in: Journal of Finance, Vol. 30 (1975), S.1-19

Aghion, Philippe/ Bolton, Patrick (1992): An Incomplete Contract Approach to Financial Contracting, in: Review of Economic Studies, Vol. 59 (1992), S. 473-494

Aignesberger, Christof (1987): Die Innovationsbörse als Instrument zur Risikokapitalversorgung innovativer mittelständischer Unternehmen, Heidelberg 1987, zugl.: Universität Heidelberg, Diss. 1987

Akerlof, George A. (1970): The Market for "Lemons": Quality Uncertainty and the Market Mechanism, in: Quarterly Journal of Economics, Vol. 84 (1970), S. 488-500

Albach, Horst (1983): Zur Versorgung der deutschen Wirtschaft mit Risikokapital, IfM Materialien Nr. 9, Bonn 1983

Albach, Horst (1984): Welche Maßnahmen empfehlen sich, insbesondere im Gesellschafts- und Kapitalmarktrecht, um die Eigenkapitalausstattung der Unternehmen langfristig zu verbessern, in: Ständige Disputation des Dt. Juristentages (Hrsg.):Verhandlungen des 55. Deutschen Juristentages, Hamburg 1984, Band II, Teil K, München 1984, S. K9-K37

Albach, Horst (1988): „Finanzierungsregeln" und Kapitalstruktur des Unternehmens, in: Christians, Wilhelm F. (Hrsg.): Finanzierungshandbuch, 2. Aufl., Wiesbaden 1988, S. 599-636

Albach, Host (1995): Finanzierungspolitik mittelständiger Unternehmen, in: Gerke, Wolfgang/Steiner, Manfred (Hrsg.): Handwörterbuch des Bank- und Finanzwesens, 2., überarbeitete und erweiterte Aufl., Stuttgart 1995, Sp. 673-681

Alchian, Armen A./ Demetz, Harris (1972): Production, Information Cost, and Economic Organization, in: American Economic Review, Vol. 62 (1972), S. 777-795

Alchian, Armen A. (1950): Uncertainty, Evolution and Economic Theory, in: Journal of Political Economy, Vol. 58 (1950), S. 211-221

Alderson, Michael J./ Zivney, Terry L. (1994): On Computing Bond Returns: The Evalutation of Low Grade Debt, in: Journal of Financial Research, Vol. 18 (1994), S. 403-415

Alexander, Gordon J./ Chervany, Norman L. (1980): On the Estimation and Stability of Beta, in: Journal of Financial and Quantitative Analysis, Vol. 15 (1980), S.123-137

Allen, David S./ Lamy, Robert E./ Thompson, G. Rodney (1990): The Shelf Registration of Debt and Self Selection Bias, in: Journal of Finance, Vol. 45 (1990), S. 275-287

Allen, Franklin/ Gale, Douglas (1994): Financial Innovation and Risk Sharing, Cambridge (USA), 1994

Allen, Franklin/ Gale, Douglas (1995a): A Welfare Comparison of Intermediaries and Financial Systems in Germany and the US, in: European Economic Review, Vol. 39 (1995), S. 179-209

Allen, Franklin/ Gale, Douglas (1995b): Financial Markets, Intermediaries and Intertemporal Smoothing, Working Paper Nr. 95-02, The Wharton School, University of Pennsylvania, Philadelphia 1994

Allen, Franklin/ Gale, Douglas (1995c): Financial Innovation and Risk Sharing, Boston 1995

Allen, Franklin/ Gale, Douglas (1997): Innovation in Financial Services, Relationships and Risk Sharing, Working Paper No. 97-26B, The Wharton School, University of Pennsylvania, Philadelphia 1994

Altman, Edward I. (1987): The Anatomy of the High-Yield Bond Market, in: Financial Analysts Journal, Vol. 43 No. 4 (1987), S. 12-25

Altman, Edward I. (1988): The High-Yield Debt Market, in: Williamson, Peter J. (Hrsg.): The Investment Banking Handbook, New York et al. (1988), S. 285-305

Altman, Edward I. (1989): Measuring Corporate Bond Mortality and Performance, in: Journal of Finance, Vol. 44 (1989), S. 909-922

Altman, Edward I. (1991): Default and Returns on High-Yield Bonds: An Update Through the First Half of 1991, in: Financial Analysts Journal, Vol. 47 (1991) No. 6, S. 67-77

Altman, Edward I. (1992): Revisiting the High-Yield Bond Market, in: Financial Management, Vol. 21 (1982) No. 2, S. 78-92

Altman, Edward I./ Kishore, Vellore (1996): Almost Everything you Wanted to Know About Recoveries on Defaulted Bonds, in: Financial Analysts Journal, Vol. 52 (1996), S. 657-664

Altman, Edward I./ Nammacher, Scott A. (1987): Investing in Junk Bonds, New York 1987

Altschul, Kurt (1990): Eine Überdosis "Marketing" und die Folgen, in: Absatzwirtschaft, 33. Jg. (1990) Nr. 10, S. 44-51

Amato, Joseph V. (1997): The High-Yield Bond Market, in: Fabozzi, Frank J. (Hrsg.): The Handbook of Fixed Income Securities, Chicago et al. 1997, S. 307-326

Amihud, Yakov/ Mendelson, Haim (1989): Asset Pricing and Bid-Ask Spreads, in: Journal of Financial Economics, Vol. 17 (1989), S. 223-249

Anderson, Christopher W./ Makhija, Anil K. (1999): Deregulation, Disintermediation, and Agency Costs of Debt: Evidence from Japan, in: Journal of Financial Economics, Vol. 51 (1999), S. 309-339

Arnim, Bernd von (1976): Eigenkapital, in: Büschgen, Hans E. (Hrsg.): Handwörterbuch der Finanzwirtschaft, Stuttgart 1976, Sp. 284-289

Arnold, Glen (1998): Corporate Financial Management, London 1998

Arrow, Kenneth J. (1964): The Role of Securities in the Optimal Allocation of Risk Bearing, in: Revision of Economic Studies, Vol. 31 (1964), S. 91-96

Arrow, Kenneth J. (1970): Essays in the Theory of Risk-Bearing, Chicago 1970

Arrow, Kenneth J. (1985): Agency Problems and Financial Contracting, Englewood Cliffs 1985

Artus, Patrick/ De Boissieu, Christian (1989): Der Finanzinnovationsprozeß. Ursachen Erscheinungsformen und Konsequenzen, in: Heertje, Arnold (Hrsg.): Technische und Finanzinnovationen. Ihre Auswirkungen auf die Wirtschaft, Oxford 1989, S. 92-111

Ascarelli, Silvia (1998): The Coming of EMU Puts Credit Analysts in High Demand, in: Wall Street Journal Europe, o.Jg. (1998) 6.2.1998, S. 13

Asquith, Paul/ Gerstner, Robert/ Scharfstein, David (1994): Anatomy of Distress:An Examination of Junk-Bond Issuers, in: Quarterly Journal of Economics, Vol. 109 (1994), S. 625-658

Asquith, Paul/ Mullins, David W./ Wolf E. (1989): Original High Yield Bonds: Aging Analysis of Defaults, Exchanges and Calls, in: Journal of Finance, Vol. 44 (1989), S. 923-952

Asquith, Paul/ Mullins, David W.(1986): Equity Issues and Offering Dilution, in: Journal of Financial Economics, Vol. 15 (1986), S. 61-90

Attkinson, Thomas R./ Simpson, Elizabeth T. (1976): Trend in Corporate Bond Quality, in: National Bureau of Economic Research (Hrsg.): Studies in Corporate Bond Financing No. 4, New York 1976

Auerbach, Joseph/ Hayes, Samuel L. (1986): Investment Banking and Diligence: What Price Deregulation, Boston 1986

Baas, Volker (1997): Die Tage des Glass/Stegall-Act sind gezählt, in: Die Bank, o.Jg. (1997), S. 606-608

Babbel, David/ Merril, Craig/ Manning, William (1997): Default Risk and the Effective Duration of Bonds, in: Financial Analysts Journal, Vol. 53 (1997), S. 35-44

Bader, Hanspeter (1996): Private Equity als Anlagekategorie, St. Gallen 1996, zugl.: Diss. Universität St. Gallen, 1998

Baer, Herbert L./ Pavel, Christine A. (1988): Does Regulation Drive Innovation ?, in: Economic Perspecitves – Federal Reserve Bank of Chicago, o.Jg. (1988) March/April, S. 3-14

Baesel, Jerome B. (1974): On the Assessment of Risk: Some Further Considerations, in: Journal of Finance, Vol. 26 (1974), S. 1491-1994

Baier, Wolfgang/ Pleschak, Franz (1996): Marketing und Finanzierung junger Technologieunternehmen: den Gründungserfolg sichern, Wiesbaden 1996

Ball, Matthew (1997): How a Spin-off Could Lift Your Share Value, in: Euromoney, o.Jg. (1997) Heft 5, S. 12-15

Baltensperger, Ernst (1978): Credit Rationing: Issues and Questions, in: Journal of Money, Credit, and Banking, Vol. 10 (1978), S. 170-183

Baltensperger, Ernst/ Devinney, Timothy M. (1985): Credit Rationing Theory: A Survey and Synthesis, in: ZfgSt, 141. Jg. (1985), S. 475-502

Bamberg, Günter/ Coenenberg, Adolf G. (1996): Betriebswirtschaftliche Entscheidungslehre, München 1996

Bank for International Settlements (1986): Recent Innovations in International Banking, Basel 1986

Bank for International Settlements (1997): International Banking and and Financial Market Developments, Basel 1997

Bank, Mathias (1998): Gestaltung von Finanzierungsbeziehungen, Wiesbaden 1998

Banoff, Barbara (1984): Regulatory Subsidies, Efficient Markets, and Shelf Registration: Analysis of Rule 415, in: Virginia Law Review, Vol. 70 (1984), S. 135-185

Barclay, Michael J./ Smith, Clifford W. (1995): The Priority Structure of Corporate Liabilities, in: Journal of Finance, Vol. 50 (1995), S. 899-917

Barett, W. B./ Heuson, A. J./ Kolb, R. W. (1986a): The Effect of Three Mile Island on Utility Bond Risk Premia: A Note, in: Journal of Finance, Vol. 41 (1986), S. 303-312

Barett, W. B./ Heuson, A. J./ Kolb, R. W. (1986b): The Differential Effects on Sinking Funds on Bond Risk Premium, in: Journal of Financial Research, Vol. 9 (1986), S. 303-312

Barnea, Amir/ Haugen, Robert A./ Senbet, Lemma W. (1985): Agency Problems and Financial Contracting, Englewood Cliffs, 1985

Baron, David P. (1974): Default Risk, Homemade Leverage, and the Modigliani-Miller Theorem, in: American Economic Review, Vol. 64 (1974), S. 176-182

Baxter, Nevins D. (1967): Leverage, Risk of Ruin, and the Cost of Capital, in: Journal of Finance, Vol. 22 (1967), S. 395-404

Brewis, Janine (1998): Growing Gains and Pains of the High-Yield Market, in: Corporate Finance, o.Jg. (1998) No. 162, S. 38-41

Beatty, Randolph/ Ritter, Jay (1986): Investment Banking, Reputation, and the Underpricing of Initial Public Offerings, in: Journal of Financial Economics, Vol. 15 (1986), S. 213-232

Beaver, William H./ Kettler, Paul/ Scholes, Myron (1970): The Association Between Market and Accounting Determined Risk Measures, in: The Accounting Review, Vol. 45 (1970), S. 654-683

Becket, Paul (1999): Syndication of Loans Sees Big Changes, in: Wall Street Journal European Edition, 27.1.1999, S. 13/22

Behrenwald, Udo (1996): Funktionen des Ratings, in: Büschgen, Hans E./Everling, Oliver (Hrsg.): Handbuch Rating, Wiesbaden 1996, S. 291-326

Belkaoui, Ahmed (1983): Industrial Bonds and the Rating Process, Westport 1983

Beneish, Messod/ Press Eric (1993): Cost of Technical Violation of Accounting Based Debt Convenants, in: Accounting Review, Vol. 68. (1993), S. 233-257

Benett, Thomas L./ Esser, Stephan F./ Roth, Christian G. (1994): Corporate Credit and Reward, in: Journal of Portfolio Management, Vol. 20 (1994) No. 1, S. 39-47

Beneviste, Lawrence M./ Berger, Allen (1986): An Empirical Study of Standby Letters of Credit, in: Proceedings of the Conference on Bank Structure and Competition, Federal Reserve Bank of Chicago, Chicago 1986, S. 387-412

Beneviste, Lawrence M./ Berger, Allen (1987): Securitization with Recourse: An Instrument that Offers Uninsured Bank Depositors Sequential Claims, in: Journal of Banking and Finance, Vol. 11 (1987), S. 403-424

Beneviste, Lawrence M./ Singh, Manoj/ Wilhelm, William J. (1993): The Failure of Drexel Burnham Lambert: Evidence on the Implications for Commercial Banking, in: Journal of Financial Intermediation, Vol. 3 (1993), S. 104-137

Ben-Horim, Moshe/ Silber, William L. (1977): Financial Innovations: A Linear Programming Approach, in: Journal of Banking and Finance, Vol. 2 (1977), S. 277-296

Bennett, Thomas L./ Esser, Stephen F./ Roth, Christian, G. (1994): Corporate Credit Risk and Reward, in: Journal of Portfolio Management, Vol. 20 (1994), S. 39-47

Benston, George J./ Smith, Clifford W. (1976): A Transaction Cost Approach to the Theory of Financial Intermediation, in: Journal of Finance, Vol. 31 (1976), S. 215-231

Berblinger, Jürgen (1996): Marktakzeptanz des Rating durch Qualität, in: Büschgen, Hans E./Everling, Oliver (Hrsg.): Handbuch Rating, Wiesbaden 1996, S. 21-110

Berger, Allen N./ Udell, Gregory F. (1993): Securitization, Risk, and the Liquidity Problem in Banking, in: Klausner, M.,/ White, L. J. (Hrsg.): Structural Changes in Banking, Homewood 1993, S. 227-291

Berger, Allen N./ Udell, Gregory F. (1994): Lines of Credit and Relationship Lending in Small Firm Finance, Working Paper Nr. 94-11, The Wharton School, University of Pennsylvania, Philadelphia 1994

Berger, Allen N./ Udell, Gregory F. (1995): Relationship Lending and Lines of Credit in Small Firm Finance, in: Journal of Business, Vol. 8 (1995), S. 351-381

Berger, Allen N./ Udell, Gregory F. (1998): The Economics of Small Business Finance: The Roles of Private Equitiy and Debt Markets in the Financial Growth Cycle, in: Journal of Banking and Finance, Vol. 22 (1998), S. 647-658

Berglöf, Edward (1994): A Control Theory of Venture Capital Finance, in: Journal of Law, Economics & Organization, Vol. 10 (1994), S. 247-267

Berlin, Mitchell/ Loeys, Jan (1988): Bond Covenants and Delegated Monitoring, in. Journal of Finance, Vol. 43 (1988), S. 397-412

Berlin, Mitchell/ Mester, Loretta J. (1992): Debt Covenants and Renegotiation, in: Journal of Financial Intermediation, Vol. 2 (1992), S. 95-133

Bernet, Beat (1998): Finanzintermediation und Risikofinanzierung, in: Scheidegger, Alfred/Hofer, Helmut/Scheuenstuhl, Gerhard (Hrsg.): Innovation – Venture Capital – Arbeitsplätze: Antworten zu den Kernfragen, Bern et al. 1998, S. 169-178

Bester, Helmut (1985): The Level of Investment in Credit Markets with Imperfect Information, in: ZfgSt, 141. Jg. (1985), S. 503-515

Bester, Helmut/ Scheepens, Joris P. (1996): Internal Finance Versus Bank Debt: The Gains from Establishing a Debt History, in: KuK, 29. Jg. (1996), S. 565-591

Bhagat, Sanjai/ Frost, Peter A. (1986): Issuing Costs to Existing Shareholders in Competitive and Negotiated Unterwritten Equity Offerings, in: Journal of Financial Economics, Vol. 15 (1986), S. 233-259

Bhandari, Supido/ Soldofski, Robert M. (1979): Bond Quality Rating Changes for Electric Utilities, in: Financial Management, Vol. 8 (1979), S. 74-81

Bhattacharya, Supido (1980): Non-Dissipative Signalling Structures and Dividend Policy, in: Quarterly Journal of Ecomomics, Vol. 95 (1980), S. 1-24

Bi, Keqian/ Haim, Levy (1993): Market Reaction to Bond Downgradings Followed by Chapter 11 Filings, in: Financial Management, Vol. 22 (1993), S. 156-162

Biermann, Harold/ Hass, Jerome E. (1975): An Analytical Model of Bond Risk Differentials, in: Journal of Financial and Quantitative Analysis, Vol. 9 (1975), S. 757-773

Bierwag, G. O./ Kaufmann, George G. (1988): Duration of Non-Default Free Securities, in: Financial Analysts Journal, Vol. 44 (1988), Nr. 4, S. 39-46

Binkowski, Peter/ Beeck, Helmut (1995): Finanzinnovationen, 3., neubearb. und erw. Aufl., Bonn 1995

Binks, Martin R./ Ennew, Christine T. (1996): Growing Firms and the Credit Constraints, in: Small Business Economics, Vol. 8 (1996), S. 17-25

Bitz, Michael (1988): Erscheinungsformen und Funktionen von Finanzintermediären, in: Wirtschaftsstudium, 17. Jg. (1988), S. 430-436

Black, Fischer (1972): Capital Market Equilibrium with Restricted Borrowing, in: Journal of Business, Vol. 45 (1972), S. 444-454

Black, Fischer/ Cox, John C. (1976): Valuating Corporate Securities: Some Effects of Bond Indentures Provisions, in: Journal of Finance, Vol. 31 (1976), S. 351-367

Black, Fisher/ Scholes, Myron (1973): The Pricing of Options and Corporate Liability, in: Journal of Political Economy, Vol. 81 (1973), S. 637-659

Blackwell, David W./ Kidwell, David S. (1988): An Investigation of Cost Difference Between Public Sale and Private Placement of Debt, in: Journal of Financial Economics, Vol. 22 (1988), S. 253-278

Blommestein, Hans J. (1998): Pension Funds and Financial Markets, in: The OECD Observer, No. 212 June/July 1998, S. 1-7

Blommestein, Hans J./ Funke, Norbert (1998): The Rise of the Institutional Investor, in: The OECD Observer, No. 212 June/July 1998, S. 1-5.

Blume, Marshall E. (1980): The Relative Efficiency of Various Portfolios: Some Further Evidence, in: Journal of Finance, Vol. 35 (1980), S. 269-283

Blume, Marshall E./ Keim, Donald B. (1987): Lower-Grade Bonds: Their Risk and Returns, in: Financial Analysts Journal, Vol. 43 (1987) No. 4, S. 26-33

Blume, Marshall E./ Keim, Donald B. (1989a): Risk and Return Characteristics of Lower-Grade Bonds 1977-1987, Working Paper No. 8-89, White Center for Financial Research, The Wharton School, University of Pennsylvania, Philadelphia1989

Blume, Marshall E./ Keim, Donald B. (1989b): Realized Returns and Defaults on Lower-Grade Bonds, Working Paper, White Center for Financial Research, Wharton School, University of Pennsylvania, Philadelphia 1989

Blume, Marshall E./ Keim, Donald B. (1991): The Risk and Return of Low-Grade Bonds: An Update, in: Financial Analysts Journal, Vol. 47 (1991) No. 5, S. 85-89

Blume, Marshall E./ Keim, Donald B./ Patel Sandeep A. (1991): The Investment Performance of Low-Grade Bonds, in: Journal of Finance, Vol. 46 (1991), S. 49-74

Bodie, Zvi/ Kane, Alex/ Marcus, Alan J. (1995): Essentials of Investments, Second Edition, Chicago et al. 1995

Bofinger, Peter (1987): Geldpolitische Regulierungen und Finanzmarktinnovationen, in: Zimmermann, Heinz (Hrsg.): Finanzmarktinnovationen/Financial Innovations, Grüsch 1987, S. 117-139

Boland, Vincent (1998a): Phenomenon Takes Root in Europe, in: Financial Times Special Survey Leveraged Finance, 9.10.1998, S. 3

Boland, Vincent (1998b): Sector has Finally Made the Grade, in: Financial Times Special Survey Leveraged Finance, 9.10.1998, S. 4

Boos, Karl-Heinz/ Schulte-Mattler, Hermann (1997): Der neue Grundsatz I: Kreditrisiken, in: Die Bank, o.Jg. (1997), S. 474-479

Booth, James R. (1992): Contract Cost, Bank Loans, and the Cross Monitoring Hypothesis, in: Journal of Financial Economics, Vol. 31 (1992), S. 25-41

Booth, James R./ Smith, Richard L. (1986): Capital Raising, Underwriting and the Certification Hypothesis, in: Journal of Financial Economics, Vol. 15 (1986), S. 261-281

Boquist, John A./ Racette, George A./ Schlarbaum, Gary G. (1975): Duration and Risk Assessment for Bonds and Common Stocks, in: Journal of Finance, Vol. 30 (1975), S. 1360-1365

Bosch, Ulrich/ Groß, Wolfgang (1998): Das Emissionsgeschäft, Köln 1998

Boyd, J. H./ Prescott, E. C. (1986): Financial Intermediary-Coalitions, Journal of Economic Theory, Vol. 38 (1986), S. 211-232

Brand, Christian C. (1989): Was sind "solide" Finanzinnovationen ? Kriterien für die Marktfähigkeit und die Risiken innovativer Anleihetypen, in: Krümmel, Hans J./Rudolph, Bernd (Hrsg.): Finanzintermediation und Risikomanagement, Frankfurt 1989, S. 61-72

Brand, Leo/ Bahar, Reza (1998): Recoveries on Defaulted Bonds Tied to Seniority Rankings, in: Standard & Poor's Rating Services (Hrsg.): Special Report August 1998, New York 1998, o. S.

Brealey, Richard/ Schaefer, Stephen (1977): Term Structure and Uncertain Inflation, in: Journal of Finance, Vol. 32 (1977), S. 277-289

Brealey, Richard A./ Myers, Stewart C. (1996): Principles of Corporate Finance, Fifth Edition, New York et al. 1996

Bream, Rebecca (1998a): European Debt Markets: Falling for Corporates, in: Euromoney, o.Jg. (1998), Heft 8, S. 62-65

Bream, Rebecca (1998b): European Leveraged Buy-Outs: The cutting Edge of Venture Capital, Euromoney, o.Jg. (1998), Heft 7, S. 23-25

Breen, William J./ Lerner, Eugene M. (1973): Corporate Financial Strategies and Market Measures of Risk and Return, in: Journal of Finance, Vol. 28 (1973), S. 339-351

Brennan, Mechanem J./ Schwartz, Eduardo S. (1976): Convertible Bonds, Valuation and Optimal Strategies for Call Conversions, in: Journal of Finance, Vol. 32 (1976), S. 195-213

Brennan, Mechanem J./ Schwarz Eduardo S. (1984): Optimal Financial Policy and Firm Valuation, in: Journal of Finance, Vol. 39 (1984), S. 593-607

Brennan, Menachem J. (1971): Capital Market Equilibrium with Divergent Borrowing and Lending Rates, in: Journal of Financial and Quantitative Analysis, Vol. 6 (1971), S. 1197-1205

Brennan, Menachem J./ Smidt, Seymour (1977): A Simple Model of Non-Stationarity of Systematic Risk, in: Journal of Finance, Vol. 32 (1977), S. 1081-1092

Breuer, Rolf-E. (1986): Neue Formen auf dem Anleihemarkt, in: Bruns, Georg/Häuser, Karl (Hrsg.): Innovationen auf den Finanzmärkten, Frankfurt a. M. 1996, S. 7-65

Breuer, Rolf-E. (1994b): Neues Leben für den Finanzplatz Deutschland, in: Die Bank, o.Jg. (1994), S. 444-448

Breuer, Rolf-E. (1998): Europäische Währungsunion und Kapitalmärkte, in: Die Bank, o.Jg. (1998), S.328-333

Breuer, Wolfgang (1993): Finanzintermediation im Kapitalmarktgleichgewicht, Wiesbaden 1993, zugl.: Diss. Universität Köln, 1991

Breuer, Wolfgang (1994a): Finanzintermediation und Wiederverhandlung, in: KuK, 27. Jg. (1994), S. 291-309

Brewer, Elijah/ Genay, Hesna (1996): How are Small Firms Financed ? Evidence from Small Business Investment Companies, in: Economic Perspectives, Vol. 20 (1996) No. 6, S. 2-18

Brewis, Janine (1998): High-Yield Market Widens its Reach, in: Euromoney, o.Jg. (1998) August, S. 21

Brink, Manfred (1996): Ratingsverfahren aus Sicht der beurteilten Bank, in: Büschgen, Hans E./ Everling, Oliver (Hrsg.): Handbuch Rating, Wiesbaden 1996, S.273-287

Brister, Bill M./ Kennedy, Robert E./ Lui, Pu (1994): The Regulation Effect of Credit Ratings on Bond Interest Yield: the Case of Junk Bonds, in: Journal of Business Finance & Accounting, Vol. 21 (1994), S. 511-531

Brookes, Martin (1998): The Impact of EMU on Portfolio Management, in: Goldman Sachs International (Hrsg.): Economic Research, 19.10.1998, New York 1998

Brookes, Martin/ Winkelmann, Kurt (1998): Government Bond Markets in the EMU - The Supply and Demand for Corporate Credit, in: Goldman Sachs International (Hrsg.):Fixed Income Research, 9.3.1998, London 1998

Brooks, Rory H. (1989): Mezzanine Financing - The Development of a High Yield Security Market in Europe, in: Bühler, Wilhelm (Hrsg.): Investment-Banking, Wien 1989, S. 63-78

Brown, Caroline (1998): Comsumer-Related Issuers in the European High-Yield Market, in: Goldman Sachs International (Hrsg.): Credit Focus, 2.11. 1998, S. 33-34

Brown, David/ James, Christopher/ Mooradian, Robert (1993): The Information Content of Distressed Restructurings Involving Public and Private Debt Claims, in: Journal of Financial Economics, Vol. 33 (1993), S. 93-118

Brown, Douglas (1998): Lehman Plans Rollout of New Benchmarks: Index Revisions, in: Bondweek, o.Jg. (1998) 14.12.1998, S. 1

Bruck, Connie (1988): The Predators Ball, New York 1988

Brunner, Antje (1996): Meßkonzepte zur Liquidität auf Wertpapiermärkten, Frankfurt am Main 1996

Bryant , John (1980): A Model of Reserves, Bank Runs, and Deposit Insurance, in: Journal of Banking and Finance, Vol. 4 (1980), S. 335-344

Buckland, R./ Davies, E. W. (1990): The Pricing of New Issues on the Unlisted Securities Market: The Influence of Firm Size in the Context of the Information Content of New Issue Prospectuses, in: British Accounting Review, Vol. 22 (1990), S. 207-222

Bundesaufsichtsamt für den Wertpapierhandel (1996): Bekanntmachung zum Vertpapierverkaufsgesetz vom 15. April 1996, Frankfurt a.M.1996

Bundesverband Deutscher Banken (1996): Eigenkapitalausstattung deutscher Unternehmen. Zur Bereitstellung von Risikokapital in Deutschland, Köln 1996

Burchard, Ulrich/ Bongartz, Ulrich (1998): Fusionen: Der Reiz des schnellen Wachstums, in: Die Bank, o.Jg. (1998), S. 392-396

Burger, Anton/ Buchart, Anton: Rating und Risikokosten im Kreditgeschäft, in. Die Bank, o.Jg. (1998), S. 409-411

Burger, Klaus M. (1989): Finanzinnovationen: Risiken und ihre Bewältigung, Stuttgart, 1989

Burkhart, Clemenz (1985): Finanzinnovationen an den Euromärkten, in: Mitteilungen aus dem Institut für das Spar-, Giro,- und Kreditwesen and der Universität Bonn, Nr. 17, Bonn 1985

Büschgen, Hans E. (1986): Finanzinnovationen. Neuerungen und Entwicklungen an nationalen und internationalen Finanzmärkten, in: ZfB, 56. Jg. (1986), S. 301-336

Büschgen, Hans E. (1988): Finanzinnovationen. Ein Überblick, in: Gutowski, Arnim (Hrsg.): Neue Instrumente an den Finanzmärkten. Geldpolitische und bankenaufsichtliche Aspekte, Berlin 1988, S. 9-42

Büschgen, Hans E. (1993): Bankbetriebslehre: Bankgeschäft und Bankmanagement, 4., vollst. überarb. und erw. Aufl., Wiesbaden 1993

Büschgen, Hans E. (1996): Vorwort, in: Büschgen, Hans E./ Everling, Oliver (Hrsg.): Handbuch Rating, Wiesbaden 1996, S. V-VII

Büschgen, Hans E. (1998): Bankbetriebslehre: Bankgeschäft und Bankmanagement, 5., vollst. überarb. und erw. Aufl., Wiesbaden 1998

Bußmann, Johannes (1989): Tests verschiedener Zinsänderungsrisikomaße mit Daten des deutschen Rentenmarktes, in: ZfB, 59 Jg. (1989), S. 747-765

C&L Deutsche Revision (1998): 6. KWG-Novelle und neuer Grundsatz I, Frankfurt a.M. 1998

Cable, John (1985): Capital Market Information and Industrial Performance: The Role of West German Banks, in: Economic Journal, Vol. 95 (1985), S. 118-132

Calomiris, Charles (1998): Universal Banking "American Style", in: Journal of Institutional and Theoretical Economics, Vol. 154 (1998), S. 44-57

Campbell, Tim S. (1979): Optimal Investment Financing Decisions and the Value of Confidentiality, in: Journal of Financial and Quantitative Analysis, Vol. 14 (1979), S. 913-924

Campbell, Tim S./ Kracaw, William A. (1980): Information Production, Market Signalling, and the Theory of Financial Intermediation , in: Journal of Finance, Vol. 35 (1980), S. 863-882

Cantillo, Miguel/ Wright, Julian (1997): How do Firms Choose Their Lenders ? An Empirical Investigation, Working Paper University of California, Berkeley 1997

Cantwell & Company (1998): 1998 International Survey of Credit Ratings, Umfrageergebnisse der Studie, o.O. 1998

Carey, Mark S./ Prowse, Stehen D./ Rea, John S./ Udell, Gregory F. (1993): Recent Developments in the Market for Privately Placed Debt, in: Federal Reserve Bulletin, Vol. 79 (1993), S. 77-92

Carter, Richard/ Manaster, Steven (1990): Initial Public Offerings and Underwriter Reputation, in: Journal of Finance, Vol. 45 (1990), S. 1045-1067

Caytas, Ivo G./ Mahari, Julian I. (1988): Im Banne des Investment Bankings, Stuttgart 1988

Chacko, Varkki (1998): Market Commentary Benchmark Bonds – Market Levels and Changes, in: Goldman Sachs International (Hrsg.): Credit Focus, 2.11.1998, London 1998, S. 1-4

Chan, Yuk-S. (1983): On the Positive Role of Financial Intermediation in Allocation of Venture Capital in a Market with Imperfect Information, in: Journal of Finance, Vol. 38 (1983), S. 1543-1568

Chance, Don M. (1990): Default Risk and the Duration of Zero Coupon Bonds, in: Journal of Finance, Vol. 45 (1990) No. 1, S. 265-275

Chemmanur, Thomas J./ Fulgieri, Paolo (1994a): Investment Bank Reputation, Information Production and Financial Intermediation, in: Journal of Finance, Vol. 49 (1994), S. 57-79

Chemmanur, Thomas J./ Fulgieri, Paolo (1994b): Reputation, Renegotiation, and the Choice Between Bank Loans and Publicly Traded Debt, in: Review of Financial Studies, Vol. 7 (1994), S. 475-506

Chitttenden, Francis/ Hall, Graham/ Hutchinson, Patrick (1996): Small Firm Growth, Access to Capital Markets and Financial Structure: Review of Issues and Empirical Investigation, in: Small Business Economics, Vol. 8 (1996), S. 59-67

Christians, F. Wilhelm (1988): Erschließung des Kapitalmarktes als Quelle für Risikokapital, in: Christians, F. Wilhelm (Hrsg.): Finanzierungshandbuch, 2., völlig überarb. und erw. Aufl., Wiesbaden 1988, S. 525-561

Chu, Franklin J. (1990): Lessons from a Decade of High-Yield Debt, in: The Bankers Magazine, Vol. 173 (1990) No. 3, S. 64-48

Coase, Ronald H (1937): The Nature of the Firm, in Economica, Vol. 4 (1937), S. 386-405

Coase, Ronald H. (1988): The Firm, the Market, and the Law, Chicago et al. 1988

Conelly, Julie (1976): Is Ordeal Over for Baa Companies ? in: Institutional Investor, Vol. 10 (1976) No.2, S. 32-34

Cooper, Kerry S./ Groth, John C./ Avera, William E. (1985): Liquidity, Exchange Listing, and Common Stock Performance, in: Journal of Economics and Business, Vol. 37 (1985), S. 19-33

Copeland, Thomas E./ Weston, J. Fred (1988): Financial Theory and Corporate Policy, Third Edition, New York 1988

Cornell, Bradford/ Green, Kevin (1991): The Investment Performance of Low-Grade Bond Funds, in: Journal of Finance, Vol. 46 (1991), S. 29-48

Cornell, Bradford/ Shapiro Alan C. (1993): Financing Corporate Growth, in: Chew, Donald H. (Hrsg.): The New Corporate Finance – Where Theory Meets Practice, New York 1993, S. 195-211

Cornett, Marcia M./ Davidson, Wallace (1996): Deregulation in Investment Banking: Industry Concentration Following Rule 415, in: Journal of Banking & Finance, Vol. 20 (1996), S. 85-113

Cox, John C./ Ross, Stephen A. (1976): The Valuation of Options for Alternative Stochastic Processes, in: Journal of Financial Economics, Vol. 4 (1976), S. 145-166

Cox, John C./ Ross, Stephen A./ Rubinstein, Mark (1979): Option Pricing. A Simplified Approach, in: Journal of Financial Economics, Vol. 7 (1979), S. 229-263

Cox, John C./ Rubinstein, Mark (1985): Option Markets, Englewood Cliffs, 1985

Crehan, Michael J. (1997): Tide Turning on German Corporate Ratings Acceptance, in: Standard & Poor's (Hrsg.): CreditWeek, o.Jg. (8.1.1997), S. 22-25

Dambach, Hermann T. (1998): Expansiver High Yield Bond-Markt in Europa, in: Die Bank, o.Jg. (1998), S. 658-661

Dams, Jeremy/ Ball, Mathjew (1997): The Banks Behind the High-Yield Hipe, in: Corporate Finance, o.Jg. (1997), Nr. 153, S. 33-38

Dattatreya, Ravi E./ Fabozzi, Frank J. (1997): Risk Associated with Investing in Fixed Income Securities, in: Fabozzi, Frank J. (Hrsg.): The Handbook of Fixed Income Securities, Chicago et al. 1997, S. 18-24

Davidson, Kenneth M. (1990): Junk Bonds – Have They Lost Their Luster ?, in: Journal of Business Strategy, Vol. 11 (1990) No. 1, S. 54-58

Davies, Simon (1998): Powerful Forces for Change, in: Financial Times, 30.4.98, S. VI

Davies, Simon /Luce, Edward (1998): Margins Start Showing Signs of Improvement, in: Financial Times, 2.2.1998, S. 24

DB Investment Management S. A: (1997): Jahresbericht. Rentenfonds, Luxembourg 1997

DeAngelo, Harry/ Masulis, Ronald W. (1980a): Leverage and Dividend Irrelevany Under Corporate and Personal Taxation, in: Journal of Finance, Vol. 35 (1980), S.453-464

DeAngelo, Harry/ Masulis, Ronald W. (1980b): Optimal Capital Structure Under Corporate and Personal Taxation, in: Journal of Financial Economics, Vol. 8 (1980), S. 3-30

Debreu, Gerard (1959): The Theory of Value: An Anxiomatic Analysis of Economic Equilibrium, New York 1959

Declève, Xavier/ Bernadi, Didier (1992): Y a-t-il un avenir pour les "Junk Bonds" en Europe, in: Revue de la Banque, 56. Jg. (1992), S. 287-293

Demuth, Michael (1988): Fremdkapitalbeschaffung durch Finanzinnovationen. Finanzinnovationen aus Sicht der Unternehmen, Banken, Kapitalgeber, Wiesbaden 1988

DeRosa-Farag, Sam (1990): High-Yield Deferred Interest Securities: Evolution and Characteristics, in: Fabozzi, Frank J. (Hrsg.): The New High-Yield Debt Market: A Handbook for Portfolio Managers and Analysts, New York 1990, S. 87-102

Deutsche Bank Research (1995): Von der Pensionsrückstellung zum Pensionsfond: Eine Chance für den deutschen Finanzmarkt, Frankfurt a.M. 1995

Deutsche Bank Research (1998): Das Wachstumspotential von Unternehmensanleihen in Euroland, EWU Monior Nr. 56 (29.7.1998), Frankfurt a.M. 1998

Deutsche Bundesbank (1986): Innovationen im Internationalen Bankgeschäft, in: Monatsbericht der Deutschen Bundesbank April 1986, Frankfurt a. M. 1986, S. 25-35

Deutsche Bundesbank (1998a): Monatsbericht der Deutschen Bundesbank November 1998, Frankfurt a. M. 1998t

Deutsche Bundesbank (1998b): Die Ertragslage der deutschen Kreditinstitute im Jahr 1997, in: Monatsbericht der Deutschen Bundesbank August 1998, Frankfurt a. M. 1998, S. 29-59

Deutsche Bundesbank (1998c): Strukturveränderungen am deutschen Kapitalmarkt im Vorfeld der Europäischen Währungsunion, in: Monatsbericht der Deutschen Bundesbank April 1998, Frankfurt a. M. 1998, S. 55-70

Deutsche Bundesbank (1998d): Monatsbericht der Deutschen Bundesbank Dezember 1998, Frankfurt a. M. 1998

Deutsche Bundesbank (1998e): Kapitalmarktstatistik Dezember 1998, Statistisches Beiheft zum Monatsbericht, Frankfurt a. M. 1998

Deutsche Bundesbank (1999): Zur Entwicklung der privaten Vermögenssituation seit Beginn der neunziger Jahre, in: Monatsbericht der Deutschen Bundesbank Januar 1999, Frankfurt a.M. 1999, S. 33-50

Dewatripont, Mathias/ Maskin E. (1995): Credit Efficiency in Centralized and Decentralized Economies, in: Review of Economic Studies, Vol. 62 (1995), S. 541-555

Dewenter, Kathryn/ Hess, Alan C. (1997): Risk and Returns in Relationship and Transactional Banks: Evidence from Banks' Returns in Germany, Japan, the U.K. and the U.S., Working Paper Nr. 97-23, The Wharton Financial Institutions Center, Philadelphia 1997

Diamond, Douglas W. (1984): Financial Intermediation and Delegated Monitoring, in: Review of Economic Studies, Vol. 51 (1984), S. 393-414

Diamond, Douglas W. (1991): Monitoring and Reputation: The Choice Between Bank Loans and Directly Placed Debt, in: Journal of Political Economy, Vol. 99 (1991), S. 688-721

Diamond, Douglas W./ Dybvig, Philip H. (1983): Bank Runs, Deposit Insurance, and Liquidity, in: Journal of Political Economy, Vol. 91 (1983), S. 401-419

Diamond, Douglas W./ Rajan, Raghuram G. (1998): Liquidity Risk, Liquidity Creation and Financial Fragility: A Theory of Banking, Working Paper University of Chicago, Chicago 1998

Doerr, Jennifer (1997): US High-Yield Makes Good, in: International Financial Review, Nr. 1201 (20.09.1997), S. 12

Domanski, Dietrich (1997): Disintermediationstendenzen im deutschen Finanzsystem und ihre Auswirkungen auf die Rolle der Kreditinstitute. Eine Bewertung aus geldpolitischer Sicht, in: Gahlen, Bernhard/Hesse, Helmut/Ramser, Hans J. (Hrsg.): Finanzmärkte, Tübingen 1997, S. 271-290 -

Donaldson, Gordon (1969): Strategy for Financial Emergencies, in: Harvard Business Review, o.Jg. (1969) November-December, S. 67-70

Dowd, Kenneth (1992): Models of Banking Instability: A Partial Review of the Literature, in: Journal of Economic Surveys, Vol. 6 (1992), S. 107-132

Dresdner Bank Investmentgruppe (1997): dam-Fonds, Verkaufsprospekt/ Vewaltungsreglement, Luxembourg 1997

Drukarczyk, Jochen (1984): Credit Contracts, Collateral-Based Security Agreements, and Bankruptcy, in: Bamberg, Günter/Spreemann, Klaus (Hrsg.): Risk and Capital, Berlin 1984, S. 141-159

Drukarczyk, Jochen (1987): Unternehmen und Insolvenz, Wiesbaden 1987

Drukarczyk, Jochen (1996): Finanzierung, 7., nerbearb. und erw. Aufl., Stuttgart 1996

Drzik, John/ Strothe, Gunther (1997): Kreditpreisgestaltung in ineffizienten Märkten, in: Die Bank, o.Jg. (1997) Heft 11, S. 680-683

Dufey, Gunter (1986): Finanzinnovationen in den USA – Entwicklung und Bedeutung für das internationale Bankgeschäft, in: Bruns, Georg/Häuser, Karl (Hrsg.): Innovationen auf Finanzmärkten, Frankfurt 1986, S. 171-201

Dufey, Gunter (1995): Finanzinnovationen, Innovationsprozeß, in: Gerke, Wolfgang/Steiner, Manfred (Hrsg.): Handwörterbuch des Bank- und Finanzwesens, 2., überarb. und erw. Aufl., Stuttgart 1995, Sp. 701-711

Dufey, Gunter/ Giddey, Ian H. (1981): Innovations in International Financial Markets, in: Journal of International Business Studies, o.Jg. (1981), S. 33-51

Dunham, C. R. (1980): Financial Innovations, Ph. D. Diss, Stanford University, 1980, zitiert nach Hastenpflug, Wolfgang: Das Securitizationsphänomen, Wiesbaden 1991

Durand, David (1959): The Cost of Capital in an Imperfect Market: A Reply to Modigliani Miller, in: American Economic Review, Vol. 49 (1959), S.639-655

Durand, David (1974): Payout Period, Time Spread and Duration: Aids to Judgement in Capital Budgeting, in: Journal of Bank Research, Vol. 4 (1974), S. 20-34

DWS Deutsche Gesellschaft für Investmentsparen mbH (1997): Die Investmentfonds der DWS Gruppe. Bausteine intelligenter Kapitalanlage, Frankfurt a. M. 1997

Dyalinas, Chris P. (1988): Bond Yield Spreads Revisited, in: Journal of Portfolio Management, Vol. 14 (1988) No.2, S. 57-62

Dyl, Edward A./ Joehnk, Michael D. (1976): Competitive Versus Negotiated Underwriting of Public Utility Debt, in: Bell Journal of Economics, Vol. 7 (1976), S. 213-222

Ebenroth, Carsten T./ Koos, Stefan (1996): Juristische Aspekte des Rating, in: Büschgen, Hans E./Everling, Oliver (Hrsg.): Handbuch Rating, Wiesbaden 1996

Ederington, Louis H. (1985): Classification Models and Bond Ratings, in: Financial Review, Vol. 20 (1985), S. 134-142

Ederington, Louis H./ Yawitz, Jess B. (1987): The Bond Rating Process, in: Altman, Edward I. (Hrsg.): Handbook of Financial Markets and Instruments, New York 1987, S. 23.1-23-57

Ederington, Louis H./ Yawitz, Jess B./ Roberts, B. (1984): The Informational Content of Bond Ratings, National Bureau of Economic Research, NBER Working Paper No. 1323, Wahington 1994

Edwards, Ben (1995): Swedish Mismatch, in: Euromoney, o.Jg. (1995), Heft 7, S. 111-112

Edwards, Jeremy/ Fischer, Klaus (1994): Banks, Finance, and Investment in Germany, Cambridge 1994

Eichwald, Berthold (1995): Kreditarten, in: Gerke, Wolfgang/ Steiner, Manfred (Hrsg.) Handwörterbuch des Bank- und Finanzwesens, 2., überarb. und erw. Aufl., Stuttgart 1995, Sp. 1250-1263

Eichwald, Berthold (1995): Kreditarten, in: Gerke, Wolfgang/Steiner, Manfred (Hrsg.): Handbuch des Bank- und Finanzwesens, 2., überarb. u. erw. Aufl., Stuttgart 1995, Sp. 1250-1263

Eilenberger, Guido (1987): Bankbetriebswirtschaftslehre. Grundlagen – Internationale Bankleistungen, 3., völlig überarb. und stark erw. Aufl., München 1987

Eilenberger, Guido (1997): Bankbetriebswirtschaftliche Konsequenzen des neuen Insolvenzrechts für die Kreditsicherheiten von Banken, in: Hummel, Detlev/Bühler, Wilhelm/ Schuster, Leo (Hrsg.): Banken in globalen und regionalen Umbruchsituationen, Stuttgart 1997, S. 521-536

Eisenhardt, Kathleen M. (1989): AgencyTheory: An Assessment and Review, in: Academy of Management Review, Vol. 14 (1989), S. 57-74

Elsas, Ralf/ Krahnen, Jan P. (1998): Is Relationship Lending Special ? Evidence from Credit-File Data in Germany, Institut für Kapitalmarktforschung – Institute for Financial Studies, Working Paper, Frankfurt 1998

Elschen, Rainer (1988): Agency-Theorie, in: Die Betriebswirtschaft, 48. Jg. (1988), S. 248-250

Elston, Julie A./ Albach, Horst (1995): Bank Affiliation and Firm Capital Investment in Germany, in: ifo Studien, 42. Jg. (1995), S. 3-16

Endres, Michael (1997): Die Banken in der Welt von morgen: Kunden-Produkte-Strukturen, in: Krahnen, Jan P./Rudolph, Bernd (Hrsg.): Umbau der Finanzindustrie, Frankfurt a.M. 1997, S. 53-76

Esterhazy, Yvonne (1991): Die Maxwell-Saga und andere Mißerfolgsstories: Kontrolle ist besser, in: Handelsblatt Nr. 236 (9.12.1991), S. 2

Everling, Oliver (1998): Rating in der EWU, in: Die Bank, o.Jg. (1998), S. 480-484

Everling, Oliver (1991): Credit Rating durch internationale Agenturen: Eine Untersuchung zu den Komponenten und instrumentalen Funktionen des Rating, Wiesbaden 1991

Fabozzi, Frank J. (1990): Preface, in: Fabozzi, Frank J. (Hrsg.): The New High-Yield Debt Market, New York 1990, S. vii-xi

Fabozzi, Frank J./ Modigliani, Franco (1996): Capital Markets, Institutions and Instruments, Emgelwood Cliffs, 1996

Fahrholz, Bernd (1998): Neue Formen der Unternehmensfinanzierung: Unternehmensübernahmen, Big ticket-leasing, Asset Backed- und Projektfinanzierungen, München 1998

Fama, Eugene F. (1970): Efficient Capital Markets: A Review of Theory and Empirical Work, in: Journal of Finance, Vol. 25 (1970), S. 383-417

Fama, Eugene F. (1976): Foundations of Finance, New York 1976

Fama, Eugene F. (1978): The Effects of a Firm's Investment and Financing Decisions on the Welfare of its Security Holders, in: American Economic Review, Vol. 68 (1978), S. 272-284

Fama, Eugene F. (1980): Agency Problems and the Theory of the Firm, in: Journal of Political Economy, Vol. 88 (1980), S. 288-307

Fama, Eugene F. (1985): What's Different About Banks ?, in: Journal of Monetary Economics, Vol. 15 (1985), S. 29-36

Fama, Eugene F. (1990): Contract Costs and Financing Decisions, in: Journal of Business, Vol. 63 (1990), S. 71-90

Fama, Eugene F./ Jensen, Michael C. (1983): Agency Problems and Residual Claims, in: Journal of Law and Economics, Vol. 26, S. 327-349

Federal Reserve Bank (1979): Announcements, in: Federal Reserve Bank (Hrsg.): Federal Reserve Bulletin, Vol.. 65 (1979), S. 830-836

Federal Reserve Board (1979): Announcements, in: Federal Reserve Board (Hrsg.): Federal Reserve Bulletin, Vol. 65 (1979), S. 830-836

Fehr, Katharina (1995): Ratings erleichtern die Kapitalbeschaffung, in: Finanz und Wirtschaft, o.Jg. (1985) Nr. 13, S. 15

Fein, Melanie L (1978): Commercial Bank Private Placement Activity: Cracking the Glass-Stegall, in: Catholic University Law Review, Vol. 27 (1978), S. 743-766

Fesser, Heinz-Wilhelm (1998): EMU Brings A New World for Bond Investors: New Strategies Needed as Role of Currency Wanes, in: Pension & Investments, o.Jg. (1998) 13.7.1998, S. 40-42

Finanzplatz (1998): The Pension System in Germany, in: Finanzplatz e.V. (Hrsg.): Positions, Frankfurt a.M. 1998

Fischer, Black (1982): Capital Market Equilibrium, with Restricted Borrowing, in: Journal of Business, Vol. 45 (1982), S. 444-454

Fischer, Edwin O./ Heinkel, Robert/ Zechner, Josef (1989): Dynamic Recapitalization Policies and the Role of Call Premia and Issue Discounts, in: Journal of Financial and Quantitative Analysis, Vol. 24 (1989), S. 427-446

Fischer, Klaus (1990): Hausbankbeziehung als Instrument der Bindung zwischen Banken und Unternehmen: Eine theoretische und empirische Analyse, Bonn 1990, zugl.: Diss. Universität Bonn, 1990

Fisher, Lawrence (1959): Determinants of Risk Premiums on Corporate Bonds, in: Journal of Political Economy, Vol. 67 (1959), S. 217-237

Fisher, Lawrence (1966): An Algorithm for Finding Exact Rates of Return, in: Journal of Business, Vol. 39 (1966), S. 111-118

Fitzpatrick, John D./ Severiens, Jacobus T. (1978): Hickman Revisited: The Case for Junk Bonds, in: Journal of Portfolio Management, Vol. 4 (1978), S. 53-57

Flannery, Mark J. (1986): Asymetric Information and Risky Debt Maturity Choice, in: Journal of Finance, Vol. 41 (1986), S. 19-37

Flesch, Johann R. (1997): Risikomanagement im Kreditgeschäft, in: Krahnen, Jan P./Rudolph, Bernd (Hrsg.): Umbau der Finanzindustrie, Frankfurt 1997, S. 77-88

Fluck, Zsuzsanna (1997): Control Rights and Maturity: The Design of Debt, Equity, and Convertible Securities, Working Paper FIN-98-035 Stern School of Business, New York 1997

Fong, Gifford H./ Fabozzi, Frank J. (1985): Fixed Income Portfolio Management, Homewood 1985

Fons, Jerome S. (1987): The Default Premium and Corporate Bond Experience, in: Journal of Finance, Vol. 42 (1987), S. 81-97

Fraine, Harold G./ Mills, Robert H. (1961): Effect of Defaults and Credit Deterioration on Yields of Corporate Bonds, in: Journal of Finance, Vol. 16 (1961), S. 513-529

Franke, Günter (1987): Costless Signalling in Financial Markets, in: Journal of Finance, Vol. 42 (1987), S. 809-822

Franke, Günter (1993): Neue Entwicklungen auf dem Gebiet der Finanzmarkttheorie, in: WiSt, 22. Jg. (1993), S. 389-398

Franke, Günter (1995): Theorie der Kapitalstruktur, in: Gerke, Wolfgang/ Steiner, Manfred: Handwörterbuch des Bank- und Finanzwesens, 2. Aufl., Stuttgart 1995

Franke, Günter (1998): Transformation of Banks and Bank Services, in: Journal of Institutional and Theoretical Economics, Vol. 154 (1998), S. 109-136

Franke, Günter/ Hax, Herbert (1995): Finanzwirtschaft des Unternehmens und Kapitalmarkt, 3., neubearb. Aufl., Heidelberg et al. 1995

Franzen, Christian (1988): Finanzinnovationen – was ist das ?, in: Die Bank, o.Jg. (1988), S. 18-20

Freimer, Marshall/ Gordon, Myron J. (1965): Why Bankers Ration Credits, in: Quarterly Journal of Economics, Vol. 79 (1965), S. 397-416

Fridson, Martin S. (1990): Performance Measurement, in: Fabozzi, Frank J. (Hrsg.): The New High-Yield Debt Market, New York 1990, S. 249-268

Fridson, Martin S. (1994): The State of the High Yield Bond Market.: Overshooting or Return to Normalcy ?, in: Journal of Applied Corporate Finance, Vol. 7 (1994), S. 85-97

Fridson, Martin S./ Bersh, Jeffrey A. (1993): Measuring Liquidity Premiums in the High Yield Bond Market, in: Extra Credit, o.Jg. (1993) May/June, S. 4-24

Fridson, Martin S./ Gao, Yan (1996): Primary versus Secondary Pricing of High-Yield Bonds, in: Financial Analysts Journal, Vol. 42 (1996) No. 3, S. 20-27

Fridson, Martin S./ Garman, Christopher M. (1998): Determinants of Spreads on New High-Yield Bonds, in: Financial Analysts Journal, Vol. 54 (1998), S. 28-39

Fridson, Martin S./ Garman, Christopher M./ Wu, Sheng (1997): Real Interest Rates and the Default Rate on High-Yield Bonds, in: Journal of Fixed Income, Vol. 7 No. 2 (1997), S.29-34

Fridson, Martin S./ Garman, Christopher, M. (1998): Determinants of Spreads on New High-Yield Bonds, in: Financial Analysts Journal, Vol. 54 (1998), S: 28-39

Friend, I./ Westerfield, R./ Granito M. (1978): New Evidence on the Capital Asset Pricing Modell, in: Journal of Finance, Vol. 33 (1978) S. 903-920

Fung, Wu H./ Rudd, Andrew (1986): Pricing New Corporate Bond Issues: An Analysis of Issue Cost and Seasonig Effects, in: Journal of Finance, Vol. 41 (1986), S. 633-642

Gäfgen, Gerard (1977): Theorie der wirtschafltichen Entscheidung: Untersuchungen zur Logik und Bedeutung des rationalen Handelns, 3., und erg. Aufl., Tübingen 1977

Gaida, Stefan (1998): Bewertung von Krediten mit Optionspreisansätzen, in: Die Bank, o.Jg. (1998), S. 180-184

Galai, Dan/ Masulis, Ronald W. (1976): The Option Pricing Model and the Risk Factor of Stocks, in: Journal of Financial Economics, Vol. 3 (1976), S. 53-81

Garz, Hendrik/ Günther, Stefan/ Moriabadi, Cyrus (1997): Portfolio-Management: Theorie und Anwendung, Frankfurt am Main 1997

Gaughan, Patrick A. (1991): Mergers and Acquisitions, New York et al.1991

Gaughan, Patrick A. (1996): Mergers and Acquisitions and Corporate Restructuring, New Mergers and Acquisitions and Corporate Restructuring, New York et al. 1996

Gerdsmeyer, Stefan/ Krob, Bettina (1994): Kundenindividuelle Bewertung des Ausfallrisikos mit dem Optionspreismodell, in: Die Bank, o.Jg. (1994), S. 469-475

Gereth, Bettina/ Schulte, Karl-Werner (1992): Mezzanine-Finanzierung, Bergisch Gladbach, 1992

Gerke, Wolfgang (1993): Informationsasymmetrien am Markt für Beteiligungen an mittelständischen Unternehmen, in: Gebhardt, Günther/Gerke, Wolfgang/Steiner, Manfred (Hrsg.): Handbuch des Finanzmanagements, München 1993, Sp. 619-640

Gerke, Wolfgang (1995a): Hindernisse und Probleme deutscher mittelständischer Unternehmen und Unternehmensgründer beim Zugang zum deutschen und internationalen

Kapitalmarkt im Vergleich zu ausgewählten EU-Ländern, Zentrum für Europäische Wirtschaftsforschung, Forschungsauftrag 24/95, Mannheim, 1995

Gerke, Wolfgang (1995b): Agency Theory, in: Gerke, Wofgang/Steiner, Manfred (Hrsg.): Handwörterbuch des Bank- und Finanzwesens, 2., überarb. und erw. Aufl., Stuttgart 1995, Sp.17-26

Gerke, Wolfgang (1996): Risikokapital, in: Trend, o.Jg. (1996) Heft 1, S. 18-22

Gerke, Wolfgang/ Pfeufer, Gabriele (1995): Finanzintermediation, in: Gerke, Wolfgang/ Steiner, Manfred (Hrsg.): Handwörterbuch des Bank- und Finanzwesens, 2., überarb. und erw. Aufl., Stuttgart 1995, Sp. 727- 735

Geske, Robert (1979): The Valuation of Compound Options, in: Journal of Financial Economics, Vol.6 (1979), S. 63-82

Gilson, Stuart/ John, Kose/ Lang, Larry (1990): Troubled Debt Restructurings: An Empirical Study of Private Reorganizations of Firms in Default, in: Journal of Financial Economics, Vol. 27 (1990), S. 315-553

Glaum, Martin (1991): Finanzinnovationen und ihre Anwendung in internationalen Unternehmungen. Dargestellt am Beispiel von Devisenoptionskontrakten, Giessener Schriftenreihe zur internationalen Unternehmung, Band 4, Giessen, 1991

Glenn, David W. (1976): Super Premium Security Prices and Optimal Corporate Financing Decisions, in: Journal of Finance, Vol. 31 (1976), S. 507-524

Goldblatt, Jennifer (1997): U.S. Banks Jostle for Position in Europe's Junk Bond Market, in: American Banker, Vol. 162 (1997) No. 229, S. 9

Goldblatt, Jennifer (1998): Refinancings Expected to Lead Boom in Junk Bonds, in: American Banker, Vol. 163 (1998) No. 21, S. 1

Goldfeld, Stephen M. (1966): Commercial Bank Behavior and Economic Activity: A Structural Study of Monetary Policy in the Postwar United States, Amsterdam 1966

Goldman Sachs (1998a): European Banking. The Year Ahead, in: Goldman Sachs International (Hrsg.): Fixed Income Research 30.11.1998, London 1998

Goldman Sachs (1998b): European Banks Fact Sheet. What an Ent to What a Year, in: Goldman Sachs International (Hrsg.): Economic Research, 5.1.1998, London 1998

Goldman Sachs (1998c): The European High Yield Market: Current Staus and Valuation, in: Goldman Sachs International (Hrsg.): Fixed Income Research July 1998, London 1998

Gonedes, Nicholas J. (1974): Evidence on the Information Content of Accounting Numbers: Accounting-based Estimates of Systematic Risk, in: Journal of Financial and Quantitative Analysis, Vol. 8 (1974), S. 407-443

Goyal, Vidhan K./ Gollapudi, Neela/ Odgen, Joseph P. (1998): A Corporate Bond Innovation of the 90s: the Clawback Provision in High-Yield Debt, in: Journal of Corporate Finance, Vol. 4 (1998), S. 209-231

Green, Richard C. (1984): Investment Incentives, Debt, and Warrants, in: Journal of Financial Economics, Vol. 13 (1984), S. 115-136

Greenbaum, Stuart I./ Haywood, C. F. (1971): Secular Change in the Financial Services Industry, in: Journal of Money, Credit, and Banking, Vol. 3 (1971), S. 571-589

Greenbaum, Stuart I./ Kanatas, George/ Venezia, Itzhak (1989): Equilibrium Loan Pricing Under the Bank-Client-Relationship, in: Journal of Banking and Finance, Vol. 13 (1989), S. 221-235

Greenbaum, Stuart I./ Thakor, Anjan V. (1987): Bank Funding Modes: Securitization Versus Deposits, in: Jounral of Banking and Finance, Vol. 11 (1987), S. 379-401

Greenwald, Bruce / Stiglitz, Joseph E. (1990): Asymmetric Information and the New Theory of the Firm: Financial Constraints and Risk Behaviour, in: American Economic Review, Vol. 80 (1990), S. 160-165

Grier, Paul/ Katz, Steven (1976): The Differential Effects of Bond Rating Changes Among Industrial and Public Utility Bonds by Maturity, in: Journal of Business, Vol. 49 (1976), S. 226-239

Griffin, Mark (1997): The Global Pension Time Bomb and its Capital Market Impact, in: Goldman Sachs International (Hrsg.): Global Research 28.5.1997, New York 1997

Grossman, Sanford J./ Hart, Oliver D. (1982): Corporate Financial Structure and Managerial Incentives, in McCall John J.(Hrsg.): The Economics of Information and Uncertainty, Chicago 1982

Grossman, Sanford J./ Hart, Oliver D. (1986): The Cost and Benefits of Ownership: A Theory of Vertical and Lateral Integration, in: Journal of Political Economy, Vol. 94 (1986), S. 691-719

Grossman, Stanford J. (1976): On the Efficiency of Competitive Stock Markets, in: Journal of Economic Theory, Vol. 18 (1976), S. 573-585

Grossman, Stanford J./ Stiglitz, Joseph E. (1980): On the Impossibility of Informationally Efficient Markets, in: American Economic Review, Vol. 94 (1980), S. 543-566

Gruson, Michael (1990): Die Rule 144a, in: Österreichisches Bank Archiv, 38. Jg. (1990), S. 718-720

Gurley, John G./ Shaw, Edward S. (1955): Financial Aspects of Economic Development, in: American Economic Review, Vol. 45 (1955), S. 515-538

Gurley, John G./ Shaw, Edward S. (1956): Financial Intermediaries and the Saving-Investment Process, in: Journal of Finance, Vol. 11 (1956), S. 257-276

Gurley, John G./ Shaw, Edward S. (1960): Money in the Theory of Finance, Washington D. C. 1960

Gutenberg, Erich: Grundlagen der Betriebswirtschaftslehre, Band 3: Die Finanzen, Berlin et al., 1969

GWP Media Marketing (1998): Investor Relations von Aktiengesellschaften. Bewertungen und Erfahrungen. 1991 versus 1998. Management Summary, Düsseldorf 1998

Hagen, Kåre P (1976): Default Risk, Home-made Leverage, and the Modigliani-Miller Theorem: A Note, in: American Economic Review, Vol. 66 (1976), S. 199-203

Hamada, Robert S. (1972): The Effect of the Firm's Capital Structure on the Systemativ Risk of Common Stocks, in: Journal of Finance, Vol. 27 (1972), S. 435-452

Harold, Gilbert (1938): Bond Ratings as an Investment Guide: An Appraisal of their Effectiveness, New York 1938

Harrer, Herbert (1997): DM-Auslandsanleihen, in: Achleitner, Ann-Kristin/Thoma, Georg F. (Hrsg.): Handbuch Corporate Finance: Konzepte, Strategien und Praxiswissen für das moderne Praxiswissen, Köln 1997, Abschnitt 7.4.6

Harris, Clay (1998): Call to reform Banks' Capital Adequacy Rules, in: Financial Times, 22.9.1998, S. 9

Harris, Milton/ Raviv, Artur (1991): The Theory of Capital Structure, in: Journal of Finance, Vol. 46 (1991), S. 297-355

Hart, Oliver (1995): Firm, Contracts, and Financial Structure, Oxford et al. 1995

Hart, Oliver/ Moore, John (1990): A Theory of Corporate Financial Structure Based on the Seniority of Claims, Working Paper No. 560, Massachusetts Institute of Technology, Cambridge 1990

Hart, Oliver D. (1991): Theories of Optimal Capital Stucture: A Principal Agent Approach, Brookings Discussion Paper, 91-2., o.O.1991, o.S.

Hart, Valerie (1997): Warm Welcome for European High-Yield Sector, in: Standard & Poor's (Hrsg.): CreditWeek, o. Jg. (14.5.1997), S. 20-23

Hartmann-Wendels, Thomas (1987): Venture Capital aus finanzierungstheoretischer Sicht, in: ZfbF, 39.Jg. (1987), Heft 1, S. 16-30

Hartmann-Wendels, Thomas (1989): Principal-Agent-Theorie und asymmetrische Informationsverteilung, in: ZfB, 59. Jg. (1989), S. 714-734

Hasbrouck, Joel/ Schwartz, Robert A. (1988): Liquidity and Execution Cost in Equity Markets, in: Journal of Portfolio Management, Vol. 14 (1988), S. 10-16

Hasewinkel, Volker (1993): Geldmarkt und Geldmarktpapiere, Frankfurt a.M. 1993

Hastenpflug, Wolfgang (1991): Das Securitizationsphänomen, Wiesbaden 1991, zugl.: Diss. Universität Augsburg, 1990

Haugen, Robert A./ Sembet, Lemma W. (1978): The Insignifficance of Bankruptcy Cost to the Theory of Optimal Financial Structure , in: Journal of Finance, Vol. 33 (1978), S. 383-393

Hax, Herbert/ Hartmann-Wendels, Thomas/ von Hinten, Peter (1988): Moderne Entwicklung in der Finanzierungstheorie, in: Christians, Willhelm F. (Hrsg.): Finanzierungshandbuch, 2., völlig überarb. u. erw. Aufl., Wiesbaden 1988, S. 689-712

Hax, Herbert/ Neus, Werner (1995): Kapitalmarktmodelle, in: Gerke, Wolfgang/Steiner, Manfred (Hrsg.): Handwörterbuch des Bank- und Finanzwesens, 2., überarb. und erw. Aufl., Stuttgart 1995, Sp. 1165-1178

Hax, Karl (1966): Langfristige Finanz- und Investitionsentscheidungen, in: Hax, Karl (Wessels, Thomas (Hrsg.): Handwörterbuch der Wirtschaftswissenschaften, Band 1, Betriebswirtschaftslehre, 2. Aufl., Köln/Opladen 1966, S. 399-489

Hayek, Friedrich A. von (1994): Freiburger Studien, 2. Aufl., Tübingen 1994

Heertje, Arnold (1989): Technische und Finanzinnovationen, in: Heertje, Arnold (Hrsg.): Technische und Finanzinnovationen. Ihre Auswirkung auf die Wirtschaft, Oxford 1989, S. 1-12

Heilenkötter, Anja (1998): Unternehmensanleihen in der Europäischen Währungsunion, in: Deutsche Morgan Grenfell (Hrsg.): Fixed Income Research 17.4.1998, Frankfurt a.M. 1998

Heilenkötter, Anja/ Jost, Thomas (1998): Das Wachstumspotential von Unternehmensanleihen in Euroland, in: Deutsche Bank Research (Hrsg.): EWU Monitor Nr. 56 (29.7.1998), Frankfurt a.M. 1998

Heinkel, Robert/ Zechner Josef (1980): The Role of Debt and Preferred Stock as a Solution to Adverse Investment Incentives, in: Journal of Financial and Quantitative Anlaysis, Vol. 25 (1980), S. 1-24

Hellwig, Martin (1988): Banking, Financial Intermediation and Corporate Finance, in: Giovanni, Alberto/Meyer, Colin (Hrsg.): European Financial Integration, Cambridge 1991, S. 35-63

Hellwig, Martin (1997): Unternehmensfinanzierung, Unternehmenskontrolle und Ressourcenallokation: Was leistet das Finanzsystem ? in: Gahlen, Bernhard/Hesse, Helmut/Ramser, Hans J. (Hrsg.): Finanzmärkte, Tübingen 1997, S. 211-243

Hellwig, Martin (1998): Allowing for Risk Choices in Diamond's "Financial Intermediation as Delegated Monitoring", Working Paper No. 98-04, Sonderforschungsbereich 504 Universität Mannheim, Mannheim 1998

Hempstead, John E. (1998): Financing with Mezzanine Debt, in: Philadelphia Business Journal, Vol. 16 (1998) No. 50, S. 35-40

Herrhausen, Alfred (1987): Securitization, in: Kreditwesen, o. Jg. (1987) Nr. 8, S. 330-336

Herrmann, Markus (1998): Erste deutsche CLO (Collateralized Loan Obligation): CORE 1998-1, in: Deutsche Bank AG Global Markets Research (Hrsg.): Fixed Income Research 23.7.1998, Frankfurt a.M. 1998

Hettenhouse, George W./ Sartoris, William L. (1976): An Analysis of the Information Value of Corporate Bond Rating Changes, in: Quarterly Review of Economics and Business, Vol. 16 (1976), S. 76-78

Heusinger, Robert von: Euro soll US-Dominanz am Bondmarkt brechen, in: Börsen Zeitung, Sonderausgabe Nr. 0A (4.1.1999), S. 2

Hickman, W. Braddock (1958): Corporate Bond Quality and Investor Experience, Princeton, 1958

Hielscher, Udo/ Dorn, Gerhard/ Lampe, Gerhard (1982): Innovationsfinanzierung mittelständischer Unternehmen, Stuttgart 1982

Higgins, Robert (1992): Analysis for Financial Management, New York 1992

Hildebolt, Bill (1996): A History and Analysis of the High-Yield debt Market, Harvard Business School, Boston 1996

Hirshleifer John (1966): Investment Decisions Under Uncertainty: Application of the State Theoretic Approach, in: Quarterly Journal of Economics, Vol. 80 (1966), S. 252-277

Hite, Gailen/ Warga, Arthur (1997): The Effect of Bond-Rating Changes on Bond Price Performance, in: Financial Analysts Journal, Vol. 53 (1997) No. 3, S. 35-43

Hitschler, Werner (1993): Einfluß der Besteuerung auf Innovation, Investition und Eigenkapitalbildung – Eine vergleichende Analyse der Steuersysteme der USA und der Bundesrepublik, Frankfurt a. M. 1993

Ho, Thomas S./ Singer, Ronald F. (1982): Bond Indenture Provisions and the Risk of Corporate Debt, in: Journal of Financial Economics, Vol. 10 (1982), S. 375-406

Hodgman, Donald R. (1969): Credit Risk and Credit Rationing, in: Quarterly Journal of Economics, Vol. 74 (1960), S. 258-278

Hofer, Pius (1971): Das Verhältnis zwischen Eigen- und Fremdkapital als Problem der Finanzierungslehre und der betrieblichen Finanzpolitik, Bern/Frankfurt a.M., 1971

Hoffmann, Peter (1991): Bonitätsbeurteilung durch Credit Ratings, Berlin 1991

Hoffmann, Peter (1992): Management Buy-Out in der Bundesrepublik Deutschland: Anspruch, Realität und Perspekitven, 2., neubearb. und erw. Aufl., Berlin 1992

Hohlfeld, Knut (1995): Versicherungswirtschaft, Anlagevorschriften der Versicherungen, in: Gerke, Wolfgang/Steiner, Manfred (Hrsg.): Handbuch des Bank- und Finanzwesens, 2., überarb. u. erw. Aufl., Stuttgart 1995, Sp. 1906-1914

Holmstrom, Bengt/ Tirole, Jean (1993): Market Liquidity and Performance Monitoring, in: Journal of Political Economy, Vol. 108 (1993), S. 678-709

Holmstrom, Bengt/ Tirole, Jean (1997): Financial Intermediation, Loanable Funds, and the Real Sector, in: Quarterly Journal of Economics, Vol. 112 (1997), S. 663-692

Holthausen, Robert W./ Leftwich, Richard W. (1986): The Effects of Bond Rating Changes on Common Stock Prices, in: Journal of Financial Economics, Vol. 17 (1986), S. 57-89

Hopewell, Michael H./ Kaufman, George G. (1973): Bond Price Volatility and Term to Maturity: A Generalized Respectification, in: American Economic Review, Vol. 62 (1973), S. 749-753

Hoppenstedt (1997): Hoppenstedt Fondsführer 1997, Darmstadt 1997

Horrigan, James O. (1966): The Determinants of Long-Term Credit Standing with Financial Ratios, in: Journal of Accounting Research, Vol. 4 (1966), S. 44-62

Horrigan, James O. (1970): An Alternative Approach to Predicting Corporate Bond Ratings: A Comment, in: Journal of Accounting Research, Vol. 8 (1970), S. 126-127

Hoshi, Takeo/ Kashyap, Anil/ Scharfstein, David (1993): The Choice Between Public and Private Debt: An Analysis of Post-Deregulation Corporate Financing in Japan, University of California Working Paper, San Diego 1993

Howard, C. Douglas/ Catolay, Andrew J. (1987): Long-Term Debt and Equity Markets and Instruments, in: Altman, Edward I. (Hrsg.): Handbook of Financial Markets and Institutions, Sixth Edition, New York et. al. 1987, Abschnitt 5

Howe, Jane T. (1990a): The Analysis of High-Yield Bonds, in: Fabozzi, Frank J. (Hrsg.): The New High-Yield Debt Market: A Handbook for Portfolio Managers and Analysts, New York 1990, S. 121-147

Howe, Jane T. (1990b): Investing in Chapter Eleven Companies, in: Fabozzi, Frank J. (Hrsg.): The New High-Yield Debt Market: A Handbook for Portfolio Managers and Analysts, New York 1990, S. 273-293

Hradsky, Gregory T./ Long, Robert D. (1989): High-Yield Default Losses and Return Performance of Bankrupt Debt, in: Financial Analysts Journal, Vol. 45 (1989) No. 4, S. 38-49

Hradsky, Gregory T./ Long, Robert D. (1990): High-Yield Default Losses and the Return Performance of Bankrupt Debt: 1977-89, in: Fabozzi, Frank J. (Hrsg.), The New High-Yield Debt Market, New York 1990, S. 69-85

Hull, John C. (1993): Options, Futures, and Other Derivative Securities, Englewood Cliffs 1993

Ingersoll, Jonathan E. (1976): A Theoretical and Empirical Investigation of the Dual Purpose Funds: An Application of Contingent-Claims Analysis, in: Journal of Financial Economics, Vol. 3 (1976), S. 83-123

Ingersoll, Jonathan E. (1977): A Contingent-Claims Valuation of Convertible Securities, in: Journal of Financial Economics, Vol. 4 (1977), S. 289-322

Ingram, Robert W./ Brooks, Leroy D./ Copeland, Ronald M. (1983): The Information Content of Municipal Bond Rating Changes: A Note, in: Journal of Finance, Vol. 38. (1983), S. 997-1003

International Monetary Fund (1998): IMF International Capital Markets, September 1998, Washington D.C. 1998

Jacob, Adolf-F. (1991): Finanzierungsregeln, Vertrauenskapital und Risikoaversion, in: Kistner, Karl-P./Schmidt Reinhard (Hrsg.): Unternehmensdynamik, Festschrift für Horst Albach zum 60. Geburtstag, Wiesbaden 1991, S. 111-131

Jacob, Adolf-F./ Klein, Sebastian (1996): Investment Banking: Bankpolitik, Methoden und Konzepte, Wiesbaden 1996

Jaffee, Dwight M. (1971): Credit Rationing and the Commercial Loan Market, New York 1971

Jaffee, Dwight M./ Russell Thomas (1976): Imperfect Information, Uncertainty, and Credit Rationing, in: Quarterly Journal of Economics, Vol. 90 (1976), S. 651-666

Jagtiani, Julapa/ Saunders, Anthony/ Udell, Gregory F. (1995): The Effect of Bank Capital Requirements on Bank Off-Balance-Sheet Financial Innovations, in: Journal of Banking and Finance, Vol. 19 (1995), S. 647-658

James, Christopher (1987): Some Evidence on the Uniqueness of Bank Loans, in: Journal of Financial Economics, Vol. 19 (1987), S. 217-235

Jarrow, Robert A. (1978): The Relationship Between Yield, Risk, and Return of Corporate Bonds, in: Journal of Finance, Vol. 33 (1978), S. 1235-1240

Jefferis, Richard (1990): The High Yield Debt Market: 1980-1990, Economic Commentary, Federal Reserve Bank of Cleveland, Cleveland 1990

Jenkins, Iain (1996): High Hopes for High Yield, in: Institutional Investor, Vol. 21 (1996) No. 12, S. 33

Jensen, Michael C. (1972): Capital Markets: Theory and Evidence, in: Bell Journal of Economics and Management Science, Vol. 3 (1972), S.357-398

Jensen, Michael C. (1986a): The Takeover Controversy: Analysis and Evidence, Working Paper Harvard Business School, Cambridge 1986

Jensen, Michael C. (1986b): Agency Costs of Free Cash Flow, Corporate Finance, and Takeovers, in: American Economic Review, Vol. 76 (1986), S. 323-329

Jensen, Michael C. (1989): Eclipse of the Public Corporation, in: Harvard Business Rieview, September/October 1989, S. 61-74

Jensen, Michael C./ Meckling, Wiliam C. (1976): Theory of the Firm: Managerial Behaviour, Agency Cost and Ownership Structure, in: Journal of Financial Economics, Vol. 3 (1976), S.305-360

John, Kenneth/ Kalay, Avner (1985): Informational Content of Optimal Debt Contract, in: Altman, E./ Subramam, M. (Hrsg.): Recent Advances in Corporate Finance, Homewood, 1985

Johnson, James/ Miller, Robert (1988): Investment Banker Prestige and the Underpricing of Intial Public Offerings, in: Financial Mangement, Vol. 17 (1988), S. 19-29

Johnson, Ramon E. (1967): Term Structures of Corporate Bond Yields as a Function of Risk and Default, in: Journal of Finance, Vol. 22 (1967), S. 313-345

Jones, E. P./ Mason S. P./ Rosenfeld, E. (1984): Contingent Claims Analysis of Corporate Capital Structures: An Empirical Investigation, in: Journal of Finance (July 1984), S. 611-625

Jung, Kooyul/ Kim, Yong-Cheol /Stulz, René (1996): Timing, Investment Opportunities, Managerial Discretion, and the Securitiy Issue Decision, in: Journal of Financial Economics, Vol. 42 (1996), S. 159-185

Kaiser, Dirk (1992): Neuere Entwicklungen in der Theorie der Kreditrationierung, in: Wirtschaftswissenschaftliches Studium, 21. Jg. (1992) Heft 10, S. 529-532

Kaiser, Helmut (1998): Wie segmentiert bleiben die europäischen Bondmärkte nach 1999 ?, in: Deutsche Bank AG Global Markets Research (Hrsg.): Fixed Income Research 5. Juni 1998, Frankfurt a.M. 1998

Kaiser, Helmut/ Krämer, Werner/ Herrmann, Markus (1997): Bonds, in: The 1997 Guide to Germany, Sonderbeilage Euromoney Juni 1997, S. 10-15

Kalay, Avner (1982): Stockholder-Bondholder Conflict and Dividend Constraints, in: Journal of Financial Economics, Vol. 10 (1982), S. 211-233

Kane Edward J. (1977): Good Intentions and Unintended Evil. The Case against Selective Credit Allocation, in: Journal of Money, Credit, and Banking, Vol. 9 (1977), S. 55-69

Kane Edward J. (1981): Impact of Regulation on Economic Behaviour. Accelerating Inflation, Technological Innovation, and the Decreasing Effectiveness of Banking Regulation, in: Journal of Finance, Vol. 36 (1981), S. 355-367

Kane Edward J. (1982): Microeconomic and Macroeconomic Origins of Financial Innovation, in: Federal Reserve Bank of St. Louis (Hrsg.): Financial Innovations. Their Impact on Monetary Policy and Financial Markets, Boston 1982, S. 3-10

Kane Edward J. (1983): Policy Implications of Structural Changes in Financial Markets, in: American Economic Review, Vol. 73 (1983), S. 96-100

Kaplan, Robert S./ Urwitz, Gabriel (1979): Statistical Models of Bond Ratings: A Methodological Inquiry, in: Journal of Business, Vol. 52 (1979), S. 231-261

Kaplan, Steven N. (1989): The Effects of Management Buyouts on Operating Performance and Value, in: Journal of Financial Economics, Vol.24 (1989), S. 217-254

Karmann, Alexander (1988): Finanzintermediäre und Effektivität der Geldpolitik, in: KuK, 21 Jg. (1988). S. 197-220

Kaserer, Christoph (1995): Die Ankündigung von Ratingänderungen und die Kurseffekte auf dem Markt für DM-Auslandsanleihen, in: Österreichisches Bankarchiv, 43. Jg. (1995), S. 263-273

Katz, M. L./ Shapiro, C. (1985): Network Externalities, Competition, and Compatibility, in. American Economic Review, Vol. 75 (1985) , S. 424-440

Katz, Stephen (1974): The Price Adjustment Process of Bonds to Ratings Reclassifications: A Test of Bond Market Efficiency, in: Journal of Finance, Vol. 29 (1974), S. 551-561

Keslar, Linde (1985): The Power of Ratings in the Marketplace, in: Euromoney, Nr. 8 Juli 1985, S. 45-47

Kessel, Bernd (1991): Management Buy-Out: Grundlagen und Probleme, Frankfurt a. M. 1991

Kessel, Reuben (1971): A Study of the Effects of Competition in the Tax-Exempt Bond Market, in: Journal of Political Economy, Vol. 79 (1971), S. 706-738

Keynes, John M. (1930): A Treatise on Money, London 1930

Kidwell, David S./ Marr, Wayne/ Thompson, Rodney G. (1984): SEC Rule 415: The Ultimate Competitive Bid, in: Journal of Financial and Quantitative Analysis, Vol. 19 (1984), S. 183-195

Kim, E. Han (1978): A Mean-Variance Theory of Optimal Capital Structure and Corporate Debt Capacity, in: Journal of Finance, Vol. 33 (1978), S. 45-63

Kim, Joon/ Ramaswamy, Krishna/ Sundaresan, Suresh (1993): Does Default Risk in Coupons Affect the the Valuation of Corporate Bonds ?: A Contingent Claims Model, in: Financial Management , Vol. 22 (1993), S. 117-131

Kim, Myung-Sun/ Kross, William (1998): The Impact of the 1989 Change in Bank Capital Standards on Loan Loss Provisions and Loan Write-Offs, in: Journal of Accounting and Economics, Vol. 25 (1998), S. 69-99

King, Robert G./ Levine, Robert (1993): Finance, Entrepreneurship, an Growth: Theory and Evidence, in: Journal of Monetary Economics, Vol. 32 (1993), S. 513-542

Klein, Sebastian (1996): Fremdkapitalmarketing: ein Teil des Finanzmarketing der Unternehmung, Wiesbaden 1996

Knight, Frank (1971): Uncertainty and Profit, Second Edition, Chicago 1971

Kolb, Christian/ Rubner, Matthias (1998): Investoren hungern nach Rendite, in: Handelsblatt, Nr. 76 21.04.1998, S. 32

Kollar, Axel (1987): Investment Banking – Neuorientierung der Geschäftspolitik deutscher Banken, in: Mitteilungen und Berichte des Instituts für Bankwirtschaft und Bankrecht, o.Jg. (1987) Nr. 53, S. 64-67

Kollar, Axel (1995): Emission von Wertpapieren, in: Gerke, Wolfgang/ Steiner, Manfred (Hrsg.): Handwörterbuch des Bank- und Finanzwesens, 2., überarbeitete und erweitertete Aufl., Stuttgart 1995, Sp. 500-511

Krahnen, Jan P. (1985): Kapitalmarkt und Kreditbank, Berlin 1985

Krahnen, Jan P. (1993): Finanzwirtschaftslehre zwischen Markt und Institution, in: Die Betriebswirtschaft, 53. Jg. (1993), S. 793-805

Kravitt, Jason H. (1997): Securitization, in: The Financier, Vol. 4 (1997) No. 5, S. 7-12

Kroos, Herman/ Blyn, Martin (1971): A History of Financial Intermediation, New York 1971

Krümmel, Hans J. (1976): Finanzierungsrisiken und Kreditspielraum, in: Büschgen, Hans E. (Hrsg.): Handwörterbuch der Finanzwirtschaft, Stuttgart 1976, Sp. 491-503

Krümmel, Hans J. (1983): Bankenaufsichtsziele und Eigenkapitalbegriff, Frankfurt 1983

Kühbacher, Uli (1993): Darlehen an Konzernunternehmen: Besicherung und Vertragsanpassung, Berlin 1993

Lachmann, Ludwig M. (1970): The Legacy of Max Weber, London 1970

Lancaster, Kevin (1966): Change and Innovation in the Technology of Consumption, in: American Economic Review, Vol. 56 (1966), S. 14-23

Landy, Gene/ Michel, Allen/ Shaked, Israel (1992): A Survival Kit for Recovering Funds from Junk Bond Defaults, in: Financial Analysts Journal, Vol. 48 (1992), S. 27-36

Lang, Rudolf (1993): Internationales Emissionsgeschäft: Das emittentenbezogene Marketing der Banken, Wiesbaden 1993

Lassak, Günter (1991): Liquidität am deutschen Rentenmarkt, in: ZfB, 61. Jg. (1991), S. 75-86

Laux, Helmut (1990): Risiko, Anreiz und Kontrolle, New York et al. 1990

Law, Warren (1987): Investment Banking, in: Altman, Edward I. (Hrsg.): Handbook of Financial Markets and Institutions , 6. Aufl., New York et al. 1987, Abschnitt 14

Lee, Peter (1998a): Syndicated Loans: The Big Squeeze, in: Euromoney, o.Jg. (1998) Heft 1, S. 17-19

Lee, Peter (1998b): Euro-Gigantism, in: Euromoney, o.Jg. Februar 1998, S. 13-16

Lehmann, Frank O. (1997): Privatplazierungen, in: Achleitner, Ann-Kristin/Thoma, Georg F. (Hrsg.) Handbuch Corporate Finance: Konzepte, Strategien und Praxiswissen für das moderne Finanzmanagement, Köln 1997, Abschnitt 7.5, S. 1-18

Leland, Hayne E./ Pyle, David H. (1977): Informations Asymmetrics, Financial Structure, and Financial Intermediation, in: Journal of Finance, Vol. 32 (1977), S. 371-388

Levenson, Alec R./ Willard, Kristen L. (1997): Do Firms get the Financing They Want ? Measuring Credit Constraints Among Small Businesses in the United States, Milken Institute Working Paper 97-3, Santa Monica 1997

Levi, Les B./ Bencivenga, Joseph C. (1990): The International Market for High-Yield Securities, in: Fabozzi, Frank J. (Hrsg.): The New High-Yield Debt Market: A Handbook for Portfolio Managers and Analysts, New York 1990, S. 41-67

Levy, Haim (1978): Equilibrium and Imperfect Markets: A Constraint on the Number of Securities in the Portfolio, in: American Economic Review, Vol. 68 (1978), S. 643-658

Lewis, William (1998): Bank Market is Still Open for Business, in: Financial Times Special Survey Leveraged Finance, 9.10.1998, S. 2

Li, David D./ Li, Shan (1996): A Theory of Corporate Scope and Financial Stucture, in: Journal of Finance, Vol. 51 (1996), S. 692-709

Lill, Uwe (1995): Was ist Risikokapital ?, in: Frankfurter Allgemeine Zeitung, Nr. 295 (19.12.1995), S. 10

Link, Frank J. (1985): Finanzinnovationen, in: Wirtschaftswissenschaftliches Studium, 14. Jg. (1985), S. 642-645

Link, Hans-U. (1992): Finanzinnovationen und Geldpolitik, Wiesbaden 1992

Linn, Scott/ Pinegar, Michael (1988): The Effect of Issuing Preferred Stock on Common and Preferred Stockholders Wealth, in: Journal of Financial Economics, Vol. 22 (1988), S. 155-184

Lintner, John (1962): Dividends, Earnings, Leverage, Stock Prices and the Supply of Capital to Corporations, in: Review of Economic Statistics, Vol. 44 (1962), S. 243-69

Lintner, John (1965): The Valuation of Risk Assets and the Selection of Risky Investments in Stock Portfolios and Capital Budgets, in: Review of Economics and Statistics, Vol. 47 (1965), S. 13-37

Lintner, John (1969): The Aggregation of Investors' Diverse Judgement and Preferences in Purely Competitive Securities Marktes, in: Journal of Financial and Quantitative Analysis, Vol. 4 (1969), S. 347-400

Livingstone, Miles/ Pratt, Hugh/ Mann, Charles (1995): Drexel, Burnham, Lambert's Debt Issuance, in: Journal of Fixed Income, Vol. 5 (1995), S. 58-75

Loeys, Jan (1986): Low-Grade Bonds: A Growing Source of Corporate Funding, in: Federal Reserve Bank of Philadelphia (Hrsg.): Business Review, , o.Jg. (1986), November/December, S. 3-12

Loistl, Otto (1994): Kapitalmarkttheorie, 3., überarb. und erw. Aufl., München et al. 1994

Longhofer, Stanley D./ Santos, João (1998): The Importance of Bank Seniority for Relationship Lending, Bank for International Settlements Working Paper No. 58, Basel 1998

Look, Frank von (1996): Bedeutung des Rating bei der Anlageberatung durch Kreditinstitute, in: Büschgen, Hans E./Everling, Oliver (Hrsg.): Handbuch Rating, Wiesbaden 1996, S. 521-541

Loos, Norbert (1996): Beteiligung von Kapitalgesellschaften an mittelständischen Unternehmen, in: Börsig, Clemens u.a. (Hrsg.): Neue Finanzierungsinstrumente für Unternehmen, Stuttgart 1996, S. 126-133

Loque, Dennis E./ Merville, Larry J. (1972): Financial Policy and Market Expectations, in: Financial Management, Vol. 1 (1972) No. 2, S. 37-44

Löwe, Claus (1997): Globale Trend im Investmentbanking, in: Krahnen, Jan P./Rudolph, Bernd (Hrsg.): Umbau der Finanzindustrie, Frankfurt 1997, S. 131-150

Loyes, Jan G. (1990): What Explains the Growth of High Yield Debt ? in: Altman, Edward I. (Hrsg.): The High Yield Debt Market, Homewood 1990

Luce, Edward (1998a): Junk Faces a Short Spell as a Discard, in: Financial Times Special Survey Leveraged Finance, 9.10.1998, S. 2

Luce, Edward (1998b): Agencies to Target Europe's Burgeoning Bond Market, in: Financial Times, 17.12.1998, S. 27

Lummer, Scott L./ McConnell, John J. (1989): Further Evidence on the Bank Lending Process and the Capital Market Response to Bank Loan Agreements, in: Journal of Financial Economics, Vol. 25 (1989), S. 99-122

Ma, Christopher K./ Rao, Ramesh P./ Peterson Richard L. (1989): The Resiliency of the High-Yield Bond Market: The LTV Default, in: Journal of Finance, Vol. 44 (1989), S. 1085-1098

Macauly, Frederick R. (1938): Some Theoretical Problems Suggested by the Movements of Interest Rates, Bond Yields, and Stock Prices Since 1856, New York (1938)

MacDonald, Alastair (1989): Finance for UK Buyouts, in: Corporate Finance, o.Jg. (1989), No. 1, S. 49-51

Madden, Thomas J./ Balestrino, Joseph (1990): Evolution of the High-Yield Market, in: Fabozzi, Frank J. (Hrsg.): The New High-Yield Debt Market: A Handbook for Portfolio Managers and Analysts, New York 1990, S. 29-40

Markowitz, Harry M. (1959): Portfolio Selection: Efficient Diversification of Investments, New York 1959

Marschak, Jakob: The Economic Theory of Teams, New Haven et al. 1972

Marsh, Terry/ Rock, Kevin (1986): Exchange Listing and Liquidity: A Comparison of the American Stock Exchange with the NASDAQ National Market System, American Stock Exchange Transactions Data Research Project Report, New York 1986

Martin, Christopher (1990): Corporate Borrowing and Credit Constraints: Structural Disequilibrium Estimates for the U.K., in: Review of Economics and Statistics, Vol. 72 (1990), S. 78-86

Martin, Linda J./ Henderson, Glenn V. (1983): On Bond Ratings and Pension Obligations: A Note, in: Journal of Financial and Quantitative Analysis, Vol. 18 (1983), S. 463-470

Mathes, Manfred (1995): Kapitalanlagegesellschaften und Investmentfonds, in: Gerke, Wolfgang/Steiner, Manfred (Hrsg.): Handwörterbuch des Bank- und Finanzwesens, 2., überarb. und erw. Aufl., Stuttgart 1995, Sp. 1075-1078

Mattern, Frank/ Seifert, Werner G./ Streit, Clara C./ Voth, Hans-J. (1997): Aktie, Arbeit, Aufschwung: Wie der Finanzplatz Wirtschaft und Gesellschaft wieder in Schwung bringt, Frankfurt a.M. (1997)

Mayers, Donald/ Smith, Clifford W. (1977): Towards a Theory of Financial Contracts: The Insurance Policy, unveröffentlichtes Arbeitspapier, University of Rochester, 1977

McCarthy, Joseph E. (1983): An Evaluation of the Efficiency of Bond Rating Agencies, An Arbor 1983

McGee, Suzanne/ Raghaven, Anita (1996): Investors are Wary of Some Junk Bonds, in: Wall Street Journal, Nr. 144 (28.8.1996). S. 9 u. 28

Melchier, Ronald W. (1974): Financial Factors Which Influence Beta Variations Within a Homogenious Industry Environment, in: Journal of Financial and Quantitative Analysis, Vol. 9 (1974), S. 231-241

Mello, Antonio, S./ Parsons, John E. (1992): Measuring the Agency Cost of Debt, in: Journal of Finance, Vol. 48 (1992), S. 1887-1904

Merris, Randal C. (1979): Business Loans at Large Commercial Banks, Policies and Practices, in: Federal Reserve Bank of Chicago (Hrsg.): Economic Perspectives, Vol. 3 (1979) No. 6, S. 15-23

Merton, Robert/ Bodie, Zvi (1995): A Conceptual Framework for Analyzing the Financial Environment, in: Crane, Dwight (Hrsg.): The Global Financial System: A Functional Perspective, Boston 1995, S. 3-32

Merton, Robert C. (1974): On the Pricing of Corporate Debt: The Risk Structure of Interest Rates, in: Journal of Finance, Vol. 29 (1977), S. 449-470

Merton, Robert C. (1977): An Analytic Derivation of the Cost of Deposit Insurance and Loan Guarantees: An Application of Modern Option Pricing Theory, in: Journal of Banking and Finance, Vol. 1 (1977), S. 3-12

Meyer, Olaf (1990): Finanzinnovationen und Geldnachfrage, Europäische Hochschulschriften Reihe 5: Volks- und Betriebswirtschaft, Band 1146, Frankfurt a.M. 1990

Meyer-Parpart, Wolfgang (1996): Ratingkriterien für Unternehmen, in: Büschgen, Hans E./Everling, Oliver (Hrsg.): Handbuch Rating, Wiesbaden 1996, S. 111-173

Michel, Allen/ Shaked, Israel (1990): The LBO Nightmare: Fraudulent Conveyance Risk, in: Financial Analysts Journal, Vol. 46 (1990), S. 41-50

Miller, Merton H. (1977): Debt and Taxes, in: Journal of Finance, Vol. 22 (1977), S. 261-275

Miller, Merton H. (1986): Financial Innovations: The Last Twenty Years and the Next, in: Journal of Financial and Quantitative Analysis, Vol. 21 (1986), S. 459-471

Miller, Merton H./ Modigliani, Franco (1966): Some Estimates of the Cost of Capital to the Electric Utility Industry 1954-57, in: American Economic Review, Vol. 61 (1966), S. 333-391

Milne, Frederick (1974): Corporate Investment and Financial Theory in Competitive Equilibrium, in: Economic Record, Vol. 50 (1974), S. 511-533

Milne, Frederick (1975): Choice Over Assets Economies: Default Risk and Corporate Leverage, in: Journal of Financial Economics, Vol. 3 (1975), S. 165-185

Modigliani, Franco/ Miller, Merton H. (1958): The Cost of Capital, Corporation Finance and the Theory Investment, in: American Economic Review, Vol. 48 (1958), S. 267-297

Molyneux, Phil/ Shamroukh, Nidal (1996): Diffusion of Financial Innovations: The Case of Junk Bonds and Note Issuance Facilities, in: Journal of Money, Credit and Banking, Vol. 28 (1996), S. 502-522

Moody's Investors Service (1997): Historical Default Rates of Coporate Bond Issuers, 1920-1996, in: Global Credit Research Special Comment January 1997, New York 1997

Morris, Robert B. (1982): Fundamental Factors Affecting Electric Utility Bond Ratings: A Quantitative Approach, in: Financial Analysts Journal, Vol. 38 (1982) No. 5, S. 59-61

Mossin, Jan (1966): Equilibrium in a Capital Asset Market, in: Econometrica, Vol. 34 (1966), S. 768-783

Mounts, Charles (1998): European Banking – The Year Ahead, in: Goldman Sachs International (Hrsg.): Fixed Income Research 30.11.1998, London 1998

Myers, Steward C (1977): Determinants of Corporate Borrowing, in: Journal of Financial Economics, Vol. 5 (1977), S. 147-175

Nathusius, Klaus (1985): Das Venture Capital – Eine Variante der Unternehmensfinanzierung, in: Wossidlo, Peter R. (Hrsg.): Die Finanzierung mittelständischer Unternehmen in Deutschland, Berlin 1985, S. 345-361

Neuber, Friedel (1988): Kapitalmarkt und Effektenbörse, in: Christians, F. Wilhelm (Hrsg.): Finanzierungshandbuch, 2., völlig überarb. u. erw. Aufl., Wiesbaden 1988, S. 61-92

Neuberger, Doris (1994): Kreditvergabe durch Banken, Tübingen 1994

Nevermann, Helga (1986): Venture Capital: ein betriebswirtschaftlicher und steuerlicher Vergleich zwischen den USA und der Bundesrepublik Deutschland, Baden-Baden 1986

Noe, Thomas E./ Rebello, Michael J. (1996): Asymmetric Information, Managerial Opportunism, Financing, and Payout Policies, in: Journal of Finance, Vol. 51 (1996), S. 637-666

North, Douglas C. (1991): Institutions, in: Journal of Economic Perspectives, Vol. 5 (1991) No. 1, S. 97-112

North, Douglas C. (1994): Economic Performance Through Time, in: American Economic Review, Vol. 84 (1994), S. 359-368

Nöth, Markus (1995): Untersuchung der Renditestruktur im Markt für DM-Euroanleihen, in: KuK, 28. Jg. (1995), S. 535-568

Nowak, Thomas (1994): Faktormodelle in der Kapitalmarkttheorie, Köln 1994

Nozick, Robert (1976): Anarchie Staat Utopie, München (1976)

o.V. (1988): Stimmung gebessert – Maxwell Communications und EIB mit DM-Bonds, in: Handelsblatt, Nr. 94 (17.5.1988), S. 23

o.V. (1989): Australischer Finanzjongleur bricht mit Spitzenverzinsung alle Rekorde, in: Handelsblatt, Nr. 104 (2.6.1989), S. 12

o.V. (1989): Junk Bonds: Der große Rechenfehler, in: Wirtschaftswoche, o. Jg. (1989), Nr. 40, S. 133

o.V. (1990a): Bond-Anleihen: Zinsen für DM-Emission wurden Ende September nicht bezahlt, in: Handelsblatt, Nr. 197 (11.10.1990), S. 39

o.V. (1990a): Zahlungen an die Kreditgeber eingestellt – Hilfestellung aus der Türkei, in: Handelsblatt, Nr. 192 (5.10.1990), S. 26

o.V. (1990b): Werden die ersten DM-Anleihen notlleidend? Die Alan Bond Chronik, in: Das Wertpapier, 38. Jg. (1990) Heft 2, S. 22-24

o.V. (1992): Heron Desaster, in: Wirtschaftswoche, 46 Jg. (1992) Nr. 17, S. 122

o.V. (1992a): Risiko-Anleihen: Heron Umschuldung, in: Wirtschaftswoche, 46. Jg. (1992), S. 179

o.V. (1992b): Risiko-Anleihen: Da waren es schon vier, in: Wirtschaftswoche, 46. Jg. (1992), S. 82

o.V. (1992c): Junk Bonds: Die Szene verdüstert sich, in: Wirtschaftswoche, 46. Jg. (1992), S. 110

o.V. (1993a): Bond-Finance-Anleihe: Doppelter Verlust, in: Wirtschaftswoche, 47. Jg. (1993) Nr. 4, S. 82

o.V. (1993b): The Maxwell Model: When International Firms go Bust, in: The Economist, Vol. 328 (1993) Issue 7821, S. 72

o.V. (1993c): Polly Peck-Anleihe: Schlechte Aussichten, in: Wirtschaftswoche, o.Jg. (1993) Nr. 47, S. 90

o.V. (1994): NatWest betroffen. Auch Morgan Grenfell wegen Maxwell bestraft, in: Handelsblatt, Nr. 238 (19.12.1994), S. 25

o.V. (1997a): Polishing up Junk for Europe, in: Euromoney, o.Jg. (1997) No. 4, S. 52-54

o.V. (19979c): Leveraged on European 'Junk', in: Euromoney, o.Jg. (1997) No. 7, S. 48-50

o.V. (1997b): Deutsche Mark: Open to High-Yield Issuance, in: International Financing Review, o.Jg. (12.4.1997), S. 31-33

o.V. (1998a): Junk Comes to Europe, in: Institutional Investor, Vol. 23 (1998) No.1, S. 70

o.V. (1998b): European High-Yield Gets its Feet Wet, in: High Yield Report, Vol. 9 (1998) No. 3, S. 1-2

o.V. (1998c): Lehman Brothers startet breiten Eurobondindex, in: Börsen Zeitung, o.Jg. (02.07.98), S. 24

o.V. (1998d): Das Hochzinssegment erlebt eine Renaissance, in: Handelsblatt, Nr. 238 (9.12.1998), S. 29

o.V. (1998d): Die neuen Index Produkte für Anleihen, in: Handelsblatt, Nr. 150 (7./8.8.1998), S. 25

o.V. (1998e): Going against Grain, Deutsche Hires in Europe, in: High Yield Report, Vol. 9 No. 41 (26.10.1998), S. 1

Obermüller, Manfred (1998): Für die Banken wird das Kreditgeschäft schwieriger, in: Handelsblatt, Nr. 250 (28.12.1998), S. 30

Organization for Economic Cooperation and Development (1986b): Financial Market Trends, Paris 1986

Organization for Economic Cooperation and Development (1996a): Venture Capital and Innovation, OECD-Dokument Nr. OECD/GD(96)168, Paris 1996

Organization for Economic Cooperation and Development (1997): OECD Institutional Investors – Statistical Yearbook 1997, Paris 1997

Ott, Alfred E. (1979): Grundzüge der Preistheorie, 3., überarb. Aufl., Göttingen 1979

Paefgen, Thomas Ch. (1990): Die Neuregelung des U.S.-amerikanischen Kapitalmarktes für Privatplacierungen, in: Wertpapier-Mitteilungen, 44. Jg. (1990), S. 1897-1910

Pagano, Marco (1993): Financial Markets and Growth, in: European Economic Review, Vol. 37 (1993), S. 613-622

Paul, Stephan (1994): Bankenintermediation und Verbriefung: Neue Chancen und Risiken für Kreditinstitute durch Asset Backed Securities ?, Wiesbaden 1994

Paul-Choudhury, Sumit (1998): Jewels in the Junk, in: Risk, Vol. 11 No. 4 (1998), S. 32-34

Paulus, John D./ Waite, Stepehen R. (1990): High-Yield Bonds, Corporate Controll, and Innovation, in: Fabozzi, Frank J.(Hrsg.): The New High-Yield Debt Market, New York 1990, S. 3-28

Pavel, C. A./ Phillis, D. (1987): Why Commercial Banks Sell Loans: An empirical Analysis, in: Federal Reverse Bank of Chicago (Hrsg.): Economic Perspectives, o.Jg. (1987), S. 3-14

Peck, Leslie G. (1966): The Determinants of Long-Term Credit Standing with Financial Ratios, in: Journal of Accounting Research, Vol. 4 (1966), S. 63-66

Pennacchi, George G. (1988): Loan Sales and the Cost of Capital, in: Journal of Finance, Vol. 43 (1988), S. 375-96

Percival, John (1974): Corporate Bonds in a Market Model Context, in: Journal of Business Research, Vol. 2 (1974), S. 461-486

Perry, Douglas S. (1976): Private Placement Exemptions Outside SEC Rule 146, in: Emory Law Journal, Vol. 25 (1976), S. 899-936

Perry, Kevin J./ Taggart, Robert A. (1988): The Growing Role of Junk Bonds in Coporate Finance, in: Journal of Applied Corporate Finance, Vol. 1 (1988), S. 37-45

Peterson, Michael (1998): Syndicated Lending: The Relationship Starts to Change, in: Euromoney, o.Jg. (1998) No. 11, S. 56-57

Picot, Arnold (1991): Ökonomische Theorien der Organisation – Ein Überblick über neuere Ansätze und deren betriebswirtschaftliches Anwendungspotential, in: Ordelheide, Dieter/Rudolph, Bernd./Büsselmann, Elke (Hrsg.): Betriebswirtschaftslehre und ökonomische Theorie, Stuttgart 1991, S. 143-170

Picot, Arnold/ Dietl, Helmut (1990): Transaktionskostentheorie, in: Wirtschaftswissenschaftliches Studium, 19. Jg (1990), S. 178-184

Piltz, Klaus (1988): Gewinnverwendungspolitik der Aktiengesellschaft, in: Christians, F. Wilhelm (Hrsg.): Finanzierungshandbuch, 2., völlig überarb. u. erw. Aufl., Wiesbaden 1988, S. 627-660

Pinches, George E./ Mingo, Kent A. (1973): A Multivariate Analysis of Industrial Bond Ratings, in: Journal of Finance, Vol. 28. (1973), S. 1-18

Pinches, George E./ Mingo, Kent A. (1975): The Role of Subordination and Industrial Bond Ratings, in: Journal of Finance, Vol. 30 (1975), S. 201-206

Platt, Harlan D. (1993): Underwriter Effects and the Riskiness of Original-Issue High-Yield Bonds, in: Journal of Applied Corporate Finance, Vol. 6 (1993), S. 89-94

Poensgen, Otto H. (1980): Between Market and Hierarchy: The Role of Interlocking Directorades, in: ZfgSt, 136. Jg. (1980), S. 209-225

Pollock, Alex J. (1997): Financial System Evolution, in: The Financier, Vol. 4 (1997) No. 4, S. 32-39

Pomper, Marc (1997): Deutsche Mark Bond Markets: You've Come a Long Way, Baby, in: Goldman Sachs International (Hrsg.), Fixed Income Research May 1997, London 1997, S. 11-15

Poque, Thomas F./ Soldofsky, Robert M. (1969): What's in a Bond Rating ? , in: Journal of Financial and Quantitative Analysis, Vol. 4 (1969), S. 201-228

Porter, Michael E. (1992): Capital Disadvantage: America's Failing Capital Investment System, in: Harvard Business Review, o.Jg. (1992) September-October, S. 65-82

Porter, R. Burr/ Ezzell, John R. (1975): A Note on the Predicitve Ability of Beta Coefficients, in: Journal of Business Research, Vol. 3 (1975), S. 367-372

Posner, Richard A. (1992): Economic Analysis of Law, Fourth Edition, Boston 1992

Preiser, Erich (1953): Der Kapitalbegriff und die neuen Theorien, in: Felltel Joachim/ Linhardt Hans (Hrsg.): Die Unternehmung im Markt, Stuttgart et al. 1953, S. 14-38

Pyle, David H. (1972): Descriptive Theories of Financial Institutions under Uncertainty, in: Journal of Financial and Quantitative Analysis, Vol. 7 (1972), S. 2009-2029

Rajan, Raghuram G. (1992): Insiders and Outsiders: The Choice Between Informed and Arm's Lenght Debt, in: Journal of Finance, Vol. 47 (1992), S. 1367-1401

Rajan, Raghuram G. (1997): The Past and Future of Commercial Banking Viewed through an Incomplete Contract Lens, Working Paper Federal Reserve Bank of Cleveland, Cleveland 1997

Ramakrishnan, Ram T. (1984): Reliability and a Theory of Financial Intermediation, in: Review of Economic Studies, Vol. 51 (1984), S. 415-432

Ramakrishnan, Ram T./ Thakor, Anjan V. (1984): Information Reliability and a Theory of Financial Intermediation, in: Review of Economic Studies, Vol. 51 (1984), S. 415-432

Randow, Philipp von (1996): Rating und Regulierung, in: Büschgen, Hans E./ Everling, Oliver (Hrsg.): Handbuch Rating, Wiesbaden 1996, S. 543-567

Rasch, Sebastian (1996): Der Aktienmarkt für kleine und mittelgroße Unternehmen, Baden-Baden 1996, zugl.: Diss Universität Mannheim, 1996

Rathore, Seamour (1997): Yielding a New Temptation, in: High Yield Debt, Euromoney Sonderbeilage Oktober 1997, S. 4-8

Ravid, Abraham (1996): Debt Maturity – A Survey, in: Financial Markets, Institutions & Instruments, Vol. 5 (1996) No. 3, New York 1996

Rea, John D./ Brockschmidt, Peggy (1973): The Relationship Between Publicly Offered and Privately Placed Coporate Bonds, in: Federal Reverve Bank of Kansas City (Hrsg.): Economic Review, o.Jg. (1973) November, S. 11-20

Reed, Stanley/ Peterson, Thane (1998): Junk Debt is Looking Like Plain Old Junk, in: Business Week, o. Jg. (2.11.1998), S. 43

Rehkugler, Heinz/ Voigt, Martina/ Wolff, Hendrik (1993): Anlegerverhalten der privaten Haushalte international, in: Die Bank, o.Jg (1993), S. 316-322

Rehm, Hannes (1992): Determinanten der Sparquoten, in: Der Langfristige Kredit, 43. Jg. (1992), S. 722-725

Reicheneder, Thomas (1992): Investment Banking; Mergers & Acquisitions, Buyouts, Junk Bonds, Going Public, Wiesbaden 1992

Reilly, Frank K./ Joehnk, Michael D. (1976): The Association between Market-Determined Risk Measures for Bonds and Bond Ratings, in: Journal of Finance, Vol. 31 (1976), S. 1387-1404

Reiß, Winfried/ Mühlbradt, Frank W. (1979): Eine empirische Überprüfung der Validität des „market"- und des „capital asset pricing"-Modells für den deutschen Aktienmarkt, in: ZfgSt, 135. Jg.(1979), S. 41-68

Reitz, B. (1974): Zur Bedeutung der Finanzunternehmung für die Geschäftspolitik, Stuttgart 1974 (zitiert nach Hastenpflug, Wolfgang: Das Securizationsphänomen, Wiesbaden 1991, S. 50)

Richter, Martin (1995): Steuern und Finanzierung, in: Gerke, Wolfgang/Steiner, Manfred (Hrsg.) Handwörterbuch des Bank- und Finanzwesens, 2., überarb. und erw. Aufl., Stuttgart 1995, Sp. 1770-1784

Riordan, Michael H. (1993): Competition and Bank Performance: A Theoretical Perspective, in: Mayer, Colin/Vives, Xavier (Hrsg.): Capital Markets and Financial Intermediation, Cambridge 1993, S. 328-347

Robert, Gordon S./ Viscione, Jerry A. (1984): The Impact of Seniority and Security Covenants on Bond-Yields, in: Journal of Finance, Vol. 39 (1984), S. 1597-1602

Rogowski, Robert/ Sorensen, Eric (1985): Deregulation in Investment Banking: Shelf Registrations, Structure and Performance, in: Financial Management, Vol. 14 (1985), S. 5-15

Roll, Richard (1977): A Critique of the Asset Pricing Theory's Test, in: Journal of Financial Economics, Vol. 4 (1977), S. 129-176

Roll, Richard (1984): A Simple Measure of the Effective Bid-Ask Spread in an Efficient Market, in: Journal of Finance, Vol. 39 (1984), S. 1127-1139

Rometsch, Sieghardt (1998): Produktinnovationen im Firmenkundengeschäft – neue Schwerpunkte in der Marketingstrategie einer Privatbank, in: Süchting, Joachim/Heitmüller, Hans-M. (Hrsg.): Handbuch des Bankmarketing, 3., vollst. neubearb. Aufl., Wiesbaden 1998, S. 297-323

Rosen, Rüdiger von (1997): Aktie und Pensionsfonds, in: Deutsches Aktieninstitut (Hrsg.): Vortrag auf dem 6. Deutscher Börsentag 4. Juli 1997, Frankfurt a.M. 1997

Rosengren, Eric S. (1990): The Case for Junk Bonds, in: New England Ecnomic Review, o. Jg. (1990) May/June, S. 40-49

Rosenthal, James A./ Ocampo, Juan M. (1988): Securitization of Credit: Inside the New Technology of Finance, New York et al. 1988

Ross, Irwin (1976): Higher Stakes in the Bond-Rating Game, in: Fortune, Vol. 93 No. 4 (4.4.1976), S. 132-142

Ross, Stephen A. (1977): The Determination of Financial Stucture: The Incentive Signalling Approach, in: Bell Journal of Economics, Vol. 8 (1977), S.23-40

Ross, Stephen A. (1989): Institutional Markets, Financial Marketing, and Financial Innovations, in: Journal of Finance, Vol. 44 (1989), S. 541-556

Rubinfeld, Daniel (1973): Credit Ratings and the Market for General Obligation Municipal Bonds, in: National Tax Journal, o.Jg. (1973), S. 17-27

Rudolph, Bernd (1979a): Zur Theorie des Kapitalmarktes, in: ZfB, 49. Jg. (1979), S. 1034-1067

Rudolph, Bernd (1979b): Zinsänderungsrisiken und die Strategie der durchschnittlichen Selbstliquidationsperiode, in: KuK, 12. Jg. (1979), S. 181-206

Rudolph, Bernd (1981): Eine Strategie zur Immunisierung der Portefeuilleeinnahmen gegen Zinsänderungsrisiken, in: ZfbF, 33. Jg. (1981), S. 22-35

Rudolph, Bernd (1983): Zur Bedeutung der kapitaltheoretischen Separationstheoreme für die Investitionsplanung, in: ZfB 53. Jg. (1983) Heft 3, S. 261-287

Rudolph, Bernd (1990): Kapitalmarkttheorie, in: Schierenbeck, Henner (Hrsg.): Bank- und Versicherungslexikon, München 1990, S. 367-372

Rudolph, Bernd (1991): Finanzierungstheorie: Stand und Implikationen für das Finanzmanagement, in: Krümmel, Hans J./Rudolph, Bernd (Hrsg.): Corporate Finance, Frankfurt a.M. 1991, S. 31-44

Ruwisch, Helmut (1998): Mit dem Euro werden Anleihen in Europa vergleichbar, in: Handelsblatt, Nr. 234 (3.12.1998), S. 52

Sacks, Jen (1998): High-Yield high, in: Global Finance, Vol. 12 (1998) No. 38, S. 4

Salomon Brother (1987) (Hrsg.): Standard & Poor's Industrial and Finance Issues Which Have Been Lowered to the "D" Rating Category, New York 1987

Santomero, Anthony M./ Trester, Jeffrey J. (1998): Financial Innovation and Bank Risk Taking, in: Journal of Economic Behaviour & Organization, Vol. 35 (1998), S. 25-37

Sarkis, Ziad/ Leben, Rainer/ Sevet, Jean-C. (1998): Risikoadjustiertes Marketing: Marktchancen im Kreditgeschäft, in: Die Bank, o.Jg. (1998), S. 662-665

Schierenbeck, Henner (1989): Grundzüge der Betriebswirtschaftslehre, 10. Aufl., München/Wien 1989

Schierenbeck, Henner/ Hölscher, Reinhold (1998): BankAssurance: institutionelle Grundlagen der Bank- und Versicherungsbetriebslehre, 4., vollst. überarb. und erw. Aufl., Stuttgart 1998

Schmidt, Detlef (1987): Securitisation, in: WiSt, 17. Jg. (1987), Heft 2 , S. 83-86

Schmidt, Reinhard H. (1981a): Ein „neo-institutionalistischer Ansatz“ der Finanzierungstheorie, in: Thommen, Jean-Paul/Rühli, E.: Unternehmensführung aus finanz- und bankwirtschaftlicher Sicht, Stuttgart 1981, S. 135-154

Schmidt, Reinhard H. (1981b): Grundformen der Finanzierung: Eine Anwendnung des neo-institutionalistischen Ansatzes der Finanzierungstheorie, in: KuK, 14. Jg. (1981), S. 186-221

Schmidt, Reinhard H./ Terberger, Eva (1997): Grundzüge der Investitions- und Finanzierungstheorie, 4., aktualisierte Aufl., Wiesbaden 1997

Schmidt, Rheinhard, H. (1979): Liquidität von Finanztiteln als integrierendes Konzept der Bankbetriebslehre, in: ZfB, 52. Jg. (1981), S. 710-722

Schmitz, Ronaldo H. (1995): Emissionsgeschäft der Kreditinstitute, in: Gerke, Wolfgang/Steiner, Manfred (Hrsg.): Handwörterbuch des Bank- und Finanzwesens, 2., überarb. und erw. Aufl., Stuttgart 1995, Sp. 511- 521

Schnabel, Reinhold (1998): Interne Renditen der gesetzlichen Rentenversicherung, in: Deutsches Institut für Altersvorsorge (Hrsg.): Renditen der gesetzlichen Rentenversicherung im Vergleich zu alternativen Anlageformen, Frankfurt a.M. 1998, S. 15-35

Schneider, Dieter (1976): Finanzwirtschaftliche Ziele, in: Büschgen, Hans E. (Hrsg.): Handwörterbuch der Finanzwirtschaft, Stuttgart 1976, Sp.1917-1927

Schneider, Dieter (1980): Investition und Finanzierung, 5., neubearb. Aufl., Wiesbaden 1980

Schneider, Dieter (1987): Messung des Eigenkapitals als Risikokapital, in: DB, 40. Jg. (1987), Heft 4, S. 185-191

Schneider, Dieter (1992): Investition, Finanzierung und Besteuerung, 7., vollst. überarb. u. erw. Aufl., Wiesbaden 1992

Schneider-Gädicke, Karl-H. (1989): Nutzen und Gefahren von Finanzinnovationen, in: Burger, Klaus M. (Hrsg.): Finanzinnovationen: Risiken und ihre Bewältigungen, Stuttgart 1989, S. 5-11

Scholtens, Lambertus J. (1993): On the Foundation of Financial Intermediation: A Review of the Literature, in: KuK, 26. Jg. (1991), S. 112-141

Schröder, Ulrich/ Schrader, Alexander (1997): The Changing Role of Banks and Corporate Governance in Germany: Evolution Towards the Market ?, Economic Studies Working Paper No. 13, American Institute for Contemporary German Studies, Washington D.C. 1997

Schubert, Wolfram (1992): Risikoanleihen: Lange Liste bedrohter Emissionen, in: Wirtschaftswoche, 46. Jg. (1992), S. 122-124

Schünemann, Thomas M./ Bruns, Thomas (1985): Entwicklung eines Diffusionsmodells für technische Innovationen, in: Zeitschrift für Innovationen, 55. Jg. (1985), S. 166-184

Schwark, Eberhard (1995): Gesetz über Kapitalanlagegesellschaften, in: Gerke, Wolfgang/Steiner, Manfred (Hrsg.): Handwörterbuch des Bank- und Finanzwesens, 2., überarb. und erw. Aufl., Stuttgart 1995, Sp. 1065-1075

Schwartz, Eduardo S. (1959): The Theory of the Capital Structure of the Firm, in: Journal of Finance, Vol. 14 (1959), S. 18-39

Schween, Karsten (1996): Corporate Venture Capital: Risikokapitalfinanzierung deutscher Industrieunternehmen, Wiesbaden 1996

Schwendiman, Carl J./ Pinches, George, E. (1975): An Analysis of Alternative Measures of Investment Risk, in: Journal of Finance, Vol. 39 (1975), S. 193-200

Schwenkedel, Stefan (1991): Management Buyout: Ein neues Geschäftsfeld für Banken, Wiesbaden 1991

Schwoglin, Anton (1986): Finanzielle Innovationen und Mindestreservepolitik: Reformvorschläge auf Grund amerikanischer und deutscher Entwicklungen, Frankfurt a. M. 1986

Seipp, Walter (1988): Finanzinnovationen – Neue Instrumente zur Unternehmensfinanzierung, in: Christians, F. Wilhelm (Hrsg.): Finanzierungshandbuch, 2., völlig überarb. u. erw. Aufl., Wiesbaden 1988, S. 301-321

Shapiro, Eli (1977): Developments in the Private Placement Market: The Changing Role of the Life Insurance Industry, in: Cummins, J. David (Hrsg.): Investment Activities of Life Insurance Companies, Homewood 1977, S. 37-58

Sharpe, Steven A. (1990): Asymmetric Information, Bank Lending, and Implicit Contracts: A Stylized Model of Customer Relationships, in: Journal of Finance, Vol. 45 (1990), S. 1069-1087

Sharpe, William F. (1964): A Theory of Marktet Equilibrium under Conditions of Risk, in: Journal of Finance, Vol. 19 (1964), S. 425-442

Sharpe, William F./ Alexander, Gordon J./ Bailey, Jeffrey V. (1995): Investments, Fifth Edition, Englewood Cliffs 1995

Shulman, Joel/ Bayless, Mark/ Price, Kelly (1993): Marketability and Default Influence on the Yield Premia of Speculative-Grade Debt, in: Financial Management, Vol. 22 (1993) No. 3, S. 132-141

Siegel, Theodor (1995): Finanzierungskosten unter Berücksichtigung von Steuern, in: Gerke, Wolfgang/Steiner, Manfred (Hrsg.): Handwörterbuch des Bank- und Finanzwesens, 2., überarb. und erw. Aufl., Stuttgart 1995, Sp. 660-672

Siegwart, Hans/ Mahari, Julian (1995): Strategisches Management von Finanzinnovationen: von moderenen Finanzinstrumenten zum Financial Engineering und Financial Design, Stuttgart 1995

Silber, William L. (1983): The Process of Financial Innovation, in: American Economic Review, Vol. 73 (1983), S. 89-95

Silvers, Jerome B. (1973): An Alternative to the Yield Spread as a Measure of Risk, in: Journal of Finance, Vol. 28 (1973), S. 933-955

Smith, Clifford W. (1976): Option Pricing: A Review, in: Journal of Financial Economics, Vol. 3 (1976), S. 3-51

Smith, Clifford W. (1977): Alternative Methods for Raising Capital: Rights Versus Underwritten Offerings, in: Journal of Financial Economics, Vol. 5 (1977), S. 273-307

Smith, Clifford W. (1986): Investment Banking and the Capital Acquisition Process, in: Journal of Financial Economics, Vol. 15 (1986), S. 3-29

Smith, Clifford W. (1993): A Perspective on Accounting-Based Debt Covenant Violations, in: Accounting Review, Vol. 68 (1993), S. 289-303

Smith, Clifford W./ Warner , Jerold B. (1979): On Financial Contracting: An Analysis of Bond Convenants, in: Journal of Financial Economics, Vol. 8 (1979), 117-161

Smith, Vernon L. (1962): A Theory and Test of Credit Rationing: Some Generalizations, in: American Economic Review, Vol. 62 (1962), S. 477-483

Smithson, Charles W./ Smith, Clifford, W./ Wilford, D. Sykes (1995): Managing Financial Risk, Chicago et. al. 1995

Soldofsky, Robert M./ Olive, Garnet D. (1974): Financial Management, Cincinnati 1974

Solomon, Ezra (1963): The Theory of Financial Management, New York 1963

Sorensen, Eric H. (1979): The Impact of Underwriting Method and Bidder Competition Upon Corporate Bond Interest Cost, in: Journal of Finance, Vol. 34 (1979), S. 863-870

Stahl, Markus (1988a): Struktur und Effizienz des US-Marktes für High Yielding und Lower Rated Bonds, Studienreihe der Kreditwirtschaft an der Universität Hohenheim, Hohenheim 1988

Stahl, Markus (1988b): "High-Yield" oder "Junk" ? Der US-Markt für hochverzinsliche und risikoreiche Unternehmensanleihen, in: Österreichisches Bankarchiv, 36. Jg. (1988), S. 1067-1079

Stalman, Stefan-M. (1992): Marktmöglichkeiten von Junk Bonds in Deutschland, in: Kreditwesen, 24. Jg. (1992) Heft 12, S. 12

Standard & Poor's (1986): Bond Guide, New York 1986

Stehle, Richard (1994): Eigenkapitalquoten und Fremdkapitalstruktur börsennotierter deutscher Aktiengesellschaften, in: ZfB, 64. Jg. (1994), S. 811-837

Steiner, Manfred (1991): Rating, in: WiSt 21. Jg. (1992), S. 509-515

Steiner, Manfred/ Heinke, Volker G. (1996): Rating aus der Sicht der modernen Finanzierungstheorie, in: Büschgen, Hans E./Everling, Oliver (Hrsg.): Handbuch Rating, Wiesbaden 1996, S. 579-629

Stern, Joel M./ Chew, Donald H. (1998): The Revolution in Corporate Finance, Third Edition, Malden/Oxford, 1998

Stigler, George J. (1958): The Economies of Scale, in: Journal of Law and Economics, Vol. 1 (1958), S. 54-71

Stigler, George J. (1961): The Economics of Information, in: Journal of Political Economy, Vol. 69 (1961), S. 213-225

Stiglitz, Joseph E. (1972): Some Aspects of the Pure Theory of Corporate Finance: Bankruptcy and Takeovers, in: Bell Journal of Economics, Vol. 3 (1972), S. 458-482

Stiglitz, Joseph E. (1974): On the Irrelevance of Corporate Financial Policy, in: American Economic Review, Vol. 64 (1974), S. 851-866

Stiglitz, Joseph E./ Weiss, Andrew (1983): Incentive Effects of Termination: Applications to Credit and Labor Markets, in: American Economic Review, Vol. 73 (1983), S. 912-927

Stimm, Vernon L. (1972): Default Risk, Scale, and the Homemade Leverage Theorem, in: American Economic Review, Vol. 62 (1972), S. 66-76

Storck, Joachim (1993): Mergers & Acquisitions: Marktentwicklung und bankpolitische Konsequenzen, Wiesbaden 1993, zugl.: Diss. Universität Marburg, 1993

Stöß, Elmar (1996): Die Finanzierungsstruktur der Unternehmen und deren Reaktion auf monetäre Impulse, Diskussionspapier 9/96, Volkswirtschaftliche Forschungsgruppe der Deutschen Bundesbank, Frankfurt a.M. 1996

Stötgen, Harald (1998): Kreditrating – Möglichkeiten und Grenzen für die Preispolitik, in: Süchting, Joachim/Heitmüller, Hans-M. (Hrsg.): Handbuch des Bankmarketing, 3., vollst. neubearb. Aufl., Wiesbaden 1998, S. 325-352

Stulz, René (1990): Managerial Discretion and Optimal Financing Decisions, in: Journal of Financial Economics, Vol. 26 (1990), S. 3-27

Süchting, Joachim (1993): Finanzmarketing, in: Wittmann, Waldemar u.a. (Hrsg.): Handwörterbuch der Betriebswirtschaft, 5., vollst. neugest. Aufl., Stuttgart 1993, Sp. 1124-1134

Süchting, Joachim (1995): Finanzmanagement: Theorie und Politik der Unternehmensfinanzierung, 6., vollst. überarb. und erw. Aufl., Wiesbaden 1995

Sussman, Allen Z. (1988): The Case for Direct Investment in High Yield Bonds, Testimony given on March 1, 1988 for the US General Accounting Office, pursuant to section 1201 (c) of the Competitive Equality Banking Act of 1987, Washington D. C. 1988

Swoboda, Peter (1978): The Liquidation Decision as a Principal-Agent Problem, in: Bamberg, G./Spremann, K. (Hrsg.): Agency Theory, Information and Incentives, Berlin et al. 1987, S. 187-177

Swoboda, Peter (1987): Kapitalmarkt und Unternehmensfinanzierung: Zur Kapitalstruktur der Unternehmung, in: Schneider, Dieter (Hrsg.): Kapitalmarkt und Finanzierung, München 1987, S.49-68

Swoboda, Peter (1991): Betriebliche Finanzierung, 2. Aufl., Heidelberg et al. 1991

Swoboda, Peter (1995): Finanzierungsregeln, in: Gerke, Wolfgang/Steiner, Manfred (Hrsg.): Handwörterbuch des Bank- und Finanzwesens, 2., überarb. und erw. Aufl., Stuttgart 1995, Sp.691-700

Swodoba, Peter/ Kamschal Margeritha (1979): Die Bewertung deutscher Wandelanleihen und die Optimierung des Umwandlungstermins bei steigenden Zuzahlungen, in: ZfbF, 31. Jg. (1979), S. 295-321

Taggart, Robert A. (1988): The Growth of the "Junk Bond" Market and its Role in Financing Takeovers, in: Auerbach, Alan J.: Mergers and Acquisitions, Chicago/London 1988, S. 5-24

Taggart, Robert A. (1990): Corporate Leverage and the Restructuring Movement in the 1980s, in: Business Economics, Vol. 25 (1990), S. 12-18

Tallman, Gary D./ Rush, David F./ Melicher, Ronald W. (1974): Competitive versus Negotiated Underwriting Cost for Regulated Industries, in: Financial Management, Vol. 3 (1974) No. 2, S. 79-88

Thakor, Anjan V. (1996): The Design of Financial Systems: An Overview, in: Journal of Banking and Finance, Vol. 20 (1996), S. 917-948

Thommen, Jean-Paul/ Achleitner, Ann-Kristin (1998): Allgemeine Betriebswirschafts-lehre: umfassende Einführung aus managementorientierter Sicht, 2., vollst. überarb. und erw. Aufl., Wiesbaden 1998

Tilly, Richard (1998): Universal Banking in Historical Perspective, in: Journal of Institutional and Theoretical Economics, Vol. 154 (1998), S. 7-32

Tobin, James (1958): Liquidity Preference as Behaviour Towards Risk, in: Review of Economic Studies, Vol. 25 (1958), S. 65-86

Tobin, James (1969): A General Equilibrium Approach to Monetary Theory, in: Journal of Money, Credit, and Banking, Vol. 1 (1969), S. 15-29

Tobin, James/ Brainard, William C. (1963): Financial Intermediation and the Effectiveness of Monetary Controls, in: American Economic Review, Vol. 53 (1963), S. 383-412

Trautwein, Friedrich (1990): Die Anwendbarkeit der „Theorie komplexer Phänomene" F. A. Hayeks auf die Erklärung von Institutionen,Bochum 1990, zugl.: Diss. Universität Bochum, 1990

Trinkaus Luxemburg Investment Management (1995): Trinkaus DM high-yield, Verkaufsprospekt, Luxemburg 1995

Tripp Howe, Jane (1988): Junk Bonds, Chicago 1988

Uhlir, Helmut/ Steiner, Peter (1994): Wertpapieranalyse, 3., durchgesehene Aufl., Heidelberg 1994

Uhlir, Hemlut/ Steiner, Peter (1983): Analyse anleihespezifischer Risiken, in: ZfB, 53. Jg. (1983), S. 632-657

US General Accounting Office (1988a): Public Hearing and Request for Comments on the Nature of the Market for High Yield Bonds, in: Federal Register, Vol. 53 (1988) No. 20, S. 2785-2789

US General Accounting Office (1988b): Issuers, Purchasers and Purposes of High Yield, Non-Investment Grade Bonds, GAO/GGD-88-55FS, Washington D.C. 1988

US General Accounting Office (1988c): High Yield Bonds. Nature of the Market and Effects on Federally Insured Institutions, Heraring GAO/GGD-88-76, Washington D.C. 1988

US General Accounting Office (1989): High Yield Bonds: Issues Concerning Thrift Investments in High Yield Bonds, GAO/GGD-89-48, Washington D.C. 1989

Valili, Parisa/ Katz, Carolyn (1998): European Telecom – Strong Investment Case, in: Goldman Sachs International (Hrsg.): Credit Focus 2.11.98, New York 1998, S. 28-32

Vogel , Michael (1989): Trend der Securization, in: Bühler, Wilhelm (Hrsg.): Investment-Banking, Wien 1989, S. 211-218

Vogel, Hans-G. (1996): Das Schuldverschreibungsgesetz – Entstehung, Inhalt und Bedeutung, Schriftenreihe am Institut für Handels- und Wirtschaftsrecht, Osnabrück 1996

Vormbaum, Herbert (1995): Finanzierung der Betriebe, 9., aktualisierte Aufl., Wiesbaden 1995

Wadhwani, Sushil B. (1986): Inflation Bankruptcy, Default Premia and the Stock Market, in: Economic Journal, Vol. 96 (1986), S. 120-138

Wall, Barbara (1998): Investors Get Ready fo New Euro-Geared Strategies, in: International Herald Tribune, o.Jg. (1998) 31.12.1998, S. 16

Wallace, Nigel (1988): Another Attempt to Explain an Illiquid Banking System: The Diamond an Dybvig Model with Sequential Service Taken Seriously, in: Federal Reserve Bank of Minneapolis Quarterly Review, o.Jg. (1988) No. 1, S. 3-16

Warner, Jerold B. (1977a): Bankruptcy Cost: Some Evidence, in: Journal of Finance, Vol. 32 (1977), S. 337-348

Gilson/Warner (1998): Private Versus Public Debt: Evidence from Firms that Replace Bank Loans with Junk Bonds, Working Paper Harvard Business School, Cambridge 1998

Warner, Jerold B. (1977b): Bankruptcy, Absolute Priority, and the Pricing of Risky Debt Claims, in: Journal of Financial Economics, Vol. 4 (1977), S: 239-276

Weiner, David (1998): U.S. Seen as Global Model for Higher-Risk Financings, in: American Banker, Vol. 163 (1998) No. 136, S. 24

Weinstein, Mark I. (1981): The Systematic Risk of Corporate Bonds, in: Journal of Financial Economics, Vol. 16 (1981), 257-278

Weinstein, Mark I. (1985): The Equitiy Component of Corporate Bonds, in: Journal of Portfolio Management, Vol. 11 (1985) No. 3, S. 37-41

Weinstein, Mark I. (1987a): A Curmudgeon's View of Junk Bonds, in: Journal of Portfolio Management, Vol. 13 (1987) No. 3 , S. 76-80

Weinstein, Mark I. (1987b): The Effect of a Rating Change announcement on Bond Prices, in: Journal of Financial Economics, Vol. 5 (1987), S. 329-350

Weiss, Lawrence (1990): Bankruptcy Resolution, in: Journal of Financial Economics, Vol. 27 (1990), S. 285-314

West, Richard R. (1970): An Alternative Approach to Predicting Corporate Bond Ratings, in: Journal of Accounting Research, Vol. 8 (1970), S. 118-125

West, Richard R. (1973): Bond Ratings, Bond Yields, and Financial Regulation: Some Findings, in: Journal of Law and Economics, Vol. 16 (1973), S. 159-168

Weston, J. Fred (1981): Developments in Finance Theory, in: Financial Management, Vol. 10 (1981), S. 5-22

Weston, J. Fred/ Brigham, Eugene F. (1975): Managerial Finance, Fifth Edition, Hinsdale 1975

Weston, J. Fred/ Chung, Kwang S./ Hoag, Susan E. (1990): Mergers, Restructurings, and Corporate Control, Englewood Cliffs, 1990

Weston, J. Fred./ Copeland, Thomas E. (1992): Managerial Finance, Ninth Edition, Fort Worth et al. 1992

Whittacker, John (1970): The Relevance of Duration, in: Journal of Business Finance, Vol. 1 (1970) No. 3, S. 34-41

Wiemann, Volker/ Mellewigt, Thomas (1998): Das Risiko-Rendite Paradoxon. Stand der Forschung und Ergebnisse einer empirischen Untersuchung, in: ZfbF, 50. Jg. (1998), S. 551-572

Wigmore , Barry A. (1990): The Decline in Credit Quality of New-Issue Junk Bonds, in: Financial Analysts Journal, Vol. 46 (1990) No. 5, S. 53-62

Wilhelm, Joachim (1987): On Stakeholders' Unanimity, in: Bamberg, Günter /Spemann, Klaus (Hrsg.): Agency Theory, Information and Incentives, Berlin et al. 1987, S. 179-204

Wilhelm, Joachim (1991): Spurensuche: Neoklassiche Elemente in der „neuen“ Finanzierungstheorie, in: Ordelheide, Dieter/ Rudolph, Bernd/ Büsselmann, Elke (Hrsg.): Betriebswirtschaftslehre und ökonomische Theorie, Stuttgart 1991, S. 173-196

Williamson, Oliver E. (1975): Markets and Hirarchies: Analysis and Antitrust Implications, New York 1975

Williamson, Oliver E. (1985): The Economic Institutions of Capitalism, New York 1995

Williamson, Oliver E. (1988): Corporate Finance and Corporate Goverance, in: Journal of Finance, Vol. 43 (1988), S. 567-591

Williamson, Stephen D. (1986): Costly Monitoring, Financial Intermediation, and Equilibrium Credit Rationing, in: Journal of Monetary Economics, Vol. 18 (1986), S. 159-179

Williamson, Stephen D. (1987): Costly Monitoring, Loan Contracts, and Equilibrium Credit Rationing, in: Quarterly Journal of Economics, Vol. 102 (1987), S. 135-145

Winker, Peter (1993): Firmenalter und Kreditrationierung: Eine mikroökonomische Analyse mit ifo Umfragedaten, in: ifo Studien, 39. Jg. (1993), S. 103-126

Wittig, Arne (1996): Financial Covenants im inländischen Kreditgeschäft, in: Wertpapiermitteilungen, 50. Jg. (1996), S. 1381-1424

Wöhe, Günter (1996): Einführung in die Allgemeine Betriebswirtschaftslehre, 19. Aufl., München 1996

Wolf, Charles R. (1976): The Demand for Funds in the Public and Private Corporate Bond Markets, in: Review of Economics and Statistics, Vol. 56 (1976), S. 23-29

Wolf, Charles R. (1988): Private Placements, in: Williamson, J. Peter (Hrsg.): Investment Banking Handbook, New York et al. 1988, S. 115-124

Wosnitza, Michael (1990): Das Unterinvestitionsproblem in der Publikumsgesellschaft, in: ZfbF, 42. Jg. (1990), S. 947-962)

Wotowicz, John/ Bell, Andrew (1996): Strategic Marketing of High Yield in Europe, unveröffentlichtes Vortragsmaterial, Morgan Stanley Konferenz London 21.3.1996

Wymann, Peter (1987): Junk Bonds, Goldener Ramsch ? Fonds bieten breite Diversifikation, Sonderteil Schweizerische Handelszeitung, Nr. 22 (29.05.1987), S. 12

Yago, Glenn (1988): High Yield Bonds in Focus, Testimony fot the US General Accounting Office for the Competitive Equality Banking Act of 1987, Washington D.C. 1988, S. 113-131

Yago, Glenn (1991): Junk Bonds: How High Yield Securities Restructured Corporate America, Oxford 1991

Yan, Ying (1996): Credit Rationing, Bankruptcy Cost, and Optimal Contracts for Small Business, Working Paper Federal Reserve Bank of Cleveland, o. O. 1996

Yawitz, Jess B. (1977): An Analytical Model of Interest Rate Differentials and Different Default Recoveries, in: Journal of Financial and Quantitative Analysis, Vol. 12 (1977), S. 481-490

Young, Edward M./ Diaz, John C. (1993): Credit Ratings in Europe, in: McLean, Stuart K. (Hrsg.): The European Bond Markets, Fifth Edition, Cambridge et al. 1993, S. 22-34

Young, Mike/ Mayer, Thomas/ Sullivan, Peter (1996): Restructuring Germany: Problems, Progress, Prospects, in: Goldman Sachs International (Hrsg.): Portfolio Strategie, 11.19.1996, London 1996

Zimmer, Philip (1998): Finanzierung im Lebenszyklus der Unternehmung unter besonderer Berücksichtigung der asymmetrischen Information, Wiesbaden 1998, zugl.: Diss. Universität St. Gallen 1998

Zimmermann, Hans (1987): Zur ökonomischen Bedeutung von Finanzinnovationen, in: Aussenwirtschaft, o.Jg. (1987) Heft II/III, S. 163-198

Zivney, Terry L/ Bertin, William J./ Torabzadeh, Kahlil M. (1993): A Reexamination of the Investment Performance of Junk Bonds, in: Quarterly Journal of Business and Economics, Vol. 32 (1993), S. 78-97

Zupancic, Georg M. (1989): Risikokapitalbeschaffung durch Genußscheine bei großen mittelständischen Unternehmen, Köln 1989, zugl.: Diss. Universität Münster 1989

Zwick, Burton (1980): Yields on Privately Placed Corporate Bonds, in: Journal of Finance, Vol. 35 (1980), S. 23-29

GPSR Compliance

The European Union's (EU) General Product Safety Regulation (GPSR) is a set of rules that requires consumer products to be safe and our obligations to ensure this.

If you have any concerns about our products, you can contact us on ProductSafety@springernature.com

In case Publisher is established outside the EU, the EU authorized representative is:

Springer Nature Customer Service Center GmbH
Europaplatz 3
69115 Heidelberg, Germany

Batch number: 10815962

Printed by Printforce, the Netherlands